한국사능력검정시험

고급 (1·2급)
기출로
끝내라!

한국사능력검정시험
고급(1·2급) 기출로 끝내라!

1판 1쇄 발행 2015년 1월 10일
1판 2쇄 발행 2015년 1월 29일

본문 정리 박찬영
출제 및 해설 고기홍, 김명호, 김형태, 위지숙, 유은주, 윤성채
이정민, 이춘섭, 임영배, 정대연, 채헌철
펴낸이 박찬영
개발 박일귀, 이신애
마케팅 이진규, 장민영
아트 디렉터 이재호 **본문 디자인** 이재호, 이은정, 한은경, 손은경
발행처 (주)리베르
주소 서울시 성동구 성수일로77 서울숲IT밸리 301호
등록번호 제2003-43호
전화 02-790-0587(대표), 02-6965-7506(개발팀)
팩스 02-790-0589 **홈페이지** www.리베르.com
커뮤니티 blog.naver.com/liber_book(블로그), www.facebook.com/liberschool(페이스북)
e-mail skyblue7410@hanmail.net
ISBN 978-89-6582-066-6(13900)

리베르(Liber 전원의 신)는 자유와 지성을 상징합니다.

일러두기
- 각 단원의 본문(표)은 다음의 형식에 따라 정리하였습니다.
- 일반 항목은 '•'로 표시하였습니다.
- 일반 항목의 세부 내용은 '-'로 표시하였고, 앞의 내용과 인과 관계가 있는 경우는 '→'로 표시하였습니다.
- 중요한 내용은 색을 넣어 구분하였는데, 대체로 일반 항목은 갈색으로, 세부 내용은 파란색으로 표시하였습니다.
- 한 항목에 주요 개념이 다수인 경우, 상위 개념은 갈색으로, 하위 개념은 파란색으로 표시하였습니다.
- 시험에 자주 출제되는 내용은 빨간색 별(★)로 표시하였습니다.

한국사능력검정시험

고급(1·2급)
기출로
끝내라!

리베르

머리말

지금까지의 역사 공부법은 모두 버려라!
가시밭길을 헤쳐 가지 마라!
여기 잘 닦아 놓은 고속도로가 있다!

"역사를 모르는 민족은 기억 상실증에 걸린 사람과 같다."라는 말이 있습니다. 역사를 모르면 잘못된 과거에서 교훈을 얻지 못하고 유사한 잘못을 또다시 저지를 가능성이 큽니다. 빠르게 변하는 세계의 흐름 속에서 앞으로 나아갈 방향을 제대로 설정하기 위해서도 지나온 역사를 올바르게 파악해야 합니다. 역사를 배우면 현재 우리가 직면한 문제들의 상호 관계와 의미를 바르게 평가함으로써 세상에 대한 시야를 확대하고 다양한 삶의 방식을 존중하는 태도를 기를 수 있을 것입니다.

최근 한국사에 대한 관심이 날로 높아지고 있습니다. 중국과 일본의 역사 왜곡, 한국사 교과서 이념 논쟁 등 역사 문제가 관심사로 떠오르면서 한국사가 더욱 주목 받고 있습니다. 더구나 수능은 물론 각종 시험에 한국사가 필수로 포함되고 있어 이제는 관심을 넘어 피해갈 수 없는 과목이 되었습니다.

한국사능력검정시험도 이와 같은 문제의식과 목적성에 따라 시행되고 있습니다. 한국사능력검정시험은 단순 암기에서 벗어나 역사적 사고 능력과 문제 해결 능력까지 갖출 수 있도록 역사 교육의 로드맵을 제시하고 있습니다. 그렇다면 수험생들은 한국사를 어떻게 공부해야 할까요? 본서에서 제시하는 한국사 공부법은 '지금 있는 곳의 좌표를 확인'하는 것입니다.

이 책의 주요한 특징은 역사 정보를 시각적으로 구성한 것입니다. 표의 가로는 시대를, 세로는 사건을 나타내고 있으므로 가로·세로 두 번에 걸쳐 역사를 재정리할 수 있습니다. 전후좌우 좌표가 설정되어 있으면 원하는 주소를 찾아가기도 쉽습니다. 그만큼 기억해내기도 쉬울 것입니다.

이렇게 공부하면 시기 판단 문제도 쉽게 해결할 수 있습니다. 인간은 대체로 내용보다는 위치를 기억합니다. 좌표화된 마인드맵 없이 인간의 기억은 밑 빠진 독이나 다름없습니다. 뿔뿔이 흩어져 있는 개별 사건의 위치를 파악하면 역사를 서로 연결된 묶음 지식으로 다룰 수 있을 것입니다.

　대부분 역사는 시간의 흐름에 따라 정리됩니다. 다만 역사적 사건이 동시다발적이고 유기적이기 때문에 시간의 흐름뿐 아니라 하나의 관점이나 주제로 정리해볼 필요도 있습니다. 이 책에서도 시대의 흐름에 따라 크게는 전근대, 근·현대로 시대를 나누었지만, 필요에 따라 정치, 경제, 사회, 문화 등 주제별로 살펴보기도 하였습니다.

　전근대사에서는 정치, 경제, 사회, 제도, 사상, 문화 등의 주제를 삼국, 고려, 조선으로 구분하여 통시적으로 상호 비교하였습니다. 사건과 사고가 많은 근·현대사에서는 시간 순으로 사건의 흐름을 살피되 필요한 부분은 분야별로 나누었습니다. 또 시험에 자주 나오는 인물, 지역, 유네스코 문화유산 등은 하나로 묶어 특별 부록으로 마련하였습니다. 본서의 구성 방식은 통합적인 사고력을 요구하는 최근의 시험 경향에 더 없이 안성맞춤이라고 자부합니다.

　한국사능력검정시험은 2006년부터 시작하여 벌써 20여 회 치러졌습니다. 최근의 시험은 초기와는 달리 다소 쉬워진 점은 있지만 전반적인 시험 유형에는 큰 변화가 없습니다. 내용도 국정 '국사' 교과서와 검인정 '한국사' 교과서에서 크게 벗어나지 않습니다. 문제의 80~90%는 나온 문제에서 또 나오고 있습니다. 따라서 기출 문제만 잘 분석하고 숙지해도 시험을 통과하는 데 어려움이 없을 것입니다.

　본서는 출제 빈도가 높은 문제를 주제별로 엄선하고 출제 가능한 학습 내용을 빠짐없이 제시하였으므로 시험 유형은 물론 한국사의 전체 흐름까지 완벽하게 학습할 수 있을 것입니다. 실제 시험의 난이도와 유형에 맞춘 모의고사까지 마련하여 실전 감각도 키울 수 있도록 하였습니다.

　이렇게 각고의 노력으로 만든 이 교재가 여러분의 시험 준비에 도움을 주고, 우리 역사에 대한 애정을 가지도록 하는 데 기여할 수 있기를 기대합니다.

지은이 씀

구성과 특징

1 본문 이해하기

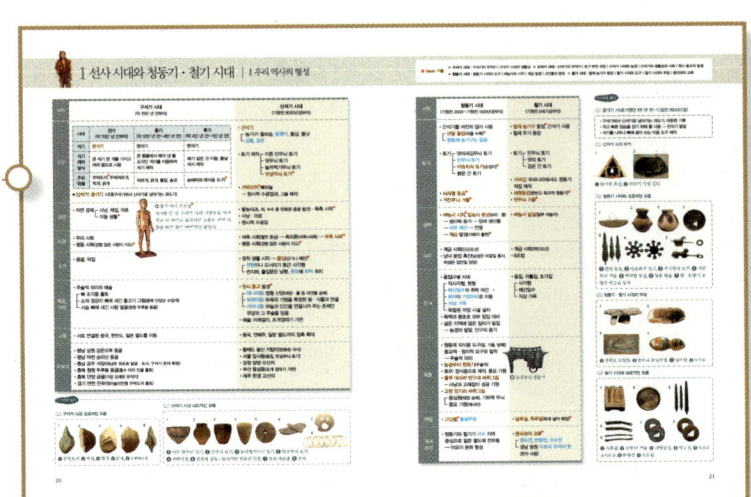

단원별 주요 내용을 표로 정리하였다. 가로축은 시대와 사건의 흐름으로, 세로축은 주제와 분야로 나누어 개별적인 내용 학습뿐만 아니라 통합적인 역사 이해가 가능하도록 하였다.

2 자료 읽기 활용하기

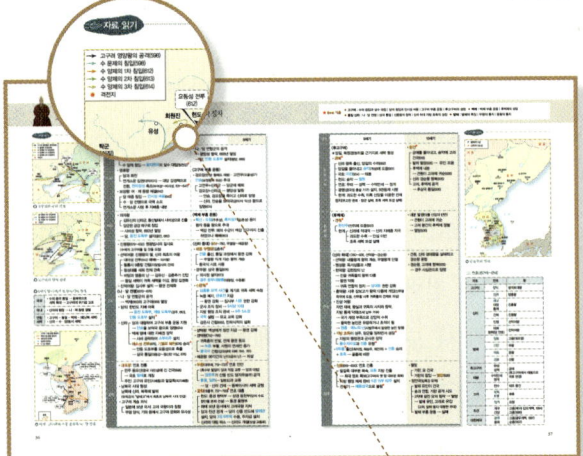

본문 이해에 도움이 되는 사진, 지도, 도표, 문헌 사료 등을 보조단에 풍부하게 수록하였다. 주요 역사 용어도 따로 모아 쉽게 설명하였다.

3 베스트 기출 경향 파악하기

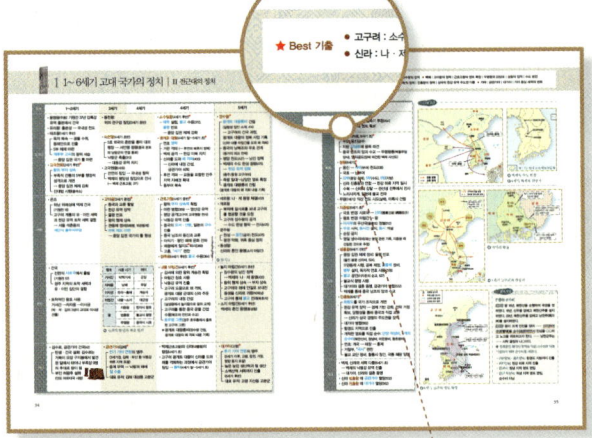

시험에 자주 출제되는 주제를 한눈에 볼 수 있다. 본문에 빨간 별로 베스트 기출을 표시하였다.

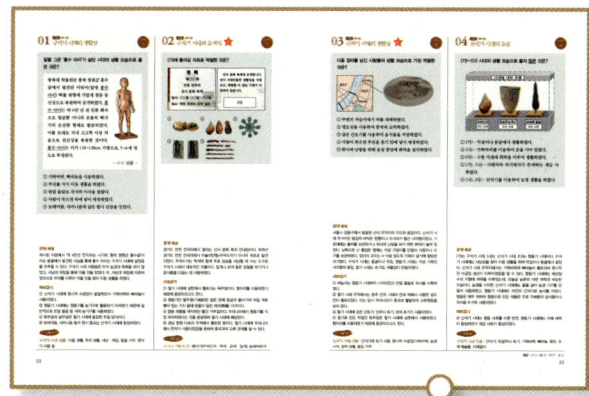

4 주요 기출 문제 풀어 보기

기출 문제 중 빈출 문제나 대표적인 유형의 문제를 엄선하여 주제별로 구성하였다. 난이도가 표시되어 있어 문제별 수준을 파악할 수 있다.

5 문제 해설·바로잡기 분석하기

문제의 유형과 의도를 이해하고 관련 학습 내용을 자세히 알 수 있도록 친절히 해설하였다. 바로잡기를 통해 틀린 부분을 바로 확인할 수 있고, 오답 노트로도 활용할 수 있다.

6 비법 암기 정리하기

문제와 관련하여 꼭 외워야 할 내용을 간추려 놓았다. 문제도 풀고 관련 내용도 곧바로 외울 수 있어 일석이조다.

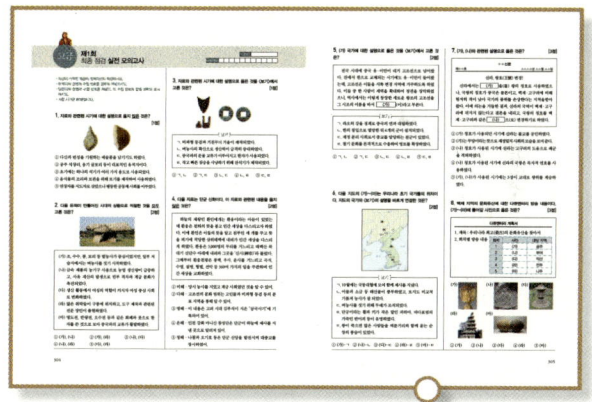

7 최종 점검 실전 모의고사 완성하기

최종 점검 실전 모의고사를 통해 시험의 실전 감각을 키우고 자신감을 얻을 수 있다.

차례

머리말	4
구성과 특징	6
차례	8
시험 안내	12

I 우리 역사의 형성　18
1. 선사 시대와 청동기·철기 시대　20
2. 고조선과 여러 나라의 성장　26

II 전근대의 정치　32
1. 1~6세기 고대 국가의 정치　34
2. 7~10세기 고대 국가의 정치　36
3. 고려 전기의 정치　48
4. 고려 후기의 정치　50
5. 조선 전기의 정치　60
6. 조선 중기의 정치　62
7. 조선 후기의 정치　64
8. 조선 전기의 정치사상　74
9. 조선 후기의 정치사상　76
10. 세도 정치기 사상의 변천　78

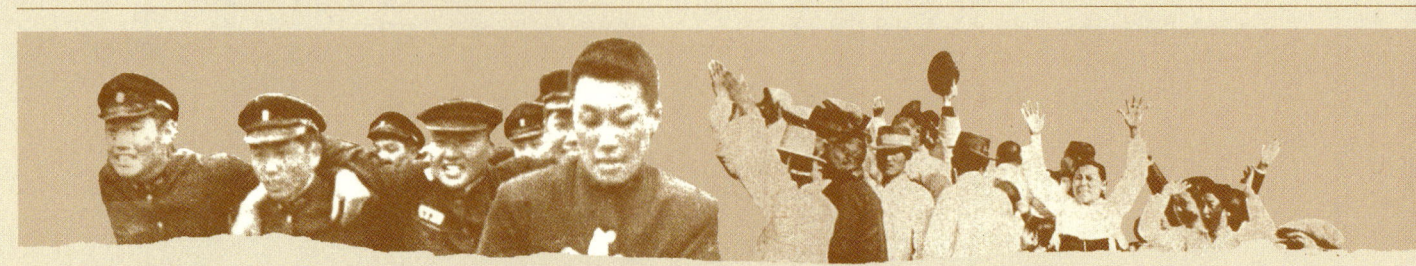

III 전근대의 통치 구조 — 90
1. 고대 국가·고려의 행정 체제 — 92
2. 조선의 행정 체제 — 94
3. 전근대의 관리 등용 제도 및 교육 제도 — 100
4. 고대 국가·고려의 경제 제도 — 106
5. 조선의 경제 제도 — 108

IV 전근대의 경제와 사회 — 116
1. 고대 국가·고려의 경제 활동 — 118
2. 조선의 경제 활동 — 120
3. 전근대의 신분 제도와 고대 국가의 사회상 — 130
4. 고려와 조선의 사회상 — 132

V 전근대의 문화와 사상 — 142
1. 고대 국가의 문화 — 144
2. 고려의 문화 — 146
3. 고대 국가의 사상 — 156
4. 고려의 사상 — 158
5. 조선의 사상 — 164
6. 조선의 문화 — 166

차례

VI 근대 사회의 전개　　　　　　　　　　　174
1. 흥선 대원군의 개혁 정치와 쇄국 정책　　176
2. 강화도 조약과 임오군란　　　　　　　　178
3. 갑신정변　　　　　　　　　　　　　　180
4. 동학 농민 운동과 갑오개혁　　　　　　188
5. 독립 협회와 대한 제국　　　　　　　　190
6. 국권 피탈과 국권 수호 운동　　　　　　196
7. 열강의 이권 침탈과 경제적 구국 운동　　198

VII 민족 운동의 전개　　　　　　　　　　　206
1. 일제의 식민 통치와 경제 수탈　　　　　208
2. 3·1 운동과 대한민국 임시 정부　　　　214
3. 국내 항일 운동　　　　　　　　　　　216
4. 사회 운동과 농민·노동자 운동　　　　218
5. 실력 양성 운동　　　　　　　　　　　220
6. 국외 항일 무장 투쟁　　　　　　　　　226
7. 의열 투쟁과 건국 준비 노력　　　　　　228
8. 근대 문물의 수용　　　　　　　　　　236
9. 민족 문화 운동　　　　　　　　　　　238

VIII 현대 사회의 발전 — 244
    1. 대한민국 정부 수립과 6·25 전쟁 — 246
    2. 이승만 정부~박정희 정부 — 256
    3. 박정희 유신 체제~노무현 정부 — 258
    4. 대한민국의 경제 발전 — 268
    5. 대한민국의 사회 변화 — 270
    6. 통일을 위한 노력과 영토 문제 — 278

IX 테마로 보는 한국사 — 282
    • 시험에 잘 나오는 역사 인물 — 284
    • 시험에 잘 나오는 10대 지역 — 287
    • 유네스코 세계 문화 유산 — 294
    • 유네스코 세계 기록 유산 — 295
    • 유네스코 인류 무형 유산 — 296
    • 조선의 5대 궁궐 — 300

    최종 점검 실전 모의고사 1회 — 304
    최종 점검 실전 모의고사 2회 — 326

시험 안내

1. 한국사 능력검정시험의 목적

- 학생 및 일반인을 대상으로 '한국사능력검정시험'을 시행함으로써 우리 역사에 대한 관심을 확산·심화시키는 계기를 마련한다.
- 전 국민이 폭넓고 올바른 한국사 지식을 공유함으로써 균형 잡힌 역사의식을 갖도록 한다.
- 한국사 전반에 걸쳐 역사적 사고력을 평가하는 다양한 유형의 평가 문항을 개발함으로써 역사 교육의 올바른 방향을 제시한다.
- 역사 학습을 통해 고차원적 사고력과 문제 해결 능력을 육성함으로써 학생 및 일반인들의 학습 능력 향상에 도움을 주도록 한다.

2. 한국사 능력검정시험의 특징

- **한국사 학습 능력을 측정할 수 있는 대표적인 시험입니다.**
- **응시자의 계층이 매우 다양합니다.**
  한국사능력검정시험은 다양한 연령층과 직업군을 가진 사람들이 응시하고 있습니다. 한국사에 대한 관심과 애정만 있다면 응시자의 학력 수준이나 연령 등은 더욱 다양해질 것입니다.
- **국가 기관인 국사편찬위원회가 주관합니다.**
  교육부 직속 기관인 국사편찬위원회가 주관·시행함으로써 수준 높은 문항 개발과 공신력 있는 관리 체제를 통해 안정적으로 시험을 운영하고 있습니다.
- **참신한 문항 개발에 노력하고 있습니다.**
  단순 암기 위주의 보편적인 문항보다는 참신한 문항, 탐구력을 증진할 수 있는 문항, 문제 해결 능력을 배양할 수 있는 문항을 개발하여 기존 시험의 틀에서 탈피하려고 노력하고 있습니다.
- **'선발 시험'이 아니라 '인증 시험'입니다.**
  합격의 당락을 결정하는 선발 시험이 아니라 한국사의 학습 능력을 인증하는 시험입니다. 자발적 학습을 통해 쌓은 역사적 소양을 검정할 수 있는 유일한 시험입니다.

3 한국사 능력검정시험의 출제 유형

• 역사 지식의 이해
역사 탐구에 필요한 기본적인 지식인 역사적 사실·개념·원리 등의 이해 정도를 묻는 영역입니다. 단순한 사실의 암기 정도를 측정하는 것이 아니라, 구체적인 문제 상황에서 활용될 수 있는 역사적 지식을 정확하게 이해하고 있는가를 묻습니다.

• 연대기의 파악
역사의 연속성과 변화 및 발전을 이해하고 있는지를 묻는 영역입니다. 시대별 용어를 이해하고 활용하는 능력, 연대표를 해석하는 능력을 측정합니다. 역사적 사건이나 상황을 시대 순으로 정확하게 이해하고 인과 관계를 파악할 수 있는가를 묻습니다.

• 역사 상황 및 쟁점의 인식
제시된 자료에서 해결해야 할 구체적 역사 상황과 핵심적인 논쟁점, 주장 등을 찾을 수 있는지를 묻는 영역입니다. 문헌 자료, 도표, 사진 등의 형태로 주어진 자료에서 해결해야 할 과제를 포착하거나 변별해 내는 능력이 있는지를 측정합니다.

• 역사 자료의 분석 및 해석
자료에 나타난 정보를 해석하여 그 의미를 파악할 수 있는가를 묻는 영역입니다. 정보를 분석하여 자료의 시대적 배경과 사회적 의미를 해석할 수 있는가를 묻습니다.

• 역사 탐구의 설계 및 수행
제시된 문제의 성격과 목적을 고려하여 절차와 방법에 따라 역사 탐구를 설계하고 수행할 수 있는 능력이 있는가를 묻는 영역입니다. 주어진 자료에서 개념이나 요소들의 연관 관계를 추론하여 가설을 설정할 수 있는지, 문제 해결을 위한 절차를 제시하고 그것에 적합한 사료 선정 및 수집 방법을 선택할 수 있는지를 묻습니다.

• 결론의 도출 및 평가
주어진 자료의 타당성을 판별하고, 여러 자료를 종합하여 결론을 도출할 수 있는가를 묻는 영역입니다. 역사적 사실의 인과 관계나 법칙성을 이해하고 이를 이론화 또는 체계화할 수 있는지, 제시된 사료의 내용을 바탕으로 적절한 결론을 도출할 수 있는지를 묻습니다.

4 한국사 능력검정시험의 주관 및 시행 기관

국사편찬위원회
- 기본 계획 수립 및 업무 처리 지침 제작 배부
- 홍보물 및 원서 제작 배포
- 응시 원서 교부 및 접수
- 시험 문제 출제
- 시험 실시 및 채점
- 성적 및 인증서 관리

5 한국사 능력검정시험의 평가 등급 및 합격 기준

시험 구분	평가 등급		문항 수
고급	1급	만점의 70%(70점)	50문항 (5지 택1형)
고급	2급	만점의 60%(60점)	50문항 (5지 택1형)
중급	3급	만점의 70%(70점)	50문항 (5지 택1형)
중급	4급	만점의 60%(60점)	50문항 (5지 택1형)
초급	5급	만점의 70%(70점)	40문항 (4지 택1형)
초급	6급	만점의 60%(60점)	40문항 (4지 택1형)

- 제6회 한국사능력검정시험부터는 제5회 시험까지 초급·중급 시험에 출제되었던 주관식 문항을 없애고 객관식 문항만으로 시험을 시행합니다.
- 제4회 시험부터 1급과 2급은 고급으로, 5급과 6급은 초급으로 각각 문제가 통합되었으며, 3급과 4급 문제가 중급으로 통합된 것은 제11회 시험부터입니다.
- 급수별 합격 점수에 따라 60~69점은 2급과 4급, 6급으로, 70점 이상은 1급과 3급, 5급으로 인증됩니다.
- 배점 : 100점 만점(문항별 1~3점 차등 배점)

6 한국사 능력검정시험의 응시 안내

시험 구분	평가 등급	평가 내용
고급	1, 2급	한국사 심화 과정으로 차원 높은 역사 지식, 통합적 이해력 및 분석력을 바탕으로 시대의 구조를 파악하고, 현재의 문제를 창의적으로 해결할 수 있는 능력 평가
중급	3, 4급	한국사 기초 심화 과정으로 한국사에 대한 기본적인 이해를 바탕으로 한국사의 흐름을 대략적으로 이해할 수 있는 능력과 전반적인 이해를 바탕으로 한국사의 개념과 전개 과정을 체계적으로 파악할 수 있는 능력 평가
초급	5, 6급	한국사 입문 과정으로 한국사에 대한 흥미와 관심을 가지고 있으면 누구나 이해할 수 있는 기초적인 역사 상식을 평가

응시 대상
- 한국사에 관심 있는 대한민국 국민(외국인도 가능)
- 한국사 학습자
- 상급 학교 진학 희망자
- 기업체 취업 및 해외 유학 희망자 등

원서 접수 방법 및 발표
- 한국사능력검정시험 홈페이지(http://www.historyexam.go.kr)에서 접수 및 발표합니다.
- 응시자가 인터넷 성적 조회 및 성적 통지서, 인증서를 출력합니다(별도의 성적 통지서, 인증서를 발급하지 않음).
  ※ 기존의 희망자에 한해 발급하던 인증 카드는 인증 효력이 없으며 한국사능력검정시험 홈페이지에서 출력한 인증서만 인증 효력이 있습니다. 이에 제8회 한국사능력검정시험부터는 인증 카드를 발급하지 않습니다.

응시 수수료

시험구분	고급	중급	초급
인증 등급	1, 2급	3, 4급	5, 6급
응시료	19,000원	17,000원	12,000원

응시자 유의 사항

- 응시자는 인터넷 홈페이지(http://www.historyexam.go.kr)에서 수험표를 출력한 후 신분증(주민 등록증, 주민 등록증 발급 신청서, 여권, 장애인 등록증, 청소년증 중 1개)을 지참
  ※ 신분증 미지참자는 응시할 수 없음
  ※ 초등학생은 수험표만 지참하여도 됨
- 응시자는 시험 당일 10:00까지 해당 시험실의 지정된 자리에 앉아 있어야 함
- 컴퓨터용 수성 사인펜과 수정테이프(수정액)는 수험생이 준비하여야 함

시험 시간

등급	시간	내용	소요 시간
고급 (1, 2급)	10:00~10:10	오리엔테이션(시험 시 주의 사항)	10분
	10:10~10:15	신분증 확인(감독관)	5분
	10:15~10:20	문제지 배부 및 파본 검사	5분
	10:20~11:40	시험 실시(50문항)	80분
중급 (3, 4급)	10:00~10:10	오리엔테이션(시험 시 주의 사항)	10분
	10:10~10:15	신분증 확인(감독관)	5분
	10:15~10:20	문제지 배부 및 파본 검사	5분
	10:20~11:40	시험 실시(50문항)	80분
초급 (5, 6급)	10:00~10:10	오리엔테이션(시험 시 주의 사항)	10분
	10:10~10:15	신분증 확인(감독관)	5분
	10:15~10:20	문제지 배부 및 파본 검사	5분
	10:20~11:20	시험 실시(40문항)	60분

2014년 한국사능력검정시험 일정 안내

횟수	시행일자	접수기간	합격자 발표일
제22회	2014. 01. 25.(토)	2013. 12. 17.(화) 13:00~ 2014. 01. 07.(화) 18:00	2014. 02. 11.(화)
제23회	2014. 05. 24.(토)	2014. 04. 15.(화) 13:00~ 2014. 05. 06.(화) 18:00	2014. 06. 10.(화)
제24회	2014. 08. 09.(토)	2014. 07. 01.(화) 13:00~ 2014. 07. 22.(화) 18:00	2014. 08. 26.(화)
제25회	2014. 10. 25.(토)	2014. 09. 16.(화) 13:00~ 2014. 10. 07.(화) 18:00	2014. 11. 11.(화)

7 한국사 능력검정시험의 활용 및 특전

- 2급 이상 합격자에 한해 5급 국가 공무원 공개 경쟁 채용 시험(행시, 외시), 입법 고등 고시 응시 자격을 부여
- 2급 이상 합격자에 한해 지역 인재 7급 견습 직원 선발 시험 추천 자격 요건을 부여
- 3급 이상 합격자에 한해 교원 임용 시험 응시 자격을 부여
- 국비 유학생, 해외 파견 공무원, 이공계 전문 연구 요원(병역) 선발 시 국사 시험을 한국사 능력검정시험(3급 이상 합격)으로 대체
- 일부 공기업 및 민간 기업 채용 시 반영
  - 2급 이상 합격 필수 : 한국콜마
  - 2급 이상 합격 우대 : 한국무역보험공사
  - 가산점 부여 : 대한무역투자진흥공사, 포스코, 한국남동발전, 한국방송광고진흥공사
- 자체 한국사 시험 면제 혜택 : GS칼텍스 인턴(3급 이상 합격자)
- 일부 학교 입학전형 시 활용
  - 가점제 형식으로 성적에 합산 : 공군사관학교(2015학년도 입시 전형부터), 육군사관학교(2016학년도 입시 전형부터)
- 각 등급별 성적 우수자에게 국사편찬위원회 위원장 표창

I 우리 역사의 형성

1. 선사 시대와 청동기·철기 시대
2. 고조선과 여러 나라의 성장

우리 역사의 주요 무대인 한반도와 만주 지역에서는 구석기 시대부터 사람이 살기 시작하였으며,

신석기 시대부터 청동기 시대를 거쳐 우리 민족의 기틀이 형성되었다.

우리 역사상 최초의 국가인 고조선은 농경 문화와 청동기 문화를 바탕으로 성립되었다.

고조선은 독자적인 문화를 이루며 발전하였는데, 중국과 비교해도 뒤지지 않을 만큼 강력한 국가였다.

고조선의 문화 범위는 고인돌, 비파형 동검, 미송리식 토기 등의 분포를 통해 짐작할 수 있다.

고조선의 멸망을 전후하여 만주와 한반도 일대에는 철기 문화를 기반으로

부여, 옥저, 동예, 삼한 등 여러 나라가 발전하여 삼국 정립의 토대를 마련하였다.

기원후 1세기 경에는 고구려, 백제, 신라의 삼국과 함께 부여, 옥저, 동예 등이 공존하였다.

부여와 마한의 목지국은 왕을 칭할 정도로 성장하여 연맹 왕국 단계에 이르렀다.

B.C. 3000   B.C. 2000   B.C. 1000   0   1000
　　　　　B.C. 2333 단군조선 건국　　B.C. 108 고조선 멸망　B.C. 37 고구려 건국

기출 문제 출제 포인트

선사 시대와 청동기·철기 시대	구석기 시대	구석기 시대의 생활상 (4회, 11회)
		구석기 시대의 유적지 (2회, 10회, 13회)
	신석기 시대	신석기 시대의 특징 (12회, 17회)
		신석기 시대의 생활상 (9회, 16회)
		신석기 시대의 유물 (19회)
		신석기 시대의 유적지 (3회)
	청동기 시대	청동기 시대와 신석기 시대 비교 (13회, 15회)
		청동기 시대의 사회 모습 (3회, 8회, 22회)
		청동기 시대의 특징 (2회, 16회)
		청동기 시대의 유적지 (3회, 5회)
	철기 시대	철기 시대의 사회상 (6회, 10회)
		철기 시대 중국과의 교류 (4회, 14회)
고조선과 여러 나라의 성장	고조선	고조선의 문화 범위 (11회, 13회)
		고조선의 특징 (3회, 21회)
		8조법을 통해 본 고조선의 사회상 (9회)
		건국 신화로 본 고조선 (3회, 19회)
	여러 나라의 성장	부여의 특징 (11회, 12회)
		고구려와 옥저의 결혼 풍습 (14회, 15회, 16회)
		삼한의 특징 (2회, 8회, 13회, 17회)
		초기 국가의 특징 (4회)

* 4회부터 1급과 2급이 고급으로 통합됨. 1회는 고급 미시행

만달사람(왼쪽), 농경무늬 청동기(오른쪽)

1 선사 시대와 청동기·철기 시대 | I 우리 역사의 형성

구분	구석기 시대 (약 70만 년 전부터)				신석기 시대 (기원전 8000년경부터)

도구	**시대**	전기
		(약 70만 년 전부터)
			중기
			(약 10만 년 전~4만 년 전)
				후기
				(약 4만 년 전~1만 년 전)
					• 간석기
					  ┌ 농기구: 돌보습, 돌괭이, 돌삽, 돌낫
					  └ 갈돌, 갈판
					• 토기 제작 ┬ 이른 민무늬 토기
					           ├ 덧무늬 토기
					           ├ 눌러찍기무늬 토기
					           └ 빗살무늬 토기*
					• 가락바퀴,* 뼈바늘
					  → 원시적 수공업(옷, 그물 제작)

	석기	뗀석기	뗀석기	뗀석기	
	석기 제작 방식	큰 석기 한 개를 가지고 여러 용도로 사용	큰 몸돌에서 떼어 낸 돌 조각인 격지를 이용하여 석기 제작	쐐기 같은 것 이용, 돌날 격지 제작	
	주요 유물	주먹도끼,* 주먹찌르개, 찍개, 긁개	찌르개, 긁개, 돌칼, 송곳	슴베찌르개(이음 도구)*	
	*잔석기: 중석기 시대(구석기에서 신석기로 넘어가는 과도기)				
경제	• 자연 경제 ┬ 사냥, 채집, 어로 └ 이동 생활*		◎ 홍수 아이 전신상* 약 4만 년 전 구석기 시대 사람으로 여겨 지는 이 아이는 발견자인 김흥수 씨의 이 름을 따서 '홍수 아이'라고 불린다.		• 밭농사(조, 피, 수수 등 탄화된 좁쌀 발견)·목축 시작* • 사냥·어로 • 원시적 수공업
사회	• 무리 사회 • 평등 사회(경험 많은 사람이 지도)*				• 씨족 사회(혈연 중심) → 족외혼(씨족+씨족) → 부족 사회* • 평등 사회(경험 많은 사람이 지도)*

주거	• 동굴, 막집				• 정착 생활 시작 → 움집(강가나 해안)*
					  ┌ 원형이나 모서리가 둥근 사각형
					  └ 반지하, 출입문은 남향, 중앙에 화덕 위치

예술,
무덤
	• 주술적 의미의 예술
	  ┌ 뼈 조각품 출토
	  ├ 소의 정강이 뼈에 새긴 물고기 그림(충북 단양군 수양개)
	  └ 사슴 뼈에 새긴 사람 얼굴(청원 두루봉 동굴)
					• 원시 종교 발생*
					  ┌ 애니미즘: 정령 신앙(태양·물 등 자연물 숭배)
					  ├ 토테미즘: 부족의 기원을 특정한 동·식물과 연결
					  └ 샤머니즘: 하늘과 인간을 연결시켜 주는 존재인
					               무당과 그 주술을 믿음
					• 예술: 치레걸이, 조개껍데기 가면

교류	• 서로 연결된 중국, 한반도, 일본 열도를 이동				• 중국, 연해주, 일본 열도까지 접촉 확대
유적지	• 평남 상원 검은모루 동굴 • 평남 덕천 승리산 동굴 • 충남 공주 석장리(남한 최초로 발굴·조사, 구석기 존재 확정) • 충북 청원 두루봉 동굴(흥수 아이 인골 출토) • 충북 단양 금굴(가장 오래된 유적지) • 경기 연천 전곡리(아슐리안형 주먹도끼 출토)				• 황해도 봉산 지탑리(탄화된 곡식) • 서울 암사동(움집, 빗살무늬 토기) • 강원 양양 오산리 • 부산 동삼동(조개 껍데기 가면) • 제주 한경 고산리

자료 읽기

구석기 시대 대표적인 유물

❶ 주먹도끼, ❷ 찍개, ❸ 밀개, ❹ 긁개, ❺ 슴베찌르개

신석기 시대 대표적인 유물

❶ 이른 민무늬 토기, ❷ 덧무늬 토기, ❸ 눌러찍기무늬 토기, ❹ 빗살무늬 토기, ❺ 가락바퀴,
❻ 갈판과 갈돌 | 원시적인 맷돌의 일종, ❼ 조개 예술품, ❽ 팔찌

★ Best 기출
- **구석기 시대**: 구석기의 유적지 | 구석기 시대의 생활상 ● **신석기 시대**: 신석기의 유적지 | 토기 변천 과정 | 신석기 시대와 농경 | 신석기의 생활상과 사회 | 원시 종교의 발생
- **청동기 시대**: 청동기 시대의 도구 | 벼농사의 시작 | 계급 발생 | 고인돌의 분포 ● **철기 시대**: 철제 농기구 등장 | 철기 시대의 도구 | 철기 시대의 무덤 | 중국과의 교류

구분	청동기 시대 (기원전 2000~기원전 1500년경부터)	철기 시대 (기원전 5세기경부터)
도구	• 간석기를 여전히 많이 사용 ┌ 반달 돌칼(곡물 수확)★ └ 청동제 농기구는 없음 • 토기 ┌ 덧띠새김무늬 토기 ├ 민무늬 토기 ├ 미송리식 토기(손잡이)★ └ 붉은 간 토기 • 비파형 동검★ • 거친무늬 거울★	• 철제 농기구 등장★, 간석기 사용 • 철제 무기 등장 • 토기 ┌ 민무늬 토기 ├ 덧띠 토기 └ 검은 간 토기 • 거푸집: 우리나라에서도 청동기 직접 제작 • 세형동검(한반도 독자적 청동기)★ • 잔무늬 거울★
경제	• 벼농사 시작★, 밭농사 중심(보리·콩) → 생산력 증가 → 잉여 생산물 → 사유 재산 → 전쟁 → 계급 발생(지배자 출현)★	• 벼농사 발달(일부 저습지)
사회	• 계급 사회(단군조선) • 남녀 분업 촉진(남성은 바깥일 종사, 여성은 집안일 담당)	• 계급 사회(위만조선) • 8조법
주거	• 움집(구릉 지대) ┌ 직사각형, 원형 ├ 배산임수의 취락 여건 ├ 화덕이 가장자리로 이동 ├ 지상 가옥 └ 독립된 저장 시설 설치 • 목책과 환호로 외부 침입 대비 • 넓은 지역에 많은 집터가 밀집 → 농경의 발달, 인구의 증가	• 움집, 귀틀집, 초가집 ┌ 사각형 ├ 배산임수 └ 지상 가옥
예술	• 청동제 의식용 도구(칼, 거울, 방패): 종교적·정치적 요구와 밀착 → 주술적 의미 • 농경무늬 청동기(주술적) • 토우: 장식용으로 제작, 풍요 기원 • 울주 대곡리 반구대 바위그림 - 사냥과 고래잡이 성공 기원 • 고령 장기리 바위그림 ┌ 동심원(태양 숭배), 기하학 무늬 └ 풍요 기원(제사터)	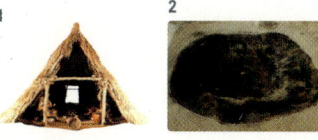 ◎ 농경무늬 청동기
무덤	• 고인돌★, 돌널무덤	• 널무덤, 독무덤(독에 넣어 매장)★
대외 관계	• 청동기와 철기가 규슈 지역 중심으로 일본 열도에 전파됨 → 야요이 문화 형성	• 중국과의 교류★ ┌ 명도전, 반량전, 오수전 └ 경남 창원 다호리 유적의 붓 (한자 사용)

자료 읽기

중석기 시대(기원전 1만 년 전~기원전 8000년경)
- 구석기에서 신석기로 넘어가는 과도기, 따뜻한 기후
- 작고 빠른 짐승을 잡기 위해 활 사용 → 잔석기 발달
- 석기를 나무나 뼈에 꽂아 쓰는 이음 도구 제작

신석기 시대 주거

❶ 암사동 움집, ❷ 신석기 시대 집터

청동기 시대의 대표적인 유물

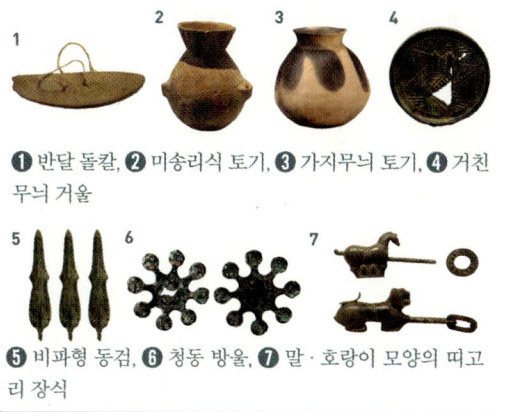

❶ 반달 돌칼, ❷ 미송리식 토기, ❸ 가지무늬 토기, ❹ 거친무늬 거울

❺ 비파형 동검, ❻ 청동 방울, ❼ 말·호랑이 모양의 띠고리 장식

청동기·철기 시대의 무덤

❶ 강화도 고인돌, ❷ 송국리 돌널무덤, ❸ 널무덤, ❹ 독무덤

철기 시대의 대표적인 유물

❶ 거푸집, ❷ 잔무늬 거울, ❸ 세형동검, ❹ 명도전, ❺ 다호리 유적의 붓, ❻ 반량전, ❼ 오수전

01 구석기 시대의 생활상

밑줄 그은 '흥수 아이'가 살던 시대의 생활 모습으로 옳은 것은?

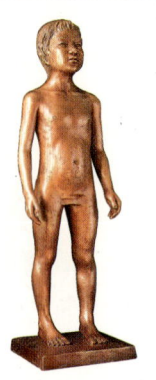

충북대 박물관은 충북 청원군 흥수 굴에서 발견된 어린이(일명 흥수 아이) 뼈를 원형에 가깝게 청동 등 신상으로 복원하여 공개하였다. <u>흥수 아이</u>는 약 4만 년 전 인류 화석으로 얼굴뿐 아니라 온몸의 뼈가 거의 온전한 형태로 발굴되었다. 이를 토대로 국내 고고학 사상 처음으로 전신상을 복원한 것이다. <u>흥수 아이</u>는 키가 110~120cm 가량으로, 5~6세 정도로 추정된다.

- ○○ 신문 -

① 가락바퀴, 뼈바늘을 사용하였다.
② 무리를 지어 이동 생활을 하였다.
③ 반달 돌칼로 곡식의 이삭을 잘랐다.
④ 사람이 죽으면 독에 넣어 매장하였다.
⑤ 토테미즘, 샤머니즘과 같은 원시 신앙을 믿었다.

문제 해설
제시된 지문에서 '약 4만년 전'이라는 시기와 '충북 청원군 흥수굴'이라는 동굴에서 발견된 사실을 통해 흥수 아이는 구석기 시대에 살았음을 유추할 수 있다. 구석기 시대 사람들은 아직 농경과 목축을 하지 않았고, 사냥과 채집을 통해 먹을 것을 얻었다. 또, 사냥과 채집에 의존하였으므로 무리를 이루어 먹을 것을 찾아 이동 생활을 하였다.

바로잡기
① 신석기 시대에 원시적 수공업이 발달하면서 가락바퀴와 뼈바늘이 사용되었다.
③ 청동기 시대에는 청동기를 농기구로 활용하기 어려웠기 때문에 일반적으로 반달 돌칼 등 석제 농기구를 사용하였다.
④ 독무덤과 널무덤은 철기 시대에 등장한 무덤 양식이다.
⑤ 토테미즘, 샤머니즘 등의 원시 종교는 신석기 시대에 등장하였다.

비법 암기
구석기 시대 생활 : 이동 생활, 무리 생활, 사냥 · 채집, 동굴 거주, 뗀석기 사용 등

02 구석기 시대의 유적지

(가)에 들어갈 자료로 적절한 것은?

경축
제○○회
연천 전곡리
선사 문화 축제
일시: ○○월 ○○일~○○일
장소: 연천 전곡리 유적 일대

선사 문화 축제에 초대합니다. 선사 시대인들의 생활상을 직접 보고, 체험할 수 있는 기회가 마련되어 있습니다.

(가)

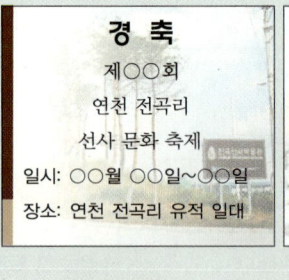

문제 해설
경기도 연천 전곡리에서 열리는 선사 문화 축제 안내장이다. 1978년 경기도 연천 전곡리에서 아슐리안형 주먹도끼가 아시아 최초로 발견되었다. 주먹도끼는 찍개와 함께 주로 짐승을 사냥할 때 쓰는 도구로 구석기 시대의 대표적인 유물이다. 밀개나 긁개 등은 껍질을 벗기거나 음식물을 다듬는 데 사용하였다.

바로잡기
① 철기 시대에 삼한에서 출토되는 독무덤이다. 항아리를 이용하였기 때문에 옹관묘라고도 한다.
③ 청동기인 팔주령(八珠鈴)은 얇은 판에 둥글게 돌아가며 여덟 개로 뻗어 있는 가지 끝에 방울이 달린 제의(祭儀) 기구이다.
④ 청동 제품을 제작하던 틀인 거푸집이다. 우리나라에서 청동기를 직접 제작하였다는 것을 증명하며 철기 시대에 해당된다.
⑤ 경남 창원 다호리 유적에서 출토된 붓이다. 철기 시대에 우리나라에서 한자가 사용되었음을 뜻하며 중국과의 교류 관계를 알 수 있다.

비법 암기
구석기 시대 도구 : 뗀석기(주먹도끼 · 찍개 · 긁개 · 밀개), 슴베찌르개

03 신석기 시대의 생활상

다음 집터를 남긴 사람들의 생활 모습으로 가장 적절한 것은?

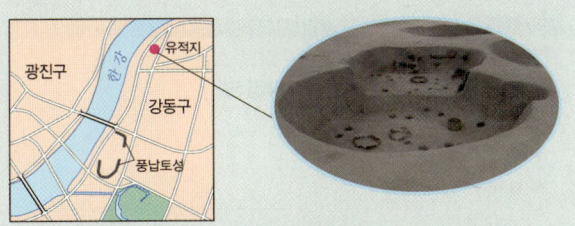

① 주변의 저습지에서 벼를 재배하였다.
② 명도전을 사용하여 중국과 교역하였다.
③ 검은 간토기를 사용하여 음식물을 저장하였다.
④ 사람이 죽으면 주검을 옹기 안에 넣어 매장하였다.
⑤ 취사와 난방을 위해 움집 중앙에 화덕을 설치하였다.

04 신석기 시대의 유물

(가)~(다) 시대의 생활 모습으로 옳지 않은 것은?

① (가) - 막집이나 동굴에서 생활하였다.
② (나) - 가락바퀴를 이용하여 옷을 지어 입었다.
③ (다) - 구릉 지대에 취락을 이루며 생활하였다.
④ (가), (나) - 지배자와 피지배자가 존재하는 계급 사회였다.
⑤ (나), (다) - 간석기를 이용하여 농경 생활을 하였다.

문제 해설
서울시 강동구에서 발굴된 선사 유적지의 지도와 움집이다. 신석기 시대 주거지인 움집의 바닥은 원형이나 모서리가 둥근 사각형이었고, 가운데에는 불씨를 보관하거나 취사와 난방을 하기 위한 화덕이 놓여 있었다. 남쪽으로 난 출입문 옆에는 저장 구덩이를 만들어 식량이나 도구를 보관하였다. 집터의 규모는 4~5명 정도의 가족이 살기에 알맞은 크기였다. 구석기 시대는 동굴이나 막집, 청동기 시대는 지상 가옥인 사각형의 움집, 철기 시대는 초가집, 귀틀집이 만들어졌다.

바로잡기
① 벼농사는 청동기 시대부터 시작되었고 반달 돌칼로 곡식을 수확하였다.
② 철기 시대 유적에서는 춘추 전국 시대의 연과 제에서 사용한 명도전이 출토되었다. 이는 당시 우리나라가 중국과 활발하게 교류했음을 보여 준다.
③ 철기 시대에 검은 간토기, 민무늬 토기, 덧띠 토기가 사용되었다.
④ 옹기로 만든 무덤인 독무덤은 철기 시대에 삼한에서 사용하였고, 항아리를 이용하였기 때문에 옹관묘라고도 한다.

비법 암기
신석기 시대 생활 : 간석기와 토기 사용, 원시적 수공업(가락바퀴), 농경 시작, 정착 생활, 움집 거주

문제 해설
(가)는 구석기 시대, (나)는 신석기 시대, (다)는 청동기 시대이다. 구석기 시대에는 사냥감을 찾아 이동 생활을 하며 막집이나 동굴에서 살았다. 신석기 시대 유적지에서는 가락바퀴와 뼈바늘이 출토되어 원시적인 수공업 생산이 이루어졌음을 알 수 있다. 청동기 시대에는 배산임수의 지형에 취락을 이루었는데, 오늘날 농촌의 자연 취락과 비슷한 모습이다. 농경을 시작한 신석기 시대에는 돌을 갈아 농경 기구를 만들어 사용하였고, 청동기 시대에도 여전히 간석기로 농사를 지었다. 청동은 매우 귀하여 청동으로 만든 제품은 주로 지배층의 장식용이나 의식용 도구로 사용되었다.

바로잡기
④ 신석기 시대는 평등 사회를 이룬 반면, 청동기 시대에는 지배 세력이 등장하면서 계급 사회가 형성되었다.

비법 암기
신석기 시대 유물 : 간석기, 빗살무늬 토기, 가락바퀴, 뼈바늘, 움집, 조개 예술품, 치레걸이

정답 | 01 ② 02 ② 03 ⑤ 04 ④

05 청동기 시대의 사회 모습

(가), (나) 유물이 처음 사용된 시대에 나타난 사회 모습으로 옳은 것은?

(가) 겉면에는 도구로 찍거나 그은 기하학적인 무늬가 있습니다.
(나) 평안북도 의주 미송리 동굴에서 처음 발굴되었습니다.

① (가) - 널무덤과 독무덤을 만들었다.
② (가) - 거푸집을 사용해 세형 동검을 만들었다.
③ (나) - 소를 이용하여 밭을 갈았다.
④ (나) - 많은 인력을 동원하여 고인돌을 만들었다.
⑤ (가), (나) - 권력을 가진 군장이 백성을 다스렸다.

06 청동기 시대의 특징

(가)에 들어갈 내용으로 옳은 것을 〈보기〉에서 고른 것은?

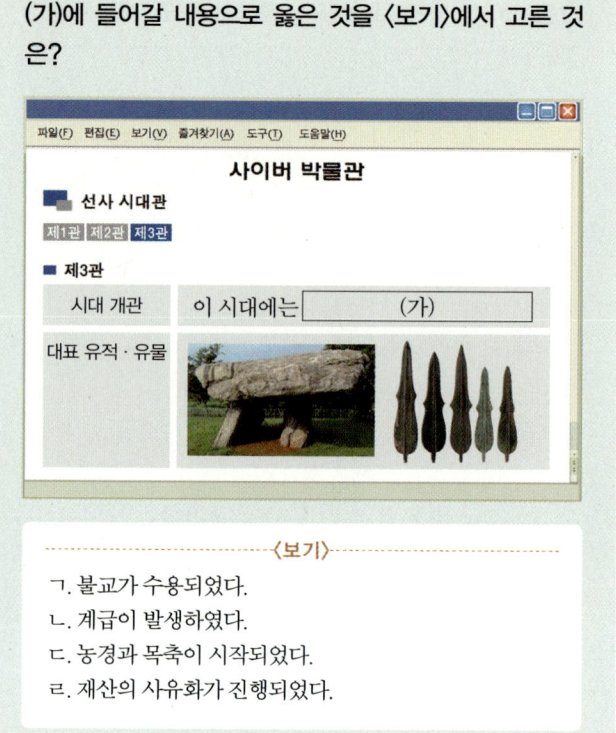

〈보기〉
ㄱ. 불교가 수용되었다.
ㄴ. 계급이 발생하였다.
ㄷ. 농경과 목축이 시작되었다.
ㄹ. 재산의 사유화가 진행되었다.

① ㄱ, ㄴ   ② ㄱ, ㄷ   ③ ㄴ, ㄷ
④ ㄴ, ㄹ   ⑤ ㄷ, ㄹ

문제 해설
(가)는 겉면에 기하학적인 무늬가 있다는 것으로 보아 신석기 시대의 빗살무늬 토기이고, (나)는 청동기 시대에 널리 사용된 미송리식 토기이다. 청동기 시대에는 생산력의 발전으로 계급이 출현하고 이에 따라 '군장'이라는 정치적 지배자가 등장하였다. 고인돌은 지배 세력의 무덤으로서 청동기 시대의 대표적인 무덤 양식이다. 고인돌은 제작에 많은 인력이 동원되었는데, 이를 통해 당시 지배층이 가진 권력과 경제력이 얼마나 막강했는지를 알 수 있다.

바로잡기
① 널무덤과 독무덤은 철기 시대의 대표적인 무덤 양식이다.
② 세형 동검은 초기 철기 시대에 제작되었고, 한반도 지역에서만 발견되는 독자적 형태의 청동기이다.
③ 우경은 신라 지증왕 때에 도입되었다고 기록으로 전하고 있다.
⑤ 신석기 시대는 계급이 존재하지 않은 평등 사회였다. 권력을 가진 군장은 청동기 시대에 비로소 등장하였다.

비법 암기
청동기 시대 사회 : 사유 재산의 발생 (→ 권력과 계급의 발생), 선민 사상 대두(부족의 정복 활동)

문제 해설
사진은 청동기 시대의 대표적인 유적과 유물이다. 왼쪽의 유적은 북방식(탁자식) 고인돌이고, 오른쪽의 유물은 비파형 동검이다. 청동기 시대에는 농경의 발달로 잉여 생산물이 생기자 생산물을 더 많이 차지하는 사람들이 나타났다. 이에 사유 재산이 발생하면서 사람들은 더 많은 재산을 차지하기 위해 싸움을 벌였다. 이 과정에서 계급이 나타나고 사회 전반에 걸쳐 큰 변화가 일어났다.

바로잡기
ㄱ. 불교는 삼국 시대에 해당하는 4세기 후반에 중국에서 전래되었다. 왕실에서 적극적으로 수용하여 새로운 국가 정신의 확립과 왕권 강화에 이념적으로 뒷받침하는 구실을 하였다.
ㄷ. 신석기 시대에 농경과 목축이 시작되었고, 이동 생활에서 정착 생활로 생활 양식이 변화하였다.

비법 암기
청동기 시대의 특징 : 벼농사 시작, 청동기 제작, 돌·나무로 만든 농기구 사용, 다양한 형태의 움집, 사유 재산·계급 발생

07 철기 시대 중국과의 교류

자료의 (가)에 들어갈 내용으로 옳은 것은?

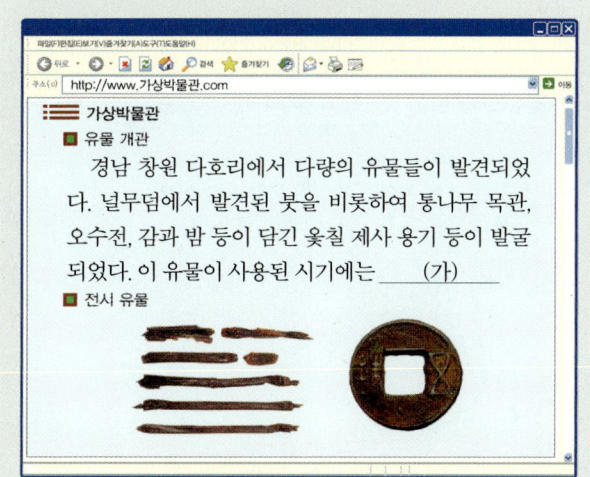

가상박물관
■ 유물 개관
  경남 창원 다호리에서 다량의 유물들이 발견되었다. 널무덤에서 발견된 붓을 비롯하여 통나무 목관, 오수전, 감과 밤 등이 담긴 옻칠 제사 용기 등이 발굴되었다. 이 유물이 사용된 시기에는 _____(가)
■ 전시 유물

① 중국과의 교류가 활발하였다.
② 무리를 지어 이동 생활을 하였다.
③ 계급이 없는 평등한 생활을 영위하였다.
④ 가락바퀴를 이용하여 옷을 만들기 시작하였다.
⑤ 자연물에 정령이 있다고 믿는 애니미즘이 등장하였다.

문제 해설
전시 유물에서 왼쪽은 붓이고, 오른쪽 오수전이다. 모두 철기 시대에 사용한 유물들이다. 이는 당시 우리나라가 중국과 활발하게 교류하였음을 보여 준다. 경남 창원 다호리에서 나온 붓은 당시에 우리나라에서 이미 한자를 쓰고 있었다는 것을 말해 준다. 중국 한에서 만든 오수전은 처음에는 동전으로 주조하였다가 후기에는 철전으로 주조하였다. 춘추 전국 시대의 연과 제에서 사용한 명도전, 진의 반량전도 출토되었다.

바로잡기
② 구석기 시대 사람들은 채집과 사냥에 의존하였으므로 무리를 지어 이동 생활을 하였다.
③ 철기 시대는 계급 사회이다. 평등 사회는 신석기 시대까지이다.
④ 가락바퀴는 실을 뽑는 데 사용한 도구로 신석기 시대 유물이다. 이를 통해 원시적 수공업 생산이 이루어졌음을 알 수 있다.
⑤ 애니미즘은 농사에 영향을 주는 자연 현상이나 태양, 물 등 자연물을 숭배하는 신앙이다. 샤머니즘, 토테미즘, 영혼 숭배, 조상 숭배와 함께 신석기 시대에 해당한다.

비법 암기
철기 시대 중국과 교류 : 명도전, 반량전, 오수전, 다호리 유적의 붓

08 철기 시대의 사회상

다음 무덤 양식이 등장한 시기의 새로운 변화로 옳은 것은?

① 영혼 숭배와 샤머니즘의 대두
② 돌괭이를 이용한 농경의 시작
③ 철제 공구와 철제 무기의 등장
④ 빗살무늬 토기를 이용한 식량의 저장
⑤ 동검과 동경을 착용한 제사장의 등장

문제 해설
왼쪽 사진은 독무덤, 오른쪽 사진은 널무덤이다. 두 무덤의 양식은 초기 철기 시대에 널리 사용되었다. 고조선 후기에 들어 돌로 만든 무덤은 줄어들고, 나무 널이나 항아리(독)로 만든 무덤이 유행하였다. 초기 철기 시대에는 철제 농기구와 철제 무기가 등장하여 농업 생산력이 비약적으로 발전했고, 정복 활동도 활발해졌다.

바로잡기
① 신석기 시대에는 원시적 종교 활동이 이루어지면서 샤머니즘, 토테미즘, 애니미즘, 영혼 숭배와 같은 신앙 행위가 이루어졌다.
② 신석기 시대에 농경이 시작되었다.
④ 신석기 시대에 빗살무늬 토기가 널리 사용되었다.
⑤ 동검과 동경은 청동기로 제작한 도구이므로 청동기 시대에 해당한다.

비법 암기
철기 시대 도구 : 철제 공구와 철제 무기 사용 → 농업 생산력의 발전과 활발한 정복 활동

2 고조선과 여러 나라의 성장 | I 우리 역사의 형성

- 고조선

구분	단군조선 (기원전 2333~기원전 194)	위만조선 (기원전 194~기원전 108)
정치	• 기원전 2333년 **단군왕검**이 건국, 아사달에 도읍 • **청동기** 문화 · **제정일치** 사회★ • 요동 지방을 중심으로 성장 → 한반도 대동강 유역까지 세력 확대 • 기원전 4세기경: 군장 → 왕 칭호 사용 • 기원전 3세기경: 부왕과 준왕 때 **왕위 세습**, 상 · 대부 · 장군을 둠	• 중국 전국 시대와 진 · 한 교체기에 유 · 이민 유입 → 위만이 고조선 서쪽 지역에 거주하며 변경 수비 → **위만**이 준왕을 몰아내고 집권, 고조선 계승 ┌ **철기** 문화 본격 수용,★ 활발한 정복 사업 전개 └ **중계 무역** 독점: 예 · 진 – 위만조선 – 한
대외 관계	• 요서를 경계로 연과 대립할 정도로 강성	• 한 무제의 침입 → 내분으로 왕검성 함락(기원전 108)
사회	• **8조법**★ ┌ 사람을 죽인 자는 즉시 죽이고 → **인명** · **노동력** 중시 ├ 타인에게 상처를 입힌 자는 **곡식**으로 갚게 하며 → **농경** 사회 └ 도둑질한 자는 **노비**로 삼는다 → **신분제** · 사유재산 중시 단, 죄를 면하려면 **50만 전**을 내야 한다 → **화폐** 사용	• 고조선 멸망 이후 60여 개조로 법 조항 증가
영토	• 문화 범위★ ┌ **탁자식 고인돌** ├ **비파형 동검** └ **미송리식 토기** ◎ 탁자식 고인돌 ◎ 비파형 동검 ◎ 미송리식 토기	• 한의 4군★ ┌ **진번군**, **임둔군**, **현도군** → 토착민들의 저항에 부딪혀 곧 폐지 └ **낙랑군** → 313년 미천왕의 공격을 받아 고구려에 병합

자료 읽기

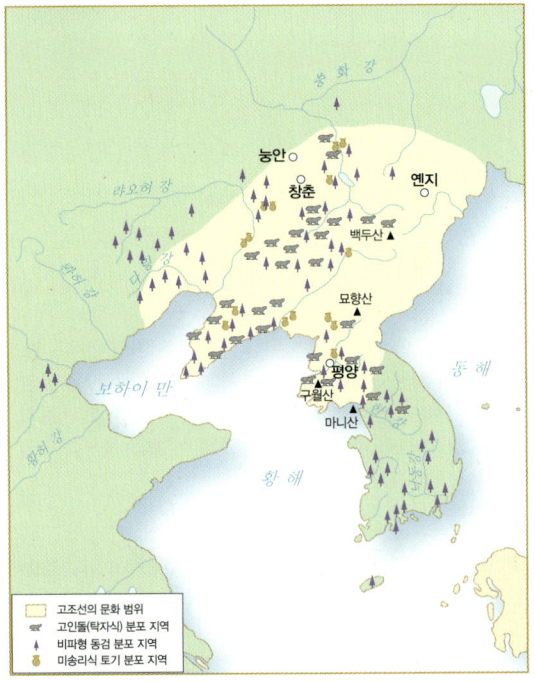

◎ **고조선의 문화 범위** | 고조선의 영토는 오늘날 확정하여 알 수 없다. 고조선의 문화 범위 또는 세력 범위라는 표현을 쓴다. 고조선의 문화 범위는 한반도 서북부와 요동 지방, 특히 요서 지역을 포괄한다. 이는 탁자식 고인돌(북방식 고인돌)의 분포 지역과 비파형 동검 · 미송리식 토기의 출토 지역을 통해 확인할 수 있다.

출제 예감

환웅의 신시 건설
하늘의 제왕인 환인에게는 환웅이라는 아들이 있었는데,(⇨선민사상) 환웅은 천하에 뜻을 품고 인간 세상을 널리 이롭게 다스리고자 하였다.(홍익인간) 이에 환인은 아들의 뜻을 알고 천부인 세 개(청동 검, 청동 거울, 청동 방울)를 주고 뜻을 펴기에 적당한 삼위태백에 내려가 인간 세상을 다스리게 하였다. 환웅은 3,000명의 무리를 거느리고 태백산 꼭대기 신단수 아래(⇨배산임수, 선민사상)에 내려와 그곳을 '**신시(神市)**'(⇨선민사상)라 불렀다. 그때부터 환웅 천왕은 풍백, 우사, 운사(⇨농경 생활)를 거느리고 곡식, 수명, 질병, 형벌, 선악 등 360여 가지의 일을 주관하며 인간 세상을 교화하였다.(⇨계급 사회) — "삼국유사" —

환웅 부족과 곰 숭배 부족의 통합
곰 한 마리와 호랑이 한 마리(⇨토테미즘, 토착 집단)가 같은 굴에서 살았는데, 환웅에게 사람이 될 수 있게 해 달라고 늘 빌었다. …… 이에 환웅은 잠시 사람으로 변하여 웅녀와 사랑을 나누었고, (⇨환웅 집단과 곰 집단의 결합) 웅녀는 임신하여 아들을 낳았다. 그가 **단군왕검**(⇨제정일치, 지배자의 칭호)이다.
— "삼국유사" —

단군 왕검의 의미

단군(제사장) + 왕검(정치적 지배자)
↓
제정일치 사회의 군장

단군 조선에 관련한 역사 기록

나라	지은이	책 이름
고려	일연	"삼국유사"
	이승휴	"제왕운기"
조선	서거정	"동국통감"
		"동국여지승람"

출제 예감

이승휴의 "제왕운기"
요동에 따로 한 천지가 있으니
뚜렷이 중국과 구분되어 나누어져 있도다.
큰 파도 수 만 이랑 삼면을 두르고
북쪽에 육지가 줄처럼 이어져 있네.
가운데 땅덩이 천 리가 바로 조선이니
강산의 아름다운 경치, 천하에 이름났네.
……
처음 누가 나라를 열고 풍운을 일으켰던가
하느님(釋帝)의 손자, 이름하여 단군이라.

★ Best 기출
- 고조선 : 건국 신화로 본 고조선의 특징 | 8조법으로 본 고조선의 사회상 | 고조선의 문화 범위 | 위만 조선의 중계 무역 독점
- 여러 나라의 성장 : 각 나라의 정치 체제 | 각 나라의 풍속 및 계절제 | 서옥제와 민며느리제 | 책화 | 천군과 소도

• 여러 나라의 성장

구분	부여	고구려	옥저	동예	삼한(마한, 변한, 진한)
정치	• 5부족 연맹체 ─ 중앙: 왕 ─ 사출도: 마가, 우가, 저가, 구가★ ─ 왕과 가(加)들은 대사자·사자 등을 거느림 ─ 흉년이 들면 왕에게 책임을 물음 • 1책 12법(살인자: 사형, 절도: 12배 배상)	• 5부족 연맹체★: ─ 왕 아래 상가, 고추가 등의 대가(大加) 존재 ─ 대가는 사자·조의·선인을 거느림 • 제가 회의: 귀족 회의	• 군장 국가 ─ 국왕이 없음 ─ 각 읍락에 읍군·삼로라는 군장이 있어 부족을 지배	• 군장 국가 ─ 국왕이 없음 ─ 각 읍락에 읍군·삼로라는 군장이 있어 부족을 지배	• 제정 분리 사회★ ─ 신지·읍차(정치) ─ 천군(종교) → 천군은 소도라는 신성 지역을 다스림 • 목지국(마한의 소국)의 지배자를 진왕으로 추대
경제	• 농경·목축 • 특산물: 말, 주옥, 모피	• 전쟁을 통한 약탈 경제 (← 농업·목축 통한 자급자족 불가능) • 부경(창고)	• 소금, 해산물 풍부 → 고구려에 공납으로 바침	• 해산물 풍부, 토지 비옥 • 특산물: 단궁(활), 과하마(키가 작은 말), 반어피(바다 표범 가죽)	• 다량의 철 생산(변한) → 낙랑과 왜에 수출★ • 벼농사(저수지)
풍속	• 제천 행사: 영고(12월)★ • 순장(왕이 죽으면 많은 사람을 껴묻거리와 함께 매장)★ • 우제점법 (소의 발굽 모양으로 국가의 길흉 점복)	• 제천 행사: 동맹(10월)★ • 국동대혈(큰 동굴)에서 제사 • 혼인 풍속: 서옥제(데릴사위제와 유사)★ 형사취수제(재산 유출 방지)★	• 골장제(가족이 죽으면 그 뼈를 추려서 가족 공동 무덤에 안치)★ • 혼인 풍속: 민며느리제(매매혼)	• 제천 행사: 무천(10월)★ • 책화(다른 부족의 생활권 침입 시 노비, 소·말로 변상) • 혼인 풍속: 족외혼(같은 씨족끼리 혼인하지 않음)★	• 제천 행사: 계절제★ (5월 수릿날, 10월 추수 감사제) • 소도(신성한 지역)★ • 두레, 품앗이 (공동 노동 조직)
집터				• 여(呂)자형·철(凸)자형 집터	• 마한의 토실 (초가 지붕이 있는 흙방)

자료 읽기

서옥제
미리 말로 정혼을 한 뒤 여자의 집 뒤편에 별채(서옥)를 짓는다. 신부 집에서 살다가 자식이 장성하면 남편은 처자식을 데리고 자기 집으로 돌아간다.

형사취수제
지배층의 혼인 풍습으로 형이 죽으면 동생이 형수와 혼인하여 함께 생활한다.

민며느리제
여자가 어렸을 때 신랑 집에서 여자를 맞이하여 성장할 때까지 데리고 있다가 아내로 삼는다. 친정에 예물을 치르고 혼인한다.

족외혼
같은 씨족끼리는 혼인하지 않는다.

○ 여러 나라의 성장과 각 나라의 혼인 풍속

📷 초기 국가의 집터

❶ 동예의 여(呂)자형 집터
❷ 동예의 철(凸)자형 집터
❸ 마한의 토실(흙방)

📷 부여·초기 고구려의 신분 구성

가(加)	• 종래 군장이었으나 귀족화함 • 사출도를 다스림(부여)
호민	• 촌락의 유력자로서 백성 통제 • 부유층
하호	• 읍락에 거주하는 일반 농민 • 조세와 부역을 바침
노비	• 천민층

☐ 지배층 ☐ 피지배층

01 고조선의 문화 범위

다음 유물과 유적이 만들어진 시기의 상황으로 옳은 것은?

① 한반도 북부와 만주 지역이 중국 군현의 지배를 받았다.
② 위만 조선의 세력이 커지면서 한나라와의 대립이 격화되었다.
③ 요하 유역을 중심으로 고조선이 성립하여 세력을 키워 나갔다.
④ 압록강 중류 지역에서 고구려가 일어나 중국 세력과 대립하였다.
⑤ 철기 문화가 확산되면서 한반도 남부 지역에 삼한이 성립하였다.

문제 해설
첫 번째 유물은 비파형 동검, 두 번째 유물은 미송리식 토기, 세 번째 유적은 고인돌이다. 요하를 중심으로 성장한 고조선 초기의 대표적인 청동기 유물이다. 만주와 한반도 북부 지방을 중심으로 널리 분포되어 있어 고조선의 문화 범위를 짐작할 수 있다. 형태나 제작 기법에서 중국 계통과는 완전히 다른 북방 시베리아 계통의 영향을 받았다.

바로잡기
① 중국 군현(한사군-낙랑, 진번, 임둔, 현도)의 설치 시기는 고조선 멸망(기원전 108) 이후인 철기 시대이다.
② 위만 조선의 성립(기원전 194)은 철기 시대이다. 위만 조선은 철기 문화를 본격적으로 수용하면서 우세한 무기를 바탕으로 활발한 정복 활동을 벌였다.
④ 고구려가 중국 세력과 대립하면서 성장한 시기는 삼국 시대이다.
⑤ 삼한의 성립은 철기 시대이다.

비법 암기
고조선의 문화 범위 : 탁자식 고인돌, 비파형 동검, 미송리식 토기 등의 분포 지역을 통해 짐작할 수 있음

02 고조선의 특징

밑줄 그은 ㉠~㉤에 대한 설명으로 옳지 않은 것은?

> 고조선은 ㉠단군왕검에 의해 건국되었다. 단군왕검의 건국 이야기는 오랜 세월을 거치면서 전승되어 기록으로 남겨진 것으로 ㉡여러 사서에 수록되어 있다. 기원전 3세기경에는 부왕, 준왕과 같은 강력한 왕이 등장하여 왕위를 세습하였으며 왕 아래 ㉢여러 관직을 두었다. 진·한 교체기에 중국이 혼란에 휩싸이게 되면서 ㉣대규모의 유이민이 몰려오기도 하였다. 고조선에는 ㉤8조의 법이 있었다.

① ㉠ - 제사장이면서 정치적 지배자였다.
② ㉡ - 삼국유사, 제왕운기 등이 있다.
③ ㉢ - 국상, 막리지 등이 있었다.
④ ㉣ - 철기 문화를 보유하고 있었다.
⑤ ㉤ - 사유 재산을 중시하는 조항이 있다.

문제 해설
제시된 지문은 고조선에 대한 설명이다. 단군왕검에 의해 건국된 고조선은 중국의 진·한 교체기에 연의 장군인 위만 세력이 망명해 오면서 위만에 의해 왕위가 교체되었다. 단군왕검이라는 명칭은 제사장을 뜻하는 단군과 정치·군사적 지배자인 군장을 뜻하는 왕검으로 구성되어 있다. 단군왕검은 제정일치사회의 지배자였다. 고려의 몽골 항전기에 단군을 민족의 시조로 인식하는 민족 의식이 생겨 "삼국유사", "제왕운기" 등의 역사서에 고조선에 대한 기록이 실렸다. 위만은 한반도에 철기 문화를 보급하였고, 중국의 한과 한반도 남부의 진 사이에서 중계 무역을 하면서 경제적 이득을 취하였다. 고조선의 8조법 중 "도둑질을 한 자는 노비로 삼는다"는 조항이 있어 사유 재산을 중시하였음을 알 수 있다.

바로잡기
③ 국상, 막리지 등은 고구려의 관직이고, 고조선은 왕 밑에 상, 대부, 장군 등의 관직을 두었다.

비법 암기
고조선 : 단군왕검 건국(제정일치) → 진·한 교체기 위만의 망명으로 위만 조선 성립 → 철기 보급 및 중계 무역 → 한의 공격으로 멸망

03 8조법과 고조선의 사회상

다음 자료와 관련된 나라에 대한 설명으로 옳은 것은?

> 도둑질을 한 자는 노비로 삼는다. 용서받고자 하는 자는 한 사람마다 50만 전을 내야 한다. 비록 용서를 받아 보통 백성이 되어도 풍속에 역시 그들은 부끄러움을 씻지 못하여 혼인을 하고자 해도 짝을 구할 수 없다.
>
> - "한서" -

① 왕 아래 상, 대부, 장군 등의 관직을 두었다.
② 군장의 세력이 미치지 못하는 소도가 있었다.
③ 5월과 10월에 계절제를 열어 하늘에 제사를 지냈다.
④ 지배층은 왕족인 부여씨와 8성의 귀족으로 이루어졌다.
⑤ 다른 부족의 생활권을 침범하면 노비, 소 등으로 변상하게 하였다.

문제 해설
자료는 당시 고조선의 사회상을 잘 알려 주는 8조법이다. 현재 3개 조항만 전해지고 있는데 살인죄, 절도죄, 상해죄가 들어 있다. 이를 통해 당시 사회가 생명과 사유 재산을 중요하게 여겼고, 권력과 경제력에 차이가 생겨났으며, 형벌과 노비가 나타났음을 알 수 있다. 또한 50만 전을 내도록 하였다는 것을 통해 당시에 화폐가 사용되었음을 알 수 있다.

바로잡기
② 삼한의 종교적 지배자인 천군은 신성한 지역인 소도에서 농경과 종교에 대한 의례를 주관하였다. 제사장인 천군이 다스리는 소도는 군장의 세력이 미치지 못하였다.
③ 삼한에서는 5월에 수릿날, 10월에 계절제라는 제천 행사가 열렸다.
④ 백제의 왕족은 부여 계통이다. 고구려와 옥저도 같은 부여족에서 나온 갈래이다.
⑤ 동예의 책화에 대한 설명이다. 다른 부족의 영역을 침범하면 노비나 소, 말로 배상하게 하였다.

비법 암기
8조법에 나타난 고조선의 사회상 : 생명과 재산 중시, 계급 분화, 형벌 발생

04 부여의 특징

(가) 나라에 대한 설명으로 옳은 것은?

> ___(가)___ 은(는) 현동의 북쪽 천여 리에 있는데, 남쪽은 선비와 접해 있고, 북쪽에는 약수가 있다. 국토의 면적은 사방 2천 리이고, 호수는 8만이다. …… 그 나라의 법률은 사람을 죽인 사람은 사형에 처하고 그 집안을 몰수하며, 도둑질한 사람은 12배를 갚도록 하고, 남녀가 음란한 짓을 하거나 부인이 질투하면 모두 사형에 처하였다. 혹 전쟁이 있게 되면 소를 잡아서 하늘에 제사를 지내고 그 발굽으로 길흉을 점치는데, 발굽이 갈라지면 흉하고 합해지면 길하다고 생각하였다.

① 가(加)들이 저마다 사출도를 다스렸다.
② 목지국의 지배자를 진왕으로 추대하였다.
③ 고구려에 소금, 어물 등을 공물로 바쳤다.
④ 사자, 조의, 선인 등의 관직을 설치하였다.
⑤ 책화를 통해 부족 간의 경계를 분명히 하였다.

문제 해설
(가) 나라는 부여이고, 제시문은 부여의 1책 12법과 우제점법에 대한 내용이다. 부여에서는 왕이 중앙을 다스리고, 가(마가, 우가, 저가, 구가)는 지방 행정 구역인 사출도를 다스렸다. 사출도는 왕이 통치하는 중앙과 함께 5부를 이루었다. 가들은 왕을 추대하기도 하였고, 수해나 가뭄으로 흉년이 들면 왕에게 책임을 묻기도 하였다.

바로잡기
② 목지국은 삼한 가운데 세력이 가장 컸던 마한의 소국 중 하나였다. 목지국의 지배자가 마한왕 또는 진왕으로 추대되어 삼한 전체를 주도하였다.
③ 옥저는 어물과 소금 등 해산물이 풍부하고 토지가 비옥하여 농사가 잘 되었다.
④ 고구려는 상가, 고추가 등의 대가들이 사자, 조의, 선인 등의 관리를 거느렸다.
⑤ 동예는 각 부족의 영역을 함부로 침범하지 못하게 하였다. 만약 다른 부족의 생활권을 침범하면 책화라 하여 노비나 소, 말로 변상하게 하였다.

비법 암기
부여 : 5부족 연맹(왕+사출도), 1책 12법, 영고, 순장

05 고구려와 옥저의 결혼 풍습

(가), (나) 국가에 대한 설명으로 옳은 것은?

① (가) - 제가들이 다스리는 사출도가 있었다.
② (가) - 천군이 다스리는 신성 지역으로 소도를 두었다.
③ (나) - 매년 10월에 무천이라는 제천 행사를 거행하였다.
④ (나) - 대가들이 각기 사자, 조의, 선인 등의 관리를 거느렸다.
⑤ (나) - 가족이 죽으면 그 뼈를 추려서 가족 공동 무덤에 안치하였다.

문제 해설
초기 국가의 결혼 풍속에 대한 대화 내용이다. (가)는 고구려, (나)는 옥저이다. 고구려의 서옥제는 남자가 자식을 낳고 자식이 장성할 때까지 처가에 살면서 일해 주는 제도인데, 일명 데릴사위제라 한다. 당시 사회가 노동력을 중시했음을 알 수 있다. 옥저의 민며느리제는 딸을 남자 집으로 보내 그 집안의 일을 거들게 하고, 딸이 시집갈 때 친정에서 대가를 받고 혼인시키는 풍속으로 일종의 매매혼이다. 일명 예부제라 한다.

바로잡기
① 사출도는 부여의 지방 행정 구역이다. 마가, 우가, 저가, 구가들이 다스렸다.
② 소도는 삼한의 신성 지역이다. 천군이 거주하면서 농경과 제사를 주관하였다.
③ 무천은 동예의 제천 행사이다.
④ 고구려에서 왕 아래 상가, 고추가 등의 대가들은 사자, 조의, 선인 등을 다스렸다.

 **비법 암기**
초기 국가의 결혼 풍속 : 고구려의 서옥제, 옥저의 민며느리제

06 초기 국가의 특징

다음은 『삼국지』 위서 동이전에 있는 여러 나라에 관한 기록이다. (가)~(마) 국가에 대한 설명으로 옳은 것은?

(가) 토질은 오곡이 자라기에 적당하지만, 오곡이 영글지 않으면 그 허물을 왕에게 돌려 "왕을 마땅히 바꾸어야 한다."라고 하였다.
(나) 큰 산과 깊은 골짜기가 많고 넓은 들은 없어 부지런히 농사를 지어도 식량이 부족하였고, 상가, 고추가 등의 대가들이 있었다.
(다) 토질은 비옥하며 산을 등지고 바다를 향해 있어 오곡이 잘 자라 농사짓기에 적합하였고, 민며느리제 풍습이 있었다.
(라) 삼한 중 서쪽에 위치하였으며, 사람들은 곡식을 심고 누에를 치거나 뽕나무를 가꿀 줄 알았으며, 삼베를 만들었다.
(마) 토지가 비옥하여 오곡과 벼를 심기에 적당하고, 철이 생산되어 한, 예, 왜인들이 모두 와서 사 간다.

① (가) - 송화강 유역을 중심으로 성장하였고, 영고라는 제천 행사를 열었다.
② (나) - 각 부족의 영역을 함부로 침범하지 못하게 하는 책화(責禍)의 풍습이 있었다.
③ (다) - 어로와 농경이 발달하여 일찍이 고대 국가로 성장할 수 있었다.
④ (라) - 가축의 이름을 딴 마가, 우가, 저가, 구가 등의 관리가 있었다.
⑤ (마) - 한강 유역에서 출발하여 커다란 정치 세력으로 성장하였다.

문제 해설
제시된 자료의 (가)는 부여, (나)는 고구려, (다)는 옥저, (라)는 마한, (마)는 변한이다. ① 부여는 만주 송화강 유역의 평야 지대를 중심으로 성장하였고, 매년 12월에 영고라는 제천 행사를 열었다.

바로잡기
② 동예, ④ 부여, ⑤ 백제에 해당하는 내용이다.
③ 옥저는 고구려의 압박 때문에 고대 국가로 성장하지 못하였다.

비법 암기
초기 국가의 풍속 : 부여의 영고, 고구려의 서옥제, 옥저의 민며느리제, 동예의 책화, 삼한의 소도

07 마한의 특징

밑줄 친 '이 지역'에서 발전했던 초기 국가에 대한 설명으로 옳은 것은?

> 이 지역은 중국과의 교통이 편하고 물산이 풍부하며, 고조선에서 망명한 준왕의 정치 집단이 정착한 곳이었다.

① 철을 많이 생산하여 낙랑, 왜 등에 수출하였다.
② 50여 소국으로 이루어졌고, 제사장인 천군이 지배하던 소도가 있었다.
③ 읍락에는 후, 읍군, 삼로 등의 군장이 있었고, 책화의 풍습이 엄격히 지켜졌다.
④ 남의 물건을 훔쳤을 때에는 물건값의 12배를 배상하게 하고, 질투하는 아내는 죽었다.
⑤ 혼인한 뒤, 처가에서 자식을 낳아 기르다가 자식이 장성하면 아내를 데리고 자기 집으로 돌아가는 풍속이 있었다.

문제 해설
'이 지역'은 초기 국가 삼한에 대한 설명이다. 고조선의 사회 변화(위만의 입국)에 따라 유이민(준왕의 세력)이 내려오면서 철기 문화와 토착 문화가 결합하여 마한, 변한, 진한의 연맹체가 형성되었다. 마한은 경기·충청·전라도 지방에서 발전하였고, 54개 소국으로 이루어졌다. 목지국은 삼한 가운데 가장 세력이 컸던 마한의 소국이다. 목지국의 지배자가 마한왕 또는 진왕으로 추대되어 삼한 전체를 주도하였다.

바로잡기
① 변한에서는 철을 많이 생산하여 낙랑과 왜 등에 수출하였는데, 철은 교역에서 화폐처럼 사용되기도 하였다.
③ 동예에는 왕이 없고 읍군이나 삼로라는 군장이 자기 부족을 다스렸다. 또한, 책화라는 풍습이 있었다.
④ 부여에는 1책 12법이라는 엄격한 법이 있어 남의 물건을 훔쳤을 때 12배로 갚게 하였다. 투기가 심한 부인은 사형에 처하였다.
⑤ 고구려의 서옥제이다. 당시 사회가 노동력을 중시한 사회임을 보여준다.

비법 암기
마한의 특징 : 경기·충청·전라 지방에 위치, 54개 소국, 목지국이 주도, 소도가 존재

08 삼한의 특징

다음 국가에 대한 설명으로 옳은 것은?

> 5월이면 씨뿌리기를 마치고 귀신에게 제사를 지낸다. …… 그들의 춤은 수십 명이 모두 일어나서 뒤를 따라가며 땅을 밟고 구부렸다 치켜들었다 하면서 손과 발로 서로 장단을 맞추었다. 10월에 농사일을 마치고 나서도 이렇게 한다. …… 귀신을 믿기 때문에 국읍에 각각 천군을 세워서 천신의 제사를 주관하게 한다. 또, 여러 나라에는 각각 별읍에 큰 나무를 세우고 방울과 북을 매달아 놓고 귀신을 섬긴다. 그 지역으로 도망 온 사람은 누구든 돌려보내지 아니한다.

① 신지, 읍차 등의 지배자가 있었다.
② 가(加)들이 흉년이 들면 왕에게 그 책임을 물었다.
③ 다른 부족의 영역을 침범하면 배상하는 책화가 있었다.
④ 중대한 범죄자는 제가 회의를 통하여 사형에 처하였다.
⑤ 가매장했던 가족의 뼈를 추려 가족 공동 무덤에 안치하였다.

문제 해설
"삼국지 위서 동이전"에 전하는 삼한의 제천 행사에 대한 내용이다. 제사장인 천군은 씨를 뿌리고 난 뒤인 5월과 곡식을 거두어들이는 10월에 계절제를 주관하였다. 제천 행사 때는 날마다 음식과 술을 준비하여 온 나라 사람들이 노래를 부르고 춤을 추며 즐겼다. 삼한에 철기가 보급되고 정복 활동이 활발해지면서 삼한에서도 신지, 읍차 등 부족장 세력이 성장하였다.

바로잡기
② 마가, 우가, 저가, 구가의 가(加)들은 부여의 족장들이다. 천재지변 시 왕에게 책임을 물을 정도로 왕권은 미약하였다.
③ 동예의 책화는 다른 부족의 영역을 침범하면 노비와 소, 말로 배상하는 풍습이다.
④ 제가 회의는 고구려의 중대사를 결정하는 귀족 회의이다.
⑤ 가족 공동 무덤(골장제)은 옥저의 장례 풍속이다.

비법 암기
삼한의 특징 : 제정 분리, 벼농사, 철 생산 및 수출, 계절제(5월, 10월), 두레, 품앗이, 소도

정답 | 05 ⑤ 06 ① 07 ② 08 ①

II 전근대의 정치

1. 1~6세기 고대 국가의 정치
2. 7~10세기 고대 국가의 정치 3. 고려 전기의 정치
4. 고려 후기의 정치 5. 조선 전기의 정치
6. 조선 중기의 정치 7. 조선 후기의 정치
8. 조선 전기의 정치사상 9. 조선 후기의 정치사상
10. 세도 정치기 사상의 변천

고구려, 백제, 신라는 활발한 정복 활동을 통해 영토를 확장하고 통치 체제를 정비하여 중앙 집권적인 고대 국가로 성장하였다. 신라가 삼국을 통일하고 옛 고구려 지역에 발해가 들어서면서 우리 역사는 남북국 시대를 맞이하였다. 천년 왕국이었던 신라가 혼란기에 접어들자 호족 세력이 발흥하였고, 이들에 의해 새로운 왕국인 고려가 탄생하였다. 고려는 혼란한 동아시아의 정세 속에서 능동적으로 대처하며 발전하였지만, 내부의 모순을 극복하지는 못하였다. 이에 신진 사대부는 이성계를 왕으로 세워 조선을 건국하였다. 조선은 유교 중심의 중앙 집권 체제를 갖추고 민족 문화를 발전시켜 나갔다.

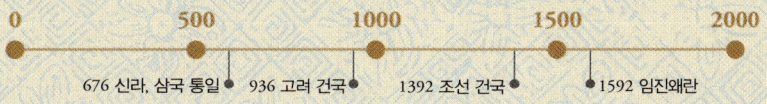

기출 문제 출제 포인트

고대 국가의 정치 발전	삼국과 가야의 발전	고구려의 전성기 (6회, 7회, 9회, 16회, 18회, 19회)
		광개토 대왕 시기 대외 관계 (2회, 9회)
		백제의 전성기 (5회, 7회, 10회, 12회)
		신라의 전성기 (4회, 5회, 8회, 14회, 17회)
		살수대첩 (3회, 16회)
		가야 연맹의 발전 (2회, 5회, 10회, 11회, 14회, 15회)
	남북국의 형성	삼국 통일 (2회, 15회)
		고구려와 백제의 부흥 운동 (15회, 16회, 17회)
		신문왕의 전제 왕권 강화 (3회, 13회, 16회)
		신라 하대의 역사적 사실 (5회, 11회, 12회, 15회, 16회, 17회)
		발해의 특징 (2회, 4회, 5회, 17회, 19회)
고려의 정치 발전	고려의 건국과 기틀 마련	태조의 정책 (3회, 5회, 16회, 18회, 19회)
		광종의 왕권 강화 정책 (2회, 3회, 5회)
		최승로의 시무 28조 (5회, 10회, 11회, 14회)
	문벌 귀족 사회와 무신 집권기	문벌 귀족 사회 (18회)
		묘청의 서경 천도 운동 (3회, 13회, 18회)
		무신 집권기 농민과 천민의 저항 (2회, 3회, 5회, 6회, 14회)
	고려 후기의 정치 변화	원 간섭기의 사회상 (14회, 17회)
		공민왕의 개혁 정치 (2회, 9회, 14회, 15회)
		권문세족과 신진 사대부 (5회, 7회, 13회, 19회)
	고려의 대외 관계	거란의 침입 (3회, 10회, 14회, 19회, 21회)
		여진과의 관계 (2회, 4회, 13회, 19회)
		대몽 항쟁 (8회, 10회, 11회, 12회, 15회)
		고려 말 왜구 토벌 (4회, 5회)
조선의 정치 발전	조선 전기의 정치와 대외 관계	조선 건국과 정도전 (14회)
		태종의 정책 (12회)
		세종의 업적 (2회, 4회, 6회, 9회)
		4군과 6진 개척 (6회, 16회)
		6조 직계제와 의정부 서사제 (3회, 7회, 11회)
		사화의 발생 (4회, 10회, 12회, 13회, 14회)
	양난과 대외 정책	임진왜란 (2회, 3회, 15회, 16회, 17회)
		광해군의 중립 외교 (10회, 14회)
		통신사 파견 (14회)
		나선 정벌 (14회)
	조선 후기의 정치 변동	붕당 정치의 전개 (3회, 5회, 9회, 12회, 16회, 18회, 19회)
		영조의 정책 (2회, 8회, 13회, 14회, 15회)
		정조의 정책 (2회, 3회, 4회, 6회, 7회, 9회, 16회, 17회)
		세도 정치 (14회, 15회)
조선의 정치사상	성리학의 발달	조선 성리학의 발달 (5회, 13회, 19회)
		서원과 향약 (14회)
		호락논쟁 (20회)
		양명학과 강화학파 (13회)
	조선 후기 사상의 변화	실학의 발달 (4회, 6회, 11회, 12회, 13회, 14회, 15회, 16회, 17회)
		실학자들의 역사 인식 (14회, 15회, 16회)
		천주교의 전파 (4회)
		동학의 전파 (6회)

서울 삼전도비(왼쪽), 통신사 행렬도(오른쪽)

1 1~6세기 고대 국가의 정치 | II 전근대의 정치

구분	1~2세기	3세기	4세기	5세기

고구려	• 동명왕(주몽): 기원전 37년 압록강 유역 졸본에서 건국
	• 유리왕: 졸본성 → 국내성 천도
	• 태조왕(1세기 후반)
	  ─ 옥저 복속 → 공물 수취, 동해안으로 진출
	  ─ 5부 체제 마련
	  ─ 계루부 고씨의 왕위 세습
	  → 중앙 집권 국가 틀 마련
	• 고국천왕(2세기 후반)*
	  ─ 왕위 부자 상속
	  ─ 부족적 전통의 5부를 행정적 성격으로 개편
	  → 중앙 집권 체제 강화
	  ─ 진대법 시행(을파소)
		• 동천왕:
		  위의 관구검 침입(3세기 중반)
		• 미천왕(4세기 초반)
		  ─ 5호 16국의 혼란을 틈타 대외 팽창 → 서안평 점령(중국 본토와 낙랑군의 연결 통로)
		  ─ 낙랑군 축출(313)
		  → 대동강 유역 차지
		• 고국원왕(사유)
		  ─ 전연의 침입 → 국내성 함락
		  ─ 백제의 평양성 침입으로 전사
		  (↔ 백제 근초고왕, 371)
			• 소수림왕(4세기 후반)*
			  ─ 태학 설립, 불교 수용(372), 율령 반포
			  → 중앙 집권 체제 강화
			• 광개토 대왕(4세기 말~5세기 초)*
			  ─ 연호 영락
			  ─ 거란 격파 (→ 후연의 배후지 정복)
			  ─ 백제 공격 → 한강 이북 차지
			  ─ 신라를 도와 왜 격퇴(400)
			    → 신라에 내정 간섭, 금관가야 쇠퇴
			  ─ 후연 격파 → 요동을 포함한 만주 지역 지배권 확대
			  ─ 동부여 복속
				• 장수왕*
				  ─ 광개토 대왕릉비 건립
				    (길림성 집안 소재, 414)
				    → 고구려의 건국 과정, 광개토 대왕의 정복 사업 기록
				    (신라 내물 마립간을 도와 왜 격퇴)
				  ─ 중국의 남북조와 우호 관계
				    (등거리 외교 전략)
				  ─ 평양 천도(427) → 남진 정책
				  ─ 백제의 수도 한성 점령(475)
				    → 한강 유역 정복
				    (충주/중원 고구려비)
				  ─ 죽령 일대~남양만 영토 확정
				  ─ 광개토 대왕릉비 건립
				    (광개토 대왕의 왜 격퇴 내용 기록)

백제	• 온조
	  ─ 하남 위례성에 백제 건국 (기원전 18)
	  ─ 고구려 계통의 유·이민 세력과 한강 유역 토착 세력 결합
	  → 서울 석촌동의 계단식 돌무지무덤
		• 고이왕(3세기 중엽)*
		  ─ 중국과 교류 활발
		  ─ 한강 유역 장악
		  ─ 율령 반포
		  ─ 왕위 형제 상속
		  ─ 관등제 정비(6좌평, 16관등제)
		  ─ 관복 제도 마련
		  → 중앙 집권 국가의 틀 형성
			• 근초고왕(4세기 중반)*
			  ─ 왕위 부자 상속제 확립
			  ─ 마한 병합(369) → 영산강 유역
			  ─ 평양 공격(고구려 고국원왕 전사)
			  ─ 낙동강 유역 진출
			  ─ 중국의 요서·산동, 일본의 규슈 진출
			  ─ 중국 남조의 동진과 교류
			  ─ 아직기·왕인 왜에 문화 전파
			  ─ 왜왕에게 칠지도 하사(369)*
			  ─ 고흥, "서기" 편찬
			• 침류왕(4세기 후반): 불교 수용(384)
				• 비유왕: 나·제 동맹 체결(433)
				• 개로왕
				  ─ 북위에 걸사표를 보내 고구려를 협공할 것을 요청
				  ─ 고구려 장수왕의 공격
				    → 수도 한성 함락 → 전사(475)
				• 문주왕
				  ─ 한성 → 웅진(공주) 천도(475)
				  ─ 왕권 약화, 귀족 중심 정치
				• 동성왕: 신라와 혼인 동맹(소지 마립간)

신라	• 건국
	  ─ 진한의 사로국에서 출발 (기원전 57)
	  ─ 경주 지역의 토착 세력과 유·이민 집단의 결합
	• 토착적인 왕호 사용:
	  거서간 → 차차웅 → 이사금
	  (박·석·김의 3성이 교대로 이사금 선출)
		신라의 발전과 왕호 변천
		
		| 왕호 | 사용 시기 | 의미 |
		|---|---|---|
		| 거서간 | 박혁거세 | 군장 |
		| 차차웅 | 남해 | 무당 |
		| 이사금 | 유리~흘해 | 계승자 |
		| 마립간 | 내물~소지 | 대군장 |
		| 왕 | 지증왕 | 한자식 왕호 |
		| | 법흥왕 | 불교식 왕명 |
		| | 무열왕 | 중국식 시호 |
			• 내물 마립간(4세기 후반)*
			  ─ 김씨에 의한 왕위 계승권 확립
			  ─ 마립간 칭호 사용
			  ─ 낙동강 유역 진출
			  ─ 고구려 도움으로 왜 격퇴, 광개토 대왕 군대의 신라 주둔
			  ─ 고구려의 내정 간섭
			    (실성왕에서 눌지왕으로 왕위 교체)
			  ─ 고구려를 통한 중국 문물 간접 수용(북조의 전진과 수교)
			  ─ 호우명 그릇(경주 호우총에서 출토된 고구려 그릇)
			  *광개토 대왕릉비(장수왕 건립, 광개토 대왕의 왜 격퇴 내용 기록)
				• 눌지 마립간(5세기 초반)
				  ─ 장수왕의 남진 정책
				    → 백제와 나·제 동맹(433)
				  ─ 왕위 형제 상속 → 부자 상속
				  ─ 고구려와 왜에 인질로 보내진 동생을 신라로 귀환(박제상)
				  ─ 고구려 통해 불교 전래(묵호자)
				• 소지 마립간(5세기 후반):
				  백제와 혼인 동맹(동성왕)

가야	• 김수로, 금관가야 건국(42)
	  ─ 탄생·건국 설화: 김수로는 거북이 모양 구지봉에서 발견된 알에서 태어나 부족장 9명의 추대로 왕이 됨
	  ─ 부인 허왕후 설화
	    (인도 아유타국 사람)
		• 금관가야(김해)*
		  ─ 전기 가야 연맹의 맹주
		    (3세기경, 김해·부산 등 낙동강 하류 지역 포괄)
		  ─ 중계 무역 → 낙랑과 왜에 철 수출
		  ─ 대표 유적: 김해 대성동 고분군
			• 백제(근초고왕)와 신라(내물왕)의 팽창(4세기 초)
			• 고구려 광개토 대왕이 신라를 도와 왜를 격퇴하는 과정에서 금관가야 침입 → 몰락(4세기 말~5세기 초)
				• 대가야(고령)*
				  ─ 후기 가야 연맹의 맹주
				    (5세기 이후, 고령, 합천, 거창, 함양 등지 포괄)
				  ─ 높은 농업 생산력과 철 생산
				  ─ 소백산맥 서쪽까지 진출 (5세기 후반)
				  ─ 대표 유적: 고령 지산동 고분군

★ Best 기출
- 고구려 : 소수림왕의 정책 | 광개토 대왕·장수왕의 업적 ● 백제 : 고이왕의 정책 | 근초고왕의 영토 확장 | 무령왕과 22담로 | 성왕의 업적 | 수도 변천
- 신라 : 나·제 동맹 | 지증왕의 정책 | 법흥왕의 정책 | 진흥왕의 정책 | 삼국의 한강 유역 주도권 다툼 ● 가야 : 금관가야 | 대가야 | 가야 중심 세력의 변화

구분	6세기
고구려	• 문자명왕 　─ 부여의 왕과 그 일족이 투항(494) 　─ 고구려 최대 영토 확보
백제	• **무령왕**(사마왕, 6세기 초)★ 　─ 수도: 웅진(공주) 　─ 지방 **22담로**에 왕족 파견 　─ 중국 남조의 양과 수교 → 무령왕릉(벽돌무덤 양식), 양직공도(양에 파견된 백제 사신도) • **성왕**(6세기)★ 　─ 웅진 → **사비**(부여) 천도(538) 　─ 국호 → 남부여 　─ **22부**(중앙 관제), **5부**(수도), **5방**(지방) 　─ 신라 진흥왕과 연합 → 한강 하류 지역 일시 수복 → 신라의 강탈 → 관산성 전투에서 전사 　─ 노리사치계, 일본에 불교 전파 • 무왕(7세기): 익산 천도 시도(실패), 미륵사 건립
신라	• **지증왕**(6세기 초)★ 　─ 국호 변경: 사로국 → **신라**(德業日新 網羅四方) 　─ 왕호 변경: 마립간 → 왕 　─ **이사부**의 우산국(울릉도) 정벌(512) 　─ **우경** 시작, **동시전** 설치, **동시** 개설 　─ 순장 금지 　─ 영일 냉수리비(재산 분쟁 관련 기록, 지증왕 때 건립된 것으로 추정) • **법흥왕**(6세기 전반)★ 　─ 중앙 집권 체제 정비: 율령 반포 　　(울진 봉평 신라비, 524), 　　17관등제 시행, 공복 제정, **골품제** 정비, 　　**병부** 설치, 독자적 연호 사용(건원) 　─ **불교** 공인(이차돈의 순교, 527) 　─ 불교식 왕명 사용 　─ 대가야와 결혼 동맹, 금관가야 병합(532) 　─ 백제를 통해 중국 남조의 양과 수교 • **진흥왕**(6세기)★ 　─ **화랑도**를 국가 조직으로 개편 　─ 한강 유역 장악 → 경제 기반 강화, 전략 거점 확보, 당항성을 통해 중국과 직접 교류 → 신라가 삼국 경쟁의 주도권 장악 　─ 대가야 병합(562) 　─ 함경도 지역으로 진출 　─ 개척한 영토를 직접 순수: **단양 적성비**, **4개의 순수비**(북한산비, 창녕비, 마운령비, 황초령비) 　─ 연호: 개국 → 태창 → 홍제 　─ 거칠부, "**국사**" 편찬 　─ 불교 교단 정비, 황룡사 창건, 국통 혜량 임명
가야	• 백제, 신라와 세력 다툼(6세기 초) 　→ 백제의 낙동강 유역 진출 　→ 대가야, 신라와 결혼 동맹 • 신라 **법흥왕** 때 **금관가야** 멸망(532) • 신라 **진흥왕** 때 **대가야** 멸망(562)

자료 읽기

○ 백제의 수도 변천
○ 4세기 백제의 전성기

○ 가야의 발전

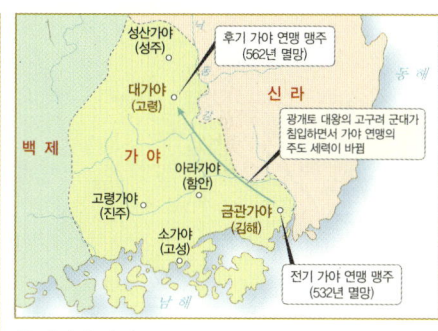

○ 5세기 고구려의 전성기

출제 예감

진흥왕 순수비

자료1 왕 16년, 북한산을 순행하여 국경을 정하였다. 18년, 신주를 없애고 북한산주를 설치하였다. 29년, 북한산주를 없애고 남천주(南川州)를 설치하였다.

자료2 왕이 크게 인민을 얻어 …… 이리하여 관경(管境)을 순수(巡狩)하면서 민심을 □□하고 노고를 위로하고자 한다. …… 남천군주는 …… 사탁 굴정차 나□이다.

▶ 진흥왕은 확대된 영역을 직접 순수하고 이를 기념하기 위해 순수비를 세웠다.

- 마운령비·황초령비: 함경도 지방까지 진출
- 북한산비: 한강 하류 지역 진출
- 창녕비: 창녕 지역 영토 편입
- 단양 적성비: 적성 지역 영토 편입, 순수비 아님

○ 6세기 신라의 영토 확장

2 7~10세기 고대 국가의 정치 | Ⅱ 전근대의 정치

자료 읽기

● 고구려와 수의 전쟁

● 고구려와 당의 전쟁

● 6세기 말~7세기 초 동아시아 정세

국외	• 수의 중국 통일 → 동북쪽으로 세력 확대 → 고구려의 위기감 고조
국내	• 신라의 팽창 → 나·제 동맹 결렬
연합 세력	• 고구려 - 돌궐 - 백제 - 왜(남북 세력) • 신라 - 수 · 당(동서 세력)

● 백제·고구려의 부흥 운동과 나·당 전쟁

구분	7세기	8세기
고구려	• 영양왕 ┌ 요서 지방 선제 공격 ├ 수 문제 침입 └ 수 양제 침입 → 을지문덕의 살수 대첩(청천강)★ • 영류왕 ┌ 당과 화친 └ 연개소문 집권(대막리지) → 대당 강경책으로 전환, 천리장성 축조(부여성~비사성, 631~647) • 보장왕: 여·제 동맹 체결(642) ┌ 당 태종 침입 → 안시성 싸움(645)★ ├ 수·당 전쟁으로 국력 소모 └ 연개소문 사망 후 지배층 내분	• 나·당 연합군의 공격 → 평양성 함락, 668년 멸망 → 당, 안동 도호부 설치(평양, 668) 〈고구려 부흥 운동〉 • 검모잠(한성: 황해도 재령)·고연무(오골성)가 안승(보장왕의 외손) 추대 ┌ 고연무+신라군 → 당군에 패퇴 └ 검모잠+신라군 → 평양성 탈환 → 안승, 검모잠을 죽이고 신라로 망명 → 신라, 안승을 보덕국(금마저: 익산) 왕으로 임명(674)
백제	• 의자왕 ┌ 김유신의 신라군, 황산벌에서 사비성으로 진출 ├ 당군은 금강 하구로 침입 ├ → 사비성 함락, 660년 멸망 └ → 당, 웅진 도독부 설치(웅진, 660)	〈백제 부흥 운동〉 • 복신·도침(주류성), 흑치상지(임존성) 등이 왕자 풍을 왕으로 추대 → 백강 전투: 왜의 수군이 백강 입구까지 진출하였으나 패배(663)
신라	• 진평왕(579~632): 원광법사의 걸사표 (수에게 고구려를 칠 것을 요청) • 선덕여왕: 진평왕의 딸, 신라 최초의 여왕 ┌ 대야성 전투 패배(→ 의자왕, 642) ├ 황룡사 9층탑 건립(자장법사의 건의) ├ 첨성대를 세워 천체 관측 ├ 비담과 염종의 난 → 김유신·김춘추가 진압 └ → 왕실 세력이 귀족 세력을 이김, 중앙 집권화 • 진덕여왕: 집사부 설치 → 왕권 전제화 〈나·당 전쟁〉(670~676) • 나·당 연합군의 공격 → 백제(660)와 고구려(668) 멸망 • 당의 한반도 지배 야욕 → 웅진 도독부, 계림 도독부(경주, 663), 안동 도호부 설치★ • 신라 ┌ 당과 대립하며 고구려 부흥 운동 지원 ├ → 안승을 보덕국 왕으로 임명(674) ├ 백제 땅에 대한 지배권 장악 ├ → 사비 공략하여 소부리주 설치 ├ 매소성 전투(675), 기벌포 해전(676) 승리★ ├ → 안동 도호부를 요동성으로 축출 └ → 삼국 통일(대동강~원산만 이남, 676)	〈신라 중대〉(654~780, 무열왕~혜공왕) • 태종 무열왕(김춘추)★ ┌ 진골 출신, 통일 과정에서 왕권 강화 ├ → 무열왕 직계 자손 왕위 계승 └ 중국식 시호 사용 • 문무왕: 삼국 통일(676) ┌ 외사정 설치(673) └ 경주 문무대왕릉(대왕암, 수중릉) • 신문왕 ┌ 김흠돌 모역 사건을 계기로 귀족 세력 숙청 ├ 녹읍 폐지, 관료전 지급 ├ → 왕권 강화 → 집사부 시중 권한 강화 ├ 군사 조직 정비 → 9서당 10정 ├ 지방 행정 조직 완비 → 9주 5소경 ├ 국학 설립 → 유교 교육 강화 └ 감은사 건립(682), 만파식적 설화 • 성덕왕: 백성에게 정전 지급 → 왕권 강화 • 경덕왕(742~765) ┌ 귀족층의 반발, 전제 왕권 동요 ├ → 녹읍 부활, 사원의 면세전 증가 └ 불국사 건립(김대성에 의해 개수, 751) • 혜공왕: 96각간의 난(대공의 난) → 피살
발해	• 대조영: 연호 천통 ┌ 만주 동모산(중국 지린성)에 진 건국(698) ├ → 국호 발해로 개칭 └ 주민: 고구려 유민(지배층)과 말갈족(피지배층) • 남북국 시대 형성: 남쪽에 신라, 북쪽에 발해 (유득공의 "발해고"에서 최초로 남북국 시대 언급) • 고구려 계승 의식 ┌ 일본에 보낸 국서: 고려 국왕이라 칭함 └ 무덤 양식, 기와 등에서 고구려 문화와 유사성	• 무왕(대무예, 719~737): 연호 인안★ ┌ (흑수부 말갈이 당과 직접 교류 → 당과 대립) ├ → 장문휴가 산둥 반도 덩저우(등주) 공격 ├ 돌궐, 일본(→ 일본도)과 교류 └ → 당·신라 견제 → 동북아시아 세력 균형 • 문왕(대흠무, 737~793): 연호 대흥 ┌ 천도: 중경 현덕부 → 상경 용천부(당의 수도 장안을 본떠 건설) → 동경 용원부 ├ 왜에 보낸 문서에서 고려국왕 자처 ├ 당과 친선 관계 → 당이 산둥 반도에 발해관 설치, 당의 3성 6부제 수용, 주자감 설치 └ 신라와 대립 해소 → 신라도 개설(상설 교통로)

★ Best 기출
- 고구려 : 수의 침입과 살수 대첩 | 당의 침입과 안시성 싸움 | 고구려 부흥 운동 | 후고구려의 성립 ● 백제 : 백제 부흥 운동 | 후백제의 성립
- 통일 신라 : 나·당 전쟁 | 삼국 통일 | 신문왕의 정책 | 신라 하대 지방 호족의 성장 ● 발해 : 발해의 특징 | 무왕의 통치 | 문왕의 통치

구분	9세기	10세기

후고구려	〈후고구려〉
	*양길, 북원경(원주)을 근거지로 세력 형성
	• 궁예★
	  ┌ 신라 왕족 출신, 양길의 수하(892)
	  ├ 양길을 몰아내고 송악(개성)에 도읍(901)
	  ├ 국호: 마진(904) → 태봉
	  ├ 천도: 송악 → 철원
	  ├ 연호: 무태 → 성책 → 수덕만세 → 정개
	  ├ 광평성(국정 총괄 기구) 설치, 9관등제 시행
	  └ 한계: 과도한 수취, 미륵 신앙을 이용한 전제
	    정치(무고한 관료·장군 살해, 호족 세력 포섭 실패)
		• 왕건★
		  ┌ 궁예를 몰아내고, 송악에 고려
		  │ 건국(918)
		  ├ 발해 멸망(926) → 유민 포용
		  ├ 후백제 내분
		  │ → 견훤이 고려에 귀순(935)
		  ├ 신라 경순왕 항복(935)
		  └ 고려, 후백제 공격
		    → 후삼국 통일(936)

후백제	〈후백제〉
	• 견훤★
	  ┌ 완산주(전주)에 도읍(900)
	  └ 한계 ┌ 신라에 적대적 → 신라 지배층 자극
	      ├ 과도한 수취 → 민심 이반
	      └ 호족 세력 포섭 실패
		• 내분 발생(아들 신검의 반란)
		  → 견훤이 고려에 귀순
		  → 고려 왕건의 후백제 정벌
		  → 멸망(936)

신라	〈신라 하대〉(780~935, 선덕왕~경순왕)
	• 선덕왕: 내물왕계 왕위 계승, 무열왕계 단절
	• 원성왕: 독서삼품과 시행
	• 헌덕왕: 김헌창의 난
	  → 진골 귀족들의 왕위 다툼
	  → 왕권 약화
	  → 귀족 연합적 정치 → 상대등 권한 강화
	• 흥덕왕: 사후 장보고가 왕위 다툼에 개입(신무왕 즉위에 도움, 신무왕 사후 귀족들의 견제로 피살)
	• 진성 여왕:
	  자연 재해, 왕실과 귀족의 사치와 향락,
	  지방 통제 약화(조세 납부 거부)
	  → 국가 재정 부족으로 강압적 수취
	  → 몰락한 농민은 유랑하거나 초적이 됨
	  → 원종·애노의 난 (사벌주에서 발생한 농민 항쟁)
	• 지방 호족이 성주, 장군을 칭하면서 성장★
	  ┌ 지방의 행정권과 군사권 장악
	  └ 풍수지리설과 선종 유행★
	• 6두품★ 출신(최치원, 최승우, 최언위) + 선종 승려
	  + 호족 → 골품제 비판
		• 견훤, 신라 경애왕을 살해하고
		  경순왕 옹립
		• 경순왕, 고려에 항복(935)
		  → 경주 사심관으로 임명

발해	• 선왕(818~830): 연호 건흥
	  ┌ 말갈족 대부분 복속, 요동 지방 진출
	  │ → 최대 영토 확보(고구려의 옛 땅 대부분 회복)
	  ├ 지방 행정 체제 완비: 5경 15부 62주 설치
	  └ 전성기 → 해동성국으로 불림★
		• 멸망
		  ┌ 거란, 요 건국
		  └ 거란의 침입 → 멸망(926)
		• 정안국(압록강 유역)
		  ┌ 발해 유민이 건국
		  ├ 송과 연합, 거란 공격 시도
		  └ 2차에 걸친 요의 침략 → 멸망
		    → 발해 유민, 고려로 유입
		      (고려, 발해 왕자 대광현 우대)
		• 발해 부흥 운동 → 실패

자료 읽기

○ 남북국의 형세

연호(전근대~근대)

국호	연호	왕
고구려	영락	광개토대왕
신라	건원	법흥왕
	개국 대창 홍제	진흥왕
	건복	진평왕
	인평	선덕여왕
	태화 영휘(당 연호)	진덕여왕
발해	천통	고왕(대조영)
	인안	무왕
	대흥	문왕
	건흥	선왕
후고구려	무태 성책	궁예 (후고구려에서 태봉으로 국호 변경)
태봉	수덕만세 정개	
고려	천수	태조 왕건
	광덕 준풍	광종
	천개	묘청
조선	개국 건양	고종(제1차 갑오개혁, 1894) 고종(1896)
대한제국	광무 융희	고종(광무개혁, 1897) 순종(1907)

01 고구려 광개토 대왕의 업적

다음 비문 내용의 정복 활동 결과로 나타난 한반도의 정세로 옳은 것을 〈보기〉에서 고른 것은?

- 395년, 친히 병력을 이끌고 거란을 정벌함.
- 396년, 수군을 이끌고 백제를 쳐서 58성과 7백 촌을 획득함. 백제의 수도 한성을 공격하여 아신왕으로부터 "영원히 노객(奴客)이 되겠다."라는 항복을 받아 냄.
- 400년, 백제·가야·왜의 연합군이 신라를 침략하자, 기병과 보병을 보내 가야와 왜의 연합군을 토벌함.
- 404년, 옛 대방 지역으로 진출한 왜군을 섬멸함.

〈보기〉
ㄱ. 신라에서는 실성왕에서 눌지왕으로 왕위가 교체되었다.
ㄴ. 백제는 신라를 끌어들여 고구려에 대한 반격을 시도하였다.
ㄷ. 전기 가야 연맹이 약화되어 낙동강 서쪽 지역으로 축소되었다.
ㄹ. 대가야는 백제의 영향에 벗어나 신라와 대결할 만큼 성장했다.

① ㄱ, ㄴ ② ㄱ, ㄷ ③ ㄴ, ㄷ
④ ㄴ, ㄹ ⑤ ㄷ, ㄹ

문제 해설
제시된 비문은 광개토 대왕릉비에 새겨진 내용이다. 광개토 대왕은 4세기 말에서 5세기 초 사이에 후연과 거란을 격파하여 요동을 포함한 만주 지역에서 지배권을 확대하였고, 남으로 백제를 압박하고 신라 도와 남해안에 침입한 왜를 격퇴하였다. 이 시기에 신라에서는 실성왕에서 눌지왕으로 왕위가 교체되었다(417). 또 고구려 군이 왜를 격퇴하기 위해 내려오면서 전기 가야 연맹은 몰락하였고, 가야는 낙동강 서쪽으로 축소되었다.

바로잡기
ㄴ. 백제는 고구려에게 빼앗긴 한강 유역을 되찾기 위해 신라의 진흥왕과 연합하여 일시적으로 한강 하류 지역을 수복하였는데, 이는 6세기 중반의 일이다.
ㄹ. 6세기 초에 후기 가야 연맹을 형성한 대가야는 백제, 신라와 대등하게 세력을 다투었다.

비법 암기
광개토 대왕의 업적 : 요동을 포함한 만주 지역 정복, 한강 이북 진출, 왜구 격퇴, 영락이라는 연호 사용

---

02 고구려 장수왕의 업적

다음 상황의 배경으로 가장 적절한 것은?

- 소지 마립간 6년 7월, 고구려가 북쪽 변경을 침략하므로 우리 군사와 백제 군사가 모산성 아래에서 함께 공격하여 그들을 대파하였다.
- 소지 마립간 15년 3월, 백제왕 모대(동성왕)가 사신을 보내 혼인을 청하므로 왕은 이벌찬 비지의 딸을 보냈다.

① 연개소문이 정권을 잡고 신라를 압박하였다.
② 태조왕이 옥저를 정복하고 동해안으로 진출하였다.
③ 고국원왕이 백제와 세력을 다투는 과정에서 전사하였다.
④ 미천왕이 남쪽으로 세력을 넓혀 대동강 유역을 차지하였다.
⑤ 장수왕이 남하 정책을 펼쳐 한강 유역까지 세력을 넓혔다.

문제 해설
제시된 지문은 5세기 후반 신라 소지 마립간과 백제 동성왕이 고구려 장수왕의 남하 정책에 대비하여 맺은 결혼 동맹에 관한 내용이다. 백제와 신라가 동맹을 맺어 대항했음에도 불구하고, 고구려는 백제의 수도 한성을 공격하여 개로왕을 죽이고 한강 유역을 차지하였으며, 백제는 웅진성으로 천도하였다.

바로잡기
① 연개소문의 정권 장악은 7세기 중반이다. 당 태종은 연개소문의 정변을 구실 삼아 고구려를 침략하였다.
② 고구려 태조왕이 옥저를 정복한 것은 서기 1세기의 일이다.
③ 371년 고국원왕은 평양성 전투에서 근초고왕과 맞서 싸우다 전사하였다.
④ 4세기 초반 고구려 미천왕은 중국의 혼란을 틈타 요동의 서안평을 공격하고, 낙랑군을 축출하였다.

비법 암기
장수왕의 남진 정책 : 중국 남북조와 우호 관계 → 평양 천도 → 한성 함락, 한강 유역 차지

03 고구려의 대외 관계

다음 명문이 새겨진 유물에 대한 설명으로 옳은 것은?

① 백제 근초고왕 때 처음 만들어졌다.
② 신라와 고구려의 긴밀한 관계를 보여준다.
③ 광개토 대왕이 왜를 격퇴한 내용이 적혀 있다.
④ 무덤 주인의 성명과 생몰 연월일 등이 새겨져 있다.
⑤ 고조선의 세력 범위 안에 광범위하게 분포되어 있다.

문제 해설
경주 호우총에서 출토된 호우명 그릇이다. 그릇의 밑바닥에 '을묘년 국강상광개토지호태왕 호우십(乙卯年 國崗上廣開土地好太王 壺杅十)'이라는 글귀를 통해 광개토 대왕 때에 만들어졌음을 알 수 있다. 고구려계의 그릇이 신라의 고분에서 출토된 점으로 보아 당시 신라와 고구려가 교류하고 있었다는 것을 추측할 수 있다.

바로잡기
① 호우명 그릇은 고구려 장수왕 3년(415)에 만들어졌다.
③ 광개토 대왕릉비의 내용이다.
④ 백제 무령왕릉에서 출토된 지석에 관한 내용이다. 백제의 무령왕릉은 왕의 이름과 생몰 연월일 등을 알 수 있는 유일한 무덤이다.
⑤ 고조선의 세력 범위를 알 수 있는 유물은 북방식 고인돌, 비파형 동검, 미송리식 토기 등이다.

비법 암기
호우명 그릇의 의미 : 신라가 정치적으로 고구려의 영향을 받고 있었던 것으로 추측

04 백제 근초고왕의 업적

다음 자료에 보이는 백제 왕의 재위 시기에 있었던 일이 아닌 것은?

> 고구려가 군사를 일으켜 왔다. 왕이 이를 듣고 패하 강변에 군사를 매복시켰다가 그들이 이르기를 기다려 급히 치니, 고구려 군사가 패하였다. 겨울에 왕이 태자와 함께 정예 군사 3만 명을 거느리고 고구려에 쳐들어가 평양성을 공격하였다. 고구려 왕 사유가 힘을 다해 싸워 막다가 빗나간 화살(流矢)에 맞아 죽었다. 왕이 군사를 이끌고 물러났다.
> - "삼국사기" -

① 영산강 유역에 남아 있던 마한 세력을 정벌하고 남해안까지 영역을 넓혔다.
② 고구려의 남진 압박을 극복하기 위해 신라의 눌지왕과 군사 동맹을 맺었다.
③ 중국 계통의 선진 문물을 가야 소국들에 전해 주면서 정치적 영향력을 키웠다.
④ 선진 문물의 수입에 목말라하던 왜를 끌어들여 군사적 후원 세력으로 삼았다.
⑤ 바다 건너 동진과 정식 외교 관계를 수립하고, 중국과의 직접 교류를 확대하였다.

문제 해설
제시된 자료는 백제의 근초고왕이 '고구려에 쳐들어가 평양성을 공격'함에 따라 '고구려 왕 사유(고국원왕)'가 전사한 상황에 대한 기록이다. 근초고왕은 남쪽의 마한 세력을 정벌하여 남해안까지 영역을 확장하고 호남의 곡창 지대를 확보할 수 있었다. 또한, 중국 남조로부터 발달된 문물을 받아들인 후, 이를 가야 소국들에 전해줌으로써 가야에 정치적 영향력을 행사하였다. 왜와는 친선 관계를 맺었다. 왜는 백제로부터 칠지도를 하사받았고, 나·당 연합군의 백제 공격 시 대규모 지원군을 백제에 파견하였다. 근초고왕는 중국 남조의 동진과도 정식 외교 관계를 수립하였다.

바로잡기
② 5세기 고구려의 장수왕이 남진 정책을 추진하자 신라와 백제는 큰 압박을 느끼게 되었다. 이에 신라의 눌지왕과 백제의 비유왕이 나·제 동맹을 체결하였다.

비법 암기
4세기 백제의 전성기(근초고왕) : 마한 정벌, 가야에 대한 영향력 행사, 고구려 고국원왕 전사, 왜와 친선, 동진과 교류

05 백제 무령왕의 업적

다음 기록의 주인공에 대한 설명으로 옳은 것은?

영동대장군인 백제 사마왕은 나이가 62세 되는 계묘년 5월 (병술일이 초하루인데) 임진일인 7일에 돌아가셨다. 을사년 8월 (계유일이 초하루인데) 갑신일인 12일에 안장하여 대묘에 올려 뫼시며 기록하기를 이와 같이 한다.

① 살생을 금하는 명령을 내리고 왕흥사를 지었다.
② 수도를 사비로 옮기고 국호를 남부여로 바꾸었다.
③ 북위에 표를 올려 고구려를 협공할 것을 요청하였다.
④ 신라와 혼인 동맹을 맺어 이찬 비지의 딸을 왕비로 맞이하였다.
⑤ 양나라에 사신을 보내 "고구려를 깨뜨려 다시 동이의 강국이 되었다."라고 천명하였다.

문제 해설
백제 시대에 공주 송산리 고분의 무령왕릉 출토 지석에 쓰인 명문이다. 무덤에 묻힌 사람의 이름(사마왕은 무령왕의 어릴 때 이름), 사망일(523년 5월 7일)이 분명하고, 무덤에서 지석이 출토된 것은 삼국 시대 고분 중에서는 유일하다. 무령왕은 웅진으로 천도 후 혼란한 백제를 안정시키기 위해 구 귀족 세력을 등용하였다. 신구 세력 간의 균형을 유지하며 왕권 강화를 꾀했다. 22담로에는 왕족들을 파견하여 지방에 대한 통제력을 강화하였다. 특히 중국 남조의 양나라에 사신을 파견하여 교류를 활발히 하였으며, 양나라는 무령왕을 영동대장군에 책봉하였다.

바로잡기
① 왕흥사를 지은 것은 위덕왕 때이다.
② 사비로 천도하고 국호를 남부여로 바꾼 것은 성왕 때이다.
③ 개로왕 때는 북위에 걸사표를 보냈다.
④ 신라와 백제의 혼인 동맹은 백제 동성왕과 신라 소지왕 때의 일이다.

비법 암기
광개토 대왕의 업적 : 요동을 포함한 만주 지역 정복, 한강 이북 진출, 왜구 격퇴, 영락이라는 연호 사용

06 백제 성왕의 업적

다음은 어느 왕의 행적을 정리한 것이다. 빈칸에 들어갈 내용으로 적절한 것은?

523년	선왕의 뒤를 이어 왕위에 오른다.
524년	양나라 고조로부터 '지절 도독백제제군사 수동장군 백제 왕'으로 책봉되다.
538년	
551년	고구려의 남쪽 경계를 공격하여 한강 하류 지역을 수복하다.
554년	신라 정벌에 나섰다가 관산성 부근에서 매복에 걸려 죽음을 당하다.

① 수도를 사비로 옮기고 나라 이름을 '남부여'라고 고치다.
② 섬진강 하구의 대사진을 탈취하고 가야 세력을 압박하다.
③ 요서 지역에 군대를 파견하여 점령하고 진평군을 설치하다.
④ 중국으로부터 들어온 불교를 공인하고 도성에 사찰을 건립하다.
⑤ 왜국과 우호 관계를 맺고 태자인 전지를 외교 사절로 파견하다.

문제 해설
백제 성왕의 연대표이다. 성왕은 백제를 중흥시키기 위해 사비(부여)로 천도하고(538), 국호를 백제에서 남부여로 고쳐서 부여를 계승한 나라임을 표방하였다.

바로잡기
② 무령왕 때에 백제와 왜의 중요 교역지였던 대사진(하동) 일대를 대가야가 장악하자 이를 공격하여 가야 연맹을 압박하였다.
③ 4세기 중반 근초고왕은 중국의 요서, 산동 반도, 일본의 규슈까지 진출하였다.
④ 침류왕 때는 중국 동진에서 들어온 불교를 공인하여 중앙 집권 체제를 사상적으로 뒷받침하였다.
⑤ 아신왕은 고구려의 남하 정책에 대응하기 위하여 397년 태자 전지를 일본에 볼모로 보내 일본과 화친을 맺었다.

비법 암기
성왕의 업적 : 사비 천도, 남부여로 국호 개칭, 중앙 관제 정비(22부), 5부(수도), 5방(지방)

07 백제의 수도 변천

(가)~(다)를 수도로 삼았던 시기에 있었던 사실로 옳은 것은?

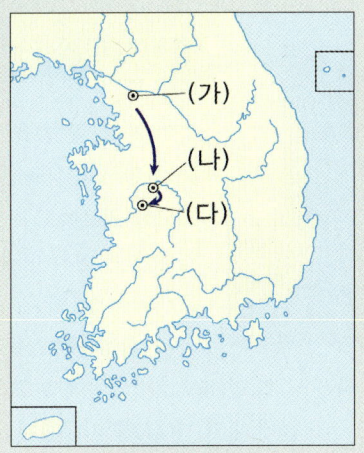

〈백제의 수도 변천 과정〉

① (가) - 신라에게 패하여 한강 유역을 상실하였다.
② (나) - 동진으로부터 불교를 수용하였다.
③ (나) - 고흥이 역사서인 서기를 편찬하였다.
④ (다) - 좌평과 관등제의 기본 골격을 마련하였다.
⑤ (다) - 국호를 남부여로 고치고 중흥을 꾀하였다.

문제 해설
지도는 백제의 수도 변천을 나타낸다. (가)는 한성이다. 주몽의 아들인 온조가 지금의 서울 지역인 하남 위례성에 터를 잡아 백제를 건국하였다(기원전 18). (나)는 웅진(공주)이다. 문주왕이 장수왕의 남하 정책에 밀려 한강 유역에서 웅진으로 도읍을 옮겼다(475). (다)는 사비(부여)이다. 성왕 때 백제를 중흥시키기 위해 사비로 천도하였고(538), 국호를 남부여로 바꾸었다.

바로잡기
① 백제는 신라가 아닌 고구려 장수왕에게 패하여 한강 유역을 상실하였다. 이는 개로왕 때의 일이다(5세기).
② 침류왕은 불교를 공인하여 백성의 사상적 통일을 꾀하였다(384).
③ 근초고왕 때 중앙 집권 체제가 정비되자 역사서를 편찬하였다.
④ 고이왕 때는 6좌평, 16관등제, 관복제를 두어 지배 체제를 정비하고 중앙 집권 국가의 토대를 형성하였다.
①, ②, ③, ④는 모두 (가) 한성 시기에 있었던 일이다.

비법 암기
백제의 수도 변천 : 문주왕 때 고구려의 남하 정책에 밀려 한성에서 웅진으로 천도, 성왕 때 백제의 중흥을 위해 웅진에서 사비로 천도

08 신라 지증왕의 업적

다음 상황이 전개된 시기의 왕에 대한 설명으로 옳은 것은?

> 이사부는 하슬라주 군주가 되어 우산국의 병합을 계획하고 있었다. 그런데 그 나라 사람들이 어리석고 사나워서 위력으로는 항복 받기 어려우니, 계략으로 복속시킬 수밖에 없다고 생각하였다. 이에 나무 사자를 많이 만들어 전선(戰船)에 나누어 싣고 그 나라 해안에 다다라, "너희들이 항복하지 않으면 이 맹수를 풀어 놓아 밟아 죽이겠다."라고 위협하니, 그 사람들이 두려워서 곧 항복하였다.
> - "삼국사기" -

① 마립간이라는 왕호를 처음으로 사용하였다.
② 이차돈의 순교를 계기로 불교를 공인하였다.
③ 국호를 신라로 정하고 지방 제도를 정비하였다.
④ 고령 지역의 대가야를 정복하여 영토를 확장하였다.
⑤ 고구려의 간섭에서 벗어나려고 백제와 동맹을 맺었다.

문제 해설
제시된 자료에서 이사부가 우산국을 병합한다는 내용을 통해 신라 지증왕 때의 상황임을 알 수 있다. 지증왕은 왕의 칭호를 마립간에서 왕으로 바꾸고 국호도 신라로 정하였다. 이사부로 하여금 지금의 울릉도인 우산국을 정벌하게 하였으며, 지방 행정 구역도 주·군으로 나누어 관리를 파견하였다. 경제적으로는 우경을 장려하고 동시전을 설치하여 시장을 감독하였다.

바로잡기
① 마립간이라는 왕호를 처음으로 사용한 시기는 내물왕 때이다.
② 이차돈의 순교로 불교를 공인한 시기는 법흥왕 때이다.
④ 신라가 대가야를 정복한 시기는 진흥왕 때이다.
⑤ 신라 눌지 마립간과 백제 비유왕이 체결한 나·제 동맹은 고구려 장수왕의 남진 정책을 대비한 조치였다.

비법 암기
지증왕의 업적 : 왕 칭호 사용, 국호 신라, 이사부의 우산국 정벌, 우경 시작, 동시전 설치

정답 | 05 ⑤ 06 ① 07 ⑤ 08 ③

09 신라 법흥왕의 업적

밑줄 그은 '왕'이 시행한 정책으로 옳은 것은?

> 불법을 처음으로 행하였다. …… 이때에 이르러 왕이 불교를 일으키려 하였으나 여러 신하들이 믿지 않고 불평을 많이 하였으므로 근심하였다. 이차돈이 아뢰기를, "바라건대 신의 목을 베어 여러 사람들의 논의를 진정시키십시오."라고 하였다. …… 이차돈의 목을 베자 잘린 곳에서 피가 솟구쳤는데, 그 색이 우유빛처럼 희었다. 여러 사람들이 괴이하게 여겨 다시는 불교를 헐뜯지 않았다.

① 거칠부에게 국사를 편찬하도록 하였다.
② 화랑도를 국가적인 조직으로 개편하였다.
③ 통치 질서 확립을 위하여 율령을 반포하였다.
④ 대군장을 의미하는 마립간 칭호를 사용하였다.
⑤ 지방관을 감찰하기 위하여 외사정을 설치하였다.

문제 해설
법흥왕은 이차돈의 순교를 계기로 민간에 전래되던 불교를 공인하였다. 법흥왕은 불교를 통해 사상의 통합을 꾀하고 왕권을 강화하고자 하였다. 또한, 연호 사용, 율령 반포, 공복 제정, 17관등 정비, 병부 설치 등 신라 중흥의 기틀을 마련하였다. 대외적으로는 대가야와 결혼 동맹을 맺고, 금관가야를 병합하여 영토를 확장하였다.

바로잡기
① 진흥왕 때 거칠부가 "국사"를 편찬하였다.
② 진흥왕은 화랑도를 개편하여 국가 조직으로 만들었다.
④ 마립간이라는 칭호를 처음 사용한 것은 4세기 내물왕 때이고, 왕이라는 칭호는 6세기 지증왕 때 이르러 사용하기 시작하였다.
⑤ 지방 관리의 잘잘못을 조사하고 규탄하기 위한 외사정은 문무왕 13년(673)부터 파견하였다.

비법 암기
법흥왕의 업적 : 율령 반포, 공복 제정, 골품제 정비, 불교 공인, 병부 설치, 건원 연호 사용, 금관가야 병합

10 신라 진흥왕의 업적

다음 비문의 밑줄 그은 '태왕(太王)'과 관련된 설명으로 옳은 것은?

> '태왕(太王)'이 …… 크게 인민(人民)을 얻어 …… 이리하여 관경(管境)을 순수(巡狩)하면서 민심을 □□하고 노고를 위로하고자 한다. 만일 충성과 신의와 정성이 있고 …… 상(賞)을 더하고 …… 한성(漢城)을 지나는 길에 올라 …… 도인(道人)이 석굴에 살고 있는 것을 보고 …… 돌에 새겨 사(辭)를 기록한다.

① 율령을 반포하여 통치 질서를 확립하였다.
② 화랑도를 국가적인 조직으로 개편하였다.
③ 이사부를 보내 우산국(울릉도)을 복속시켰다.
④ 만주 지방에 대한 대규모의 정복 사업을 단행하였다.
⑤ 김흠돌의 모역 사건을 계기로 귀족 세력을 숙청하였다.

문제 해설
사진은 신라가 한강 하류 유역을 점령하고 척경과 순행을 기념하기 위하여 세운 서울 북한산 신라 진흥왕 순수비이다. 사료의 '태왕(太王)'은 진흥왕이다. 진흥왕은 화랑도를 개편하여 국가 조직으로 만들었으며, 신라의 영토를 크게 확장하였다. 신라는 한강 유역을 장악함으로써 삼국 경쟁의 주도권을 쥐게 되었고, 황해를 통해 중국과 직접 교류할 수 있었다.

바로잡기
① 법흥왕은 통치 질서를 확립하기 위해 율령을 반포하였다.
③ 지증왕은 이사부로 하여금 지금의 울릉도인 우산국을 정벌하게 하였다.
④ 광개토 대왕은 후연과 거란을 격파하여 요동을 포함한 만주 지역에서 지배권을 확대하였다.
⑤ 신문왕은 김흠돌 모역 사건을 계기로 귀족 세력을 숙청하고 전제 왕권을 확립하였다.

비법 암기
진흥왕의 업적 : 화랑도 개편, 단양 신라 적성비와 4개의 순수비 건립, 한강 유역 장악, 당항성을 통해 중국과 직접 교류, "국사" 편찬

11 삼국의 한강 유역 주도권 다툼

다음 비석들의 공통점을 옳게 지적한 것은?

중원 고구려비

단양 적성비

북한산비

① 한강 유역을 차지하게 되면서 세웠다.
② 신라와 고구려의 동맹 관계를 파악할 수 있다.
③ 당시에 불교가 널리 보급되어 있었음을 알 수 있다.
④ 삼국 시대 귀족들의 도교적 생활을 파악할 수 있다.
⑤ 한반도에 유학이 전래되어 발전하였음을 알 수 있다.

문제 해설
제시된 자료는 삼국이 영토 확장 과정에서 한강 유역을 장악하면서 세운 비석들이다. 첫 번째는 고구려의 중원 고구려비이다. 5세기 전반 장수왕 때, 고구려가 한강 상류 지역까지 진출하여 아산만에서 죽령까지 국경선을 이루었음을 알려 준다. 두 번째는 단양 신라 적성비이다(551). 신라는 한강 상류 지역을 차지하여 북진 정책의 기반을 이루었다. 세 번째는 서울 북한산 신라 진흥왕 순수비이다(555). 신라가 한강 하류 지역까지 진출하였음을 알려 준다.

바로잡기
② 광개토 대왕릉비와 호우명 그릇을 통해 4세기 말에서 5세기 초까지 양국이 우호적인 관계임을 알 수 있다.
③ 불교 전래와는 특별히 관계가 없다.
④ 삼국에서 귀족 사회를 중심으로 도교가 전래되었지만, 위 비석과는 상관이 없다.
⑤ 삼국 시대에 중국을 통해 전해진 유교는 왕권 강화의 목적으로 장려되었고, 이를 위한 교육 기관들이 설립되었다. 하지만 비석과는 관련이 없다.

 비법 암기

삼국의 한강 유역 확보 : 4세기 백제 → 5세기 고구려 → 6세기 신라

---

12 가야 중심 세력의 변화

지도의 (가)와 (나) 두 지역에 있었던 가야 소국을 비교한 내용으로 옳지 않은 것은?

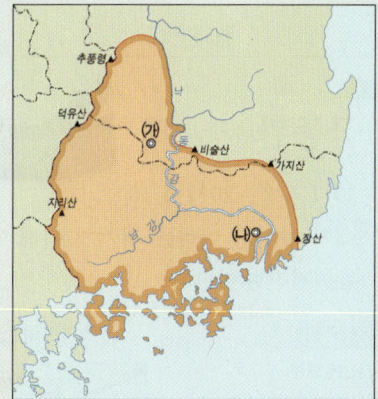

		(가)	(나)
①	위상	후기 가야 연맹의 맹주	전기 가야 연맹의 맹주
②	성장 배경	높은 농업 생산력과 철 생산	낙랑과 왜를 잇는 중계 무역
③	대표 유적	지산동 고분군	대성동 고분군
④	쇠퇴 배경	고구려군의 침공	백제의 군사적 압박
⑤	멸망	신라 진흥왕대	신라 법흥왕대

문제 해설
(가)는 대가야로 후기 가야 연맹을 이끌었고, (나)는 금관가야로 전기 가야 연맹의 맹주이다. 대가야는 철의 왕국으로 불릴 만큼 철을 많이 생산하였다. 금관가야는 풍부한 철의 생산과 해상 교통을 이용하여 낙랑과 왜의 규슈 지방을 연결하는 중계 무역이 발달하였다. 금관가야는 신라 법흥왕 때 멸망하였고(532), 대가야는 신라 진흥왕 때 멸망하면서 가야 연맹이 해체되었다(562). 대가야를 대표하는 유적으로는 지산동 고분이, 금관가야는 대성동 고분이 있다.

바로잡기
④ 금관가야는 4세기 말에서 5세기 초 고구려군이 왜를 격퇴하기 위해 내려오면서 쇠퇴하기 시작하였다. 대가야는 백제가 낙동강 유역에 진출하자 위기를 느껴 신라와 결혼 동맹을 맺기도 했지만, 신라 진흥왕 때 멸망하면서 가야 연맹이 완전히 해체되었다.

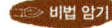 비법 암기

가야 연맹 : 금관가야 – 3세기 이후 전기 가야 연맹 주도, 법흥왕 때 멸망, 대가야 – 5세기 이후 후기 가야 연맹 주도, 진흥왕 때 멸망

정답 | 09 ③ 10 ② 11 ① 12 ④

13 대가야

가야 연맹의 어느 나라와 관련된 행사 포스터이다. 이 나라에 대한 설명으로 옳은 것은?

행사 안내

기념 공연
애기 금동관의 미스터리

- 기간 : 2011. 4. 7 ~ 2011. 4. 10
- 주제 : 애기 왕자가 나라를 지키기 위해 펼치는 흥미진진한 이야기

유적지 탐방	찾아오시는 길
지산동 고분 	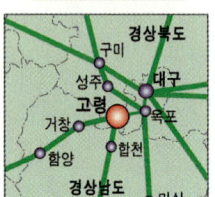

---

① 중앙 집권적인 국가로 발전하였다.
② 1세기 무렵 김수로에 의해 건국되었다.
③ 낙랑, 대방, 왜와 활발하게 교역하였다.
④ 고구려 광개토 대왕의 공격으로 쇠퇴하였다.
⑤ 5세기 후반에는 소백산맥 서쪽까지 진출하였다.

문제 해설
행사 포스터의 지도에서 '고령'이 등장하는 것과 유적지로 '지산동 고분'이 언급된 것으로 보아 대가야임을 알 수 있다. 대가야는 금관가야가 쇠퇴하자 5세기 무렵부터 후기 가야 연맹을 이끌며 발전하였다. 대가야는 한때 남중국의 남제와 교류하는 한편, 소백산맥 서쪽의 남원군 아막산성까지 세력을 넓히기도 하였다. 하지만 백제의 반격으로 6세기 이후에는 세력이 위축되었고 신라 진흥왕에 의해 멸망하였다.

바로잡기
① 신라와 백제의 압박으로 중앙 집권 국가로 발전하지 못하였다.
② 김수로는 금관가야를 건국하고 전기 가야 연맹을 이끌었다.
③ 금관가야가 낙랑, 대방, 왜에 철을 수출하면서 활발하게 교역하였다.
④ 광개토 대왕의 공격으로 쇠퇴하면서 맹주의 지위를 상실한 가야는 금관가야이다.

비법 암기
대가야 : 고령에 건국, 5세기 이후 후기 가야 연맹 주도, 6세기 초 백제·신라와 대등하게 세력 다툼, 신라 진흥왕 때 멸망

---

14 살수대첩

(가)에 들어갈 제목으로 적절한 것은?

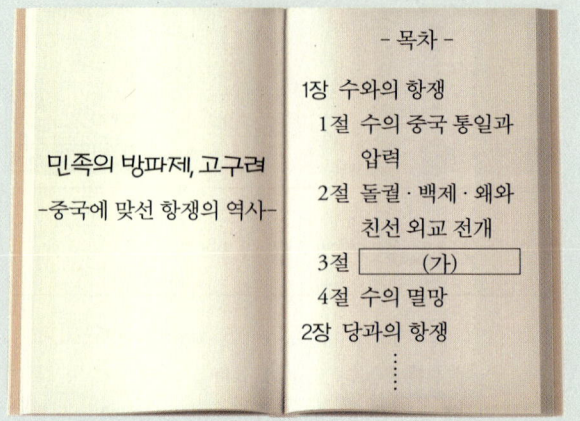

① 을지문덕의 활약과 살수 대첩
② 남북조에 대한 등거리 외교 전략
③ 방어 체제의 정비와 천리장성 축조
④ 매소성 전투와 기벌포 해전에서의 승리
⑤ 고구려인의 항쟁 의지를 보여준 안시성 싸움

문제 해설
6세기 말에서 7세기 초 동북아시아의 국제 정세를 보면, 중국 남북조 시대를 통일한 수가 신라와 동맹을 맺고 동북쪽으로 세력을 꾀하였고, 고구려는 북쪽의 돌궐과 남쪽의 백제, 왜와 남북으로 외교적 축을 형성하였다. (가)는 고구려와 수의 전쟁으로 수 양제가 침략하였지만 을지문덕이 살수에서 크게 격파하였다(살수 대첩, 612). 이후에도 고구려는 수 양제의 2차, 3차 공격을 모두 물리쳤다. 수는 고구려 침략 전쟁의 실패와 무리한 대운하 건설로 인하여 멸망하였다.

바로잡기
② 남북조 시대는 중국이 수로 통일되기 이전 시대이다.
③ 고구려는 당의 침입에 대비하여 부여성(농안)에서 비사성(대련)에 이르는 천리장성을 쌓았다.
④ 나·당 전쟁 당시의 전투이다. 매소성 전투와 금강 하구의 기벌포 전투에서 신라군은 당 군을 격파하였다.
⑤ 당 태종이 침입하자 고구려는 안시성을 중심으로 군·민이 협력하여 당 군을 물리쳤다(645).

비법 암기
6C 말~7C 초 동북아시아 정세 : 고구려 + 백제 + 왜 + 돌궐 ↔ 신라 + 수(당)

15 삼국 통일의 과정

(가) 지역을 지도에서 옳게 고른 것은?

- 검모잠이 나라를 부흥시키려고 보장왕의 외손 안승을 세워 왕으로 삼았다. 당 고종이 대장군 고간을 보내 그들을 토벌하니, 안승이 검모잠을 죽이고 신라로 달아났다.
- 소형 다식 등이 아뢰기를, "우리 선왕이 도를 잃어 나라가 망하였지만, 지금 우리들은 본국의 귀족 안승을 받들어 왕으로 삼았습니다. 바라건대 변방을 지키는 울타리가 되어 영원히 충성을 다하고자 합니다."라고 하니, 문무왕은 그들을 나라 서쪽 __(가)__ 에 머물게 하였다.

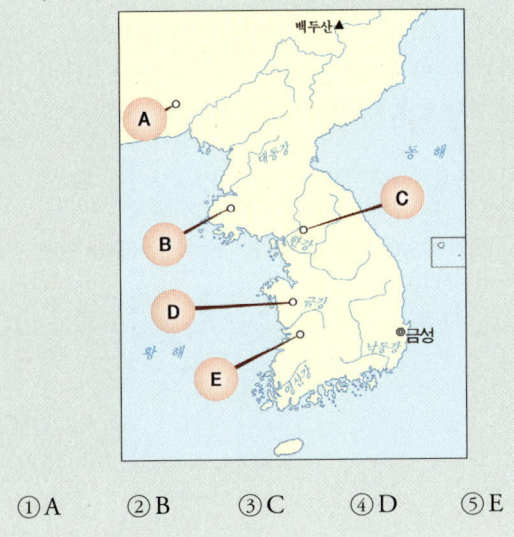

① A ② B ③ C ④ D ⑤ E

문제 해설
제시된 자료에서 안승이 검모잠을 죽이고 신라로 달아난 곳은 금마저(익산)이다. 지도의 E에 해당하며 신라는 이곳에서 안승이 보덕국을 세우도록 하였다.

바로잡기
① A(오골성: 만주 봉황성)는 고구려 고연무가 부흥 운동을 했던 곳이다.
② B(한성: 황해도 재령)은 고구려 검모잠이 부흥 운동을 했던 곳이다.
③ C(매소성: 경기도 연천)는 신라가 당의 대군을 물리친 곳이다.
④ D는 백제가 부흥 운동을 벌였던 임존성(흑치상지), 주류성(복신, 도침)이다.

비법 암기
신라의 삼국 통일 : 매소성 전투, 기벌포 전투 승리 → 당 군을 몰아내고 삼국 통일(대동강~원산만 이남)

16 고구려와 백제의 부흥 운동

(가), (나) 운동에 대한 설명으로 옳은 것은?

(가) 복신과 도침이 옛 왕자 부여풍을 맞아 왕으로 세우고 웅진성에 있던 당의 장군 유인원을 포위하여 공격하였다. …… 복신 등이 임존성에 주둔하다가 얼마 뒤 복신이 도침을 죽이고 그의 무리를 합하여 그 세력이 매우 성하였다.

(나) 검모잠이 유민을 수습하여 궁모성으로부터 패강 남쪽에 이르러 당의 관리와 승려 법안을 죽이고 안승을 만나 한성으로 맞아들여 임금으로 모셨다.

— "삼국사기" —

① (가) - 왜의 군사적인 지원을 받았다.
② (가) - 안동 도호부를 요동으로 몰아냈다.
③ (나) - 송악에서 철원으로 도읍을 옮겼다.
④ (나) - 중국의 5대 여러 나라와 외교 관계를 맺었다.
⑤ (가), (나) - 당군을 몰아내기 위하여 신라의 지원을 받았다.

문제 해설
(가)는 백제 부흥 운동이고, (나)는 고구려 부흥 운동이다. 백제는 660년 나·당 연합군에 의해 멸망한 이후 복신, 도침, 흑치상지가 왕자 부여풍을 왕으로 추대하고 임존성과 주류성을 근거지로 백제 부흥 운동을 일으켰다. 나·당 연합군이 진압에 나서자 왜의 지원까지 받았으나 결국 백강 전투에서 크게 패하여 부흥 운동은 좌절되었다. 고구려는 668년 나·당 연합군에 의해 멸망한 이후 검모잠, 고연무 등이 보장왕의 외손 안승을 추대하고 오골성과 한성을 근거지로 고구려 부흥 운동을 일으켰으나, 지도층의 내분이 일어나 결국 실패하였다.

바로잡기
② 고구려 부흥 운동 때 평양을 탈환하여 안동 도호부를 요동으로 몰아내었다.
③ 후삼국 시대에 후고구려의 궁예가 국호를 태봉으로 바꾸고, 도읍을 철원으로 옮겼다.
④ 고려를 세운 태조 왕건의 대외 정책이다.
⑤ 당 군을 몰아내기 위하여 신라의 지원을 받은 것은 고구려 부흥 운동뿐이다.

비법 암기
고구려와 백제의 부흥 운동 : 고구려는 안승·검모잠·고연무 등이 주도, 백제는 복신·도침·흑치상지 등이 주도

17 신라 중대 신문왕의 업적

밑줄 그은 '국왕'의 업적으로 옳은 것을 <보기>에서 고른 것은?

> 해관 박숙청이 아뢰되, "동해에 작은 산이 떠서 감은사로 향하여 오는데 물결을 따라 왕래합니다." 라고 하였다. …… 국왕이 배를 타고 그 산에 들어가니, 용이 나타나 "동해의 용이 된 그대의 아버지인 문무왕과 천신(天神)이 된 김유신이 그대에게 옥대와 대나무를 전해 주라고 하였다."라고 하였다. 국왕이 놀라고 기뻐하여 대나무를 베어서 피리를 만들었다. …… 그 피리를 만파식적(萬波息笛)이라 하고 나라의 보물로 삼았다.

〈보기〉
ㄱ. 독서삼품과를 실시하였다.
ㄴ. 화랑도를 국가 조직으로 개편하였다.
ㄷ. 국학을 세워 유학 교육을 장려하였다.
ㄹ. 관료전을 지급하고 녹읍을 폐지하였다.

① ㄱ, ㄴ   ② ㄱ, ㄷ   ③ ㄴ, ㄷ
④ ㄴ, ㄹ   ⑤ ㄷ, ㄹ

18 신라 하대의 역사적 사실

밑줄 그은 '이 시기'의 상황으로 옳은 것을 <보기>에서 고른 것은?

(이 시기에는 중앙 정부의 지방 통제력이 약화되었고, 살기 어려워진 농민들이 각지에서 봉기를 일으켰어.)
(맞아, 그때 일어난 농민 봉기로는 원종과 애노의 난이 있어.)

〈보기〉
ㄱ. 김흠돌 모역 사건에 연루되어 많은 귀족이 숙청되었다.
ㄴ. 지방에서는 호족이라고 불리는 정치 세력이 성장하였다.
ㄷ. 신라를 불국토로 만들려는 염원에서 불국사가 건립되었다.
ㄹ. 6두품이 중심이 되어 골품제를 비판하는 새로운 이념을 제시하였다.

① ㄱ, ㄴ   ② ㄱ, ㄷ   ③ ㄴ, ㄷ
④ ㄴ, ㄹ   ⑤ ㄷ, ㄹ

문제 해설
제시된 자료의 밑줄 그은 국왕은 '만파식적', '그대의 아버지 문무왕' 등으로 보아 신라 신문왕이다. 신문왕은 제도 개혁을 통해 강력한 전제 왕권을 확립하였다. 김흠돌의 난을 진압하고, 진골 세력을 숙청한 후, 녹읍의 폐지, 관료전 지급, 상대등 세력의 약화, 집사부 시중의 중용, 6두품과 결탁, 9주 5소경의 제도 정비, 국립 교육 기관인 국학의 설립 등 통일 신라의 기반을 확립하고 왕권을 강화시켰다. 이를 토대로 신라는 중대에 정치적 안정이 이루어졌는데, 이를 반영한 것이 만파식적의 설화이다.

바로잡기
ㄱ. 독서삼품과는 원성왕이 유교 경전의 이해 정도에 따라 관리를 등용하기 위하여 마련한 제도이다.
ㄴ. 6세기 진흥왕 때 화랑도를 국가적 조직으로 개편하였다.

📖 **비법 암기**
신문왕의 왕권 강화: 귀족 세력 숙청, 9주 5소경 설치, 사정부 설치, 관료전 지급(녹읍 폐지), 국학 설립 등

문제 해설
제시된 자료에서 '이 시기'는 중앙 정부의 지방 통제력 약화, 농민 봉기, 원종과 애노의 난 등의 표현을 통해 신라 하대임을 알 수 있다. 신라 하대의 혼란을 배경으로 지방에서는 호족이 성장하였고, 당에 유학한 6두품 출신의 유학자들이 신라 골품제 사회를 비판하면서 사회 개혁을 주장하였다.

바로잡기
ㄱ. 신문왕은 김흠돌 모역 사건에 연루된 많은 귀족을 숙청함으로써 전제 왕권을 확립하였다.
ㄷ. 불국사를 건립한 시기는 신라 중대에 해당한다.

📖 **비법 암기**
신라 하대: 진골 귀족들의 왕위 다툼, 지방 통제력 약화, 녹읍 확대, 상대등 권한 강화, 지방 호족 성장(풍수지리설과 선종 유행)

19 발해의 고구려 계승

밑줄 그은 ㉠의 주장을 뒷받침할 수 있는 탐구 활동으로 가장 적절한 것은?

> 부여씨가 망하고 고씨가 망하자 김씨가 그 남쪽을 영유하였고, 대씨가 그 북쪽을 영유하여 발해라 하였다. 이것이 남북국이라 부른 것으로 마땅히 남북국사가 있어야 했음에도 고려가 이를 편찬하지 않은 것은 잘못된 일이다. ㉠무릇 대씨가 누구인가? 바로 고구려 사람이다. 그가 소유한 땅은 누구의 땅인가? 바로 고구려 땅이다. - "발해고" -

① 주자감의 역할에 대해서 알아본다.
② 발해와 당의 교역 물품을 조사한다.
③ 발해 3성 6부제의 기원을 찾아본다.
④ 장안과 상경의 도시 구조를 비교한다.
⑤ 발해 문왕이 일본에 보낸 국서를 조사한다.

20 발해 문왕의 업적

지도에 표시된 천도를 단행한 왕의 재위 기간에 있었던 사실로 옳지 않은 것은?

① 신라도를 통해 신라와 교류하였다.
② 고려국왕을 표방하고 일본과 교류하였다.
③ 대흥이라는 독자적인 연호를 사용하였다.
④ 장문휴로 하여금 산둥 반도를 공격하게 하였다.
⑤ 안·사의 난을 틈타 요하까지 영토를 확장하였다.

문제 해설
유득공이 저술한 "발해고"에는 발해가 고구려를 계승하였다는 사실을 분명히 언급하고 있고, 이에 따라 남북국 시대라는 개념을 설정하여 통일 신라와 발해가 한 민족임을 밝히고 있다. 발해의 문왕은 일본에 보낸 국서에 '고려국왕 대흠무'라고 스스로를 칭하였으며, 일본에서도 발해의 왕을 '고려국왕'으로 불렀다. 뿐만 아니라 많은 일본 측 자료에 발해를 가리켜 '고려'라고 부른 기록이 있다.

바로잡기
① 주자감은 발해의 최고 교육 기관으로 주로 유학을 가르쳤다. 이는 고구려의 영향을 받았다기보다는 중국의 영향을 받았다고 볼 수 있다.
② 당과의 교역은 고구려 계승 의식과 관련이 없다.
③ 3성 6부제는 당의 중앙 관제를 모방하여 설치한 것이다. 대신 6부의 이원적 운영이나 유교식 명칭은 독자적 성격을 보여 준다.
④ 발해의 수도 상경은 당의 수도 장안을 모방하여 건설하였다.

비법 암기
발해의 고구려 계승 : 일본에 보낸 국서, 고구려의 문화를 계승한 유물 (정혜 공주 묘의 모줄임천장 구조, 이불병좌상, 연꽃무늬 수막새, 온돌 장치 등)

문제 해설
중경 현덕부는 발해의 건국 수도이다. 그리고 문왕 때 상경 용천부(756~785)로 수도를 옮겼다가 말년에 다시 동경 용원부(785~794)로 천도한 것으로 보인다. 문왕은 당과 친선 관계를 맺으면서 당의 선진 문화를 적극 수용하였고, 신라와도 신라도를 개설하여 교역하였다. 또한 당이 안·사의 난으로 위기에 처하자 요하까지 영토를 확장하였다. 스스로 황상이라는 칭호를 사용하였으며, 대흥이라는 독자적인 연호를 사용하였다. 선왕 이후 발해는 '해동성국'이라고 칭할 정도로 전성기를 맞았다.

바로잡기
④ 장문휴가 산둥 반도를 공격한 것은 발해의 기반이 다져진 무왕 때의 일이다. 무왕은 인안이라는 연호를 사용하면서 당과 대립하였다.

비법 암기
발해 문왕의 업적 : 당과 친선 관계, 3성 6부와 주자감 설치, 신라도 개설

3 고려 전기의 정치 | II 전근대의 정치

시대구분	고려 초기(918~997)		
세력	호족과 6두품 출신		
	태조 왕건	광종 (→ 경종)	성종 (→ 목종·현종)

정치	• 고려의 성립(송악에 도읍, 918)
	  ─ 신라에 우호적, 후백제와 대립
	  ─ 중국 5대와 외교 관계 수립
	  ─ 후삼국 통일(936)
	• **호족 포섭**★
	  ─ 호족과 **정략결혼, 왕씨 성** 하사
	  ─ 공신에게 **역분전** 지급
	  ─ 중소 호족의 향촌 지배권 인정
	• 호족 견제
	  ─ 사심관 제도(연대 책임, 경순왕을 경주 사심관 임명)
	  ─ 기인 제도(호족 자제를 인질로 삼음)
	• 민생 안정책
	  ─ 취민유도 정책(取民有度):
	    조세율을 생산량의 10분의 1로 감면
	  ─ **흑창** 설치(빈민 구제)
	• 통치 규범 제시
	  ─ "정계", "계백료서"(관리의 규범)
	  ─ **훈요 10조**(후대 왕이 지켜야 할 정책)★
		• **노비안검법**★
		  ─ 불법으로 노비가 된 자를 양민으로 해방
		  ─ 호족 세력 약화
		  ─ 국가 재정 기반 확보
		• **과거제**(958)
		  ─ 후주 출신 **쌍기**의 제안으로 시행
		  ─ 유학을 익힌 신진 인사 등용 → 신구 교체
		• 공복 제정
		  ─ 관등에 따라 복색을 구분(자·단·비·녹색)
		  ─ 지배층 위계 질서 확립
		• 공신·호족 세력 숙청
		• 승과 실시, 국사·왕사 제도 시행, 귀법사 창건(균여의 화엄종)
		• 칭제 건원(황제를 칭하고 연호를 사용)
		  ─ 개경을 황도로 칭함
		  ─ **광덕·준풍** 등의 독자적 연호 사용★
		※ 경종: 시정 전시과 시행(관등+인품 기준)
			• 최승로의 **시무 28조** 수용★
			  → 유교 정치 이념 확립, 체제 정비
			• **통치 기구 개편**★
			  ─ **2성 6부제** 시행(당), 중추원·삼사 설치(송)
			  ─ 도병마사·식목도감 설치(고려의 독자성)
			  ─ 전국 주요 지역에 12목 설치·지방관 파견
			• **향리 제도**: 지방의 중소 호족을 향리로 편입
			• 광종 비판
			  ─ 노비환천법(광종 때 해방된 노비 가운데 옛 주인을 경멸한 자를 다시 천민으로 삼음)
			  ─ 불교 행사 억제: 연등회·팔관회 폐지
			• **유학 장려**★
			  ─ 중앙에 **국자감** 정비 → 과거 출신자 우대
			  ─ 지방에 향교 설치 → **경학·의학박사** 파견
			• 민생 안정책: 의창·상평창 설치
			※ 목종: 개정 전시과 시행(전직·현직 관리 지급)
			※ 현종(11세기 초): 5도 양계의 지방 제도 완비
			  (3경, 4도호부, 8목 및 군·현·진 설치)

영토·정변	• 북진 정책
	  ─ 서경 중시(분사 제도, 북진 정책 전진 기지)
	  ─ **청천강~영흥**의 국경선 확보
		※ 정종: 거란 침입에 대비하여 광군사 설치, 광군(특수 부대) 조직	

대외관계	⟨거란⟩(10세기 말~11세기 초)
	• 만부교 사건(942): 고려의 거란 배척(거란 사신 유배, 낙타 50필을 만부교에서 굶겨 죽인 사건)
	• 거란, 송 공격을 위해 배후지인 고려 침략
	  ─ **1차** 침략(성종, 993): 소손녕이 80만 대군 이끌고 침입 → 서희의 담판 → **강동 6주** 획득★
	  ─ **2차** 침략(현종, 1010): **강조의 정변**(목종 폐위)을 구실로 성종의 40만 대군이 침입
	    → 개경 함락, 왕은 나주로 피난, 양규의 선전(흥화진 방어, 귀주에서 퇴각하는 거란군 격퇴)
	  ─ **3차** 침략(현종, 1018): 소배압의 10만 대군이 개경 부근까지 침입 → 강감찬의 **귀주 대첩**(1019)★
	• 결과: 고려, 송, 거란의 세력 균형 → **나성**(개경 주위), **천리장성**(국경 일대, 압록강 어귀~도련포) 축조
			⟨동아시아 연표⟩
			• 907 **당** 멸망 → **5대 10국** 흥망
			• 916 **거란족** 통일(야율아보기)
			• 926 거란에 의해 발해 멸망
			• 942 만부교 사건(고려의 거란 배척)
			• 946 거란 → **요**
			• 960 **송** 건국(조광윤) → 고려 친송 정책
			• 1054 요, 대장경 간행

자료 읽기

● 고려의 민족 재통일

● 거란의 침입과 강동 6주

출제 예감

훈요 10조(일부)
• 불력으로 나라를 세웠으니 **불교를 장려**하고 사원의 폐단을 엄단하라. 연등회와 팔관회를 소홀히 하지 말라. ⇨ 불교 중시
• 모든 절은 도선의 풍수 사상에 따라 세우고 함부로 짓지 말라. ⇨ 풍수지리설
• 맏아들에게 왕위를 물려주어라. ⇨ 유교 반영
• 중국의 풍습을 억지로 따르지 말고 **고려의 특성**에 맞게 예악을 발전시켜라. 특히 거란은 짐승의 나라이니 거란의 제도를 본받지 말라. ⇨ 주체적, 북진 정책
• 서경은 지맥의 근본이니 3년마다 가서 100일 이상 머물도록 하라. ⇨ 서경 중시, 북진 정책

－"고려사"－

Best 기출
- 고려 초기: 태조의 호족 포섭 정책 | 태조의 훈요 10조 | 광종의 노비안검법 | 광종의 개혁 | 최승로의 시무 28조 | 통치 기구 개편 | 거란과의 대외 관계
- 고려 중기: 문벌 귀족 사회의 형성 | 이자겸의 난 | 묘청의 서경 천도 운동 | 여진과의 대외 관계

시대 구분	고려 중기 (997~1170)
세력	문벌 귀족
정치	• 성종 이후 중앙 집권적 국가 체제 확립 • 문벌 귀족 형성: 호족 출신의 중앙 관료 + 신라 6두품 계통 유학자 — 관직 독점: 과거 제도, 음서* — 경제력 장악: 과전(관직 복무의 대가), 공음전(5품 이상, 자손에게 세습 허용)* — 혼인을 통한 결속 강화(특히 왕실과 혼인 관계) • 문벌 귀족 사회의 모순 대두 — 문벌 귀족과 신진 관료(과거를 거친 지방 출신)의 대립 — 이자겸의 난, 서경 천도 운동으로 이들 정치 세력 간의 대립과 갈등 표출 *문종: 경정 전시과(현직 관리에게만 지급)
영토·정변	• 이자겸의 난(1126)* — 배경: 경원 이씨, 왕실과 중첩된 혼인(이자연 – 문종, 이자겸 – 예종, 인종) 　　 이자겸이 예종의 측근을 축출하고 인종 즉위에 기여 → 권력 강화 — 원인: 금과 타협적인 이자겸 세력 vs 왕의 측근 세력 간의 대립 — 과정: 이자겸이 반대파를 제거하고 척준경과 난을 일으켜 권력 장악 　　 → 인종의 회유로 척준경이 이자겸 제거 　　 → 정지상의 탄핵으로 척준경 축출, 이자겸 세력 몰락 　　 → 문벌 귀족 사회의 붕괴 촉진 • 묘청의 서경 천도 운동(인종, 1135)* | 서경파	개경파
묘청 · 정지상(진취적인 서경 세력)	김부식(보수적인 개경 세력)
불교 · 풍수지리설 → 자주적 전통 사상	유교 → 사대적 유교 사상
고구려 계승 의식	신라 계승 의식
서경(평양) 천도 주장 → 서경에 대화궁 건립 황제 칭호 사용(칭제 건원) · 금 정벌 주장	이자겸, 금 사대 요구 수용 → 개경 세력, 금과의 사대 관계 유지 | — 서경파(지방 출신 개혁파)와 개경파(보수파)의 대립 — 묘청 세력은 서경 천도가 어렵게 되자 국호를 대위국, 연호를 천개로 하여 난을 일으킴 → 김부식의 관군에 의해 진압 → 문벌 귀족의 보수화 *신채호의 평가: 조선 역사상 일천년래 제일대 사건 *분사 제도 정비: 서경에 개경의 관아를 모방한 분사 설치(태조 때 시작하여 예종 때 완성) → 묘청의 서경 천도 운동으로 폐지
대외 관계	〈여진〉(12세기, 숙신 → 말갈 → 여진 → 금) • 윤관의 여진 정벌(예종, 1107): 별무반 편성 → 여진족 축출 　→ 동북 9성 축조* 　→ 9성 수비의 어려움 · 조공을 약속한 여진의 반환 요청 　→ 1년 만에 반환 • 여진, 금 건국(1115) → 요(거란) 멸망(1125) 　→ 금, 고려에 군신 관계 요구 　→ 이자겸 · 김부식 등 개경파가 사대 수용 　→ 묘청의 서경 천도 운동의 발단이 됨 *별무반: 여진 정벌을 위해 임시로 조직 　　 신기군(기병 부대), 신보군(보병 부대), 항마군(승병 부대)으로 구성

자료 읽기

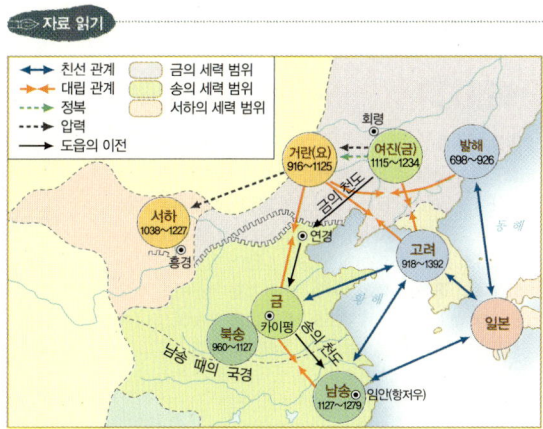

◎ 10~12세기 동아시아의 대외 관계

출제 예감

문벌 귀족의 특권: 음서제의 확대

조상의 공로로 벼슬을 주는 것은 다 나이 18세 이상인 자에게 한하였는데, 목종이 즉위하여(997) 명령하기를 "5품 이상 문무관의 아들에게는 음직을 준다."라고 하였다. 현종 5년(1014) 12월에 명령하기를 "양반으로서 현직 5품 이상인 관원의 자손이나 혹은 아우나 조카 중에서 한 사람에게 벼슬을 시킬 것을 허락한다."라고 하였다.
　　　　　　　　　　　　　　　— "고려사" —

출제 예감

묘청의 서경 천도 운동

왕께 아뢰기를, "신이 서경 임원역 땅을 보니, 이는 음양가가 말하는 대화세(大華勢)의 명당입니다. 이곳에 궁궐을 세워 거처를 옮기시면 금나라가 폐백을 가지고 와 스스로 항복할 것이며, 36개의 나라가 다 신하가 될 것입니다." 하였다. …… 또 칭제 건원할 것을 아뢰었으나 왕이 듣지 아니하였다.
　　　　　　　　　　　　　　　— "고려사" —

출제 예감

묘청의 서경 천도 운동에 대한 신채호의 평가

서경 천도 운동을 역대 사가들이 다만 왕의 군대가 반란의 무리를 제압한 전쟁으로만 알고 있을 뿐이었으나 이는 근시안적 관찰이다. 실상 그 전쟁은 곧 낭 · 불 양가(郎佛兩家) 대 유가의 싸움이고, 국풍파(國風派) 대 한학파(漢學派)의 싸움이고, 독립당 대 사대당의 싸움이고, 진취적인 사상 대 보수적인 사상의 싸움이니 묘청은 곧 전자의 대표요, 김부식은 곧 후자의 대표다. 이 전쟁에서 묘청 등이 패하고 김부식이 이겼으므로 조선사가 사대적, 보수적, 속박적 사상인 유교 사상에 정복되고 말았거니와, … 이 전쟁을 어찌 1,000년 이래 제 대 사건이라 하지 아니하랴.
　　　　　　　　　　　　　　　— "조선사연구초" —

출제 예감

윤관의 별무반

'적(賊)에게 패한 까닭이 그들은 기병인데 우리는 보병이라 대적할 수 없었다.'라는 상소에 따라 비로소 이 부대가 설립되었다. …… 무릇 말을 가진 자를 신기군으로 삼았다. 말이 없는 자는 신보 · 도탕 · 경궁 · 정노 · 발화 등의 군으로 삼았고, 20살 이상 남자들로 거자(擧子)가 아니면 모두 신보군에 속하게 하였다. …… 승려를 뽑아서 항마군으로 삼아 다시 군사를 일으키고자 하였다.
　　　　　　　　　　　　　　　— "고려사" —

4 고려 후기의 정치 | II 전근대의 정치

자료 읽기

출제 예감

최충헌의 봉사 10조

엎드려 보건대, 적신 이의민은 성품이 사납고 잔인하여 윗사람을 업신여기고 아랫사람을 능멸하였습니다. 임금 자리를 흔들고자 꾀하니 화의 불길이 커져 백성이 살 수 없으므로 신 등이 폐하의 위령에 힘입어 일거에 소탕하였습니다. 원컨대 폐하께서는 옛 정치를 혁신하고 새로운 정치를 도모하시어 태조의 바른 법을 행하여 빛나게 중흥하소서. 삼가 열 가지 일을 조목으로 아룁니다.

● 무신 집권기 농민과 천민의 봉기

● 몽골의 침입과 대몽 항쟁

시대 구분	무신 집권기(1170~1270, 의종~원종)	
세력	무신 정권	
	명종	명종~고종(최씨 정권), 원종
정치	〈무신 정변〉(1170)★ • 정중부·이의방 등 무신이 일으킨 정변 • 배경 ┌ 문신 우대, 무신에 대한 차별 대우 ├ 군인의 불만 └ 의종의 실정 • 의종 폐위 → 명종을 내세워 정권 장악 • 권력 쟁탈: 이의방 → 정중부 → 경대승 → 이의민 → 최충헌(4대 60여 년간의 최씨 정권) • 중방(무신들의 최고 기구)	〈최씨 정권〉(1196~1258)★ • 최충헌 → 최우 → 최항 → 최의 • 최충헌의 집권 ┌ 봉사 10조(사회 개혁안) 제시 ├ 농민 항쟁을 적극적으로 진압 ├ 교정도감(국정 총괄, 중방 대체)· │ 도방(사병 기관, 신변 경호)으로 권력 유지 └ 권력 유지에 치중(토지·노비 차지, 사병 양성) • 최우의 집권: 정방(인사 행정), 삼별초(정권의 군사적 기반, 좌별초·우별초·신의군) 설치 〈무신 정권의 몰락〉(1258~1270) • 최의의 피살: 김준 → 임연 → 임유무
영토·정변	• 동북면 병마사 김보당의 난(1173): 문신들의 무신 정권에 대한 저항 • 서경 유수 조위총의 난(1174): 무신 정권에 반발, 많은 농민 가세 〈하층민 봉기〉 • 배경 ┌ 무신 정변으로 신분제 동요 │ → 하층민이 권력층으로 변모(이의민) │ → 신분 해방에 대한 욕구 증대 ├ 무신간의 권력 다툼으로 정국 혼란 │ → 국가 통제력 약화 └ 무신의 과도한 토지 소유 • 망이·망소이의 봉기(공주 명학소, 1176)★ ┌ 농민 반란 + 소 주민의 신분 해방 └ 명학소를 충순현으로 승격 → 토벌 • 김사미(운문)·효심(초전)의 봉기(1193): 신라 부흥 표방	• 몽골 침입(1231~1259): 1~6차 침략 ┌ 강화도 천도(최우, 1232) └ 재조대장경(팔만대장경) 조판 • 개경 환도(원종, 1270) → 삼별초의 난 • 개경 만적의 봉기(1198)★ ┌ 최충헌의 노비 만적이 주도 ├ 최초의 노비 반란 → 신분 해방 운동 └ "누구나 공경대부가 될 수 있다."
대외 관계	〈몽골〉(13세기)★ • 몽골의 1차 침략(고종, 최우 집권, 1231) ┌ 사신 저고여 피살(1225)을 구실로 침입 ├ 박서의 저항(귀주), 충주성 전투(노군·잡류별초 등 하층민 중심으로 항전) └ → 강화 성립, 다루가치 주둔 • 몽골의 무리한 공물 요구와 간섭 → 최우, 장기 항전 위해 강화도로 천도(1232), 팔만대장경 조판(1236) • 2차 침략(고종) ┌ 처인성(용인)에서 김윤후가 살리타 사살 → 처인부곡이 처인현으로 승격 └ 대구 부인사 초조대장경 소실 • 3차 침략(고종): 경주 황룡사 9층 목탑 소실 • 6차 침략(고종): 다인철소(충주)의 항전 → 익안현으로 승격(1254) • 삼별초의 항쟁(1270~1273)★: 개경 환도(원종, 1270)에 반발, 배중손 중심으로 저항 강화도(강화산성) → 진도(용장산성) → 제주도(항파두리 항몽 유적)	

★ Best 기출 ● 무신 정권 : 무신 정변의 발생 | 최씨 정권의 정치·군사 기반 | 망이·망소이의 봉기 | 만적의 봉기 | 몽골의 침입과 대몽 항쟁 ● 원 간섭기 : 원의 내정 간섭 | 원의 수탈 | 관제 격하 | 영토 축소 ● 공민왕의 개혁기 : 반원 자주 정책 | 전민변정도감 | 왜구 토벌 | 국경선의 변화 | 고려 후기 주도 세력

시대 구분	원 간섭기(1270~1351, 충렬왕~충정왕)		공민왕의 개혁기(공민왕 → 우왕·창왕·공양왕)
세력	권문세족 → 정방(인사권), 음서, 대농장		권문세족 ↔ 신진 사대부
정치	〈원의 내정 간섭〉 • 일본 원정에 동원 　┌ 전쟁 물자와 인적 자원 징발(정동행성 설치) 　└ 1·2차 원정 모두 실패 • 관제 격하: 원의 부마국(사위의 나라)으로 전락 　┌ 2성 6부제 → 1부 4부사제 　└ 왕명에 충(忠)자를 넣어 몽골에 충성 표시 • 내정 간섭 　┌ 정동행성 유지(개경)★ 　├ 다루가치(감찰관) 파견 　└ 군사 기관인 만호부 설치 • 인적·물적 수탈: 　공녀 차출, 매 징발(응방), 특산물 징발 • 몽골풍(연지·곤지, 족두리, 수라, 소주, 변발, 호복)	〈반원 자주 정책〉 • 충렬왕 　┌ 원의 내정 간섭 시작 　├ 성리학 수용, "제왕운기" 편찬(이승휴) 　├ 국자감 → 국학(격하) → 성균감 　└ 섬학전(장학재단) • 충선왕 　┌ 사림원(왕명 출납, 인사 행정)을 두어 　│　토지 수취 제도 폐단 시정 　│　→ 권문세족의 반발로 실패 　├ 아들 충숙왕에게 양위하고 원에 만권당 　│　(학문 연구 기관) 설립 　└ → 이제현 활약, 원의 조맹부와 교류	〈공민왕의 개혁〉 • 반원 자주 정책 　┌ 내정 간섭 기구인 정동행성 이문소 폐지★ 　├ 기철을 비롯한 친원 세력 숙청 　├ 관제 복구: 2성 6부, 중추원 　└ 몽골풍(변발, 호복 등) 금지 • 왕권 강화 정책 　┌ 왕권을 제약하던 정방(인사 기구) 폐지 　├ 성균관을 순수 유학 기관으로 재정비 　└ 신진 사대부 등용, 권문세족 견제 • 전민변정도감★: 　신돈 등용 → 권문세족의 대농장 회수, 노비를 양민으로 해방 → 권문세족의 반발 　→ 신돈 제거, 공민왕 시해 → 개혁 중단
영토·정변	• 영토 축소 　┌ 쌍성총관부(철령 이북 지역) 　├ 동녕부(자비령 이북 지역) 　└ 탐라총관부(제주도)	• 충렬왕 　┌ 동녕부 수복 　└ 탐라총관부 수복	• 공민왕 　┌ 쌍성총관부 공격 → 철령 이북 수복★ 　└ 동녕부 공격 → 요동 일시 회복 • 홍건적의 침입 　┌ 1차: 서경(평양) 함락 　└ 2차: 공민왕, 복주(안동) 피난 　　(→ 안동 놋다리 밟기 놀이) • 왜구의 침입(41년간 500여 회 침입)★ 　┌ 최영, 홍산 대첩(부여, 우왕) 　├ 나세·최무선, 진포 대첩(서천, 우왕) 　├ 이성계, 황산 대첩(남원, 우왕) 　├ 정지, 관음포 대첩(남해, 우왕) 　└ 박위, 대마도 정벌(창왕) • 토벌 작전을 수행하면서 신흥 무인 세력 성장 　(최영, 이성계) • 명의 철령위 설치 통보(우왕) 　→ 최영, 요동 정벌 추진(우왕, 1388) 　→ 이성계, 위화도 회군 → 조선 건국(1392)
국경선 변화	<table><tr><td>나라 이름</td><td>사건/인물</td><td>국경선</td></tr><tr><td>통일 신라</td><td>삼국 통일</td><td>대동강 어귀~원산만</td></tr><tr><td rowspan="4">고려</td><td>태조 왕건</td><td>청천강 어귀~영흥만</td></tr><tr><td>서희의 외교</td><td>흥화진 등 강동 6주</td></tr><tr><td>천리장성</td><td>압록강 어귀~도련포</td></tr><tr><td>공민왕</td><td>압록강 중류~길주</td></tr><tr><td>조선</td><td>세종의 4군 6진</td><td>현재의 국경선</td></tr></table> ● 국경선의 변화		

자료 읽기

● 공민왕의 영토 수복

원 간섭기 관제 개편

원 간섭 전	원 간섭 후
2성(중서문하성·상서성)	첨의부
6부(이·호·예·병·형·공)	4사
중추원	밀직사
황제(祖·宗)	왕(王)
폐하, 태자, 짐	전하, 세자, 고

➡ 2성 6부제가 1부 4사제로 축소되었다.

출제 예감

공민왕의 반원 정책

기철 등이 반역을 도모하다 처단되었으며 그들의 친당들은 모두 도망쳤다. 궁성은 엄중한 경계 중에 있었으므로 정지상을 석방하여 순군제공으로 삼아 왕을 호위하게 하였다. …… 정동행중서성 이문소를 철폐하였다. - 「고려사」 -

권문세족	• 친원 세력, 보수 세력 • 대농장 소유 • 불교와 결탁, 훈고학 중시 • 음서로 진출, 도평의사사 장악
신진 사대부	• 친명 세력, 혁신 세력 • 중소 지주 • 불교 비판, 성리학 수용 • 과거로 진출, 행정 실무 종사

● 권문세족과 신진 사대부

01 고려 태조의 정책

다음을 시행한 왕의 업적으로 옳은 것은?

> - 명주의 장군 순식이 오랫동안 불복하였다. …… 순식이 드디어 맏아들 수원을 보내어 귀순하니, '왕'이라는 성(姓)을 내려 주고 집과 토지도 내려 주었다.
> - 신라 경순왕 김부가 항복하자 신라국을 없애고 경주라 하였다. 김부로 하여금 경주의 사심이 되어 부호장 이하 직(職) 등의 일을 관장하게 하였다.
> — "고려사" —

① 기인 제도를 실시하였다.
② 노비안검법을 시행하였다.
③ 전민변정도감을 설치하였다.
④ 지방을 5도 양계로 정비하였다.
⑤ 12목을 설치하고 외관을 파견하였다.

문제 해설
제시된 자료는 고려 태조 왕건에 대한 설명이다. 자료에서는 왕건이 실시한 호족 포섭 정책에 의하여 각지의 유력 호족들이 고려 왕조에 귀순하는 모습을 보여 주고 있다. 기인 제도는 왕실을 지킨다는 명목으로 각 지역 유력자들의 자제를 수도인 개경에 불러다 살게 하였던 제도인데, 이는 태조 왕건이 호족들을 통제하기 위한 목적으로 실시하였다.

바로잡기
② 노비안검법은 광종 때 실시되었다. 이 법은 억울하게 노비가 된 이들을 양민으로 해방시켜 호족들의 세력을 약화시키고 왕권을 강화할 목적으로 시행되었다.
③ 전민변정도감은 권문세족이 부당하게 점유한 토지를 원래 주인에게 돌려줄 목적으로 공민왕 때 설치된 관청이다.
④ 고려의 지방 제도가 5도와 양계를 중심으로 정비된 것은 고려 중기의 일이다. 태조 때는 지방관을 파견하지 않고 임시 관원만 파견하여 중앙 정부의 통제력을 확인하는 정도에 그쳤다.
⑤ 12목을 설치하고 최초로 정식 지방관을 파견한 것은 성종 때의 일이다.

비법 암기
태조의 정책 : 호족과 정략 결혼, 공신에게 역분전 지급, 조세를 10분의 1로 줄임, 기인 제도, 사심관 제도, 훈요 10조, 북진 정책

---

02 고려의 북진 정책

다음 자료에 반영된 의식에 대한 설명으로 옳지 않은 것은?

> 우리 태조께서는 즉위한 후에 아직 김부가 복종하지 않고 견훤이 포로가 되기 전인데도, 자주 서도(西都)에 행차하여 친히 북방의 변두리 땅을 순수하였습니다. 그 뜻이 옛 땅을 … 반드시 석권하여 이를 차지하려 하였으니……
> — "고려사" —

① 국호를 '고려(高麗)'라 정한 배경과 관련이 있다.
② '만부교' 사건은 위와 같은 인식에서 발생하였다.
③ 여진 세력의 성장을 막기 위한 대외 정책의 지침이다.
④ 고려의 삼경(三京) 제도 마련에 영향을 끼친 요소였다.
⑤ 청천강에서 영흥에 이르는 국경선을 확보하는 데 영향을 주었다.

문제 해설
제시된 자료에 따르면, 고려를 세운 태조 왕건은 '아직 김부(신라의 마지막 왕인 경순왕)가 복종하지 않고 견훤이 포로가 되기 전인데도, 자주 서도(서경, 지금의 평양)에 행차'하였다고 한다. 태조 왕건은 서경을 북진의 전진 기지로 삼아 거란이 차지한 고구려와 발해의 영토를 회복하고자 하였으며, 이는 고려가 고구려 계승 의식을 기반으로 건국되었음을 보여 준다. 또 고구려를 계승하고자 국호도 고려로 정하였다. 고구려를 계승한 발해가 거란에 의해 멸망하자, 고려는 거란을 무도한 나라로 여기고 거란이 보낸 낙타들을 개경의 만부교 아래에 매어 놓아 굶어 죽게 하였다. 이 사건 역시 고려의 북진 정책이 표출된 것이다. 고려는 삼경 제도를 마련하였는데, 삼경에는 중경(개경), 동경(경주)과 함께 북진 정책의 전진 기지인 서경(평양)이 포함되어 있다. 고려는 북진 정책을 통해 청천강에서 영흥만에 이르는 국경선을 확보하였다.

바로잡기
③ 고려가 건국될 당시인 10세기의 여진은 고려가 견제할 만한 세력이 아니었다. 위협적인 북방 민족은 거란이었다.

비법 암기
태조의 북진 정책 : 국호 '고려', 서경 중시, 거란 배척, 청천강~영흥만의 국경선 확보

03 고려 광종의 정책

밑줄 그은 부분에 해당하는 사례로 옳지 않은 것은?

> 그는 여러 가지 과감한 조처를 통하여 왕권을 강화시켰다. 그가 혁신 정치를 대체적으로 일단락짓는 왕 11년에 스스로 칭제 건원(稱帝建元)하고, 개경을 황도, 서경을 서도라 칭한 것은 그와 같은 기반 위에서 취한 자부심의 한 표현이라 볼 수 있다.

① 백관의 공복을 제정하여 4등급으로 구분하였다.
② 쌍기의 건의를 받아들여 과거 제도를 실시하였다.
③ 광군사를 설치하고 광군을 조직하여 국방력을 키웠다.
④ 노비안검법을 실시하여 양인 출신의 노비를 해방시켰다.
⑤ 대상 준홍, 좌승 왕동 등을 모역죄로 제거하고 훈신들을 숙청하였다.

문제 해설
밑줄 그은 '그'는 고려의 광종이다. 개경을 황도로 칭했다는 내용을 통해 고려 왕조임을 알 수 있고, 즉위 11년에 칭제 건원하였다는 내용을 통해 고려 광종임을 알 수 있다. 광종은 관리들의 서열에 따라 4가지 공복의 색을 지정하여 조정의 기강을 확립하고 국왕 중심의 정치를 펼쳤다. 또, 중국 후주에서 귀화한 쌍기의 건의로 과거 제도를 실시하였는데, 신진 인사를 등용하여 호족의 전횡을 막고 왕에게 충성할 수 있는 새로운 세력을 키우려고 하였다. 당시 호족들은 불법적으로 확보한 노비로 경제력과 군사력을 장악하고 있었다. 광종은 노비안검법을 실시하여 노비들을 해방시킴으로써 호족 세력을 근본적으로 약화시키고자 하였다. 이처럼 광종은 일련의 정책을 통하여 왕권을 강화한 뒤, 왕권에 위협이 될 만한 세력을 숙청하였는데, 준홍, 왕동 등이 대표적인 예이다.

바로잡기
③ 광군사를 설치한 것은 광종의 형인 정종 때의 일이다. 정종은 국방력을 강화하고 왕권을 강화하기 위하여 각 지역의 군사력을 광군사를 중심으로 통일된 조직 체계로 만들고자 하였다.

비법 암기
광종의 정책 : 노비안검법, 과거제, 칭제 건원, 공복 제정, 호족 숙청

04 고려 성종의 정책

자료의 주장이 제기된 국왕 때의 역사적 사실로 옳은 것만을 〈보기〉에서 모두 고른 것은?

> • 중국의 제도는 따르지 않을 수 없지만 사방 풍속, 습관이 각각 그 지방 성질에 따라야 하니 모두 다 변경하기는 곤란할 것 같습니다. 그중 예악(禮樂)·시서(詩書)의 교훈과 군신·부자의 도리는 마땅히 중국을 본받아 비루한 것은 고쳐야 할 것입니다. 그러나 그 밖에 수레와 말, 의복 등의 제도는 자기 나라 풍속에 따르게 하여 사치와 검소를 적절하게 할 것이고, 무리하게 중국과 꼭 같이 할 필요는 없습니다.
> • 3교(유·불·선)는 제각기 일삼은 바가 다르므로 이를 행하는 사람이 혼동하여 하나로 할 수는 없습니다. 즉, 불교를 받들어 행하는 것은 몸을 닦는 근본이요, 유교를 받들어 행하는 것은 나라를 다스리는 근원입니다. 몸을 닦는 것은 곧 내생(來生)을 위한 도움이요, 나라를 다스리는 것은 바로 오늘의 급무입니다.

〈보기〉
ㄱ. 전국이 10도로 개편되었다.
ㄴ. 개경과 서경의 팔관회가 폐지되었다.
ㄷ. 노비환천법(奴婢還賤法)이 실시되었다.
ㄹ. 거란 침입에 대비하여 광군이 조직되었다.

① ㄱ, ㄴ ② ㄷ, ㄹ ③ ㄱ, ㄴ, ㄷ
④ ㄱ, ㄴ, ㄹ ⑤ ㄴ, ㄷ, ㄹ

문제 해설
제시된 자료는 고려 성종 때 최승로가 올린 시무 28조이다. 성종은 당의 제도를 채용하여 전국을 10도로 나누어 지방 제도를 정비하고자 하였다. 그는 최승로의 건의를 받아들여 국가 통치 이념으로 유교를 채택하고 불교 행사인 팔관회를 폐지하였다. 노비환천법도 시행하여 양민으로 돌아온 자 중 일부를 노비로 되돌렸는데, 이를 통해 호족 세력의 반발을 무마하고자 하였다.

바로잡기
ㄹ. 거란 침공에 대비하여 광군이 조직된 것은 정종 때의 일이다.

비법 암기
성종의 정책 : 시무 28조 수용, 2성 6부제, 12목에 지방관 파견, 향리 제도, 불교 행사 억제, 유학 장려

정답 | 01 ① 02 ③ 03 ③ 04 ③

05 문벌 귀족 사회

다음 사실이 있었던 시기를 연표에서 옳게 고른 것은?

> 왕께 아뢰기를, "서경에 궁궐을 세워 거처를 옮기시면 금나라가 폐백을 가지고 와 스스로 항복할 것이며, 36개의 나라가 다 신하가 될 것입니다." 하였다. …… 또 칭제 건원할 것을 아뢰었으나 왕이 듣지 아니하였다.
> - "고려사" -

```
993    1019   1033   1104   1126   1232
 (가)   (나)   (다)   (라)   (마)
서희의  귀주   천리장성 별무반 이자겸의 강화
외교담판 대첩   축조    조직    난     천도
```

① (가)   ② (나)   ③ (다)
④ (라)   ⑤ (마)

문제 해설
제시된 자료는 '서경에 궁궐을 세워 거처를 옮기시면 금나라가 …… 항복할 것'이라는 내용을 통해 묘청이 서경으로 천도할 것을 주장하는 장면임을 알 수 있다. 고려 중기에 이르러 문벌 귀족 사회의 모순이 심해지면서 이에 대한 불만이 높아져 갔다. 이자겸은 자신의 권력을 이용하여 왕실과의 중첩적인 혼인 관계를 가졌고, 권력이 커지자 왕권을 빼앗으려 하였다. 이후 이자겸의 난은 진압되었지만, 지배층 사이의 분열을 드러냄으로써 문벌 귀족 사회의 붕괴를 촉진하였다. 한편, 묘청과 정지상 등 개혁적인 서경 세력이 등장하여 보수적인 개경 세력과 대립하였다. 서경파는 서경에 대화궁이라는 궁궐을 짓고, 왕을 황제라 칭하고 연호를 사용할 것과 금을 정벌할 것을 주장하였다. 반면, 김부식이 중심이 된 개경 귀족 세력은 유교 이념에 충실한 사회 질서를 확립할 것을 주장하며 서경 천도에 반대하였다.

비법 암기
문벌 귀족의 세력 기반 : 음서제(정치), 공음전(경제), 폐쇄적 통혼권(사회)

06 묘청의 서경 천도 운동

(가), (나)에 대한 설명으로 옳은 것은?

> 서경 전역(戰役)을 역대의 사가들이 다만 왕사(王師)가 반적(反賊)을 친 전역으로 알았을 뿐인데, 이는 근시안의 관찰이다. …… 만일 (가) 이(가) 패하고 (나) 이(가) 승리했다면 조선사가 독립적, 진취적 방면으로 진전하였을 것이니, 이 전역을 어찌 '일천년래 제일대사건(一天年來 第一大事件)'이라 하지 아니하랴.
> - "조선사연구초" -

① (가) - 개경을 중심으로 한 보수적인 문벌 귀족이었다.
② (가) - 불교적 요소와 도참 사상이 결합된 민간 신앙을 신봉하였다.
③ (나) - 교정도감과 정방을 통해 정치권력을 장악하였다.
④ (나) - 국왕을 황제라 칭하고 준풍을 연호로 사용할 것을 주장하였다.
⑤ (가), (나) - 대결 과정에서 개경의 궁궐 일부가 소실되었다.

문제 해설
제시된 자료는 "조선사 연구초"에서 신채호가 묘청의 난을 '일천년래 제일대사건'으로 높이 평가한 부분이다. 따라서 (가)는 김부식을 중심으로 하는 개경파, (나)는 묘청을 중심으로 하는 서경파에 해당한다. 개경파는 김부식 등을 중심으로 한 보수적인 문벌 귀족으로 구성되어 있었다.

바로잡기
② 개경파는 유교에 충실한 사회 질서를 확립할 것을 주장하였다.
③ 교정도감과 정방은 무신 정권과 관련 있다.
④ 국왕을 황제로 칭하고 준풍을 연호로 사용한 것은 광종 때의 일이다.
⑤ 개경의 궁궐 일부가 소실된 사건은 묘청의 서경 천도 운동 이전에 발생한 이자겸의 난과 관련 있다.

비법 암기
개경파와 서경파 : 개경파(김부식, 유교, 사대적, 신라 계승) ↔ 서경파(묘청·정지상, 불교·풍수지리설, 자주적, 고구려 계승)

07 무신 집권기 하층민의 저항

다음 사건이 발생한 시기를 연표에서 옳게 고른 것은?

> 우리 고을 명학소를 충순현으로 승격시키고 수령을 두어 무마하려고 하였다. 그러나 이후 군대를 동원하여 우리를 토벌한 뒤 내 어머니와 아내를 잡아 가두는 것은 대체 무슨 짓인가? 나는 싸우다 죽을지언정 결코 항복하여 포로가 되지는 않을 것이요, 반드시 왕경(王京)에 가서 분풀이를 하고 말 것이다.

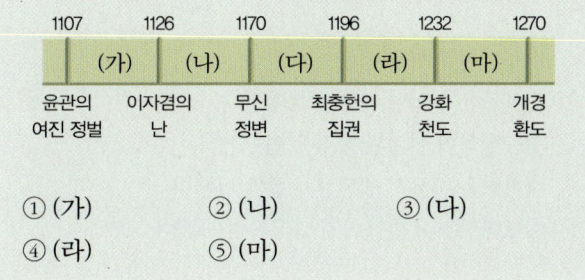

1107	1126	1170	1196	1232	1270
(가)	(나)	(다)	(라)	(마)	
윤관의 여진 정벌	이자겸의 난	무신 정변	최충헌의 집권	강화 천도	개경 환도

① (가) ② (나) ③ (다)
④ (라) ⑤ (마)

08 조위총의 난(반무신의 난)

다음 자료의 사건과 관련된 설명으로 옳은 것을 〈보기〉에서 모두 고른 것은?

> ○○○이 군사를 일으켜 …… 동북 양계의 여러 성에 격문을 보내어 불러 말하기를, "소문을 들으니 서울에서는 중방에서 의논하기를 '북계에 가까운 여러 성에는 대체로 거세고 나쁜 사람들이 많으니 마땅히 가서 토벌해야 한다.'고 하고 군사를 이미 크게 동원하였으니, 어찌 가만히 앉아 있다가 스스로 주륙을 당하겠는가? 마땅히 각각 병마를 규합하여 속히 서경으로 나오라."라고 하였다. 이에 철령(자비령) 이북의 40여 성이 와 호응하였다.

〈보기〉
ㄱ. 조위총이 주도하였다.
ㄴ. 명종의 복위를 꾀하였다.
ㄷ. 많은 농민들이 가담하였다.
ㄹ. 최씨 무신 정권을 타도하려고 하였다.

① ㄱ, ㄴ ② ㄱ, ㄷ ③ ㄴ, ㄷ
④ ㄱ, ㄴ, ㄹ ⑤ ㄴ, ㄷ, ㄹ

문제 해설
제시된 자료는 무신 집권기인 1176년에 일어난 망이·망소이의 봉기와 관련 있다. 무신들의 과도한 토지 소유는 전시과 체제를 붕괴시켰고 농민을 궁핍하게 만들었다. 또한, 천민 출신 최고 권력자의 등장은 하층민들의 사회의식을 변화시켜 농민과 천민의 대규모 봉기가 곳곳에서 일어났다. 명종 때 공주 명학소에서 망이·망소이 형제가 과도한 수취에 반발하여 봉기하였다. 정부는 명학소를 충순현으로 승격시켜 무마하였으나 이들이 계속 봉기하자 군대를 파견하여 토벌하였다. 이 밖에도 운문과 초전에서는 김사미와 효심이 신라 부흥을 기치로 봉기하였다. 농민 항쟁은 신분 해방 투쟁으로 발전하였다. 노비였던 만적은 개경에서 누구나 공경대부가 될 수 있다고 부르짖으며 노비들을 모았지만 내부자의 밀고로 실패하였다.

비법 암기
무신 집권기 저항 운동 : 망이·망소이의 봉기, 김사미와 효심의 봉기, 만적의 난 등

문제 해설
제시된 사건은 무신들의 회의 기구인 '중방'의 결정에 반대하며 '서경으로 나오라'는 격문을 발표하며 일어난 조위총의 난이다. 문신 조위총은 무신 정권을 일으킨 정중부와 이의방의 타도를 주장하며 반란을 일으켰다. 조위총은 무신 정권에 대한 백성들의 반발이 고조되자 이를 이용하여 정권을 획득하고자 반란을 일으켰던 것이다.

바로잡기
ㄴ. 조위총의 난은 1174년(명종 4) 명종 재위 기간에 일어났다. 정중부와 이의방은 무신 정변 이후 의종을 폐위시켜 거제도로 유배 보낸 뒤 살해하였다. 조위총은 의종 살해를 비판하며 반란을 일으켰다.
ㄹ. 최충헌-최우-최항-최의로 이어지는 4대 60여 년 간의 최씨 정권은 조위총의 난이 실패한 이후 등장하였다.

비법 암기
무신 정권에 대한 저항 : 김보당의 의종 복위 운동, 조위총의 난

정답 | 05 ⑤ 06 ① 07 ③ 08 ②

09 여진과의 대외 관계

(가) 세력에 대한 설명으로 옳은 것은?

- 송 황제가 비밀히 유시하기를, "들으니 너희 나라는 (가) 와(과) 접경하여 있다고 하는데, 다음 해에 조회하러 올 때에는 (가) 두어 명을 불러 함께 오는 것이 어떠냐?"라고 하였다.
- 바야흐로 (가) 이(가) 전성기를 맞아 우리 나라를 신하라고 부르게 하고자 하였다. 윤언이가 간쟁하여 말하였다. " (가) 은(는) 본래 우리나라 사람들의 자손이기 때문에 신복(臣僕)이 되어 차례로 임금께 조공을 바쳐 왔고, 국경 근처에 사는 사람들도 모두 우리 조정의 호적에 올라 있은 지 오래되었습니다. 우리 조정이 어떻게 거꾸로 신하가 될 수 있겠습니까."

① 동북 9성의 반환을 요구하였다.
② 고려의 화포 공격으로 퇴각하였다.
③ 비단, 자기, 서적 등을 수출하였다.
④ 서희와 담판한 후 강동 6주를 넘겼다.
⑤ 일본 원정 기구로 정동행성을 설치하였다.

문제 해설
제시문의 (가)에 해당하는 세력은 여진(금)이다. 윤관은 별무반을 이끌고 여진을 북방으로 쫓아내고, 동북 지방 일대에 9성을 쌓았다. 그러나 여진의 계속된 침입으로 9성 수비가 어려운 데다가 여진이 사신을 보내 해마다 조공을 바치겠다고 하여 1년 만에 9성을 돌려주었다.

바로잡기
② 고려는 왜구의 침입에 대처하기 위해 화포를 사용하기 시작하였다.
③ 고려에 비단, 자기, 서적 등을 수출한 나라는 중국의 송이다.
④ 고려가 서희의 담판으로 강동 6주를 획득하게 된 것은 거란의 1차 침공 때 있었던 일이다.
⑤ 정동행성은 원 세조 쿠빌라이가 일본 정벌을 준비하는 과정에서 고려에 설치한 관서이다.

비법 암기
여진과의 관계 : 윤관의 별무반 편성 → 동북 9성 축조 → 여진의 사대 요구 → 개경파 수용

---

10 몽골 침입기

밑줄 그은 '중성'이 건립되던 시기의 역사적 사실에 대한 탐구 활동으로 가장 적절한 것은?

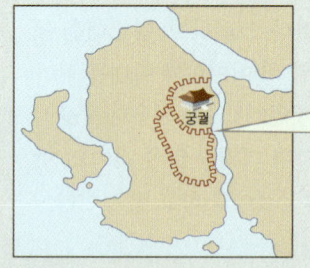

이곳으로 수도를 옮기고 군으로 승격시켜 강도(江都)라고 불렸으며, 주위의 길이가 2,960여 칸이 되는 중성을 쌓았다.

① 별무반의 편성 과정을 이해한다.
② 대화궁을 설립한 이유를 파악한다.
③ 정동행성이 설치된 목적을 연구한다.
④ 시헌력을 사용하게 된 이유를 알아본다.
⑤ 재조대장경이 만들어진 과정을 조사한다.

문제 해설
제시된 지도는 강화도이다. 강화도로 수도를 옮긴 시기는 고려에 몽골이 침입했을 때이다. 과거 현종 때 거란의 침입을 막아 내고자 초조대장경을 제작하였으나, 몽골의 침략으로 소실되었다. 무신 정권은 대장경을 다시 제작했는데, 이를 재조대장경(팔만대장경)이라고 한다.

바로잡기
① 여진족이 강성해지면서 국경을 침범하는 일이 잦아지자 윤관은 별무반을 편성하여 여진족을 몰아내고 동북 9성을 축조하였다.
② 고려 인종 때 이자겸의 난으로 개경 궁궐이 불타면서 훼손되자 묘청 등의 서경 세력은 서경으로 천도할 것을 주장하였다. 이때 풍수지리설에 입각하여 대화궁이라는 궁궐을 지었다.
③ 고려 정부가 몽골과 강화를 맺으면서 이른바 몽골 간섭기에 접어들게 된다. 이때 몽골은 일본 원정을 준비하기 위한 기구로 정동행성을 설치하였다.
④ 조선 인조 때 서양 역법의 영향을 받은 시헌력이 중국으로부터 들어오는데, 을미개혁으로 태양력이 채택될 때까지 조선의 기본 역법으로 사용되었다.

비법 암기
몽골의 침입 : 1차 침입(최씨 정권의 강화도 천도), 2차 침입(김윤후의 처인성 전투, 팔만대장경 간행)

11 몽골 항쟁

다음 내용과 관련된 설명으로 옳은 것을 〈보기〉에서 고른 것은?

> 금년 12월 16일에 이르러 처인 부곡에서 그들과 큰 싸움이 벌어졌습니다. 여기서 그 우두머리 살리타를 사살하고, 사로잡은 자도 많았습니다. 이로부터 그 남은 무리들이 기세를 잃고 회군하여 갔습니다.
> – "동국이상국집" –

〈보기〉
ㄱ. 고려군이 거란군의 침략을 물리친 전투이다.
ㄴ. 왕은 이 난리를 당하여 나주까지 피신하였다.
ㄷ. 전투에 승리한 후 이곳은 현으로 승격되었다.
ㄹ. 이곳 주민들은 일반 군현민보다 더 많은 세금을 부담하고 있었다.

① ㄱ, ㄴ ② ㄱ, ㄷ ③ ㄴ, ㄷ
④ ㄴ, ㄹ ⑤ ㄷ, ㄹ

문제 해설
제시된 자료는 '살리타를 사살'이라는 표현을 통해 몽골의 침략과 관련된 내용임을 알 수 있다. 몽골의 2차 침입(1232) 때 김윤후가 처인 부곡민을 이끌고 적장 살리타를 사살하였는데, 그 공을 인정받아 처인 부곡이 처인현으로 승격되었다. 향·소·부곡과 같은 특수 행정 구역은 일반 군현에 비하여 세금 부담을 더 많이 지고 있었다.

바로잡기
ㄱ. 제시된 자료는 몽골과의 전투와 관련 있다. 고려군이 거란군을 물리친 전투는 1019년 귀주 대첩이다.
ㄴ. 거란의 2차 침입으로 인해 현종은 나주로 피신하였다.

비법 암기
처인 부곡민의 항전 : 몽골의 2차 침입시 처인성 전투에서 김윤후의 지휘 아래 적장 살리타를 사살

12 원 간섭기

(가) 시기를 배경으로 역사 신문을 제작할 때 기사의 제목으로 가장 적절한 것은?

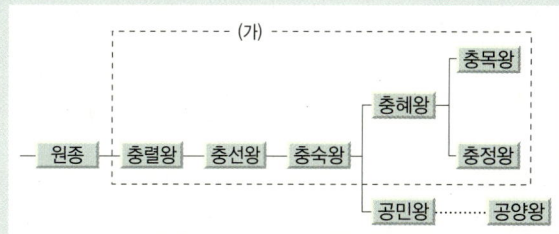

① 심층 분석 – 만적의 난, 원인의 경과
② 해외 탐방 – 만권당, 쟁쟁한 학자들의 난상 토론 현장
③ 신간 소개 – "동국통감", 편년체 형식의 통사
④ 경제 진단 – 건원중보, 새로운 유통 수단으로 등장
⑤ 기회 특집 – 고추와 인삼, 새로운 작물 재배의 확산

문제 해설
(가) 시기는 원 간섭기에 해당한다. 이 시기 고려는 원의 부마국으로서 그 지위가 격하되었다. 자료에서 볼 수 있듯이, 국왕들은 원에 충성한다는 의미로 묘호에 '충'이라는 글자를 붙이고, 조·종을 왕으로 격하하였다. 또한 고려 영토의 일부가 상실되었다. 만권당은 원에 의해 왕위를 상실한 충선왕이 원의 수도인 연경(현재의 베이징)에 세운 학문 연구 기관이다.

바로잡기
① 만적의 난을 비롯한 하층민들의 저항이 가장 활발하였던 시기는 무신집권기이다.
③ "동국통감"은 조선 성종 때 서거정 등이 왕명을 받아 완성한 역사서이다.
④ 건원중보는 고려 성종 때 발행된 화폐이다. 성종 때부터 지속적으로 화폐가 제조되었으나, 활발하게 유통되지는 못하였다.
⑤ 조선 후기에는 국제적 교류가 활발해지면서 새로운 작물이 등장한 한편, 상업이 발달하면서 상품 작물의 재배가 확산되었다.

비법 암기
원의 내정 간섭 : 두 차례의 일본 원정 → 개경에 정동행성 설치 → 내정 간섭, 다루가치 파견, 군사 기관인 만호부 설치

정답 | 09 ① 10 ⑤ 11 ⑤ 12 ②

13 공민왕의 개혁 정치

지도의 빗금 친 영토를 수복한 왕의 업적으로 옳은 것을 〈보기〉에서 고른 것은?

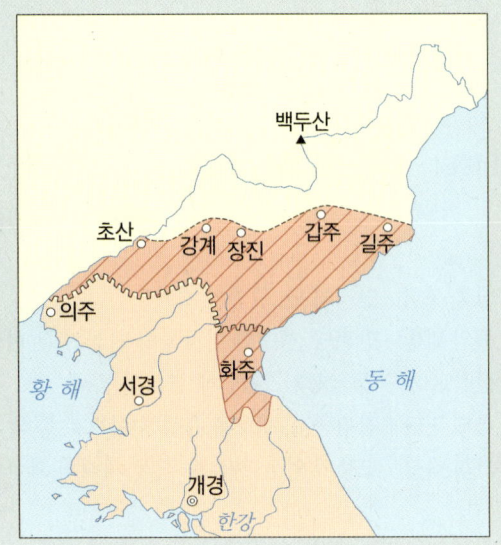

〈보기〉
ㄱ. 왕권을 제약하던 정방을 폐지하였다.
ㄴ. 기철을 비롯한 친원 세력을 제거하였다.
ㄷ. 최영으로 하여금 요동을 정벌하게 하였다.
ㄹ. 과전법 실시를 포함한 전제 개혁을 단행하였다.

① ㄱ, ㄴ   ② ㄱ, ㄷ   ③ ㄴ, ㄷ
④ ㄴ, ㄹ   ⑤ ㄷ, ㄹ

문제 해설
제시된 지도의 빗금 친 영토는 원의 쌍성총관부 관할 지역으로 고려 공민왕 때 수복되었다. 공민왕은 기철 등 친원 세력 숙청, 정동행성의 이문소 폐지 등 반원 개혁 정치를 주도하였다. 또한, 정방 폐지, 전민변정도감 설치 등 왕권 강화 정책을 추진하였다.

바로잡기
ㄷ. 명이 철령 이북 땅에 철령위를 설치하고 자신들의 영토로 삼으려 하자, 최영이 고려 우왕에게 요동 정벌을 청하였다.
ㄹ. 과전법은 고려 말 공양왕 때 권문세족의 대토지 소유로 국가 재정이 어려워지자 이를 해결하기 위해 단행한 토지 제도이다.

비법 암기
공민왕의 개혁 : 쌍성총관부 수복, 요동 정벌 추진, 관제 복구, 정동행성 이문소 폐지, 기철 숙청, 정방 폐지, 전민변정도감 설치

14 권문세족

다음 세력에 대한 설명으로 옳은 것을 〈보기〉에서 고른 것은?

• 근년에 이르러 토지의 겸병이 더욱 심하여 간악한 무리가 산천으로 표를 삼아 모두 조업전이라 칭하며 서로 빼앗아 한 땅의 주인이 5, 6명을 넘으며 1년에 조를 8, 9차례나 거두었다.
― "고려사" ―

• 이인임, 임견미, 염흥방이 자신들이 거느리는 못된 종을 시켜 좋은 토지를 가진 사람이 있으면 모두 물푸레로 때리고 이를 빼앗았다. 땅 주인이 관가의 문권을 가지고 있더라도 감히 항변하지 못하였다. 이때 사람들이 이것을 물푸레 공문이라 하였다.
― "고려사절요" ―

〈보기〉
ㄱ. 서원과 향약을 세력 기반으로 삼았다.
ㄴ. 부재 지주로서 지방에 농장을 소유하였다.
ㄷ. 도평의사사를 장악하여 권력을 독점하였다.
ㄹ. 성리학을 바탕으로 사회를 개혁하려 하였다.

① ㄱ, ㄴ   ② ㄱ, ㄷ   ③ ㄴ, ㄷ
④ ㄴ, ㄹ   ⑤ ㄷ, ㄹ

문제 해설
제시된 자료는 '토지의 겸병', '이인임' 등을 통해 고려 말의 권문세족과 관련 있음을 알 수 있다. 권문세족은 권력을 이용하여 대규모의 토지와 몰락한 농민을 모아 농장을 형성하였는데, 이로 인해 고려 말 국가 재정에 큰 위기가 닥치기도 하였다. 또한 이들은 원 간섭기에 최고회의 기구였던 도평의사사를 장악함으로써 권력을 독점하였다.

바로잡기
ㄱ. 서원은 조선의 사림 세력들이 학문 연구를 하며 중앙으로 진출하기 위한 발판으로 삼았던 교육 기관이다. 향약은 성리학적 질서를 지방에 정착시키기 위해 만든 향촌의 자치 규약이었다.
ㄹ. 신진 사대부는 고려 말 성리학적 이념을 통해 사회 질서를 개혁하고자 하였다.

비법 암기
권문세족 : 친원·보수 세력, 대농장 소유, 불교와 결탁, 훈고학 중시, 음서로 진출, 도평의사사 장악

15 고려 말의 신진 사대부

다음 글의 밑줄 그은 인물들에 공통으로 해당하는 설명으로 옳은 것을 〈보기〉에서 모두 고른 것은?

> 공민왕은 최고 학부인 성균관을 부흥시켜 순수한 유교 교육 기관으로 개편하였다. 성균관 대사성을 겸직한 이색은 학식(學式)을 고쳐 생원 수를 늘리고 <u>김구용, 정몽주, 박상충, 이숭인, 정도전</u> 등이 성리학을 깊이 연구할 수 있도록 하였다. 또, 과거 제도를 개혁하여 문학보다 정치 경륜이 높은 인재를 발탁하였다.

〈보기〉
ㄱ. 소학과 주자가례를 중시하였다.
ㄴ. 권문세족과 불교의 폐단을 비판하였다.
ㄷ. 재상에게 정치적 실권을 부여하자고 주장하였다.
ㄹ. 이성계 세력과 손을 잡고 전제 개혁을 단행하였다.

① ㄱ, ㄴ ② ㄷ, ㄹ ③ ㄱ, ㄴ, ㄷ
④ ㄱ, ㄴ, ㄹ ⑤ ㄴ, ㄷ, ㄹ

문제 해설
밑줄 그은 인물들은 신진 사대부이다. 공민왕 때 성리학을 학문적 기반으로 삼은 신진 사대부의 정계 진출이 확대되었다. 이들은 지방 향리의 자제들로 과거를 통해 중앙 정계에 진출하였고, 공민왕의 개혁 정책에 힘입어 지배 세력으로 성장하였다. ㄱ. 신진 사대부들은 "소학"과 "주자가례"를 통한 성리학 보급에 힘썼다. "소학"은 어린 아이를 대상으로 한 유학 서적이고, "주자가례"는 가정에서 지켜야 할 예의범절을 다룬 주자의 저술서이다. ㄴ. 신진 사대부들은 정치·경제적 폐단이 심각했던 권문세족과 불교계를 비판하였다.

바로잡기
ㄷ. 급진 개혁파에 대한 내용이다. 급진 개혁파인 정도전은 재상 중심의 신권 정치를 주장하였다.
ㄹ. 급진 개혁파에 대한 내용이다. 급진 개혁파들은 위화도 회군을 일으킨 이성계 세력과 손잡고 전제 개혁을 단행하였으나, 정몽주 등은 새로운 왕조 건설에 끝까지 반대하였다.

비법 암기
신진 사대부 : 지방의 향리·중소 지주 출신, 권문세족과 불교 비판, 성리학 수용, 과거로 정계 진출하여 세력 성장

16 고려 말 왜구 토벌

다음 사회자의 질문에 대한 대답으로 옳은 것을 〈보기〉에서 모두 고른 것은?

〈보기〉
ㄱ. 공민왕이 복주까지 피난을 가기도 하였습니다.
ㄴ. 화약 무기가 개발되어 국방 능력이 높아졌습니다.
ㄷ. 최영, 이성계 등 신흥 무인 세력이 성장하였습니다.
ㄹ. 조운 통로가 막혀 경제적 어려움을 겪기도 하였습니다.

① ㄱ, ㄴ ② ㄷ, ㄹ ③ ㄱ, ㄴ, ㄷ
④ ㄱ, ㄴ, ㄹ ⑤ ㄴ, ㄷ, ㄹ

문제 해설
제시된 대화 내용은 고려 말 왜구의 침략에 관한 것이다. 왜구는 충정왕 때부터 전국의 해안가에 등장하기 시작하였다. 우왕 때는 침입이 빈번해지고 내륙까지 침공하였다. 당시 왜구는 해안가를 중심으로 광범위한 지역을 침입하였으므로 수로를 통해 이루어지던 조운이 마비되어 고려 정부가 재정적인 어려움을 겪기도 하였다. 이에 고려는 왜구를 격퇴하기 위해 대규모 함대를 동원하고 최무선이 개발한 화약 무기를 사용하였다. 한편, 왜구로 인한 위기를 극복하는 과정에서 공을 세운 최영, 이성계 등 신흥 무인 세력이 성장하였다.

바로잡기
ㄱ. 공민왕이 복주(지금의 안동)까지 피난한 사실은 홍건적의 침입과 관련이 있다.

비법 암기
고려 말 왜구 토벌 : 최영, 이성계 등 신흥 무인 세력이 왜구를 물리치는 전과를 올리며 성장

5 조선 전기의 정치 | Ⅱ 전근대의 정치

시기	14세기	15세기		
국왕	태조	(정종 →) 태종	세종 (→ 문종 →) 단종	세조
제도·사건	• 정도전의 재상 중심 정치	• 6조 직계제*: 정치 업무를 6조에서 의정부를 거치지 않고 국왕에게 직접 올려 국왕의 재가를 받아 시행	• 의정부 서사제* ┌ 6조 → 의정부 → 국왕 ├ 의정부의 재상에게 정무 일임 ├ 인사·군사 문제는 국왕이 처리 └ 왕권과 신권의 조화	• 6조 직계제
정치	• 신흥 무인 세력과 신진 사대부가 힘을 합쳐 조선 건국(1392) • 한양 천도, 경복궁 건립 • 고려 제도 유지: 도평의사사 • 정도전의 활약* ┌ 민본적 통치 규범 마련 ├ 초기 문물 제도 정비 │ → "조선경국전" │ (조선 왕조의 사찬 법전) ├ 조선 건국의 정당성 확보 │ → "고려국사" ├ 재상 중심의 정치 주장 │ → "삼봉집" ├ 성리학적 통치 이념 확립 │ → "불씨잡변"(불교 비판) ├ 요동 수복 운동 │ → "진법"(병법서) └ 1차 왕자의 난 때 피살	• 1차 왕자의 난 → 태종 이방원이 세자 방석과 개국 공신 정도전 살해 • 방간이 일으킨 2차 왕자의 난 진압 → 정종 양위 → 제3대 국왕 즉위 • 국왕 중심의 체제 정비* ┌ 공신과 왕족이 소유하던 사병 폐지 → 군권 강화 ├ 도평의사사 혁파 → 의정부 신설 ├ 6조 직계제 채택 └ 사간원 독립 → 대신 견제 • 백성에 대한 통제 강화* ┌ 양전 사업, 호구 파악 ├ 호패법 시행: │ 16세 이상 남자, 노비 포함 │ → 국방력 강화, 재정 확보 목적 ├ 억울한 노비 해방 └ 사원전(사원의 토지) 몰수 • 신문고 설치	⟨세종⟩ • 안정된 왕권과 경제력 바탕 → 유교 정치 실현, 왕도 정치 표방 • 집현전 개편* ┌ 학자 양성, 학문·정책 연구 ├ 경연: 왕과 신하가 경서와 사서 강론, 국왕의 유교적 교양 함양 └ 서연: 왕세자 교육 • 의정부 서사제 채택 • 공법: 연분9등법·전분6등법 시행 • 토지 개간 장려, 양전 사업 실시 ⟨단종⟩ • 재상 중심의 정치: 김종서, 황보인 • 계유정난으로 수양대군 집권 ┌ 김종서·황보인·안평대군 숙청 └ 정난공신 책봉(신숙주·한명회) → 훈구파 형성	• 단종 복위 운동 ┌ 6조 직계제로 회귀하여 왕권 강화를 꾀한 세조에게 반발 └ 사육신과 생육신(충절 상징) • 집현전 폐지·경연 폐지* • "경국대전" 착수(호전 완성)* • 군사 제도 ┌ 진관 체제(지방), 5위 설치(중앙) └ 보법 실시 • 토지 제도: 직전법 시행 • 불교 진흥 ┌ 간경도감 설치(불경 간행) └ 원각사지 10층 석탑 건립 • 이시애의 난(1467): 호족 이시애가 함경도 차별에 불만을 품고 유향소 세력을 규합하여 일으킨 반란 → 3개월 만에 진압 → 유향소 폐지
대외 관계	• 요동 정벌 계획 추진 → 태종 이후 명과 관계 호전, 사대 외교로 변화	• 여진과의 교린 정책 ┌ 무역소(경원·경성) ├ 북평관(한양, 조공 무역) ├ 사민 정책(~성종) └ 귀순 장려	• 여진과의 교린 정책 ┌ 4군 6진 개척(최윤덕, 김종서)* └ 토관 제도(토착민을 토관에 임명) • 일본과의 교린 정책 ┌ 이종무, 대마도(쓰시마 섬) 정벌 └ 계해약조 → 3포 개항(부산포, 제포, 염포)	

자료 읽기

○ 4군 6진의 개척

출제 예감

6조 직계제

의정부 재상의 권한이 너무 막강하여 없애려고 하였으나, 의정부를 없애기는 어려울 듯하여 이를 개선하고자 한다. 앞으로 의정부는 사대문서를 작성하는 일과 중죄수를 심판하는 일만 하도록 하라. 그리고 의정부의 행정 업무는 6조가 나누어 처리하되 먼저 나에게 보고하도록 하라. 내가 직접 보고를 받아 결정하겠노라.
― "태종실록" ―

출제 예감

의정부 서사제

6조 직계제를 시행한 이후, 모든 업무가 6조에 집중되어 있다. 따라서 업무의 크고 작음과 가볍고 무거움이 제대로 구별되지 않으며, 의정부는 오직 사형수를 심판하는 일만 하게 되므로 재상을 임명한 뜻에 어긋난다. 6조는 모든 업무를 먼저 의정부에 보고하고, 의정부는 협의를 거쳐 나에게 보고하여 명령을 받고 그 내용을 다시 6조에 내려보내 시행하도록 하라.
― "세종실록" ―

★ Best 기출
- 14~15세기 조선의 정치 : 조선 건국과 정도전 | 6조 직계제와 의정부 서사제 | 태종의 정책 | 세종의 정책 | 성종의 정책 | 4군과 6진 개척
- 16세기 조선의 정치 : 조광조의 개혁 정치 | 사화의 발생 | 조선 초기의 대외 관계

시기	15세기	15세기~16세기	16세기	
국왕	(→ 예종) 성종	연산군	중종 (→ 인종)	명종
사건	• 의정부 서사제	• 무오사화(1498) • 갑자사화(1504)	• 기묘사화(1519)	• 을사사화(1545)

정치	• **홍문관** 설치(집현전 계승)★
	→ 경연 부활·확대
	• 통치 조직·문물제도 완비
	┌ 조선시대 기본 법전인
	│ "**경국대전**" 완성★
	└ "**국조오례의**" 편찬
	• 김종직·김굉필 등 **사림 등용**★
	→ 이조전랑·3사 언관직
	  진출
	→ 훈구파 견제
	• 토지 제도: 관수관급제 시행
	• 간경도감·도첩제 폐지
		• 연산군 즉위 후 훈구파와
		  사림파 사이 대립 표면화
		• 사화 = 사림의 화(禍) = 훈구파로
		  부터 사림이 받은 정치적 탄압
		
		• **무오사화**(1498)
		┌ 훈구 세력이 김일손의 사초에
		│ 실린 김종직의 **조의제문** 비판
		│ 단종의 죽음을 초 나라
		│ 의제의 죽음에 빗대었다고
		│ 인식
		└ → 김종직의 문인인 김굉필·
		   정여창 유배
		
		• **갑자사화**(1504)★
		┌ 연산군의 어머니 윤씨
		│ 폐출·사사 사건이 계기
		└ 윤씨 복위를 반대한 선비와
		  그 가족 처형
			• **중종반정**(1506)★:
			  훈구파가 폭군 연산군을 몰아내고
			  중종(진성대군) 옹립
			• 중종은 훈구파 견제를 위해
			  조광조 등 젊은 사림 등용
			• **조광조의 개혁 정치**★
			┌ **현량과**(천거제) 실시
			│ 훈구파의 **위훈 삭제**
			│ **소학** 보급
			│ 최초로 **향약** 시행
			│ **소격서**(도교 행사 주관) 폐지
			└ **방납**의 폐단 시정
			• **기묘사화**(1519):
			  남곤·심정 등 훈구파의 반발
			  → 조광조 등 사림 숙청
				• 인종의 급서 → 명종이 어린 나이에
				  왕위에 오름
				• 문정 왕후가 수렴청정,
				  외척 **윤원형** 득세
				• **대윤**(인종-장경 왕후-윤임)
				  vs **소윤**(명종-문정 왕후-윤원형)
				• **을사사화**(1545)★
				┌ 윤원형이 인종의 외척 제거
				└ 외척 간의 싸움으로 사림 희생
				• 도망 농민의 증가 배경
				┌ 직전제 사실상 폐지
				│ → 지주전호제 확산(토지 사유화)
				│ 방납의 폐단
				└ 균역의 해이(방군수포·대립제)
				• 백정 출신 도적 임꺽정 출몰:
				  황해도와 경기도 일대에서 활동

대외 관계			• 왜인의 무역 확대 요구에
			  통제 강화
			  → **삼포 왜란**(1510)
			  → 외적 방어를 위해 임시로
			     비변사 설치
			  → 제승방략 체제 도입
				• **을묘왜변**
				  → 비변사 상설 기구화
				  → 제승방략 체제 도입

자료 읽기

○ 조선 초기의 대외 관계

📖 출제 예감

조광조의 개혁

지난번 조광조가 아뢴 바 천거로 인재를 뽑는 일은 관중에서 여럿이 의논한 일입니다. …… 혹 뒷폐단이 있을까 염려되고 혹 공평하지 못할까 염려되기는 하나 대체로 좋은 일이니 비록 한두 사람이 천거에 빠진다 하더라도 주저할 것 없이 시행하여야 합니다. 공론이 없는 때라면 그만이겠지만 공론이 있으니 어찌 한두 사람에게 잘못이 있을 것을 염려하여 좋은 일을 폐지하겠습니까?
- "중종실록" -

📖 **중종반정**

1506년 성희안, 박원종 등 훈구 세력이 폭정을 일삼던 연산군을 폐위시키고 연산군의 이복 동생인 진성 대군(중종)을 왕으로 추대한 사건이다.

📖 출제 예감

임꺽정의 출몰

자료1 황해도의 도적이 비록 방자하다고 하지만 그 우두머리는 8~9명에 지나지 않으며, 모이면 도적이고 흩어지면 백성이다. 깊은 산골에 나누어 숨어 붙잡을 만한 자취도 없고 … 흉년과 세금으로 백성들이 지쳐 스스로 무너지려고 하는 형편인데 … 이는 네 도의 백성을 모두 도적으로 만드는 것이다. 임꺽정을 비록 잡더라도 종기가 안에서 곪아 혼란이 생길 것인데, 더구나 임꺽정을 꼭 잡는다고 단정할 수도 없지 않은가.
- 「명종실록」 -

자료2 임꺽정은 양주골 백정이다. …… 경기에서 황해에 이르는 사이의 아전과 백성들이 그들과 은밀히 결탁하여 관에서 잡으려 하면, 번번이 먼저 알려 주었으므로 이 때문에 기탄없이 횡행하여 관에서 막지 못하였다.
- 「연려실기술」 -

6 조선 중기의 정치 | II 전근대의 정치

시기	16세기~17세기		17세기	
국왕	선조		광해군	인조
사건	• 임진왜란(1592)	• 정유재란(1597)	• 중립 외교	• 정묘호란(1627) • 병자호란(1636)

전개	• 사림 집권 → 붕당(동인 · 서인) 발생
	• 통신사 파견(1951)
	 ┌ 서인 황윤길(왜의 침략 가능성 주장)
	 └ 동인 김성일(침략 가능성 희박 주장)
	
	〈전쟁의 발생〉
	
	| 대내적 | 대외적 |
	|---|---|
	| 방군수포제의 확대 등으로 국방력 약화 | 일본의 도요토미 히데요시, 전국 시대 통일 |
	
	↓
	임진왜란 발발(20만 대군 조선 침략)
	
	〈전쟁의 전개〉*
	• 부산진 · 동래성 함락,
	 신립 탄금대 전투(충주) 패배
	• 선조가 의주로 피란, 명에 원군 요청
	• 한성(한양) 함락, 평양 · 함경도 침입
	• 이순신, 남해 제해권 장악
	 ┌ 전라도 곡창 지대 보존
	 └ 옥포 · 사천 · 한산도 · 당포 해전
	• 김시민의 진주 대첩
	• 의병의 항쟁
	 ┌ 향토 지리에 맞는 전술
	 └ 곽재우(경상도), 김덕령(전라도),
	  조헌(충청도), 정문부(함경도)
	• 승병의 항쟁: 서산대사(묘향산),
	 사명대사(금강산)
	• 조 · 명 연합군 평양성 탈환(유성룡)
	• 권율의 행주 대첩
	• 일시 휴전
		• 명과 일본의 휴전 회담 결렬
		 → 정유재란 발발
		 → 조 · 명 연합군 직산 전투 승리
		 → 명량 대첩(진도 울돌목)
		 → 도요토미 히데요시 사망,
		  왜군 철수
		 → 노량 해전
		
		〈전란의 영향〉
		• 국내
		 ┌ 인구의 감소와 유민화, 농촌 황폐화
		 ├ 토지 대장과 호적 소실
		  → 양전 사업과 호구 조사 실시
		 ├ 국가 재정 궁핍
		  → 납속책 시행, 공명첩 발급*
		 ├ → 신분제 동요
		 ├ 경복궁 · 창덕궁 소실
		 ├ 비변사 강화 → 최고 의결 기관
		 ├ 훈련도감 설치*
		 └ 왜가 도자기, 서적, 활자 등 약탈
		• 국외
		 ┌ 명 쇠퇴, 여진족 성장
		  → 누르하치가 여진족을 통일하고
		  후금 건국(1616)
		 ├ 일본 성리학 발달(퇴계학)
		 └ 일본 도자기 발달(이삼평)
			• 광해군의 대내 정치
			 ┌ 북인 집권
			 └ 폐모살제
			 (선조의 계비인 인목 왕후
			 유폐, 동생인 영창 대군 살해)
			• 전후 복구 사업
			 ┌ 창덕궁 중건
			 ├ 토지 대장 · 호적 작성
			 └ 허준의 "동의보감"
			• 중립 외교*
			 ┌ 후금 건국(1616)
			 └ 후금과 명 대립
			 → 명이 조선에 원군 요청
			 → 도원수 강홍립 출전,
			  후금에 투항
				• 인조반정*
				 ┌ 서인 주도, 광해군 유배
				 └ 친명 배금
				 → 이괄의 난
				 (반정공신 이괄이 무고를 당하자
				 난을 일으켜 한양 점령, 이괄 잔당
				 이 후금에 조선 정벌 요구, 1624)
				• 정묘호란(후금 침입)*
				 ┌ 정봉수(철산 용골산성)와
				 │ 이립(평안도 용천)의 의병
				 ├ 인조, 강화도 피란
				 ├ → 후금과 형제 관계 수용
				 └ 후금이 국호를 청으로 변경
				• 군신 관계 요구
				 ┌ 주전파/척화파
				 │ (성리학자 윤집)
				 ├ 주화파(양명학자 최명길)
				 └ → 조선, 청의 요청 거부
				• 병자호란(청 태종 친정)*
				 ┌ 임경업(의주 백마산성)
				 ├ 인조, 남한산성에서 항전
				 ├ 삼전도에서 항복(삼전도비)
				 ├ 청과 군신 관계 수용
				 └ → 주전파 김상헌,
				  소현 세자(친청 · 실용주의),
				  봉림 대군(훗날 효종) 등
				  20여만 명 청으로 압송
				 → 서북 지방 황폐화

경제			• 대동법 시행(경기도) • 양전 사업(토지 조사) • 양안 작성(토지 대장)	• 대동법 확대(강원도) • 영정법 시행 • 중강 · 회령 개시
군사 대외 관계	〈군사 체제의 변화〉 • 비변사 강화* ┌ 구성원 확대(공조 제외) └ 군사 및 모든 정무 관할 → 의정부 · 6조 유명무실화 • 중앙: 5위(조선 초기) → 5군영 체제(임진왜란~숙종) 임진왜란 중 훈련도감 설치(활 · 창 · 조총의 삼수병 위주 직업군) • 지방: 진관 체제(조선 초기) → 제승방략 체제(16세기) → 속오법(임진왜란) 속오군 편제(양천혼성군)		• 왜와 국교 재개(1607) • 기유약조(1609) ┌ 무역 허용 └ 부산포에 왜관 설치 • 통신사 파견* ┌ 에도 막부 요청으로 │ 파견한 외교 사절단 └ 선진 문화 전파	• 후금과의 항쟁 과정에서 군영 증가 ┌ 어영청(왕을 호위) ├ 총융청(수도 외곽 방비) └ 수어청(남한산성 방비)

★ Best 기출
- 16세기 조선의 정치 : 임진왜란의 전개 과정 | 전란의 영향 | 비변사의 성립과 강화 과정
- 17~18세기 조선의 정치 : 전후 복구 사업 | 광해군의 중립 외교 | 통신사 파견 | 병자호란의 전개 | 북벌 운동 | 나선 정벌 | 예송 논쟁 | 환국

시기	17세기		17~18세기
국왕	효종	현종	숙종
정책·사건	• 북벌 운동 • 나선 정벌(1654, 1658)	• 예송	• 환국 → 일당 전제화
전개	• **북벌 운동*** ─ 명에 대한 의리 내세움 ─ 군대 양성, 성곽 수리 ─ 군영 중에 **어영청** 강화 ─ **송시열**, 송준길, 이완 등용 ─ 서인, 정권 유지 기반 (전쟁 책임 모면 및 반대 세력 견제) ─ 남인, 무모함 지적 • **나선 정벌*** 청을 도와 2차례에 걸쳐 러시아군을 정벌	〈예송* = 의례에 대한 논쟁〉 • 효종의 정통성(차남으로 왕위 승계) 관련 문제 제기 • 쟁점: 효종과 효종 비 사망에 대한 자의 대비(인조의 계비)의 복제(상복 입는 기간) 문제 • 1차 예송(기해 예송, 1659) → 서인 승리 • 2차 예송(갑인 예송, 1674) → 남인 승리	• 윤휴, 북벌론 주장 • 청과의 국경선을 정하여 **백두산정계비** 건립(1712) → 후일 토문강의 해석을 둘러싸고 간도 귀속 문제 대두 → 간도 협약(1909, 순종) • **환국*** • 숙종에 의한 집권 세력 교체 → 종친, 외척 세력의 비중 증대 → 붕당 정치의 기본 원리인 견제와 균형 붕괴 • **경신환국: 남인**(우세) + 서인 → 서인(친 인현 왕후)이 남인(친 희빈 장씨)을 역모로 몰아 정권 독점 → **서인** 집권, 서인 분화 ┌ **노론**(남인 배척 강경): 송시열, 명분 중시 └ **소론**(남인 배척 온건): 윤증, 실리 중시 • **기사환국**: 서인, 희빈 장씨의 소생(훗날 경종) 세자 책봉 반대 → 인현 왕후 폐위·폐서인(서민으로 강등), 송시열 사사, **남인** 집권 • **갑술환국**: 인현 왕후 복위 → **서인** 집권
경제	• 대동법 확대 (충청도, 전라도 ← 김육의 건의)		• 대동법 전국 시행
대외관계			• 안용복의 독도 수호 활동 → 도쿠가와 막부가 울릉도·독도를 조선 영토로 인정

▶ 자료 읽기

○ 임진왜란의 전개와 관군·의병의 활동

▶ 출제 예감

광해군의 중립 외교

강홍립이 장계를 올리기를, "신이 배동관령(背東關嶺)에 도착하여 먼저 통역관을 보내어 밀통하기를, '비록 명나라에게 재촉을 당하여 여기까지 오기는 하였으나 항상 진지의 후면에 있어서 접전하지 않을 계획이다.'라고 하였기 때문에 전투에 패한 후에도 서로 잘 지내고 있습니다. 만일 화친이 속히 이루어진다면 신들은 돌아갈 수 있을 것입니다."라고 하였다.

○ 통신사 행렬도

○ 정묘호란과 병자호란

7 조선 후기의 정치 | II 전근대의 정치

시기	18세기		19세기
국왕	경종 · 영조	정조	순조 → 헌종 → 철종
정책 · 사건	• 소극적 **탕평 정치** • 이인좌의 난(1728) • 사도세자의 죽음(1762)	• 적극적 **탕평 정치**	• **세도 정치**(정조의 죽음~고종의 즉위 전) → 비변사 강화
전개	〈경종〉 • 경종을 지지하는 소론 주도로 정국 운영 ┌ 경종 건강 악화 · 후사 없음 ├ 노론, 왕세제(훗날 영조) 대리 청정 주장 │ → 소론의 극렬한 반대 └ 경종 4년 만에 급서 〈영조〉 • 영조 초기 노론 집권 → 탕평 교서 발표 → 실제로는 노론과 소론 번갈아 등용 • 이인좌의 난(1728): 소론 · 남인의 일부 과격파가 경종의 죽음에 의문을 제기 · 영조의 정통성 부정 → 진압 〈왕권 강화〉* • 재야 **산림**(공론 주재자) 존재 부정 • 서원(붕당의 근거지) 대폭 정리 • 이조 전랑의 권한 축소: 후임자 천거권 · 3사의 관리 선발 관행 폐지 • **탕평비** 건립 〈개혁 정책〉* • **균역법**(1750) 시행: 군포 2필 → 1필로 격감 • 가혹한 형벌 폐지 · 사형수에 대한 삼심제 도입 • 노비종모법: 어머니가 양인이면 자녀도 양인 • 신문고 부활 • 군영 정비 ┌ 사상 문제(명분론)에서 군사력 · 경제력 확보에 필수적인 군영 장악 문제(실리 위주)로 변화 └ 훈련도감 · 금위영 · 어영청 중심 도심 방어	〈왕권 강화〉* • 노론 시파 중심, 소론과 남인 계열도 중용, 영조 때 세력을 키운 환관 · 척신 제거 • **규장각** 강화 ┌ 국립 도서관, 왕의 비서실 └ 과거 주관, 문신 교육 • **초계문신** 제도 시행: 신진 인물이나 중 · 하급 관리 중에서 유능한 인사 재교육 • 규장각 강화와 초계 문신 제도 → 붕당 비대화 방지 → 왕권과 정책 뒷받침 • **장용영** 설치* ┌ 왕의 친위 부대 └ 병권 장악 → 군사적 기반 • 수원 **화성** 건설* ┌ 사도세자의 묘소(현륭원) 이장 ├ 정치 · 군사 · 상업적 기능 └ 화성 행차 시 일반 백성이 억울한 일을 왕에게 직접 호소(격쟁) • 수령의 **향약** 주관 → 수령의 권한 강화, 지방 사림(재지 사족)의 향촌 지배력 약화 → 백성에 대한 국가 통치력 강화 〈개혁 정책〉 • **서얼허통**: 규장각 검서관으로 이덕무 · 박제가 · 유득공 등 서얼 등용 • **신해통공**: 채제공 주장, 육의전을 제외한 시전 상인의 금난전권 폐지(1791) • 격쟁과 상언 활성화: 백성과 국왕의 직접 소통 기회 증대	〈세도 정치의 폐단〉* • 특정 가문(외척) 권력 독점 → 비변사 요직 독점 → 이권과 부 독점 → 사회 통합 실패 • **비변사** 강화 → 의정부와 6조 유명무실화 • 과거 부정, 매관매직, 탐관오리의 수탈 증가 → 암행어사 파견하나 효과 미미 • 자연 재해, 기근, 질병 만연 → 인구 급감 → 조세 부담 증대 → 농민 저항 • **삼정**(전정, 군정, 환곡)**의 문란*** → 홍경래의 난, 임술 농민 봉기의 원인 〈순조〉 • 정순 왕후(영조의 계비)의 수렴청정 → 장용영 혁파, 훈련도감 장악, 천주교 박해 • 안동 김씨(김조순) 〈헌종〉 • 풍양 조씨(헌종의 외척) 〈철종〉 • 안동 김씨(김문근)
편찬 사업	• "속대전"(법전) • "속오례의"("국조오례의"의 속편) • "동국문헌비고"(조선의 문물 제도를 분류 · 정리한 한국학 백과사전)	• "일성록"(국왕의 동정과 국정 기록, 유네스코 세계 기록 유산 등재) • "대전통편"(법전) • "무예도보통지"(무예 훈련 교범) • "동문휘고"(대청 및 대일 관계 교섭 문서 집대성) • "탁지지"(호조의 업무 정리)	
경제	• 균역법(1750)		

세도 정치
- 소수 가문이 권력 독점
- 매관매직, 탐관오리의 탐학

↓

삼정의 문란
- 정해진 양의 몇 배 이상 수취
- 의창(무이자)
  → 상평창(이자 10분의 1)
  → 준조세화 → 고리대화
  → 환곡의 문란

↓

민란 발생
- 홍경래의 난(순조, 1811)
- 임술 농민 봉기(철종, 1862)

◐ 세도 정치의 폐단

정조와 수원 화성

○ 정조는 양주에 있던 사도 세자의 묘소를 수원으로 옮겨 현륭원이라 하고, 현륭원 북쪽의 팔달산을 끼고 화성을 건설하였다. 수원 화성은 상업적 기능과 군사적 기능을 동시에 만족시킬 수 있는 평산성 형태이다. 화성 내부에는 행궁(왕이 임시로 머무르는 궁)과 장용영(정조의 친위 부대)의 외영을 두었다. 정약용 등 실학자들을 중용하여 시작된 공사는 단 34개월만에 낙성연을 치뤘다. 거중기를 제작하는 등 새로운 과학적 공법을 도입했기 때문이다.

화성의 군사 시설

○ 공심돈 | 성곽 시설의 하나로 중심이 비어있는 돈대이다. 일종의 망루로서 수비와 공격을 할 수 있으며 벽돌로 지어졌다. 중국의 방식을 그대로 따르지 않고, 변용하여 화성 성곽에 적합하도록 축조하였다.

○ 서장대 | 팔달산 정상에 세워진 망대다. 정조는 이곳에 올라 군사 훈련을 지켜보았으며, "화성장대"라는 편액을 직접 썼다고 한다.

화성 행차

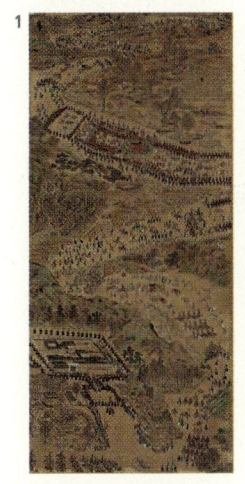
1

2

3

❶ 한강주교환어도 | 화성 행차 행렬이 한강을 건너는 장면이다. 정조는 한강을 효과적으로 건너기 위해 정약용에게 배다리(배들을 연결한 다리)를 설계하도록 하였다.
❷ 시흥환어행렬도 | 창경궁으로 돌아올 때, 하루 머물기 위해 시흥 행궁으로 들어가는 어가 장면이다.
❸ 화성 친행 반차도 | 반차도란 궁중의 각종 행사 장면을 그린 것이다.

정약용이 설계한 거중기

❶ 거중기, ❷ 거중기 전도

정조의 왕권 강화책(규장각, 장용영)

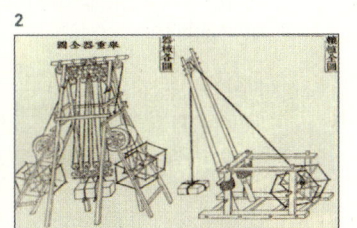

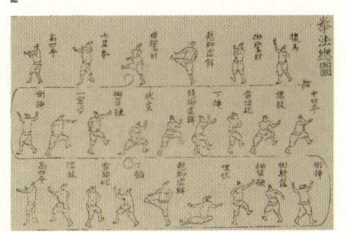

❶ 창덕궁 후원의 주합루 | 주합루의 1층이 규장각이다. 정조는 규장각을 왕의 정치적 기반으로 삼았다. ❷ "무예도보통지" | 정조는 무예 연마에도 큰 관심을 보였다. 장용영은 왕의 친위 부대로 왕의 군사적 기반이 되었다.

01 조선 건국과 정도전

밑줄 그은 '그'의 활동을 〈보기〉에서 고른 것은?

> 그는 남은과 깊이 결탁하여 남은으로 하여금 아뢰게 하기를, "사졸은 이미 훈련되었고 군량도 갖추어졌으니, 때를 타서 동명왕(東明王)의 옛 강토를 회복할 만합니다." 하니, 태상왕[이성계]은 자못 그렇지 않다고 하였다. 남은이 여러 번 말하므로, 태상왕이 그에게 물으니, 그가 지나간 옛일에 외이(外夷)로서 중원(中原)에 들어가 왕이 되었던 일들을 차례로 들어 논함으로써 남은의 말이 믿을 만하다고 말하고, 또 도참(圖讖)을 인용하여 그 말에 갖다 맞추기도 하였다.
> - "조선왕조실록" -

〈보기〉
ㄱ. 한양 도성의 기본 계획을 세웠다.
ㄴ. 6조 직계제의 실시를 주장하였다.
ㄷ. 불씨잡변을 지어 불교를 비판하였다.
ㄹ. 경제육전을 편찬하여 유교적 통치 규범을 성문화하였다.

① ㄱ, ㄴ ② ㄱ, ㄷ ③ ㄴ, ㄷ
④ ㄴ, ㄹ ⑤ ㄷ, ㄹ

문제 해설
제시된 자료에서 '이성계'와 '동명왕' 등이 등장하는 것으로 보아 조선 태조 때 요동 정벌 계획에 관한 내용임을 알 수 있다. 또, 밑줄 그은 '그'는 정도전이라 유추할 수 있다. 정도전은 조선 건국의 기초를 세운 인물로 한양의 도시 계획을 세우고 주요 건축물의 이름을 정하였으며, "불씨잡변"을 지어 불교의 폐해를 주장하며 유교 중심의 새로운 왕조 건설의 정당성을 마련하였다. 또한, "조선경국전", "경제문감" 등을 지어 법과 제도를 정비하였다.

바로잡기
ㄴ. 6조 직계제를 실시한 왕은 태종과 세조이다.
ㄹ. "경제육전"은 조준이 저술한 조선 시대 최초의 공적인 법전이다.

비법 암기
조선 건국 : 고려 말 신흥 무인 세력과 신진 사대부가 힘을 합쳐 건국, 정도전의 재상 중심 정치 추구

02 태종의 정책

다음 지도가 처음 제작된 시기의 사실로 옳은 것은?

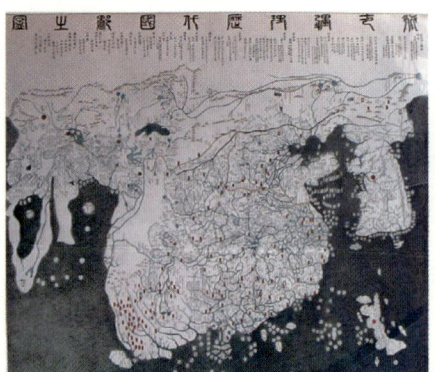

> 천하는 지극히 넓다. 안으로 중국에서 밖으로 사해에 닿아 몇 천만리나 되는지 알 수 없는 것을, 요약하여 두어 자 되는 폭에다 그리니 자세하게 기록하기가 어렵다. 그러므로 지도를 만든 것이 대개 소략한데, …… 김사형 등이 여가에 지도를 참고하고 연구하여 검상 이회를 시켜 다시 더 상세히 교정하게 한 다음에 합하여 한 지도를 만들었다.

① 억울한 백성을 위해 신문고 제도를 두었다.
② 국학을 성균관으로 개칭하고 문묘를 설치하였다.
③ "고려국사"를 편찬하여 조선 건국의 정당성을 밝혔다.
④ 여진족과 왜구에 대비하기 위해 비변사를 설치하였다.
⑤ 유능한 인사를 재교육하는 초계문신 제도를 실시하였다.

문제 해설
제시된 자료는 태종 2년(1402)에 완성된 현존하는 동양 최고(最古)의 세계 지도인 '혼일강리역대국도지도'이다. 태종은 백성의 억울함을 수렴하기 위해 신문고를 설치하였다. 이후 연산군 때 폐지되었다가 영조 때 부활하였다.

바로잡기
② 고려 충렬왕 때 국학을 성균관으로 개칭하였다.
③ 조선 태조 때 정도전은 조선 건국의 정당성을 밝히기 위해 "고려국사"를 편찬하였다.
④ 조선 중종 때 을묘왜변을 계기로 비변사를 상설화하였다.
⑤ 조선 정조 때 초계문신 제도가 실시되었다.

비법 암기
태종의 정책 : 국왕 중심의 정치 → 사병 폐지, 6조 직계제·양전 사업·호패법 시행, 사간원 독립

03 세종의 업적

다음 국왕의 통치에 대한 설명으로 옳은 것을 〈보기〉에서 고른 것은?

- 임금으로 즉위해서는 이른 새벽에 옷을 입고, 날이 밝으면 조회를 받고, 다음에 정사를 살피고, 그 다음에 윤대(輪對)하고 경연에 나아갔는데, 한 번도 게으른 적이 없었다.
- 신하를 부림에는 예의로써 하고 간언을 따라 어기지 않았으며, 정성으로 사대하고 신의로 이웃 나라와 사귀었으며, 인륜을 밝히고 모든 사물에 자상하니, 남북이 복종하고 사방 국경이 평안하여 백성들이 살아가기를 즐긴 지 무릇 삼십여 년이 되었다. 성스런 덕이 높고 높아 무어라 이를 수 없어, 이때에 '해동의 요순'이라 칭송하였다.

〈보기〉
ㄱ. 소리의 장단과 높낮이를 표현할 수 있는 정간보를 창안하였다.
ㄴ. 사간원을 독립시켜 대신을 견제하게 하였다.
ㄷ. 삼강행실도를 편찬하여 유교 문화 보급에 힘썼다.
ㄹ. 요동 정벌을 추진하기 위하여 군사력을 강화하였다.
ㅁ. 삼포를 열어 일본과의 무역을 허용하고 계해약조를 맺었다.

① ㄱ, ㄴ, ㄹ ② ㄱ, ㄷ, ㅁ ③ ㄴ, ㄷ, ㄹ
④ ㄴ, ㄹ, ㅁ ⑤ ㄷ, ㄹ, ㅁ

문제 해설
제시된 자료는 조선 세종에 관한 내용이다. ㄱ. 기존의 악보가 음의 시가를 나타내지 못해 세종은 음의 길이와 높낮이를 표현할 수 있는 정간보를 창안하였다. ㄷ. 세종은 유교 문화를 보급하고자 그림과 글로 구성된 "삼강행실도"를 편찬하였다. ㅁ. 세종 8년 부산포(부산)·제포(진해)·염포(울산)의 3포를 개항하고 왜관을 두어 일본과의 무역을 허용하였다.

바로잡기
ㄴ. 태종은 기존의 문하부를 폐지하고 의정부를 설치하면서 문하부에 소속되어 있던 낭사를 독립시켜 사간원을 설치하였다.
ㄹ. 태조는 요동 정벌을 추진하고자 군사력을 강화하였다.

🔎 **비법 암기**
세종의 업적 : 의정부 서사제 시행, 집현전 설치, 4군 6진 개척, 훈민정음 창제, "농사직설"·"삼강행실도" 편찬

04 성종의 업적

(가)의 업적으로 옳은 것은?

- 13세의 나이로 왕위에 올라 7년간 정희 대비가 수렴청정을 함.
- 계비 윤씨가 투기하고 불손하므로 폐서인한 후 사사(賜死)함.
- 이극증·어세겸에게 "대전속록"을 완성하게 함.
- 풍속 교화를 위해 재가녀 자손의 관리 등용을 제한하는 법을 공포함.
- 용산 두모포에 독서당을 설치하여 젊은 관료들에게 휴가를 주어 독서제술에 전념하도록 함.

① 진관 체제를 처음으로 실시하였다.
② 사병을 없애고 친위 군사를 늘렸다.
③ 규장각을 정책 연구 기관으로 육성하였다.
④ 편년체 역사서인 "동국통감"을 편찬하였다.
⑤ 경기도에서 시험적으로 대동법을 실시하였다.

문제 해설
제시된 자료에서 계비 윤씨가 투기하고 불손하므로 폐서인한 후 사사했다는 내용을 통해 조선의 성종과 관련 있음을 알 수 있다. 또한 "대전속록"은 "경국대전" 편찬 이후 새로 제정된 법률을 추가로 정리한 법전이다. 성종 때 편찬된 "동국통감"은 단군 조선부터 고려까지의 역사를 최초로 편년체 통사 형식으로 서술하였으며, 자주적 사관을 보이고 있어 조선 초 집권 세력의 의식을 엿볼 수 있다.

바로잡기
① 전국 군현을 지역 단위의 방어 체제로 편성하는 진관 체제는 세조 때 실시되었다.
② 사병을 없애고 친위 군사를 늘렸던 시기는 태종 때이다.
③ 정조는 규장각을 정책 연구 기관으로 육성하여 왕권을 강화하였다.
⑤ 공납을 쌀, 포, 면, 동전으로 납부하는 대동법은 광해군 때 처음 도입되어 경기도 지역에서 먼저 실시되었고, 이후 100년 간 확대되어 숙종 때는 제주도를 제외하고 전국적으로 실시되었다.

🔎 **비법 암기**
성종의 업적 : 홍문관 설치, 경연 시행, "경국대전" 발표, 의정부 서사제 시행

정답 | 01 ② 02 ① 03 ② 04 ④

05 의정부 서사제와 6조 직계제

(가), (나) 정치 제도에 대한 설명으로 옳은 것을 〈보기〉에서 고른 것은?

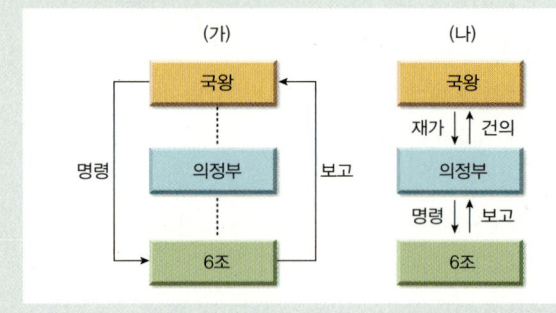

〈보기〉
ㄱ. (가) – 세조 때 폐지되었다.
ㄴ. (가) – 경연이 활성화되었다.
ㄷ. (나) – 재상의 합의를 중시하였다.
ㄹ. (나) – 왕권과 신권의 조화를 추구하였다.

① ㄱ, ㄴ ② ㄱ, ㄷ ③ ㄴ, ㄷ
④ ㄴ, ㄹ ⑤ ㄷ, ㄹ

문제 해설
(가)는 의정부를 통하지 않고 왕이 직접 6조 업무를 관장하는 6조 직계제이고, (나)는 의정부의 재상에게 정무를 일임하는 의정부 서사제이다. 조선은 최고 합의 기구인 의정부가 모든 국가 업무를 처리하고 6조는 실무를 담당하는 의정부 서사제를 시행하도록 하여 의정부가 왕권을 견제하도록 하였다. 그러나 왕권을 강화할 필요를 느꼈던 태종은 의정부의 권한을 축소하기 위해 6조로 하여금 모든 업무를 국왕에게 직접 보고하는 6조 직계제를 시행하였다. 이후 세종은 다시 의정부 서사제를 시행하여 왕의 권한을 의정부에 많이 넘겨 주는 한편 인사권 및 군사권은 왕이 직접 맡는 등 왕권과 신권의 조화를 꾀하였다. 강력한 왕권을 행사한 세조 때 또 다시 6조 직계제로 고쳤으나, 성종 때 의정부 서사제를 시행하면서 조선 초기의 제도 정비는 일단락되었다.

바로잡기
ㄱ. (가) 6조 직계제는 태종과 세조 때 실시되었다.
ㄴ. 경연이 활성화된 것은 세종과 성종 때이며, 이 시기에는 의정부 서사제가 시행되었다.

비법 암기
6조 직계제 : 6조의 장관이 의정부를 거치지 않고 직접 국왕에게 재가를 받는 제도 → 의정부 권한 약화, 왕권 강화

06 사화의 발생

(가), (나)로 인해 발생한 사화에 대한 설명으로 옳지 않은 것은?

(가) 그날 밤 꿈에 칠장복을 입은 신(神)이 나타나 말하길, "나는 초나라 회왕 손심인데, 서초 패왕에게 살해되어 빈강에 빠졌다." 하고는 갑자기 사라졌다. 나는 꿈에서 깨어나 생각하기를, '회왕은 남초 사람이요, 나는 동이 사람이다. 또한 서로 떨어진 거리가 만여 리가 될 뿐 아니라 세대가 천 년이 넘는데, 내 꿈에 나타나 감응하니 이는 무슨 징조일까.' 하고, 드디어 글을 지어 조문하였다.

(나) 남곤은 나뭇잎에 묻은 감즙을 갉아먹는 벌레를 잡아 나뭇잎에다 '주초위왕(走肖爲王)' 네 글자를 써서 갉아먹게 하였다. …… 그는 왕에게 이 글자가 새겨진 나뭇잎을 바치게 하여 문사(文士)들을 제거하려는 화(禍)를 꾸몄다.

① (가) – 사초에 기록된 내용이 빌미가 되었다.
② (가) – 동인과 서인으로 나뉘는 계기가 되었다.
③ (나) – 반정 공신들의 위훈 삭제 문제로 일어났다.
④ (나) – 현량과를 통해 발탁된 신진 인사들이 희생되었다.
⑤ (가), (나) – 훈구와 사림의 대립으로 발생하였다.

문제 해설
(가)는 '패왕(항우)', '조문'을 통해 '조의제문'이 원인이 된 무오사화임을 알 수 있고, (나)는 '주초위왕'을 통해 조광조와 관련된 기묘사화임을 알 수 있다. 조의제문은 항우가 조카 의제를 죽인 고사를 세조가 단종을 죽이고 왕위를 찬탈한 것에 빗대어 김종직이 지은 글이다. 무오사화는 사림파가 이 문장을 사초에 실은 것을 문제 삼았다. 기묘사화는 사림파가 위훈삭제(공신들의 거짓된 공로를 삭제하자는 주장), 현량과 향약 실시(사림파의 세력 확대) 등으로 훈구 세력을 위협하자 이에 대한 반발로 발생했다.

바로잡기
② 동인과 서인의 분당은 선조 때 이조 전랑의 자리를 놓고 사림 내부에서 대립한 것에서 비롯되었다.

비법 암기
4대 사화 : 무오사화(1498, 조의제문), 갑자사화(1504, 폐비 윤씨 사건), 기묘사화(1519, 조광조의 개혁 정치), 을사사화(1545, 외척 간의 대립)

07 4군 6진 개척

다음 자료에서 말하는 지역에 대한 설명으로 옳은 것은?

> 오늘날 4고을을 설치하는 것은 오로지 북방을 수호하려는 것이며, 오늘날 성곽을 쌓는 것은 오로지 변방의 방벽을 공고히 하려 함이며, 오늘날 변방을 지키는 것도 역시 저들 적을 방어하여 우리 백성을 편하게 하려는 것입니다. 그런즉 오늘날의 일은 아니하여도 될 일인데도 경솔하게 백성의 힘을 사용하는 것이 아니며, 대사와 공훈을 좋아하여 병력을 남용하는 것도 아닙니다. …… 열 명의 백성들이 신과 더불어 말하기를, "회령과 경원은 지금 이미 성을 쌓았으나, 마땅히 쌓아야 할 곳은 종성과 용성입니다. 오직 이 두 성을 쌓으면 우리들은 걱정이 없을 것입니다."라고 하였습니다.
> — "세종실록", 세종 19년 8월

① 원·명 교체기의 혼란을 틈타 공민왕이 수복하였던 곳이다.
② 매년 10월에 무천이라는 제천 행사를 하였던 국가의 중심지였다.
③ 사민 정책과 토관 제도를 통해 민심을 수습하고 개척을 추진하였다.
④ 대한 광복군 정부가 수립되면서 무장 항일 운동의 터전이 마련되었다.
⑤ 개항 후 러시아에 철도 부설권이 부여되어 철도가 놓이면서 개발되었다.

문제 해설
제시된 자료의 출처가 "세종실록"이고 '오늘날 4고을을 설치하는 것은 오로지 북방을 수호하려는 것'이라고 하였으므로 조선 세종 때 개척된 4군 6진 중 4군에 관한 내용임을 알 수 있다. 세종은 4군 6진을 개척하여 삼남 지방의 주민들을 이주시키는 사민 정책과 토착민을 관리로 삼아 우대하는 토관 제도를 실시하였다.

바로잡기
① 공민왕은 철령 이북 지역을 수복하였다.
② 동예에 해당된다. 동예는 강원도 북부의 동해안에 자리 잡았다.
④ 대한 광복군 정부는 연해주의 블라디보스토크에서 수립되었다.
⑤ 개항 이후 한반도에는 경인선·경부선·경의선 등이 부설되었다.

🔖 **비법 암기**
세종의 대외 정책 : 4군 6진 개척, 사민 정책과 토관 제도 실시

08 임진왜란

다음은 임진왜란의 주요 전투이다. (가)~(다)를 일어난 순서대로 옳게 나열한 것은?

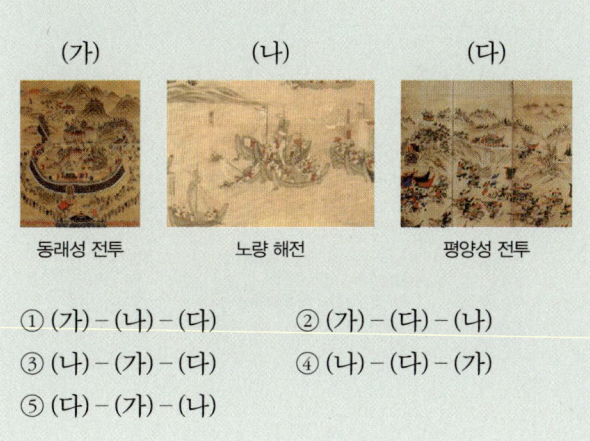

(가) 동래성 전투   (나) 노량 해전   (다) 평양성 전투

① (가) - (나) - (다) ② (가) - (다) - (나)
③ (나) - (가) - (다) ④ (나) - (다) - (가)
⑤ (다) - (가) - (나)

문제 해설
(가) 동래성 전투는 1592년 임진왜란 당시 왜군이 부산성을 함락하고 동래성을 공격해 오자 동래부사 송상현이 백성들과 군사들을 모아 왜군과 벌인 결사 항전이다. 송상현은 남문에 올라가 싸움을 독려하며 성을 지키고자 노력하였으나 결국 성이 함락되고 말았다.
(나) 노량 해전은 1598년 정유재란 당시 노량 앞바다에서 이순신이 이끄는 조선 수군이 일본 수군과 마지막으로 벌인 해전이다. 이 해전에서 이순신이 전사하였다.
(다) 평양성 전투는 1593년(선조 26) 1월 6일부터 9일까지 평양에서 조·명 연합군과 왜군이 벌인 전투이다. 명은 요동 지방의 안전을 확보하기 위해 평양에 주둔하고 있는 왜군을 격퇴하기로 하고 군사 4만 명을 파병하였다. 일본군은 무기, 식량, 지원병 등을 얻을 수 없는 상황이 되자 서울로 후퇴하였고, 조선은 7개월 만에 평양성을 탈환할 수 있었다. 평양성 탈환으로 전세가 역전되었고, 관서 지방이 왜군의 지배에서 벗어날 수 있었다.
위의 전투를 순서대로 나열하면 (가) - (다) - (나)이다.

🔖 **비법 암기**
임진왜란의 전개 : 왜군 침입 → 관군 패배 · 선조 피란 → 수군과 의병의 승리 → 명의 지원군 도착 · 평양성 탈환 → 정유재란 → 왜군 격퇴

정답 | 05 ⑤ 06 ② 07 ③ 08 ②

09 통신사

다음 자료에 나오는 조선의 사신에 대한 옳은 설명을 〈보기〉에서 모두 고른 것은?

〈보기〉
ㄱ. 조선의 선진 문화를 일본에 전파하는 역할을 하였다.
ㄴ. 17세기 초부터 19세기 초까지 10여 차례 파견되었다.
ㄷ. 일본에서 보고 들은 것을 기록하여 해동제국기를 편찬하였다.
ㄹ. 일본 막부에서 권위를 국제적으로 인정받기 위하여 파견을 요청해 왔다.

① ㄱ, ㄹ ② ㄴ, ㄷ ③ ㄷ, ㄹ
④ ㄱ, ㄴ, ㄷ ⑤ ㄱ, ㄴ, ㄹ

문제 해설
지도에 표시된 대로 한성에서 에도까지 이동한다는 점과 그림의 행렬 모습을 통해 조선의 통신사임을 알 수 있다. 일본은 에도 막부의 쇼군이 바뀔 때마다 국제적으로 권위를 인정받고 조선의 선진 문화를 받아들이기 위해 사절을 요청하였다. 이에 조선은 통신사라는 이름으로 사절을 파견하였다. 일본은 수백 명이나 되는 통신사 일행을 통해 조선의 선진 학문과 기술을 배우고자 하였다. 양난 이후 일본의 요청에 의해 조선과 일본 간에 중단되었던 국교가 재개되면서 선조 40년(1607)부터 순조 11년(1811)까지 12차례의 통신사가 일본에 파견되었다.

바로잡기
ㄷ. "해동제국기"는 1443년(세종 25) 일본에 다녀온 신숙주가 왕의 명령에 따라 편찬한 것이다. 책에는 일본의 지세와 국정, 사신 접대 등에 관한 내용이 수록되어 있다.

▶ 비법 암기
통신사 : 국제적 권위 인정과 선진 문화 수용을 위해 에도 막부가 요청 → 조선에서 사절을 파견하여 선진 문화 전파

10 중립 외교

다음 상황이 나타나게 된 원인으로 옳은 것은?

강홍립이 장계를 올리기를, "신이 배동관령(背東關嶺)에 도착하여 먼저 통역관을 보내어 밀통하기를, '비록 명나라에게 재촉을 당하여 여기까지 오기는 하였으나 항상 진지의 후면에 있어서 접전(接戰)하지 않을 계획이다.'라고 하였기 때문에 전투에 패한 후에도 서로 잘 지내고 있습니다. 만일 화친이 속히 이루어진다면 신들은 돌아갈 수 있을 것입니다."라고 하였다.

① 청에 당한 치욕을 씻고자 북벌을 추진하였다.
② 4군 6진을 설치하여 북방 영토를 확장하였다.
③ 인조 반정 이후 친명 배금 정책을 추진하였다.
④ 명과 후금 사이에서 중립 외교 정책을 추진하였다.
⑤ 명과의 국교를 단절하고 청의 조공 요구를 받아들였다.

문제 해설
제시된 자료는 조선의 장수 강홍립이 명에게 재촉을 당하여 어쩔 수 없이 전투에 왔다는 내용이다. 광해군은 강홍립에게 후금을 자극하지 말고 휴전을 맺고 돌아오라고 명하는 한편, 명이 모문룡 부대를 압록강 입구에 주둔시키자 식량을 지원하기도 하였다. 이처럼 광해군은 명과 후금의 싸움에 말려들지 않고 조선의 사정에 맞추어 실리를 취하는 중립 외교 정책을 펼쳤다.

바로잡기
① 인조 때 정묘호란과 병자호란으로 외침을 당한 이후 효종은 북벌을 추진하여 청에게 복수하고자 하였다.
② 세종은 김종서와 최윤덕을 북방에 파견하여 여진족을 몰아내고 4군과 6진을 개척하였다.
③ 광해군의 중립 외교 정책을 비판한 서인은 광해군이 명을 배신했다는 이유를 들어 인조반정을 일으키고 친명 배금 정책을 추진하였다.
⑤ 병자호란으로 청과 강화한 인조는 청과의 사대 관계를 인정하고 조공을 바쳤다.

▶ 비법 암기
광해군의 중립 외교 : 명과 관계를 유지하면서 후금과 친선 유지 → 국가 안정 도모

11 나선 정벌

(가) 국가와 관련된 사실로 옳은 것은?

> **한국사 신문**
> 제△△호　　　　　　　　　16○○년 ○○월 ○○일
>
> **조총 부대, 조선군의 위용을 떨치다!**
>
> 지난 1월 청나라의 예부차관 한거원으로부터 조선의 조창선수(鳥槍善手) 100명을 선발하여 3월 10일까지 영고탑에 도착하라는 요청을 받았다. 이는 최근 이 (가) 청나라 발상지인 만주 지역을 침략해 오자, 청나라가 이에 대응하기 위해 조선에 요청한 것으로 보인다. 우리 부대는 두만강을 건너 청군과 합세하여 4월 27일, 28일 이틀 동안 적군과 접전하였다. 우리 조선군은 큰 승리를 거두고 주변 지역에 토성을 쌓은 후 회군하였다.

① 조선과 상의하여 백두산 정계비를 건립하였다.
② 구미 위원부의 외교적 독립 운동을 지원하였다.
③ 임오군란 직후 조선의 내지 통상권을 획득하였다.
④ 기유약조를 맺어 전쟁 이후 끊어진 국교를 재개하였다.
⑤ 일본과의 전쟁에서 패한 후 포츠머스 조약을 체결하였다.

문제 해설
자료는 북벌을 위해 조총 부대를 준비하던 중 청의 요청을 받고 만주에 침입해 온 러시아를 정벌하기 위해 나섰던 상황에 대한 것이다. ⑤ 포츠머스 조약은 러·일 전쟁에서 패한 러시아가 한반도와 만주에 대한 일본의 영향력을 인정한다는 내용의 조약이다.

바로잡기
① 조선과 청은 백두산 정계비를 건립하여 국경을 확정지었다.
② 구미 위원부는 1919년 대한민국 임시 정부가 대미 외교 업무를 수행하기 위하여 미국 워싱턴에 설치한 외교 담당 기관이다.
③ 임오군란 직후 청은 조·청 상민 수륙 무역 장정을 통해 조선의 내지 통상권을 획득하고 서울에 상점을 개설할 수 있도록 하였다.
④ 기유약조는 임진왜란 이후 조선과 에도 막부 사이에 국교를 재개하기 위해 체결한 것이다.

비법 암기
나선 정벌 : 러시아의 침입에 위협을 느낀 청이 조선에 원군 요청 → 두 번에 걸쳐 군대 파견(1654, 1658)

12 붕당 정치의 변질

(가)에 들어갈 내용으로 옳은 것은?

> 효종이 죽자 인조의 계비 자의 대비의 복제(服制) 문제로 송시열을 비롯한 서인과 허목 등 남인 간에 예송이 발생하였다.
>
> ↓
>
> (가)
>
> ↓
>
> 경종이 재위 4년 만에 갑자기 죽고 세제(世弟)인 연잉군이 뒤를 이어 즉위하였다. 그는 자신을 인정하지 않는 소론 세력을 제거하고 경종 대에 피해를 입은 노론 세력을 조정에 복귀시켰다.

① 세도 정치로 인하여 국가의 기강이 문란해졌다.
② 북인이 서인과 남인을 배제한 채 정권을 독점하였다.
③ 사도 세자의 죽음을 계기로 시파와 벽파의 갈등이 생겨났다.
④ 척신 정치의 청산 문제로 사림이 동인과 서인으로 분당되었다.
⑤ 특정 붕당이 정권을 독점하는 일당 전제화 추세가 나타났다.

문제 해설
현종 이후 예송 논쟁을 통해 서인과 남인이 차례로 집권하였다. 숙종 때 환국을 통해 한 붕당이 집권하면서 상대의 붕당을 축출하는 일당 전제화 현상이 나타나며 붕당 정치가 변질되어 갔다. 경종 사후 노론의 지지를 받으며 즉위한 연잉군은 영조이다.

바로잡기
① 정조 사후 안동 김씨 등의 외척 세력이 중앙 정부를 독점하는 세도 정치가 등장하였다.
② 광해군이 즉위하면서 북인이 정권을 독점하였다. 이에 인조반정을 통해 서인은 북인을 몰아내고 남인이 참여하는 붕당 정치가 전개되었다.
③ 영조 즉위 후 노론과 소론·남인 간의 갈등이 심화되면서 사도 세자가 희생당하였다.
④ 선조 때 사림이 중앙 정계를 차지하였지만 곧 동인과 서인으로 나뉘어 붕당을 형성하였다.

비법 암기
붕당 정치의 변질 : 환국 → 공존 원리 붕괴 → 특정 붕당의 일당 전제화 경향 → 탕평론 제기

13 숙종 시기 정치 상황

다음 정치 상황에 대한 설명으로 옳은 것은?

- 1689년 1월, 숙종은 낳은 지 두 달 된 왕자의 명호를 '원자(元子)'로 정하고자 하였다. 송시열이 시기상조라며 반대하자 관작을 삭탈하고 문외 출송하도록 명하였다. 이를 계기로 서인들이 파직되고 남인계의 인물들이 대거 등용되었다.
- 1694년 3월, 남인 계열 대신들이 옥사를 일으키자 숙종은 남인 대신들의 관작을 삭탈하고 서인들을 대거 등용하였다. 이후 폐위되어 사가에 있던 인현 왕후를 복위시켰다.

① 예송이 일어나는 빌미가 되었다.
② 외척의 정치 개입을 배제시켰다.
③ 사림과 훈구의 갈등을 유발하였다.
④ 왕권 강화를 목적으로 추진되었다.
⑤ 북벌을 준비하는 과정에서 나타났다.

14 영조의 개혁 정치

밑줄 그은 '왕'이 추진한 정책으로 옳은 것을 〈보기〉에서 고른 것은?

왕은 무신년에 일어난 이인좌의 난을 진압한 후 붕당 간의 다툼을 금하고자, '신의가 있고 아첨하지 않는 것은 군자의 마음이요, 아첨하고 신의가 없는 것은 소인의 사사로운 마음이다(周而弗比 乃君子之公心 比而弗周 寔小人之私意).'라는 내용의 친필 비석을 성균관에 세웠다.

〈보기〉
ㄱ. 친위 부대인 장용영을 설치하여 왕권을 강화하였다.
ㄴ. 균역법을 시행하여 백성들의 군역 부담을 줄여 주고자 하였다.
ㄷ. 속대전, 동국문헌비고 등을 편찬하여 문물 제도를 정비하였다.
ㄹ. 신해통공을 통해 육의전을 제외한 시전 상인의 금난전권을 폐지하였다.

① ㄱ, ㄴ ② ㄱ, ㄷ ③ ㄴ, ㄷ
④ ㄴ, ㄹ ⑤ ㄷ, ㄹ

문제 해설
숙종은 붕당의 세력을 누르고 왕권을 안정시키기 위해 당파의 공존 방식 대신 붕당을 자주 교체하는 방법을 사용하였다. 1689년 장희빈의 소생을 세자로 책봉하는 것에 반대한 서인은 송시열, 김수항 등을 처형하였는데, 서인 세력이 몰락하고 남인이 집권하는 계기가 되었다(기사환국). 1694년 장희빈이 인현 왕후를 저주했다는 죄목으로 사약을 받게 하고 인현 왕후를 복위시키면서 서인이 재집권하게 되었다(갑술환국).

바로잡기
① 현종 때 효종의 왕위 계승과 관련하여 두 차례의 예송이 일어났다.
② 왕이 환국을 주도함에 따라 왕과 직결된 외척이나 종친의 정치적 비중이 커졌다.
③ 사림과 훈구의 갈등으로 사화가 일어났다.
⑤ 북벌 운동은 효종 시기와 관련 있다.

비법 암기
환국: 숙종 때 세 차례 발생(경신, 기사, 갑술) → 일당 전제화

문제 해설
제시된 자료는 탕평비 건립과 관련된 내용이다. 영조는 탕평의 뜻을 널리 알리고자 성균관 앞에 탕평비를 세웠다. 탕평비에는 붕당 간 다툼을 금지한다는 내용을 새겼다. 영조는 붕당 정치의 폐해를 바로잡기 위해 탕평책에 동의하는 온건하고 타협적인 인물을 등용하여 정국을 운영하였다. 그리고 공론의 주재자로 자처하던 재야 산림을 정치권에서 배제하였고, 붕당의 기반인 서원을 대폭 정리하였다. 한편, 신문고를 부활하고 격쟁을 통해 왕이 직접 백성의 의견을 듣고 정책에 반영하고자 노력하였다. 영조는 균역법 시행, 군영 정비, 삼심제 시행, 법전 정비 등 다양한 방면에서 개혁 정치를 시도하였다.

바로잡기
ㄱ, ㄹ. 장용영 설치와 금난전권 폐지는 정조의 정책에 해당한다.

비법 암기
영조의 탕평 정치: 탕평파 중용, 산림 존재 부정, 서원 정리, 이조 전랑 권한 약화

15 정조의 개혁 정치

그림은 어느 왕의 행차 모습입니다. 이 왕이 실시한 정책으로 옳은 것은?

① 금위영을 설치하여 5군영 체제를 완비하였다.
② 속대전을 편찬하여 법전 체계를 재정비였다.
③ 국방을 강화하고 청에 대한 북벌을 준비하였다.
④ 문체반정을 통해 신체문(新體文)을 바로잡으려 하였다.
⑤ 삼정의 문란을 바로잡기 위해 삼정이정청을 설치하였다.

문제 해설
왼쪽 그림은 정조가 수원 화성에 행차하기 위해 한강을 건널 때 이용한 배다리이며, 오른쪽 그림은 화성 행차를 위해 새롭게 제작한 도로 모습이다. ④ 문체반정은 조선 정조가 패관잡기, 소설의 문체를 배척하고 순정고문(醇正古文)으로 환원시키려는 개혁 정책이다. 이는 왕권 강화와도 관련이 있는데, 성리학을 보다 견고하게 하기 위하여 복고적이며 보수적인 경학을 옹호하고 이를 통하여 학풍과 문단을 새롭게 하여 폐단을 바로잡으려 한 것이다.

바로잡기
① 영조는 군영을 정비하여 훈련도감, 금위영, 어영청 세 군영이 도성을 나누어 방위하는 체제를 갖추었다.
② 영조는 "속대전", "속오례의", "동국문헌비고" 등을 편찬하여 시대 변화에 맞게 문물 제도를 정비하였다.
③ 효종은 청에 대한 북벌을 준비하였으나, 청의 세력이 커지고 군사비 부담이 적지 않아 효종 이후에는 중단되었다.
⑤ 삼정이정청은 철종 때 설치되었다.

🔖 **비법 암기**
정조의 정책 : 탕평책, 규장각 설치, 초계문신 제도 · 통공 정책 시행, 화성 축조, "대전통편" · "탁지지" 등 편찬

16 세도 정치

다음 사건이 일어난 시기의 사회 모습으로 적절하지 <u>않은</u> 것은?

> 평서대원수는 급히 격문을 띄우노니, 관서의 부로(父老)와 자제, 공 · 사 천민들은 모두 이 격문을 들으라. …… 조정에서는 관서를 버림이 분토(糞土)와 다름없다. …… 지금 임금이 나이가 어려서 권세 있는 간신배가 그 세를 날로 떨치고, 김조순, 박종경의 무리가 국가 권력을 마음대로 하니 …… 이제 격문을 띄워 먼저 여러 고을의 군후(君侯)에게 알리노니, 절대로 동요하지 말고 성문을 열어 우리 군대를 맞으라.
> - "패림" -

① 삼정의 문란으로 농촌 경제가 파탄되었다.
② 왕의 외척인 세도가문이 권력을 행사하였다.
③ 매향 활동을 하는 농민의 공동체 조직이 생겨났다.
④ 정감록, 도참 등을 이용한 예언 사상이 널리 유행하였다.
⑤ 관권이 강화되어 수령과 향리의 농민 수탈이 심화되었다.

문제 해설
제시된 자료는 관서 지방에 대한 차별 대우에 항거하여 일어난 홍경래의 난과 관련 있다. 홍경래의 난이 일어난 시기는 세도 정치가 전개된 때이다. 세도 정치 시기에는 왕의 외척이 권력을 장악하여 지방에 대한 견제 장치가 약화되었다. 이에 수령의 권한이 강해지면서 농민에 대한 수탈이 심하였고 삼정이 문란해졌다. 이와 같은 혼란 상황에서 "정감록", "도참" 등을 이용한 예언 사상이 유행하였으며, 곳곳에서는 농민 봉기가 일어났다.

바로잡기
③ 매향 활동은 고려 시대에 위기를 극복하기 위하여 향나무를 땅에 묻는 지역 공동체의 불교 행사이다. 이러한 활동을 하는 무리를 향도라고 한다.

🔖 **비법 암기**
세도 정치의 폐단 : 세도 정치 → 삼정의 문란 → 농민 봉기 발생

8 조선 전기의 정치사상 | II 전근대의 정치

시기	14세기	15세기			
국왕	태조	태종	문종·단종	세조	성종

훈구와 사림의 대립	• 신진사대부 + 신흥 무인 세력 → 조선 건국(1392)	• **사간원** 독립 → 대신 견제
		• 유향소 폐지 → 세종 때 복립
			• 문종: 즉위 2년 만에 사망
			• 단종: 12세로 즉위
			  ┌ 왕권 약화
			  └ 재상 중심 정치
			    (김종서·황보인 등 삼정승 실권 장악)
			• **계유정난**으로 수양대군(훗날 세조) 집권 → 정난공신이 훈구파 형성 (신숙주·한명회 등)
				• 집현전 폐지, 경연 폐지
				• 이시애의 난 → 유향소 폐지 → 성종 때 복립
					• **사림**(김종직)의 정계 진출 → 전랑과 3사의 언관직 차지 → 훈구 세력 비판

사상의 변천	• 신진 사대부: **성리학 수용**, 정치사상의 기반을 삼음	〈15~16세기, 훈구와 사림의 대립〉★			

훈구파(관학파)	사림파(사학파)
• 혁명파 사대부 계승	• 온건파 사대부 계승
• 개방적, 자주적 성향	• 폐쇄적, 원칙적 성향
• 중앙 집권, 부국강병 강조	• 향촌 자치, 왕도 정치 → 성종 때 3사 진출
• 사장(문장력), 기술 중시	• 경학(유교 경전) 중시
• 불교·도교 수용	• 성리학 이외 사상 배격
• 대농장 소유	• 중소 지주
	• 유향소(여론 장악), 서원(인재 배출), 향약(농민 통제)

향촌의 변화
• **유향소**(→ 향청: 17세기)★
  ┌ 고려 말~조선 초, 지방 양반들이 향촌 자치를 실현하기 위해 조직한 기구
  └ 좌수·별감 선출, 향회 소집(여론 수렴), 수령 보좌, 향리 감찰, 향촌 사회의 풍속 교화
• **경재소**: 현직 관료가 연고지의 유향소 통제

자료 읽기

신진 사대부의 변화

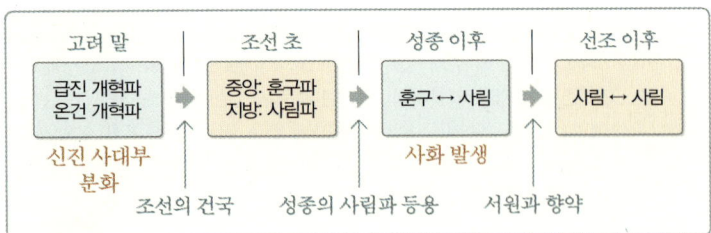

○ 김종직(1431~1492) | 성종의 특별한 총애를 받았다. 김종직의 문인들은 훈구파와 반목이 심하였다. 그가 지은 조의제문을 사관인 김일손이 사초(史草)에 적어 넣은 것이 원인이 되어 무오사화가 일어났다.

사림의 계보

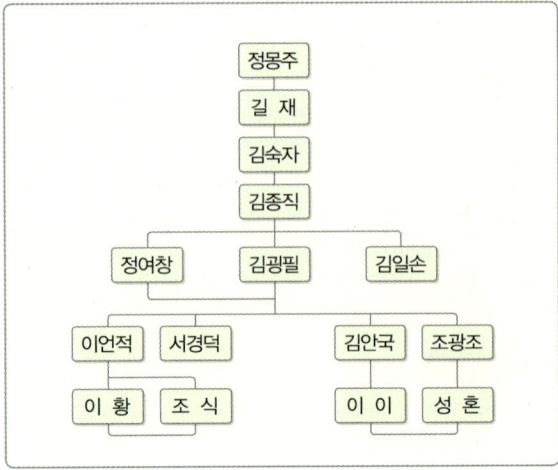

★ **Best 기출**
- 14~15세기 조선의 정치사상 : 조선 초기의 유교 통치 이념 | 훈구파와 사림파의 특징 | 유향소
- 16세기 조선의 정치사상 : 조광조의 개혁 정치 | 사림의 분화 | 서경덕과 조식의 학문 | 이황의 사상 | 이이의 사상 | 향약의 보급

시기	15세기 말~16세기 초	16세기	
국왕	연산군	중종	명종 → 선조

훈구와 사림의 대립 · 붕당의 전개	• 사화 = 사림의 화(禍) 훈구파로부터 사림이 받은 정치적 탄압
	• **무오사화**(1498): 김일손이 사초에 수록한 김종직의 조의제문이 계기
	• **갑자사화**(1504): 폐비 윤씨 사사 사건이 계기
	• 신언패(愼言牌): 연산군이 조정 관리들에게 차게 한 말조심 패
	• 사간원 폐지, 경연 폐지
	• 훈민정음 사용 금지
		• **중종반정**(1506): 훈구파가 폭군 연산군 폐위, 중종 옹립
		• 중종, 훈구파 견제를 위해 조광조(김굉필의 제자) 등 젊은 사림 등용
		• **조광조의 개혁 정치**★
		  ┌ 현량과 실시(천거제)
		  │ → 사림 세력 대거 등용
		  │ 위훈 삭제(반정공신 중 일부의 공신호 박탈·토지와 노비 환수)
		  │ → 훈구파의 거센 반발
		  │ 소학 보급(생활 윤리서)
		  │ → 성리학적 사회 질서 강화
		  │ 최초로 향약 시행
		  │ 소격서(도교 행사 주관) 폐지
		  └ 방납의 폐단 시정
		• **기묘사화**(1519)
		  ┌ 조광조의 급격한 개혁에 훈구파 반발
		  └ 조광조 등 사림 숙청
			〈명종〉
			• **을사사화**(1545): 외척 간의 싸움으로 사림 희생
			• 사화에도 불구하고 사림은 서원·향약을 통해 세력 확대
			〈선조〉
			• 사림의 대거 중앙 정계 진출 → 정국 주도
			• 붕당의 형성★
			
			| 신진 사림 → 동인
				기성 사림 → 서인 |
				|---|---|
				| • 김효원 | • 심의겸 |
				| • 척신 정치 청산에 적극적 | • 척신 정치 청산에 소극적 |
				| • 이황과 조식, 서경덕 학문 계승 | • 이이와 성혼 학문 계승 |
				| • 훗날 북인과 남인으로 갈라짐 | • 훗날 노론과 소론으로 갈라짐 |
				
				• **정여립 모반 사건**(기축옥사, 1589)
				  ┌ 정여립은 서인이었으나 동인에 가담, 이이를 비판
				  │ 서인의 공격으로 낙향, 대동계 조직
				  └ 정여립 역모설
				    → 정철(서인의 영수)이 진압, 대대적인 동인 숙청(기축옥사)
				    → 서인 득세
				↓
				• **정철 건저의 사건**(세자 책봉 문제, 1591)
				  → 정철 유배, 서인 몰락, 동인 득세
				  → 동인은 서인의 처리를 두고 강경파인 북인과 온건파인 남인으로 분화★

사상의 변천	**서경덕**(1489~1546)
	• 이기론 중 기(氣)를 강조
	• 불교와 노장사상에 개방적
		조식(1501~1572)★
		• 학문의 실천성 강조
		• 절의 중시
		• 노장사상에 포용적
		  → 곽재우, 정인홍 등 의병장 배출
			이황(1501~1570)★
			• "성학십도", "주자서절요"
			  ┌ 이(理)를 강조
			  │ 이상주의, 도덕 강조
			  └ 왕권 강조(군주 스스로 인격과 학식을 수양해야 함을 강조)
				이이(1536~1584)★
				• "성학집요", "동호문답"
				  ┌ 기(氣)를 강조
				  │ 현실적·개혁적
				  └ 신권 강조(현명한 신하가 왕의 수양을 도와주어야 한다고 주장)

향촌의 변화		• **향약**(향촌의 자치 규약)★
		  ┌ 중종 때 조광조가 시행한 이후 전국으로 확산
		  │ 양반, 상민, 노비 모두 향약에 자동 포함됨
		  │ 양반은 사족 명부인 향안 작성, 향규(향회 운영 규칙) 제정, 향회 통해 지방민 통제
		  └ 향촌민 풍속 교화, 향촌 질서 유지 및 치안 담당 → 지방 유력자의 주민 수탈 수단으로 악용 우려
		• 족보 편찬: 사족은 문벌 형성을 위해 족보 편찬 → 혼인 상대자 물색, 붕당 구별에 활용
		• 농민 조직 ┌ 두레(← 삼한): 공동 노동
		         └ 향도(← 고려): 불교, 민간 신앙, 동계(동네일 처리)
		• 서원: 인재를 양성하며 향약과 함께 사림의 지위 강화★		

9 조선 후기의 정치사상 | II 전근대의 정치

시기	17세기			
국왕	광해군	인조	효종	현종
붕당의 전개	• 북인이 정치 주도 → 중립 외교	• 인조반정: 서인 주도, 광해군 유배, 북인 몰락 • 서인 주도 + 남인 협조 → 친명배금 정책 → 병자호란	• 북벌 운동 • 서인: 송시열, 송준길 등 충청도 산림 등용 • 남인: 허적, 허목 등 등용 • 붕당의 상호 비판적 공존	• 효종의 정통성 문제(차남으로 왕위 승계)로 예송 발생 → 서인과 남인 사이 정치적·학문적 논쟁 • 1·2차 예송으로 주도 붕당 교체: 서인(1차) → 남인(2차) • 붕당의 상호 비판적 공존

사상의 변천	〈초기 실학자의 활동〉
	• 이수광: "지봉유설"(광해군 6년)
	  – 조선시대 최초의 백과사전적 저술
	• 한백겸: "동국지리지"(광해군 7년)
	  – 삼한의 위치를 고증
	〈성리학의 탈절대화 경향〉★
	• 배경: 서인 세력이 집권하면서 주자 중심의 성리학 절대화
	• 윤휴: 유교 경전을 독자적으로 해석 ← 송시열에게 사문난적으로 몰림
	• 박세당: 양명학과 노장사상 수용, 주자 학설 비판
	〈양명학〉★
	• 중종 때 전래, 서경덕 학파와 왕실 종친에 확산 → 소론 계열 수용
	• 성리학의 교조화와 형식화 비판, 심즉리, 지행합일 등 실천성 강조
	• 정제두: 강화 학파 형성(18세기 초) → 양반 신분제 폐지 주장
				〈예송〉 (서인↔남인)★
				• 쟁점: 효종과 효종 비의 사망에 대한 자의 대비(인조의 계비)의 복제(服制, 상복 입는 기간) 문제
				• 서인의 주장: "사대부와 왕실의 예는 같다"
				  남인의 주장: "왕실의 법도는 다르다"
				
				• 1차 예송(기해 예송, 1659): 효종 사망
				  – 서인 1년, 남인 3년 주장
				  → 서인 주장 채택(1년) → 서인 중심 정국
				• 2차 예송(갑인 예송, 1674): 효종 비 사망
				  – 서인 9개월, 남인 1년 주장
				  → 남인 주장 채택(1년) → 남인 정국 장악

향촌의 변화	• 유향소 → 향청(임진왜란 이후)
	• 경재소 폐지 → 사림의 향촌 자치 강화
	• 서원, 향약의 영향★
	  – 부계 중심의 가족 제도 강화, 부계 위주 족보 편찬
	  – 친영 제도 정착
	  – 큰아들의 제사 의무와 상속 우대
	  – 양자 일반화
	  – 동성 마을 형성, 종중(宗中) 형성			

자료 읽기

1차 예송(기해 예송, 1659)

송시열

서인의 주장(1년 설)
왕실과 사대부의 예는 기본적으로 다르지 않습니다. 대비께서는 효종 대왕의 어머니라서 신하가 될 수 없고, 효종 대왕께서는 적장자가 아니므로 대비께서는 1년 동안 상복을 입으셔야 합니다.

허목

남인의 주장(3년 설)
아닙니다. 왕에게는 사대부와 다른 예가 적용되어야 합니다. 효종 대왕께서 비록 둘째 아들이지만 왕위를 계승하셨으므로 장자의 예로 대우해야 합니다. 대비께서는 3년의 상복을 입으시는 것이 합당합니다.

◐ 상복을 입는 기간을 둘러싸고 벌어진 예송 | 자료는 어머니인 자의대비가 효종의 상을 당해 상복을 얼마동안 입을 것인지를 두고 논쟁을 벌인 1차 예송 장면이다. 1차 예송에서는 서인의 의견이 받아들여져 자의대비는 1년 동안 상복을 입었다.

출제 예감

향약
만약 약원(향약의 구성원)이 상을 당하면 초상 때에는 사화(司貨)가 약정(約正)에게 고하여 마포 3필을 보내고, 동약은 쌀 5되, 빈 가마니 3장씩을 내어 장례를 돕는다. 또 치전 때에는 사화가 보관하던 면포 5필, 쌀 10말을 부장을 갖추어 함께 보낸다. 장사를 지낼 때에는 각각 건장한 종 1명을 보내되 사흘치 식량을 싸 가지고 가서 일하게 한다.

➡ 향약은 향촌 내의 사람들이 맺은 약속이다. 양반에서 노비까지, 남녀 무론하고 모두에게 영향을 미쳤다. 향약은 전통적인 공동 조직이 가진 상부상조, 환난상휼의 미풍양속을 계승하였다. 여기에 덧붙여 삼강오륜의 윤리를 가미하였다. 향촌민의 풍속을 교화하고 향촌 질서를 유지하는 등 긍정적으로 작용했으나 지방 유력자가 향촌민을 수탈하는 데 악용되기도 하였다.

★ Best 기출
- 17세기 조선의 정치사상 : 정치 주도 세력의 변화 | 조선 후기 성리학의 비판 | 양명학과 강화학파 | 예송
- 18세기 조선의 정치사상 : 탕평 정치의 전개 | 노론의 분화 | 호락 논쟁 | 경세치용 학파 | 이용후생 학파 | 천주교의 전파

시기	17세기~18세기		18세기	
국왕	숙종	경종	영조	정조
붕당의 전개	**〈환국〉** • 숙종에 의한 집권 세력 교체 → 종친, 외척 세력의 비중 증대 → 붕당 정치의 기본 원리인 견제와 균형 붕괴 → **일당 전제화** • 경신환국: **남인**(우세) + 서인 → **서인** 집권, 서인 분화★ | 노론(강경파) | 소론(온건파) | | 송시열 | 윤증 | | 대의명분 중시 | 실리 중시 | • 기사환국: 송시열 사사, **남인** 집권 • 갑술환국: **서인** 집권	• 소론 주도로 정국 운영 • **노론**(왕세제인 영조 지지) ↕ **소론**(국왕인 경종 지지)	• 완론 탕평 (왕실, 외척과 결부된 세력 용인) ├ **탕평파** 중심(붕당 혁파) ├ **재야 산림**(공론 주재자) 존재 부정 └ **탕평비** 건립(성균관) → 한계: 붕당 다툼 일시 완화 • 사도 세자의 죽음(1762) → **노론** 분화★ | 벽파 | 시파 | | 사도 세자의 죽음 당연시 | 사도 세자 동정 | | 노론 대다수 | 노론 일부, 남인과 소론 다수 |	• 준론 탕평 (붕당의 시비를 명확히 가림) ├ 환관·척신 제거 ├ **노론 시파** 중용 └ 소론과 남인 중용(영조 때에 탕평파를 비판한 세력도 중용)
사상의 변천	**〈실학자의 활동〉** • 김육(17세기) ├ 대동법 확대 시행 주장(효종) ├ 동전을 널리 사용 └ 아담 샬의 시헌력 도입	**호락논쟁**: 노론 내부의 논쟁(호론↔낙론, 18세기)★ | 호론(충청 노론) | 낙론(한성·경기 노론) | | • 인물성이론(인성≠물성) • "사람(인성)과 동물(물성)은 같지 않다" → 위정척사파로 계승(개항 이후) | • 인물성동론(인성=물성) • "사람이든 동물이든 하늘이 준 본성은 같다" → 북학파로 계승 → 개화파로 계승(개항 이후) |		

〈18세기, 실학의 발달〉

18세기 전반 〈경세치용 학파, 중농 학파〉	18세기 후반 〈이용후생 학파, 북학파, 중상 학파〉
• 경기 남인 • 토지 분배에 관심, 자영농 육성	• 노론 자제 • 생산력 향상 목표 • 청의 문물 적극 수용
• **유형원**(17세기 후반)★: "반계수록" – **균전론**(신분에 따라 토지 차등 분배)	• **유수원**: "**우서**" ┬ 상공업 진흥(농업의 상업적 경영, 생산성 증대) └ 사농공상의 직업적 평등·전문성 강화
• **이익**★: "곽우록" – **한전론**(생계를 위한 최소한의 영업전은 매매 금지) "성호사설" ┬ 나라를 좀 먹는 여섯 가지 폐단 └ 폐전론(화폐 유통에 비판적)	• **홍대용**★ "임하경륜" – 균전제, 양반도 생산 종사 주장 "의산문답" ┬ 김석문과 함께 **지전설** 주장(중국 중심의 세계관 비판) └ 무한 우주론 주장
• **정약용**★: "목민심서" – 지방 행정 개혁, **지방관의 도리** "경세유표" – 중앙 행정 개혁, **정전론** 주장 "흠흠신서" – 형옥(形獄)에 관한 실무 지침서 "탕론" – **민본주의 왕도 사상**, 천자(임금) 교체 가능 "전론" – **여전론**(마을 단위 공동 경작, 기여도에 따라 차등 분배) "기예론" – 과학·기술 문화 장려 "마과회통" – 마진(홍역)에 대해 연구한 의서	• **박지원**: "**열하일기**" – 상공업 진흥, **수레와 선박의 이용**, 화폐 유통 "과농소초" – **한전론**(토지 소유의 상한선 설정) 양반전·허생전·호질 – **양반 문벌 제도의 비생산성 비판** • **박제가**: "**북학의**" ┬ 박지원의 사상을 이어 받아 더욱 발전 ├ **절약보다는 소비 권장**(우물론) └ 청 문물 적극 수용, 수레와 선박의 이용

10 세도 정치기 사상의 변천 | II 전근대의 정치

자료 읽기

출제 예감

홍경래의 난
평서대원수는 급히 격문을 띄우노니 관서의 부로(父老)와 자제와 공·사 천민들은 모두 이 격문을 들으라. …… 조정에서는 관서를 버림이 분토(糞土)와 다름없다. 심지어 권세 있는 집의 노비들도 서토의 사람을 보면 반드시 '평안도 놈'이라고 말한다. 어찌 억울하고 원통하지 않은 자 있겠는가.
— "패림" —

출제 예감

임술 농민 봉기
임술년 2월, 진주민 수만 명이 머리에 흰 수건을 두르고 손에는 몽둥이를 들고 무리를 지어 진주 읍내에 모여 서리들의 가옥 수십 호를 불사르고 부셔서, 그 움직임이 결코 가볍지 않았다. …… 백성들의 재물을 횡령한 조목, 아전들이 세금을 포탈하고 강제로 징수한 일들을 면전에서 여러 번 문책하는데, 그 능멸하고 핍박함이 조금도 거리낌이 없었다.
— "임술록" —

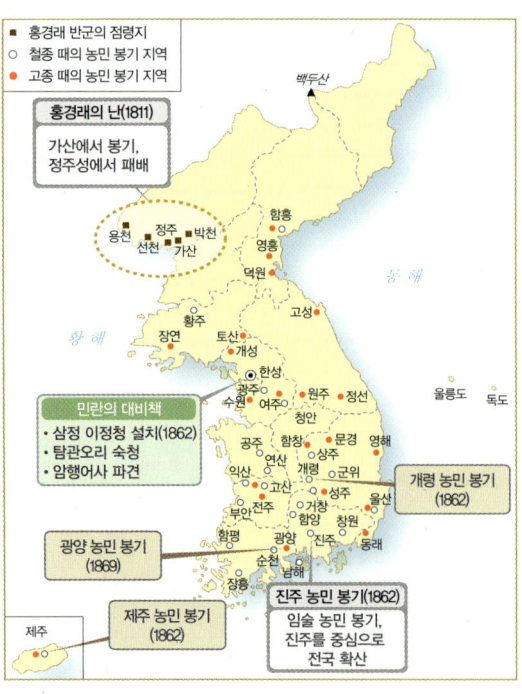

◉ 19세기 농민 봉기

시기	19세기		
국왕	순조	헌종	철종

붕당의 전개	• 정조 사후 정치 세력 간의 균형 붕괴 → 세도 정치★
	• 순조 ┬ 정순 왕후의 수렴청정, 노론 벽파(정순 왕후의 친정 인물) 집권
	      ├ 신유박해: 노론 시파 탄압
	      └ 정순왕후 사후, 순조의 장인 김조순(노론 시파·안동 김씨) 중심
	        → 안동 김씨의 세도 정치 전개
	• 헌종: 풍양 조씨(조만영, 헌종의 외척) 득세
	• 철종: 안동 김씨(김문근)의 정권 장악		

사상의 변천	〈천주교의 전파〉★
	• 17세기에 서학으로 소개, 18세기 남인 실학자들이 신앙 활동(이승훈)
	• 신해박해(1791) ┬ 정조, 천주교를 사교로 규정
	            └ 어머니 제사에 신주를 없앤 윤지충 사형
	• 신유박해(1801) ┬ 순조 즉위 직후 노론 벽파 집권
	            └ 이승훈을 비롯한 300여 명의 천주교인 처형
	• 황사영 백서 사건: 프랑스에 무력 동원 요청 편지 발각
	
	〈동학의 전파〉★
	• 최제우(경주 출신·몰락한 양반)가 동학 창시(1860)
	  ┬ 유·불·선 3교와 천주교의 교리 수용
	  ├ 시천주·인내천 사상 강조★
	  └ 신분 차별이 없고, 노비 제도가 없는 평등 사회 추구★
	• 신앙 운동 → 반봉건(사회 개혁), 반침략, 반외세 주장
	  ┬ 농민과 천민을 넘어 유생들도 공감
	  └ 동학의 교세 확장
	     → 혹세무민의 죄로 교조 최제우 사형(고종 1년, 1864)
	• 2대 교주 최시형 ┬ "동경대전", "용담유사" 등 교리 정리
	              └ 포·접 등 교단 조직을 갖춤		

향촌의 변화	• 세도 정치로 인한 삼정(전정·군정·환곡)의 문란
	• 농민의 항거: 소청 운동(학대 금지 요청), 벽서(괘서, 정부나 탐관오리 비방 게시물)
	• "정감록", "토정비결": 비기·도참 등 예언 사상 유행★
	• 무속·미륵 신앙 성행: 현세의 구복(무속 신앙)·미래의 복락(미륵 신앙)
	
	〈민란의 발생〉
	• 홍경래의 난(1811, 순조)★
	  ┬ 배경: 세도 정치기 삼정의 문란, 서북민에 대한 부당한 차별 대우
	  ├ 평안도 가산에서 몰락한 양반 홍경래가 주도
	  └ 영세 농민, 중소 상인, 광산 노동자 합세
	     → 선천, 정주 등 점거하여 청천강 이북 장악
	     → 지도부 내분으로 관군에게 진압됨(정주성 전투) → 5개월 만에 평정
	• 임술 농민 봉기(1862, 철종)★
	  ┬ 배경: 세도 정치로 인한 삼정의 문란, 탐관오리의 탐학, 지주전호제의 모순
	  ├ 전개: 경상도 단성(단성 민란) → 진주 민란 → 전국 확대
	  ├ 진주 민란: 몰락 양반 유계춘의 지휘로 탐관오리 백낙신(경상우도 병마절도사)·
	  │ 홍병원(진주목사)에 항거 → 한때 진주성 점령
	  ├ → 정부는 안핵사·암행어사 파견, 삼정 이정청 설치(문제 해결 못함)
	  └ 의의: 양반 지배 체제 붕괴 촉진, 동학 농민 운동으로 계승		

★ Best 기출
- 19세기 조선의 정치사상 : 세도 정치의 전개 | 천주교의 전파 | 동학의 전파 | 예언 사상의 유행 | 홍경래의 난 | 임술 농민 봉기
- 붕당 정치의 전개 : 시기별 집권 세력의 변화 | 시기별 붕당 정치의 양상

시기	16세기 후반	17세기				18세기				19세기		
국왕	선조	광해군	인조	효종	현종	숙종	경종	영조	정조	순조	헌종	철종
사건	임진왜란	중립외교	인조반정 호란	북벌운동	예송	환국		탕평정치	탕평정치	세도정치		
집권세력	동인 서인	북인	서인·남인		서인 → 남인	서인 → 남인 → 서인	노론 → 소론	벽파·시파 벽파 주도	시파 육성	노론 벽파 → 안동 김씨	풍양 조씨	안동 김씨
특징	붕당 형성	붕당의 상호 비판적 공존				일당 전제화		왕권 강화		외척의 권력 독점		

붕당의 전개

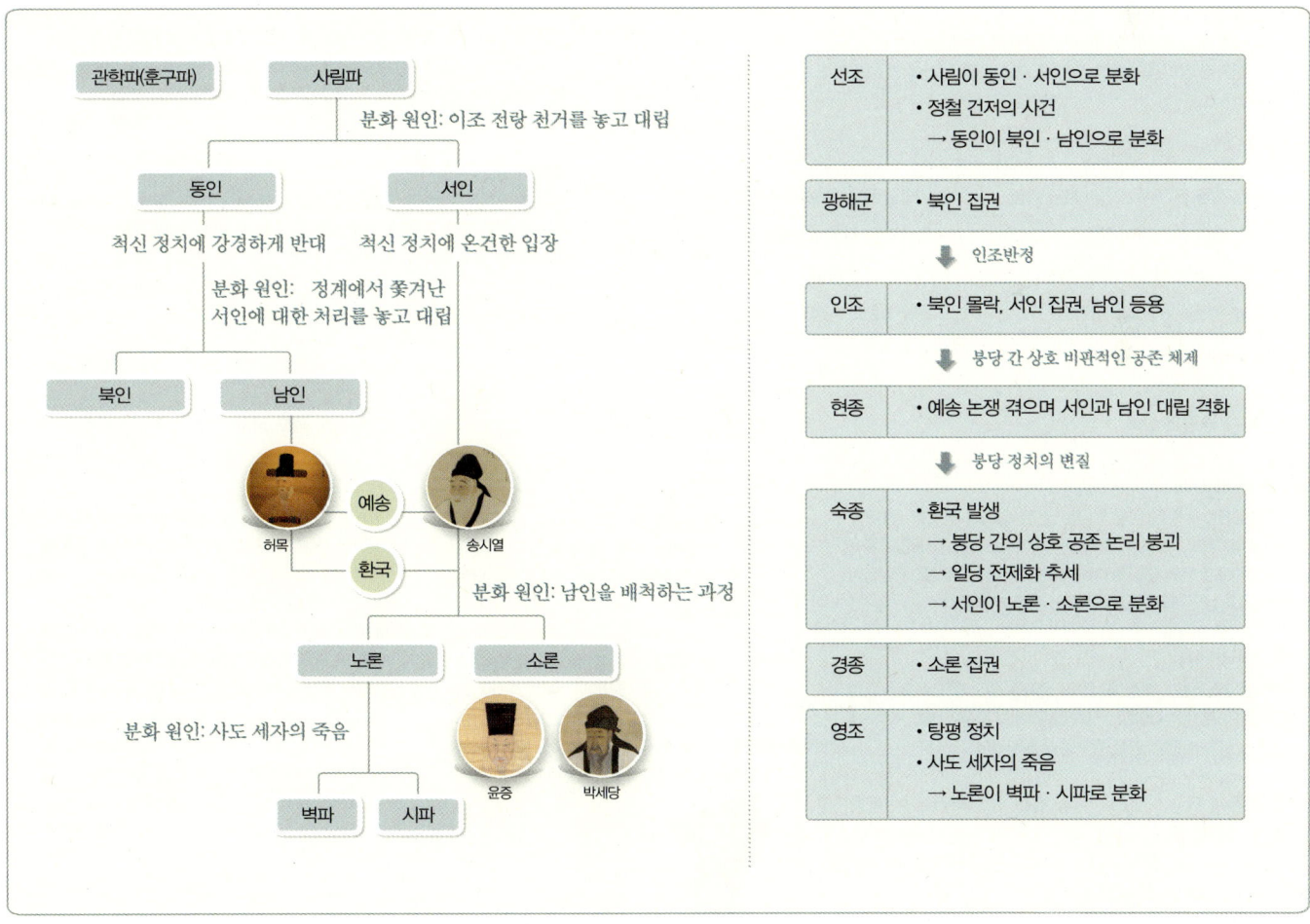

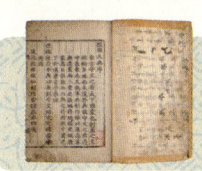
한눈에 보는 "기막힌 자료 특강"

15~16세기, 사림의 성장과 사화

김종직의 조의제문과 무오사화
자료 1 유자광이 김종직의 문집에서 조의제문(弔義帝文)의 내용을 지적하면서 "이는 다 세조를 지목한 것이다. 김일손의 악은 모두가 김종직이 가르쳐서 이루어진 것이다."라고 하였다. 왕께 아뢰기를 "김종직이 우리 전하(세조)를 헐뜯었으니 그 부도덕한 죄는 마땅히 대역으로 논해야 하고 그가 지은 다른 글도 세상에 남아 있는 것이 마땅치 못하오니, 아울러 모두 불태워 버리소서." 하니 왕이 이를 허락하였다.
— 「연산군일기」 —

자료 2 간사한 신하 김종직은 나쁜 마음을 몰래 품고 그 무리들을 모아 흉악한 계획을 시행하려고 한 지가 오래되었다. 그는 항우가 의제를 죽인 일을 기록하여 세조를 나무라고 헐뜯었다. 이는 하늘에 닿을 만큼 악독한 죄이니 용서할 수 없다.
— 「연려실기술」 —

➡ 표면적인 내용은 항우가 의제를 죽인 고사이지만, 실제로는 세조가 단종을 죽이고 왕위를 찬탈한 것을 빗대었다.

향약을 세운 이유
효제충신의 도리가 막혀 행하여지지 않으면 예의를 버리고 염치가 없어짐이 날로 심해져서 마침내 오랑캐나 짐승처럼 될 것이다. 이것을 살펴 바로잡는 책임은 유향소에 있다. …… 이제부터 고을 선비들이 하늘이 부여한 본성을 근본으로 삼고 국가의 법을 준수하며 집이나 고을에서 질서를 바로잡으면 나라에 좋은 선비가 될 것이요, 출세하든지 가난하든지 서로 의지가 될 것이다.
— 「퇴계 선생 문집」 —

◯ **사림의 성장과 사화** | 성종의 등용으로 중앙 정계에 진출한 사림은 훈구파와 대립하며, 연산군으로부터 명종에 이르는 기간 동안 4차례의 사화를 겪었다. 그럼에도 불구하고 지역에 자리잡은 서원과 향약을 통해 세력을 확대하였다. 선조 때에 집권 세력이 된 사림은 동인과 서인으로 분화하며 붕당 정치를 전개하였다.

◯ 향입약조서(명종) | 퇴계 이황이 만든 예안 향약 서문이다.

16세기 후반(선조), 붕당의 형성

- 이조 전랑 천거를 두고 대립
  - 김효원(윤원형의 문객)의 이조 전랑 천거에 심의겸 반대
  - 심충겸(심의겸의 동생, 외척)의 이조 전랑 천거에 김효원 반대

↓

동인	서인
• 김효원 등 신진 사림(먼저 붕당 형성)	• 심의겸 등 기성 사림(후에 붕당 가담)
• 척신 정치 청산에 적극적	• 척신 정치 청산에 소극적
• 이황과 조식, 서경덕 학문 계승	• 이이와 성혼 학문 계승
• 훗날 북인과 남인으로 갈라짐	• 훗날 노론과 소론으로 갈라짐

동인과 서인의 분화
김효원이 과거에 장원으로 급제하여 전랑의 물망에 올랐으나, 심의겸은 그가 윤원형의 문객이었다 하여 반대하였다. 그 후에 심충겸이 장원 급제하여 전랑으로 천거되었으나, 외척이라 하여 김효원이 반대하였다.
— 「연려실기술」 —

북인과 남인의 분화
선조 때 일어난 정여립 모반 사건으로 기축옥사가 발생하였다. 서인이 득세하여 많은 수의 동인이 희생되었다. 이후 정철의 건저의 사건으로 서인이 세력을 잃자, 동인은 정계에서 쫓겨난 서인을 어떻게 처리할 것인지를 두고 강경파인 북인과 온건파인 남인으로 분화되었다. 북인은 광해군 때 세력을 잡았지만 인조반정으로 몰락하고 말았다.

17세기, 숙종과 환국

기사환국(1689)
1689년 1월, 숙종은 낳은 지 두 달 된 왕자의 명호를 '원자(元子)'로 정하고자 하였다. 송시열이 시기상조라며 반대하자 관작을 삭탈하고 문외 출송하도록 명하였다. 이를 계기로 서인들이 파직되고 남인계의 인물들이 대거 등용되었다.

갑술환국(1694)
1694년 3월, 남인 계열 대신들이 옥사를 일으키자 숙종은 남인 대신들의 관작을 삭탈하고 서인들을 대거 등용하였다. 이후 폐위되어 사가에 있던 인현 왕후를 복위시켰다.

◯ **숙종과 환국** | 예송 논쟁을 겪은 현종의 뒤를 이어 숙종이 즉위하였다. 숙종은 최초로 탕평책을 내세웠으나, 실상은 하나의 당파를 일거에 내몰고 상대 당파가 정권을 잡도록 하는 환국을 자주 발생시켰다. 숙종 때 벌어진 3차례의 환국으로 인해 붕당 정치의 기본 원리인 견제와 균형은 붕괴되고, 일당 전제화 추세가 나타났다.

18세기, 영조의 탕평 정치

영조의 탕평 정치
"붕당(朋黨)의 폐단이 요즈음보다 심한 적이 없었다. 처음에는 사문에 소란을 일으키더니, 지금에는 한편 사람을 모조리 역당(逆黨)으로 몰고 있다."
— 「영조실록」 —

"나는 다만 마땅히 인재를 취하여 쓸 것이니, 당습에 관계된 자를 내 앞에 천거하면 내치고 귀양보내어 국도(한양)에 함께 있게 하지 않을 것이다. … 아! 임금의 마음은 이러한데 신하가 따르지 않는다면, 이는 내 신하가 아니다."
— 「영조실록」 —

◯ 영조의 탕평비

19세기, 세도 정치

세도 정치의 폐단
가을에 한 늙은 아전이 대궐에서 돌아와 처와 자식에게 "요즘 이름 있는 관리들이 모여서 온종일 이야기를 하여도 나랏일에 대한 계획이나 백성을 위한 걱정은 전혀 하지 않는다. 오로지 각 고을에서 보내오는 뇌물의 많고 적음과 좋고 나쁨에만 관심을 가지고 어느 고을의 수령이 보낸 물건은 극히 정묘하고, 또 어느 고을의 수령이 보낸 물건은 매우 넉넉하다고 말한다. 이름 있는 관리들이 말하는 것이 이러하다면, 지방에서 거둬들이는 것이 반드시 늘어날 것이다. 나라가 어찌 망하지 않겠는가?" 하고 한탄하였다.
— 「목민심서」 —

경세치용 학파의 주장

이익: 나라를 좀먹는 여섯 가지 폐단

사람 중에 간사하고 함부로 하는 자가 없다면 천하가 왜 다스려지지 않겠는가? 간사하고 함부로 하는 것은 재물이 모자라는 데에서 생기고 재물이 모자라는 데에서 생기고 재물이 모자라는 것은 농사에 힘쓰지 않는 데에서 생긴다. 첫째가 노비요, 둘째가 과업(과거 제도)이요, 셋째가 벌열(문벌 제도)이요, 넷째가 기교(사치와 미신 숭배)요, 다섯째가 승니(승려)요, 여섯째가 게으름뱅이이다.
— "성호사설" —

이익: 한전론
국가에서 한 집의 재산을 올바로 측량하고 농토 몇 부(負)를 한정하여 한 집의 영업전으로 만들어 주되, 당나라의 조세 제도처럼 운영한다. 농토가 많은 사람에게서 빼앗지 않고 모자라는 사람에게도 더 주지 않으며 돈이 있어 사려고 하는 사람에게는 비록 백 결, 천 결이라도 모두 허락하고 농토가 많아서 팔려고 하는 사람에게도 영업전 몇 부를 제외하고는 역시 허락한다.
— "곽우록" —
➡ 한전론은 영업전의 경우 매매를 금지하고 그 외의 토지는 자유롭게 사고 팔도록 하는 토지 제도이다.

정약용: 여전론

이제 농사짓는 사람만이 농토를 얻고 농사짓지 않는 자는 땅을 얻지 못하게 하려면 여전법을 시행해야만 한다. 그러면 여전법이란 어떠한 것인가? 산과 골짜기와 내와 언덕의 자연적 지형에 따라 일정한 구획을 갈라 경계를 만들고 그 경계 안에 포함된 곳을 '여(閭)'라고 하려는 것이다. …… 그들이 매양 하루 일을 하면 여장은 그들의 노력을 장부에 매일 기록하여 두었다가 추수할 때에 그 곡물을 나누되 먼저 나라에 바치는 세금은 떼어 놓고, 다음은 여장의 녹을 주고, 그 나머지는 일역부에 기준하여 분배한다.
— "전론" —

정약용: 민본주의 왕도 사상
천자(天子)는 어찌하여 존재하게 되었는가? 비가 내리듯 하늘에서 내려와 천자가 되었는가? 아니면 샘이 땅에서 솟아나듯 천자가 되었는가? …… 여러 현장(縣長)들이 공동으로 추대한 사람이 제후가 되고, 제후들이 공동으로 추대한 사람이 천자가 된다. 따라서 천자란 여러 사람들의 추대에 의해 세워진 것이다. — "탕론" —
➡ 정약용은 통치자는 백성을 위해 존재한다는 민본주의 왕도 사상을 내세웠다.

정약용의 애절양
갈밭 마을 젊은 여인 울음도 서러워라.
관아 문 향해 울부짓다 하늘 보고 통곡하네.
시아버지 죽어서 이미 상복 입었고
갓난아인 배냇물도 안 말랐는데
삼대의 이름이 군적에 올랐구나.
달려가 호소하려 해도
관가의 문지기 호랑이 같은데
이정(里正)이 호통하며 단벌 소마저 끌고 가네.
남편 문득 칼을 갈아 방 안으로 뛰어드니
자리에 선혈이 낭자하구나!
스스로 한탄하길 "아이 낳은 죄로구나."
➡ 정약용이 지은 한시로 군정의 문란을 보여준다. 당시에는 군적수포제가 일반화되어 군적에 오른 사람은 병역을 대신하여 군포를 납부했다. 그러나 관리들의 농간으로 이미 죽은 사람(백골징포)과 갓난아이(황구첨정)까지 군적에 올려 세금을 착취하였다.

이용후생 학파의 주장

홍대용: 중국 중심 세계관 비판

중국과 서양은 180도 정도 차이가 난다. 중국인은 중국을 중심으로 삼고 서양을 변두리로 삼으며, 서양인은 서양을 중심으로 삼고 중국을 변두리로 삼는다. 그러나 실제는 하늘을 이고 땅을 밟는 사람은 땅에 따라서 모두 그러한 것이니 중심도 변두리도 없이 모두가 중심이다.
— "의산문답" —

홍대용의 지전설
천체가 운행하는 것이나 지구가 자전하는 것은 그 세가 동일하니, 분리하여 설명할 필요가 없다. 다만, 9만 리의 둘레를 한 바퀴 도는 데 이처럼 빠르며, 저 별들과 지구와의 거리는 겨우 반경(半徑)밖에 되지 않는데도 몇 천만 억의 별들이 있는지 알 수 없다. …… 칠정(七政 : 태양, 달, 화성, 수성, 목성, 금성, 토성)이 수레바퀴처럼 자전함과 동시에, 맷돌을 돌리는 나귀처럼 둘러싸고 있다. 지구에서 가깝게 보이는 것을 사람들은 해와 달이라 하고, 지구에서 멀어 작게 보이는 것을 사람들은 오성(五星 : 수성, 금성, 화성, 목성, 토성)이라 하지만, 사실은 모두가 동일하다.
— "담헌서" —

박지원: 북학 사상

오늘날 사람들이 진실로 오랑캐를 몰아내려면 중화의 유법을 모두 배워서 우리나라 풍속의 우둔함을 먼저 고치는 것이 더 중요하다. …… 타인이 10가지를 하면 우리는 100가지를 하여 먼저 우리 백성을 이롭게 하고 우리 백성들로 하여금 무기를 만들어서 넉넉히 저들의 견고한 갑옷과 날카로운 병기를 격파할 수 있게 한 다음에야 중국에는 볼 만한 것이 없다 하여도 좋을 것이다.
— "열하일기" —
➡ 노론 가문 출신으로 연행사를 따라 청에 다녀온 박지원은 청의 발전 모습을 "열하일기"에 기록했다.

박지원
그리하여 영남 어린이들은 새우젓을 모르고, 관동 백성들은 아가위를 절여서 장 대신 쓰고, 서북 사람들은 감과 귤의 맛을 분간하지 못하며, 바닷가 사람들은 새우나 정어리를 거름으로 밭에 내건만 서울에서는 한 웅큼에 한 푼씩 하니 이렇게 귀함은 무슨 까닭일까. … 운반해 올 힘이 없기 때문이다. 사방이 겨우 몇 천 리밖에 안 되는 나라에 인민의 살림살이가 이다지 가난함은 수레가 다니지 못한 까닭이라 하겠다. 어떤 이가, "그러면 수레는 어찌하여 다니지 못하는 거요." 하고 묻는다면, 역시 한 마디 말로, "이는 사대부(士大夫)들의 허물입니다." 하고 답할 것이다.
— "열하일기" —
➡ 박지원은 수레와 선박의 이용을 주장했다. 청을 배우자는 그의 북학 사상(이용후생 사상)은 박제가를 통해 계승·발전 하였고, 박규수·오경석 등의 통상 개화론자들에게 영향을 주었다.

박제가의 우물론

비유하건대 재물은 대체로 샘과 같은 것이다. 퍼내면 차고, 버려 두면 말라 버린다. 그러므로 비단 옷을 입지 않아서 나라에 비단 짜는 사람이 없게 되면 여공이 쇠퇴하고, 쭈그러진 그릇을 싫어하지 않고 기교를 숭상하지 않아서 공장(수공업자)이 도야(기술을 익힘)하는 일이 없게 되면 기예가 망하게 된다. 그리하여 농사가 황폐해져서 그 법을 잃게 되고 장사가 활발하지 못하게 되어 일자리가 없어지므로 사·농·공·상의 사민이 모두 곤궁하여 서로 구제할 수 없게 된다.
— "북학의" —

01 조선 초기 유교 통치 이념

다음 그림을 수록한 서적을 국가에서 편찬한 목적으로 옳은 것은?

 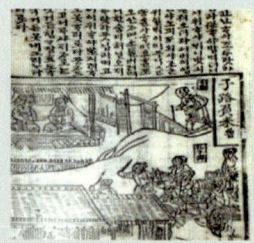

① 군신, 부자, 부부의 윤리 강화
② 전제 왕권과 부국 강병 정책 강화
③ 새로운 시대적 세태의 사실적 묘사
④ 농업 기술의 발전 성과 소개 및 전파
⑤ 국토의 자연 및 인문 지리적 지식 정리

문제 해설
제시된 자료는 "삼강행실도"이다. "삼강행실도"는 조선 세종 때 백성들에게 모범이 될 만한 충신, 효자, 열녀의 행적을 알기 쉽게 그림으로 그리고 글로 설명을 덧붙여 만든 책이다. 세종은 "삼강행실도" 편찬을 통해 유교 윤리를 보급하고자 하였다. 삼강이란 인간관계의 기본인 군신, 부자, 부부 사이에서 지켜야 할 덕목으로 충, 효, 열을 뜻한다.

바로잡기
② 세종은 왕권과 신권의 조화를 위하여 의정부 서사제를 시행하였다.
③ 조선 후기 양반전, 허생전 등의 소설과 다양한 풍속화들에 새로운 세태가 반영되었다.
④ 세종 때 편찬된 "농사직설"은 우리나라 풍토에 맞는 농법을 소개한 책이다. 세종은 왕명을 내려 각 지역의 농사 경험들을 수집하여 농서를 편찬하게 하였다.
⑤ 조선 후기의 실학자 이중환이 저술한 "택리지"는 주거 선정 기준인 지리·생리·산수·인심을 중심으로 우리 국토의 지리적 지식을 정리하였다.

비법 암기
삼강행실도 : 유교 윤리 보급 목적, 충·효·열 강조

02 사림파의 특징

다음 주장을 했던 세력에 대한 옳은 설명을 〈보기〉에서 고른 것은?

> 지방에서는 감사와 수령, 서울에서는 홍문관과 육경(六卿), 대간(臺諫)에게 재주와 행실이 훌륭하여 관직에 등용할만한 사람을 천거하게 합니다. 그러면 이들을 궁궐에 불러 직접 정책에 대한 평소 생각을 시험한다면 훌륭한 인물들을 많이 얻을 수 있을 것입니다. 이는 조종(祖宗)이 하지 않았던 일이요, 한(漢)나라의 현량방정과의 뜻을 이은 것입니다. 덕행은 여러 사람이 천거하는 바이므로 반드시 헛되거나 그릇되는 것이 없을 것이요, 또 정책에 대한 평가를 통해 그가 하려고 하는 방법을 알게 될 것이니, 두 가지가 모두 손실이 없을 것입니다.

〈보기〉
ㄱ. 학풍은 사장 위주였고 중앙 집권 강화에 노력하였다.
ㄴ. 언론 활동을 활성화하고 경연을 강화하고자 하였다.
ㄷ. '주례(周禮)'를 국가의 통치 이념으로 중요하게 여겼다.
ㄹ. 내수사 장리의 폐지와 토지 집중의 완화를 주장하였다.

① ㄱ, ㄴ   ② ㄱ, ㄷ   ③ ㄴ, ㄷ
④ ㄴ, ㄹ   ⑤ ㄷ, ㄹ

문제 해설
제시된 자료는 전국 각지의 유능한 선비들을 천거하여 관리로 등용하는 현량과에 관한 내용이다. 조광조를 비롯한 사림 세력들이 이 제도의 실시를 주장하였다. 주로 3사에서 활동한 사림들은 언론 활동의 활성화를 주장하였고, 왕에게 유학의 경서를 강론하며 국정을 협의할 수 있는 자리인 경연을 강화하고자 하였다. 또한, 사림들은 왕실 재정을 관리하는 내수사 장리, 즉 고리대를 통해 왕실 비용을 조달하는 폐단을 지적하였고, 대농장을 소유하고 있는 훈구파들을 비판하였다.

바로잡기
ㄱ. 훈구파는 시와 글 쓰는 것을 좋아하여 사장 위주의 학풍을 보였고, 중앙 집권과 부국강병을 추구하였다.
ㄷ. 훈구파는 중국 주의 관제인 주례를 중시하였다.

비법 암기
사림파 : 주로 3사에서 활동, 도덕 정치와 향촌 자치 추구, 경학 위주, 현량과 실시, 향약 실시

03 붕당의 학풍

다음은 조선 후기 붕당의 학풍을 설명한 것이다. 이와 연관된 서술로 타당한 것은?

> (가) 조식의 학통을 이었으며, 특히 절의를 중시하여 임진왜란 중에 정인홍, 곽재우와 같은 의병장을 많이 배출하였다.
> (나) 학문의 본원적 연구를 중시하는 이황의 학통을 내세웠는데, 정계에서보다는 향촌 사회에서 그 영향력이 컸다.
> (다) 송시열을 중심으로 이이의 정통 학통을 계승하였다고 자부하였으며, 보수적이고 강경 정책을 취하였다.
> (라) 윤증의 학통을 이었으며, 이황의 학설에도 호의를 보이는가 하면 이이에 대해 비판적이기도 하여 성리학의 이해에 탄력성을 보여 주었다.

① (가)는 실리보다 명분을 중시하여 친명 배금 정책을 추진하였다.
② (나)는 현종 때 예송 논쟁을 계기로 몰락하여 지방 세력화되었다.
③ (다) 가운데 일부 학자들이 중농적 실학 사상을 발달시켰다.
④ (라)의 학자 가운데에서 18세기 강화학파가 형성되었다.
⑤ (가)와 (나)는 기호학파에서, (다)와 (라)는 영남학파에서 분화되었다.

문제 해설
조선 후기에 사림의 정치 참여가 확대되면서 붕당 정치가 전개되었다. (가)는 북인, (나)는 남인, (다)는 노론, (라)는 소론에 해당한다. ④ 18세기 초에 정제두는 몇몇 소론 학자들에 의해 명맥을 이어가던 양명학을 체계적으로 연구하여 강화도를 중심으로 강화학파를 형성하였다.

바로잡기
① 북인은 실리를 중시하며 광해군의 중립 외교를 지지하였다.
② 남인은 예송으로 서인과 대립하였지만, 숙종 때 정권을 잡았다.
③ 중농적 실학 사상과 관련된 세력은 남인이다.
⑤ 기호학파는 서인, 노론과 관련 있고, 영남학파는 남인과 관련 있다.

비법 암기
붕당의 학풍 : 서경덕·조식의 학풍 – 북인 계승, 이황의 학풍 – 남인 계승, 이이의 학풍 – 서인·노론 계승

04 붕당 정치의 전개

(가), (나) 정치 세력에 대한 설명으로 옳은 것은?

기축옥사를 계기로 동인은 급진파인 (가) 와(과) 온건파인 (나) (으)로 나뉘었습니다. 광해군 때에는 (가) 이(가) 정국을 주도하였습니다.

① (가) – 호란 이후 북벌 운동을 주도하였다.
② (가) – 인조반정 이후 서인 정권에 참여하였다.
③ (나) – 주로 조식의 학문을 계승하였다.
④ (나) – 기사환국으로 정권을 장악하였다.
⑤ (가), (나) – 인물성동론과 인물성이론으로 대립하였다.

문제 해설
기축옥사는 정여립 모반 사건을 계기로 정여립과 연루된 동인들이 희생된 사건이다. 이 사건으로 서인에 대한 강경한 입장을 갖게 된 붕당은 (가) 북인이며, 온건한 입장을 취한 붕당은 (나) 남인이다. 숙종 즉위 후 서인은 남인 일부가 복창군을 왕으로 옹립하려 한다고 모함하여 남인이 몰락하고 서인이 집권하였다(경신환국, 1680). 이후 장희빈의 아들을 세자로 책봉하는 과정에서 서인이 반대하자 이에 숙종은 서인을 축출시켰고, 이 과정에서 남인이 재집권하게 되었다(기사환국, 1689). 그러나 다시 서인을 중심으로 인현왕후 민비의 복위 운동을 꾀하게 되는데 이 과정에서 남인이 몰락하고 서인이 재집권하였다(갑술환국, 1694).

바로잡기
① 호란 이후 북벌 운동을 주도하면서 집권의 명분을 공고히 하였던 붕당은 서인이다.
② 인조반정 후 서인이 집권하고 남인이 참여하는 체제가 형성되었다.
③ 북인은 서경덕과 조식을 중심으로, 남인은 이황 학파를 중심으로 형성되었다.
⑤ 심성론을 둘러싼 논쟁으로 충청도 지역의 호론은 인물성이론을, 서울·경기 지역의 낙론은 인물성동론을 주장하였다. 이는 노론 내부에서 벌어진 논쟁이다.

비법 암기
붕당 정치의 전개 : 선조(동인, 남·북인 분화) → 광해군(북인) → 인조반정(서인) → 1차 예송(서인) → 2차 예송(남인, 이후 남·서인 간 대립 격화)

정답 | 01 ① 02 ④ 03 ④ 04 ④

05 유향소

(가)에 대한 설명으로 옳은 것은?

- 이번에 (가) 이/가 사람들의 건의로 다시 세워지게 되었다네.
- 그러면 우리 고을에도 좌수와 별감을 새로 정하겠군.

① 향리의 비리를 감찰하였다.
② 고려 태조 때 처음으로 설치되었다.
③ 빈민 구제를 주요 목적으로 삼았다.
④ 호장, 부호장 등이 행정 실무를 담당하였다.
⑤ 지방의 행정·사법·군사권을 가지고 있었다.

문제 해설
조선 초기 지방 양반은 향촌의 자치를 실현하기 위해 유향소를 설치하였다. 유향소에서는 좌수와 별감을 선출하여 자율적으로 규약을 만들고, 수시로 향회를 소집하여 여론을 수렴하였다. 또 수령을 보좌하고 향리를 감찰하며 향촌 사회의 풍속을 교화하는 역할을 하였다. 한편, 정부는 경재소를 두어 현직 관료에게 연고지의 유향소를 통제하게 하였다.

바로잡기
② 유향소는 조선 초기에 처음으로 설치되었다.
③ 빈민 구제를 목적으로 설치된 기관은 아니었다.
④ 호장, 부호장 등 향리가 아닌 양반들의 자치 기관이었다.
⑤ 군현에 파견된 수령에 대한 설명이다.

비법 암기
유향소 : 좌수와 별감 선출, 자율적으로 규약 제정, 향회 소집, 수령 보좌, 향리 감찰, 향촌 사회 풍속 교화

06 퇴계 이황

(가) 인물에 대한 설명으로 옳은 것은?

풍기 군수 (가) 은(는) 삼가 목욕재계하고 백번 절하며 관찰사 상공합하(相公閤下)께 글을 올립니다. …… 문성공 안유가 살던 이 고을에는 백운동서원이 있는데, 전 군수 주세붕이 창건하였습니다. …… 서적을 내려 주시고 편액을 내려 주시며 겸하여 토지와 노비를 지급하여 재력을 넉넉하게 해주실 것을 청하고자 합니다.

① 성학십도, 주자서절요 등을 저술하였다.
② 서인의 공격을 받아 사문난적으로 몰렸다.
③ 지행합일을 주장하며 강화학파를 형성하였다.
④ 기발이승일도설(氣發理乘一途說)을 주장하였다.
⑤ 자영농 육성을 위해 한전론의 실시를 주장하였다.

문제 해설
(가) 인물은 퇴계 이황이다. 이황은 풍기 군수로 부임하면서 조정으로부터 서적과 편액을 받아 소수 서원이라는 사액을 받도록 한 인물이다. 이황이 쓴 "성학십도"는 선조가 성군이 되기를 바라며 바친 글로 군왕의 도에 관한 학문의 요체를 도식으로 설명한 것이다. 또한 "주자서절요"는 "주자대전"에서 중요한 부분을 뽑아 편찬한 성리학 서적이다. 이 두 책은 조선 중기 성리학 발달에 토대를 마련하였다는 평가를 받고 있다.

바로잡기
② 인조반정 이후 서인이 집권하면서 성리학의 교조화 현상이 나타났다. 이러한 현상에 반발하여 윤휴, 박세당 등이 성리학에 대한 다양한 해석을 주장하자 서인은 그들을 사문난적으로 몰아 박해하였다.
③ 정제두는 몇몇 소론 학자들에 의해 명맥을 이어 가던 양명학을 체계적으로 연구하여 강화도를 중심으로 강화 학파를 형성하였다.
④ 율곡 이이가 주장한 성리학 이론이다.
⑤ 조선 후기 실학자인 성호 이익이 주장한 토지 개혁론이다.

비법 암기
이황과 이이 : 이황(이(理), 근본적·이상주의적, 영남 학파 형성) ↔ 이이(기(氣), 현실적·개혁적, 기호 학파 형성)

07 예송 논쟁

(가), (나)를 주장한 붕당에 대한 설명으로 옳은 것은?

(가) 왕실과 사대부의 예는 기본적으로 다르지 않습니다. 선왕께서 적장자가 아니므로 대비께서는 1년 동안 상복을 입으셔야 합니다.

(나) 아닙니다. 왕에게는 사대부와 다른 예가 적용되어야 합니다. 선왕을 장자의 예로 대우해서 대비께서는 3년 동안 상복을 입으셔야 합니다.

① (가) - 인조반정을 계기로 정국을 주도하였다.
② (가) - 서경덕과 조식의 사상을 학문적 기반으로 삼았다.
③ (나) - 경신환국을 통해 정권을 독점하였다.
④ (나) - 광해군의 중립 외교 노선을 지지하였다.
⑤ (가), (나) - 인간과 사물의 본성에 대해 호락 논쟁을 벌였다.

문제 해설
자료에 제시된 (가), (나)는 효종의 죽음 이후 대비의 상복에 대한 주장으로 현종 때 전개된 예송과 관련 있다. 예송은 효종과 효종비가 서거한 후 인조의 계비인 자의 대비가 상복을 입는 기간을 둘러싼 서인과 남인 간의 대립이다. (가)는 1년을 주장하는 것으로 보아 서인이고, (나)는 3년을 주장하는 것으로 보아 남인이다. ① 서인은 인조반정으로 광해군과 북인을 제거하고 남인의 일부 세력과 연합하여 정국을 운영하였다.

바로잡기
② 북인은 서경덕과 조식의 사상을 학문적 기반으로 삼았다.
③ 남인은 숙종 때 경신환국으로 몰락하고 서인이 권력을 장악하였다.
④ 북인은 광해군 때 집권하며 중립 외교를 추진하였다.
⑤ 18세기 호락 논쟁은 노론 내의 낙론과 호론의 대립으로 발생하였다.

🔖 **비법 암기**
예송의 결과 : 서인 집권, 남인 공존 → 예송 → 대립 격화

---

08 조선 후기 성리학의 비판

다음 제시문의 취지와 부합하는 주장은?

그러나 경(經)에 실린 말이 그 근본은 비록 하나이지마는 그 실마리는 천 갈래만 갈래이니, 이것이 이른바 하나로 모이는 데 생각은 백이나 되고, 같이 돌아가는 데 길은 다르다는 것이다. 그러므로 비록 독창적인 지식과 깊은 조예가 있으면 오히려 그 귀추의 갈피를 다하여 미묘한 부분까지 놓침이 없을 수 없는 경우가 있다. 반드시 여러 장점을 널리 모으고 조그마한 선도 버리지 아니하여야만 대략적인 것도 유실되지 않고, 얕고 가까운 것도 누락되지 아니하여, 깊고 심원하고 정밀하고 구비한 체계가 비로소 완전하게 된다. …… 이는 선유(先儒)들이 이 세상을 깨우치고 백성을 도와주는 뜻에 티끌만 한 도움이 없지 않기를 바란 것이니, 이론(異論)하기를 좋아하여 하나의 학설을 수립하려는 의도에서 나온 것은 아니다.

① 비유하건대, 재물은 대체로 샘과 같다. 퍼내면 차고, 버려두면 말라 버린다.
② 한 마을을 단위로 하여 토지를 공동 경작하고 그 수확량을 노동량에 따라 분배하자.
③ 어찌 주자만이 진리를 안단 말인가? 공자가 다시 살아나면 내 학설이 옳다고 할 것이다.
④ 저 대씨가 어떤 사람인가? 바로 고구려 사람이다. 그들이 차지하고 있던 땅은 어떤 땅인가? 바로 고구려 땅이다.
⑤ 왕이 스스로 성인인 체하고 오직 방자한 생활을 하다가, 마침내 백성들이 반란을 일으켜 국가를 멸망에까지 이르게 한다.

문제 해설
제시된 자료인 "사변록"은 조선 후기 박세당이 "대학", "중용", "논어", "맹자" 등을 주해한 책이다. 그는 이 책에서 당시 사서의 주석에서 정통으로 여겨졌던 주자의 설을 비판하는 동시에 독자적인 주석을 선보였다. 그로 인해 정계·학계에 큰 물의를 일으켜 '사문난적(斯文亂賊)'이라는 낙인이 찍히기도 하였다.

바로잡기
① 재물을 샘에 비유하여 소비를 강조한 박제가의 견해이다.
② 공동 경작·공동 분배를 주장한 정약용의 여전론이다.
④ 발해가 고구려를 계승했다는 유득공의 견해이다.

🔖 **비법 암기**
성리학의 탈절대화 경향 : 윤휴(유교 경전을 독자적으로 해석), 박세당(양명학과 노장사상 수용, 주자 학설 비판)

정답 | 05 ① 06 ① 07 ① 08 ③

09 호락논쟁

(가), (나) 주장에 대한 설명으로 옳은 것은?

(가) 사람과 동물은 각각의 일정한 이기배합(理氣配合)이 있는데 만물 중 사람이 가장 훌륭한 배합입니다. 따라서 인성과 물성은 같을 수 없습니다.

(나) 기질의 변화에 따라 인성과 물성이 구별되지만 일체 만물의 하늘이 준 본성은 같습니다.

① (가) - 북학파의 사상으로 계승되었다.
② (가) - 사문난적으로 몰린 인물들이 제기하였다.
③ (나) - 소론의 사상적 연원이 되었다.
④ (나) - 이황에게 정통 주자학을 벗어난다는 비판을 받았다.
⑤ (가), (나) - 호론과 낙론 사이의 논쟁이다.

문제 해설
(가)는 인성과 물성이 다르다는 인물성이론, (나)는 인성과 물성의 본성이 같다는 인물성동론이다. 인물성이론은 충청 지방 노론들의 주장이므로 호론, 인물성동론은 서울·경기 지역 노론들의 주장이므로 낙론이라 하였다. 호락 논쟁은 형이상학적 성리학의 특성을 반영하는 철학 논쟁으로, 조선 유학자들의 성리학에 대한 이해가 깊어졌음을 보여 준다.

바로잡기
① 호론은 중화와 오랑캐를 다른 존재로 보는 위정 척사 사상으로 계승되었다.
② 주자 중심의 성리학에서 벗어나고자 했던 윤휴와 박세당이 노론 송시열에 의해 사문난적으로 몰렸다. 호론을 주장한 인물로는 한원진, 정약용 등이 있고, 낙론의 대표적인 인물로는 이간, 홍대용 등이 있다.
③ 낙론은 청의 문물도 수용할 수 있다는 북학 사상으로 이어졌다.
④ 이황은 실천성을 강조한 양명학이 정통 주자학과 다르다고 비판하였다.

비법 암기
성리학의 철학 논쟁 : 인물성이론(호론 → 위정 척사 사상) 對 인물성동론(낙론 → 북학 사상)

10 양명학과 강화학파

다음 사상을 중심으로 형성된 학파에 대한 설명으로 옳은 것은?

- 격물치지(格物致知)에서 격물은 사물에 이끌리는 마음속의 부정을 바로잡는 것이며, 치지는 치양지(致良知)로서 마음 속의 도덕적 의지인 양지를 남김없이 발현하는 것이다.
- 인간의 마음이 오욕칠정에 의해 흐려질지라도 인간의 마음 속에 이미 양지에 의거한 행위인 이(理)가 구현되어 있기 때문에 이러한 심즉리(心卽理)를 구현하도록 실천하는 것이 중요하다.

① 인물성동이론에 관한 논쟁을 벌였다.
② 예학을 학술적 연구의 대상으로 삼았다.
③ 일반 민을 도덕 실천의 주체로 인정하였다.
④ 군주 스스로가 성학을 따를 것을 제시하였다.
⑤ 농민 생활을 안정시키기 위해 여전론을 제시하였다.

문제 해설
성리학은 성즉리(性卽理)를 구현할 것을 강조하며 격물치지(格物致知), 선지후행(先知後行)을 주장하였다면, 양명학은 심즉리(心卽理)를 실천하며 치양지(致良知), 지행합일(知行合一)을 강조한 유학이다. 16세기 서경덕과 종친들 사이에서 보급된 양명학은 이황에게 사문난적으로 비판받아 널리 알려지지 못했다. 그러다가 17세기 후반 성리학이 교조화·형식화되어 가자 소론 계열의 학자들을 중심으로 수용되었다. 이후 정제두는 양명학 연구를 심화하여 일반 백성을 도덕 실천의 주체로 인정하고 양반 신분제의 폐지를 주장하였고, 제자를 양성하여 강화 학파를 형성하였다.

바로잡기
① 인물성동이론은 청에 대한 태도를 어떻게 할 것인가에 대한 노론 내부에서 벌어진 심즉론 논쟁이다.
② 예학은 양반들이 성리학적 도덕 윤리를 강조하면서 신분 질서의 안정을 추구하는 학문이다. 사림 간 정쟁의 구실로 이용되거나, 양반 사대부의 신분적 우월성을 강조하는 데 이용되었다.
④ "성학십도"를 저술한 이황의 주장이다.
⑤ 여전론은 전국의 토지를 국유화하여 농지의 공동 소유와 공동 경작을 주장한 정약용의 이론이다.

비법 암기
정제두 : 양반 신분제 폐지 주장, 강화 학파 형성

11 조선 후기 사상의 변화

다음은 조선 후기 사상의 변화에 대한 논문의 목차이다. (가)~(라)에 대한 설명으로 옳은 것을 〈보기〉에서 모두 고른 것은?

사상계의 새로운 변화
1. 배경 : 성리학의 절대화 및 형식화 ········(가)
2. 새로운 사상의 수용
   (1) 양명학의 수용 ··························(나)
   (2) 천주교의 전파 ··························(다)
3. 동학의 발생 ··································(라)

〈보기〉
(가) - 윤휴, 박세당 등이 노론에 의해 사문난적으로 몰렸다.
(나) - 인간과 사물의 본성에 관한 호락 논쟁이 벌어졌다.
(다) - 유교의 제사 의식을 거부하여 탄압을 받았다.
(라) - 시천주, 인내천 사상을 강조하였다.

① (가), (나)
② (나), (다)
③ (가), (다), (라)
④ (나), (다), (라)
⑤ (가), (나), (다), (라)

문제 해설
성리학이 조선의 절대적 지배 이념으로 자리잡게 되면서 사상의 유연성을 상실하게 되었다. 더 이상 성리학은 조선 후기 경제·사회적 변동에 따른 여러 가지 모순에 대한 해결책을 제시하지 못하자 비판적인 움직임이 일어났다. 양명학, 천주교(서학) 등 새로운 사상이 수용되었고, 그 영향으로 실학, 동학 등이 등장하게 되었다. (가) 윤휴와 박세당은 성리학의 절대화에 반대하여 주자의 학설을 비판하였다. (다) 천주교는 유교의 제사 의식을 거부하고 모든 사람들의 평등을 주장하여 조선 정부의 탄압을 받았다. (라) 동학은 초월자인 천주를 내재적으로 모신다는 시천주 사상과 사람이 곧 하늘이라는 인내천 사상을 내세웠다.

바로잡기
(나) 호락 논쟁은 노론 사이에서 벌어진 성리학 논쟁이다. 강화학파 정제두에 의해 사상적 체계를 세운 양명학은 지행합일의 실천성을 중시하였다.

비법 암기
조선 후기 사상계의 변화 : 성리학에 대한 비판 → 학문(양명학의 수용·실학의 등장), 종교(천주교의 전파·동학의 발생)

12 실학자들의 토지 개혁론

농업 개혁에 대한 실학자들의 주장을 옳게 이해하고 있는 학생을 고른 것은?

① 갑, 을
② 갑, 병
③ 을, 병
④ 을, 정
⑤ 병, 정

문제 해설
임진왜란 이후 조선은 농민 생활이 불안하고 많은 사회 문제가 발생하였다. 이에 18세기 전반 농업 중심의 개혁론을 제시한 경세치용 학파가 등장하였다. 유형원은 평생 농촌에서 지내며 학문 연구에 몰두하여 "반계수록"을 저술하였다. 그는 이 책에서 농민에게 일정한 면적의 토지를 나누어 주자는 균전론을 내세워 자영농 육성을 위한 토지 제도 개혁을 주장하였다. 이익은 "성호사설"에서 자영농 육성을 위해 각 집마다 영업전을 갖게 하고 나머지 토지는 매매를 허락하여 점진적으로 토지 균등을 이루어 나가자는 한전론을 주장하였다. 정약용은 18년간 귀양살이를 하면서 학문 연구에 매진하여 많은 저서를 남겼고, 토지 개혁론으로 여전론을 제시하였다. 여전론은 한 마을을 단위로 하여 토지를 공동 소유하고 공동 경작하여 수확량을 노동량에 따라 분배하는 일종의 공동 농장 제도이다.

바로잡기
갑. 일정한 토지를 영업전으로 삼고, 나머지는 매매를 허락하여 점진적으로 토지 균등을 이루자는 한전론은 이익의 주장이다.
을. 결부법은 1결을 생산해 낼 수 있는 토지의 면적 및 그 면적을 대상으로 조세를 부과하는 우리나라 특유의 면적 단위였다. 결부법을 폐지하고 정전제의 취지를 살리자고 주장한 인물은 유형원이다.

비법 암기
토지 개혁론 : 균전론(유형원), 한전론(이익), 여전론(정약용), 한전론(박지원)

13 중상주의 실학과 개화사상

다음과 같이 주장한 인물에 대한 설명으로 옳지 않은 것은?

> 오늘날 사람들이 진실로 오랑캐를 몰아내려면 중화의 유법을 모두 배워서 우리나라 풍속의 우둔함을 먼저 고치는 것이 더 중요하다. …… 타인이 10가지를 하면 우리는 100가지를 하여 먼저 우리 백성을 이롭게 하고 우리 백성들로 하여금 무기를 만들어서 넉넉히 저들의 견고한 갑옷과 날카로운 병기를 격파할 수 있게 한 다음에야 중국에는 볼 만한 것이 없다 하여도 좋을 것이다. - "열하일기" -

① 수레와 선박 이용의 필요성을 주장하였다.
② 노론 가문 출신으로 연행사를 따라 청에 다녀왔다.
③ 박규수, 오경석 등의 통상 개화론에 영향을 주었다.
④ 농민 생활의 안정을 위하여 화폐 사용을 반대하였다.
⑤ 양반전 등에서 양반 문벌 제도의 비생산성을 비판하였다.

문제 해설
제시된 자료는 "열하일기"에 나온 박지원에 대한 내용이다. 박지원은 상공업의 진흥을 강조하면서 수레와 선박의 이용, 화폐 유통의 필요성을 주장하고 양반 제도의 비생산성을 비판하였다. 농업에서는 영농 방법의 혁신, 상업적 농업의 장려, 수리 시설의 확충 등을 통해 농업 생산력을 높이자고 주장하였다. 청에 다녀온 경험을 바탕으로 "열하일기"를 남겼고, 이외에도 양반전, 호질, 허생전 등 양반 사회를 풍자하는 내용의 글을 많이 썼다. 한편, 박규수는 박지원의 손자로 오경석, 유홍기 등과 함께 통상 개화론자였다.

바로잡기
④ 박지원은 화폐 사용을 반대한 것이 아니라 화폐 유통의 필요성을 강조하였다.

> **비법 암기**
>
> **박지원의 개혁론** : 수레와 선박의 이용, 화폐 유통의 필요성 주장, 양반 제도의 비생산성 비판, 농업 생산력 향상 주장

14 중농학파와 중상학파

(가), (나)를 주장한 인물에 대한 설명으로 옳지 않은 것은?

> (가) 중국과 서양은 180도 정도 차이가 난다. 중국인은 중국을 중심으로 삼고 서양을 변두리로 삼으며, 서양인은 서양을 중심으로 삼고 중국을 변두리로 삼는다. 그러나 실제는 …… 중국도 변두리도 없이 모두가 중심이다.
>
> (나) 농사에 힘쓰지 않는 것은 여섯 가지 좀 때문인데, 장사꾼은 그 가운데 들어 있지 않다. 첫째가 노비 제도이고, 둘째가 과거 제도이고, 셋째가 문벌 제도이고, 넷째가 사치와 미신 숭배이며, 다섯째가 승려이고, 여섯째가 게으름이다.

① (가) - 전통적인 화이관에서 벗어날 것을 역설하였다.
② (가) - 청의 문물을 적극적으로 수용할 것을 주장하였다.
③ (나) - 신후담, 안정복 등을 제자로 길러 학파를 형성하였다.
④ (나) - 영업전의 매매를 법으로 금지하는 토지 개혁론을 주장하였다.
⑤ (가), (나) - 화폐 유통에 비판적이어서 폐전론을 주장하였다.

문제 해설
(가) 홍대용은 "의산문답"에서 지전설을 주장하며 중국 중심의 세계관을 극복할 것을 강조하였다. 또한 중상론자로서 청의 문물을 수용할 것을 주장하기도 하였다. (나) 이익은 나라를 좀먹는 여섯 가지 폐단을 지적하면서 사회 개혁론을 펼쳤다. 그는 한 가정의 생활을 유지하는데 필요한 영업전을 정해 매매를 금지하자는 한전론을 주장하였다. 또한, 성호학파를 형성하여 안정복, 한치윤 등과 같은 실학자를 양성하기도 하였다.

바로잡기
⑤ 고리대와 화폐의 폐단을 지적하는 폐전론은 이익의 주장이다. 반면, 홍대용은 상공업 발달과 기술 혁신을 주장한 중상론자로 화폐 유통의 필요성을 강조했다.

> **비법 암기**
>
> **중상 학파** : 노론 자제 중심, 상공업 진흥과 기술 혁신 주장, 청의 문물 적극 수용

15 동학의 전파

밑줄 그은 '나'에 대한 설명으로 옳은 것은?

> - 서양인들이 천주의 뜻이라 하여 부귀를 바라지 않고 천하를 정복하여 교회당을 세우고 그 도를 널리 보급시킨다는 것이다. 그래서 나는 그것이 과연 그럴까 어찌 그럴 수가 있을까 의문을 가지게 되었다.
> - 나도 1년이 거의 지나도록 도를 닦으면서 잘 생각하여 보니 역시 자연스러운 이치가 있으므로, 한편으로 주문(呪文)을 짓고 한편으로 강령(降靈)의 법을 만들고 불망(不忘)의 노래를 지었다.
> - 나는 그 말씀을 듣고 그 부적을 받아 종이에 써서 먹어 보았다. 그랬더니 몸이 윤택해지고 병이 나았다. 비로소 선약(仙藥)임을 알았다.

① 외세를 몰아내기 위해 일본군과 싸웠다.
② 각지에 집강소를 설치하여 개혁을 펴 나갔다.
③ 동경대전과 용담유사를 간행하여 교리를 정리하였다.
④ 구세제민(救世濟民)의 뜻을 품고 새로운 종교를 창시하였다.
⑤ 진주와 단성을 비롯한 경상도 지역의 농민 항쟁을 이끌었다.

16 홍경래의 난과 임술 농민 봉기

다음 사건의 배경으로 옳지 않은 것은?

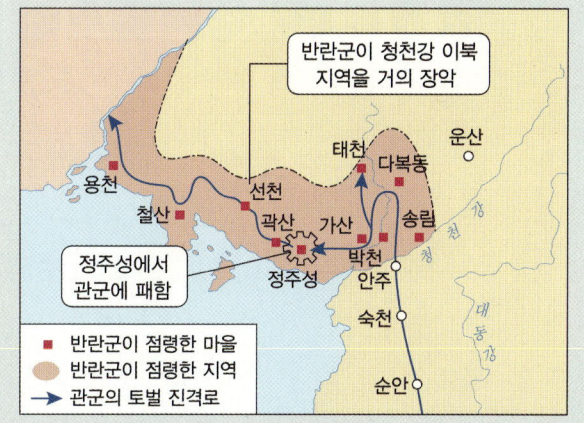

① 동학 사상이 빠르게 확산되었다.
② 신흥 상공업 세력이 성장하였다.
③ 세도 정권에 대한 불만이 높았다.
④ 몰락 농민들이 광산으로 모여들었다.
⑤ 서북인의 관직 진출이 매우 제한되었다.

문제 해설

밑줄 그은 '나'는 최제우이다. 경주 출신의 몰락 양반인 최제우는 1860년 동학을 창시하였다. 삼남 일대를 중심으로 동학의 교세가 확장되자, 조선 정부는 혹세무민의 죄로 교조 최제우를 처형하였다. ④ 조선 후기는 대내적으로는 정치·경제적 폐단이 심화되었고, 대외적으로는 외세의 침략적 성향이 드러난 시기였다. 이에 최제우는 반봉건·반침략적 성격의 동학으로 국가적 위기를 극복하고 민생을 안정시키고자 하였다.

바로잡기
① 최제우 당시에는 일본군과의 무력 갈등이 없었다. 최제우 사후에 동학 농민 운동이 일어나면서 내정 간섭을 하는 일본에 저항하였다.
② 동학 농민 운동 당시에 해당하는 내용이다.
③ 제2대 교주인 최시형이 "동경대전"과 "용담유사"를 발간하였다.
⑤ 1862년(철종 13) 임술 농민 봉기의 주동자는 진주의 몰락 양반인 유계춘이다.

동학 : 최제우 창시, 시천주 사상과 인내천 사상 강조, 평등 사회 추구

문제 해설

지도와 관련된 사건은 1811년에 발생한 홍경래의 난이다. 19세기 세도 정치하에서 국정의 문란과 이로 말미암은 삼정의 문란, 탐관오리의 수탈로 농촌은 피폐해졌다. 몰락한 농민들 대다수는 도시나 광산촌, 수공업 촌에서 품을 팔아 생계를 유지하였다. 한편, 평안도 지방은 대청 무역이 정부의 규제에도 불구하고 활성화되었는데, 18세기를 전후하여 수공업 생산과 상품 작물의 재배, 금·은의 수요 급증으로 인한 광산 개발이 활발하였다. 이러한 사회·경제적 분위기 속에서 평안도 몰락 양반인 홍경래는 영세 농민, 중소 상인, 광산 노동자들과 함께 봉기를 일으켰다. 이들은 한때 청천강 이북을 장악하였으나 5개월만에 평정되었다.

바로잡기
① 동학 사상은 1860년 경주 출신의 몰락한 양반인 최제우가 창시한 종교이다.

농민 봉기의 배경 : 삼정의 문란, 농민 의식 성장, 몰락 양반·중인의 불만 증가

III 전근대의 통치 구조

1. 고대 국가 · 고려의 행정 체제
2. 조선의 행정 체제
3. 전근대의 관리 등용 제도 및 교육 제도
4. 고대 국가 · 고려의 경제 제도
5. 조선의 경제 제도

전근대 국가들은 국왕을 중심으로 중앙 통치 체제, 지방 행정 조직, 관리 등용 제도, 교육 제도, 토지 · 조세 제도 등을 마련하였다. 이들 국가는 시간이 흐를수록 중앙 집권화를 이루면서 통치 조직도 더욱 치밀하게 정비되었다. 삼국 시대에 귀족 회의를 통해 결정되었던 국가의 중대사는 고려 시대와 조선 시대에 이르러 중앙 정치 조직에 속한 관료들이 다루었다. 고려는 성종 때 2성 6부제의 중앙 정치 조직을 마련하였고, 조선은 의정부와 6조를 중심으로 중앙 정치 체제를 정비하였다.

지방 행정의 경우 삼국 시대에는 지방 촌주의 자치에 맡겨졌다면 고려와 조선은 지방의 군 · 현에 지방관을 파견하였다. 토지 · 조세 제도는 국가 재정의 근간이었다. 통일 신라의 녹읍, 관료전과 고려의 전시과 제도, 조선의 과전법 등은 지배층의 경제적 기반이었는데, 각각 시대와 상황에 따라 모습을 달리하였다.

0	500	1000	1500	2000
	372 태학 설치	958 과거제 시행	1391 과전법 제정	1608 대동법 시행

기출 문제 출제 포인트

전근대의 체제 정비	고대 국가의 통치 체제 정비	신라의 교육 제도 (20회)
		신라의 5소경 (4회)
		발해와 고려의 중앙 관제 비교 (4회)
	고려의 통치 체제 정비	중앙 통치 체제 (2회, 3회, 6회, 9회, 11회, 16회, 17회)
		대간 제도 (16회)
		관리 등용 제도 (6회, 8회, 10회)
		관학 진흥책 (16회)
	조선의 통치 체제 정비	중앙 통치 제도 (2회, 3회, 8회, 10회, 13회)
		지방 행정 체제 (3회, 14회, 17회)
		관리 등용 제도 (15회)
		교육 기관 (7회, 9회, 15회)
		조선 후기 비변사 (3회, 9회, 17회)
전근대의 경제 제도	고대 국가의 경제 제도	통일 신라의 토지 제도 (3회, 11회, 12회, 17회)
	고려와 조선의 경제 제도	고려의 전시과 (7회, 9회, 18회)
		조선의 토지 제도 (2회, 3회, 4회, 9회, 13회, 16회)
		조선의 수취 제도 (10회, 21회)
		조운 제도 (4회)
		16세기 수취 제도의 문란 (8회, 11회, 12회)
		대동법 시행 (2회, 3회, 4회, 8회, 9회, 13회, 15회, 16회)
		균역법 시행 (6회, 9회, 18회)

* 4회부터 1급과 2급이 고급으로 통합됨. 1회는 고급 미시행

고려말 화령부 호적 관련 고문서(왼쪽), 상평통보(오른쪽)

1 고대 국가 · 고려의 행정 체제 | III 전근대의 통치 구조

○ 남북국의 지방 행정 조직

📖 발해의 중앙 관제

```
               ┌─ 좌사정 ─┬─ 충부(이부)
               │         ├─ 인부(호부)
               │         └─ 의부(예부)
      정당성(상서성)
      │        ┌─ 우사정 ─┬─ 지부(병부)
 왕 ─ 선조성(문하성)      ├─ 예부(형부)
      │                  └─ 신부(공부)
      중대성(중서성)
      │
      ├─ 중정대(어사대)
      ├─ 문적원(비서성)
      └─ 주자감(국자감)
```

* ( ) 안은 당의 관제임

구분	삼국	통일 신라, 발해
중앙	〈고구려〉 • 제가 회의(귀족 회의)★ 　→ 대대로(대막리지, 막리지) • 10여 관등 〈백제〉 • 정사암 회의(귀족 회의)★ 　→ 상좌평 • 6좌평, 16관등(고이왕) • 22부(중앙 관제, 성왕) 〈신라〉 • 화백 회의(만장일치제 귀족 회의)★ 　→ 상대등 • 17관등	〈통일 신라〉 • 집사부를 비롯한 14부 　┌ 집사부: 국정 총괄 　│　┌ 집사부 시중의 권한 증대 → 왕권 강화 　│　└ 화백회의 상대등의 권한 증대 → 귀족 강화 　├ 사정부: 감찰 기구 　├ 위화부(인사) 　└ 좌·우 이방부(법률 제정과 집행) 〈발해〉★ • 3성 → 정당성, 선조성, 중대성 　┌ 정당성을 관장하는 대내상이 국정 총괄 　└ 정당성 아래 6부를 둠 • 6부 → 충·인·의(좌사정) + 지·예·신(우사정) 　┌ 6부의 이원적 운영 　└ 명칭의 독자성(유교 사상 반영) * 중정대(감찰 기구)
지방	〈고구려〉 • 수도: 5부 • 지방: 5부(욕살) • 3경: 평양성, 국내성, 한성(황해도 재령 또는 북한산성) 〈백제〉 • 수도: 5부(성왕) • 지방: 5방(성왕) → 5부(방령) • 22담로(무령왕) 〈신라〉 • 수도: 6부 • 지방: 5주(군주) • 2소경(강릉, 충주)	〈통일 신라〉 • 9주 5소경 　┌ 9주(행정 기능 강화) 　└ 5소경(수도의 편재성 보완, 지방의 균형 발전 도모) • 5소경★ 　┌ 북원경(원주) 　├ 중원경(충주 고구려비) 　├ 서원경(청주 흥덕사 "직지심체요절", 민정 문서) 　├ 남원경(남원) 　└ 금관경(김해) • 향, 부곡(특수 행정 구역, 농사) • 주(도독) – 군·현(지방관) – 촌(촌주) • 지방 감찰 　┌ 외사정(지방관 감찰) 　└ 상수리 제도(지방 세력을 일정 기간 경주에 거주하게 하는 인질 제도) 〈발해〉 • 5경 15부 62주(선왕)★ • 5경: 상경 용천부, 중경 현덕부, 서경 압록부(당과 교역), 동경 용천부(왜와 교역), 남경 남해부(신라도)
군사 조직	〈고구려〉 • 대모달·말객 존재(중앙 무관직) 〈신라〉 • 정 ┌ 최전방 군사 요충지에 설치된 군사 조직 　　├ 주에 파견된 군주가 사령관 역할을 담당 　　├ 정 → 6정(7세기 경 임시 군단) 　　└ → 10정(통일 신라)으로 개편	〈통일 신라〉 • 9서당(중앙군): 고구려 유민, 백제 유민, 말갈족까지 포함 → 민족 융합★ • 10정(지방군): 9주에 1정씩, 한주에는 2정 〈발해〉 • 10위(중앙군): 왕궁과 수도 경비 • 지방은 해당 지방관이 지휘

★ Best 기출
- 삼국·남북국의 통치 체제 : 삼국의 귀족 회의 | 통일 신라의 9주 5소경 | 통일 신라의 군사 조직 | 발해의 중앙 통치 체제
- 고려·조선의 통치 체제 : 고려의 중앙 통치 체제 | 대간의 역할 | 고려의 지방 행정 | 조선의 통치 체제 | 조선의 지방 행정 | 조선의 군사 조직

구분	고려
중앙	• **중서문하성**: 정책 계획 및 결정★ 　┌ 문하시중: 장관, 백관 통솔·국정 총괄 　├ 재신: 2품 이상, 국가 정책 심의 　└ 낭사: 3품 이하, 정치의 잘못 비판 • **상서성**: 정책의 집행 → 6부(이, 호, 예, 병, 형, 공) • **중추원**(추밀원): 군사 기밀과 왕명 출납★ 　┌ 추밀: 2품 이상, 군사 기밀 　└ 승선: 3품, 왕명 출납 • **어사대**: 정치의 잘잘못을 논함, 관리의 비리 감찰, 풍속 교정★ • **삼사**: 화폐와 곡식의 출납에 대한 회계★ • 한림원(공민왕 때 예문관으로 개칭): 왕의 교서·외교 문서 작성 • 춘추관: 실록·역사서 편찬 • 보문각: 경연·장서(도서관) ＊**재추 회의**(재신 + 추밀) → 귀족적, 합좌 회의 기관, 고려의 독자성★ 　┌ 도병마사: 국방 관련 임시 기구, 주요 정책 결정 　│　→ 도평의사사(도당)로 개칭, 최고의 상설 기구(충렬왕) 　└ 식목도감: 대내적인 법제·격식 문제 심의(임시 기구) ＊**대간**(중서문하성의 낭사 + 어사대의 관원)★ 　┌ 간쟁(왕의 잘못을 논함) 　├ 봉박(잘못된 왕명을 되돌려 보냄) 　└ 서경(관리 임명, 법령 개정이나 폐지 등에 동의)
지방	• **5도 양계**★ 　┌ 5도: 안찰사 파견(임시직, 상설 행정 기관 없음) 　└ 양계(병마사) = 북계 + 동계 　＊5도는 행정 기능, 양계는 군사·행정 기능 • 3경·4도호부·8목 　┌ 3경: 개경, 서경(평양), 동경(경주) → 문종 때 동경 대신 남경(서울) 포함 　└ 4도호부(군사 중심지에 설치), 8목(12목에서 8목으로 축소) • 주군·주현: 지방관이 파견되는 현 • 속군·속현: 지방관이 파견되지 않는 현★ 　┌ 주현을 통해 간접 통치 　└ 주현보다 속현이 더 많음 ＊**향리**: 실질적 토착 세력, 지역 자치 담당 → 조세 징수 • **향·부곡**(농사)·**소**(수공업)★ 　┌ 특수 행정 구역 　└ 주민의 신분은 양민, 세금 부담 과다, 거주 이전의 자유 없음 • 지방 감찰 　┌ **사심관** 제도★ → 중앙의 고위 관리가 된 지방 호족을 출신 지역의 　│　사심관으로 임명하여 지방 통제 　└ **기인** 제도★ → 지방 호족의 자제를 볼모로 삼아 수도에 머물게 함
군사 조직	• 중앙군(직업 군인) 　┌ 2군: 국왕 친위 부대 　└ 6위: 수도 경비와 국경 방어 　→ 직업 군인, 군적 등재, 군인전 지급, 직역 세습, 군공 세울 시 신분 상승 ＊중방 ┌ 중앙군의 지휘관인 상장군, 대장군의 합좌 기구 　　　└ 무신 정변 직후부터 최충헌 집권 전까지 최고 권력 기구 • 지방군(일반 농민) 　┌ 주진군: 양계의 상비군, 둔전 경작, 국경 수비 　└ 주현군: 일반 군·현 주둔, 치안 유지, 노역 동원 　→ 지방군은 군적에 오르지 못한 16세 이상 농민으로 조직

자료 읽기

📖 고려의 중앙 관제

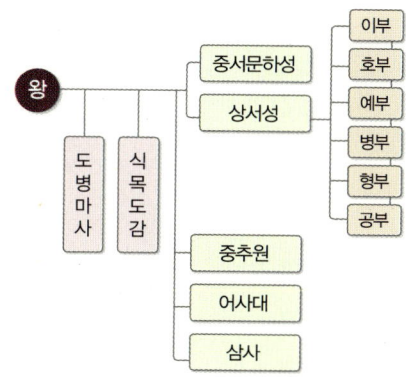

📖 이·호·예·병·형·공
- 이부: 문관의 인사(문선), 공훈
- 호부: 호구 조사, 공부(貢賦), 전곡(錢穀)
- 예부: 외교, 제사, 교육, 과거
- 병부: 무관의 인사, 국방
- 형부: 법률, 소송, 노비
- 공부: 공장, 영조(營造), 토목

📖 고려의 지방 편제

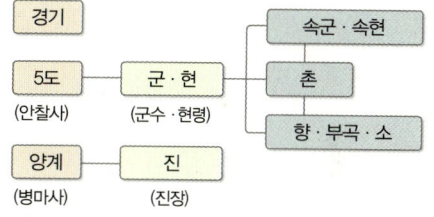

○ 고려의 지방 행정 조직

2 조선의 행정 체제 | III 전근대의 통치 구조

자료 읽기
조선의 통치 체제

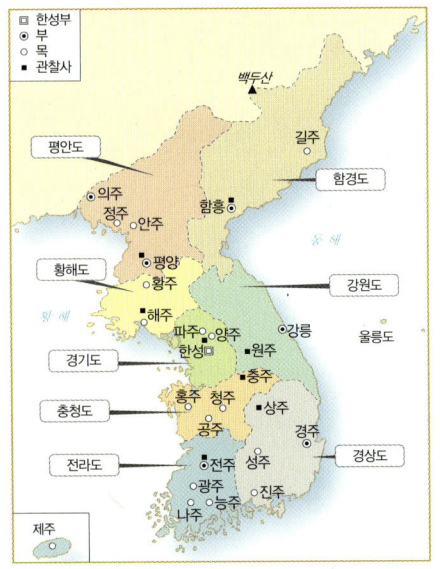

○ 조선의 지방 행정 조직

수령 7사(수령의 일곱 가지 덕목)
- 농업과 양잠을 진흥하고
- 호구(戶口)를 늘리고
- 학교를 일으키고
- 군정(軍政)을 잘하고
- 부역(賦役)을 고르게 하고
- 소송(詞訟)을 잘 처리하고
- 간사하고 교활하지 않게 하는 것

구분	조선
중앙	• **의정부**(삼정승: 영의정·좌의정·우의정) ┌ 조선 정종 때 설치 └ 재상 합의로 국정 총괄 • **6조**(판서-참판-참의-정랑): 일반 행정, 명령 집행 기관 • **승정원**(도승지): 왕명 출납 • **의금부**(판사): 대역 죄인을 국왕이 직접 심판 • **삼사**: 청요직, 언론 활동, 권력 독점과 부정 방지★ ┌ **사헌부**(대사헌): 관리의 비리 감찰 ├ **사간원**(대사간): 간쟁(왕의 잘못 비판) └ **홍문관**(대제학): 학술, 경연, 서연, 정책 자문 ＊**대간**(양사의 관원) = 사헌부 대관 + 사간원 간관 ＊**서경**: 5품 이하 관리 등용 시 **대간**의 동의를 거치도록 한 제도 〈그 외〉 • **한성부**(판윤): 수도의 행정, 치안 • **춘추관**: 역사 편찬·보관 • 예문관: 국왕의 교서 작성 • 승문원: 외교 문서 작성
지방	〈행정 구역〉 • **8도**(관찰사)★ • 고을 크기에 따라 부·목·군·현(수령) 설치 ┌ 모든 군현에 수령 파견 → 속군·속현 소멸 ├ 향·부곡·소(특수 행정 구역)를 일반 군현으로 승격 └ 면 - 리 - 통: 자치 조직, 농민 통제 목적 → 오가작통법(17세기 중엽) 〈지방관〉 • 관찰사: 도에 파견, 수령을 감독(감찰권), 행정·사법·군사권, 1년 임기 • **수령**(부사·목사·군수·현령)★ ┌ 왕의 대리인으로 행정·사법·군사권 장악 ├ 5년 임기, 모든 군·현에 파견 → 속군·속현 소멸★ └ 수령 7사(수령의 일곱 가지 덕목) ＊향리 → 수령의 행정 실무 보좌, 세습적인 아전으로 격하 • 상피제: 지방관을 출신지에 임명하지 않음★
군사 조직	〈군역 제도〉 • **양인개병제**: 16세 이상 60세 이하 정남★ 관료·향리·유생·천민·수공업자·상인은 제외 • 농병 일치제(농민) = **정군**(교대 복무) + **보인**(정군 비용 부담) 〈중앙군〉 • 5위(중앙군) = **정군** + **특수군** + **갑사**(직업 군인) ＊**특수군**(왕실을 지키는 중앙군): 종친·외척·공신·고급 관료의 자제 • 5위 붕괴(16세기 이후 5위의 대립제 일반화) → 5군영 체제 ┌ 임진왜란 중 **훈련도감** 설치★ ├ 후금과의 항쟁 과정에서 **어영청**·**총융청**·**수어청** 설치 └ 숙종 때 **금위영** 설치 〈지방군〉 • 영진군: 육군·수군이 국방 요지인 영·진에 소속되어 복무 • **진관** 체제(15세기): 지방 요충지에 진관 설치, 독자적 방어, 수령이 지휘 • **제승방략** 체제(16세기): 대규모 침입에 대비해 유사시 한곳에 집결, 지휘관 파견 • **속오법**(임진왜란 이후)★ ┌ 유성룡 건의로 진관 체제 복구 ├ 평상시 생업에 종사하다가 유사시 동원 └ 양반~노비(양천혼성군) → 양반 회피 → 상민·노비만 남음

01 신라의 5소경

다음은 신라의 5소경이 있었던 지역을 표시한 지도이다. (가)~(마)에 대한 설명으로 옳은 것은?

① (가) - 일본 정창원(正倉院)에서 발견된 신라 촌락 문서는 이곳 소속의 촌을 조사한 것이다.
② (나) - 5소경 중에서 가장 일찍 설치되었다.
③ (다) - 신라 말에 반란을 일으킨 양길의 세력 거점이었다.
④ (라) - 우륵이 머물면서 신라에 가야 음악을 전수한 곳이다.
⑤ (마) - 중국과 일본, 서역 상인들이 찾아와 무역을 했던 신라 최대의 교역항이었다.

문제 해설
지도는 신라가 통일 후 옛 가야·백제·고구려에 설치한 5소경을 표시한 것이다. (가)는 북원경, (나)는 중원경, (다)는 서원경, (라)는 남원경, (마)는 금관경이다. 지방의 군사·행정상의 요지에 설치하여 수도인 경주가 한쪽으로 치우쳐 있는 문제를 보완하고, 지방 문화의 중심지 역할을 하여 지방의 균형 있는 발전을 도모하였다. 또한 이곳에 중앙의 귀족들을 이주시켜 지방 세력을 견제하도록 하였다. 5소경의 장관은 사신이다.

바로잡기
① 조세, 공물, 부역 징수를 위한 기초 자료인 신라 촌락 문서는 서원경 지역의 것으로 일본 동대사에서 발견되었다.
③ 신라 말 양길은 북원경를 근거지로 세력을 펼쳤다.
④ 가야의 우륵이 가야금을 탄 곳은 충주 탄금대이다.
⑤ 신라 최대의 무역항은 울산항으로 국제 무역이 발달하면서 이슬람 상인이 왕래하였다.

비법 암기

통일 신라의 지방 통치 체제 : 9주 - 주 아래 군·현 설치, 5소경 - 수도의 편재성 보완, 지방 세력 감시

02 발해와 고려의 중앙 관제 비교

다음은 어느 두 나라의 중앙 관제를 나타낸 것이다. 이와 관련된 설명으로 옳은 것은?

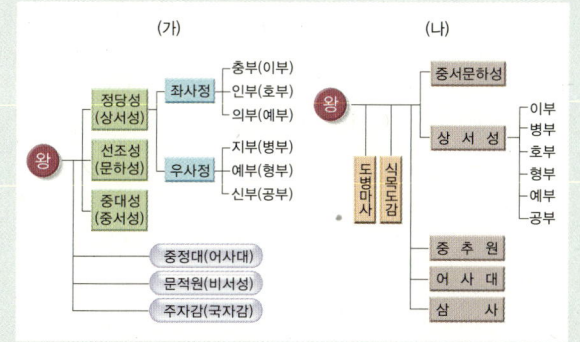

① (가)는 당의 제도를 그대로 모방하여 운영되었다.
② (가)의 문적원은 국왕의 비서 기관으로, (나)의 도병마사와 유사하였다.
③ (나)의 식목도감은 중국에는 없는 것으로, 독자적으로 만든 기관이었다.
④ (나)에서 중서문하성은 재부, 상서성은 추부로, 두 기구를 합쳐 재추라고 하였다.
⑤ (가)와 (나)에서 중정대와 중추원의 기능은 서로 비슷하였다.

문제 해설
(가)는 발해의 중앙 관제이고, (나)는 고려의 중앙 관제이다. 발해는 당의 3성 6부 제도를 수용하였으나, 정당성 아래 6부를 둘로 나누었고 유교적 명칭을 사용하였다. 고려는 당의 3성 6부를 변용하여 2성 6부 체제를 운영하였고, 당과 달리 독자적인 회의 기구인 도병마사와 식목도감을 두었다. ③ 식목도감은 고려의 귀족 정치를 잘 보여 주는 독자적인 기관으로 재신과 추밀이 모여 대내적인 국가 사무에 대해 회의하는 기구였다.

바로잡기
① 발해는 정당성 중심 운영, 6부의 이원적 체제, 충부·인부·의부·지부·예부·신부 등 유교적 명칭 사용 등의 독자적인 측면을 보였다.
② 발해의 문적원은 서적 관리 및 외교 문서 작성을 담당한 기관이다.
④ 고려의 중서문하성을 재부, 중추원을 추부라 하였고, 이 두 기구를 합쳐 재추 또는 양부라고 불렀다.
⑤ 발해의 중정대와 고려의 어사대는 관리 감찰 기구로 그 기능이 비슷하다. 고려의 중추원은 왕명 출납과 숙위, 군사 기무를 담당하는 중앙 기구이다.

비법 암기

발해와 고려의 중앙 관제 : 당의 제도를 수용하였으나 독자적으로 운영됨, 고려의 독자적인 회의 기구(도병마사, 식목도감)

정답 | 01 ② 02 ③

03 고려의 중앙 통치 제도

다음은 어느 인물의 이력이다. 이 인물의 (가)~(마) 시기의 활동에 대한 설명으로 옳지 않은 것은?

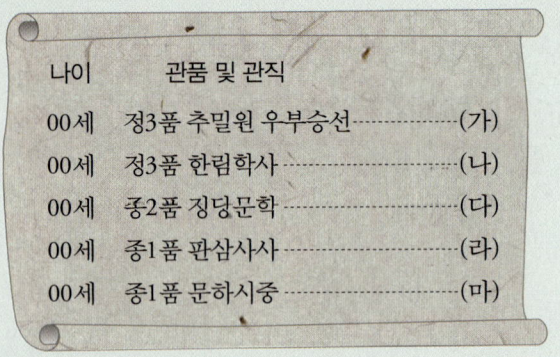

나이	관품 및 관직	
00세	정3품 추밀원 우부승선	(가)
00세	정3품 한림학사	(나)
00세	종2품 정당문학	(다)
00세	종1품 판삼사사	(라)
00세	종1품 문하시중	(마)

① (가) - 왕명의 출납을 담당하였다.
② (나) - 왕명을 받아 문서를 작성하였다.
③ (다) - 재신의 일원으로 국왕과 국정을 논의하였다.
④ (라) - 관리의 비리를 감찰하였다.
⑤ (마) - 국정을 총괄하였다.

문제 해설
제시된 자료에서는 '추밀원', '문하시중' 등의 명칭을 통해 고려 시대 인물에 관한 이력임을 유추할 수 있다. (가) 추밀원의 관료는 군사 기밀을 담당하는 추밀과 왕명의 출납을 담당하는 승선으로 구성되어 있었다. (나) 한림학사가 속한 한림원은 고려 왕조 시기 왕명을 받아 문서로 작성하는 업무를 담당하던 관청이었다. (다) 정당문학은 고려 왕조 시기 최고 관청이었던 중서문하성의 종2품 관직이다. 주요 행정을 총괄하였으며, 2품 이상으로 구성되는 재신의 일원으로서 국가의 중요한 정무에 참여하였다. (마) 문하시중은 고려의 최고 관청인 중서문하성의 수장으로 현재의 국무총리와 같이 국정을 총괄하는 권한을 지니고 있었다.

바로잡기
④ (라) 판삼사사는 삼사의 최고 관직이다. 고려 왕조 시기의 삼사는 회계와 곡식의 출납을 담당하였다. 이와 달리 조선의 삼사는 관리의 비리를 감찰하는 3개의 관청인 홍문관, 사헌부, 사간원을 합하여 이르는 말이다.

비법 암기
고려의 중추원 : 추밀(군사 기밀, 국정 총괄)과 승선(왕명 출납)으로 구성

04 고려의 대간

(가) 기구에 대한 설명으로 옳은 것은?

> ___(가)___ 은(는) 관리들의 행동을 감찰하여 그들의 죄과를 논박하고 따지는 임무를 맡았다. 고려 초기에는 사헌대라고 하였는데, 성종 14년에 명칭을 고쳤다. 그 관원들은 중서문하성의 낭사와 함께 대간으로 불렸다.

① 문관의 인사와 공훈을 관장하였다.
② 군사 기밀과 왕명 출납의 일을 맡았다.
③ 대내적인 법제와 격식의 문제를 다루었다.
④ 정치의 잘잘못을 논하고 풍속을 교정하였다.
⑤ 화폐와 곡식의 출납에 대한 회계를 처리하였다.

문제 해설
제시된 자료의 (가)는 '관리들의 행동을 감찰', '중서문하성의 낭사와 함께 대간으로 불렸다'는 내용으로 보아 어사대임을 알 수 있다. 고려 시대 어사대는 관리들의 비리를 감찰하고, 풍기문란 행위를 단속하는 사정 기관으로, 중서문하성의 낭사와 함께 대간이라 불리며 간쟁, 봉박, 서경권을 갖고 왕과 고위 관리의 활동을 지원하거나 견제하는 역할을 하였다.

바로잡기
① 고려 시대 실무를 담당하는 6부 중 하나인 이부는 문관의 인사와 공훈을 관장하였다.
② 왕의 비서 기관인 중추원은 군사 기밀과 왕명 출납 업무를 맡았다.
③ 식목도감은 고려 고유의 제도로 대내적인 법제와 격식의 문제를 다루었다.
⑤ 삼사는 송의 영향을 받은 기구로 화폐와 곡식의 출납에 대한 회계를 처리하였다.

비법 암기
고려의 대간 : 어사대 관원 + 중서문하성 낭사로 구성 → 간쟁·봉박·서경권 행사(정치 운영에 견제와 균형을 이루기 위함)

05 고려의 도병마사

(가)에 대한 설명으로 옳은 것은?

> 국가가 ㅤ(가)ㅤ을(를) 설치하여 시중·평장사·참지정사·정당문학·지문하성사로 판사를 삼고, 판추밀 이하로 사를 삼아, 큰 일이 있을 때마다 회의하였다. 한 해에 한 번 모이기도 하고 여러 해 동안 모이지 않기도 하였다.
> — "역옹패설" —

① 6부를 통해 행정 실무를 맡아보았다.
② 국방과 군사 문제를 주로 논의하였다.
③ 화폐와 곡식의 출납에 대한 회계를 전담하였다.
④ 관원은 중서문하성의 낭사와 함께 대간으로 불렀다.
⑤ 관리를 임명할 때 심사하여 동의하는 권한이 있었다.

06 조선의 중앙 통치 제도

조선 시대의 통치 기구 (가)~(다)에 대한 설명으로 옳지 않은 것은?

(가) 국왕에게 잘못이 있으면 간언하고, 정책에 대해 의논하거나 반박하는 직무를 관장하였다.
(나) 관원을 규찰하고, 풍속을 바로잡고, 억울한 것을 풀어 주며, 그때그때의 정사를 논하여 바르게 이끌었다.
(다) 궁내의 경전과 서적을 관리하고 문서를 처리하며 왕의 자문에 대비하는 일을 관장하였으며, 수시로 휴가를 받아 독서에 전념할 수 있는 특전을 받았다.

① (가) – 백관의 규찰과 국왕의 보필 기능을 수행하였다.
② (나) – 대역모반 등 국가의 큰 죄인을 다스렸다.
③ (다) – 옥당, 청연각이라고도 불리었다.
④ (가), (나) – 간쟁·봉박·서경을 담당하였다.
⑤ (가), (나), (다) – 학문과 덕망이 높은 사람이 주로 임명되었으며 청요직이라 불렸다.

문제 해설
제시된 자료에서 '시중' 등을 판사로 삼았다고 하였는데, 시중은 고려의 최고 정무 기관인 중서문하성의 최고 관직이다. 또, '큰 일이 있을 때마다 회의하였다'고 하였기 때문에 고려 때 국가의 국방상 중요한 일을 회의하던 합의 기구인 도병마사임을 알 수 있다. ② 도병마사는 국방 문제를 관장하다가 국가의 모든 중대사에 관여하게 되었고, 명칭도 도평의사사로 바뀌었다.

바로잡기
① 상서성이 정무를 나누어 담당하는 6부를 두고 정책 집행을 담당하였다.
③ 삼사가 화폐와 곡식의 출납을 전담하였다.
④ 중서문하성의 낭사와 어사대의 관원을 대간이라고 하였다.
⑤ 어사대는 관리 임명에 동의하는 서경의 권한을 가지고 있었다.

🔖 비법 암기
도병마사 : 고려의 독자적인 회의 기구로 국방 문제 관장 → 고려 후기 국가의 모든 중대사에 관여(도평의사사로 개칭)

문제 해설
제시된 지문의 (가)는 사간원, (나)는 사헌부, (다)는 홍문관이다. 사간원은 왕이 잘못을 저질렀을 때 이를 비판하는 일을 하였고, 사헌부는 관리의 비리를 감찰하였다. 홍문관은 왕의 자문 기구로서 학문을 연구하면서 언론 기능을 담당하였다. 사간원과 사헌부는 형식적으로 기능이 달랐지만 둘 다 시정의 득실을 논하고 언관으로서 함께 활동하였으므로 이를 합쳐 '대간'이라고 불렀다. 대간은 간쟁·봉박·서경을 담당하면서 국왕과 대신들의 권력 독점을 견제하였다. 여기에 옥당, 청연각이라고도 불린 홍문관을 추가하여 '삼사'라 하였다. 삼사는 벼슬 등급이 높지 않았으나 직무는 재상과 대등한 것으로 여겨졌기 때문에 청요직이라 불렸다.

바로잡기
② 대역모반과 같은 중죄를 다스리던 기구는 의금부이다.

🔖 비법 암기
삼사 : 간쟁·봉박·서경 → 언론 담당 기구, 권력의 독점과 부정 방지

정답 | 03 ④ 04 ④ 05 ② 06 ②

07 조선의 암행어사

자료에 나타난 특명 사신에 대한 설명으로 옳은 것은?

> 왕의 특명 사신으로 수령의 잘잘못과 백성의 어려움을 탐문하고 보고하였다. 왕으로부터 도남대문외개탁(到南大門外開坼) 또는 도동대문외개탁(到東大門外開坼)이라 쓰인 봉서를 받고, 승정원 승지로부터 마패 등을 지급받았다. 군현에 들어가 수령의 탐학이나 향호(鄕豪)의 가렴주구를 정찰하였다.

① 경관직을 주요 감찰 대상으로 하였다.
② 감영에서 근무하며 수령을 감찰하였다.
③ 의금부에 속해 대역죄인을 심문하였다.
④ 당하관의 관원 중에서 임시로 임명되었다.
⑤ 고려 시대 삼사의 관원과 같은 역할을 하였다.

문제 해설
제시된 자료에 나타난 특명 사신은 조선의 암행어사이다. 암행어사는 비밀리에 지방으로 보내져 수령의 행태와 민생을 탐문하고 왕에게 보고하는 직무를 맡았다. 이들은 왕이 친히 임명하였고, 임명과 활동 내용도 비밀에 부쳤다. 암행어사가 받은 봉서는 임명장의 역할을 하였는데, 봉서에는 도남대문외개탁(남대문을 나간 뒤에 열어 봄) 또는 도동대문외개탁(동대문을 나간 뒤에 열어 봄)이라고 쓰여 있었다. 암행어사는 봉서를 대문 밖에 나가 열어 보고 임무를 확인한 뒤 바로 그날 목적지로 출발하였다. 역마를 사용할 수 있는 증명서인 마패는 봉명 사신임을 입증하는 권력의 상징이었다. 암행어사가 염찰을 마치고 해당 군현의 관아에 들어가 자리에 앉는 것을 출두라고 불렀다. ④ 암행어사는 정3품 이하의 당하관 중에서 임명된 임시직이었다.

바로잡기
① 암행어사는 지방으로 파견되었기 때문에 중앙의 경관직이 아닌 지방의 외관직을 감찰 대상으로 하였다.
② 감영은 각 도의 관아를 뜻한다. 암행어사는 왕의 특명을 받고 임시로 파견되어 수령을 감찰하였다.
③ 의금부는 조선의 사법 기관이다.
⑤ 고려 시대 삼사는 출납과 회계를 담당하는 재정 기관이었다. 고려의 감찰 기구는 어사대였다.

비법 암기
암행어사 : 왕의 특명을 받아 지방을 감찰한 당하관의 임시 관직(봉서·마패 지급)

08 조선의 지방 행정 제도

지도의 행정 구역이 성립된 시기의 사실로 옳은 것을 〈보기〉에서 고른 것은?

〈보기〉
ㄱ. 주현보다 속현의 수가 많았다.
ㄴ. 각 도에는 관찰사를 파견하였다.
ㄷ. 지방관은 상피제의 적용을 받았다.
ㄹ. 상수리 제도를 실시하여 지방을 통제하였다.

① ㄱ, ㄴ ② ㄱ, ㄷ ③ ㄴ, ㄷ
④ ㄴ, ㄹ ⑤ ㄷ, ㄹ

문제 해설
조선은 전국을 8도로 나누고, 그 밑에 약 330여 개의 군현을 두었다. 모든 군현에는 수령을 파견하였으며, 고려 시대까지 특수 행정 구역이었던 향·부곡·소도 일반 군현으로 승격하여 중앙 집권 통치 체제를 갖추었다. 중앙 정부는 각 도에 관찰사를 파견하여 군현의 수령들을 감독하게 하였고, 지방관을 파견할 때는 상피제와 임기제를 엄격히 적용하여 부정부패를 예방하도록 하였다.

바로잡기
ㄱ. 조선 때는 모든 군현에 수령이 파견되었으므로 사실상 속현이 사라지게 되었다.
ㄹ. 상수리 제도는 신라 시대에 지방 호족 세력을 견제하기 위해 호족 본인이나 자제를 일정 기간 중앙 정부에 머무르게 한 제도이다.

비법 암기
향·부곡·소 : 조선 시대에는 고려 시대에 비해 중앙의 지방 통제력이 강화됨 → 향·부곡·소 소멸

09 조선 전기의 중앙 군사 제도

밑줄 그은 '이것'에 관한 설명으로 옳은 것은?

> 이것은 원래 태조가 거느리던 의흥친군위의 군사를 주축으로 구성된 왕실의 사병이었다. 사병 혁파 이후, 태종의 즉위와 더불어 제도화되어 왕실과 중앙의 시위(侍衛), 변경 방비 등을 담당하는 정예군으로 활동하였다.

① 속오법에 따라 편제되었다.
② 대립이 가장 널리 행해진 군역이었다.
③ 정식 무반에 속해 품계와 녹봉을 받았다.
④ 무과에 급제한 자들로 만호·수령 등이 되었다.
⑤ 의무적으로 번상 시위를 한 양인 농민으로 구성되었다.

문제 해설
제시된 자료는 조선 전기의 중앙군인 5위에 소속된 갑사에 관한 것이다. 태조 이성계의 사병인 의흥친군 좌·우위와 고려의 중앙군인 8위를 합쳐 10위 체제가 마련되었다. 이후 10위를 5위로 개편하여 조선 전기 중앙군의 근간으로 삼았다. 원래 왕실의 사병이었던 갑사는 정종 때 사병의 혁파 이후 삼군부에 귀속되었다가 태종의 즉위와 더불어 궁궐의 숙위와 도성 경비를 담당하였다. 갑사는 무반 관료이자 중앙군의 핵심적 군사력이었으므로 취재를 통해 엄격히 선발되었고, 일단 갑사가 되더라도 재시험을 여러 번 거쳐야 했다. 5위는 16세기 이후 대립제의 성행으로 제 기능을 발휘하지 못하다가 임진왜란 이후 훈련도감 설치를 시작으로 5군영 체제가 갖추어지면서 소멸되었다. ③ 갑사는 무반 관료였으므로 자신의 품직에 따라 녹봉을 받았다.

바로잡기
① 속오법은 조선 후기의 지방군 체제로, 속오법에 따라 양반에서 노비에 이르기까지 속오군이 편성되었다.
② 대립은 15세기 말부터 성행하였는데, 이는 사람을 사서 군역을 대신 지게 하는 방법이다.
④ 만호는 지방의 무관직이고, 수령은 지방관이다.
⑤ 갑사는 시험을 통해 선발된 자들이었다.

비법 암기
조선의 중앙군 : 5위(직업 군인인 갑사 중심) → 임진왜란 이후 훈련도감을 비롯한 5군영

10 조선 후기 비변사

다음 자료에 해당하는 기구에 대한 설명으로 옳지 않은 것은?

> • 중앙과 지방의 군국기무를 도맡아 관할하는 기구이다.
> • 도제조는 현임 또는 전임 의정이 의례적으로 겸임하도록 하며, 제조는 재신으로 변경의 사정에 밝은 자로서 겸임하게 하고, 정원은 없다. 이·호·예·병 4조의 판서 및 강화유수로서 상례적으로 겸임케 하며, *유사 당상 3명은 제조로서 군무를 아는 사람을 상주하여 임명한다.
> • 낭청은 12명인데 3명은 문신이요, 1명은 병조의 무비사 낭청이 겸임하고, 8명은 무신으로 한다.
> — "만기요람" —
>
> *유사 당상 : 사무를 관장하는 당상관

① 고종 때 흥선 대원군에 의해 폐지되었다.
② 임시 기구로 시작되어 상설 기구로 바뀌었다.
③ 국가의 제반 사무를 회의를 통해 결정하였다.
④ 19세기 세도 가문의 권력 기반으로 활용되었다.
⑤ 정조 때 왕권을 뒷받침하는 기구로 창설되었다.

문제 해설
제시된 자료에 해당하는 기구는 비변사이다. 비변사는 중종 때 왜구의 침략에 대비하여 국방 문제를 협의하는 임시 기구로 설치되었다가, 임진왜란을 거치면서 주요 관원이 대부분 참여하고, 군사 문제뿐 아니라 외교, 재정, 사회, 인사 등 거의 모든 정무가 이루어졌다. 19세기에는 세도 정치의 권력 기반이 되었으며, 흥선 대원군이 세도 가문을 정계에서 몰아내면서 비변사도 사실상 폐지되었다.

바로잡기
⑤ 정조 때 왕권을 뒷받침하는 기구로 만들어진 것은 친위 부대인 장용영이다. 왕실 도서관의 기능을 한 규장각도 왕권을 후원한 기구라 할 수 있다.

비법 암기
비변사의 변천 과정 : 외적 방어를 위해 임시 설치 → 상설 기구로 발전 → 군사 및 모든 정무 총괄 → 삼군부와 의정부 강화 후 폐지

정답 | 07 ④ 08 ③ 09 ③ 10 ⑤

3 전근대의 관리 등용 제도 및 교육 제도 | III 전근대의 통치 구조

자료 읽기

📖 고려의 관리 선발 제도

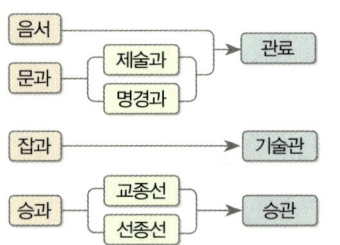

📖 고려의 교육 기관

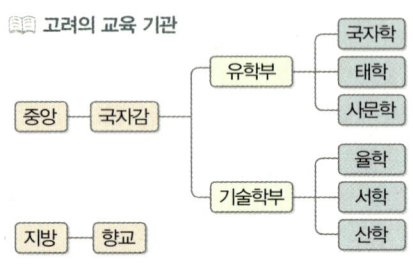

📖 시기별 중앙 교육 기관

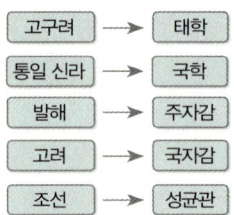

출제 예감

화랑도

진흥왕 37년, 외모가 고운 남자를 뽑아 곱게 단장하게 하고 이름을 화랑이라 하여 받들게 하니, 따르는 무리들이 구름처럼 몰려들었다. 혹은 도의(道義)로써 서로 연마하고 혹은 노래와 음악으로 서로 즐겼는데, 산과 물을 찾아 노닐고 즐기니 멀리 이르지 않은 곳이 없었다. — "삼국사기" —

출제 예감

최충의 문헌공도(사학 12도 중 하나)

현종 이후에 전란이 겨우 멈추었으나, 교육에 미처 힘쓰지 못하였다. 이때, 최충은 후진들을 가르치는 일에 정력을 바쳤으므로 학도들이 많이 모여들었다. 그래서 최충은 낙성, 대중, 성명, 경업, 조도, 솔성, 진덕, 대화, 대빙 등 9개의 서재(書齋)로 나누어 교육하니, 세상에서 그들을 시중 최공의 학도(侍中崔公徒)라고 불렀다. 그래서 일체 과거 보려는 자제들은 반드시 먼저 그의 학도로 입학하여 공부하는 것이 상례로 되었으며, …… 보는 사람마다 누구나 칭찬하고 감탄하지 않는 자가 없었다. — "고려사" —

구분	삼국·통일 신라·발해	고려

관리 등용 제도	**〈통일 신라〉**
	• 독서삼품과(원성왕)
	  ─ 국학의 졸업 시험 제도
	  ─ 응시 과목에 따라 삼품(상품·중품·하품)과 특품으로 나눔
	    ─ 상품("춘추좌씨전", "예기", "문선" + "논어", "효경")
	    ─ 중품("곡례", "논어", "효경")
	    ─ 하품("곡례", "효경")
	    ─ 특품(오경, 삼사, 제자백가서에 능통)
	  ─ 유학 보급에 이바지
	  → 골품제가 더 중시, 진골 귀족 세력의 반발로 실패
		〈과거〉(광종 때 후주 출신 쌍기의 건의, 958)*
		  ─ 제술과(문신): 문학(시·부·송)·시무책
		  ─ 명경과(문신): 유교 경전
		    ("상서"·"주역"·"모시"·"춘추"·"예기")
		    → 제술과 중시
		  ─ 잡과(기술관): 법률·회계 등 실용 기술학
		  ─ 승과(승려): 교종선·선종선
		  *무과를 실시하지 않음(일시적 실시), 군공이 승진 기준, 군 지휘관은 주로 문관
		
		*지공거(知貢擧)
		  ─ 과거 시험 총괄 시험관
		  ─ 과거 합격자인 문생(門生)과 결속
		  ─ 학벌을 형성하여 정치 세력으로 성장
		  ─ 조선 시대에 이르러 지공거 제도 폐지
		
		〈음서〉(목종)*
		  ─ 5품 이상 관료의 자제
		  ─ 공신과 종실의 자손 대상으로 무시험 등용
		  → 귀족적인 특성

교육	**〈고구려〉**
	• 태학(소수림왕, 수도에 설치): 귀족 자제에게 유교 경전·역사서 교육
	• 경당(장수왕, 지방에 설치): 평민 자제에게 한학과 무술 교육
	
	〈백제〉
	• 오경박사, 의박사, 역박사: 유교 경전·기술학 교육
	
	〈신라〉
	• 화랑도
	  ─ 청소년 수련단체인 원화에서 기원
	  ─ 진흥왕 때 국가적인 조직으로 확대
	  ─ 구성: 화랑(진골 귀족의 자제) + 낭도(일반 귀족과 평민)
	  ─ 기능: 계층간의 대립과 갈등 조절, 인재 선발, 삼국 통일에 기여
	  ─ 유 + 불 + 선의 가치관: 원광법사의 세속 5계, 임신서기석
	
	〈통일 신라〉
	• 국학(신문왕) → 태학(경덕왕) → 국학(혜공왕)
	  ─ 예부 소속
	  ─ 4서("곡례", "논어", "효경", "예기")
	  ─ 충효 일치의 윤리 강조
	  ─ 입학 제한: 15~30세 귀족의 자제 (관등이 없는 자 ~ 제12 관등인 대사까지)
	  ─ 독서삼품과(국학의 졸업 시험 제도)
	
	〈발해〉
	• 주자감: 귀족 자제들에게 유교 경전 교육
		• 성종의 교육 정책
		  ─ 지방 12목에 경학박사, 의학박사 파견
		  ─ 중앙에 국자감, 지방 각 주·현에 향교 설치
		    (지방 관리와 서민 자제의 교육 담당)
		• 국자감(국립 종합 대학, 성종)*
		  ─ 유학부: 국자학, 태학, 사문학
		  ─ 기술학부: 율학(형법), 서학(서예), 산학(산술)
		• 개경에 사학 12도 융성 → 관학 쇠퇴
		  ─ 최충의 9재 학당(문종 때 최초 설립된 사학)
		  ─ 문헌공도(최충의 학생)
		  ─ 12도 창설자는 전직 고관이나 지공거
		• 관학 진흥책*
		  ─ 서적포(서적 간행 활성화, 숙종)
		  ─ 7재(전문 강좌, 예종)
		  ─ 양현고(장학 재단, 예종)
		  ─ 청연각·보문각(도서관 겸 학문 연구소, 예종)
		  → 예종의 관학 진흥책으로 사학 침체
		  ─ 경사 6학 정비(유교 교육 강화, 인종)
		• 무신 정권기 교육 활동 위축
		• 고려 말기 교육 정책
		  ─ 문묘 건립(충렬왕)
		  ─ 국자감을 성균관으로 개칭, 순수 유교 교육 기관으로 개편(공민왕)
		
		*충선왕: 원에 만권당 설립
		(학문 연구 기관, 유학자 이제현 활약, 원의 조맹부와 교류, 1314)
		
		• 국자감 → 국학(충렬왕)
		  → 성균감(충렬왕) → 성균관(충선왕)
		  → 국자감(공민왕) → 성균관(공민왕)

★ Best 기출
- 삼국·남북국·고려의 관리 등용 제도와 교육 : 통일 신라의 독서삼품과 | 고려의 과거 제도 | 고려의 교육 기관 | 고려의 사학 12도 | 고려의 관학 진흥책
- 조선의 관리 등용 제도와 교육 : 조선의 과거 제도 | 조선의 교육 기관 | 향교 | 서원 | 각 시기별 중앙 교육 기관의 변천

구분	조선
관리 등용 제도	**〈과거 제도〉** ＊갑오개혁 때 공식적으로 폐지(1894) • **생진과**(소과) 　┌ **생원**: 사서오경(초시·복시) 　└ **진사**: 제술(시나 글을 지음, 초시·복시) 　　→ 생진과(소과) 합격 시 성균관에 입학 가능, 대과 응시 가능 • **문과**(대과)＊ 　┌ **초시**: 도별 인구 비례 선발 　├ **복시**: 33명 선발 　└ **전시**: 33명의 순위 결정 ＊소과 급제자는 합격증으로 백패, 대과 급제자는 홍패를 받음 ＊문과 응시 불가자: 반역 죄인이나 탐관오리의 아들, 재가한 여자의 아들과 손자, 서얼, 천인 • **무과**(무관) ┌ 대개 식년시로 치름, 유교 경전도 시험 과목에 포함 　　　　　　　└ 소과: 없음, 대과: 초시, 복시, 전시를 치름 | 정기 시험 | 식년시 | • 3년마다 실시 | | 부정기 시험 | 증광시 | • 나라에 경사가 있을 때 임시로 실시 | | | 알성시 | • 왕이 문묘에 참배한 뒤 성균관 유생을 대상으로 실시 • 시험 당일에 결과 발표 | • **잡과**(기술관) ┌ 해당 관청이 교육·선발, 초시와 복시만 치름 　　　　　　　　└ 역과(사역원), 율과(형조), 의과(전의감), 음양과(관상감) **〈과거 외 채용 방식〉** • **천거**: 주로 기존 관리를 대상으로 실시, 현량과가 대표적 • **음서**: 고려에 비해 대상 축소, 공신이나 **2품 이상** 관리의 자제＊ • **취재**: 나이 많은 사람 구제, 하급 실무직
교육	• **성균관**＊ ┌ 국립 최고 교육 기관 　　　　　　├ 입학 자격은 원칙상 소과에 합격한 생원·진사로 한정 　　　　　　├ 수학 후 대과 응시, 우수 학생 대과의 초시 면제 　　　　　　└ 문묘를 두어 공자에게 제사를 지냄(알성시) • **4학**(4부 학당) ┌ 국립 중등 교육 기관(중앙) 　　　　　　　　└ 중학, 동학, 남학, 서학을 말하며 정원은 각각 100명 • **향교**＊ ┌ 국립 중등 교육 기관(지방) 　　　　　├ 부·목·군·현에 하나씩 설립, 평민 입학 가능 　　　　　├ 향교의 규모와 속한 지역에 따라 중앙에서 교수나 훈도 파견 　　　　　├ 고을의 크기에 따라 학생 정원의 차이가 있음 　　　　　└ **명륜당**(강당), **대성전**(공자를 비롯한 성현의 위패를 모신 전각) ＊4학과 향교의 성적 우수자는 소과 초시 면제 • **서당** ┌ 초등 교육 담당("천자문"·"동몽선습" 등 학습), 사립 　　　　　└ 4학이나 향교에 입학하지 못한 선비와 평민 자제 입학 • **서원**＊ ┌ 중고등 교육 담당, 사립 　　　　　├ 사림의 정치적·학문적 기반 → 붕당의 토대 　　　　　├ 인재 교육, 향촌 사회 교화, 향음주례(봄·가을에 선비와 유생들이 고을의 학덕과 연륜이 높은 이를 모시고 술과 음식을 나누는 향촌 의례) 　　　　　├ 불교의 가람(절) 배치 양식과 주택 양식 결합 　　　　　└ 백운동 서원(서원의 시초, 풍기 군수 주세붕 건립) 　　　　　　→ 소수 서원(이황의 건의, 사액 서원) • **기술 교육** ┌ 해당 관청에서 직접 교육 담당 　　　　　　　├ 사역원(외국어·통역), 관상감(천문·지리), 소격서(도교), 　　　　　　　└ 도화서(그림), 전의감·혜민서(의학)

📖 자료 읽기

📑 조선의 과거제

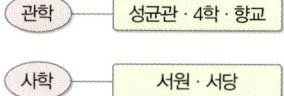

📑 조선의 교육 기관

- 관학 — 성균관·4학·향교
- 사학 — 서원·서당

📑 향교의 구조

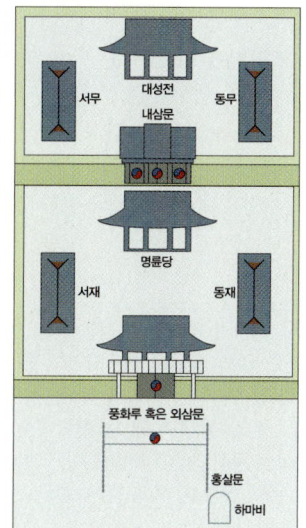

○ 향교는 성현에 대한 제사와 유생의 교육, 지방민의 교화를 위해 설립되었다.
구조를 보면 대성전과 명륜당을 중심으로 두 공간이 나뉜다. 대성전(공자의 위패를 모신 전각)과 동무·서무를 통틀어 문묘라 한다. 명륜당은 교육 기관으로 좌우에 동재·서재(기숙사)가 있다.
정부에서는 향교에 5~7결의 학전(學田)을 지급하여 운영 경비를 마련하도록 하였다. 수령은 매월 교육 현황을 관찰사에게 보고하였고, 향교 운영의 결과는 수령의 인사에 반영되었다.

📖 출제 예감

사액 서원
풍기 군수 이황은 삼가 목욕재계하고 백번 절하며 관찰사 상공합하(相公閤下)께 글을 올립니다. …… 문성공 안유가 살던 이 고을에는 백운동 서원이 있는데, 전(前) 군수 주세붕이 창건하였습니다. …… 서적을 내려 주시고 편액을 내려 주시며 겸하여 토지와 노비를 지급하여 재력을 넉넉하게 해 주실 것을 청하고자 합니다.
— 「퇴계집」 —

➔ 사액은 왕이 사당·서원 따위에 이름을 지어 현판(편액)을 내리는 것을 뜻한다. 백운동 서원은 소수 서원이란 이름을 받은 최초의 사액 서원이다. 이후 국가에서는 사액 서원에 토지, 노비, 서적 등을 지급하고 면세의 특권까지 주었다.

01 신라의 교육 제도

(가)에 들어갈 교육 기관에 대한 설명으로 옳은 것은?

> ┌─(가)─┐의 학생은 제12관등인 대사(大舍)로부터 관등이 없는 사람까지인데, 그 연령은 15세부터 30세까지였다. 수업 연한은 9년이었지만 능력이 없어서 학문을 성취할 수 없는 자는 연한이 차지 않아도 퇴학을 명했다. 그러나 잠재적 능력이 있으면서도 아직 미숙한 자는 비록 9년을 넘을지라도 재학할 수 있게 하였다. 관등이 제10관등인 대나마, 제11관등인 나마에 이르면 학교에서 나갔다.

① 문헌공도로 불리기도 하였다.
② 중앙에서 교수나 훈도가 파견되었다.
③ 지방 관리와 서민의 자제를 교육하였다.
④ 국자학, 태학, 사문학의 유학부가 있었다.
⑤ 박사와 조교를 두고 유교 경전을 가르쳤다.

문제 해설
제시된 자료의 (가)는 신라의 교육 기관인 국학이다. 삼국 통일 후 신라는 유교적 정치 이념을 확립하기 위해 국학을 설립하였다. 원성왕 때는 독서삼품과가 실시되기도 하였는데, 이는 국학의 학생들을 대상으로 한 일종의 졸업 시험이었다. 유교 경전 독해 능력을 기준으로 상·중·하로 구분하였고, 그 결과는 관직 진출로 이어졌다. 국학에는 박사와 조교를 두었는데, 박사는 논어, 효경 등 유교 경전 교육을 담당하는 관직이었고, 조교는 박사를 보좌하였다.

바로잡기
① 문헌공도는 고려 중기 최충이 세운 9재 학당인데, 사학 12도 중 가장 번성하였다.
② 조선의 향교에 중앙의 교수나 훈도가 파견되었다.
③ 고려의 국립 대학인 국자감의 기술학부에는 8품 이하 관리나 서민의 자제가 입학하였고, 지방의 향교에는 지방 관리와 서민의 자제들이 입학하였다.
④ 고려의 국자감에는 국자학, 태학, 사문학 등의 유학부와 율학, 서학, 산학 등의 기술학부가 있었다.

비법 암기
유교 교육 기관 : 통일신라 – 국학(박사·조교), 고려 – 국자감·향교·사학 12도

02 고려의 관리 등용 제도

고려 시대의 (가)에 대한 설명으로 옳은 것을 〈보기〉에서 고른 것은?

> • 신(臣) 최종번은 어려서 대강 글 짓는 재주를 배웠기에 일찍이 과거에 뜻을 두었으나 논리정연하게 글 쓰는 능력이 없고 문서도 잘 다루지 못합니다. ┌─(가)─┐을(를) 통해 관리로 채용은 되었으나 유학을 공부하지 않고 벼슬길에 오른다면 장차 무슨 낯으로 벼슬살이를 하겠습니까?
> • 윤공(尹公)의 이름은 승해요, 자는 자장이니 수주 수안현이 본 고향이었다. 그는 어려서부터 학문에 힘을 써 나이 열여덟에 사마시에 합격하였고, 거듭 이부의 과거에 응시하였으나 합격하지 못하였다. 가문 덕에 ┌─(가)─┐을(를) 통해 지수주사판관(知水州事判官)이 되었다.
> – "동국이상국집" –

〈보기〉
ㄱ. 3년마다 정기적으로 시행되었다.
ㄴ. 한직제(限職制)의 제한이 있었다.
ㄷ. 왕족과 공신의 후손도 대상이 되었다.
ㄹ. 대상 연령은 원칙적으로 18세 이상이었다.

① ㄱ, ㄴ   ② ㄱ, ㄷ   ③ ㄴ, ㄷ
④ ㄴ, ㄹ   ⑤ ㄷ, ㄹ

문제 해설
첫 번째 자료에서 관리로 채용은 되었으나 유학을 공부하지 않고 벼슬길에 올랐다는 내용과 두 번째 자료에서 가문 덕에 관직을 얻었다는 내용을 통해 (가)는 고려 시대의 관리 등용 제도인 음서제임을 알 수 있다. 음서제는 5품 이상의 왕족의 후예, 공신의 후손, 고위 관료의 자손 등이 과거 시험을 거치지 않고 관리가 될 수 있는 특별 채용 제도이다. 원칙적으로 18세 이상의 성인 남성들이 그 대상이 되었다.

바로잡기
ㄱ. 3년마다 정기적으로 시행된 식년시는 과거제의 실시 방식 중 하나이다.
ㄴ. 한직제는 관직 승진의 제한을 두는 것인데, 고려 시대에는 이러한 제약이 없었다.

비법 암기
고려의 음서제 : 공신, 고위 관료의 자손, 5품 이상 왕족의 후예를 시험 없이 관리로 선발 → 고려 귀족의 정치적·경제적 기반

03 9재 학당과 사학의 융성

다음 자료의 내용과 관련된 설명으로 옳은 것은?

> 최충이 졸하였다. …… 현종이 중흥한 뒤로 전쟁이 겨우 멈추어 문교(文敎)에 겨를이 없었는데, 최충이 후진들을 불러 모아서 가르치기를 부지런히 하니, 여러 학생들이 많이 모여들었다. 드디어 낙성, 대중, 성명, 경업, 조도, 솔성, 진덕, 대화, 대빙이라는 9재로 나누었는데, 시중 최공도라고 일렀으며, 무릇 과거를 보려는 자는 반드시 먼저 그 도(徒)에 들어가서 배웠다. 해마다 더운 철이면 귀법사의 승방을 빌려서 여름 공부를 하며, 도 가운데에서 급제한 자로 학문은 우수하면서 벼슬하지 않은 자를 골라 교도로 삼아 구경(九經)과 삼사(三史)를 가르치게 하였다. - 「고려사절요」-

① 시중 최공도는 그의 사후에 홍문공도라고 불렀다.
② 최충이 세운 사학은 무신 정권기에도 존립하였다.
③ 사학의 설립자는 모두 과거 장원 급제자들이었다.
④ 사학 12도 가운데에서 일부는 서경과 동경에 세워졌다.
⑤ 사학의 발달로 공립 교육 기관인 국자감은 폐지되었다.

문제 해설
제시된 자료에서 '최충이 후진들을 불러 모아서 가르치기를 부지런히 하니 …… 9재로 나누었는데'라고 하였으므로 문헌공도에 대한 설명임을 알 수 있다. 문헌공도(시중 최공도, 9재 학당)는 고려의 12개 사립 학교인 사학 12도 중 가장 먼저 들어선 학당으로, 9재로 나누어 각각 전문 강좌를 개설하였다. 고관 출신이자 해동공자로 불릴 정도로 뛰어난 유학자였던 최충이 세운 문헌공도는 크게 번성하였다. 그 영향으로 사학 12도가 형성되었는데, 관학인 국자감보다 과거 합격자를 많이 배출하였으므로 사학에 입학하고자 하는 귀족 자제들이 많았다. ② 문헌공도는 무신 집권기에도 인재들을 배출하다가 1391년(공양왕 3) 폐지되었다.

바로잡기
① 시중 최공도는 최충의 시호인 문헌을 따 문헌공도라고 하였다.
③ 사학 12도의 설립자들은 모두 고관 출신으로 대부분 과거의 고시관인 지공거를 지낸 인물들이다. 모두 과거 장원 급제자들은 아니었다.
④ 사학 12도는 모두 수도 개경에 세워졌다.
⑤ 사학에 밀려 관학이 약화되자, 정부는 관학 중흥 정책을 추진하였다.

비법 암기
사학 12도: 최충의 문헌공도(9재 학당)를 비롯한 고관들이 설립한 사학, 과거 합격자의 다수 배출로 관학의 약화 초래

04 고려의 관학 진흥책

(가)에 들어갈 내용으로 가장 적절한 것은?

위축된 관학의 진흥을 위하여 명하신대로 국자감에 7재를 설치하였더니 효과가 있었습니다.

다행이오. 관학을 더욱 진흥시키기 위하여 (가)

① 양현고를 두어 필요한 재정을 확충하시오.
② 집현전을 세워 학문 연구에 힘쓰도록 하시오.
③ 경사 6학을 제정하고 향학을 세우도록 하시오.
④ 만권당을 설치하여 원의 학자들과 교류를 확대하시오.
⑤ 국자감을 성균관으로 개칭하고 유학 교육을 강화하시오.

문제 해설
제시된 자료의 (가)에 들어갈 내용은 고려 예종의 관학 진흥책과 관련 있다. 고려 중기에 최충의 문헌공도를 중심으로 과거 출제 위원인 지공거들이 세운 사학 12도가 융성하였다. 이곳에서 공부한 학생들이 좋은 성적을 거두자, 국자감을 비롯한 관학이 위축되었다. 이에 관학을 진흥시키기 위하여 예종은 국자감에 전문 강좌 7재를 설치하고, 장학 재단인 양현고를 설치하여 재정 지원을 확충하였다.

바로잡기
② 집현전은 조선의 세종이 설치한 학문 연구 기관이다.
③ 경사 6학은 인종 때 정비된 국자감의 교육 제도이고, 향학은 인종 때 정비된 지방 교육 기관이다.
④ 만권당은 충선왕이 원의 연경에 설치한 학술 연구 기관이다. 원과 고려의 학자들이 모여 학문을 연구하며 문화를 교류하던 장이었다.
⑤ 충렬왕 때 국학을 성균감으로 개칭하였으며, 공자 사당인 문묘를 새로 건립하여 유교 교육의 진흥에 나섰다. 충선왕 때 성균감을 성균관으로 개칭하였다.

비법 암기
고려의 관학 진흥책: 전문 강좌 7재 개설, 양현고(장학 재단) 설치, 서적포(출판부) 설치

정답 | 01 ⑤ 02 ⑤ 03 ② 04 ①

05 조선의 관리 등용 제도

다음 가상 일과표의 밑줄 그은 ㉠에 대한 설명으로 옳은 것은?

조선 시대 왕의 ○○일 일정

- 오전 5시 : 기상
- 오전 6시 : 왕실 어른들께 아침 문안
- 오전 10시 : ㉠알성시 주관
- 오후 8시 : 합격자 격려
- 오후 10시 : 상소문 읽기
- 오후 11시 : 취침

① 3년마다 정기적으로 시행되었다.
② 왕의 문묘 참배 후 성균관에서 실시되었다.
③ 세자 책봉 등 나라에 경사가 있을 때 치러졌다.
④ 역과, 의과, 율과 응시자들을 대상으로 하였다.
⑤ 학덕이 높은 유생들을 추천받아 관리로 등용하였다.

문제 해설
조선의 관리는 과거, 취재, 음서, 천거 등을 통해 선발되었는데, 과거에는 문관을 뽑는 문과와 무관을 뽑는 무과, 기술관을 뽑는 잡과가 있었다. 과거 제도 중 문과에는 3년마다 정기적으로 시행하는 식년시와 부정기 시험인 증광시(특별한 경사가 있을 때), 알성시 등이 있었다. 제시된 자료의 '알성시'는 국왕이 문묘에 가서 제례를 올릴 때 성균관 유생을 대상으로 시험을 실시하여 성적이 우수한 사람을 선발하는 부정기 과거 시험이다.

바로잡기
① 3년마다 정기적으로 시행한 시험은 식년시이다. 알성시는 부정기 시험이다.
③ 나라에 경사가 있을 때 치러진 시험은 증광시이다.
④ 역과, 의과, 율과는 잡과에 해당한다. 알성시는 문과에 속한다.
⑤ 과거를 거치지 않고 고관의 추천을 받아 관직에 등용하는 제도는 천거이다.

🔖 **비법 암기**
조선의 과거제 : 문과 · 무과 · 잡과로 구분, 3년마다 시행하고 수시로 특별 시험 실시, 법적으로 양인 응시 가능

---

06 조선 시대의 교육 기관

다음 가상 편지 글의 밑줄 그은 ㉠~㉤ 중 적절하지 않은 것은?

○○○에게
……
나는 어릴 때 좋은 선생님을 만나 ㉠서당에서 천자문과 동몽선습을 공부하였고, 그 덕분에 ㉡한양에 있는 4부 학당 중 한 곳에 들어갈 수 있었지. 그 후 ㉢소과에 합격하여 성균관에 입학하였고, 마침내 대과에 합격해서 관직에 진출하였어. 자네는 예전에 ㉣대성전과 명륜당이 있는 향교에 적을 두고 있다가, 친척 분의 추천으로 ㉤서원에 들어가 나라에서 파견한 교수와 훈도의 지도를 받았다지. 어느새 우리의 교분이 벌써 20년이 흘렀군. ……

① ㉠ ② ㉡ ③ ㉢ ④ ㉣ ⑤ ㉤

문제 해설
제시된 자료는 조선 시대의 교육 체계를 보여 주는 가상의 편지이다. 초등 교육을 담당한 서당에서는 4학(4부 학당)이나 향교에 입학하지 못한 선비와 평민의 자제가 교육을 받았다. 4학은 중학, 동학, 남학, 서학을 말하는데, 정원은 각각 100명이었다. 향교는 성현에 대한 제사와 유생 교육, 지방민의 교화를 위해 부 · 목 · 군 · 현에 각각 하나씩 설립하였다. 사립 교육 기관인 서원은 사림의 정치적 · 학문적 기반이었으며, 인재를 교육하고 향촌을 교화하는 역할을 하였다. 향교와 서원에는 모두 문묘의 정전인 대성전과 강당인 명륜당이 있었다. 조선 최고 교육 기관인 성균관은 소과에 합격해야 입학할 수 있었다. 소과는 예비 시험인 초시와 본 시험인 복시로 진행되었고, 합격자에게는 성균관 유생의 자격이 주어졌다.

바로잡기
⑤ 중앙에서 파견된 교수(종6품)와 훈도(종9품)의 지도를 받은 교육 기관은 향교이다. 서원은 지방의 사림들이 세운 사학이다.

🔖 **비법 암기**
조선의 관립 학교 : 서울 – 성균관 · 4부 학당, 지방 – 향교

07 서원 〈고급 14회 18번〉

밑줄 그은 '이것'에 대한 옳은 설명을 〈보기〉에서 고른 것은?

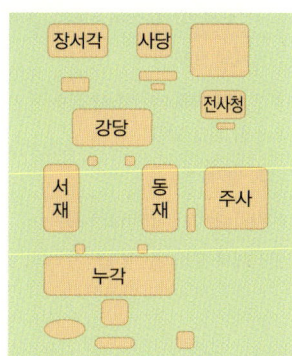

이것은 산과 하천이 가까이 있어 자연의 이치를 탐구할 수 있는 한적한 곳에 있었는데, 교육 공간인 강당을 중심으로 사당과 기숙 시설인 동재 및 서재를 갖추었다. 특히 가람 배치 양식과 주택 양식이 실용적으로 결합된 독특한 아름다움을 지녔다.

〈보기〉
ㄱ. 상을 당했을 때 서로 돕는 역할을 주로 하였다.
ㄴ. 흥선 대원군이 40여 개소만 남기고 모두 철폐하였다.
ㄷ. 중종 때 조광조가 처음 시행한 이후 전국으로 확대되었다.
ㄹ. 유교 윤리를 보급하고 향촌 사림을 결집시키는 역할을 하였다.

① ㄱ, ㄴ ② ㄱ, ㄷ ③ ㄴ, ㄷ
④ ㄴ, ㄹ ⑤ ㄷ, ㄹ

문제 해설
밑줄 그은 '이것'은 서원이다. 서원은 16세기 이후 각 지방에서 생겨나 유교 윤리를 보급할 뿐 아니라 향촌의 사림을 결집하고 강화하는 역할을 하였다. 그러나 서원이 서원전을 중심으로 면세의 혜택을 누리고 주변의 농민들을 수탈하는 등 폐해를 보이자, 흥선 대원군은 전국의 서원 중 47개소만 남기고 600여 개소를 혁파하였다.

바로잡기
ㄱ. 향도 또는 향약에 대한 설명이다.
ㄷ. 향약에 대한 설명이다.

비법 암기
서원 : 유교 윤리 보급, 향촌 사림의 결집, 면세 혜택 및 수탈 폐해(→ 흥선 대원군 때 40여 개소만 남기고 철폐)

08 향교 〈고급 21회 24번〉

다음과 같은 기관에 대한 설명으로 옳지 않은 것은?

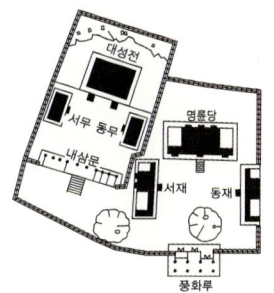

이것은 조선 시대 지방의 교육 기관이며 대성전과 명륜당을 중심으로 두 공간이 나누어졌다.
대성전은 공자를 비롯한 성현의 위패를 봉안하고 제향하는 곳이며, 명륜당은 유교 경전 등을 강의하는 곳이다.

① 평민층의 자제도 입학할 수 있었다.
② 흥선 대원군에 의해 대부분 철폐되었다.
③ 전국의 부·목·군·현에 하나씩 설립되었다.
④ 중앙에서 교수와 훈도를 파견하기도 하였다.
⑤ 고을의 크기에 따라 학생 정원의 차이가 있었다.

문제 해설
제시된 자료는 향교에 관한 설명이다. 향교는 성현에 대한 제사와 유생 교육, 지방민의 교화를 위해 부·목·군·현에 각각 하나씩 설립되었다. 향교에는 양반은 물론이고 평민도 입학할 수 있었다. 군현에 따라 학생의 정원이 달랐고, 규모와 지역에 따라 중앙에서 교수와 훈도를 파견하기도 하였다.

바로잡기
② 흥선 대원군은 서원의 폐해가 심해지자 전국의 서원을 40여 개소만 남기고 모두 철폐하였다.

비법 암기
향교 : 성현에 대한 제사와 유생 교육, 지방민의 교화, 부·목·군·현에 하나씩 설립, 평민 이상 입학, 중앙에서 교수와 훈도 파견

정답 | 05 ② 06 ⑤ 07 ④ 08 ②

4 고대 국가·고려의 경제 제도 | III 전근대의 통치 구조

자료 읽기

녹읍의 폐지와 부활

국왕의 권력 강화 → 녹읍 폐지

귀족의 권력 강화 → 녹읍 부활

🔵 통일 신라의 민정 문서

전시과의 운영

전시과는 관료를 18등급으로 나누어 전지(곡물 수취)와 시지(땔감 확보)를 나누어 준 제도이다. 지급된 토지의 수조권만 가지며, 관직 복무와 직역에 대한 대가로 지급되었다. 따라서 토지를 받은 자가 죽거나 관직에서 물러날 때에는 토지를 국가에 반납하도록 하였다. 지급 대상은 목종 때는 전·현직 관료로, 문종 때는 현직 관료로 제한하고 지급량도 점차 줄였다.

출제 예감

고려의 역분전과 시정 전시과

태조 23년(940)에 처음으로 역분전 제도를 설정하였는바 삼한을 통합할 때 조정의 관료들과 군사들에게 그 관계(官階)가 높고 낮음을 논하지 않고 그 사람의 성품과 행동이 착하고 악한지, 공로가 크고 작은지를 참작하여 역분전을 차등이 있게 주었다. 경종 원년(976) 11월에 비로소 직관(職官)·산관(散官) 각 품의 전시과를 제정하였는바 관품의 높고 낮은 것은 논하지 않고 다만 인품만 가지고 전시과의 등급을 우리는 결정하였다. — 「고려사」 —

🔵 고려말 화령부 호적 관련 고문서 | 공양왕 2년(1390)에 작성된 이성계의 호적이다. 이성계가 호주로 되어 있고 호주의 관직과 녹봉, 자손, 형제, 조카, 노비들까지 기록되어 있다.

시기		삼국	통일 신라
토지 제도		**녹읍·식읍**(신라)★	**관료전**(통일 신라, 신문왕)★
	지급 기준	• 호	• 공동체의 토지
	지급 내용	• 조세·공물·역 징수 • 노동력 징발 가능	• 수조권(토지에 대한 조세 징수권) 지급 • 노동력 징발 불가
	세습 여부	• 세습 가능	• 세습 불가
	징수 방식	• 관리가 징수	• 국가가 징수 → 관리에게 지급
	특징	• 녹읍: 관료 귀족에게 직무의 대가로 지급 • 식읍: 왕족·공신에게 군공을 포상하기 위해 지급	• 관직에서 물러나면 반납

			• **녹읍 폐지**(신문왕) → **녹읍 부활**(경덕왕)★
			• **정전** 지급(성덕왕)★
			  ┌ 백성에게 지급하여 경작
			  └ 국가의 농민 지배권 강화

조세 제도	조세	• 곡물과 포를 재산의 정도에 따라 차등 징수	• 생산량의 10분의 1 수취

			〈통일 신라의 **민정 문서**(촌락 문서)★〉
			• 조세·공물·역 징수를 위한 기초 자료
			  ┌ 서원경(충북 청주) 주변 4개 촌락 대상
			  └ 일본 정창원(正倉院)에서 발견
			• **양안**(토지 대장) + **호적**(호구 장부)
			  → 국가 차원에서 노동력과 생산 자원을 철저하게 관리
			• 민정 문서의 내용
			  ┌ 매년 변동 사항 조사, 촌주가 3년마다 작성
			  ├ 인구·가호(家戶)·노비의 수, 3년 동안의 사망과 이동 내역 기록
			  │ → 사람은 나이에 따라 6등급으로, 호(가구)는 인구수에 따라 9등급으로 분류
			  └ 해당 지역의 토지 종류와 면적, 가축, 유실수 기록

	공납	• 공납: 특산물 납부	• 공납: 특산물을 촌락 단위로 부과

	역	• 역: 국가에서 백성의 노동력을 무상으로 동원
		  ┌ **군역**(군대에 동원)
		  ├ **요역**(각종 물자의 생산 및 수송, 왕궁·성·저수지 건설 등 노동력이 요구되는 모든 분야에서 징발)
		  └ 15~60세의 정남에게 부과
			• 역: 군역, 요역
			  ┌ 민정 문서를 토대로 인정(人丁) 파악
			  └ 16~60세의 정남에게 부과

★ Best 기출
- 삼국과 통일 신라의 제도 : 녹읍과 식읍 | 관료전 | 민정 문서
- 고려 : 전시과의 특징 | 전시과의 변천 | 세습 가능한 토지의 종류 | 귀족의 토지 겸병

시기		고려
토지 제도	태조	• **역분전**(태조): 개국 공신에게 지급 → 개국 공신에 대한 논공행상적 성격이 강함
	경종 (976)	* **전시과**★ ┌ 관리를 18등급으로 나누어 전지와 시지의 수조권 부여 └ 관직 복무와 직역에 대한 대가 → 죽거나 관직에서 물러날 때 토지를 국가에 반납 • **시정 전시과**(경종)★ ┌ 관등과 인품 기준: 공복 제도(관직의 높낮이 고려)와 역분전(인품 반영 → 공신 예우)을 토대 └ 전직 · 현직 관리 일부와 공신에게 지급
	목종 (998)	• 개정 전시과(목종) ┌ **관직**만 고려★ └ 전직 · 현직 관리에게 18품의 관등에 따라 지급, 문신 우대
	문종 (1076)	• 경정 전시과(목종): 토지 부족으로 현직 관리에게만 지급★
	원종 (1271)	• 무신 정변 이후 전시과 체제 약화 ┌ 개경 환도(원종, 1270) 시기 국가 재정 악화 └ 녹봉 대신 녹과전(원종, 1271) 지급(일시적, 신진 관리의 생계 유지 목적) • 원 간섭기 전시과 붕괴 → 권문세족의 토지 겸병, 대농장 소유 → 농민은 소작민 · 노비로 전락
	토지의 종류	〈전시과 체제의 토지 종류〉 |			
---	---	---	---
공전	내장전		왕실의 경비 충당
	공해전		중앙과 지방 관청의 경비 충당
사전	과전★		문 · 무반 관리에게 지급 → 직역의 대가 · 세습 안 됨
	공음전★	세습	5품 이상 관료 → 문벌 귀족의 경제 기반 · 고려 귀족 사회의 특징
	한인전		6품 이하 하급 관료의 자제로서 관직에 오르지 못한 자
	구분전		하급 관료와 군인의 유가족
	군인전	세습	군역의 대가 → 군역 세습
	외역전	세습	지방 관리에게 지급 → 향직 세습
	사원전		사찰의 경비 충당	 • **민전**★ ┌ 귀족이나 농민 소유의 사유지 │ (매매 · 상속 · 기증 · 임대 가능) ├ 소유권 보장 └ 국가에 일정한 세금 납부 • 진전: 주인이 내버려 두어 황폐해진 토지 (개간했을 때 주인이 없으면 소유권 인정, 주인이 있으면 소작료 감면)
조세 제도	조세	• 조세 부과 ┌ 토지를 논과 밭으로 구분 ├ 토지의 비옥한 정도에 따라 상 · 중 · 하 3등급으로 나누어 부과 └ 태조의 취민유도 정책에 따라 생산량의 10분의 1 수취 • 조운(조세 운반): 주 · 현 → 조창(조운할 곡식을 모아 보관하는 창고) → 조운로 → 경창(개경) • **양안**(토지 대장): 20년 마다 작성, 경작지의 크기와 소유자 기록 → 토지 생산물의 10분의 1 수취 목적 • **호적**(호구 장부): 3년 마다 작성 → 노동력과 군사력을 동원
	공납	• 호(戶)를 기준으로 토산물 징수 • 특산물 할당: 중앙(중앙 관청에서 필요한 공물의 종류와 액수를 지정) → 주 · 현 → 속군과 속현, 향 · 부곡 · 소 → 호(각 고을에서 향리들이 집집마다 공물 징수, 정해진 시기에 관청에 납부) • 종류: 상공(매년 정기적), 별공(필요에 따라 수시로 거둠)
	역	• 역 ┌ **군역**, **요역**(각종 토목 공사와 광물 채취, 물품 운반) └ 16~59세의 정남에게 부과

5 조선의 경제 제도 | III 전근대의 통치 구조

시기	조선		
	(14세기 말) ~ 15세기	15세기	16세기
토지 제도	• **과전법**(고려 공양왕, 1391)* 　┌ 목적: 신진 사대부의 경제 기반 및 　│ 국가 재정 확보, 고려 말 토지 제도 모순 　│ 해결(한 땅의 전주가 4~5명) 　├ 정도전·조준 등이 시행 　├ **전·현직** 관리에게 과전 지급(관등에 따라) 　├ 수조권(조세 징수권)만 지급 　├ 수조지는 경기 지역에 한정 　├ 사망·반역 시 반납, 원칙적으로 세습 불가 　└ **수신전·휼양전·공신전** 세습 　　(수신전: 죽은 관료의 미망인에게 지급, 　　휼양전: 죽은 관료의 어린 자식에게 지급)	• **직전법**(세조, 1466)* 　┌ 토지 부족으로 **현직** 관리에게만 　│ 수조권 지급 　└ 수신전·휼양전 폐지 　↓ • **관수관급제**(직전법, 성종)* 　┌ 배경: 수조권자가 수조권 남용, 　│ 농민에게 과다 수취 　├ 비리를 막기 위해 국가가 답험하고 　│ 수취 　├ → 걷은 세금을 전주에게 전달 　├ → 국가의 토지 지배력 강화 　└ → 관리의 토지 소유 욕구 증가	• **직전법 폐지**(명종, 1566): **녹봉제** 전면 시행 　→ 국가에서 관리에게 직역의 대가로 　　현물(미곡·포)을 지급하는 제도 　↓ • **지주제 확산** 　┌ 토지 생산성 향상, 토지의 사유 관념 확산 　├ 양반 지주 중심으로 토지 소유 편중 　└ **전주전객제**(수조권)에서 　　→ **지주전호제**(소유권)로 바뀜* 　　→ 병작반수제 보편화(소작료는 수확량의 ½)
조세 제도 - 조세	• 원칙적으로 토지 소유자에게 부과, 수확량의 10분의 1 수취 • **공법**(세종)* 　┌ **전분6등법**(토지 비옥도에 따라 토지 1결의 면적 차등 결정) 　└ **연분9등법**(농사의 풍흉에 따라 전세율 결정, 매년 전세율 변화) 　　→ 1결당 최고 20두, 최하 4두 • **조운**(조세의 운반)*: 군현 → (강가나 바닷가의) 조창 → 경창(서울의 조창) • **잉류 제도**: 평안도·함경도의 조세* 　→ 세곡을 경창으로 운송하지 않고 해당 지역 군사비, 사신 접대비로 지출		• 공법의 기준 모호 　→ 수령(지방관)의 재량권 남용 → 부정 심화 • 최저 세율 적용: 16세기 이후 　하하년에 해당하는 **1결당 4두** 징수 관행화 *삼수미: 훈련도감에 소속된 군인(三手) 양성을 위해 징수하던 세미(稅米), 토지 1결당 2.2말
조세 제도 - 공납	• 부과 기준: 가호(家戶)마다 토산물 부과 • 수취 방법: 중앙(물품·액수 부과) → 군현(각 호에 할당) → 호 • 상공: 품목·수량·시기 등이 정해져 정기적으로 거두는 공물 • 별공: 국가에서 필요에 따라 수시로 거둔 공물 • 진상 ┌ 국왕이나 왕실에 상납하는 특산물(왕실의 제사·국가의 경사·국왕의 행차) 　　　└ 품목 대부분이 썩기 쉬운 식료품이어서 백성의 고통 가중		• 공납의 폐단 　┌ 생산되지 않은 토산물 배정 　├ 1~2년치 공물을 한꺼번에 징수 　├ 도망한 농민의 공물을 이웃(인징)이나 　│ 친척(족징)에게 전가 　└ **방납**(16세기): 중앙 관청의 서리가 공물을 　　대납하는 과정에서 과다한 대가 수취 • 이이·유성룡은 공물을 쌀로 걷는 수미법 주장
조세 제도 - 역	• 대상: 16~60세까지의 정남(양인 남자) • 군역: 군대에 복역, 양인 개병제 　┌ 정군(일정 기간 교대로 복무) + 보인/봉족(정군을 경제적으로 지원) 　├ 국역을 지는 현직 관료(양반)·향리(서리)·유생은 군역 면제 　│　→ 실제로는 양인 농민이 군역 전담 　└ **군역의 요역화**(15세기) • 요역: 국가가 토목 공사, 광물 채취 등의 일에 백성의 노동력을 무상으로 동원 　┌ 가호 기준으로 정남의 수를 고려해 노동력 징발 　└ 성종 때 토지 8결당 1인 차출, 1년 6일 이내로 제한 → 실제로는 임의 징발		⟨15세기 장기간의 평화, 군역 기피⟩* • **군역의 요역화**(15세기): 농민의 요역 동원 기피 　로 군역 부담자가 요역 부담도 겸하는 현상 • **방군수포**(15세기 말~16세기 초): 　관청이나 군영에서 포를 받고 군역을 면제 • **대립제**(15세기 말~16세기 초): 　다른 사람을 사서 군역을 대신하게 함 • **군적수포제**(1541, 중종): 방군수포를 합법화, 　매년 군포 2필 납부하여 군역 면제 • **5군영** 성립(왜란 이후 17세기): 　모병제가 제도화되면서 군역 기피자 증가 • 군포 징수의 문란(17세기)

★ Best 기출
- 조선의 토지 제도 : 과전법 | 직전법 | 관수관급제 | 녹봉제 | 조운 제도
- 조선의 조세 제도 : 세종의 공법 | 영정법 | 대동법 | 군포 징수의 문란 | 균역법

시기		조선
		조선 후기(양 난 이후)
조세 제도	조세	**〈영정법〉(1635, 인조)★** • 배경: 공법의 유명무실화, 양 난 이후 농경지 황폐화, 토지 제도의 문란 • 내용: 풍흉에 관계 없이 토지 1결당 쌀 4두로 고정★ • 결과 ┌ 농민의 대다수를 차지하는 소작농에게는 큰 도움이 되지 않음 　　　├ 각종 수수료나 운송비, 자연 소모에 대한 보충비는 농민에게 전가 　　　└ → 추가 징수액이 전세액 보다 많아 부담 증가
	공납	**〈대동법〉(광해군 때 최초 시행 → 점차 적용 지역 확대)★** • 배경: 방납의 폐단(고리대·중간 착취) → 농촌 경제의 파탄, 농민의 토지 이탈 • 내용 ┌ 특산물 대신 쌀 납부 → 토지 1결당 쌀 12두(숙종) → 공납의 전세화 　　　├ 삼베·무명·상평통보로도 납부 가능 → 조세의 금납화 　　　└ 납부 기준이 호에서 토지로 변경 → 양반 지주의 반발(실시 확대에 100년 소요) • 시행 과정 　┌ 경기도 한정 최초 시행(광해군 때 이원익·한백겸 건의, 1608) 　│　한양에 담당 관청인 선혜청 설치, 1결당 16두의 대동미 징수 　├ 강원도 실시(인조 때 조익 건의, 1623) 　├ 충청도·전라도 실시(효종 때 김육 건의, 17세기 중엽): 1결당 13두 　└ 전국 시행(숙종, 1708): 평안도·함경도·제주도 제외(잉류 지역), 1결당 12두로 고정 • 결과 ┌ 농민의 부담 경감, 국가 재정의 일시적 회복 　　　├ 공인이 관청에서 공가(공물 납품 대금)를 받고 필요한 물품 대량 구매 　　　├ 조세의 금납화·상품 수요 증가 → 상품 화폐 경제 발달★ 　　　├ → 공인 등장으로 도고(도매 상인) 성장 → 지방 장시 성장, 수공업 활기 　　　├ → 농민도 대동세 납부 위해 토산물을 시장에 내다 팔아 쌀·베·돈 마련 　　　└ → 쌀의 집산지인 삼랑진·강경·원산 등은 상업 도시로 성장 • 폐단 ┌ 상공(정기적 징수) 폐지 → 별공(비정기적 징수)·진상(특산물) 존속 　　　├ 지주들이 자신이 낼 대동세를 소작 농민에게 전가 　　　└ 지방 관아의 재정 부족으로 수령의 수탈 심화
	역	**〈균역법〉(1750, 영조)★** • 배경 　┌ 한 사람의 장정이 이중·삼중의 군포 부담 　│　(5군영과 지방의 감영·병영까지 독자적으로 군포 징수, 부과액도 각기 다름) 　├ 군포 징수의 문란: 백골징포(사망자)·강년채(60세 이상 노인)·황구첨정(어린이)· 　│　인징(이웃에게 전가)·족징(친척에게 전가) 　└ 임진왜란 이후 납속·공명첩으로 양반 증가 → 면제자 증가 • 내용 ┌ 1년 1필, 양반 면제 　　　├ 선무군관포: 일부 부농층에게 선무군관 칭호 부여 → 1년에 군포 1필 징수 　　　├ 결작: 지주에게 토지 1결당 쌀 2두★ 징수(양반도 납부) 　　　└ 잡세 징수(균역청): 어장세, 염세, 선박세 → 어민의 불만 증대 • 한계 ┌ 소작농에게 결작의 부담 전가 　　　└ 군포는 상민만 부담 ＊흥선 대원군 때 호포제 시행(신분에 관계 없이 집집마다 일정량의 군포 징수)

자료 읽기

출제 예감

과전법

공양왕 3년 도평의사사가 글을 올려 과전을 주는 법을 정하자고 요청하니 왕이 따랐다. …… 경기는 사방의 근본이 되는 땅이다. 마땅히 여기에다 과전을 설치하여 사대부를 우대한다. 무릇 서울에 살면서 왕실을 호위하는 자는 현직과 전직을 막론하고 등급에 따라 토지를 받는다. 땅을 받은 자가 죽은 뒤 아내에게 자식이 있고 절개를 지키면 남편의 과전을 모두 물려받고, 자식이 없이 수신하는 자는 절반을 물려받는다. 부모가 다 죽고 자식이 어리면 가엾게 여겨 마땅히 부양해 주어야 하므로 아버지의 과전 전부를 물려받고, 20세가 되면 본인의 과에 따라 받는다.
— 『고려사』 —

관수관급제

경기 관찰사 이계손이 아뢰기를, "직전·공신전·별사전 의 조세를 어떤 이는 '백성들로 하여금 경창(京倉)에 스스로 바치게 하여 관(官)에서 나누어 주도록 하는 것이 좋겠다.' 하니, … 모두 경창에 스스로 바치고자 합니다." 하였습니다. 호조에서 여기에 의거하여 아뢰기를, "모든 농지의 세를 백성들로 하여금 … 경창에 스스로 바치도록 하고, 그것을 녹봉(祿俸)의 예에 따라 나누어 주도록 하소서." 하니, 그대로 따랐다.
— 『성종실록』 —

출제 예감

세종의 공법(전분 6등법·연분 9등법, 1444)

상께서 "전품의 등급(토지 비옥도)과 연분의 고하(농사의 풍흉)를 분간하여 조세 받는 법을 정하되, … 6고을에 금년부터 시험으로 시행하고자 하니, 그 조건들을 의논하여 올리라."하여 전제 상정소에서 의논하기를,
• 연분을 9등으로 나누고 10분 비율로 정하여 전실(100%)을 상상년으로 하고, 9분실(90%)을 상중년(上中年) … 2분실(20%)을 하하년(下下年)으로 합니다.
• 6등의 전지를 57무(畝)로 정한 수로서 미루어 절충하여 … 6등 전지의 1결은 1백 52무, 5등 전지의 1결은 95무, … 조세액은 상상년은 20말, 상중년은 18말 … 하중년은 6말, 하하년은 4말로 되옵니다.
➡ 토지의 비옥도에 따라 토지 1결의 면적 차등
➡ 농사의 풍흉에 따라 토지 1결당 전세율 변화
• 각도 감사는 각 고을마다 연분을 살펴 정하되, … 수전과 한전을 각각 등급을 나누어 아룁니다. 1분실(分實)이 9등분에는 미치지 아니하니, 마땅히 조세를 면제할 것입니다.
— 『세종실록』 —

한눈에 보는 "기막힌 자료 특강"

대동법

방납(16세기)

- 농민
  - ↓ 쌀
- 서리·상인
  - ↓ 토산물 구입·대납
- 국가

↓

대동법(17세기)

- 농민
  - ↓ 쌀·삼베·무명·동전
- 국가
  - 공가 지급 ↓ ↑ 토산물 납부
- 공인(시장에서 토산물 구입)

대동법의 시행

자료1 영의정 이원익이 아뢰기를, "각 고을에서 진상하는 공물이 각급 관청의 방납인에 의해 중간에서 막혀 한 물건의 값이 3~4배 혹은 수십, 수백 배까지 되어 그 폐해가 극심하고 특히 경기 지방은 더욱 그러합니다.
지금 하나의 관청을 설치하여 매년 봄, 가을 백성에게서 쌀을 거두어들이되, 1결당 8두씩 거두어 본청에 보내게 합니다. 그러면 본청은 당시 공물의 가격을 보고 넉넉히 값을 쳐서 공인에게 지급하고, 때맞춰 구입하도록 하여 물가를 올리는 길을 끊어야 합니다. 그리고 두 차례 거둘 때마다 1두씩 빼서 해당 고을에 지급하고 수령의 공사 비용으로 삼게 하십시오." 하니 왕이 이를 따랐다.
— "광해군일기" —

자료2 강원도에는 대동법을 싫어하는 이가 없는데, 충청·전라도에는 좋아하는 이와 싫어하는 이가 있습니다. 왜 그렇겠습니까? 강원도에는 토호가 없으나 충청·호남에는 토호가 있기 때문입니다. …… 이렇게 볼 때 토호들만 싫어할 뿐, 백성들은 모두 대동법의 시행을 좋아합니다.
— 조익, "포저집" —

자료3 현물로 바칠 꿀 한 말의 값은 목면 3필이지만, 방납 모리배들은 4필을 걷고 있습니다. 이 법을 시행하면 대호(大戶)가 원망하고, 시행하지 않으면 소민(小民)이 원망한다는데, 소민의 원망이 더 큽니다. 경기와 강원에서 이미 시행하고 있으니 속히 충청과 호남에도 시행하소서.
— "효종실록" —

대동세의 징수와 운송

균역법

균역법의 배경

시기	항목	내용
15세기	군역의 요역화	농민의 요역 동원 기피로 군역 부담자가 요역 부담도 겸하는 현상
15세기 말~16세기 초	방군수포	관청이나 군영에서 포를 받고 군역을 면제
15세기 말~16세기 초	대립제	다른 사람을 사서 군역을 대신하게 함
16세기 중종	군적수포제	방군수포를 합법화, 매년 군포 2필 납부하여 군역 면제
17세기	5군영 성립	모병제가 제도화되면서 군역 기피자 증가
17세기	군포 징수의 문란	백골징포·강년채·황구첨정·인징·족징의 폐단

17세기 군포 징수의 문란

- 백골징포: 죽은 사람에게 군포 부과
- 황구첨정: 어린아이를 군포 징수 대상으로 올림
- 인징과 족징: 군포를 납부해야 하는 사람이 도망가거나 사망하였을 경우 그의 이웃이나(인징) 친족에게(족징) 대신 군포 징수

균역법 시행

자료1 군액은 나라를 보위하기 위한 것입니다. 그런데 각각 아문(衙門)을 설치하여 갖가지로 색출하여 빠지는 대로 채워 넣어 양민이 모두 없어졌으며, 어미젖을 떼자마자 군졸로 편입됩니다. 이에 올해는 전지를 팔고 내년에는 집을 팔고 있으며, 이웃과 친족을 침해하는 폐단이 있어 다른 백성에게 피해가 미치고 있습니다.
— "현종개수실록" —

자료2 영의정 김상철이 아뢰기를 "이 법을 시행해 온 지 이미 30여 년인데 법이 오래되자 폐단이 생기어 13, 4만 냥의 어염세가 지금은 8, 9만 냥에 지나지 않게 되었습니다."라고 하니, 임금이 이르기를, "선대 왕께서 이 법을 만드신 본뜻은 진실로 부세를 고르게 하고 신역(身役)을 감해주어 궁부(宮府)가 일체가 되게 하려는 뜻에서 나온 것이었으나, 법이 오래되자 폐단이 생겨나 손을 쓸 수 없게 된 것이다."라고 하였다.
— "정조실록" —

110

01 통일 신라의 토지 제도

밑줄 그은 ㉠, ㉡에 대한 설명으로 옳은 것을 〈보기〉에서 고른 것은?

- 신문왕 7년(687) 5월에 ㉠관료전을 지급하되 차등을 두었다.
- 신문왕 9년(689) 1월에 내외관의 ㉡녹읍을 혁파하고 매년 조를 내리되 차등이 있게 하여 이로써 영원한 법식을 삼았다.
   — "삼국사기" —

〈보기〉
ㄱ. ㉠ - 5품 이상의 관료가 지급 대상이었다.
ㄴ. ㉠ - 왕권 강화 정책의 일환으로 지급되었다.
ㄷ. ㉡ - 군공을 포상하기 위하여 지급되었다.
ㄹ. ㉡ - 조세 수취와 노동력 징발의 권리가 주어졌다.

① ㄱ, ㄴ ② ㄱ, ㄷ ③ ㄴ, ㄷ
④ ㄴ, ㄹ ⑤ ㄷ, ㄹ

02 고려의 전시과 제도

(가) 제도에 대한 설명으로 옳은 것은?

> 고려의 토지 제도는 대체로 당의 제도를 본받았다. 개간된 농지를 모아서 기름지고 메마른 것을 구분하여 문무백관으로부터 부병(府兵), 한인(閑人)에 이르기까지 등급에 따라 주었으며, 또 등급에 따라 땔감 얻을 땅을 지급하였다. 이를 ___(가)___ (이)라고 하였다.
>   — "고려사" —

① 농민에게 토지를 지급하였다.
② 노동력의 징발 권리까지 주었다.
③ 직역의 대가로 수조권을 지급하였다.
④ 수신전, 휼양전의 명목으로 세습되었다.
⑤ 경기 지역에 한정하여 토지를 지급하였다.

문제 해설

신라는 삼국을 통일한 뒤 전제 왕권을 확립하기 위해 노력하였다. 그 일환으로 신문왕은 귀족 세력의 경제적 기반인 녹읍을 폐지하고 관료전을 지급하였다. 관료전은 귀족들의 기반을 약화시키고 국가 재정을 확충하는 데 도움이 되었지만, 귀족 세력의 반발로 결국 경덕왕 때에 녹읍이 부활하였다. 녹읍은 관료 귀족에게 농민으로부터 조세를 수취하고 토지에 딸린 노동력까지 징발할 수 있는 권리를 부여하였다. 반면, 관료전은 조세 수취의 권한(수조권)만 주어졌다.

바로잡기

ㄱ. 5품 이상의 관료가 지급 대상인 토지는 고려 시대의 공음전이다. 음서와 함께 고려 귀족들의 정치·경제적 특권이 되었다.
ㄷ. 군공을 포상하기 위하여 지급된 것은 식읍이다. 녹읍은 관직의 복무에 대한 대가라면 식읍은 전쟁의 군공과 같은 업적에 따른 대가라 할 수 있다.

비법 암기

통일 신라의 토지 제도 : 관료전 지급·녹읍 폐지(신문왕, 왕권 강화), 정전 지급(성덕왕) → 녹읍 부활(경덕왕, 왕권 약화)

문제 해설

(가) 제도는 전시과 제도이다. 경종 때 처음 실시된 후 문종 때 완성되었다. 전시과로 지급된 토지는 국가에 대한 직역을 담당한 이들이 생계를 유지하도록 하기 위하여 지급된 것이었다. 토지를 지급받은 이는 국가가 거둘 세금을 자신이 대신 거두어 생계를 이었다.

바로잡기

① 전시과는 관리나 국가의 직역을 담당하는 이들에게 토지를 지급하여 생계를 잇도록 한 제도였다. 농민은 직역을 맡지 않았으므로 토지 지급 대상이 아니었다.
② 전시과로 지급된 토지에서는 토지에 부과된 세금을 거둘 권리(수조권)만 인정되었다.
④ 수신전과 휼양전은 고려의 전시과가 아니라 조선의 과전법에 해당하는 설명이다.
⑤ 경기 지역에 한정하여 토지를 지급하였던 것은 역시 조선의 과전법에 해당한다.

비법 암기

고려 전시과의 변천 : 시정 전시과(경종) → 개정 전시과(목종) → 경정 전시과(문종)

정답 | 01 ④ 02 ③

03 조선의 수취 제도

밑줄 그은 '대장'에 대한 설명으로 옳은 것을 〈보기〉에서 고른 것은?

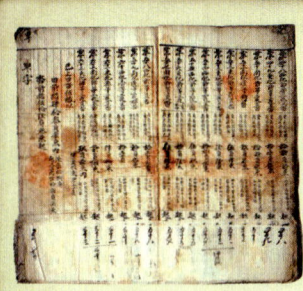

모든 토지는 6등급으로 나누며 20년마다 한 번씩 토지를 다시 측량한 뒤에 대장을 만들어 호조, 해당 도, 해당 고을에 각각 보관한다. 1등전을 재는 한 자의 길이는 주척 4자 7치 7푼 5리에 해당하고, …… 6등전을 재는 한 자의 길이는 주척 9자 5치 5푼에 해당한다.

- "경국대전" -

〈보기〉
ㄱ. 호적을 기준으로 작성되었다.
ㄴ. 가축 및 유실수의 현황도 기재하였다.
ㄷ. 조선 후기 대동세 징수의 근거 자료가 되었다.
ㄹ. 임진왜란으로 대부분 소실되어 재작성에 어려움을 겪었다.

① ㄱ, ㄴ ② ㄱ, ㄷ ③ ㄴ, ㄷ
④ ㄴ, ㄹ ⑤ ㄷ, ㄹ

문제 해설
'모든 토지를 6등급으로 나누어 측량한 뒤 대장에 기록'한다는 내용을 통해 조선 시대의 토지 대장인 '양안'임을 알 수 있다. 토지의 크기와 비옥도 등이 기록되어 있기 때문에 조세 징수의 근거가 되었다. 대동세는 공납을 전세화하며 토지 1결을 기준으로 12두씩 징수한 세금이었기 때문에 양안을 참고하였다. 그리고 임진왜란을 통해 양안이 대부분 소실되어 세금 징수에 많은 어려움이 있었다.

바로잡기
ㄱ. 호적은 마을의 인구 수를 기록한 문서 대장이다.
ㄴ. 가축 및 유실수의 현황까지 기록한 문서는 통일 신라 시기의 민정 문서이다.

🔖 **비법 암기**
조선의 수취 제도 : 전세(전분6등법·연분9등법), 공납(현물 징수), 역(정군과 보인, 토목 공사 동원)

04 조선의 과전법

다음 정책이 반포된 배경으로 적절한 것은?

국가로부터 과전을 지급 받은 관리는 더 이상 농민에게서 조(租)를 직접 거둘 수 없다. 이제부터는 관청에서 그 해의 생산량을 조사하여 조를 거둔 후 관리에게 지급할 것이다.

① 조세의 금납화가 확산되었다.
② 관리들의 수조권 남용이 심하였다.
③ 불법적인 대립과 방군수포가 성행하였다.
④ 권문세족이 불법으로 농장을 확대하였다.
⑤ 도조법으로 소작료를 납부하는 농민이 늘어났다.

문제 해설
제시된 자료의 정책은 성종 때 반포된 관수관급제이다. 조선의 토지 제도는 전·현직 관리에게 과전(수조권)을 지급하고 세습을 금하였다. 그러나 수신전, 휼양전 등 세습전이 증가하며 새로운 관리들에게 지급할 토지가 부족해지자, 세조 때 현직 관리에게만 토지를 지급하는 직전법이 시행되었다. 이러한 과정에서 양반 관료가 수조권을 남용하여 과전 농민에 대하여 과다하게 세금을 징수하는 일이 벌어졌다. 성종은 이 문제를 해결하기 위하여 국가에서 그해의 생산량을 조사하여 직접 세금을 거두고 이를 관리에게 직접 나누어 주는 관수관급제를 실시하였다.

바로잡기
① 조선 후기 대동법의 실시로 세금을 쌀, 무명, 삼베, 동전 등으로 납부하게 되면서 조세의 금납화가 확산되었다.
③ 16세기 이후 수취 체제의 문란이 심하게 나타났다. 특히, 군역을 기피하여 다른 사람을 사서 군역을 대신하게 하는 대립제, 포를 받고 군역을 면제하는 방군수포제 등이 성행하게 되었다.
④ 고려 후기 권문세족들이 불법으로 농장을 확대하고, 세금을 수탈하였다.
⑤ 조선 후기 농민의 지위가 향상되면서 일정한 비율로 소작료를 내던 방식(타조법)을 일정 액수를 정해서 소작료를 납부하는 방식(도조법)으로 바꾸었다.

🔖 **비법 암기**
과전법 : 경기도 지방에 한정, 전·현직 관리, 수신전·휼양전은 세습

05 조선의 직전법

밑줄 그은 '이 법'에 대한 설명으로 옳은 것은?

> 신이 생각하기에 이 법은 국초의 법이 아닙니다. 수신전·휼양전을 폐지하고 이 법을 만드는 바람에 지아비에게 신의를 지키려고 하는 자는 의지할 바를 잃게 되었고, 어버이에게 효도하려는 자는 곤궁해져도 호소할 곳이 없게 되었습니다. 이는 선왕(先王)의 어진 법과 아름다운 뜻을 하루 아침에 없앤 것입니다. 원컨대 전하께서는 이 법을 혁파하고 수신전과 휼양전을 회복하도록 하옵소서.

① 생산량의 10분의 1을 조세로 거두었다.
② 풍흉에 상관없이 4두의 조세를 거두었다.
③ 관리가 퇴직하면 토지를 반납하게 하였다.
④ 현직 관리에게만 전지와 시지를 지급하였다.
⑤ 관리에게 녹봉을 지급하고 수조권을 폐지하였다.

문제 해설
제시된 지문에서 수신전과 휼양전을 폐지한다는 내용을 통해 '이 법'이 직전법임을 알 수 있다. 조선은 초기에 과전법에 따라 전·현직 관리에게 과전을 주었는데, 받은 사람이 죽거나 반역하면 국가에 반환하도록 규정하였다. 그러나 현직 관리에게 지급할 토지가 부족해지자, 세조 때는 현직 관리에게만 과전을 지급하는 직전법을 시행하였다. 직전법 시행 이후 관리는 퇴직을 하면 받은 토지를 국가에 반납해야 하였다.

바로잡기
① 조선의 과전법에 관한 설명이다.
② 조선의 영정법에 관한 설명이다.
④ 고려 문종 때 시행한 경정 전시과에 관한 설명이다.
⑤ 16세기 중엽 명종 때 직전법이 폐지되어 관리에게 수조권을 지급하지 않고 녹봉만 지급하였다.

비법 암기
직전법: 토지 부족으로 현직 관리에게만 지급, 수신전과 휼양전 폐지

06 세종의 공법

다음 왕의 재위 기간에 있었던 경제 상황으로 옳은 것은?

① 모내기법의 확산으로 광작이 나타났다.
② 담배와 인삼 등 상품 작물이 재배되었다.
③ 전국의 장시가 하나의 유통망으로 연계되었다.
④ 전세액이 풍흉에 따라 9등급으로 차등 부과되었다.
⑤ 강경, 원산 등이 전국적 상업 중심지로 성장하였다.

문제 해설
제시된 그림에서 "농사직설"을 왕에게 바치는 것으로 보아 그림에 등장하는 왕은 세종임을 알 수 있다. 조선 초에 토지를 소유한 사람에게 부과하는 조세는 수확량의 10분의 1을 거두는 것이 원칙이었다. 그러나 세종 때에는 농민 부담의 경감과 공평 과세를 위해 토지를 비옥도에 따라 6등급으로 나누고(전분6등법), 풍흉의 정도에 따라 9등급으로 나누어(연분9등법) 조세 액수를 1결당 최고 20두에서 최하 4두를 내도록 하였다.

바로잡기
① 모내기법은 조선 후기에 전국적으로 확대되었고, 이에 따라 광작이 나타났다.
② 조선 후기 일부 농민들은 담배, 인삼 등 상품 작물을 재배하여 시장에 내다 팔아 농가 수입을 올렸다. 17세기 초 일본에서 전래된 담배는 농촌의 소득 증대에 이바지하였고, 인삼은 청과 일본에서도 인기 있는 무역 상품이었다.
③, ⑤ 조선 후기 농업 생산력의 증대와 상품 화폐 경제의 발달에 따라 시장이 확대되고 상업이 발전하였다.

비법 암기
공법: 전분6등법(비옥도), 연분9등법(풍흉) → 최고 1결당 20두, 최하 4두

07 16세기 수취 체제의 문란

다음 사건이 일어났던 시대의 상황으로 옳지 않은 것은?

- 황해도의 도적이 비록 방자하다고 하지만 그 우두머리는 8~9명에 지나지 않으며, 모이면 도적이고 흩어지면 백성이다. - "○○실록" -
- 임꺽정은 양주골 백정이다. …… 경기에서 황해에 이르는 사이의 아전과 백성들이 그들과 은밀히 결탁하여 관에서 잡으려 하면, 번번이 먼저 알려 주었으므로 이 때문에 기탄없이 횡행하여 관에서 막지 못하였다.
  - "연려실기술" -

① 백운동 서원이 소수 서원으로 사액되었다.
② 방납의 폐단으로 농민의 부담이 늘어났다.
③ 예송을 둘러싸고 서인과 남인이 대립하였다.
④ 왕의 외척들의 권력 다툼으로 사화가 일어났다.
⑤ 을묘왜변을 계기로 비변사가 상설 기구가 되었다.

문제 해설
제시된 자료에 '임꺽정'이 등장하므로 해당 시기는 16세기 명종 때이다. 임꺽정은 조선 중기 양주 출신의 백정인데, 계속된 흉년과 관리들의 부패로 민생이 악화되자 관아를 털어 빈민들에게 나누어 주는 의적 활동을 하였다. ① 백운동 서원은 16세기 이황의 건의에 따라 명종으로부터 소수 서원이라는 현판을 받아 최초의 사액 서원이 되었다. ② 16세기 들어 중앙 관청의 서리가 농민 대신 공물을 내고 그 대가를 비싸게 책정하여 농민에게 받아 내는 방납의 폐단이 나타났다. ④ 16세기 명종이 어린 나이로 즉위하자 외척 간의 다툼이 일어나고 을사사화가 발생하였다. ⑤ 명종 때 왜구가 전라도 지방을 침입한 을묘왜변이 일어났다. 이 사건을 계기로 임시 군사 기구였던 비변사가 상설화되었다.

바로잡기
③ 예송은 17세기 조선 현종 때 예학과 관련하여 서인과 남인 사이에서 일어난 논쟁을 뜻한다.

비법 암기
16세기 수취 제도의 문란 : 조세 – 세금을 소작인에게 전가, 공납 – 방납, 군역 – 대립제·방군수포, 환곡 – 고리대로 변질

08 조선의 대동법 ①

밑줄 그은 ㉠의 반응이 나타나게 된 이유로 가장 적절한 것은?

강원도에는 대동법을 싫어하는 이가 없는데, 충청·전라도에는 좋아하는 이와 싫어하는 이가 있습니다. 왜 그렇겠습니까? 강원도에는 토호가 없으나 충청·전라도에는 토호가 있기 때문입니다. …… ㉠이렇게 볼 때 토호들만 싫어할 뿐, 백성들은 모두 대동법의 시행을 좋아합니다.
- 조익, "포저집" -

① 지주들에게 결작을 부과하였기 때문이다.
② 양반의 군역 면제 특권이 사라졌기 때문이다.
③ 일부 상류층에게 선무군관포를 징수하였기 때문이다.
④ 전분6등과 연분9등에 따라 세금을 부과하였기 때문이다.
⑤ 공납의 부과 기준을 가호 단위에서 토지 결수로 바꾸었기 때문이다.

문제 해설
제시된 자료에서 밑줄 그은 ㉠의 반응은 대동법 실시에 따라 나타나게 된 것이다. 조선 후기에 방납의 폐단으로 농민의 부담이 증가하고 이로 인한 농민의 토지 이탈과 국가 재정의 악화되자 이를 개혁하기 위하여 대동법이 등장하였다. 대동법은 공납의 기준을 각 호(戶) 단위에서 토지 1결당 미곡 12두를 징수하는 방식으로 바꾸고, 세금을 납부하는 방식을 토산물(현물) 대신에 쌀, 무명, 돈으로 선혜청에서 징수하게 한 제도이다.

바로잡기
① 균역법 시행으로 감소한 재정을 지주에게 결작으로 토지 1결당 쌀 2두를 내게 하였다.
② 흥선 대원군은 양반에게까지 군포를 징수하는 호포제를 실시하여 양반의 군역 면제 특권은 사라지게 되었다.
③ 균역법이 시행되면서 부족한 재정을 보충하기 위하여 일부 상류층에게 '선무군관'이라는 칭호를 주고 선무군관포를 징수하였다.
④ 조선 전기 세종 때 토지의 비옥도와 그 해의 풍흉에 따라 전세를 부과하였다.

비법 암기
대동법 : 토산물 대신 쌀 1결당 12두로 납부, 납부 기준이 호에서 토지로 바뀜

09 조선의 대동법 ②

밑줄 그은 '이 법'에 대한 설명으로 옳은 것은?

> 현물로 바칠 꿀 한 말의 값은 목면 3필이지만, 방납 모리배들은 4필을 걷고 있습니다. 이 법을 시행하면 대호(大戶)가 원망하고, 시행하지 않으면 소민(小民)이 원망한다는데, 소민의 원망이 더 큽니다. 경기와 강원에서 이미 시행하고 있으니 속히 충청과 호남에도 시행하소서.
> - "효종실록" -

① 농민에게 1년에 군포 1필을 납부하게 하였다.
② 토산물 대신에 토지 1결당 미곡 12두를 거두었다.
③ 전세를 토지 1결당 미곡 4두로 고정하여 징수하였다.
④ 지주에게 결작으로 토지 1결당 미곡 2두를 부담시켰다.
⑤ 요역에 동원할 수 있는 날을 연중 6일 이내로 제한하였다.

문제 해설
제시된 자료의 '이 법'은 '방납', '경기와 강원에서 이미 시행'이라는 내용으로 보아 공납의 문제점을 개선한 대동법이다. 대동법은 방납의 폐단을 시정하기 위하여 공납의 기준을 각 호(戶) 단위에서 토지 1결당 미곡 12두를 징수하는 방식으로 바꾸고, 납부하는 방식을 토산물(현물) 대신에 쌀, 무명, 돈으로 선혜청에서 징수하게 하였다.

바로잡기
① 농민의 과중한 군포 부담을 감소시키고 부족한 국가 재정을 보충하기 위하여 1년에 군포 1필을 납부하는 균역법을 실시하였다.
③ 조선 후기 과중한 조세 부담을 개혁하기 위하여 풍흉에 관계없이 전세를 1결당 4두로 고정하는 영정법을 시행하였다.
④ 균역법의 실시로 나타난 재정 부족을 보충하기 위하여 지주에게 토지 1결당 미곡 2두를 징수하는 결작을 부담시켰다.
⑤ 조선 전기 성종 때 농민의 요역 부담을 감소시키기 위하여 요역에 동원할 수 있는 날을 연중 6일 이내로 제한하였다.

비법 암기
대동법의 결과 : 농민 부담 감소, 공인 등장 → 상품 화폐 경제 발달

10 조선의 균역법

밑줄 그은 '이 법'에 관한 설명으로 옳은 것은?

> 영의정 김상철이 아뢰기를 "이 법을 시행해 온 지 이미 30여 년인데 법이 오래되자 폐단이 생기어 13, 4만 냥의 어염세가 지금은 8, 9만 냥에 지나지 않게 되었습니다."라고 하니, 임금이 이르기를, "선대 왕께서 이 법을 만드신 본뜻은 진실로 부세를 고르게 하고 신역(身役)을 감해주어 궁부(宮府)가 일체가 되게 하려는 뜻에서 나온 것이었으나, 법이 오래되자 폐단이 생겨 손을 쓸 수 없게 된 것이다."라고 하였다.
> - "정조실록" -

① 상공과 별공으로 나누어 거두었다.
② 토지를 기준으로 공물을 징수하였다.
③ 수확량의 10분의 1을 조세로 징수하였다.
④ 재정 부족분을 메우기 위해 결작미를 거두었다.
⑤ 토지 비옥도와 풍흉 정도에 따라 조세 액수를 조정하였다.

문제 해설
제시된 자료에서 어염세의 양이 줄었다는 내용과 부세를 고르게 하고 신역을 감해주고자 하였다는 내용을 통해 밑줄 그은 '이 법'이 균역법임을 유추할 수 있다. 조선 후기 납속이나 공명첩 발행으로 농민 수가 감소하면서 이중, 삼중의 군포를 부과하는 사례가 증가하자 균역법을 시행하여 농민의 군역 부담을 1년에 1필로 줄여 주었다. 균역법 시행으로 감소한 재정은 지주에게 결작으로 토지 1결당 쌀 2두를 부담시켰고, 일부 상류층에게 선무군관이라는 칭호를 주고 군포 1필을 내게 하였다. 이외에도 어장세, 염세, 선박세 등 잡세 수입으로 부족분을 충당하도록 하였다.

바로잡기
① 상공과 별공으로 나누어 거둔 것은 공납이다.
② 토지를 기준으로 공물을 부과한 것은 대동법이다.
③ 수확량이 10분의 1을 조세로 징수한 것은 자영농에게 부과되는 지세 비율이다.
⑤ 세종 때 실시한 전분6등법, 연분9등법에 대한 설명이다.

비법 암기
균역법 : 1년에 군포 2필에서 1필로 줄임, 부족분은 어장세·염세·선박세 등으로 충당

IV 전근대의 경제와 사회

1. 고대 국가·고려의 경제 활동
2. 조선의 경제 활동
3. 전근대의 신분제도와 고대 국가의 사회상
4. 고려와 조선의 사회상

전근대 사회는 시간이 흐를수록 국가의 생산력이 증대되고 경제가 발전하였다. 삼국은 군사력과 재정을 확보하기 위해 수취 제도 정비, 철제 농기구 보급 등을 통해 농업 생산력을 높였다. 고려 시대에는 농업 생산력이 증대하면서 자영 농민이 성장하고 지위도 향상되었으며, 상업과 수공업이 발달하였다. 조선 후기에 이르면 상업 자본이 축적되고 화폐 유통이 확대되면서 상품 화폐 경제가 활발해졌다. 전 시대에 걸쳐 대외 무역도 활발하게 이루어졌는데, 멀리 이슬람 상인들이 한반도에 찾아올 정도였다.

삼국 시대는 신분 제도가 공고한 사회였다. 신라의 골품제는 신라인의 일상생활까지 규제하는 기준으로 기능하였다. 고려 시대도 귀족, 중류층, 양민, 천민으로 신분을 구분하였다. 하지만 제한적인 신분 상승의 길도 열렸다. 조선 시대에는 양 난을 겪은 뒤 신분제의 동요가 극심해졌다.

조선 후기에는 양반층의 급격한 증가, 중인과 부농층의 성장, 상민층의 격감, 도망 노비의 증가 등 신분제의 변동이 발생하였다. 이는 근대 사회로 이행하는 과정이었다.

기출 문제 출제 포인트

전근대의 경제 활동	고대 국가의 경제 활동	남북국 시대의 대외 무역 (11회, 14회)
		발해의 경제생활 (12회)
	고려의 경제 활동	대외 무역 (12회, 14회, 15회)
		고려의 화폐 (3회, 9회, 13회)
		고려 말 농민의 경제생활 (12회)
	조선 전기의 경제 활동	조선 전기의 농업 발달 (4회)
		조선 전기의 경제생활 (13회)
		조선 전기의 대외 무역 (3회)
	조선 후기의 경제 변화	조선 후기 농업의 변화 (6회, 9회, 10회)
		상품 작물의 재배 (5회, 10회)
		조선 후기 경제상의 변화 (13회, 14회, 15회, 16회)
		장시의 발달 (6회)
		조선 후기의 상업 (2회, 6회, 8회, 20회)
		조선 후기의 화폐 (2회, 5회, 8회)
		조선 후기의 광업 (4회)
		조선 후기의 대외 무역 (4회)
전근대의 사회 모습	고대 국가의 사회 모습	신라의 골품제 (12회, 16회)
		신라의 화랑도 (15회)
		통일 신라 시대 귀족의 생활상 (3회)
		신라의 명절 (21회)
	고려의 사회 모습	사회 구호 제도 (2회, 12회)
		향도의 특징 (6회, 12회)
		가족 제도와 여성의 지위 (11회, 12회)
		신분 제도 (2회, 6회, 9회)
	조선의 사회 모습	조선 전기의 사회상 (3회, 16회, 17회)
		조선 전기의 가족 제도 (4회, 8회)
		조선 후기의 사회상 (6회, 11회 13회, 16회)
		조선 후기의 가족 제도 (2회)
		조선 시대 서얼 (9회, 10회, 17회)
		조선 후기 신분제의 동요 (3회, 10회, 12회, 16회, 17회, 19회)
		조선 후기 향촌의 변동 (7회, 8회, 11회, 19회)

*4회부터 1급과 2급이 고급으로 통합됨. 1회는 고급 미시행

순천 송광사 고려 고문서-노비첩(위), 대장간(아래)

1 고대 국가·고려의 경제 활동 | IV 전근대의 경제와 사회

자료 읽기

○ 삼국의 대외 무역

출제 예감

청해진 대사 장보고의 활동

귀하를 뵌 적은 없으나 높으신 이름을 오래 전에 들었기에 흠모하는 마음이 더욱 깊어만 갑니다. …… 부족한 이 사람은 다행히도 대사께서 세우신 이곳 법화원에 머무를 수 있었던 것을 말로 다할 수 없이 감사하게 생각합니다. 저는 은혜를 입고 있으면서도 멀리 떨어져 찾아뵙지 못하였습니다.
— 엔닌, "입당구법순례행기" —

➔ 장보고는 완도에 청해진을 설치하여 일대의 해상권을 장악하였다. 당 – 신라 – 왜를 연결하는 국제 무역을 주도하며 해상 군진으로 세력을 형성했다. 또한 산둥 반도에 법화원을 세워 신라인의 친목과 단결을 꾀하였다. 그는 신무왕의 즉위에 공을 세웠으나 귀족의 견제를 받아 살해당했다.

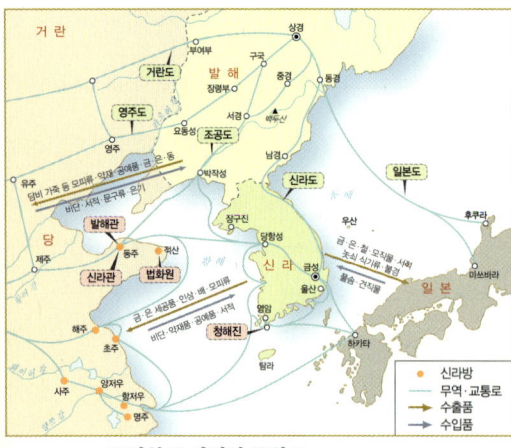

○ 남북국 시대의 무역로

구분		삼국	통일 신라, 발해
농업	농업 기술	• 철제 농기구 보급(4~5세기경) • **우경(牛耕)**: 소를 이용한 경작, 신라 지증왕 때 기록에 처음 등장 • 휴한농법: 퇴비를 만드는 기술(시비법) 미발달 → 휴경	〈통일 신라〉 • 철제 농기구 확대(쟁기, 호미, 보습, 따비) • 우경 확대 • 휴경 일반화 〈발해〉 • 밭 농사 중심, 말 수출, 수렵 발달
	농민 생활	• 재해와 고리대, 전쟁에 시달림 → 노비, 유랑민, 도적으로 전락 • **진대법**(고구려 고국천왕): 춘대추납 제도	• **정전** 지급(성덕왕): 국가가 농민과 토지 직접 지배, 귀족의 자의적 수탈 배제 • **민정** 문서(청주 **서원경**): 조세·공물 징수를 위한 기초 자료, 3년마다 작성 • 향·부곡민은 농민보다 더 많은 공물 부담
	귀족 생활	• **녹읍·식읍**(신라) ┌ 조세·공물·역 징수, 세습 가능 └ 녹읍·식읍에 딸린 노동력은 군사력으로 전환 가능 → 귀족 세력 강화, 왕권 약화	• **관료전** 지급(신문왕): 수조권 지급, 세습 불가 → 귀족 세력 약화, 왕권 강화 • 녹읍 폐지(신문왕) • 녹읍 부활(경덕왕) • 호화 별장인 금입택 소유
상업	상업	• 생산력 수준 낮아 큰 도시에서만 시장 형성(정부와 지배층의 필요) • 경주에 시장 개설(5세기 말) • **동시전**(동시 감독, 6세기 초 지증왕)* **동시** 개설(경주)	• 삼국 통일 후 경주에 서시, 남시 추가 설치
	무역	• 왕실과 귀족의 필요에 의해 공무역 형태로 실시 • 고구려: 남북조·북방 유목민과 무역 • 백제: 남중국·왜와 무역 • 신라: 고구려·백제를 통해 중국과 무역 → 진흥왕 때 한강 유역 진출 이후 **당항성**을 통해 중국과 직접 교역	〈통일 신라〉 • 대당 무역: 8세기 초 무역 재개, 공무역뿐 아니라 사무역도 발달 • 당과의 교역 활발* ┌ **신라방·신라촌** │　(집단 거주지, 산둥 반도와 양쯔강 하류) ├ **신라소**(자치 기구) ├ **신라관**(숙박소·여관) └ **신라원**(사찰) • 장보고(해상 군진 세력)의 활약 ┌ 해적을 소탕 │　→ 남해와 황해의 해상 무역권 장악 ├ **청해진**(전남 완도, 흥덕왕 때 설치) └ **법화원**(신라원, 산둥 반도 적산촌) • 울산항(국제 무역항): 이슬람 상인 왕래 ＊황남대총의 유리병, 처용가 〈발해〉 ┌ **발해관**(산둥 반도 등주)* └ **일본도, 신라도**
수공업		• **노비** 수공업: 노비들이 무기와 장신구 생산(초기) → 담당 관청 설치, 수공업자 배정(체제 정비 후)	• **관영** 수공업(노비)

118

★ Best 기출
- 삼국·남북국의 경제 활동: 진대법 | 신라의 동시전 설치 | 남북국 시대의 대외 무역
- 고려의 경제 활동: 이앙법 보급 | 의창과 제위보 설치 | 경시서 설치 | 벽란도 | 고려의 화폐

구분		고려
농업	농업 기술	• 호미와 보습 등의 농기구와 종자 개량 • 소를 이용한 깊이갈이의 일반화 • 시비법 발달(가축의 배설물을 거름으로 사용) → 휴경지 감소 • 문익점이 원으로부터 목화씨 전래(공민왕) → 정천익이 목화 재배 성공 → 목화 재배 지역 전국적으로 확산(조선 전기) • "농상집요": 이암이 원의 농서 소개(고려 후기)
	논	• **이앙법 도입**(고려 말)★
	밭	• 밭농사에 윤작법(2년 3작) 보급
	농민 생활	• 자영농: 자기 소유지인 **민전** 경작, 국가에 조세 납부(생산량의 1/10) • 소작농: 국·공유지나 타인의 소유지 경작, 소작료 납부 • 황무지 개간 　─ 국가에서 일정 기간 소작료나 조세 감면 　─ 주인이 있으면 소작료 감면, 없으면 개간한 사람의 토지로 인정 • 자영농의 몰락(고려 후기): 권문세족의 대농장 소유, 지나친 세금 수취, 자연재해 → 소작농·노비로 전락
	귀족 생활	• 경제 기반 　─ 대대로 상속 받은 토지, 노비, 과전, 녹봉 → 농장 소유 　─ 과전(생산량의 1/10 수취), 사유지(소작료로 생산량의 1/2 징수) • 경제 기반 확대: 권력과 고리대를 이용(토지 강탈, 헐값 매수, 개간) • 외거 노비에게 매년 신공으로 베와 곡식 수취
상업	관허 상인	• 시전: 개경에 **시전** 설치 → 관청과 귀족들이 주로 이용 • **경시서**: 상행위 감독 기관★ • 관영 상점: 개경·서경·동경 등에 서적점·약점·주점·다점 설치 • **소금 전매제** 시행(충선왕)
	무역	• 송: 비단·서적 수입, 은·수공업품(종이·먹)·토산물(인삼) 수출 • 거란·여진: 은을 수입하고 농기구·곡식 수출 • 왜: 황·수은을 수입하고 곡식·인삼·서적 수출 • **벽란도**★　─ 예성강 하구에 있는 국제 무역항 　　─ 송·왜·아라비아 상인(대식국인) 왕래, 대송 무역 활발 　　─ 아라비아 상인을 통해 고려의 이름이 알려짐 *은의 경로: 거란·여진 → 고려 → 송
	화폐 유통	• 화폐 발행★ → 실패(도시에서도 다점이나 주점 등에서만 사용) 　─ 철전: **건원중보**(성종) 　─ 동전: **삼한통보·해동통보·해동중보** 　　(숙종, 승려 의천의 건의에 따라 주전도감 설치) 　─ 은전: **활구**(은병) 　─ **저화**: 우리나라 최초의 지폐(공양왕) • 일반적인 거래에서는 여전히 곡식이나 삼베 사용
	수공업	• 전기 ─ 관청 수공업(장인을 공장안에 올림, 농민을 부역으로 동원해 보조) 　　　 ─ 소 수공업(특수 구역인 소에서 금·은·철·구리 등 광물과 먹·종이 등의 수공업품, 차·생강 등 생산, 공물로 납부) • 후기 ─ 민간 수공업(농촌의 가내 수공업) 　　　 ─ 사원 수공업(승려와 노비 중심, 베·모시·기와·술·소금 등 생산)

자료 읽기

고려 시대 화폐

❶ 건원중보(철전), ❷ 해동통보(동전), ❸ 활구(소은병) | 우리나라의 지형을 본떠 은 한 근으로 만든 화폐이다. 활구 하나가 포 100여 필에 해당될 정도로 높은 가치를 지녔다.

출제 예감

고려의 화폐 경제

숙종 9년(1104) 7월에 주, 현에 명령하여 미곡을 내어 주식점(酒食店)을 열게 하여 백성들에게 사고팔고 할 것을 허락하여 화폐의 유리함을 알도록 하였다. 당시 화폐가 통용된 지 3년이나 되었지만 백성들이 가난하여 활발하게 통용시킬 수가 없었으므로 이러한 명령을 내렸다.
— "고려사" —

출제 예감

국제 무역항 벽란도

국신사(國信使)가 우리나라에 왔다. 항구에 도착하여 다음과 같은 공문을 접반소에 보내왔다. "우리가 지금 황제의 명령을 받들고 벽란정(碧瀾亭)으로 가려 합니다. 만일 연회가 있으면 우리가 참석은 하되 음악을 그만둘 것이며, 주시는 의복과 화주도 사양하겠습니다.
— "고려사" —

➡ 국신사는 고려와 송 사이를 오가던 사신을 이르는 말이다. 거란·여진이 육로를 가로막고 있어 고려와 송의 교류는 해로를 통해 이뤄졌다. 벽란도는 개경과 가까워 국제 무역항으로 번성하였다.

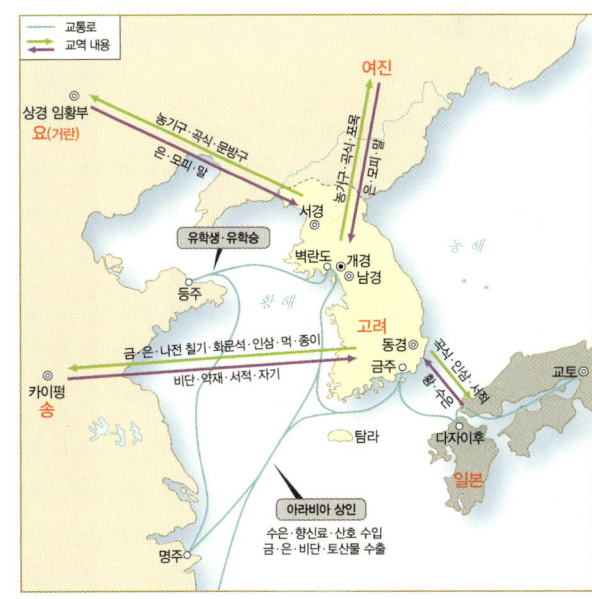

○ 고려의 대외 무역

2 조선의 경제 활동 | IV 전근대의 경제와 사회

자료 읽기

조선 전기 농서

○ "농사직설"

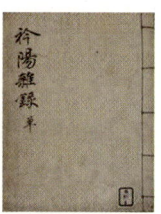
○ "금양잡록"

의창	• 고려 성종 때 설치 → 조선이 다시 설치 • 무료로 혹은 이자 없이 원곡만 돌려받고(환곡) 백성들에게 곡식을 나누어 줌
상평창	• 고려 성종 때 설치된 물가 조절 기관 • 조선 후기에 의창을 대신하여 환곡까지 담당함(10분의 1 이자)
사창	• 의창의 운영이 어려워지면서 세조 7년에 민간이 그 역할을 함 • 지방의 사림이 운영 주도하였기 때문에 사림이 성장하는 경제적 기반이 됨

○ 고려와 조선의 사회 시설

○ 조선통보 | 화폐 정책의 모순과 화폐 원료의 공급난 등을 이유로 폐지되었다.

출제 예감

이앙법(모내기법)

자료 1 논농사가 특히 한해를 입는 것은 파종하는 방법을 버리고 오직 이 농법만 숭상하기 때문입니다. 우리나라에서는 중고 이후에 남도에서 시작되어 다른 도가 모두 본받아 이제는 보편적인 방법이 되었습니다.

자료 2 이앙법은 본래 그 금령이 지극히 엄한데, 근래 소민(小民)들이 농사를 게을리하고 이익을 탐하여 광작을 하며, 그 형세가 늘어나 지금은 여러 도에 두루 퍼져 있으니 모두 금지하기 어렵다.
— "비변사등록" —

자료 3 이른바 이앙법의 이(利)라는 것은 봄보리를 갈아먹고 물을 몰아 모내기를 하여 벼를 수확하니 1년에 두 번 농사지음이 그것이다.
— "석천유집" —

➡ 이앙법은 고려 후기에 도입, 조선 전기에 남부 일부 지방에 보급되었다가, 조선 후기에 전국에 보편화되었다. 가뭄이 들면 한 해 농사를 망칠 수 있어 국가에서는 금지하였으나 노동력 절감, 소득 증대 등의 이익이 커 점차 널리 퍼졌다.

구분		조선 전기

농업	농업 기술	• "농사직설"(세종 때 간행, 자주적)★
		  ┌ 농민의 실제 경험 반영
		  ├ 우리 풍토에 맞는 농법 소개(씨앗 저장법, 토질 개량법, 이앙법 등)
		  └ 자주적
		• "금양잡록"(성종 때 간행, 강희맹이 금양(경기도 시흥)에서의 농사 경험 바탕으로 농법 정리)
		• "구황촬요"(명종 때 간행, 나무껍질 가공법 등 구황 방법 보급)
		• 밑거름과 덧거름을 주는 시비법 발달(가축의 배설물을 거름으로 사용) → 휴경지 소멸

	논	• 직파법 일반화(볍씨를 논에 직접 뿌리는 방식) 이앙법 보급(남부 일부): 벼·보리의 이모작 가능 → 단위 면적당 생산량 증대 *봄 가뭄 우려로 국가에서는 이앙법(모내기법) 금지
	밭	• 조, 보리, 콩의 2년 3작
	농민 생활	• 타조법(정률제, 병작반수): 소작농은 지주에게 신분적으로 예속(지주전호제)★ • 환곡 제도(의창 → 상평창): 춘궁기에 곡식을 빌려 추수 후에 갚음 • 사창 제도 • 자연재해, 고리대, 세금 부담, 지주제 확대 → 자작농에서 소작농으로 변화, 몰락 농민 증가

	귀족 생활	• 과전법(고려 공양왕) → 직전법(세조) → 녹봉제(명종)
		• 대부분 지주였던 양반의 주 수입원은 토지와 노비
		  ┌ 자기 소유의 토지는 노비가 직접 경작, 또는 소작농에게 주어 병작반수
		  └ 솔거 노비는 집안 잡역 담당, 외거 노비는 주인과 따로 살며 매년 신공을 납부

상업	관허 상인	• 시전 상인(육의전): 운종가(종로)에 위치, 정부에서 조성한 점포를 빌려 상업 활동, 왕실이나 관청에 물품을 공급, 특정 상품에 대한 독점 판매권을 받음 • 경시서 → 평시서: 물가 조절, 세금 징수, 불법적인 상행위를 감시·통제하는 관청
	지방 상업	• 중농억상 정책으로 상업 부진 • 장시(보부상 등장): 15세기 후반 남부 지역에서 등장 → 16세기 중엽 전국적 확대

	무역	• 명 ┌ 사신 왕래 시 공무역과 사무역 전개★
		    ├ 조선은 금·은·종이·붓·인삼 조공
		    └ 명은 비단·자기·약재·서적·문방구를 회사품으로 보냄
		• 여진 ┌ 경원·경성에 무역소 설치
		      └ 여진족은 말·모피 등 토산물을 가져와 농기구·식량과 교환
		• 왜(왜관 무역): 구리·유황·향료·약재 가져오면 쌀·면포·서적을 답례품으로 하사
		*대마도 정벌(세종) → 단교 → 왜의 요청으로 3포 개항(부산포·제포·염포, 1426)
		계해약조(1443, 세종): 제한된 범위 내에서 교역 허락(세견선 입항 허가)

	화폐 유통	• 저화(태종), 조선통보(세종) 발행★ → 쌀·무명을 주로 사용 → 유통 부진

수공업·광업	수공업	• 전기: 부역제에 바탕을 둔 관영 수공업, 장인을 공장안에 등록★
		    ↓ 부역제 해이, 상품 화폐 경제 발달, 도시 인구 급증,
		          대동법 시행에 따른 관수품 증가
		• 후기: 민영 수공업 발달

	광업	• 관영 광업(17세기 이전)

> ★ Best 기출
> ● 조선 전기 경제 활동 : 남부 일부 이앙법 | "농사직설" | 저화·조선통보 발행 | 대외 무역 ● 조선 후기 경제 활동 : 이앙법의 보편화 | 상품 작물의 재배 | 장시의 발달 | 각 지역의 거상 | 선상·객주·여각 | 대외 무역 | 상평통보의 유통 | 전황 | 선대제 수공업 | 민영 광업의 증가

구분		조선 후기
농업	농업 기술	• **이앙법**(모내기법) 보편화★ — 저수지·보 등 수리 시설(제언 시설) 증가(정조 때 "제언절목" 반포, 1778) — 쌀·보리 **이모작** 가능 → 생산력 증대 — **광작** 가능★: 노동력 절감으로 1인당 경작지 규모 확대 → **부농층**과 **임금 노동자**(이촌향도 현상, 광산이나 포구로 이주)로 농민층 분화 — **보리 농사** 선호(∵소작료 수취 대상에서 제외)
	밭	• **상품 작물** 재배 활발 ┌ 쌀·목화·채소·담배·약초·모시·생강·고구마 └ **쌀의 상품화** → 밭을 논으로 바꾸는 현상 활발 • 농종법(작물을 밭이랑에 심는 법) → 견종법(밭고랑에 심는 법)
	농민 생활	• **도조법**(정액제): 지주·소작농은 신분적 관계에서 경제적 계약 관계로 변화 • 광작 농민의 소작 쟁이 → 소작권·도지권(영구적 소작권) 인정, 소작료 인하
상업	관허 상인	• 시전 상인: 특정 품목을 독점 판매하는 대신 국가의 필요한 물품 납부 • **공인**: 관에 납품, 대동법과 함께 등장 • 보부상: 장시를 거점으로 활동
	지방 상업	• **장시**의 발달(보부상의 활약, 전국의 장시가 하나의 유통망) — 인근 장시와 연계하여 하나의 시장권 형성(18세기 중엽 전국에 1,000여 개소 개설) — 정부는 장시 발전 억제하나 일부는 정기 시장으로 발전(5일장) — 대도시 장시는 상설 시장화(→ 광주 송파장, 은진 강경장, 덕원 원산장, 창원 마산포장)
	사상	• **난전**(허가받지 않고 장사하는 상점)★ — 이현(동대문), 종루(종로), 칠패(남대문) — **신해통공**(정조, 1791): 육의전을 제외한 시전의 금난전권(난전 단속권) 폐지 • 거상(지방의 대상인)★ — 의주의 **만상**(청과 무역) — 개성의 **송상**(전국에 송방 설치, 인삼 거래, 대외 무역 관여, 중계 무역) — 한양의 **경강상인**(서해통 ↔ 한강, 미곡·소금·어물 운반) — 동래의 **내상**(일본과 무역) • 중도아: 시전에서 물건을 떼다가 파는 중간 도매상 • **선상**: 선박을 이용한 물품 거래(미곡을 운반하는 경강 상인 등) • **객주·여각**: 포구나 큰 장시에서 활동(위탁 판매, 매매 주선, 운송·보관·숙박·금융) • 포구 발달: 강경포, 원산포 → 선상, 객주, 여각 활동
	무역	• 대외 무역 발달★ — **개시**(공무역): 교역 품목과 물량 통제, 중강·회령·경원 개시(청), 왜관 개시(왜) — **후시**(사무역): 중강·책문 후시(청, 만상), 왜관 후시(왜, 내상) → 송상(중계 무역)
	화폐 유통	• **상평통보** 유통(숙종 때 사용, 17세기 말 전국적 유통)★ • **전황**: 시중에 화폐 부족(지주나 대상인들이 화폐를 고리대나 재산 축적에 이용) → 화폐 가치 상승, 물가 하락(이익은 "성호사설"에서 동전 폐지론 주장) • 상품 화폐 경제 발달: 환이나 어음 등 신용 화폐 점차 보급

수공업·광업	수공업	• **민영 수공업** 발달 ─ 공장안 폐기
		                       ├ **선대제** 수공업(상인의 주문 → 자금과 원료를 미리 받아 제품 생산)★
		                       └ 독립 수공업자 형성(18세기 후반)

	광업	• 민영 광업 증가의 배경 — 민영 수공업 발달로 원료인 광물 수요 급증 — **설점수세제**(민간의 광산 채굴 허용, 세금 징수) 시행(17세기) → 광산 개발 금지로 **잠채**(몰래 채굴) 성행 — 청과의 무역으로 **은광** 개발 활발 • **물주**(투자자)와 **덕대**(경영 전문인)의 **분업**(→ 채굴업자, 채굴 노동자, 제련 노동자 고용)

자료 읽기

출제 예감

상품 작물의 재배

밭에 심는 것은 9곡(穀)뿐만이 아니다. …… 서울 내외의 읍과 도회지의 파밭, 마늘밭, 배추밭, 오이밭에서는 10무(畝)의 땅으로 수백 냥을 번다. 서쪽 지방의 담배밭, 북쪽 지방의 삼밭, 한산 지방의 모시밭, 전주의 생강밭, 강진의 고구마밭은 다 상상등(上上等)의 논보다 그 이익이 10배에 달한다. — "경세유표" —

난전의 성행

근래에 무뢰한 자들이 작당해서 남문 밖 칠패에 마음대로 난전을 개설하여 아침에 모였다가 저녁에 흩어집니다. 인마(人馬)가 숲을 이루며, 무수한 물종을 매매하고 있습니다. 이들이 거래하는 어물의 양은 어물전의 거래량보다 10배나 많습니다.

금난전권의 폐지

좌의정 채제공이 왕께 아뢰기를, "평시서로 하여금 30년 이내에 신설된 시전을 모두 혁파하게 하십시오. 그리고 형조와 한성부에 명하여 육의전 이외에는 금난전권을 행사하지 못하게 하십시오. 그러면 상인들은 자유롭게 매매하는 이익이 있을 것이고 백성들은 생활이 궁색하지 않을 것입니다."라고 하였다. — "정조실록" —

전황과 이익의 폐전론

[자료1] 최근에 전황이 심합니다. 신의 생각에 이것은 부상대고들이 때를 타서 화폐를 숨겨 반드시 이익을 노리고자 한 것으로 보입니다. — "비변사등록" —

[자료2] 지금 돈을 사용한 지 겨우 70년 밖에 되지 않았으나, 폐단이 더욱 심하다. 돈은 탐관오리에게 편리하고, 사치하는 풍속에 편리하고, 도둑에 편리하나, 농민에게는 불편하다. — "성호사설" —

○ 조선 후기 상업과 무역 활동

01 남북국 시대의 대외 무역

지도의 (가)~(마) 지역에서 볼 수 있는 모습으로 적절하지 않은 것은?

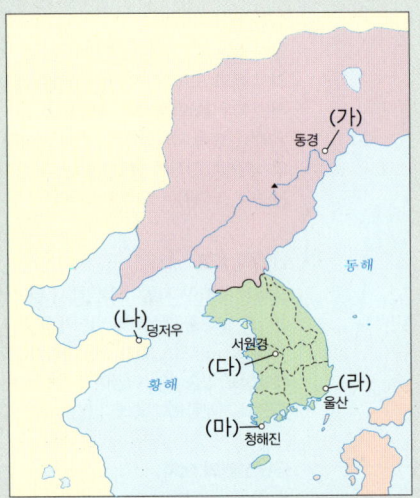

① (가) – 사신을 따라 장사하러 온 일본 상인
② (나) – 신라원에서 불공을 드리는 신라인
③ (다) – 민정 문서를 작성하는 촌주
④ (라) – 서역의 물건을 가져온 이슬람 상인
⑤ (마) – 동시전에서 시장을 감독하는 관리

문제 해설
제시된 지도는 남북국 시대의 주요 지역을 나타낸 것이다. ① 발해는 신라를 견제하기 위해 일본과 외교 관계와 무역을 중시하였는데, 사신과 더불어 상인들이 동행하여 무역을 하기도 하였다. ② 덩저우가 있는 산둥 반도에는 신라인의 집단 거주지인 신라방과 신라촌, 자치 기구인 신라소, 숙박소인 신라관, 사찰인 신라원 등이 만들어졌다. ③ 일본 도다이사에서 발견된 통일 신라의 민정 문서에는 서원경 근처에 있던 4개 촌락의 모습이 기록되어 있다. ④ 울산항은 당시의 국제 무역항으로 이슬람 상인들도 왕래하였다.

바로잡기
⑤ (마)의 청해진은 지금의 완도 옆에 있는 작은 섬인데, 당시 장보고가 중국 및 일본과의 해상 무역을 위한 기지로 활용하였다. 동시전은 삼국 시대부터 금성(경주)에 있었던 시장이다.

비법 암기
남북국 시대 서역과의 교류 : 국제 무역항인 울산항을 통해 사치품 수입, 이슬람 상인 왕래

02 발해의 경제생활

밑줄 그은 '북국'의 경제생활에 대한 설명으로 옳은 것을 〈보기〉에서 고른 것은?

- 원성왕 6년 3월 사신을 <u>북국(北國)</u>에 보내 빙문(聘問)하였다. …… 요동 땅에서 일어나 고구려의 북쪽 땅을 병합하고 신라와 더불어 경계를 서로 맞대었지만, 교빙한 일이 역사에는 전하는 것이 없었다. 이때에 와서 일길찬 백어를 보내어 교빙하였다. - "동사강목" -
- 헌덕왕 4년 가을 9월 급찬 숭정을 <u>북국(北國)</u>에 사신으로 보냈다. - "삼국사기" -

〈보기〉
ㄱ. 관청 수공업과 소 수공업이 발달하였다.
ㄴ. 밭농사가 중심이었고 일부 지역에서는 벼농사도 지었다.
ㄷ. 모피, 인삼 등 토산물과 불상, 자기 등 수공업품을 수출하였다.
ㄹ. 금입택이 유행하자 금 사용을 억제하는 교서가 내려지기도 하였다.

① ㄱ, ㄴ ② ㄱ, ㄷ ③ ㄴ, ㄷ
④ ㄴ, ㄹ ⑤ ㄷ, ㄹ

문제 해설
고구려의 북쪽 땅을 병합하고 신라와 경계를 맞댄 북국이라는 점에서 고구려를 계승한 발해임을 알 수 있다. 발해는 9세기 사회가 안정되면서 농업, 목축업, 상업이 발달하였다. 발해에서는 기후 조건의 한계로 콩, 조, 보리, 기장 등을 재배하는 밭농사가 중심이었고, 일부 지역에서는 벼농사를 짓기도 하였다. 발해의 대외 무역은 주로 사신이 왕래하면서 예물을 교환하거나 사신과 동행한 상인들이 직접 교역하는 방식으로 이루어졌다. 발해의 수출품은 주로 모피, 인삼 등 토산물과 불상, 자기 등 수공업품이었고, 수입품은 귀족을 위한 비단, 책 등이었다.

바로잡기
ㄱ. 관청 수공업과 소 수공업은 고려 시대의 수공업에 해당한다.
ㄹ. 통일 신라의 귀족들은 금을 입힌 저택을 소유함으로써 자신의 부를 과시하기도 하였다.

비법 암기
발해의 무역 : 당(비단·서적 수입, 모피·인삼 수출, 발해관 설치), 일본(일본도), 신라(신라도)

03 고려의 대외 무역

다음 글을 통해 알 수 있는 시기의 경제 상황으로 옳지 않은 것은?

> 배가 예성항에 도달하고 나서 닻을 내리면 사람들이 배를 가지고 와서 맞이한다. 사자(使者)가 조서를 받들고 상륙하면 벽란정에 들어가서 조서를 봉안하는 일을 끝내고 물러가 숙소에서 쉰다.
> 이튿날 군대의 의장이 앞에서 인도하는 데 여러 의장 가운데서 신기대가 먼저이고, 조서가 당도하는 것을 기다려서 나머지 의장들과 연접해 가지고 성으로 들어간다.

① 송나라에 인삼을 수출하였다.
② 고액 화폐인 은병이 유통되었다.
③ 주점, 다점 등의 관영 상점이 있었다.
④ 목화 재배 지역이 전국적으로 확산되었다.
⑤ 사원에서 베, 모시 등의 제품을 생산하기도 하였다.

04 고려의 화폐

다음 자료와 관련된 화폐로 옳은 것은?

> - 주전도감에서 왕에게 아뢰기를, "백성들이 비로소 돈을 사용하면 이익이 있고, 편리하다는 것을 알았으니, 이 사실을 종묘에 고하십시오."라고 하였다.
> - 왕이 이르기를, "백성들을 부유하게 하고, 나라를 이롭게 하는 것은 돈보다 더 중요한 것이 없다. 서북 두 나라에서는 화폐를 사용한 지가 이미 오래인데, 우리나라만 아직 사용하지 않고 있다. …… 주조한 화폐 1만 5천 꿰미를 재추와 문무 양반 및 군인들에게 나누어 주어 돈을 통용하게 하라."라고 하였다.

문제 해설
제시된 자료에서 '예성항', '벽란정'을 통해 고려 시대임을 알 수 있다. 고려는 송과 가장 활발하게 교역하였는데, 서해안의 해로를 통해 송으로부터 각종 비단과 약재, 서적 등 왕실과 귀족의 수요품을 수입하고 종이, 인삼 등을 수출하였다. 고려의 상업은 대도시를 중심으로 이루어졌고, 대도시에는 서적점과 약점, 주점, 다점 등 관영 상점도 열었다. 상업 활동이 활발해지면서 삼한중보, 해동통보, 해동중보 등의 동전과 고액 화폐인 은병(활구)이 유통되었다. 민영 상업 및 수공업은 아직 발달하지 않았으나 불교가 번성하면서 사원 수공업이 발달하였다.

바로잡기
④ 목화 재배는 고려 시대에 시작되었지만, 조선 전기에 이르러 전국으로 확산되었다.

비법 암기
고려의 대외 무역 : 국제 무역항인 벽란도 번성. 송·거란·여진·일본·아라비아와 교류

문제 해설
제시된 자료에서 '우리나라만 아직 (화폐를) 사용하지 않았다', '재추'라는 표현에서 고려 시대의 화폐 유통에 관한 자료임을 유추할 수 있다.
① 해동통보는 고려 숙종 때 만들어 유통한 화폐이다. 이외에도 동국통보, 건원중보, 삼한통보 등이 있다.

바로잡기
② 조선 세종 때 주조한 조선통보이다.
③ 조선 효종 때 발행한 십전통보이다.
④ 조선 역사상 가장 오래, 그리고 널리 통용된 상평통보이다.
⑤ 조선 고종 때 대외 무역에 사용할 목적으로 주조한 대동전이다.

비법 암기
고려의 화폐 : 자급자족적 경제 상황 → 화폐가 널리 유통되지 못함

05 고려 말 농민의 경제생활

밑줄 그은 ㉠~㉤과 관련한 동이의 활동으로 옳지 않은 것은?

> 농부인 동이는 권문세족에게 땅을 빼앗긴 후 지주의 토지를 빌려 농사를 지었다. 가족들과 함께 인근의 ㉠황무지를 개간하고 부지런히 노력한 끝에 ㉡민전을 갖게 되었다. 동이는 소를 이용하여 ㉢깊이갈이를 하였고, 호미로 김을 매었으며 퇴비를 만들어 논밭에 뿌렸다. ㉣이러한 농업 기술은 당시로서는 매우 선진적인 농법으로서 ㉤경작 방식에도 큰 변화를 가져왔다.

① ㉠ - 일정 기간 세금을 면제받았다.
② ㉡ - 생산량의 10분의 1을 조세로 납부하였다.
③ ㉢ - 지력을 빨리 회복시켜 수확량을 증가시켰다.
④ ㉣ - 「농사직설」을 통해 익혔다.
⑤ ㉤ - 밭에서 2년 3작의 윤작을 하였다.

문제 해설
제시된 자료에서 권문세족에게 땅을 빼앗긴다는 내용을 통해 고려 말기의 상황임을 알 수 있다. 고려 시대에는 중농정책의 일환으로 개간을 적극 장려하여 일정 기간 세금을 면제해 주었다. 또 황무지의 주인이 나타나지 않을 경우에는 소유권을 인정해 주기도 하였다. 개인이 소유권을 갖고 있는 민전의 경우에는 국가에 수확량의 10분의 1을 조세로 납부하였다. 한편, 소를 이용한 깊이갈이와 시비법이 발달하면서 농업 생산력이 증대하였다. 밭농사에는 2년 3작의 윤작법이 점차 보급되었다.

바로잡기
④ "농사직설"은 조선 전기에 편찬된 농법서이다. 이 책은 농민의 실제 경험이 반영되어 우리나라 풍토에 맞는 독자적인 농법이 소개되어 있다. 고려 시대에는 이암이 원의 농서인 "농상집요"를 소개하여 농업 발달에 기여하였다.

비법 암기
고려 후기 농업 기술 발달: 시비법 발달, 2년 3작의 윤작법 확산, 이앙법 보급, 수리 시설 발달, 목화씨 도입, "농상집요" 소개

---

06 조선 전기의 경제

(가) 시기에 볼 수 있는 장면으로 적절한 것은?

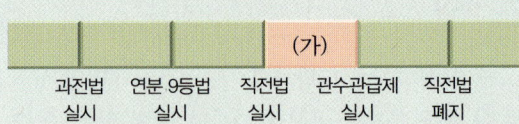

과전법 실시 → 연분 9등법 실시 → 직전법 실시 → (가) 관수관급제 실시 → 직전법 폐지

① 군인전을 경작하는 직업 군인
② 수신전을 받아 생활하는 미망인
③ 평양 주변의 과전을 둘러보는 관리
④ 시지(柴地)에서 땔감을 나르는 노비
⑤ 과전의 수확량을 조사하는 전주(田主)

문제 해설
제시된 도표의 (가) 시기는 직전법을 실시한 세조 때부터 관수관급제를 실시한 성종 때 이전까지에 해당한다. 과전법은 전·현직 관리에게 경기 지방의 토지를 과전으로 지급하고 수조권을 부여하는 제도이다. 세습이 불가능하였으나 수신전, 휼양전의 명목으로 과전 일부를 다시 지급하여 세습이 가능하도록 하였다. 그러나 공신과 관리의 수가 많아지면서 현직 관리에게 지급할 토지가 부족하게 되자, 세조는 직전법을 시행하여 현직 관료에게만 과전을 지급하였다. 이는 과전법이 유지된 상황에서 지급 방식만 변화시킨 것이다.

바로잡기
① 군인전은 고려 시대 전시과 체제에서 지급되던 토지이다.
② 직전법이 실시되면서 수신전과 휼양전은 폐지되었다.
③ 경기 지방의 토지만 과전으로 지급하였다.
④ 시지는 고려 시대 전시과 제도와 관련이 있는 토지이다.

비법 암기
조선 토지 제도의 변천: 과전법 → 직전법 → 관수관급제 → 직전법 폐지 → 지주 전호제의 일반화

07 조선 전기 대외 무역

다음은 조선 전기의 대외 교역을 표시한 지도이다. 〈보기〉의 (가)~(라)와 지도의 A~F가 옳게 연결된 것은?

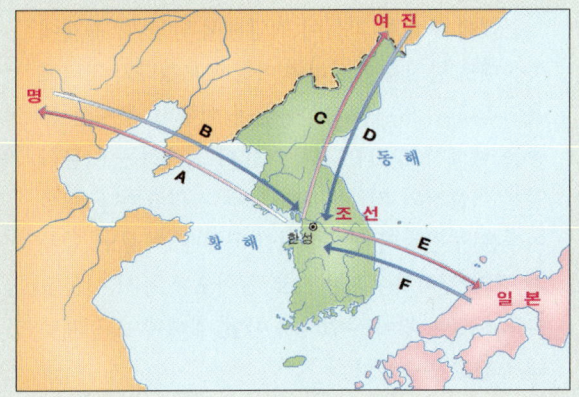

〈보기〉
(가) 금, 은
(나) 소금, 곡식
(다) 범종, 불상
(라) 구리, 유황

	(가)	(나)	(다)	(라)
①	A	C	E	F
②	B	E	C	D
③	B	C	D	A
④	C	A	B	F
⑤	D	A	C	E

문제 해설
조선 전기에는 명과 사대 관계를 유지하였는데, 이는 정치적 목적뿐 아니라 문화적·경제적 목적도 가지고 있었다. 반면, 여진과 일본에 대해서는 강경책과 회유책을 함께 사용하였다. 조선의 명과의 무역은 금·은·종이·붓·인삼·화문석 등을 수출하고, 비단·자기·약재·서적·문방구 등을 수입하는 교역이었다. 여진과의 무역에서는 식량·농기구·직물 등을 수출하고, 말·모피 등을 수입하였다. 일본과의 무역에서는 식량·직물·종교 물품 및 서적 등을 수출하고, 구리·유황 등을 수입하였다.

비법 암기
명과의 무역: 수출(금·은·인삼) - 수입(비단·자기·약재·서적)
여진과의 무역: 수출(식량·농기구) - 수입(말·모피)
일본과의 무역: 수출(식량·종교 물품·서적) - 수입(구리·유황)

---

08 조선 후기 이앙법의 확산

다음 농법의 보급 결과로 옳은 것을 〈보기〉에서 고른 것은?

> 오월이라 중하되니 망종 하지 절기로다.
> 남풍은 때맞추어 맥추(麥秋)를 재촉하니
> 보리밭 누른빛이 밤사이 나겠구나.
> 문 앞에 터를 닦고 타맥장(打麥場) 하오리라.
> …
> 목동은 놀지 말고 농우(農牛)를 보살펴라.
> 뜬물에 꼴 먹이고 이슬풀 자로 뜯겨
> 그루갈이 모심기 제힘을 빌리로다.
> 보리짚 말리고 솔가지 많이 쌓아
> 장마나무 준비하여 임시 걱정 없이하세.

〈보기〉
ㄱ. 논을 밭으로 바꾸는 현상이 활발해졌다.
ㄴ. 농기구가 개량되고, 농종법이 시작되었다.
ㄷ. 노동력이 절감되어 광작 경영이 가능하였다.
ㄹ. 토지 소유와 경영의 집중화로 농민층이 분화되었다.

① ㄱ, ㄴ ② ㄱ, ㄷ ③ ㄴ, ㄷ
④ ㄴ, ㄹ ⑤ ㄷ, ㄹ

문제 해설
제시된 자료에서 보리를 재배하고 모내기를 한다는 내용을 통해 관련된 농법이 이앙법(모내기)임을 유추할 수 있다. 이앙법은 고려 시대부터 시행되었으나 수리 시설의 미비로 조선 전기까지는 삼남 지방 일부와 강원도 일부 지역에서만 시행되었다. 이앙법은 임진왜란 이후부터 전국적으로 확대되었는데, 그 이전까지의 농법인 직파법보다 제초 작업이 간소하여 노동력을 절약하면서도 더 많은 수확을 올릴 수 있기 때문이었다. 조선 후기 이앙법의 보급 등 농법의 개량으로 노동력이 절감되자, 한 집에서 넓은 토지를 경영하는 광작이 성행하였다. 농법 개량, 광작 경영 등을 통해 소득이 늘어난 일부 농민은 지주가 되기도 하였다. 하지만 대다수 농민은 부세와 고리대의 부담으로 빈농으로 몰락하였다.

바로잡기
ㄱ. 쌀이 많이 거래되면서 밭을 논으로 바꾸는 현상이 활발하였다.
ㄴ. 농종법은 밭농사와 관련이 있다.

비법 암기
조선 후기 농업 변화: 모내기법 확대 → 벼·보리의 이모작 가능 → 수확량 증가·노동력 감소 → 광작 출현 → 농민층 분화

정답 | 05 ④ 06 ⑤ 07 ① 08 ⑤

09 조선 후기 상품 작물 재배

다음과 같은 상황이 나타났던 시기의 모습으로 옳은 것을 <보기>에서 고른 것은?

> 밭에 심는 것은 9곡(穀)뿐이 아니다. 모시, 오이, 배추, 도라지 등의 농사를 잘 지으면 조그만 밭이라도 얻는 이익이 헤아릴 수 없이 크다. 서울 내외의 읍과 도회지의 파밭, 마늘밭, 배추밭, 오이밭에서는 10무(畝)의 땅으로 수백 냥을 번다. 서쪽 지방의 담배밭, 북쪽 지방의 삼밭(麻田), 한산 지방의 모시밭, 전주의 생강밭, 강진의 고구마밭, 황주의 지황밭은 모두 다 논 상상등(上上等)보다 그 이익이 10배에 달한다. - "경세유표" -

〈보기〉
ㄱ. 상품 유통이 활발해지면서 사상(私商)들이 성장하였다.
ㄴ. 현직 관리에게만 토지를 지급하는 제도가 운영되고 있었다.
ㄷ. 농업의 생산력이 증가하였고, 상품 작물의 재배가 활발하였다.
ㄹ. 대지주의 토지 지배권이 강화되어 타조법의 비율이 늘고 있었다.

① ㄱ, ㄴ ② ㄱ, ㄷ ③ ㄴ, ㄷ
④ ㄴ, ㄹ ⑤ ㄷ, ㄹ

문제 해설
제시된 자료에서 파, 마늘, 베추, 오이, 담배, 생강 등 상품 작물을 재배하여 큰 이익을 얻었다는 내용을 통해 조선 후기의 경제 상황임을 알 수 있다. 조선 후기 일부 농민은 담배, 인삼을 재배하여 청과 일본에 팔아 이익을 남겼다. 도시 근교에서는 채소 재배가 성행하였으며, 쌀이 많이 거래되면서 밭을 논으로 바꾸는 현상이 나타났다. 한편, 상품 작물 등 상품의 유통이 활발해져 사상들이 활발하게 활동하였다.

바로잡기
ㄴ. 현직 관리에게만 토지를 지급하는 것은 직전법으로 세조 12년(1466년)에 실시되었다.
ㄹ. 조선 전기에는 수확량에 따라 일정 비율로 소작료를 내는 타조법이 시행되었으나, 조선 후기에는 수확량에 관계 없이 일정 액수의 소작료를 미리 정하는 도조법이 확산되었다.

비법 암기
상품 작물 재배 : 쌀·목화·채소·담배·약초 등 상품 작물을 재배하여 판매 → 농촌의 소득 증대에 기여

10 조선 후기 경제 변화

다음과 같은 상업 활동이 이루어진 시기의 경제 상황으로 적절하지 않은 것은?

> 근래에 무뢰한 자들이 작당해서 남문 밖 칠패에 마음대로 난전을 개설하여 아침에 모였다가 저녁에 흩어집니다. 인마(人馬)가 숲을 이루며, 무수한 물종을 매매하고 있습니다. 이들이 거래하는 어물의 양은 어물전의 거래량보다 10배나 많습니다. 또한 이들은 누원점의 도매상인 최경윤, 이성노, 엄차기 등과 결탁하여 도성으로 들어오는 동서 어물을 모두 사들여 쌓아 두었다가 이현, 칠패에 보내 제멋대로 팔고 있습니다.

① 덕대가 경영하는 광산 개발이 행해졌다.
② 부역제에 바탕을 둔 관영 수공업이 발달하였다.
③ 일정 액수를 소작료로 내는 도조법이 나타났다.
④ 모내기법이 일반화되자 제언절목이 반포되었다.
⑤ 환이나 어음 등의 신용 화폐가 점차 보급되었다.

문제 해설
제시된 자료는 조선 후기 난전에 관한 내용이다. 난전은 공식적으로 허가를 받은 시전에 대응하여 불법적으로 벌이는 가게를 뜻한다. 조선 후기 도시의 인구가 늘어나고 상업이 발달하면서 서울의 경우 시전 외에 남대문 밖의 칠패와 동대문 근처의 이현 등에 난전이 생겨 시전의 전매품을 매매하였다. 이에 육의전을 비롯한 시전 상인은 한때 정부로부터 금난전권을 얻어 난전에 압박을 가하였지만, 성장을 막을 수 없는 상황에 이르게 되었고, 결국 18세기 후반에 금난전권이 폐지되었다. 덕대에 의한 광산 개발, 도조법의 등장, 모내기법의 일반화, 환이나 어음 등의 신용 화폐 보급은 모두 조선 후기와 관련된 사실들이다.

바로잡기
② 관영 수공업이 발달한 때는 조선 전기이며, 조선 후기에는 부역제의 약화와 상업의 발달로 민영 수공업이 발달하였다.

비법 암기
조선 후기 경제 변화 : 모내기법의 일반화, 민영 광산 증가, 도조법 등장, 신용 화폐 보급, 상품 화폐 경제 발달, 공인의 활동, 사상의 성장, 장시 증가 등

11 조선의 시전 상인

교사의 질문에 대한 학생의 답변으로 옳지 않은 것은?

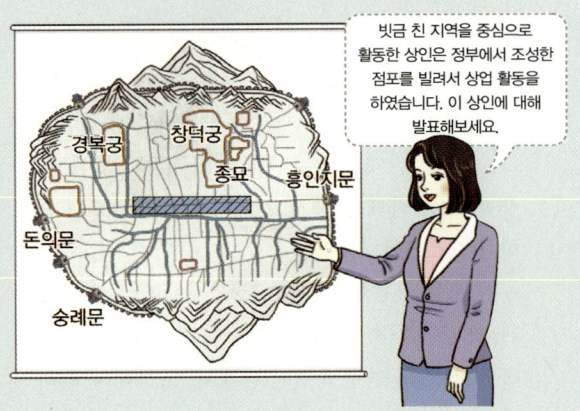

빗금 친 지역을 중심으로 활동한 상인은 정부에서 조성한 점포를 빌려서 상업 활동을 하였습니다. 이 상인에 대해 발표해보세요.

① 경시서의 통제를 받았습니다.
② 통공 정책으로 활동이 위축되었습니다.
③ 전국 주요 상업 지역에 송방을 설치하였습니다.
④ 특정 상품에 대한 독점 판매권을 부여받았습니다.
⑤ 상권 수호를 위해 황국 중앙 총상회를 조직하였습니다.

문제 해설

종로를 중심으로 정부가 조성한 점포(시전)를 임대하여 상업 활동을 한 상인들은 시전 상인이다. 조선은 상업 활동에 대한 통제를 강화하였으므로 시전 상인들을 관리·감독하기 위해 경시서를 두었다. 경시서는 평시서로 개칭되었다. 시전 상인들은 국역을 담당한 대가로 금난 전권을 행사하였다. 그러나 사상의 활동이 활발해지고 시전의 독점 판매에 대한 비판 여론이 높아지자 정조는 신해통공을 발표하였다. 이로써 육의전(명주·종이·어물·모시·삼베·무명 등을 파는 상점)을 제외한 시전의 금난전권이 폐지되었다. 한편, 개항 이후 청과 일본 상인들이 대거 침투해 오자, 1898년 시전 상인들이 황국 중앙 총상회를 조직하여 상권 수호 운동을 전개하였다.

바로잡기

③ 개성의 송상이 전국에 송방이라는 지점을 설치하였다. 송상은 인삼을 재배·판매하였고, 대외 무역 활동도 활발히 하였다.

비법 암기

조선의 시전 상인 : 독점 판매권 부여, 금난전권 행사 → 정조의 신해통공으로 금난전권 폐지 → 개항 이후 황국 중앙 총상회 조직

12 조선 장시의 발달

다음 자료의 내용에서 유래한 경제 활동 모습과 관련된 그림으로 옳은 것을 〈보기〉에서 모두 고른 것은?

경인년(1470, 성종 원년) 흉년이 들었을 때, 전라도의 백성이 스스로 서로 모여서 시포(市鋪)를 열고 장문(場門)이라 불렀는데, 사람들이 이것에 힘입어 살아남을 수 있었습니다. 그때가 바로 외방에 시포를 설치할 기회였으나, 호조에서 수령들에게 물으니 수령들이 이해를 살피지 않고 전에 없던 일이라며 다들 금지하기를 바랐으니, 이는 상습만을 좇는 소견이었습니다. …… 이제 외방의 큰 고을과 백성이 번성한 곳에 시포를 설치하도록 허가하되, 강제로 하지는 말고 민심이 원하는 대로 하면 실로 편리할 것입니다.

〈보기〉

ㄱ.
ㄴ.
ㄷ.
ㄹ.

① ㄱ, ㄴ   ② ㄷ, ㄹ   ③ ㄱ, ㄴ, ㄷ
④ ㄴ, ㄷ, ㄹ   ⑤ ㄱ, ㄴ, ㄷ, ㄹ

문제 해설

제시된 자료는 장시(장문)에 관한 것이다. 서울에서 열리는 장시와 구분하기 위해 지방의 장시를 장문이라고 하였다. ㄴ. 귀시도(김득신) : 장시에 들렀다가 집으로 돌아가는 행렬을 그렸다. ㄷ. 등짐 장수(권용정) : 등짐이나 봇짐을 지고 행상하는 보부상들이 각 장시를 돌며 상행위를 하였다. ㄹ. 장터길(김홍도) : 말을 타고 장시에 가는 모습을 그렸다.

바로잡기

ㄱ. 신부가 신랑 집으로 가는 모습이다. 이는 조선 중기 이후 친영 제도가 정착되었음을 보여 준다.

비법 암기

장시 : 15세기 등장 → 조선 후기 보부상들의 활동으로 전국적으로 보급

13 조선 후기 화폐의 유통

다음 역사 신문과 같은 조치가 시행된 이후에 나타난 사회 상황으로 옳은 것을 〈보기〉에서 고른 것은?

역사신문
1678년(숙종 4) ○월 ○일

정부는 금속으로 만든 화폐의 전국 유통 결정을 발표했다. 이에 따라 현재 호조와 상평창은 물론, 훈련도감 등 군영을 포함해 7개 관청에서 일제히 금속 화폐의 주조에 들어간 것으로 알려졌다. 이번 조치는 우리 경제사의 한 획을 긋는 일대 사건으로 평가되고 있다. 향후 전망에 대해서 호조의 한 관리는 '금속 화폐의 전국 유통으로 현물 거래에서 생기는 불편이 덜어져 백성들의 생활이 편리해질 것이고, 정부로서도 갈수록 악화되고 있는 재정 궁핍을 어느 정도 해결할 수 있을 것'이라고 말했다.

〈보기〉
ㄱ. 당시 금속 화폐로는 해동통보, 해동중보, 삼한통보 등이 있었다.
ㄴ. 18세기에는 금속 화폐가 많이 발행되어 인플레이션이 일어났다.
ㄷ. 18세기 후반부터는 세금과 소작료도 동전으로 대납할 수 있게 하였다.
ㄹ. 지주나 대상인들은 금속 화폐를 고리대나 재산 축적에 이용하기도 하였다.
ㅁ. 금속 화폐의 주조에 사용되는 구리의 확보를 위해 민간인이 채굴하는 것을 엄금하였다.

① ㄱ, ㄷ ② ㄱ, ㅁ ③ ㄴ, ㄷ
④ ㄷ, ㄹ ⑤ ㄹ, ㅁ

문제 해설
제시된 자료의 금속 화폐는 숙종 때 사용한 상평통보를 말한다. 18세기 후반부터는 조세와 지대의 금납화가 진행되어 세금과 소작료도 동전으로 냈다. 그러나 동전의 발행량이 상당히 늘어났음에도 지주나 대상인들이 화폐를 고리대나 재산 축적의 수단으로 이용하였다.

바로잡기
ㄱ. 해동통보, 해동중보, 삼한통보는 고려 시대의 동전이다.
ㄴ. 지주나 대상인들이 재산 축적의 수단으로 이용하여 시중에 동전이 부족하였다.
ㅁ. 화폐 유통이 활발해져 구리에 대한 수요가 증가하자 정부는 민간이 채굴하는 것을 허용하였다.

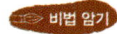 비법 암기
조선의 화폐: 저화(태종) → 조선통보(세종) → 상평통보(숙종)

14 전황의 발생

다음 자료와 관련된 설명으로 옳지 않은 것은?

- 종전에 허다하게 주조한 전화는 결코 그해에 한꺼번에 쓸 리가 없으며, 경외 각 아문의 예비 재정도 어제 오늘 일이 아닌데 최근에 전황이 심합니다. 신의 생각에 이것은 부상대고(富商大賈)들이 때를 타서 화폐를 숨겨 반드시 이익을 노리고자 한 것으로 보입니다. – "비변사등록" –

- 지금 돈을 사용한 지 겨우 70년 밖에 되지 않았으나, 폐단이 더욱 심하다. 돈은 탐관오리에게 편리하고, 사치하는 풍속에 편리하고, 도둑에 편리하나, 농민에게는 불편하다. 돈꿰미를 차고 저자에 나아가서 무수한 돈을 허비하는 자가 많으므로, 인심이 날로 각박해진다. – "성호사설" –

① 전황으로 빈부의 격차가 더욱 심해졌다.
② 동전이 잘 유통되지 않자 정부는 저화를 발행하였다.
③ 지주와 대상인들은 화폐를 재산 축적의 수단으로 삼았다.
④ 상공업 발전에 따라 화폐가 전국적으로 유통될 수 있었다.
⑤ 농민들은 필요한 동전을 구입하기 위하여 곡물을 헐값으로 팔기도 하였다.

문제 해설
제시된 자료는 조선 후기의 동전 부족 현상인 전황에 관한 기록이다. 상공업의 발달과 정부의 노력으로 화폐 유통이 전국적으로 확대되어 갔다. 쌀, 베 등 기존의 현물 화폐 대신 동전이 유통 수단으로 자리 잡았고, 조세와 지대를 동전으로 대납하기도 하였다. 이에 농민들은 동전을 구입하기 위해 곡물을 헐값으로 팔기도 하였다. 지주나 대상인들이 화폐를 고리대나 재산 축적의 수단으로 이용함에 따라 시중에 동전이 부족한 전황이 발생하였다. 전황으로 인해 화폐 가치가 상승하고 물가가 하락하여 빈부 격차가 심해지고 농촌 경제에 어려움이 가중되었으므로 이익은 동전 폐지론을 주장하기도 하였다.

바로잡기
② 저화는 고려 말·조선 초에 정부가 발행한 지폐였다.

비법 암기
전황: 조선 후기 상평통보의 전국적 유통 → 동전 부족 현상(전황) 발생 → 화폐 가치 상승, 물가 하락

15 조선 후기 광업의 변화

다음은 조선 후기 광업의 변화를 도표로 정리한 것이다. 이를 토대로 설명한 내용으로 옳지 않은 것은?

- (가) 은의 수요가 급증하였다.
- (나) 잠채가 성행하였다.
- (다) 설점수세제(設店收稅制)를 실시하였다.
- (라) 정부에서 수세를 독점하였다.
- (마) 수세하는 은점이 크게 줄었다.

① (가)는 청과의 무역이 증가했기 때문이다.
② (나)는 은의 수요 증대로 이득이 많았기 때문이다.
③ (다) 이후 정부에서 파견된 덕대가 광산을 운영하였다.
④ (라)의 업무를 담당한 기관은 호조였다.
⑤ (마) 이후 설점수세를 수령이 직접 관할하였다.

문제 해설

조선 초기에는 정부에서만 광산을 경영할 수 있었고 민간에서 개발하는 것을 금지하였다. 17세기 중엽부터는 허가받은 민간인에게 생산 채굴을 허용하고 세금을 받는 설점수세제를 시행하였다. 이때 수세에 관한 업무를 관장한 기관은 호조이다. 18세기 이후 특히 청과의 무역에서 은의 수요가 늘어남에 따라 은광 개발이 활발해지면서, 정부는 민간인에게 자유롭게 채굴할 수 있도록 입장을 바꿨다. 그러나 농민들이 광산에 지나치게 몰려들자 정부에서는 다시 광산 개발을 금지하였는데, 이러한 가운데 상인들이 이익을 노려 몰래 광산을 개발하는 경우가 많았다. 이를 잠채(潛採)라 한다. 설점수세제를 시행할 때, 처음에는 별장을 파견해서 관리했으나 18세기에 들어서면서 군영, 감영의 과도한 잡세 징수와 잠채로 인해 1775년에 별장을 이용한 방식은 혁파되었다. 대신 수령이 직접 세를 거두는 방식으로 바뀌어 민간 물주가 직접 은광을 설치하여 운영하도록 하였다.

바로잡기

③ 덕대는 정부에서 파견한 관리가 아니라 자본을 가진 물주가 광산 경영을 위해 고용한 전문 경영인이었다.

비법 암기

조선 후기 광업 : 설점수세제(채굴 허용, 세금 징수) → 물주(투자)와 덕대(경영)의 분업 → 광산 개발 금지로 잠채 성행

16 조선 후기 대외 무역

다음 ○○에 들어가야 할 상품으로 옳은 것은?

교토의 니시진(西陣)은 지금도 화려한 기모노를 만드는 지역으로 유명한데, 17~18세기에는 조선 상인이 이곳의 직물업자에게 중국의 생사를 공급했다. 그 대가로 조선 상인은 일본의 은을 받아 중국에 가서 다시 생사와 비단을 구입하는 중계 무역을 했다. 동북아시아에서 한·중·일을 잇는 실크로드와 실버로드가 형성된 셈이다. 그렇지만 이때 조선에서 생산된 ○○이(가) 고가로 일본과 중국에 수출되었기 때문에, 이 무역로를 ○○길(로드)이라고 부를 수도 있다.

① 황금 ② 구리 ③ 인삼
④ 자기 ⑤ 종이

문제 해설

조선 후기 청·일본과의 무역이 활발하게 이루어지면서 무역 활동에 적극적으로 참여하는 상인들이 등장하였다. 대표적인 상인들로 의주의 만상, 동래의 내상, 개성의 송상 등이 있었는데, 개성의 송상은 조선의 대표적인 수출품인 인삼을 통해 큰 이득을 보았다. 한편, 17~18세기 명·청 내의 은 유통이 활발해지고 조세를 은으로 징수하게 되면서 일본에서 생산된 은이 조선을 거쳐 명·청으로 전해졌다. 일본은 은의 대가로 중국의 비단·생사, 조선의 인삼 등을 수입할 수 있었다.

바로잡기

① 금은 조선의 수출품 중 하나였지만, 조선 후기를 대표하는 품목은 아니다.
② 구리는 일본의 대표적인 수출품이었다.
④ 자기는 중국의 대표적인 수출품이었다.
⑤ 종이는 조선의 수출품이었으나, 교역이 많이 이루어지는 품목은 아니었다.

비법 암기

조선 후기 무역 상인 : 의주의 만상, 동래의 내상, 개성의 송상

3 전근대의 신분 제도와 고대 국가의 사회상 | IV 전근대의 경제와 사회

• 전근대의 신분 제도

구분		귀족	중류층/중인	평민/양민/상민	천민
삼국		• 왕족을 비롯 옛 부족장 세력이 중앙 귀족으로 재편성 • 정치·경제·사회적 특권 향유 • 신라: 골품제 운영		• 대부분 농민 • 정치·사회적 제약 • 조세 납부의 의무, 노동력 징발	• 전쟁·부채·형벌로 인해 발생 • 왕실·귀족·관청에 예속

고려		• **음서**[★]
		  ┌ 5품 이상 고위 관료
		  └ 시험 없이 관직 진출
		• **공음전**(5품 이상)[★]: 토지 세습
		• 폐쇄적인 통혼: 왕실 및 유력한 귀족 가문과 중첩된 혼인 관계
			• 지배층과 피지배층 사이 신분
			• 말단 행정직 담당
			  ┌ **잡류**(중앙 관청)·**남반**(궁궐 실무)·**향리**(지방 행정)·**군반**(하
			    장교)·**역리**(지방 역 관리)
			  └ 대개 직역 세습
			  → 속현·향·부곡·소에서는 향리가 실질 지배
			• 호족 출신 향리
			  ┌ 호장·부호장
			  └ 하위 향리와 구별됨
				• **백정**[★]
				  ┌ 일반 농민·상공업 종사
				  └ 조세, 공납, 역 의무
				• 특수 행정 구역
				  ┌ **향**·**부곡**(농업)·**소**(수공업)·
				    역(육로 교통)·진(수로 교통)
				  ├ 신분은 양민
				  ├ 거주 이전의 자유 없음
				  └ 백정(일반 양민)보다 더 많은 세금 부담
					• 노비가 대다수
					〈**공노비**: 공공 기관 소속〉
					• **입역** 노비: 궁중·관청·관아의 잡역에 종사, 급여 받음
					• **외거** 노비: 지방 거주, 관청에 신공(규정된 액수) 납부
					〈**사노비**: 개인·사원 예속〉[★]
					• **솔거** 노비: 주인과 함께 거주
					• **외거** 노비: 주인과 따로 거주, 신공 납부, 가족·재산 소유

조선 전기		〈양반〉
		• 문반과 무반을 이르는 말, 점차 그 가족이나 후손을 포괄
		• 관료이자 지주
		• 국역 면제
		
		* 양천 제도 법제화 → 반상 제도 일반화(16세기 이후)
		* **양인**(양반·중인·상민): 과거 응시 가능, 조세·공납·역의 의무
		* **천인**: 권리·의무 없음
			〈중인〉
			• 양반과 상민의 중간 계층
			• 기술관, 서리(중앙 관아 소속)·향리(지방 관아 소속)
			  ┌ 전문직, 직역 세습
			  └ 같은 신분 간 통혼
			• **서얼**[★]
			  ┌ 양반의 정실 부인이 아닌 첩에서 낳은 자식
			  ├ 문과 응시 불가
			  └ 무과나 잡과로 등용
				〈상민〉
				• 농민, 수공업자(공장, 장인), 상인
				• **신량역천**[★]
				  ┌ 신분은 양인, 천역 담당
				  └ 수군, 조례(관청의 잡역), 나장(형사 업무), 역졸, 봉수군(봉화) 등
					〈천민〉
					• 노비가 대다수, **백정**, 무당, 광대, 사당, 창기, 의녀, 악공
					• 공노비
					  ┌ 국가 기관·왕실 소속 노비
					  ├ 선상 노비: 소속 관청에 노동력 제공
					  └ 납공 노비: 신공 납부
					• 사노비: 개인에게 속한 노비
					
					* 조선의 백정은 천민, 고려의 백정은 양인

조선 후기	신분제 동요	• 권반: 중앙에서 권력을 장악한 양반
		• 향반(구향): 향촌(지방)에 기반한 양반
		• 잔반: 몰락 양반
			• 서얼허통
			  ┌ 임진왜란 이후 차별 완화
			  ├ 납속책·공명첩 → 관직 진출
			  ├ 영·정조 연간에 적극적인 신분 상승 운동 전개
			  │ → 정조 때 규장각 검서관 등용 (유득공·이덕무·박제가)
			  └ → 신해허통(철종): 차별 철폐
			• 중인(기술직): 철종 때 대규모 소청 운동 → 실패
				• 이앙법 보편화 → 광작 경영
				  → 농민이 부농층(신향)과 임금 노동자로 계층 분화
				• 양반으로 신분 상승[★]
				  ┌ **납속책**(곡물·돈 받고 벼슬 부여 혹은 면천)
				  ├ **공명첩**
				  ├ **향안**(지방 거주 양반 명부) 등재 향임(유향소의 직임) 매입
				  └ 잔반의 **족보 매입**, **족보 위조**
					• 신분 상승
					  ┌ 입역 노비(관청에 소속)를 납공 노비(신공 납부)로 전환
					  ├ 양 난 때 군공을 세움
					  ├ 납속책
					  └ 도망
					• 공노비 해방: 순조 때 중앙 관서의 노비 해방
					• 사노비 해방: 갑오개혁 때
					  → 신분제 완전 폐지

	향촌의 변화	• **향전**: 신향(신흥 부농층)과 구향 (기존 사족층)의 싸움
		  → 수령 역할 증대
		• 향회: 사족 이익 대변
		  → 부세 자문 기구
			• 중인들의 **시사**: 문예·저술 활동 → 위항 문학
			• 외래문화 수용(역관)
			  → 개화사상에 영향
				• 양 난으로 국가 재정 파탄
				  → 납속책 시행, 공명첩 발행
				  → 양반 수 증가
				     상민과 노비 수 감소
					〈노비 제도 변천〉[★]
					  ┌ 고려~조선 초: **일천즉천**
					  ├ 조선 태종: 노비종부법
					  ├ 세조: 일천즉천
					  ├ 영조: **노비종모법**
					  ├ 순조: 공노비 해방
					  └ 갑오개혁: 사노비 해방

★ Best 기출
- 고대~조선의 신분 제도 : 통일 신라의 귀족 | 고려 귀족 | 고려 백정 | 조선 후기 향촌의 변화 | 조선 후기 신분제의 동요 | 조선 서얼 | 노비 제도의 변천
- 고대의 사회상 : 신라의 화랑도 | 신라의 골품제 | 신라의 풍속 | 9서당

• 고대 국가의 사회상

구분	고구려	백제	신라	통일 신라	발해
사회	• 상무적 기풍 (무예를 중시하는 기풍) • 엄격한 형법 ┌ 반역자·적에게 항복 → 사형·가족은 노비 └ 도둑질 → 12배 배상 (1책 12법)* • 진대법(고국천왕) ┌ 재난이나 흉년 시 백성에게 나라의 곡식을 꾸어 주던 일 └ 춘대추납제 • 풍속 ┌ 서옥제 └ 형사취수제	• 상무적 기풍 • 엄격한 형법 ┌ 반역자·탈영병·살인자 → 참수 ├ 도둑질 → 귀양·2배 배상 └ 관리의 횡령 → 3배 배상·금고형 • 고구려와 언어·풍속·의복 비슷 • 일찍부터 중국과 교류하여 선진 문화 수용	• 화랑도*: 원화에서 기원 ┌ 국가 차원 정비(진흥왕) ├ 화랑은 진골 귀족 └ 낭도는 6두품~평민 → 계층 갈등 완화 • 골품제* ┌ 성골, 진골, 6두품~1두품 ├ 혈연에 따른 신분 제도 ├ 관등 승진의 상한선이 골품에 의해 결정 └ 가옥 규모, 장식물, 복색 등 일상생활까지 규제 • 풍속: 가배* → 추석	• 고구려와 백제 귀족에게 관등 부여 → 민족 융합 • 9서당*(중앙군) = 신라 + 고구려 + 백제 + 말갈로 구성 → 민족 융합(삼한일통) • 골품제 변화: 3두품~1두품 평민화 • 귀족의 생활 ┌ 금입택(금을 입힌 저택)에 거주 ├ 노비와 사병 보유 └ 불교 후원 • 통일 신라 말 농민의 몰락 ┌ 각종 자연 재해 발생 ├ 정치 혼란으로 수탈 가중 └ → 소작농, 화전민, 노비로 전락	• 고구려 유민과 말갈인으로 구성 • 지배층 ┌ 대부분 고구려계 ├ 대씨: 왕족 ├ 6성의 귀족 └ 노비와 예속민 거느림 • 피지배층 ┌ 대부분 말갈인 └ 일부는 지배층·촌장이 됨 • 도당 유학: 당의 빈공과에서 신라인과 경쟁

자료 읽기

○ 신라의 관등과 골품·관복의 관계

출제 예감

일상생활을 규제한 골품제

4두품에서 백성에 이르기까지는 방의 길이와 너비가 15척을 넘지 못한다. 느릅나무를 쓰지 못하고, 우물 천장을 만들지 못하며, 당기와를 덮지 못하고, 짐승 머리 모양의 지붕 장식이나 높은 처마 등을 두지 못하며, 금이나 구리로 장식하지 못한다. 섬돌로는 산의 돌을 쓰지 못한다. 담장은 6척을 넘지 못하고 보를 가설하지 못한다. ─ "삼국사기" ─

▶ 신라의 골품제는 가옥의 규모와 장식물은 물론, 복색이나 수레 등 일상생활까지 규제하는 신분 제도였다.

노비 제도의 변천

고려~조선 초	천자수모법(소유주가 서로 다른 남녀 노비가 결혼시 자식은 어머니쪽 소유주 귀속)
	일천즉천(아버지나 어머니 중 하나가 천민이면 자녀도 천민)
조선 태종	노비종부법(양인 남자와 천인 처첩 사이의 자녀를 부계에 따라 양인으로 삼음 → 양인 확대를 목적으로 시행)
세조	일천즉천
영조	노비종모법(어머니가 양인이면 모계에 따라 자녀도 양인으로 삼음 → 양인 확대를 목적으로 시행, 고려의 천자수모법과 반대)
순조	공노비 해방
갑오개혁	사노비 해방

조선 후기 신분제의 동요

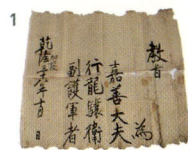 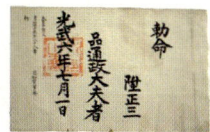 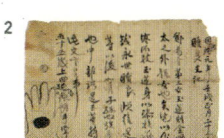

❶ 받는 자의 이름을 기재하지 않은 백지 사령장(공명첩).
❷ 돈을 받고 노비를 양인으로 풀어 준 문서

서얼	• 임진왜란 이후 차별 완화 → 공명첩과 납속책으로 관직 진출 • 18~19세기 소청 운동 → 문무 고관직 진출 • 정조 때 규장각 검서관으로 기용 (박제가·유득공·이덕무 등)
중인	• 재력과 실무 경력을 통해 신분 상승 추구 • 시사(시를 짓고 즐기기 위한 모임) → 독자적인 문학 활동 • 철종 때 대규모 소청 운동 → 실패 • 역관: 외래 문화 수용에 선구적 역할 → 개화 사상에 영향

○ 중간 계층의 신분 상승 운동

4 고려와 조선의 사회상 | IV 전근대의 경제와 사회

- 고려와 조선의 사회상

구분	고려			
	농민 공동체	사회 시책과 사회 제도	법률과 풍속	혼인과 여성의 지위
사회	• **향도**★ ㄴ 기원: **매향** 활동을 하던 불교의 **신앙** 조직 ㄴ 초기: 매향 활동 (→사천 흥사리 매향비) 불상 · 석탑 · 절 조성 주도 ㄴ 후기: 공동체 조직으로 변화 (마을의 노역, 혼례 · 상장례, 민속 신앙 관련 마을 제사 주관)	〈사회 시책〉 • 농번기 잡역 면제, 재해시 조세와 부역 감면, 이자율의 법적 제한, 개간 권장 〈구호 제도〉 • **의창**: 춘대추납 제도 ㄴ 평상시 곡물을 비치하고, 흉년에 빈민 구제 ㄴ 고구려 진대법 유사 • **상평창**: 물가 조절 • **제위보**: 기금 이자로 빈민 구휼 〈의료 제도〉★ • **동 · 서 대비원**: 국립 의료 기관 • **혜민국**: 약재 제공 • **구제도감 · 구급도감**: 재난 구호를 위해 설치한 임시 기관	〈법률〉 • 중국의 당률 참작, 대부분 관습법 적용 • 반역죄 · 불효죄 엄벌 • 지방관의 사법권 강함 • 형벌의 종류: 태, 장, 도, 유, 사 〈풍속〉 • 명절: 정월 초하루, 삼짇날, 단오, 유두, 추석 등	〈혼인〉 • 일반적으로 여자는 18세 전후, 남자는 20세 전후에 혼인 • 신랑이 신부 집에서 일정 기간 거주 • 왕실의 혼인: 친족 간 혼인 성행 → 사회 문제로 대두 〈여성의 지위〉★ • 재산 **남녀 균분** 상속 • 아들이 없어도 양자를 들이지 않고, **딸이 제사** 봉행 • 출생 순서에 따라 **호적** 기재 • **사위와 외손자에게도 음서 혜택**, 공을 세운 사람의 부모는 물론 장인 · 장모도 함께 수상 • **여성의 자유로운 재가**, 소생 자식의 사회적 진출에도 차별 없음

구분	조선			
	촌락의 구성과 운영	사회 시책과 사회 제도	법률과 풍속	혼인과 여성의 지위
사회	• 향촌 사회: 향은 군 · 현 단위, 촌은 면 · 리를 구성하는 자연 촌락이나 마을 • 유향소 ㄴ 지방 양반 중심의 자치 조직 ㄴ 수령 보좌, 향리 감찰 ㄴ 사림의 향촌 지배력 강화 기여 • 경재소: 중앙 관리가 연고지의 유향소 통제 → 17세기 초 혁파 〈촌락의 운영〉 • 면리제(面里制): 몇 개의 리를 하나의 면으로 묶음 • 오가작통법(17세기 중엽부터) ㄴ 다섯 집을 하나의 통으로 묶음 ㄴ 농민 통제책 〈촌락의 농민 조직〉 • **두레**: 공동 노동의 작업 공동체★ • 향도 ㄴ 신앙적 기반(불교와 민간 신앙) + 공동체 조직(동네 일 처리) ㄴ 주로 상(喪)을 당했을 때나 어려운 일 발생시 상부상조	〈사회 시책〉 • 성리학적 명분론에 입각한 사회 질서 유지와 농민 생활 안정 〈구호 제도〉★ • **환곡 제도** ㄴ 빈농 구제 목적 ㄴ **의창**(무이자) 　→ **상평창**(16세기, 이자 10분의 1) • **사창 제도**: 향촌에서 자치적으로 실시 → 양반 중심의 향촌 질서 유지 〈의료 제도〉★ • **동 · 서 대비원**: 국립 의료 기관 • **혜민국**: 한성 서민에게 약재 판매 • **제생원**: 지방 백성 질병 치료 • **동 · 서 활인서**: 유랑자 수용과 구휼	〈법률〉 • 경국대전 제정, 대부분 대명률 적용 • 반역죄와 강상죄(유교적 도리에 어긋난 죄) 엄히 처벌 → 연좌제 시행 • 형벌의 종류: 태, 장, 도, 유, 사 〈사법 기관〉 • 중앙 ㄴ 사헌부(관리 규찰 · 탄핵) ㄴ 의금부(대역죄인) ㄴ 형조(관리의 잘못이나 중대 사건 재판) ㄴ 한성부(수도 치안) ㄴ 장례원(노비 관련 송사) • 지방은 관찰사와 수령이 사법권 행사	〈혼인과 여성의 지위〉★ • 조선 전기 여성의 지위는 고려와 비슷 • 17세기 이후 성리학적 가족 질서 정착 → **부계** 중심으로 변화 • **친영 제도**: 신랑이 신부 집에서 머물지 않고, 신부가 신랑 집에서 생활 • 장자(큰아들) 중심 재산 상속 • 장자가 제사 책임, 양자 입양 보편화 • 호적에 남자 먼저 등재 • 과부의 재가 금지, 서얼 차별 • **동성 마을 형성** 〈예학과 족보 보급〉 • 예학 ㄴ 삼강오륜 강조 → 현실적으로는 가부장적 종법 질서 구현 ㄴ 양반 사대부의 신분적 우월성 강조 → 성리학 중심의 사회 질서 유지에 기여 • 족보 편찬: 양반 문벌 제도 강화 ㄴ 가문 내부의 결속 강화 ㄴ 타 가문이나 하급 신분에 대한 우월 의식 발현 ㄴ 혼인 상대 물색, 붕당 구별의 자료로 활용

★ Best 기출 ● 고려·조선의 사회상 : 고려·조선의 구호 제도 | 고려·조선의 의료 제도 | 고려의 향도 | 고려·조선 여성의 지위

고려와 조선의 향리

고려 초기 중소 호족의 위상 변화
자료1 태조 8년 신라 고울부 장군 능문이 군사들을 데리고 와서 투항하였다. 그 성이 신라 수도에 가까우므로 신라와의 관계를 고려하여 그들을 위로하여 돌려보내고 다만 그 부하들인 시랑 배근과 대감(大監) 명재, 상술, 궁식 등을 남겨 두었다.
자료2 성종 6년 모든 촌의 대감, 제감(第監)을 촌장(村長), 촌정(村正)으로 고쳤다.
― 『고려사』 ―

➡ 고려 태조는 후삼국을 통일하는 과정에서 지방 호족을 포섭하기 위해 중소 호족의 향촌 지배권을 인정하였다. 성종 때에는 중앙과 지방 제도를 정비하였다. 성종은 중소 호족을 촌장으로 임명하였다. 중소 호족은 국가 행정 체계에 편입되었으나 말단 행정 사무를 처리하는 향리로 위상이 격하되었다.

고려의 향리
이들의 첫 벼슬은 후단사이며, 두 번째 오르면 병사·창사가 되고, 세 번째 오르면 주·부·군·현의 사가 되며, 네 번째 오르면 부병정·부창정이 되며, 다섯 번째 오르면 부호정이 되고, 여섯 번째 오르면 호정이 되며, 일곱 번째 오르면 병정·창정이 되고, 여덟 번째 오르면 부호장이 되고, 아홉 번째 오르면 호장이 된다.
― 『고려사』 ―

➡ 지방관이 파견되지 않은 속군과 속현의 말단 행정 사무는 토착 세력인 향리가 담당하였다. 이들은 직역을 세습적으로 물려받았고, 직역의 대가로 외역전을 지급받았다. 반면 호장(향리직의 우두머리), 부호장 등 상층 향리는 지방의 실질적인 지배층으로 통혼 관계나 과거 응시 자격에 있어서 하위의 향리와는 구별되었다. 이들 일부는 고려 말 권문세족으로 성장하기도 하였지만, 대부분은 공민왕의 개혁 정치에 힘입어 신진 사대부로 성장하였다.

조선의 향리
수령을 조종 농락하여 권력을 제 마음대로 부려 폐단을 일으킨 자, 몰래 뇌물을 받고 부역을 불공평하게 하는 자, 세를 거두어들일 때 법보다 더 거두어 남용하는 자, 양민을 불법으로 끌어다 남몰래 부려먹는 자, ······ 양가 여자와 관비를 첩으로 하는 자는 일반인의 고발을 허락하며, 또한 해당 관청 경재소에서도 사헌부에 고발하여 추궁·조사하고 처벌받게 하는 것을 허락한다.
― 『경국대전』 ―

조선 후기 신분 상승 운동

서얼 허통(관직 진출 차별 철폐 요구)
영조 45년 이수득이 상소를 올려 서얼의 허통을 청하였다.
"옛날에는 융숭한 예와 폐백으로 이웃 나라 선비를 대우하였습니다. 그러고도 그들이 오지 않을까 걱정하였습니다. 지금은 법으로 나라 안 인재를 묶었습니다. 그런데도 이들이 등용되면 어떻게 할까 염려합니다. ······ 시골 천인의 자식은 때때로 훌륭한 벼슬을 하기도 하는데 세족·명가의 후손인 서얼은 자자손손 영원히 금고시켜 버리니 등용하고 버리는 것이 앞뒤가 맞지 않습니다. ······ 신하가 되어서도 임금을 가까이 모실 수 없으니 군신의 의리가 멀어지고, 자식이 되어서도 감히 아버지를 아버지라 부르지 못하니 부자의 인륜이 어그러지게 됩니다. 심지어 자기 자식을 버리고 먼 일가붙이를 양자로 삼으니, 인륜을 파괴하고 하늘의 이치를 어김이 너무나 심합니다.
― "규사" ―

➡ 서얼(양반의 자손 중 첩의 자식)은 조선 건국 초기부터 금고(禁錮: 벼슬 길을 막는 일)로 인해 문과에 응시할 수 없었고, 잡과나 무과에 응시했다. 임진왜란 이후 차별이 다소 완화되어 납속책과 공명첩을 통해 제한적으로 관직에 진출할 수 있었다. 영·정조 때에는 청요직 진출을 요구하며 적극적으로 신분 상승 운동을 전개하였다. 그 결과 정조 때 규장각 검서관에 서얼 출신이 등용되는 등 소기의 성과를 거두었다. 철종 때 신해허통(1851)으로 적서 차별이 법적으로 철폐되었다.

중인들의 소청/통청 운동(청직 진출 허용 요구)
우리는 본래 모두 사대부였는데 혹은 의(醫)에 들어가고 또는 역(譯)에 들어가 7, 8대 또는 10여 대를 대대로 세습하니 사람들이 중촌고족(中村古族)이라 일컫게 되었다. 문장과 덕은 비록 사대부에 비길 수 없으나, 명공·거실 외에 우리보다 나은 자는 없다. 비록 나라의 법으로 금한 바 없으나 청요직에 진출하지 못하여 수백 년 원한이 쌓여 있고, 이를 호소할 기약조차 없으니 이는 무슨 죄악이며 무슨 업보인가? ······ 우리와 서얼을 가로막는 것은 우리나라의 편벽된 일로 이제 몇백 년이 되었다.
― "상원과방"(통역관을 뽑는 과거 합격자 명단) ―

➡ 중인이란 양반과 상민의 중간 계층으로 좁게는 기술관만을 의미한다. 중인은 주로 기술직에 종사하며 축적된 재산과 탄탄한 실무 경험을 바탕으로 신분 상승 운동을 추구하였다. 철종 때 대규모 소청 운동을 벌였으나 실패하였다.

고려와 조선의 가족 제도

고려 시대 여성의 지위
지금은 남자가 장가갈 때 처가로 가게 되어 자기가 필요로 하는 것은 모두 처가에 의지하고 있습니다. 그리하여 장인과 장모의 은혜가 부모의 은혜와 똑같습니다. 아이, 장인께서 저를 두루 보살펴 주셨는데 돌아가셨으니, 저는 장차 누구를 의지해야 합니까?
― 이규보, "동국이상국집" ―

조선 전기·중기 여성의 지위
자료1 "우리의 풍습이 중국과 달라 친영(親迎)의 예를 거행하지 않으니, 혹은 외가에서 길러지고 혹은 처부의 집에서 장성하여 은의가 매우 돈독하다."라고 하였다.
― "세종실록" ―
자료2 우리나라에서는 비록 사대부가 후손이 없는 경우라도 또한 사당을 세우지 않고 딸로 하여금 제사를 주관하게 한다.
― "중종실록" ―
자료3 억달에게 노비와 전답도 많이 주었으며, 천첩 자식으로 봉사(奉祀)하는 것도 편치 않을 뿐만 아니라 생사도 알기 힘들다. ······ 너희들은 비록 딸이라도 나의 골육으로 정리가 매우 중하기 때문에, 노비와 전답을 혈손 외에 다른 사람에게 주지 말고 너희들이 가지고서 우리 부부의 제사를 거행하라.
― "중종 23년(1528), 진사 송○○가 딸들에게 작성해 준 유서" ―

조선 후기 여성의 지위
자료1 부모와 자식 간의 정과 도리는 아들이건 딸이건 차이가 없지만, 딸은 부모가 살아있을 때에 봉양하는 도리가 없고, 부모가 죽은 뒤에도 제사를 지내는 예가 없으니, 어찌 토지와 노비를 아들과 동등하게 나누어 주겠는가? 딸자식에게 재산의 3분의 1만 주어도 조금도 불가함이 없을 것이다.
― "부안 김씨 우반 고문서" ―
자료2 가산의 20분의 1은 제사 비용을 충당하기 위해 따로 떼어 놓는다. 제사와 제사용 재산은 종손이 주관한다. 제사의 남녀 간, 장자와 차자 간 윤회 봉사를 금지하고 종가에서 주관한다.
― "윤선거 남매 분재기"(재산 상속 문서) ―

➡ 고려 시대에는 처가의 영향력이 상당했다. 사위가 처가의 호적에 입적하여 처가에서 생활하는 경우가 적지 않았다. 가족 제도에서 모계의 영향력이 큰 것은 조선 전기에서 조선 중기까지 이어졌다.
임진왜란 이후 조선 사회는 큰 변동을 겪었다. 조선 후기에는 성리학적 가족 질서가 자리잡으며 부계 중심의 가족 문화가 발달하였다. **자료1**을 보면 딸의 제사 봉행이 사라지고 재산 상속분도 적어짐을 알 수 있다. **자료2**는 더 나아가 장자의 단독 제사 봉행이 관습화되면서 재산 분배에 있어서도 장자 위주로 재편성되었음을 보여준다.

01 신라의 골품제

(가) 인물이 속한 신분층에 대한 설명으로 옳은 것은?

> • ___(가)___ 이(가) 당에서 돌아왔다. …… 진성 여왕 8년(894)에 시무책 10여 조를 올리니 왕이 기쁘게 받고 그를 아찬으로 삼았다.
> • ___(가)___ 이(가) 중국에 유학하여 얻은 바가 많았다고 생각해서 귀국한 뒤 자기의 뜻을 펴려고 하였다. 그러나 말세여서 의심과 시기가 많아 용납되지 않았다.
> – "삼국사기" –

① 무열왕의 직계 자손으로 왕위를 세습하였다.
② 화백 회의의 장을 독점하며 왕권을 견제하였다.
③ 대아찬 이상의 고위 관등을 차지하여 국정을 주도하였다.
④ 주의 도독으로 임명되어 지방에 대한 지배권을 장악하였다.
⑤ 신라 말에 골품제를 비판하며 새로운 정치 이념을 제시하였다.

문제 해설
(가)는 신라 6두품 출신인 최치원이다. 학문적 식견과 실무 능력을 갖춘 6두품 출신은 국왕을 보좌하면서 활발하게 정치적 진출을 모색하였다. 하지만 골품이라는 신분 제약으로 관직 진출에 한계가 있었다. 신라 하대에는 당에 유학하였다가 돌아온 6두품 출신의 일부 유학생들과 선종 승려들이 신라 골품제 사회를 비판하였고, 호족 세력과 힘을 합쳐 새로운 사회 질서 수립을 추구하였다. 최치원은 진성 여왕에게 정치 개혁안인 시무 10조를 올렸지만 진골 귀족의 반대로 뜻을 이루지 못하였다.

바로잡기
① 신라 중대에 해당한다. 시대별 왕통은 내물계(상대) → 무열계(중대) → 내물계(하대) 순으로 이어졌다.
② 화백 회의는 진골 귀족이 주도하였다.
③ 대아찬은 5등급으로 진골만이 오를 수 있었다.
④ 9주의 장관인 도독은 진골 출신만 오를 수 있었다.

비법 암기
골품제: 성골(왕족), 진골(귀족), 6두품 이하 귀족 → 신분에 따라 관등과 일상생활 제한

02 신라의 화랑도

(가)가 중심이 된 단체에 대한 설명으로 옳은 것은?

> 진흥왕 37년, 외모가 고운 남자를 뽑아 곱게 단장하게 하고 이름을 ___(가)___ (이)라 하여 받들게 하니, 따르는 무리들이 구름처럼 몰려들었다. 혹은 도의(道義)로써 서로 연마하고 혹은 노래와 음악으로 서로 즐겼는데, 산과 물을 찾아 노닐고 즐기니 멀리 이르지 않은 곳이 없었다.
> – "삼국사기" –

① 무예를 닦아 신라의 삼국 통일에 기여하였다.
② 정사암에 모여 국가의 중대사를 결정하였다.
③ 매향 활동을 하면서 각종 불교 행사를 주관하였다.
④ 국왕과 귀족 간의 권력을 조정하는 기능을 담당하였다.
⑤ 삼강오륜 중심의 유교 윤리를 바탕으로 풍속을 교정하였다.

문제 해설
(가)는 신라의 화랑도이다. 화랑도는 진흥왕 때 국가 차원에서 장려하여 조직이 확대되었다. 화랑은 진골 귀족의 자제 가운데 선발되었고, 귀족은 물론 평민까지 망라한 낭도가 그 뒤를 따랐다. 여러 계층이 한 조직 안에서 일체감을 갖고 활동함으로써 계층 간의 대립과 갈등을 완화하는 역할도 하였다. 화랑도는 신라가 삼국을 통일할 수 있는 원동력이 되었다.

바로잡기
② 정사암은 백제의 귀족 회의 기구이다.
③ 고려 전기에 향도는 주로 불교 신앙을 위한 종교 조직이었다. 마을 사람들이 모두 모여 향나무를 바닷가나 마을 한구석에 묻고, 때로는 비석을 세워 가며 국태민안을 비는 매향이라는 행사를 치렀다.
④ 신라의 화백 회의에 대한 설명이다. 화백 회의는 귀족의 단결을 굳게 하고 국왕과 귀족 간의 권력을 조절하는 기능을 담당하였다.
⑤ 조선 시대 향약에 대한 설명이다. 향약은 전통적 공동 조직과 미풍양속을 계승하면서, 삼강오륜의 유교 윤리를 가미하여 교화 및 질서 유지에 알맞게 구성한 것이다.

비법 암기
화랑도: 원화에서 기원, 화랑(귀족)과 낭도(그외의 귀족과 평민)로 구성 → 계층 갈등 완화, 삼국 통일에 기여

03 통일 신라 귀족의 생활상

다음은 어느 유적지에서 출토된 유물과 거기에 적힌 내용이다. 이 유물을 사용한 주인공의 행적으로 추측한 것으로 합당한 것은?

禁聲作舞 : 소리 없이 춤추기
衆人打鼻 : 여러 사람 코 두드리기
飮盡大笑 : 술을 다 마시고 크게 웃기
三盞一去 : 한 번에 술 석 잔 마시기
曲臂則盡 : 팔뚝을 구부려 다 마시기
有犯空過 : 덤벼드는 사람이 있어도 가만히 있기

① 경당의 청소년들에게 유학을 강의하였다.
② 담로 책임자로 임명받아 임지로 출발하였다.
③ 독서삼품과에 응시하기 위해 열심히 공부하였다.
④ 중정대에 출근하여 관리들의 부정을 조사하였다.
⑤ 거란과의 강동 6주 문제를 도당에서 논의하였다.

문제 해설
경주 안압지에서 출토된 주사위로 주령구라 부른다. 재질은 참나무이며, 정사각형 면 6개와 육각형 면 8개로 이루어진 14면체이다. 술을 마실 때 굴리며 놀았던 기구로 주사위 각 면에 다양한 벌칙이 적혀 있다. 이는 신라 귀족의 놀이 문화를 알려 준다. ③ 신라의 귀족 자제들은 독서삼품과라는 시험을 통해 관직에 등용되었다.

바로잡기
① 경당은 고구려가 지방에 설립한 사립 교육 기관이다. 청소년들에게 유학과 무술을 가르쳤고 수도에는 국립 대학인 태학을 세워 유교 경전과 역사서를 가르쳤다.
② 백제에 22담로가 있다. 22대 무령왕은 지방에 왕족을 파견하여 지방에 대한 통제력을 강화하였다.
④ 중정대는 발해의 감찰 기관이다.
⑤ 도당은 고려 시대에 국가 중대사를 회의하는 고관들의 합좌 기관이었다. 도병마사가 도평의사사로, 다시 도당으로 바뀌었다.

비법 암기
고대 귀족의 특징 : 정치·경제·사회적 특권 유지, 능력보다 출신 가문에 따라 관등 승진과 경제적 혜택 차등

04 신라의 명절

밑줄 그은 '이날'과 관련된 속담으로 적절한 것은?

> 왕이 신라 6부를 둘로 나누어 왕녀 2인이 각 부의 여자들을 통솔하여 무리를 만들게 하였다. 그들은 매일 일찍 모여서 길쌈을 늦도록 하였다. 이날이 되면 그 성과의 많고 적음을 살펴, 진 쪽에서 술과 음식을 내놓아 승자를 축하하고 가무를 하며 각종 놀이를 하였는데 이를 가배(嘉俳)라 하였다. - "삼국사기" -

① 2월 바람에 김칫독 깨진다.
② 우수 경칩에 대동강 물이 풀린다.
③ 단오물은 정승하기보다 더 어렵다.
④ 청명에는 부지깽이를 거꾸로 꽂아 놓아도 산다.
⑤ 가을 맞은 송편에서 오고 송편 맛은 솔내에서 온다.

문제 해설
음력 8월 15일을 추석, 중추절 또는 한가위, 가위, 가배라고 한다. 추석은 신라 때부터 명절이 되었는데, 남자들은 활쏘기를 하고 여자들은 길쌈 내기를 하였다. ⑤ 추석의 대표 음식으로 송편이 있다. 추석에는 한 해 정성껏 키워 수확한 햇곡식으로 송편을 비롯한 여러 음식을 장만하여 조상들에게 차례와 성묘를 지냈다.

바로잡기
① 음력 2월의 춘분에는 아직 바람이 많이 분다는 의미의 속담이다.
② 음력 2월 겨울잠을 자던 동물이 깨어난다는 경칩과 관련된 속담이다.
③ 음력 5월 5일 단오와 관련된 속담이다. 비가 오지 않는 지역에서 비를 기다린다는 의미이다.
④ 음력 3월 청명은 생명력이 왕성한 절기임을 나타내는 속담이다.

비법 암기
추석(중추절, 한가위, 가위, 가배)의 풍습 : 길쌈 내기, 송편 빚기, 차례 지내기

정답 | 01 ⑤ 02 ① 03 ③ 04 ⑤

05 고려의 빈민 구제 기관

밑줄 그은 내용과 유사한 기능을 했던 기구로 옳은 것을 〈보기〉에서 고른 것은?

> ○○○기구는 이번 폭우의 이재민에게 28일 아침부터 급식 및 물품을 지원하고 있다. 이 기구의 관계자는 "중앙 구호 대책팀과 9개 지방 긴급 구호팀이 긴밀히 협조해 신속히 수해 이재민을 돕고 전염병 예방을 위해 최대한 지원을 아끼지 않을 것"이라고 했다.
> – ○○일보, 2011년 7월 28일 –

〈보기〉
ㄱ. 제위보
ㄴ. 구제도감
ㄷ. 교장도감
ㄹ. 삼정이정청

① ㄱ, ㄴ ② ㄱ, ㄷ ③ ㄴ, ㄷ
④ ㄴ, ㄹ ⑤ ㄷ, ㄹ

문제 해설
'이재민을 돕고 전염병 예방을 위해 최대한 지원'하는 빈민 구제 기관을 선택하는 문제이다. ㄱ. 제위보는 고려 시대에 빈민 구제를 위하여 설치한 기관이다. 기금을 모아 그 이자로 빈민을 구휼하였다. 고려 광종 때 설치되어 고려 말까지 존속하였다. ㄴ. 구제도감 역시 고려 시대에 빈민 구제를 위하여 설치한 기관이다. 차이점은 제위보가 상설 기구라면, 구제도감은 구제가 필요한 경우에만 설치한 임시 기관이다.

바로잡기
ㄷ. 교장도감은 고려 최씨 정권 때 최우가 재조대장경(팔만대장경)을 만들기 위하여 설치한 관청이다.
ㄹ. 삼정이정청은 조선 철종 때 개혁 정책을 추진하기 위하여 설치되었던 관청이다. 당시 임술 농민 봉기가 발생하여 전국적으로 확산되자 삼정의 문란을 시정하기 위하여 개혁을 추진하고자 하였다.

비법 암기
고려의 구호 제도 : 의창(고구려의 진대법과 유사), 상평창(물가 조절), 제위보(기금 이자로 빈민 구휼)

06 고려의 백정

다음 글에 등장하는 인물들에 대한 설명으로 옳은 것을 〈보기〉에서 고른 것은?

> 고려 시대 경상도의 한 고을에 사는, 직역이 없는 양인인 갑(甲)은 아버지로부터 물려받은 민전을 가족들과 함께 경작하며 살아가고 있었다. 국가에서는 그의 민전을 관료인 병(丙)에게 과전으로 지급하였다. 한편, 같은 마을에 사는 직역이 없는 양인인 을(乙)은 소유하고 있는 농토가 없어 국유지를 빌려 농사지었다.

〈보기〉
ㄱ. 갑은 병에게 수확량의 10분의 1을 바쳤다.
ㄴ. 을은 수확량의 2분의 1을 국가에 바쳤다.
ㄷ. 갑과 을은 모두 백정(白丁)이라고 불렸다.
ㄹ. 갑과 을은 모두 주진군에 편입되었다.

① ㄱ, ㄴ ② ㄱ, ㄷ ③ ㄴ, ㄷ
④ ㄴ, ㄹ ⑤ ㄷ, ㄹ

문제 해설
제시된 자료에서 자영농(양인)인 갑은 자신의 사유지인 민전을 경작하고 있고, 소작농(양인)인 을은 국유지를 빌려 소작하고 있으며, 관료 병은 갑이 소유하고 있는 민전을 과전으로 지급받아 수조권을 가지고 있다. ㄱ. 토지 소유권을 가지고 있는 갑은 자신의 땅이 병에게 과전으로 지급되었으므로 수조권자인 병에게 수확량의 10분의 1을 바쳐야 한다. ㄷ. 고려 시대의 백정은 특정한 직역이 없는 양인을 뜻하였으나, 조선 시대에는 도살업자 등 천민을 지칭하는 말로 의미가 변화하였다.

바로잡기
ㄴ. 을은 국유지(공전)를 빌려 경작하므로 수확량의 4분의 1을 국가에 바쳐야 한다. 사유지(민전)를 빌렸을 경우라면 지대로 수확량의 2분의 1을 납부해야 한다.
ㄹ. 고려의 지방 제도는 5도 양계이다. 5도의 일반 군현에는 주현군이 주둔하였고, 북방의 국경 지대인 양계에는 상비군인 주진군이 주둔하였다. 경상도는 5도에 해당되는 지역이므로 갑과 을은 주현군에 편입되어야 한다. 주현군은 16세 이상의 일반 농민으로 조직되었다.

비법 암기
고려의 백정 : 일반 농민, 조세·공납·역의 의무, 조선의 백정은 천민

07 고려의 신분 제도

그림은 고려 시대의 신분 구조를 도식화한 것이다. 각 신분에 대한 설명으로 옳은 것은?

① (가)는 과거보다 쉬운 천거를 통해 관직에 나가는 경우가 많았다.
② 향리나 하급 장교 등은 (나)에 속하며, 전시과의 토지를 지급받지 못하였다.
③ (다)에 속한 백정에게는 법제상으로 과거에 응시할 자격이 주어지지 않았다.
④ 향, 부곡, 소의 주민은 국역의 부담을 진다는 점에서 (다)에 속한다.
⑤ (라)의 대다수를 차지하는 노비는 (다)보다 무거운 국역의 의무를 졌다.

08 고려의 가족 제도

도표는 어느 시기 호적들의 일부를 정리한 것이다. 이 시기 사회 모습에 대한 대화로 옳지 않은 것은?

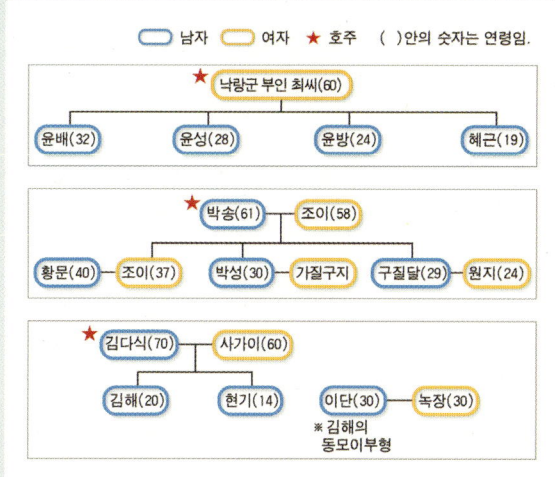

① 갑: 여성의 재가가 가능하였어.
② 을: 부모의 유산이 자녀에게 골고루 분배되었어.
③ 병: 자녀들은 태어난 순서대로 호적에 기재하였어.
④ 정: 아들이 없는 집에서는 양자를 들이는 것이 일반적이었어.
⑤ 무: 제사는 형제가 돌아가면서 지내거나 책임을 분담하였어.

문제 해설
(가)는 귀족으로 지배층 중 상층부를 이루고 있었으며, (나)는 중류층으로 지배층 중 하층부를 이루고 있다. (다), (라)는 피지배층으로 각각 양민과 천민에 해당한다. ④ 향·부곡·소의 주민들은 양민에 비해 차별을 받기는 하였으나, 국역의 부담을 지고 있기 때문에 양민에 속한다.

바로잡기
① 천거는 과거보다 빈도가 극히 낮고 제약도 많았다.
② 향리·하급 장교 등도 국가에 대한 직역을 담당하고 있었으므로, 각각 외역전, 군인전이라는 명칭으로 전시과를 지급받았다.
③ 고려 시대의 백정은 일반 농민으로서 양민에 속하였다. 양민은 법적으로 과거 응시 자격을 갖고 있었다.
⑤ 천민의 상당수는 노비로 구성되어 있었으나, 천민은 양인과 달리 국역의 의무가 없었다.

비법 암기
고려의 노비 제도 : 매매·상속·증여 대상, 일천즉천(신분 세습), 공노비(입역 노비/외거 노비), 사노비(솔거 노비/외거 노비)

문제 해설
고려 시대에는 여성이 호주가 될 수 있었으며, 지배층의 경우 자녀 중 일부가 승려로 출가하는 경우가 많았다. 제시된 자료에서 낙랑군 부인의 호적에서 그러한 사항을 확인할 수 있다. 고려 시대의 여성은 조선 후기의 여성과 달리 재혼이 가능하였다. 이 시기에는 부모의 유산을 자녀들이 골고루 상속하였다. 자녀들은 남녀에 따른 구분이 없이 출생 순서에 따라 호적에 기재되는 것이 보편적이었다. 또한, 형제가 돌아가면서 제사를 모시는 윤회 봉사의 풍습이 일반적이었다.

바로잡기
④ 고려 시대에는 아들이 없는 경우 외손이나 사위가 대를 이어 제사를 지내는 것이 일반적이었기 때문에, 아들이 없는 경우라도 양자를 들이는 것이 일반적이지 않다.

비법 암기
고려 시대 여성의 지위 : 일부일처제, 데릴사위제, 출생 순으로 호적 기재, 남녀 균분 상속, 여성 재가 허용

09 조선의 중인

밑줄 그은 '우리'를 알아보기 위한 탐구 활동으로 가장 적절한 것은?

> 우리는 본래 모두 사대부였는데 혹은 의(醫) 에 들어가고 또는 역(譯)에 들어가 7, 8대 또는 10여 대를 대대로 세습하니 사람들이 중촌고족 (中村古族)이라 일컫게 되었다. …… 우리와 서얼을 가로막는 것은 우리나라의 편벽된 일로 이제 몇백 년이 되었다. …… 이제 바야흐로 의논을 모아 글을 써서 원통함을 호소하고자 먼저 통문을 띄우노니 이달 29일 마동에 있는 홍현보의 집에 모여 상의코자 한다. - "상원과방" -

① 종모법이 적용된 신분을 찾아본다.
② 청금록에 수록된 인물들을 조사한다.
③ 형평 운동이 전개된 배경을 알아본다.
④ 대규모 소청 운동을 전개한 신분을 찾아본다.
⑤ 양인 중에서 천역을 담당한 계층을 살펴본다.

문제 해설
제시된 자료에서 '우리'가 의(醫)와 역(譯)에 들어가는 것으로 보아 중인임을 알 수 있다. 중인들은 영·정조 때 서얼 등용 정책에 자극을 받아 철종 때는 신분 차별에 반대하는 대규모 소청 운동을 전개하기도 하였다. 비록 성공하지는 못하였으나, 양반 중심의 신분 질서를 붕괴시키는 촉매제 역할을 하였다.

바로잡기
① 조선 후기 영조는 노비종모법을 실시하여 노비의 신분 상승 추세를 촉진시켰다.
② 청금록은 서원과 향교에 등록된 양반들의 명부로 청금록에 등록되어 있어야만 양반으로 인정받았다.
③ 형평 운동은 1923년 경상도 진주에서 조선 형평사가 조직되면서 이루어진 백정들의 신분 해방 운동이다.
⑤ 신량역천은 양인의 신분이지만 부과된 역이 힘들어 사회적으로 천대받던 계층을 말한다.

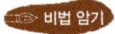
중인 : 전문직, 직역 세습, 같은 신분 간 통혼

10 조선의 향리

다음은 어느 신분의 불법 행위에 대한 처벌법 내용이다. 이 신분에 대한 설명으로 옳은 것을 〈보기〉에서 고른 것은?

> 수령을 조종 농락하여 권력을 제 마음대로 부려 폐단을 일으킨 자, 몰래 뇌물을 받고 부역을 불공평하게 하는 자, 세를 거두어들일 때 법보다 더 거두어 남용하는 자, 양민을 불법으로 끌어다 남몰래 부려 먹는 자, …… 양가 여자와 관비를 첩으로 하는 자는 일반인의 고발을 허락하며, 또한 해당 관청 경재소에서도 사헌부에 고발하여 추궁·조사하고 처벌받게 하는 것을 허락한다. - "경국대전" -

〈보기〉
ㄱ. 직역의 복무 대가로 국가로부터 녹봉을 지급받았다.
ㄴ. 향청에 참여하여 풍속 교화와 향촌 자치에 힘썼다.
ㄷ. 군역을 부담하지 않는 대신에 유사시에는 잡색군에 편제되었다.
ㄹ. 생원·진사시를 볼 때 반드시 소속 군현에서 허가를 받아야만 하였다.

① ㄱ, ㄴ ② ㄱ, ㄷ ③ ㄴ, ㄷ
④ ㄴ, ㄹ ⑤ ㄷ, ㄹ

문제 해설
제시된 자료에서 이들은 '수령을 조종 농락'하고 '부역을 불공평하게'하며 '세를 거두어들일 때 법보다 더 거두어 남용하는' 불법을 저지르는 신분이라고 하였다. 따라서 토착 세력으로서 수령의 보좌를 맡았던 향리임을 알 수 있다. ㄷ. 향리는 군역을 부담하지 않고 직역을 세습하였으나, 유사시에는 일종의 예비군인 잡색군에 편제되었다. ㄹ. 향리들은 소속 군현의 허가를 받으면 문과에 응시가 가능하였다.

바로잡기
ㄱ. 조선 시대의 향리는 고려 때와 달리 직역에 대한 대가로 토지나 녹봉을 따로 받지 않았기 때문에 비리를 저지를 가능성이 컸다
ㄴ. 향청(유향소)에는 지역 양반들이 참여하였다.

조선의 향리 : 수령 보좌, 직역 세습, 직역에 대한 대가가 없어 부정부패할 가능성이 큼

11 조선 전기 가족 제도

다음 자료를 통해 추론할 수 있는 사회 모습으로 적절한 것을 〈보기〉에서 고른 것은?

> 중종 23년(1528) 10월 10일,
> 딸들에게 작성해 준 유서
> 억달에게 노비와 전답도 많이 주었으며, 천첩 자식으로 봉사(奉祀)하는 것도 편치 않을 뿐만 아니라 생사도 알기 힘들다. …… 너희들은 비록 딸이라도 나의 골육으로 정리가 매우 중하기 때문에, 노비와 전답을 혈손 외에 다른 사람에게 주지 말고 너희들이 가지고서 우리 부부의 제사를 거행하라. 만일 불초한 자가 마음을 나쁘게 써서 분쟁하는 기미가 있거든 이 문서의 내용에 따라 관가에 고하여 바로 잡아라.
> 재주(財主) 진사 송○○ [수결(手決)]

〈보기〉
ㄱ. 혼인 풍습에서 시집살이가 보편화되었다.
ㄴ. 자녀에게 재산을 균분 상속하는 일이 많았다.
ㄷ. 부계 중심의 유교적 종법 질서가 확고해졌다.
ㄹ. 자녀들이 돌아가면서 제사를 맡아 지내는 일이 널리 행해졌다.

① ㄱ, ㄴ ② ㄱ, ㄷ ③ ㄴ, ㄷ
④ ㄴ, ㄹ ⑤ ㄷ, ㄹ

문제 해설

제시된 자료는 조선 전기에 기록된 유서이다. 조선 중기까지만 하더라도 재산을 균분 상속하거나 남녀 간, 장자남 간의 차별이 없었고, 딸에게도 가계를 잇도록 하여 적서 차별이 심하지 않은 편이었다. 제사도 아들딸 구분 없이 자녀들이 돌아가면서 맡았다. 흔히 말하는 남성 중심의 가부장적 사회 질서가 형성된 때는 조선 후기 성리학적 가족 제도가 정착된 후이다. 장자 중심의 가계 세습이나 재산 상속, 여성의 재가 금지, 출가외인(出嫁外人)이나 적서 차별의 강화 등이 그 예라 할 수 있다.

바로잡기

ㄱ, ㄷ. 조선 후기 가부장적 가족 질서가 정착된 후의 모습이다.

비법 암기

조선 전기 가족 제도 : 고려 때와 유사함, 남녀 균분 상속, 자녀들이 제사를 돌아가면서 맡음

---

12 조선 후기 가족 제도

다음과 같은 생각이 널리 퍼졌던 시기의 사회 현상으로 볼 수 없는 것은?

> 부모와 자식 간의 정과 도리는 아들이건 딸이건 차이가 없지만, 딸은 부모가 살아 있을 때에 봉양하는 도리가 없고, 부모가 죽은 뒤에도 제사를 지내는 예가 없으니, 어찌 토지와 노비를 아들과 동등하게 나누어 주겠는가?

① 적정자가 주로 제사를 주관하였다.
② 친딸은 양자보다 상속 재산이 더 많아졌다.
③ 촌락 내에 같은 성씨의 집단 거주가 확대되었다.
④ 혼인 관행이 처가살이에서 시집살이로 바뀌었다.
⑤ 족보에서 자녀는 남, 여(사위)순으로 기재하였다.

문제 해설

제시된 지문은 아들에 비해 딸은 부모를 봉양하거나 제사를 지내는 의무를 하지 않기 때문에 재산을 동등하게 분배하지 않는다는 내용이다. 이를 통해 부계 중심의 가족 제도가 강화된 조선 후기임을 알 수 있다. 조선 전기에는 아들, 딸에게 재산을 골고루 분배하고 제사도 돌아가면서 지내는 경우가 많았다. 그러나 성리학적 가치관이 보급되어 가면서 조선 후기에는 부계 중심의 가족 질서가 형성되었다. 이때, 혼인 후 남자가 여자 집에서 생활하지 않고 남자 집에서 생활하는 친영 제도(시집살이)가 정착되었으며, 제사는 적장자가 지내야 한다는 의식 속에 재산 상속에서도 아들이 우대를 받았다. 그러다 보니 부계 위주의 족보가 편찬되었고, 남성 중심의 가계도를 중시하게 되었다. 한편, 촌락 내에서는 같은 성씨끼리 모여 살면서 부계 중심의 가족 질서가 더욱 강화되었다.

바로잡기

② 아들이 없는 경우 양자를 들여 대를 이었으나 친딸보다 우대받지는 못하였다.

비법 암기

조선 후기 가족 제도 : 성리학 영향 → 부계 중심, 장자 상속·봉사, 양자 제도

13 조선 후기 사회상

다음 상황이 나타난 시기에 볼 수 있는 모습으로 적절하지 않은 것은?

> 세상의 도리가 무너져 돈 있고 힘 있는 백성들이 군역을 피하고자 간사한 아전과 한통속이 되어 뇌물을 쓰고 호적을 위조하여 유학(幼學)이라고 거짓으로 올리고 면역하거나 다른 고을로 옮겨가서 스스로 양반 행세를 한다. 호적이 밝지 못하고 명분의 문란함이 지금보다 심한 적이 없다.
> — "일성록" —

① 문중의 족보를 정리하는 사족
② 서당에서 글을 읽고 있는 평민 자제
③ 포구에서 물건의 매매를 중개하는 객주
④ 시사(詩社)에서 자작시를 낭송하는 중인
⑤ 과중한 공물 부담에 힘들어하는 소(所)의 주민

문제 해설
제시된 자료가 정조의 국정 일기인 "일성록"이므로 조선 후기의 상황을 보여 준다. 조선 후기에는 향촌 질서가 변화하여 양반의 권위가 약화되고, 관권과 결탁한 부농층이 공명첩을 매입하거나 족보를 위조하여 신분을 상승시켰다. ⑤ 특수 행정 구역인 소(所)는 조선이 건국될 때 일반 군현으로 승격되었다.

바로잡기
① 조선 후기 종족 내부의 결속을 강화하고 양반 문벌 제도를 강화하기 위하여 문중의 족보를 정리하고 연구하는 보학이 발달하였다.
② 조선 후기 경제적으로 부유해진 평민들이 증가하고 서당이 많아지면서 평민 자제의 교육의 기회가 확대되었다.
③ 조선 후기 상업의 중심지로 포구가 성장하면서 객주, 여각들이 중개, 운송, 보관, 숙박, 금융 등 활발한 상업 활동을 하였다.
④ 중인들은 시를 짓고 즐기기 위한 모임인 시사를 조직하여 문예 활동과 활발한 저술 활동을 통해 자신들의 위상을 높이기도 하였다.

비법 암기
양반의 분화 : 권력을 장악한 양반(권반)을 제외한 다수의 양반 몰락(향반, 잔반)

---

14 조선 후기 신분제의 동요

다음 문서와 관련된 내용으로 옳은 것만을 〈보기〉에서 모두 고른 것은?

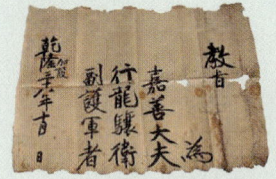 

받는 자의 이름을 기재하지 않은 백지 사령장(辭令狀)

〈보기〉
ㄱ. 임진왜란 중에 발급되기 시작하였다.
ㄴ. 갑오개혁을 계기로 발급이 금지되었다.
ㄷ. 전력 강화나 재정 확충이 주된 목적이었다.
ㄹ. 사찰 중수 비용 마련을 위해 발급되기도 하였다.

① ㄱ, ㄴ ② ㄴ, ㄷ ③ ㄷ, ㄹ
④ ㄱ, ㄴ, ㄹ ⑤ ㄱ, ㄷ, ㄹ

문제 해설
제시된 사진은 정부가 곡식을 받은 대가로 주었던 명목상의 관직 임명장인 공명첩이다. 관직을 받는 사람의 이름 자리는 비어 있다. 공명첩은 원래 임진왜란 중에 발급되기 시작했는데, 군공을 세운 사람 또는 흉년이나 전란 때에 국가에 곡식을 바친 사람들에게 그 대가로서 주어진 것이었다. 또한 사찰 중수와 진휼을 위한 재정을 마련하기 위해 발급되기도 하였다. 그러나 정부가 공명첩을 소홀히 관리하고 남발하는 바람에 신분 제도를 문란하게 하는 요인이 되어 버렸다.

바로잡기
ㄴ. 공명첩은 갑오개혁이 일어난 이후에도 계속 발급되었다.

비법 암기
상민의 신분 상승 : 납속책, 향안 등재, 향임직 매입, 잔반의 족보 매입, 족보 위조 → 양반으로 신분 상승

15 조선의 서얼

(가)에 대한 설명으로 옳은 것을 〈보기〉에서 고른 것은?

> 시골 천인의 자식은 때때로 훌륭한 벼슬을 하기도 하는데 세족·명가의 후손인 (가) 은(는) 자자손손 영원히 *금고시켜 버리니 등용하고 버리는 것이 앞뒤가 맞지 않습니다. …… 신하가 되어서도 임금을 가까이 모실 수 없으니 군신의 의리가 멀어지고, 자식이 되어서도 감히 아버지를 아버지라 부르지 못하니 부자의 인륜이 어그러지게 됩니다. 심지어 자기 자식을 버리고 먼 일가붙이를 양자로 삼으니, 인륜을 파괴하고 하늘의 이치를 어김이 너무도 심합니다. - "규사" -

*금고(禁錮): 벼슬 길을 막는 일

〈보기〉
ㄱ. 성리학적 명분론에 의해 차별받았다.
ㄴ. 신분 해방을 위해 형평 운동을 일으켰다.
ㄷ. 정조 때 규장각 검서관에 임명되기도 하였다.
ㄹ. 각 관아에 차출되어 일정 기간 노역에 종사하였다.

① ㄱ, ㄴ   ② ㄱ, ㄷ   ③ ㄴ, ㄷ
④ ㄴ, ㄹ   ⑤ ㄷ, ㄹ

문제 해설
제시된 자료의 (가)는 서얼이다. 조선에서 서얼은 적자와 서자를 엄격하게 구별하는 성리학적 명분론에 입각하여 차별을 받았다. 조선 초부터 서얼 금고법이라 하여 서얼에 대한 과거 응시 제한 및 출사를 막기도 하였다. 그러나 조선 후기 사회 변동이 심해지는 가운데 서얼들도 꾸준히 왕에게 상소를 올려 양반처럼 누구나 고위 관직에 나갈 수 있게 되었다. 정조 때에는 서얼에게 문과에 응시할 자격이 주어져 유득공, 박제가, 이덕무 등 서얼 출신이 규장각 검서관으로 활약하기도 하였다.

바로잡기
ㄴ. 형평 운동은 백정들의 신분 해방 운동이다.
ㄹ. 노비에 해당하는 설명이다.

비법 암기

중간 계층의 신분 상승 운동: 서얼의 집단 상소 운동, 기술직 중인의 재산 축적 및 소청 운동

16 조선 후기 향촌의 변동

다음 자료의 모습이 나타난 시기의 사회 현상으로 옳지 않은 것은?

> • 옷차림은 신분의 귀천을 나타내는 것이다. 그런데 어찌된 까닭인지 근래 이것이 문란해져 상민·천민들이 갓을 쓰고 도포를 입는 것을 마치 조정의 관리나 선비와 같이 한다. 진실로 한심스럽기 짝이 없다. 심지어 시전 상인들이나 군역을 지는 상민들까지도 서로 양반이라 부른다. - "일성록" -
>
> • 근래 아전의 풍속이 나날이 변하여 하찮은 아전이 길에서 양반을 만나도 절을 하지 않으려 한다. 아전의 아들·손자로서 아전의 역을 맡지 않은 자가 고을 안의 양반을 대할 때 맞먹듯이 너 나하며, 자(字)를 부르고 예의를 차리지 않는다. - "목민심서" -

① 정부는 경재소를 설치하여 유향소를 통제하였다.
② 향회가 수령의 부세 자문 기구로 점차 변화하였다.
③ 상민층이 납속과 공명첩을 이용하여 신분 상승을 꾀하였다.
④ 수령을 중심으로 한 관권이 강화되고 향리의 역할이 커졌다.
⑤ 일부 노비는 도망, 군공 등의 방법으로 노비 신분에서 벗어났다.

문제 해설
제시된 두 자료 모두 조선 후기 신분제가 동요되는 가운데 나타난 현상을 보여 준다. 임진왜란 이후의 정치·경제적 변화는 신분 질서에도 큰 변화를 가져왔다. 경제적으로 부유해진 농민은 족보를 위조하거나 납속과 공명첩을 이용해 신분 상승을 꾀하였다. 양반 중에는 경제적 어려움으로 몰락하는 자들이 늘어났다. 또 노비 중 일부는 도망하여 신분의 속박에서 벗어나려 하였다. 이러한 상황에서 양반은 향촌에서 향안을 만들거나, 문중을 강조하여 지위를 유지하려고 하였다. 그러나 향촌에서 양반의 권위는 약화되고 수령과 향리의 권한이 강화되면서, 양반의 자치 기구였던 향회는 수령의 부세 자문 기구로 전락하였다.

바로잡기
① 경재소를 설치하여 유향소를 통제한 것은 조선 전기의 일이다.

비법 암기

향촌 질서의 변화: 양반의 권위 약화, 농민층 분화(부농층 ↔ 임노동자), 관권 강화(수령과 향리)

정답 | 13 ⑤ 14 ⑤ 15 ② 16 ①

V 전근대의 문화와 사상

1. 고대 국가의 문화 2. 고려의 문화
3. 고대 국가의 사상 4. 고려의 사상
5. 조선의 사상 6. 조선의 문화

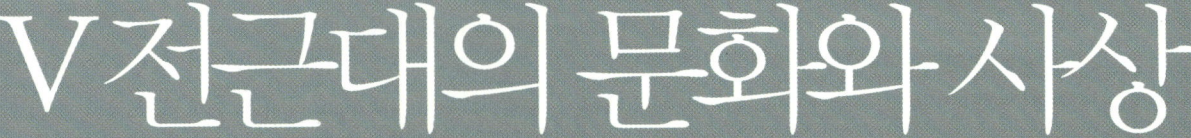

선조들이 남긴 유물과 유산을 통해 전근대의 문화와 사상에 대해 유추해 볼 수 있다. 삼국은 동아시아의 국제 정세 속에서 외래 사상과 문화를 수용하면서 각각 독자적인 문화를 발전시켰다. 고구려의 문화는 패기와 정열이 넘쳤고, 백제는 우아하고 세련되었다. 신라는 토속적이면서 조화미를 갖추었다. 통일 신라의 예술은 정밀한 수학적 지식을 이용하여 불국토의 이상 세계를 실현하였다. 발해는 고구려의 기상을 이어받은 문화유산을 많이 남겼다. 신라 하대에는 선종 불교가 지방을 중심으로 널리 확산하였고, 이와 함께 교학 불교인 화엄종도 발전하였다. 불교를 국가 이념으로 삼은 고려에서는 불교미술이 매우 발달하였다. 조선의 사상은 성리학을 토대로 발전하였고, 후기에는 실학이 등장하면서 다양한 역사서와 지리서, 지도 등을 남겼다. 서민의 문학과 예술이 발달하면서 양반 중심의 문화에서 벗어나 문화 주체가 다양해졌고, 현실 사회의 모순에 대한 비판 의식이 확산되었다. 이와 함께 문학, 예술 등 여러 영역에서 다채로운 문화 활동이 전개되었다.

```
0         500        1000       1500       2000
●----------●----------●----------●----------●
372 고구려, 불교 수용  751 불국사 창건  1234 상정고금예문 간행  1443 훈민정음 창제
```

기출 문제 출제 포인트

고대 국가와 고려의 문화	고대 국가의 문화	고구려의 고분 벽화 (3회, 5회, 10회, 12회)
		백제의 문화유산 (3회, 6회, 11회, 13회, 14회)
		신라의 돌무지덧널무덤 (2회, 7회, 9회)
		가야의 유물 (10회, 15회)
		통일 신라의 승탑과 탑비 (3회, 11회, 15회, 16회)
		발해의 문화유산 (2회, 7회, 8회)
		고대 문화의 일본 전파 (13회)
	고려의 문화	고려의 탑과 불상 (7회, 11회, 12회, 13회, 17회)
		고려의 건축 양식 (2회, 10회, 14회, 16회)
		고려의 문화유산 (13회)
		과학 기술과 예술의 발달 (5회, 7회, 10회)
고대 국가와 고려의 사상	고대 국가의 사상	삼국의 승려 (12회, 14회, 15회, 16회)
		신라 말 선종 불교의 유행 (3회, 11회, 15회, 16회)
		풍수지리설 (16회)
	고려의 사상	고려의 승려 (8회, 9회, 14회)
		고려의 역사서 (2회, 3회, 7회, 8회, 15회, 16회, 17회)
		고려의 불교 결사 운동 (16회)
조선의 문화와 사상	조선 전기 문화와 사상	조선 전기의 역사서 편찬 (2회, 5회, 8회, 16회)
		조선 전기의 지도 제작 (8회, 10회, 14회)
		조선 시대 건축과 궁궐 (6회, 7회, 10회, 13회, 14회, 15회, 17회)
		조선 전기 과학 기술의 발달 (11회, 15회)
		조선 전기의 회화 (15회)
		조선 전기 문화 (2회, 6회, 7회, 15회)
	조선 후기 문화와 사상	조선 후기의 의학서 (14회)
		조선 후기의 과학 기술의 발달 (6회, 7회, 8회, 9회)
		조선의 도자기 기술 (14회)
		조선 후기의 음악 (7회)
		조선 후기의 회화 (11회, 12회, 13회, 15회, 16회, 19회)
		조선 후기 서민 문화의 발달 (4회, 8회, 9회, 11회, 14회, 15회, 17회, 20회, 21회)

* 4회부터 1급과 2급이 고급으로 통합됨. 1회는 고급 미시행

백제 금동 대향로(왼쪽), 혼천의(오른쪽)

1 고대 국가의 문화 | V 전근대의 문화와 사상

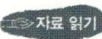
자료 읽기

불상

❶ 금동 연가 7년명 여래 입상(고구려), ❷ 서산 용현리 마애 여래 삼존상(백제), ❸ 금동 미륵보살 반가 사유상

탑

❶ 익산 미륵사지 석탑(백제), ❷ 부여 정림사지 5층 석탑(백제)

공예

❶ 백제 금동 대향로, ❷ 산수무늬 벽돌(백제), ❸ 천마총 금관(신라)

천문학

◉ 경주 첨성대(신라)

중앙아시아 교류

◉ 고구려 사절도(우즈베키스탄)

❶ 경주 98호 남분 유리병 및 잔(신라), ❷ 원성왕릉의 무인 석상(신라)

구분	고구려	백제	신라
건축	• 평양 안학궁(장수왕 남하 정책의 기상)	• 익산 미륵사(무왕) • 궁남지(우리나라 최초 인공 연못)	• 황룡사(진흥왕)
불상	• 금동 연가 7년명 여래 입상★ • 금동 미륵보살 반가 사유상	• 서산 용현리 마애 여래 삼존상(백제의 미소)	• 경주 배동 석조 여래 삼존 입상
탑	• 주로 목탑 건립 → 남아 있지 않음	• **익산 미륵사지 석탑**(목탑 양식) • **부여 정림사지 5층 석탑** (1층 몸돌에 소정방의 공적 기록)	• **황룡사 9층 목탑** (선덕 여왕, 삼국 통일 염원, 몽골 침입 때 소실) • **경주 분황사 모전 석탑**
공예		• 산수무늬 벽돌(도교) • 백제 금동 대향로(도교, 능산리 고분군에서 출토) • 칠지도(근초고왕, 왜에게 하사)	• 금은 세공 ┌ 금관총 금관, 천마총 금관 │ (← 북방 스키타이 문화 영향) └ 경주 부부총 금 귀걸이
고분	• **돌무지무덤**(초기): 돌을 쌓아 만든 무덤 → 장군총(잘 다듬은 돌을 계단식으로 7층까지 쌓음, 거대한 호석이 둘러져 있고 옆에 딸린 무덤이 있음)★ • **굴식 돌방무덤**★ ┌ 돌로 널방을 짜고 통로로 연결한 후 흙으로 봉분을 만든 무덤 │ 모줄임 천장 구조 │ 벽화 다수 발견 │ – 초기: 무덤 주인의 생활상 표현 │ – 후기: 추상화(사신도) └ 도굴이 쉬워 껴묻거리가 거의 없음 → **강서대묘**(사신도 벽화 → 도교)	• **계단식 돌무지무덤**(한성 시대) → **석촌동 고분**(백제 건국 세력이 고구려와 같은 계통임을 보여줌) • 굴식 돌방무덤(웅진 시대) • **벽돌무덤**(웅진 시대)★ → **무령왕릉**(송산리 고분군) ┌ **중국 남조** 영향 └ 껴묻거리와 지석 발견 *양직공도(중국 남조와 교류) • 굴식 돌방무덤(사비 시대) → 능산리 고분 (규모 축소, 세련된 형태)	• **돌무지덧널무덤** ┌ 나무로 만든 덧널 위에 돌무지와 봉토를 덮어 봉분을 만든 무덤 └ 도굴 어려워 껴묻거리 많음 → **천마총**(금관, 천마도장니)★ → 황남대총(유리잔, 유리병 등 서역의 유물 출토 → 아라비아 상인들과 교류) • 굴식 돌방무덤
과학		• 금속 기술 발달: 칠지도, 백제 금동 대향로	• 첨성대(선덕 여왕): 농업 중시, 왕권 강화 역할
음악	• **왕산악**: 거문고를 만듦(진의 칠현금 개량)		• 가야의 **우륵**이 만든 가야금과 12악곡이 신라에 전해짐
일본 전파	• **담징**: 종이·먹·맷돌 전파, 호류 사 금당 벽화 • **혜자**: 쇼토쿠 태자의 스승 • **다카마쓰 고분 벽화**★ → **수산리 고분 벽화**와 유사	• **아직기**: 한자 • **왕인**: "천자문", "논어" • **노리사치계**: 불경, 불상 • **고류 사 미륵보살 반가 사유상**★ → 삼산관을 쓰고 있는 **금동 미륵보살 반가 사유상**과 비슷 • 호류 사 백제 관음상 • 백제 가람(건축 양식) 발달	• 배 만드는 기술 • 제방 만드는 기술 → 한인의 연못 • 가야의 수레 토기 → 일본 **스에키 토기**에 영향★
	• 삼국 문화의 왜 전파, 도왜인 → 야마토 정권 성립, 아스카 문화 형성		
중앙아시아 교류	• 우즈베키스탄 아프라시압 궁전 벽의 **고구려 사절도**		• 경주 계림로 보검 • 경주 98호 남분 유리병

144

★ Best 기출
- 삼국의 문화 : 삼국의 불상 | 삼국의 탑 | 삼국의 고분 | 일본으로의 문화 전파
- 남북국의 문화 : 통일 신라의 탑 | 발해의 고구려 문화 계승 | 정혜 공주 묘

구분	통일 신라	발해
건축	• 불국사, 석굴암 → 불국토 이상 반영 • 월지(안압지)	• 상경 용천부 주작 대로 (← 당의 영향)
불상·석등	• 석굴암 본존불★ • 불국사 석등, 보은 법주사 쌍사자 석등	• 이불병좌상(고구려 양식)★ • 발해 석등
탑	• 초기: 경주 감은사지 동·서 3층 석탑★ (통일 직후, 삼국 통일의 기상) • 중기: 경주 불국사 3층 석탑★ ("무구정광대다라니경" 출토, 통일 신라 3층 탑의 전형), 경주 불국사 다보탑 • 후기: 양양 진전사지 3층 석탑★ (기단과 탑신에 불상 조각)	• 영광탑(누각식 전탑)★
승탑	• (전)원주 흥법사지 염거화상탑 • 화순 쌍봉사 철감선사탑 (목조 양식, 선종과 함께 승탑 유행)	
공예	• 상원사 동종, 성덕 대왕 신종의 비천상	• 돌사자상 • 벽돌과 기와의 무늬 (← 고구려의 영향)
고분	• 경주 문무대왕릉(수중릉) • 불교 영향으로 화장 유행 • 굴식 돌방무덤 → 김유신 묘 봉분 주위를 둘레돌로 두르고 12지 신상을 조각	• 굴식 돌방무덤: 정혜 공주 묘 ─ 모줄임 천장(고구려 양식)★ ─ 돌사자상(고구려 양식) • 벽돌무덤: 정효 공주 묘 ─ 벽화(당의 영향), 묘지 ─ 천장의 평행 고임 구조★ (고구려 영향)
과학	• 정밀한 수학적 지식 이용: 석굴암 석굴 구조, 경주 불국사 3층 석탑, 경주 불국사 다보탑	
음악	• 3현(가야금, 거문고, 비파) • 3죽(대금, 중금, 소금) • 옥보고: 거문고 곡조 30여 곡 • 위홍·대구화상: "삼대목"(진성 여왕)	
일본 전파	• 원효·강수·설총★ → 하쿠호 문화 성립에 기여 • 심상의 화엄 사상 → 일본 화엄종 성립에 기여	• 사신·학자 교류 • 선명력 전파
중앙아시아 교류	• 원성왕릉과 흥덕왕릉 무인 석상	• 동경 용원부 삼존불 • 소그드 은화

자료 읽기

건축

❶ 불국사(통일 신라), ❷ 경주 동궁과 월지(통일 신라)

불상·석등

❶ 석굴암 본존불(통일 신라), ❷ 발해의 이불병좌상, ❸ 발해 석등

탑

❶ 분황사 모전 석탑(선덕여왕, 신라),
❷ 경주 감은사지 동·서 3층 석탑(통일 신라),
❸ 경주 불국사 3층 석탑/석가탑(통일 신라),
❹ 경주 불국사 다보탑(통일 신라),
❺ 양양 진전사지 3층 석탑(통일 신라),
❻ 영광탑(발해)

승탑

❶ (전)원주 흥법사지 염거화상탑(통일 신라), ❷ 화순 쌍봉사 철감선사탑(통일 신라)

공예

❶ 상원사 동종(통일 신라), ❷ 성덕 대왕 신종(통일 신라),
❸ 정혜 공주 묘 돌사자상(발해), ❹ 발해 연꽃무늬 수막새

2 고려의 문화 | V 전근대의 문화와 사상

자료 읽기

탑

○ 평창 월정사 팔각 9층 석탑

승탑

❶ 여주 고달사지 승탑,
❷ 원주 법천사지 지광국사탑

불상

❶ 논산 관촉사 석조 미륵보살 입상,
❷ 하남 하사창동 철조 석가여래 좌상,
❸ 영주 부석사 소조여래 좌상,
❹ 파주 용미리 마애이불 입상

그림

○ 수월관음도 | 관음 보살이 반가좌 상태로 걸터 앉아 선재 동자를 굽어보는 모습을 그렸다.

천문학

○ 고려 첨성대

시대	거란 침입기	문벌 귀족 전성기	무신 집권기
불교	• 초조 대장경	• 의천의 천태종: 교종 + 선종 (교관겸수)	• 지눌의 조계종 ┌ 선종 + 교종 │ (정혜쌍수, 돈오점수) └ 수선사 결사 • 혜심: 유불 일치설 • 재조 대장경(팔만 대장경)
유교·역사	• 국자감(중앙), 향교(지방) • "7대 실록" 편찬(태조~목종, 현종 때 편찬, 현존하지 않음)	• 사학(최충의 문헌공도) • "삼국사기"(김부식)	
건축	• 주심포 양식 유행		
탑	• 개성 불일사 5층 석탑(고구려 영향) • 평창 월정사 팔각 9층 석탑(송 영향)		
승탑	• 여주 고달사지 승탑(신라의 팔각원당형 계승) • 원주 법천사지 지광국사탑/지광국사 현묘탑(특이한 형태, 조형미)		
불상	• 논산 관촉사 석조 미륵보살 입상 (대형 석불, 지방 특색이 잘 드러남, 균형과 조형미가 다소 부족) • 하남 하사창동 철조 석가여래 좌상(철불) • 영주 부석사 소조여래 좌상 (신라 전통 양식 계승)	• 파주 용미리 마애이불 입상 (대형화된 지방 석불)	
자기 공예	○ 청자 음각연화당초문 매병	• 순청자(11세기)	• 상감 청자(12세기)
인쇄술 무기			• "상정고금예문"(1234) ┌ 최초의 금속 활자본 └ 현존하지 않음
역법	• 선명력(당의 역법) • 사천대(첨성대)		○ 금속 활자
의학	• 태의감(목종, 의료 대학 기능, 의과 주관)		
문학			• 이규보(최우의 문신 우대) ┌ "동명왕편"(고구려 계승 의식) └ "동국이상국집" • 최자(최충의 후손)의 "보한집" • 패관 문학(구전을 한문으로 기록): 이규보의 "백운소설"
그림	• 수월관음도		
서예	• 구양순 체 유행 → 탄연		

★ Best 기출 | ● 고려의 문화 : 고려의 승려 | 평창 월정사 팔각 9층 석탑 | 여주 고달사지 승탑 | 영주 부석사 소조여래 좌상 | 삼강청자 | 주심포 양식의 건축 | 다포 양식의 건축 | "불조직지심체요절" | 최무선과 화통도감

시대	원 간섭기	고려 말기
불교	• 개혁 의지 퇴색 • 권문세족과 연결되어 세속화	• 보우의 임제종 → 성과를 거두지 못함
유교		• 안향(충렬왕 때 성리학 소개) • 이제현(만권당에서 원 학자와 교류) • 이색(공민왕 때 성균관 대사성)

건축	• 주심포 양식: 공포가 기둥 위에만 짜여져 있는 건축 양식★
	  ┌ 봉정사 극락전(현존하는 가장 오래된 목조 건축물, 맞배지붕, 배흘림 기둥)
	  ├ 부석사 무량수전 (팔작지붕, 배흘림 기둥)
	  └ 수덕사 대웅전 (맞배지붕, 배흘림 기둥)
		• 다포 양식★
		  ┌ 공포가 기둥 위 뿐만 아니라 기둥과 기둥 사이에도 짜여져 있는 건축 양식
		  └ 웅장한 지붕이나 건물을 화려하게 꾸밀 때 사용
		    → 성불사 응진전

탑	• 개성 경천사지 10층 석탑(원의 석탑 모방, 서울 원각사지 10층 석탑에 영향)★	
자기 공예	• 분청사기(원의 영향) • 청동 은입사 포류수금문 정병(상감 청자의 영향) • 나전 칠기(현재까지 전해짐)	

인쇄술
무기
		• "불조직지심체요절"(1377)★
		  ┌ 현존 최고(最古) 금속 활자본
		  ├ 청주 흥덕사에서 간행
		  └ 프랑스 소재
		• 최무선, 화약 제조법 터득
		  ─ 화통도감 설치
		    → 진포 해전

역법	• 수시력(원), 대통력(명)	

의학	• "향약구급방"★
	  ┌ 현존 최고(最古) 의약서
	  └ 대장도감에서 발간	

문학	• 경기체가
	  ┌ 향가 형식 계승
	  └ 신진 사대부가 향가 형식을 계승하여 창작
	• 고려 가요(속요): 청산별곡, 가시리, 쌍화점
	• 패관 문학: 이제현의 "역옹패설"	

그림	• 혜허의 관음보살도 • 천산대렵도(공민왕) • 부석사 조사당의 사천왕상과 보살상 벽화	
서예	• 송설체 유행 → 이암	

자료 읽기

📖 주심포 양식과 다포 양식

 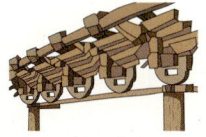

주심포 양식   다포 양식

📖 건축

❶ 안동 봉정사 극락전, ❷ 영주 부석사 무량수전, ❸ 예산 수덕사 대웅전, ❹ 황해도 사리원 성불사 응진전

📖 석탑과 자기·공예

❶ 개성 경천사지 10층 석탑
❷ 청동 은입사 포류수금문 정병
❸ 나전 국화·당초 무늬 원형 합
❹ 고려 나전칠기 염주합

📖 인쇄술과 그림

❶ "불조직지심체요절", ❷ 천산대렵도

📖 고려의 석탑

영향	건축과 조각
고구려	• 개성 불일사 5층 석탑
신라	• 영주 부석사 소조여래 좌상
송	• 평창 월정사 팔각 9층 석탑
원	• 개성 경천사지 10층 석탑 (→ 조선 초기, 서울 원각사지 10층 석탑에 영향)

한눈에 보는 "기막힌 자료 특강"

고구려의 고분

❶ 장군총은 돌을 쌓아 만든 돌무지무덤이다. 중국 만주 집안에 소재한다. 잘 다듬은 돌을 계단식으로 7층까지 쌓아올렸다. 1면에 4개씩 거대한 호석이 둘러져 있고 옆에 배총(딸린 무덤)이 있다.

❷ 안악 3호분 굴식 돌방과 벽화(고구려), ❸ 무용총 수렵도, ❹ 각저총 씨름도, ❺ 강서대묘 사신도 중 현무도 | 무덤 주인의 생활상 표현을 표현한 초기 벽화와 달리 후기 벽화는 사신도와 같은 추상화 경향이 나타났다.

백제의 고분

❶ 백제의 한성 시기 계단식 돌무지무덤 | 고구려의 돌무지무덤과 유사하여 백제 건국 세력이 고구려와 같은 계통임을 보여준다.

❷ 무령왕릉 | 무령왕릉은 중국 남조의 영향을 받아 벽돌무덤으로 축조되었다. ❸ 무령왕릉의 지석 | 지석에는 죽은 사람의 이름과 죽은 날, 공적, 자손 등을 적어넣었다. "영동대장군 백제 사마왕이 나이 62세 되던 계묘년 5월 7일 임진일에 돌아가셨다. 을사년 8월 12일 갑신일에 대묘에 잘 모셨다."는 글귀가 쓰여 있다. ❹ 무령왕릉의 석수, ❺ 양직공도 | 중국 남조의 양나라에 파견된 사신을 그린 사신도이다. 제시된 그림에는 백제가 중국의 요서 지방에 진출했다는 내용이 기록되어 있다.

신라의 고분

❶ 천마총 | 신라의 대표적인 돌무지덧널무덤으로 금관과 천마도장니가 출토되었다. ❷ 돌무지덧널무덤의 구조 | 나무로 만든 덧널 위에 돌무지와 봉토를 덮어 봉분을 만든 무덤이다. ❸ 경주 문무대왕릉(수중릉), ❹ 김유신 묘 | 봉분 주위를 둘레돌로 두르고 12지 신상을 조각하였다.

발해의 고분

❶ 정혜 공주 묘 돌사자상, ❷ 정효 공주 묘의 널방 | 정효 공주 묘는 당의 영향을 많이 받았지만 천장은 고구려식 평행 고임 구조이다. ❸ 정효 공주 묘의 비석

📖 금관가야(김해)의 유물-대성동 고분군 출토

❶ 철제 판갑옷, ❷ 청동 솥, ❸ 파형동기, ❹ 말 모양 띠고리, ❺ 오리 모양 토기, ❻ 거울 조각 펜던트

📖 대가야(고령)의 유물-지산동 고분군 출토

❶ 금동관, ❷ 금동관, ❸ 가야의 투구

○ 가야의 발전

📖 고구려 문화를 계승한 발해의 유물과 유적

❶ 발해 용머리, ❷ 발해 치미, ❸ 발해 온돌 유구, ❹ 발해의 이불병좌상, ❺ 발해 연꽃무늬 수막새, ❻ 고구려 연꽃무늬 수막새, ❼ 발해의 금제 관식

📖 일본 전파

❶ 다카마쓰 고분 벽화(일본)
❷ 수산리 고분 벽화(고구려)

❸ 호류 사 금당 벽화(일본), ❹ 고류 사 목조 미륵보살 반가 사유상(일본), ❺ 가야 토기의 영향을 받은 일본의 스에키 토기, ❻ 가야의 그릇 받침

📖 불국사 3층 석탑(석가탑) 해체·복원

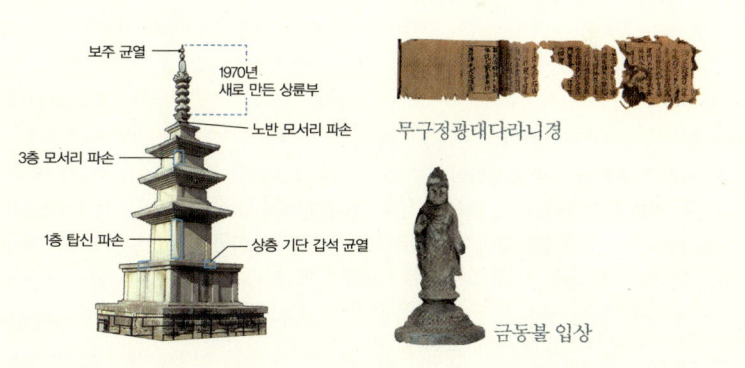

불국사 3층 석탑은 2층 기단 위에 3층의 탑신을 세운 통일 신라 시기의 대표적인 석탑이다. 8세기 경 건립된 것으로 추정된다. 각 부분의 비례가 아름다워 균형미가 돋보인다. 석가탑 또는 무영탑으로도 알려져 있으며, 탑을 제작한 아사달과 관련한 설화가 전한다.

불국사 3층 석탑은 1966년에 도굴범에 의해 훼손되는 사건이 발생하였다. 1966년 보수 공사를 진행하는 과정에서 금동제 외합과 은제 내함, 무구정광대다라니경이 발굴되었다. 연구 결과 무구정광대다라니경은 세계에서 가장 오래된 목판 인쇄물로 판명되었다. 1970년에 상륜부를 복원하였고, 2012년에 전면 해체하는 과정에서 금동불 입상 1점을 발견하였다. 이 불상은 탑이 만들어졌던 8세기에 제작된 것으로 추정된다.

01 돌무지무덤의 특징

다음 유적에 대한 설명으로 옳은 것은?

① 고구려 후기의 대표적인 고분 양식을 보여 준다.
② 땅을 파지 않고 시체를 지상에 안치한 것이 특징이다.
③ 구조상 도굴이 어려워 발굴할 경우 많은 유물이 출토된다.
④ 무덤 주인공의 시체가 안치된 공간에 벽화가 많이 그려졌다.
⑤ 부부 합장이 불가능하여 두 개의 무덤을 덧붙여서 만든 경우도 있다.

문제 해설
제시된 자료의 무덤 양식은 고구려의 돌무지무덤이다. 현재 만주의 지안 일대에 1만여 기가 모여 있다. 돌무지무덤은 구덩이 없이 시체를 지상에 놓고 그 위로 돌을 정밀하게 쌓아 올려 만든 무덤이다. 장군총이 대표적인 예라 할 수 있다. 백제 초기 한성 시기에도 계단식 돌무지무덤이 만들어졌다. 이는 고구려 무덤의 영향을 받은 것으로 고구려와 백제가 같은 계통의 민족임을 알려 준다.

바로잡기
① 돌무지 무덤은 고구려 초기의 무덤 양식이다. 고구려 후기의 대표적인 무덤 양식은 굴식 돌방무덤이다.
③ 신라의 대표적 무덤 양식인 돌무지덧널무덤에 대한 설명이다. 돌무지무덤은 도굴이 쉬워 유물이 많이 남아 있지 않다.
④ 돌무지무덤에는 벽화가 없다.
⑤ 부부 합장이 가능하였다.

 비법 암기

고구려 고분 : 돌무지무덤 → 굴식 돌방무덤(고분 벽화)

02 고구려의 천문도

자료의 (가)에 들어갈 내용으로 옳은 것은?

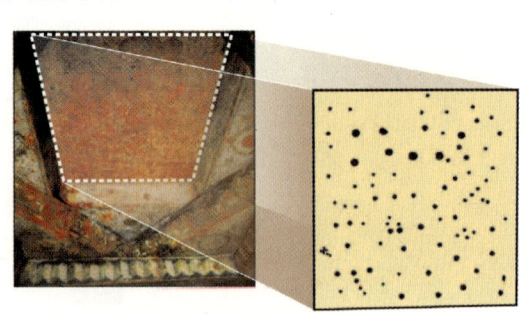

평양 진파리 4호분 천장 그림과 별자리

위 천문도에는 28개의 별자리와 북두칠성 등이 그려져 있다. 북두칠성은 크게 그리고, 다른 별들은 밝기에 따라서 차등을 두어 그렸다.
이와 같은 천문도는 _____(가)_____

① 혼의와 간의를 이용하여 만들어졌다.
② 수시력을 제작하는 데 영향을 끼쳤다.
③ 천상열차분야지도 제작에 영향을 주었다.
④ 현존하는 가장 오래된 천문대에서 제작되었다.
⑤ 천재지변을 예측하기 위해 서운관에서 그려졌다.

문제 해설
평양 진파리 무덤은 고구려의 고분이다. 조선 태조 4년에 평양에 있는 이 무덤의 천문도를 탁본하여 별자리를 돌에 새긴 천상열차분야지도(天象列次分野之圖)를 제작하였다. 천상열차분야지도는 '하늘의 모양(天象, 별자리)을 차(次, 순서)와 분야(分野, 범위)에 따라 나눈 그림'이라는 뜻이다.

바로잡기
① 혼의와 간의는 조선 세종 때 제작한 천체 관측 기구이다.
② "수시력"은 이슬람 역법을 수용하여 만든 원의 역법서이다. 고려 말에 수용되었다.
④ 현존하는 가장 오래된 천문대는 신라 선덕 여왕 때 건립한 첨성대이다.
⑤ 천상열차분야지도는 조선이 하늘의 뜻에 따라 건국되었다는 것을 강조하기 위해 그려졌다.

 비법 암기

고구려의 천문도 : 고구려의 천문도를 바탕으로 조선 시대 천상열차분야지도 제작

03 백제의 문화유산

다음은 백제 유적 탐방을 준비하면서 나눈 대화이다. 갑~무가 가려는 곳을 지도에서 찾아 순서대로 배열한 것은?

- 갑 – 나는 벽돌로 쌓은 무덤이 도대체 어떤 것인지 꼭 한 번 가 보고 싶어.
- 을 – 난 백제 멸망의 한이 서려 있는 낙화암을 찾아가 삼천 궁녀의 슬픈 전설을 되새겨 볼 거야.
- 병 – 나는 백제 초기의 도성 유적들과 대형 돌무지무덤들이 복원되어 있는 지역을 답사하고 싶어.
- 정 – 나는 백제에 복속된 이후에도 한동안 대형 옹관이라는 독자적인 고분 문화를 유지했던 곳을 둘러볼 생각이야.
- 무 – 나는 우리나라 석탑의 원조라고 불리는 탑이 있고, 미륵 신앙에 따라 삼원식 가람 배치를 했다는 절터를 살펴보려고 해.

	갑	을	병	정	무
①	A	C	B	D	E
②	B	A	C	D	E
③	B	C	A	E	D
④	C	B	A	D	E
⑤	C	B	D	E	A

문제 해설
갑. 벽돌무덤은 웅진 시기에 만들어진 공주의 무령왕릉이 유명하다.
을. 부여의 부소산성 낙화암은 백마강에서 꽃처럼 떨어진 삼천 궁녀의 전설과 함께 백제의 한이 깃든 곳이다.
병. 초기 한성 시기에는 계단식 돌무지무덤이 만들어졌는데, 서울 석촌동 돌무지무덤이 대표적이다.
정. 나주 영산강 유역의 독무덤은 마한 시대부터 백제 초기 시대까지 존재한 무덤이다.
무. 익산 미륵사지의 미륵사 석탑은 현재 남아 있는 가장 오래된 석탑으로 양식상 목탑에서 석탑으로 변화하는 과정을 보여 준다.

비법 암기

백제 고분 : 계단식 돌무지무덤(한성 시기) → 굴식 돌방무덤·벽돌무덤(웅진 시기) → 굴식 돌방무덤(사비 시기)

04 신라의 돌무지덧널무덤

다음은 삼국 시대에 만들어진 어떤 무덤의 단면도이다. 이 양식의 무덤에서 발견된 유물로 옳은 것은?

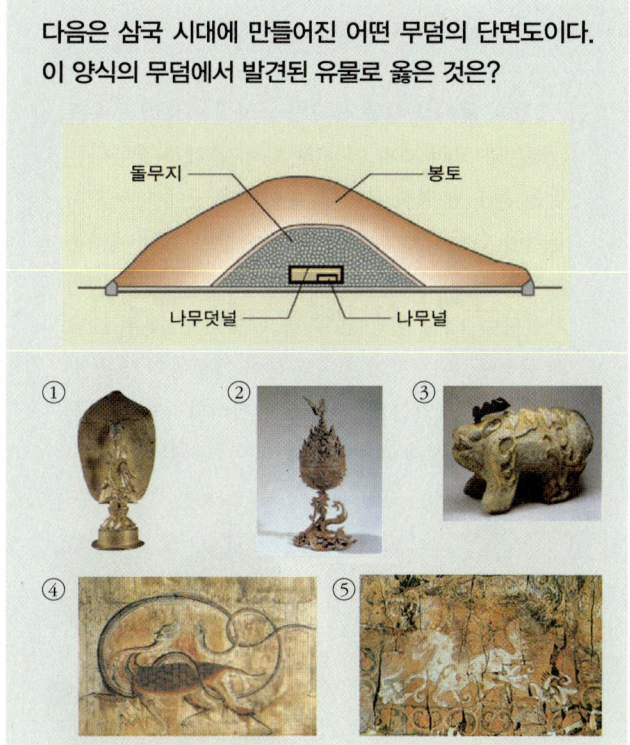

문제 해설
제시된 그림은 신라 시대 돌무지덧널무덤의 단면도이다. 신라는 거대한 이 무덤은 돌널방이 없이 나무로 곽을 짜고 그 위에 돌을 쌓는 양식이었다. 무덤 구조상 벽화가 남아 있지 않고 도굴이 어려워 껴묻거리가 많이 남아 있다. ⑤ 돌무지덧널무덤 양식으로 만들어진 무덤 중 천마총이 있는데, 천마총에서는 장니 천마도가 발굴되었다.

바로잡기
① 고구려의 금동 연가 7년명 여래 입상이다. 6세기 말 중국 북위의 불상으로부터 영향을 받아 날카롭고 힘찬 기풍을 보여 주고 있다.
② 부여의 능산리 절터에서 출토된 백제 금동 대향로는 뛰어난 금속 공예 기술을 보여 주는 걸작으로 불교와 도교 사상이 깃들어 있다.
③ 공주 무령왕릉에서 출토된 석수이다. 석수란 무덤을 수호하는 동물의 상으로 우리나라에서는 처음 발견되었다.
④ 고구려 강서대묘 사신도 중 현무도이다. 사신도는 도교의 방위신을 그린 것인데, 죽은 자의 사후 세계를 지켜 주리라는 믿음을 표현하고 있다.

비법 암기

신라 고분 : 돌무지덧널무덤(신라) → 굴식 돌방무덤(통일 무렵) → 화장, 굴식 돌방무덤(통일 신라)

정답 | 01 ② 02 ③ 03 ③ 04 ⑤

05 가야의 유물

(가) 국가에서 제작된 유물로 옳은 것은?

> 3월에 왕이 순행을 하다가 낭성에 이르러서 우륵(于勒)과 그의 제자 이문(尼文)이 음악을 잘한다는 말을 듣고 특별히 불렀다. 왕이 하림궁에 머무르며 음악을 연주하게 하였는데, 두 사람이 각각 새로운 노래를 지어 연주하였다. 이보다 앞서 (가) 의 가실왕이 12줄 현금(絃琴)을 만드니, 그것은 12달의 음률을 본뜬 것이었다. 우륵이 가실왕의 명을 받아 곡을 만들었는데, 나라가 어지러워지자 악기를 가지고 우리에게 귀의하였다. - "삼국사기" -

문제 해설
제시된 자료의 '우륵', '악기를 가지고 귀의' 등으로 미루어 보아 여기서 말하는 악기는 가야금이다. 따라서 (가) 국가는 가야이다. ① 경북 고령의 지산동 고분에서 출토된 가야의 금동관이다.

바로잡기
② 신라의 호우총에서 출토된 호우명 그릇이다.
③ 발해의 정혜공주 묘 앞에 위치한 돌사자상이다.
④ 신라 천마총에서 출토된 장니 천마도이다.
⑤ 백제에서 왜왕에게 하사한 것으로 여겨지는 칠지도이다.

비법 암기
가야 유물 : 금동관, 판갑옷과 투구, 덩이쇠, 가야 토기 등

06 통일 신라의 탑

(가)에 대한 설명으로 옳은 것은?

○○○○년 ○○월 ○○일   △△신문

(가) 해체 복원 착수

2층 기단 위에 3층의 탑신을 세운 통일 신라 시기의 대표적 석탑인 이 탑은 자연재해 및 도굴로 여러 차례 훼손되었다. 2012년에 전면 해체를 시작하여 2014년까지 새로 복원할 예정이다.

① 선종의 영향을 받아 제작되었다.
② 탑신에 팔부 중상이 새겨져 있다.
③ 무구정광대다라니경이 내장되어 있었다.
④ 현존하는 신라 석탑 가운데 가장 오래되었다.
⑤ 목탑이 석탑으로 변하는 과정을 보여 주고 있다.

문제 해설
(가)는 통일 신라 초기의 불국사 3층 석탑(석가탑)이다. 이 탑은 신라의 전형적인 3층 석탑의 형식을 갖추고 있다. 1966년 석가탑을 보수하기 위해 탑을 해체하였을 때 2층 탑신부에 봉안되어 있던 금동제 사리외함에서 무구정광대다라니경이 발견되었다. 무구정광대다라니경은 현존하는 최고의 목판 인쇄본으로 우리나라의 앞선 인쇄 문화를 보여 주는 유물이다.

바로잡기
① 선종의 영향을 받아 제작되었다고 할 수 있는 것은 부도이다.
② 팔부 중상은 부처가 설법할 때 항상 따라다니며 불법을 수호하는 8종류의 신장상이다. 석탑의 기단부나 불화 등에 다양하게 나타나는데, 불국사 3층 석탑에서는 발견되지 않는다.
④ 현존하는 가장 오래된 석탑은 백제의 익산 미륵사지 석탑이다.
⑤ 목탑이 석탑의 형태로 변화하는 과정을 보여 주는 석탑은 익산 미륵사지 석탑이다.

비법 암기
통일 신라의 탑 : 감은사지 3층 석탑, 불국사 3층 석탑, 불국사 다보탑, 진전사지 3층 석탑

07 발해의 유물

다음 유물들이 발견된 발해 고분에 대한 설명으로 옳지 않은 것은?

① 문왕의 딸인 정효 공주 묘이다.
② 중국 길림성 화룡현 용두산에 위치하고 있다.
③ 힘찬 기상을 표현한 돌사자상이 출토되었다.
④ 묘지명에 '황상(皇上)'이라는 용어가 사용되었다.
⑤ 고구려 계통의 모줄임 천장 구조를 계승하고 있다.

문제 해설
제시된 사진은 중국 길림성 화룡현에서 발견된 발해 정효 공주 묘의 벽화와 비석이다. 발해는 도읍지를 중심으로 많은 무덤이 남아 있다. 이 가운데 정효 공주 묘에서는 묘지와 벽화가 발굴되었는데, 무덤 양식과 벽화는 당의 영향을 받았지만 천장은 고구려에서 많이 나타나는 평행 고임 구조를 지니고 있다. 또한 묘지명에 '황상'이라는 용어를 사용하였으며 벽돌무덤 양식을 갖추고 있다.

바로잡기
③ 정혜 공주 묘에서 나온 돌사자상은 매우 힘차고 생동감이 있어 고구려의 상무적 기풍을 닮았다.
⑤ 정혜 공주 묘의 모줄임 천장 구조는 고구려의 굴식 돌방무덤에서도 볼 수 있다.

비법 암기
고구려 문화를 계승한 발해의 유물 : 정혜 공주·정효 공주 묘, 발해 석등, 이불병좌상

08 고대 문화의 일본 전파

지도는 고대 문화의 일본 전파를 나타낸 것이다. (가)~(라)와 관련된 문화재로 옳은 것만을 〈보기〉에서 모두 고른 것은?

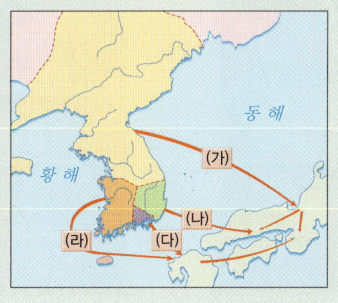

〈보기〉

ㄱ. (가) ㄴ. (나) ㄷ. (다) ㄹ. (라)

① ㄱ, ㄴ   ② ㄱ, ㄹ   ③ ㄷ, ㄹ
④ ㄱ, ㄷ, ㄹ   ⑤ ㄴ, ㄷ, ㄹ

문제 해설
제시된 지도는 고대 문화의 일본 전파를 나타낸 것이다. 지도의 (가)는 고구려, (나)는 신라, (다)는 가야, (라)는 백제에서 일본으로 전파된 문화를 표시한 것이다. ㄱ. 일본의 다카마쓰 고분 벽화이다. 고구려 수산리 고분 벽화의 내용이나 화풍과 많이 닮아 고구려의 영향을 받은 것으로 알려진다. ㄷ. 일본의 스에키 토기이다. 가야 토기 제작 기술이 일본의 스에키 토기에 영향을 주었다. ㄹ. 일본 아스카 문화가 융성하던 시대에 만들어진 일본의 법륭사 오중탑이다. 백제의 건축 양식에 영향을 받았다. 뿐만 아니라 유학·불교·회화·천문·역법 등 삼국의 선진 문화가 일본에 전해져 아스카 문화 형성에 큰 영향을 미쳤다.

바로잡기
ㄴ. 4세기 후반 백제에서 만들어 일본에 보낸 칠지도이다. 강철에 금으로 글씨를 상감하여 뛰어난 금속 공예 기술을 보여 준다.

비법 암기
고대 문화의 일본 전파 : 삼국 시대의 선진 문화를 일본에 전파하여 일본 아스카 문화 형성에 영향을 미침

09 신라 하대의 승탑

난이도 中

(가), (나) 문화유산에 대한 설명으로 옳은 것은?

(가)

(나)

① (가) – 전형적인 통일 신라 양식의 석탑이다.
② (가) – 일본의 목탑 양식에 큰 영향을 끼쳤다.
③ (나) – 승려의 사리를 봉안하는 조형물이다.
④ (나) – 불국사 3층 석탑 축조에 영향을 주었다.
⑤ (가), (나) – 선종이 도입된 이후에 만들어졌다.

문제 해설
제시된 자료의 (가)는 화순 쌍봉사 철감선사탑이고, (나)는 양양 진전사지 3층 석탑이다. (가) 승려의 사리를 봉안하는 승탑(부도)으로 신라 하대에 선종이 널리 퍼지면서 유행하였다. (나) 신라 하대에 이중 기단 위에 3층으로 쌓는 전형적인 통일 신라 석탑 양식에서 벗어나 다양한 변화가 나타났는데, 이 탑 역시 기단과 탑신에 불상을 새겨 기존의 탑과는 다른 변화를 보여 주고 있다.

바로잡기
① 화순 쌍봉사 철감선사탑은 석탑이 아니라 승탑이다.
② 일본의 목탑 양식에 큰 영향을 준 것은 백제의 익산 미륵사지 석탑이다.
③ 승려의 사리를 봉안하는 조형물은 승탑이다.
④ 양양 진전사지 3층 석탑은 신라 하대에 조성되었고, 불국사 3층 석탑은 중대에 건립되었다.

비법 암기
승탑 : 승려의 사리를 봉안, 신라 말 선종의 영향으로 많이 세워짐

10 고려의 불상

난이도 下

다음 자료에 해당하는 불상으로 옳은 것은?

고려 시대의 불상은 시기와 지역에 따라 독특한 모습을 보여 주고 있다. 고려 전기에는 사람들이 많이 다니는 길목에 지역 특색이 잘 드러난 불상이 조성되기도 하였다.

①  ②

③  ④

⑤

문제 해설
고려 시대의 불상은 기본적으로 신라 불상의 형태가 이어지지만 지역적 특색에 따라 독특한 형식과 신라 정형의 형태에서 벗어나는 특징을 보인다. ①의 안동 이천동 석불이나 관촉사 석조 미륵보살 입상 등이 대표적이다. 또한, 거대한 철불이 만들어지거나 불화가 유행하기도 하였다.

바로잡기
② 통일 신라의 석굴암 본존불이다. 당시 조각 기술의 최고 경지를 보여 준다.
③ 백제의 미소로 불리는 서산 마애 삼존 불상이다.
④ 통일 신라의 경주 남산 미륵곡 석조여래좌상이다. 통일 신라의 조각 기법이 잘 드러나 사실적이면서 육감적이다.
⑤ 통일 신라의 경주 배리 석불 입상이다.

비법 암기
고려의 불상 : 신라 양식 계승, 대형 철불, 지역적 특색을 띤 석불

11 고려의 건축 양식

(가) 양식으로 만들어진 건축물을 <보기>에서 모두 고른 것은?

고려 시대의 건축은 궁궐과 사원이 중심이었는데, 남아 있는 것이 거의 없다. 개성 만월대 터를 보면 당시 궁궐 건축을 짐작할 수 있다.

고려 시대에 유행한 ____(가)____ 양식은 지붕의 무게를 기둥에 전달하면서 건물을 치장하는 장치인 공포가 기둥 위에만 짜여져 있는 건축 양식인데, 13세기 이후에 지은 일부 건물이 지금까지 남아 있다.

<보기>

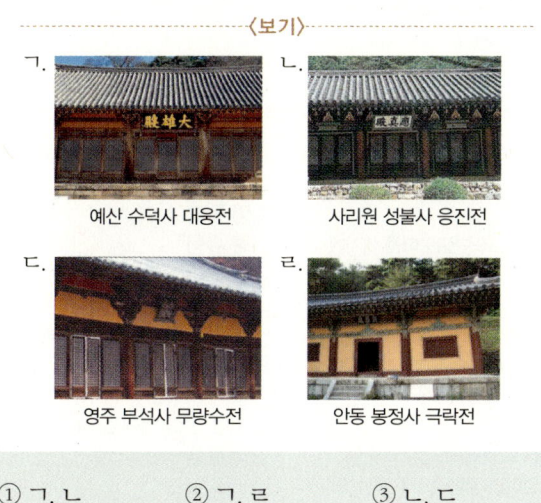

ㄱ. 예산 수덕사 대웅전
ㄴ. 사리원 성불사 응진전
ㄷ. 영주 부석사 무량수전
ㄹ. 안동 봉정사 극락전

① ㄱ, ㄴ   ② ㄱ, ㄹ   ③ ㄴ, ㄷ
④ ㄱ, ㄷ, ㄹ   ⑤ ㄴ, ㄷ, ㄹ

문제 해설

(가)에 해당하는 건축 양식은 주심포 양식이다. 건축 양식은 지붕의 무게를 지탱하면서 건물을 치장하는 장치인 공포의 개수를 기준으로 나눌 수 있다. 즉, 공포가 하나인 주심포 양식과 공포가 여러 개인 다포 양식으로 구분한다. 주심포 양식은 소박함과 간결한 멋을 보여 주며, 대표적인 건물로 영주 부석사 무량수전, 예산 수덕사 대웅전, 안동 봉정사 극락전이 있다. 다포 양식은 고려 후기에 등장한 양식으로, 공포를 기둥뿐 아니라 기둥 사이에도 여러 겹으로 설치하여 웅장한 멋이 있다. 대표적인 건물로 황해도 사리원의 성불사 응진전이 있다.

비법 암기

고려의 건축 양식: 주심포 양식(봉정사 극락전, 부석사 무량수전, 수덕사 대웅전), 다포 양식(성불사 응진전)

12 고려의 문화유산

다음 특강의 강좌별 제시 자료로 적절하지 않은 것은?

시민 특강

우리 박물관에서는 시민들을 위한 교양 강좌를 기획하였으니 관심 있는 분들의 많은 참여를 바랍니다.

- 기간: ○○월 ○○일~○○일
- 장소: △△ 박물관 강의실
- 주제: 고려 시대의 문화
  - 1강: 천문학의 발달
  - 2강: 불상 양식의 흐름
  - 3강: 원의 영향을 받은 문화
  - 4강: 금속 활자 발명의 의미
  - 5강: 건축 양식의 특징

① 1강 ② 2강 ③ 3강 ④ 4강 ⑤ 5강

문제 해설

① 고려의 첨성대이다. 고려 시대에는 천문과 역법을 담당하는 사천대(서운관)을 설치하고 첨성대에서 관측을 실시하였다. ② 고려 초기에 제작된 대형 철불인 하남 하상창동 철조 석가여래 좌상이다. ④ 고려의 "불조직지심체요절"이다. 청주 흥덕사에서 간행했으며 현존하는 세계 최고의 활자본으로 인정받고 있다. ⑤ 고려 후기에 지어진 부석사 무량수전이다. 고려 후기에 유행한 건축 양식인 주심포 양식을 잘 보여 준다.

바로잡기

③ 월정사 팔각 9층 석탑이다. 송의 영향을 받은 고려 전기의 불탑이다. 고려 후기에는 원의 라마 불교 석탑을 본뜬 경천사 10층 석탑이 등장한다.

비법 암기

고려의 탑: 월정사 팔각 9층 석탑(송 영향), 여주 고달사지 승탑(선종 영향), 개성 경천사지 10층 석탑(원 모방)

정답 | 09 ⑤ 10 ① 11 ④ 12 ③

3 고대 국가의 사상 | V 전근대의 문화와 사상

시대	삼국	신라 중대 (654~780, 무열왕~혜공왕)	신라 하대 (780~935, 선덕왕~경순왕)

유교	• 고구려
	  ┌ 중앙: 태학
	  │ (소수림왕, 귀족 자제에게 유교 경전과 역사서 교육)
	  └ 지방: 경당(장수왕, 평민 자제에게 한학과 무술 교육)
	• 백제: 오경 박사, 의박사, 역박사(유교 경전 교육)
	• 신라: 임신서기석(유교 경전 공부)*
		• 국학(신문왕) → 태학(경덕왕)
		  ┌ 박사·조교를 두어 "논어", "효경"
		  │ 등 유교 경전 교육
		  └ 충효 일치의 윤리 강조
		• 독서삼품과(원성왕)
		  ┌ 국학의 졸업 시험
		  └ 진골 귀족의 반발로 실패
		
		＊ 발해: 주자감
			• 최치원(9세기)*
			  ┌ 6두품 출신, 도당 유학생
			  ├ 빈공과(당에서 외국인에게 실시한
			  │ 과거제) 수석 합격
			  ├ 진성여왕에게 개혁안(시무책)
			  │ 10여 조 건의 → 진골 귀족의 반대
			  └ "계원필경" 저술

역사서	• 삼국 역사서의 특징
	  ┌ 국력이 번성하는 시기에 편찬
	  ├ 백성의 충성심 결집
	  └ 모두 현존하지 않음
	• 고구려(영양왕): 이문진, "신집" 5권*
	• 백제(근초고왕): 고흥, "서기"*
	• 신라(진흥왕): 거칠부, "국사"
		• 설총: 화왕계(유교적 합리주의)
		• 김대문 → 신라 문화를 주체적으로 인식
		  ┌ "화랑세기"(화랑들의 전기)
		  ├ "고승전"(유명한 승려의 전기)
		  └ "한산기"(한산주 지방 지리지)	

불교	• 불교의 수용 	나라	수용 시기	경로	전파 인물
고구려	소수림왕	전진	순도
백제	침류왕	동진	마라난타
신라	전래	눌지왕	고구려	묵호자

	공인	법흥왕		이차돈 순교 |
				
				• 불교의 역할 ┌ 국가의 정신적 기틀 마련
				              └ 왕권 강화와 사회 지도의 원리
				• 신라 불교의 성격*
				  ┌ 왕실 불교(왕즉불 사상)
				  │ ┌ 왕실이 불교 수용 선도 → 왕권 강화에 기여
				  │ └ 불교식 왕명(법흥왕, 진흥왕)
				  ├ 호국 불교(황룡사 9층 목탑)
				  └ 현세 구복 불교: 토착 신앙·민간 신앙과 결합
				• 신라 불교의 중심 교리
				  ┌ 왕즉불 사상(국왕을 부처와 동일시)
				  ├ 업설(행위에 따른 업보): 귀족의 특권 정당화(귀족 선호)
				  └ 미륵불 신앙: 이상적인 불국토 건설
					• 원효* 1
					  ┌ 일체유심조("세상사 모든 일은 마음 먹기에
					  │ 달려있다")
					  ├ 일심 사상·화쟁 사상("십문화쟁론")
					  │ → 종파 대립을 해소 노력
					  ├ 불교의 사상적 이해 기준 확립
					  │ ("대승기신론소"·"금강삼매경론")
					  ├ 불교 대중화: '무애가'
					  └ 아미타 신앙·정토 신앙 보급
					    (나무아미타불을 염하면 극락정토에 갈 수 있다)
					• 의상* 2
					  ┌ 진골 출신, 도당 유학, 지엄의 제자
					  ├ 부석사 창건
					  ├ "화엄일승법계도" 저술
					  ├ 해동 화엄종 개창("일즉다 다즉일")
					  └ 관음 신앙 보급(현세에서 고난을
					     구제하는 관세음보살 신봉)
					• 원측: 도당 유학, 유식 불교
					• 혜초: "왕오천축국전"*
					  ┌ 인도·중앙아시아 기행문
					  ├ 1908년 프랑스 학자가 중국 둔황
					  │ 천불동에서 발견
					  └ (현) 프랑스 파리 국립 도서관 소장
						• 화엄종 발달(해인사)
						• 선종 유행*
						  ┌ 헌덕왕 때 도의가 당으로부터
						  │ 전래
						  └ 호족의 지원, 6두품 세력의 호응
						• 9산선문
						  ┌ 호족의 이념적 지주
						  └ 지방 문화 역량 증대
						• 승탑 유행*
						
						1 원효 대사 2 의상 대사

도교·풍수지리설	〈도교〉
	현무도 산수무늬벽돌 백제 금동 대향로
	• 고구려
	  ┌ 연개소문, 불교 세력 견제를 위해 당으로부터 도입
	  └ 사신도(도교의 방위신 → 강서대묘의 청룡·현무도)[1]
	• 백제 ┌ 산수무늬 벽돌(자연)[2]
	     ├ 백제 금동 대향로(신선 사상)[3]
	     ├ 사택지적비(인생의 무상함 설파)
	     └ 무령왕릉 지석(토지 매수 문서)
	• 신라: 화랑도 ┌ 국선도·풍월도·풍류도 등의 별칭
	            └ 산천을 돌며 수련
		• 풍수지리설*
		  ┌ 신라 말 도선(선종 승려)에 의해 전래
		  ├ 산세와 수세를 살펴 도읍·주택·묘지 등을 선정
		  ├ 경주 중심의 사고에서 벗어나는 계기 마련
		  │ → 국토 재편성 움직임
		  │ → 호족 세력의 지방 할거 합리화
		  └ 비보사탑(불교+풍수지리설, 고려 시대 비보사찰 유행)
		• 화랑도 ┌ 유교, 불교, 도교(선: 仙) 및 토착 신앙이 융합
		      └ 원광법사의 세속 5계, 임신서기석	

★ Best 기출 ● 삼국의 사상 : 삼국의 유학 발달 | 원효와 의상의 활동 | 혜초의 왕오천축국전 | 최치원 | 선종의 유행 | 풍수지리설의 도입

삼국 시대 승려의 활동

	승려	주요 활동
고구려	혜자	• 쇼토쿠 태자의 스승
	담징	• 호류사 금당 벽화를 그림
백제	관륵	• 일본에 천문, 지리, 역법 등에 대한 서적을 전함
	노리사치계	• 일본에 불경과 불상 전파
신라	원광	• 걸사표 · 세속5계(진평왕)
	자장	• 대국통으로 신라 불교 총관 • 황룡사 9층 목탑을 세우도록 건의 • 통도사 창건

출제 예감

황룡사 9층 목탑의 유래
자장법사가 중국의 태화 연못가를 지나는데 문득 신인(神人)이 나타나서 묻기를, "그대 나라에 무슨 어려움이 있소?"라고 하니, 자장이 대답하기를, "우리나라는 북쪽으로 말갈에 이었고, 남쪽으로는 왜에 인접되었고, 고구려와 백제 두 나라가 번갈아 변경을 침범하는 등 이웃에 구적(寇賊)이 횡행하니, 이것이 백성들의 걱정입니다."라고 하였다. 신인이 말하기를 "지금 그대의 나라는 여자를 왕으로 삼아 덕은 있어도 위엄이 없소. …… 황룡사의 호법룡은 바로 나의 큰아들이오. …… 본국에 돌아가거든 절 안에 9층탑을 세우시오." 말을 하고 이내 형체를 숨기고 나타나지 않았다. – 「삼국유사」 탑상 –

➡ 삼국 시대의 불교는 호국적인 성격을 지니고 있었다. 대국통이었던 자장법사는 신라의 안위를 위해 선덕여왕에게 황룡사 9층 목탑 건립을 건의하였다.

원광법사의 걸사표
진평왕이 고구려로부터 자주 침략당하는 것을 근심하여, 수나라에 군사를 청하려고 원광법사에게 걸사표를 지어 달라고 하였다. 그가 말하기를, "자기가 살려고 남을 멸망에 빠지게 하는 것은 승려가 할 도리가 아니지만, 제가 대왕의 땅에 살면서 대왕의 물과 풀을 먹고 있으니, 어찌 감히 명령에 따르지 않겠습니까?"라고 하고, 곧 글을 지어 바쳤다.

교종과 선종

구분	교종	선종
특징	• 교리 · 불경 · 의식 중시 • 전통 · 권위 중시	• 형식 부정 • 사색 · 좌선 중시
종파	• 5교	• 9산
지지 세력	• 왕실, 중앙 귀족	• 지방 호족, 6두품
융성 시기	• 신라 중대	• 신라 하대
영향	• 불상 · 불탑 등 조형 미술 발달	• 승탑(부도)과 탑비를 제외한 조형 미술 쇠퇴 • 고려 건국의 사상적 기반

교종 5교와 중심 사찰

종파	창시자	중심 사찰
열반종	보덕	전주 경복사
계율종	자장	양산 통도사
법성종	원효	경주 분황사
화엄종	의상	영주 부석사
법상종	진표	김제 금산사

9산 선문과 중심 사찰

9산	창시자	중심 사찰
가지산	도의	장흥 보림사
실상산	홍척	남원 실상사
동리산	혜철	곡성 태안사
봉림산	현욱	창원 봉림사
사자산	도윤	영월 흥녕사
사굴산	범일	강릉 굴산사
성주산	무염	보령 성주사
희양산	도헌	문경 봉암사
수미산	이엄	해주 광조사

◐ 9산 선문

출제 예감

원효
원효가 이미 계를 잃어 설총을 낳은 뒤로 속인의 옷으로 갈아입고 스스로 소성거사라 불렀다. 우연히 광대가 춤출 때 쓰는 커다란 박을 얻었는데, …… 이 박을 무애(無㝵)라 이름 붙이고 노래를 지어 세상에 퍼뜨렸다. 이로 말미암아 가난하고 무지몽매한 무리들까지도 모두 부처의 이름을 알게 되었고, '나무아미타불'을 외우게 되었다. – 「삼국유사」 –

혜초의 "왕오천축국전"
한 달 뒤에 구시나국에 도착하였다. 석가가 열반에 드신 곳이다. 부처님이 열반하신 곳에 탑을 세웠는데 한 스님이 그 곳을 깨끗이 청소하고 있었다. …… 그때 여행하면서 느낀 감정을 오언시로 읊었다.

내 나라는 하늘 끝 북쪽에 있고/ 다른 나라는 땅끝 서쪽에 있네.
해가 뜬 남쪽에 기러기가 없으니
누가 계림(鷄林)으로 나를 위해 소식을 전할까.

선종의 도입
도의가 지장의 깊은 뜻을 보고 심인(心印)을 취하여 당에서 돌아와 처음으로 선(禪)을 말하였다. …… 도의와 홍척의 뒤를 이어 혜철국사, 현욱, 혜소, 도윤, 범일, 무염 등이 중국에서 선을 배우고 돌아왔다. 이들은 진리의 종조(宗祖)로서, 덕(德)이 두터워 중생의 아버지가 되고, 도(道)가 높아 왕의 스승이 되었다.
– 봉암사 지증대사비 –

4 고려의 사상 | V 전근대의 문화와 사상

자료 읽기

출제 예감

진삼국사표 / 동명왕편 서문

(가) 지금의 학사 대부가 중국 역사에 대하여는 자세히 알고 있으나, 우리나라 역사에 대하여는 도리어 아득하고 그 시말(始末)을 알지 못하니 매우 한탄스러운 일이다.
— 김부식, 진삼국사표 —

계축년에 구삼국사(舊三國史)를 얻어서 동명왕 본기를 보니, 그 신이한 사적이 세상에서 이야기되고 있던 것보다 더 자세하였다. 그러나 역시 처음에는 그를 믿지 못하였으니, 귀환스럽다고 생각하였기 때문이다. 여러 번 음미하면서 탐독하여 차차로 그 근원을 찾아가니, 이는 환(幻)이 아니오 성(聖)이며, 귀(鬼)가 아니고 신(神)이었다. 하물며 국사는 직필하는 책이니 어찌 그 사실을 망전하겠는가?
— 이규보, 동명왕편 서문 —

출제 예감

지눌의 수선사 결사

지금의 불교계를 보면, 아침 저녁으로 행하는 일들이 비록 부처의 법에 의지하였다고 하나, 자신을 내세우고 이익을 구하는 데 열중하며, 세속의 일에 골몰한다. 도덕을 닦지 않고 옷과 밥만 허비하니, 비록 출가하였다고 하나 무슨 덕이 있겠는가? …… 하루는 같이 공부하는 사람 10여 인과 약속하였다. 마땅히 명예와 이익을 버리고 산림에 은둔하여 같은 모임을 맺자. **항상 선정을 익혀 지혜를 고르는 데 힘쓰며, 예불하고 경전을 읽으며 힘들여 일하는 것에 이르기까지 각자 맡은 바 임무에 따라 경영한다.** 인연에 따라 심성을 수행하며 한평생을 자유롭고 호쾌하게 지낸다. 그리하여 멀리는 깨달음에 이른 이들의 높은 수행에 따르면 어찌 좋지 않겠는가.
— 권수정혜결사문 —

출제 예감

혜심의 유불 일치설

부처님이 말씀하시기를, "나는 두 성인을 중국에 보내어 교화를 펴리라. 한 사람은 노자로 그는 가섭보살이요, 또 한 사람은 공자로 그는 유동보살(儒童菩薩)이다." 하였다. 이 말에 의하면 유(儒)와 도(道)의 종(宗)은 부처님의 법에서 흘러나온 것이다.
— 진각국사 어록 —

나는 옛날 공(公)의 문하에 있었고 공은 지금 우리 수선사에 들어왔으니, 공은 불교의 유생이요 나는 유교의 불자입니다. 서로 손과 주인이 되고 스승과 제자가 됨은 옛날부터 그러하였고 지금에야 비롯된 것은 아닙니다.
— 진각국사 혜심의 글 —

시대	고려	
	초기	문벌 귀족 전성기

유교	• 자주적, 주체적 유교 사상
	• 과거제 실시(광종)
	• 성종의 유교 진흥책
	  ├ 최승로의 **시무 28조**★
	  │ → 유교 정치 이념화
	  ├ **국자감** 설치
	  ├ **향교** 설치
	  └ 연등회와 팔관회 폐지
		• 보수적, 귀족적 성격으로 변화
		• 서경 천도 운동:
		  유학파(보수적)와 한학파(주체적) 충돌
		  → 유학파 승리
		• 최충: 해동 공자, 9재 학당 설립
		• 김부식: 보수적 · 현실적 유학
		• **사학 12도** 융성 → 관학 쇠퇴
		  → 관학 진흥책 → 사학 침체

역사서	• "왕조 실록": 거란의 침입으로 소실
	• "**7대 실록**"(태조~목종)
	• "**구삼국사**"
	  → 모두 현존하지 않음
		• 김부식: "**삼국사기**"★
		  ├ 인종 때 왕명으로 편찬(1145)
		  ├ 유교적 합리주의 사관
		  ├ 현존 최고(最古)의 역사서
		  ├ 신라 계승 의식 반영
		  └ 기전체 형식
		    ├ **본기**(왕조 역사)
		    ├ **열전**(신하의 전기)
		    ├ **지**(제도사)
		    └ **연표**(왕조 교체 표)

불교	• 태조의 훈요 10조
	  ├ 사원을 세워 불교 숭상
	  └ 연등회, **팔관회** 개최 당부★
	• 광종의 불교 정책
	  ├ 승과 제도(교종선 · 선종선)
	  └ 국사 · 왕사 제도
	• 균여의 화엄종 성행
	  ├ 화엄 사상 정비(귀법사)
	  ├ 보살의 실천행 강조
	  └ "보현십원가" 저술
	    (불교 교리를 담은 향가)
	• 선종 발달
	• 교종 우세
	  ├ **화엄종**(왕실 지원, 흥왕사)
	  └ **법상종**(문벌 귀족 지원, 현화사)
	• 거란 침입 → 초조대장경 간행
		• 대각국사 **의천**(천태종)★
		  ├ 문종의 아들, 숙종의 아우
		  ├ 화엄종을 중심으로 교종 통합(흥왕사)
		  ├ 해동 천태종 창시(국청사)
		  ├ **교관겸수**(교종 + 선종,
		  │ 이론의 연마와 실천을 아울러 강조)
		  ├ **교장** 편찬(불경 해설서)
		  ├ 사후 교단 분열
		  │ → 귀족 중심 불교 지속
		  └ 주전도감 설치, 활구 주조 건의

도교 ·
풍수
지리설
	• 도교
	  ├ 민간 신앙 · 신선술을 바탕 +
	  │ 도가 사상 · 음양오행설 결합
	  └ 불로장생과 현세 구복 추구
	• 도교 행사
	  ├ **초제**(국가의 재앙을 물리치고
	  │ 하늘에 복을 비는 제사)
	  └ 팔관회(국가적으로 이름난 명산대천
	    에 제사, 도교+민간 신앙+불교)
	• 3경 제도 ┬ **개경**
	          ├ **서경**(평양, 태조 때 설치)
	          └ **동경**(경주, 성종 때 설치)
		• 풍수지리설: 도참 신앙과 결부
		  → 길지설 · 명당설 유행
		• **서경 길지설**★
		  ├ 북진 정책 추진(태조)
		  └ 묘청의 서경 천도 운동의 이론적 근거
		• 한양 명당설: 한양을 남경으로 승격(문종)

★ Best 기출 ● 고려의 사상 : 최승로의 시무 28조 | 최충과 사학 12도 | 의천의 활동 | 지눌의 활동 | 결사 운동 | 자주적인 역사의식 | 팔만대장경 편찬

시대	고려	문벌 귀족 전성기
유교	• 문벌 귀족 세력의 몰락 → 유학 위축 * 이규보, 최씨 정권 하에서 재상 반열	• 안향: 충렬왕 때 성리학 소개 • 이제현: 만권당에서 원 학자와 교류 • 이색 ─ 이제현의 문인 　　　└ 정몽주, 권근, 정도전 등을 가르쳐 　　　　성리학 확산 • 국립 대학: 국자감(성종) → 국학 → 성균관 　(공민왕, 경학 중심의 유교 교육 기관으로 개편)
역사서	• 몽골의 침략을 겪은 후 자주 의식 발현 → 민족의 전통을 강조하는 역사서 등장 • 각훈: "해동고승전"* ─ 삼국 시대 승려 30여 명의 전기 수록 └ 자주 의식 • 이규보: "동명왕편"(명종, 1193)* ─ "동국이상국집"에 수록 ─ 일종의 영웅 서사시(고구려 건국 영웅 　동명왕의 업적 칭송·천손 사상) ─ 고구려 계승 의식 강조 └ 고대사를 자주적 입장에서 이해	• 일연: "삼국유사"(충렬왕, 13세기)* ─ 단군의 건국 이야기 수록 ─ 불교사 중심, 민간 설화, 향가 수록 　→ 우리 고유 문화와 전통 중시 └ 형식: 편년체 • 이승휴: "제왕운기"(충렬왕, 1287)* ─ 단군 서술, 발해사 기록 ─ 우리 역사와 중국사를 대등하게 서술 　(자주 의식) └ 형식: 서사시(칠언시와 오언시) • "사략"(이제현): 성리학적 유교 사관
불교	〈결사 운동〉 • 무신 집권 이후 교단의 분열과 불교의 　타락상 비판 → 불교 개혁 운동 전개 • 보조국사 지눌(조계종)* ─ 수선사 결사 주도(순천 송광사) ─ → 독경·선 수행·노동 강조 ─ 송광사에서 조계종 개창 ─ 선교일치 사상(선종 중심 + 교종 통합) ─ 돈오점수(단번에 깨닫고 꾸준한 수행) └ 정혜쌍수(선정과 지혜 함께 수행) • 원묘국사 요세* ─ 백련사 결사 주도(강진 만덕사) ─ → 참회하는 법화 신앙에 중점 └ 강력한 항몽 투쟁 표방 • 진각국사 혜심* 　유불 일치설(유교와 불교의 통합 시도, 　심성의 도야 강조) → 성리학 수용의 계기 *지눌과 혜심은 무신 정권의 후원 받음	• 불교계 폐단 심화: 　개혁 의지 퇴색, 귀족 세력과 연결 　→ 막대한 토지 겸병, 고리대업 • 보우: 임제종 도입, 개혁 시도하나 실패 〈대장경 간행 사업〉 • 대장경: 경·율·론 삼장으로 구성된 　불교 경전 집대성 • 초조대장경(현종) ─ 거란 침입 극복 염원 └ 보관처: 개경 → 대구 부인사 　→ 몽골 침입 때 소실 • 교장(속장경) 편찬 ─ 초조대장경을 보완한 대장경 주석서 ─ 대각국사 의천 주도, 교장도감 설치 └ → 송·요·왜의 대장경에 대한 주석서를 　모아 "신편제종교장총록"(불서 목록) 편찬 • 재조대장경(팔만대장경) ─ 몽골 침입 극복 염원* ─ 대장도감 설치, 고종 연간에 완성 ─ 조선 세종 때, 일본이 팔만대장경을 　요구하나 거절 └ 합천 해인사 보관, 세계 기록 유산 등재

자료 읽기

출제 예감

이승휴의 제왕운기

고구려의 옛 장수 대조영
태백산 남쪽 성에 근거하니,
주나라 측천무후 원년 갑신년에
나라를 열고 이름을 발해라 하였다네.
우리 태조 8년 을유년에 이르러
온 나라가 서로 이끌고 왕경에 찾아오니,
누가 능히 변고를 알아 미리 귀의하였는가
예부경과 사정경이라.
역사가 이백사십 년이나
그 사이 수성할 수 있었던 임금은 몇이었던가.

* 예부경, 사정경 : 발해의 관직 이름

고려 시대에 활동한 승려

❶ 대각 국사 의천, ❷ 보조 국사 지눌

출제 예감

고려 말 성리학의 전래 과정

01 통일 신라의 원효

다음 인물에 대한 설명으로 옳은 것은?

- 당나라로 유학을 가던 중 '일체유심조(一切唯心造)'라는 깨달음을 얻었다.
- 화엄 사상을 쉽게 풀이하여 '무애가'를 짓고 이를 중생의 교화에 활용하였다.
- 특정한 교설이나 학설을 고집하지 않고 화해와 회통을 강조하였으며 '일심(一心) 사상'을 제시하였다.

① 정혜쌍수를 바탕으로 철저한 수행을 강조하였다.
② 아미타 신앙을 전파하며 불교의 대중화에 기여하였다.
③ 인도와 주변 국가를 순례한 후 "왕오천축국전"을 저술하였다.
④ 이론의 연마와 실천을 아울러 강조하는 교관겸수를 제창하였다.
⑤ 화엄일승법계도를 지어 모든 존재의 상호 의존적인 관계를 설명하였다.

문제 해설
제시된 지문은 통일 신라의 승려인 원효에 관한 설명이다. 원효는 모든 것이 한마음에서 나온다는 일심 사상을 바탕으로 종파 간 사상적 대립을 조화시켰다. 그리고 분파 의식을 극복하고자 화쟁 사상을 주장하였고, 그 사상을 담은 "십문화쟁론"을 지었다. 또 불경을 이해하지 못해도 나무아미타불이라는 염불만 외우면 극락에 왕생할 수 있다는 아미타 신앙을 직접 전파하며 불교 대중화의 길을 열었다.

바로잡기
① 정혜쌍수는 선과 교학을 나란히 수행하되, 선을 중심으로 교학을 포용하자는 지눌의 이론이다.
③ 불법을 구하기 위해 인도에 갔다온 혜초는 인도와 중앙아시아 여러 나라의 풍물을 생생하게 기록한 "왕오천축국전"을 남겼다.
④ 교관겸수는 교학과 선을 함께 수행하되, 교학의 수련을 중심으로 선을 포용하자는 의천의 이론이다.
⑤ 의상은 "화엄일승법계도"를 저술하여 모든 존재는 상호 의존적인 관계에 있으면서 서로 조화를 이루고 있다는 화엄 사상을 정립하였다.

비법 암기
원효 : 일심 사상, 화쟁 사상(분파 의식 극복), 아미타 신앙 전파(불교 대중화)

02 선종 불교의 유행

다음 자료와 관련된 불교 사상에 대한 탐구 활동으로 가장 적절한 것은?

명주 굴산을 개창한 통효 대사는 이름은 범일이고 경주 김씨였다. 할아버지의 이름은 술원이며 명주 도독까지 지냈다. …… 대중 5년 정월, 백달사에서 좌선을 하고 있었는데, 명주 도독 김공이 굴산사에 주석하기를 청했다. 늘어선 소나무로 도를 행하는 행랑을 삼고 평평한 바위로 참선하는 자리를 삼았다. 어떤 사람이 물었다. "이것이 스님들이 힘써야 하는 것입니까?" 범일이 대답하기를, "부처가 간 길을 따라 하지 말라. 남이 한 대로 깨달음을 얻으려 하지 말라."고 하였다.
- "조당집" -

① 화엄 사상의 성립 배경을 분석한다.
② 승탑이 유행하게 된 배경을 조사한다.
③ 정토 신앙 운동이 전개된 과정을 알아본다.
④ 신라에서 불교식 왕명이 사용된 사례를 살펴본다.
⑤ 사원에 칠성각과 산신각이 건립된 이유를 조사한다.

문제 해설
제시된 자료에서 범일이라는 승려를 중심으로 '명주의 굴산사'에서 시작되어 '참선'으로 수행하는 모습을 통해 선종 불교에 관한 내용임을 알 수 있다. 선종 불교는 삼국 통일 전후 시기에 전래되어 신라 말기에 지방의 호족을 중심으로 적극적으로 수용되었다. 선종이 유행함에 따라 승려의 사리를 봉안하는 승탑과 탑비가 지방 곳곳에 세워졌다.

바로잡기
① 의상은 모든 존재는 상호 의존적인 관계에 있으면서 조화를 이루고 있다는 화엄 사상을 정립하였다.
③ 원효는 정토 신앙을 통해 불교 대중화의 길을 열었다.
④ 삼국 시대에 중앙 집권화를 꾀하던 왕실을 중심으로 불교가 수용되어 불교식 왕명이 자주 등장하였다.
⑤ 조선 중기 이후 불교가 도교 및 민간 신앙과 결합하면서 도교적 색채를 지닌 산신각, 칠성각 등의 전각 건물이 사원에 건립되었다.

비법 암기
선종 유행 : 참선 강조, 신라 말 호족 중심으로 수용, 승탑과 탑비 다수 건립

03 풍수지리설

다음 자료에 나타난 사상에 대한 설명으로 옳은 것을 〈보기〉에서 고른 것은?

> 세조[용건]가 급히 따라 가서 도선(道詵)과 만났는데 …… 도선이 말하기를, "이 땅의 지맥은 북방 백두산 수모 목간(水母木幹)으로부터 내려와서 마두 명당(馬頭名堂)에 떨어졌다. 당신은 또한 수명(水命)이니 마땅히 물의 대수(大數)를 따라서 삼십육 구(區)의 집을 지으면 천지의 대수에 부합하여 다음해에는 반드시 슬기로운 아들을 낳을 것이니, 그에게 왕건이라는 이름을 지어야 한다."라고 하였다. - 『고려사』 -

〈보기〉
ㄱ. 삼국 시대 - 이차돈의 순교로 공인되었다.
ㄴ. 신라 말기 - 지방 호족이 성장하는데 기여하였다.
ㄷ. 고려 전기 - 서경 천도 운동의 이론적 근거가 되었다.
ㄹ. 조선 전기 - 도덕 수양을 강조하는 심성론으로 발전하였다.

① ㄱ, ㄴ　② ㄱ, ㄷ　③ ㄴ, ㄷ
④ ㄴ, ㄹ　⑤ ㄷ, ㄹ

문제 해설
제시된 자료에 나타난 사상은 풍수지리설이다. 신라 말 도선과 같은 선종 승려들이 풍수지리설을 당으로부터 들여왔다. 풍수지리설은 산세와 수세를 살펴 도읍, 주택, 묘지 등을 선정하는 인문지리적 학설이다. 경주 외의 다른 지방에 대한 중요성을 자각하게 되면서 신라 정부의 권위를 약화시키고 지방 호족의 입지를 강화시켜 고려 건국에 중요한 역할을 하였다. 이후, 고려 시대에는 미래를 예언하는 도참 신앙과 결부되어 서경 천도와 북진 정책의 이론적 근거가 되었으며, 조선시대에도 한양 천도, 산송 문제에 영향을 미쳤다.

바로잡기
ㄱ. 이차돈의 순교로 공인된 사상은 불교이다.
ㄹ. 도덕 수양을 강조하는 심성론으로 발전한 사상은 성리학이다.

▶ **비법 암기**
풍수지리설 유행 : 신라 말 도선과 같은 선종 승려들이 전래, 지방의 중요성 강조 → 호족 환영

04 고려의 승려

(가), (나)를 주장한 인물과 관련된 설명으로 옳은 것은?

> (가) 하루는 같이 공부하는 사람 10여 인과 약속하였다. 마땅히 명예와 이익을 버리고 산림에 은둔하여 같은 모임을 맺자. 항상 선을 익히고 지혜를 고르는 데 힘쓰고, 예불하고 경전을 읽으며 힘들여 일하는 것에 이르기까지 각자 맡은 임무에 따라 경영한다. - 권수정혜결사문 -
>
> (나) 부처님이 말씀하시기를, "나는 두 성인을 중국에 보내어 교화를 펴리라. 한 사람은 노자로 그는 가섭보살이요, 또 한 사람은 공자로 그는 유동보살(儒童菩薩)이다." 하였다. 이말에 의하면 유(儒)와 도(道)의 종(宗)은 부처님의 법에서 흘러나온 것이다. - 진각국사 어록 -

① (가)는 교관겸수를 바탕으로 천태종을 창시하였다.
② (가)는 아미타 신앙을 내세워 불교의 대중화에 힘썼다.
③ (나)는 백련사를 중심으로 신앙 결사 운동을 전개하였다.
④ (나)는 유·불 일치설을 내세워 성리학 수용의 토대를 마련하였다.
⑤ (가), (나)는 왕실과 문벌 귀족의 후원을 받았다.

문제 해설
(가)는 보조국사 지눌의 주장이다. 지눌은 불교계의 타락을 비판하면서 불교 본연의 모습으로 돌아갈 것을 주장하는 수선사 결사를 제창하였다. (나)는 진각국사 혜심의 주장이다. 불교나 유교 모두 도를 추구한다는 점에서 서로 일치한다는 유불 일치설을 주장하였다. 이는 고려 후기에 성리학을 받아들이는 데 좋은 토양의 역할을 하였다.

바로잡기
① 의천은 교관겸수의 이론을 바탕으로 천태종을 창시하였다.
② 원효는 무지한 백성이라도 나무아미타불만 암송한다면 극락왕생할 수 있다고 주장하여 불교의 대중화에 공헌하였다.
③ 요세는 백련사를 중심으로 결사 운동을 전개하였다.
⑤ 지눌과 혜심은 모두 선종 계통의 승려이다. 왕실과 문벌 귀족의 후원을 받은 종파는 교종이다.

▶ **비법 암기**
고려의 불교 통합 운동 : 의천(교관겸수, 교종 중심), 지눌(정혜쌍수·돈오점수, 선종 중심)

정답 | 01 ② 02 ② 03 ③ 04 ④

05 혜초의 왕오천축국전

다음 자료에 관하여 옳은 내용을 발표한 학생을 〈보기〉에서 고른 것은?

> 한 달 뒤에 구시나국*에 도착하였다. 석가가 열반에 드신 곳이다. 부처님이 열반하신 곳에 탑을 세웠는데 한 스님이 그 곳을 깨끗이 청소하고 있었다. …… 그때 여행하면서 느낀 감정을 오언시로 읊었다. ……
>
> 내 나라는 하늘 끝 북쪽에 있고
> 다른 나라는 땅끝 서쪽에 있네.
> 해가 뜬 남쪽에 기러기가 없으니
> 누가 계림(鷄林)으로 나를 위해 소식을 전할까.
>
> *구시나국(拘尸那國) : 인도 비하르주 쿠시나가르

〈보기〉
갑 : 프랑스 사람이 둔황의 천불동 동굴에서 발견했습니다.
을 : 현재 우리나라의 국립 중앙 박물관에 소장되어 있습니다.
병 : 바닷길과 비단길을 통해 서역을 여행한 내용이 실려 있습니다.
정 : 인도의 유식 불교가 신라에 수용되는 과정을 알 수 있습니다.

① 갑, 을 ② 갑, 병 ③ 을, 병
④ 을, 정 ⑤ 병, 정

---

06 고려 불교의 결사 운동

다음 인물에 대한 설명으로 옳은 것은?

> 그는 명종 4년(1174)에 천태종 승려로 입문하였으며, 다음 해 승과에 합격하였다. 수행하던 중에 개경의 천태종 사찰인 고봉사의 법회에 참석하였으나, 그 분위기에 크게 실망하여 신앙 결사에 뜻을 두게 되었다. 그는 한때 수선사 결사에 참여하여 선(禪) 수행법을 익히기도 하였으나, 수행상의 제약을 극복하려면 결국 천태의 교리에 의지해야 한다고 생각하였다. 이후 그는 강진 만덕사에서 백련 결사를 결성하였다.

① 국청사를 창건하고 해동 천태종을 창시하였다.
② 화엄 사상을 정비하고 보살의 실천행을 펼쳤다.
③ 자신의 행동을 참회하는 법화 신앙을 강조하였다.
④ 정혜쌍수와 돈오점수의 수행 방법을 확립하였다.
⑤ 심성의 도야를 강조하며 유·불 일치설을 주장하였다.

문제 해설
제시된 자료는 인도에서 구법 여행을 한 혜초의 "왕오천축국전"이다. 프랑스 사람 펠리오가 중국 감숙성 둔황 석굴에서 "왕오천축국전"의 일부를 발견하였다. 혜초는 바닷길(해로)로 인도에 들어가고, 중국으로 돌아올 때는 비단길(사막길, 육로)로 돌아왔다.

바로잡기
을. "왕오천축국전"은 프랑스 사람이 발견하였고, 현재 프랑스 파리 국립 도서관에 소장되어 있다.
정. 원측은 당의 승려 현장 밑에서 유식 불교를 공부하여 함께 수학한 규기의 학설과 대립하기도 하였다.

 비법 암기
혜초 : 인도와 동남아 등지를 순례하고 "왕오천축국전" 저술

문제 해설
제시된 자료의 인물은 '천태종 승려', '백련사 결사' 등으로 보아 원묘국사 요세이다. 요세의 백련사 결사는 자신의 행동을 참회하는 법화 신앙에 바탕을 두었고, 지방민의 적극적인 호응을 얻은 불교계의 혁신 운동이었다.

바로잡기
① 의천은 국청사를 중심으로 천태종을 창시하여 교종의 입장에서 선종을 통합하고자 하였다.
② 고려 초기에 화엄 사상을 정비하고 보살의 실천행을 폈던 균여의 화엄종이 성행하였다.
④ 지눌은 불교계의 혁신을 위해 수선사 결사를 제창하였으며, 정혜쌍수와 돈오점수를 내세워 선종을 중심으로 교종을 포용하고자 하였다.
⑤ 혜심은 유·불 일치설을 주장하여 성리학 수용의 사상적 토대를 마련하였다.

비법 암기
불교의 결사 운동 : 수선사 결사(지눌, 순천 송광사, 조계종 성립), 백련사 결사(요세, 강진 백련사, 참회를 중시하는 법화 신앙)

07 고려의 역사서

(가)~(다)는 고려 시대 역사서의 내용이다. 이들 역사서를 옳게 배열한 것은?

> (가) 지금의 학사 대부가 중국 역사에 대하여는 자세히 알고 있으나, 우리나라 역사에 대하여는 도리어 아득하고 그 시말(始末)을 알지 못하니 매우 한탄스러운 일이다.
>
> (나) 요동에 별천지가 있으니, 중국과는 확연히 구분되도다. 큰 파도가 출렁거리며 삼면을 둘러 쌌는데, 북녘에는 대륙이 있어 가늘게 이어졌도다. 가운데에 사방 천 리 땅, 여기가 조선(朝鮮)이니, 강산의 형승은 천하에 이름이 있다.
>
> (다) 구삼국사를 얻어 보니 그 신이한 사적이 세상에서 이야기하는 것보다 더하였다. 그러나 역시 처음에는 그것을 믿지 못하고 귀환(鬼幻)스럽다고 생각하였다. 여러 번 탐독 음미하여 차차 그 근원에 들어가니 환(幻)이 아니고 성(聖)이며, 귀(鬼)가 아니고 신(神)이었다.

	(가)	(나)	(다)
①	삼국사기	제왕운기	동명왕편
②	삼국사기	동명왕편	제왕운기
③	동명왕편	삼국사기	제왕운기
④	동명왕편	제왕운기	삼국사기
⑤	제왕운기	삼국사기	제왕운기

문제 해설

(가)는 김부식이 저술한 "삼국사기"의 서문이다. "삼국사기"는 합리적인 근거를 갖춘 사실만을 수록하였고, 분야별로 내용을 편집하여 수록하는 기전체 양식을 채택하였다.
(나)는 이승휴의 "제왕운기"이다. "제왕운기"에서 이승휴는 조선을 중국과 구별되는 '별천지'로 언급하면서 우리의 역사가 중국사와 대등함을 강조하였다.
(다)는 이규보의 "동명왕편"의 서두 부분이다. 이 책에서는 동명왕의 건국 설화를 중심으로 신비한 영웅으로부터 시작되는 우리 역사에 대해 자부심을 드러내고 있다.

비법 암기

김부식의 "삼국사기" : 현존하는 가장 오래된 역사서, 유교적 합리주의 사관, 신라 계승 의식, 기전체 형식

08 고려 후기의 역사 서술

(가)에 들어갈 내용으로 옳은 것은?

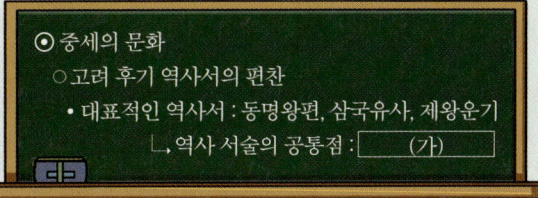

① 왕조의 정통성 확보
② 실증적인 역사 서술
③ 민족적 자주 의식 반영
④ 신라 계승 의식의 반영
⑤ 연대기 형태의 역사 서술

문제 해설

고려 후기인 무신 집권기에는 몽골의 침략을 겪은 후 민족의 전통을 강조하는 역사서가 등장하였는데, 삼국 시대의 승려 30여 명의 전기가 수록된 각훈의 "해동고승전"과 고구려 계승 의식을 반영한 이규보의 "동명왕편" 등이 있다. 원 간섭기에는 우리의 유구한 역사를 강조한 역사서들이 나왔다. 일연의 "삼국유사"와 이승휴의 "제왕운기"는 공통으로 고조선의 단군을 서술하여 우리 역사를 중국사와 대등하게 파악하는 자주성을 드러냈다.

바로잡기

① 조선 초기의 역사 서술은 조선 왕조 건국의 정당성을 드러내고 단군에서 시작되어 조선 왕조까지의 민족사를 정리하려는 의지가 반영되어 있다. 이 때의 역사서는 "고려국사", "동국사략", "고려사", "고려사절요", "동국통감"이 대표적이다.
② 조선 후기에는 실증적인 자료들을 바탕으로 역사서를 편찬하려고 하였으며, 조선 역사를 새롭게 정리하려는 인식도 보였다. "동사강목", "연려실기술", "동사", "발해고" 등이 대표적이다.
④ 기전체 방식이 도입된 "삼국사기"는 본기, 연표, 지, 열전으로 구성되어 있다. 본기는 삼국 역사를 균형 있게 기록하였으나 연표, 지, 열전 등은 신라사에 치중하여 신라 계승 의식을 반영하고 있다.

비법 암기

고려 후기의 역사서 편찬 : 무신 집권기 몽골 침략 → 자주 의식이 반영된 역사서 편찬("해동고승전", "동명왕편", "삼국유사", "제왕운기")

5 조선의 사상 | Ⅴ 전근대의 문화와 사상

자료 읽기

유교

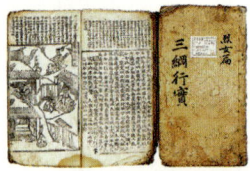

✪ "삼강행실도" | 조선 전기 유교 윤리에 관한 것을 한문과 한글, 그림으로 구성한 책이다.

지도

❶ 혼일강리역대국도지도, ❷ 조선방역지도, ❸ "신증동국여지승람"에 수록된 팔도총도

과학

 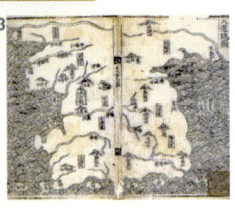

❶ 복각 천상열차분야지도 각석 | 1395년에 새긴 천상열차분야지도 각석을 1687년에 다시 새겨 놓은 것이다. 하늘을 열두 부분으로 구분하고 별자리를 그려 넣었다. ❷ "칠정산" | 조선 세종 때 원의 수시력과 아라비아의 회회력을 참고하여 만들었다.

❸ 창경궁 자격루 | 자격루는 자동 물시계이다. ❹ 앙부일구 | 세종16년에 장영실이 만든 해시계이다. ❺ 혼천의 | 장영실이 만든 천체 관측 기구이다. 천체의 운행과 그 위치를 측정하는데 쓰였다.

시대		조선 전기(1392~1637)	
		15세기	16세기
문학		• 서거정: "동문선"(성종)★ 　┌ 삼국 시대 이래 시문을 다룬 선집 　└ 우리 문학에 대한 자부심과 주체성 • 김시습: "금오신화"(최초의 한문 소설)	• 윤선도: 오우가, 어부사시사(시조) • 정철: 관동별곡, 사미인곡, 속미인곡(가사) • 신사임당·허난설헌: 여류 문인 활동
역사		• 정도전: "고려국사"(태조, 편년체) 　─ 조선 건국의 정당성 확보 • 권근·하륜: "동국사략"(태종) 　─ 고려 이전의 역사 체계화, 신라 중심 • 정인지: "고려사"(문종, 기전체)★ • 김종서: "고려사절요"(문종, 편년체)★ 　┌ "고려사"를 정리·보완 　└ 군주에게 교훈을 주려는 목적 • 서거정: "동국통감"(성종, 편년체) 　┌ 통사, 단군 조선~고려 말 서술 　├ 단군을 민족의 시조로 인식 　└ 신라기를 독립시켜 통일의 의미 부각	• 박상: "동국사략"(중종) 　─ 이색·정몽주에 대한 재평가 • 이이: "기자실기"(1580) 　─ 단군보다 기자를 높이 평가 ＊사림의 정치·문화 의식 　┌ 존화 사상: 중국을 대중화(大中華), 　│우리나라를 소중화(小中華)로 인식 　├ 기자 조선에 주목 　├ 왕도 정치 중시 　└ 유교 문화와 대립되는 고유 문화 이단시
		"실록"★: 역대 국왕의 사적을 편년체로 기록한 역사서, 태조~철종 25대의 실록(472년) ─ 사초(사관의 기록)+시정기(춘추관에 제출된 사초)를 기본으로 각사등록 + 승정원일기 + 　비변사등록 + 일성록을 참조 ─ 국왕 사후 춘추관에 실록청이란 임시 기구 설치 → 실록 간행 → 사고에 보관 ─ 사고: 춘추관, 충주, 전주, 성주 → 춘추관, 묘향산, 태백산, 오대산, 강화도 마니산	
윤리서·의례서		• "삼강행실도"(세종)★ 　┌ 충신·효자·열녀의 행적 정리 　└ 한문과 한글, 그림으로 구성 • "국조오례의"(성종) 　─ 국가 행사에 필요한 의례 정비	＊사림이 "소학"과 "주자가례" 보급에 노력 • "이륜행실도"(중종) 　─ 연장자와 연소자, 친구 사이의 윤리 강조 • "동몽수지"(중종) 　─ 어린이가 지켜야할 예절 기록
지도		• 혼일강리역대국도지도(태종, 이회 제작, 최초 세계 지도)★ • 팔도도(세종, 새로 편입된 북방 영토가 포함된 전국 지도) • 동국지도(세조, 정척·양성지 제작, 인지를 이용한 최초의 실측 지도)★	• 조선방역지도(명종, 윤위 제작, 만주와 제주도·대마도 표시) • "신증동국여지승람"에 수록된 팔도총도 (울릉도·독도 표기)
지리지		• "신찬팔도지리지"(세종) 　→ "세종실록지리지"(단종) • "동국여지승람"(성종) 　─ 인문 지리의 완성본으로 군현의 연혁, 지세, 인물, 풍속, 산물, 교통 수록	• "신증동국여지승람"(중종)★ 　─ 동국여지승람을 보완해 편찬 ＊신숙주: "해동제국기"(성종) 　─ 세종 때 통신사로 일본에 다녀와 작성, 일본·류큐의 지리를 담은 견문기
과학	천문	• 사천대(고려 현종) → 관상감(세종) • 천상열차분야지도(태조): 고구려의 천문도를 바탕으로 돌에 새김★	
	역법	"칠정산"(세종): (원의 수시력 + 아라비아의 회회력)을 참고로 제작한 역법서,★ 최초로 한양을 기준 천체 운동 계산 ＊칠정 = 해·달·화성·수성·목성·금성·토성	
	의학	• "향약구급방"(고려 고종)★ → "향약집성방"(세종, 우리 풍토에 맞는 약재와 처방, 자주적)	
	농서	• "농상집요"(고려 때 이암이 원에서 수입) → "농사직설"(세종, 우리 농민의 실제 경험 반영)★ • "금양잡록"(성종, 강희맹이 지금의 경기도 시흥인 금양 지역의 농법 정리)	
	무기	• "총통등록"(세종, 화포 주조법·화약 사용법) • "동국병감"(문종, 김종서 지음, 고조선~고려 말 전쟁사) • "병장도설"(문종, 군사 훈련 지침서)	

★ Best 기출
- 조선 전기의 사상: "고려사"와 "고려사절요" 비교 | 조선왕조실록 | 혼일강리역대국도지도 | "칠정산" | 조선 전기 의학 서적 | "농사직설"
- 조선 후기의 사상: "동사강목" | 대동여지도 | 지전설과 무한 우주론 | 조선 후기 의학 서적

시대	조선 후기(1637~1897)
	17~18세기
문학	• 허균: "홍길동전", "춘향전" → 한글 소설 • 박지원: 양반전, 허생전 → 한문 소설

역사	• 이익: 성리학적 세계관 비판, 우리 역사를 체계화 할 것을 주장(실증적인 역사 서술)
	• 안정복: "동사강목"(정조, 고조선~고려 말까지 역사 서술, 강목체)★
	    ┌ 이익의 역사 의식 계승(삼한정통론), 성리학적 유교 사관에 따라 명분과 정통성 중시
	    └ 주자가 쓴 "자치통감강목"을 모범으로 삼음
	• 한치윤: "해동역사"(외국 자료 인용, 민족사 인식 확대)
	• 이긍익: "연려실기술"(19세기 초, 실증적·객관적인 조선의 정치·사회사, 기사본말체)
	• 이종휘: "동사"(고조선~고려 말까지 역사 서술, 기전체)
	    ┌ 고구려사 연구(발해의 고구려 계승 인정)
	    ├ 고조선의 역사적 위치 격상
	    └ 고대사의 연구 시야를 만주로 확대 → 한반도 중심 사관 극복
	• 유득공: "발해고"(발해사)★
	    – 고대사의 연구 시야를 만주로 확대 → 한반도 중심 사관 극복
	• 김정희: "금석과안록"(금석문 연구, 북한산비·황초령비가 진흥왕 순수비임을 밝힘)

언어	• 한글에 대한 학문적 연구 활발 → 문화적 자아 의식 발현 • 신경준: "훈민정음운해"(한글 연구서) • 유희: "물명고"(어휘 수집)

백과사전	• 이수광: "지봉유설"(광해군)
	  ┌ 최초의 백과사전
	  └ 마테오리치가 지은 "천주실의" 소개
	• 이익: "성호사설"(영조)
	• 홍봉한: "동국문헌비고"(역대 문물 정리, 영조)
	• 이덕무: "청장관전서"(정조)
	• 서유구: "임원경제지"(19세기)

지도	• 정상기: 동국지도(영조, 100리척 사용) • 김정호: 대동여지도(철종, 10리마다 눈금 표시)★

지리지	• 한백겸: "동국지리지"(역사지리학의 창시)
	• 정약용: "아방강역고"(우리나라 강역의 역사)
	  – 졸본·국내성·환도성·위례성·패수 등의 위치에 대해 고증
	• 이중환: "택리지"(영조)★
	  – 가거지(可居地) 조건: 지리(풍수), 생리(경제), 산수(경치), 인심(이웃)

과학 – 천문	• 홍대용·김석문: 지전설★ • 홍대용: 무한 우주론
과학 – 역법	• 김육 등의 노력으로 시헌력 도입(태음력에 태양력 원리 결합)★
과학 – 의학	• 허준: "동의보감"(광해군, 전통 한의학 정리, 유네스코 세계 기록 유산 선정)★ • 허임: "침구경험방"(침구술 집대성) • 정약용: "마과회통"(종두법) • 이제마: "동의수세보원"(사상 의학)★
과학 – 농서·어업	• 박세당: "색경"(숙종, 상품 작물) • 신속: "농가집성"(효종, 이앙법 중심 수전 농법 소개) • 홍만선: "산림경제"(18세기 초, 종합적인 농가경제서) • 박지원: "과농소초"(정조의 윤음/명령에 따라 저술) • 서유구: "임원경제지"(19세기, 농촌 생활 백과사전적 박물학서) • 정약전: "자산어보"(정약용의 형이 저술한 어업 관련서)
과학 – 무기	• 벨테브레(박연): 훈련도감 소속, 서양식 대포 제조 및 사용법 교육

자료 읽기

문학

 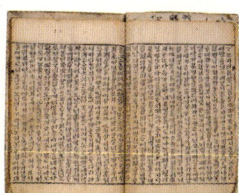

❶ "심청전", ❷ "홍길동전"

지도

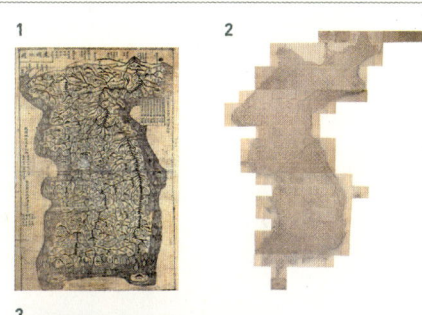

❶ 정상기의 동국지도, ❷ 22첩을 상하로 연결한 대동여지도 전도, ❸ 대동여지도 목판

천문

◯ 홍대용이 만든 혼천의 | 혼천의는 천체의 운행과 그 위치를 측정하는 기구이다. 홍대용은 물을 이용하던 혼천의를 발전시켜 시계를 톱니로 연결해 움직이는 기계식 혼천의를 발명하였다.

의학

◯ "동의보감" | 의학 서적으로는 최초로 유네스코 지정 세계 기록 유산으로 등재되었다.

6 조선의 문화 | V 전근대의 문화와 사상

자료 읽기

건축

↑ 강진 무위사 극락전

↑ 합천 해인사 장경판전

탑

↑ 서울 원각사지 10층 석탑

그림

❶ 몽유도원도(안견)

❷ 고사관수도(강희안), ❸ 송하보월도(이상좌), ❹ 묵매화(어몽룡)

❺ 풍죽도(이정), ❻ 묵포도(황집중), ❼ 초충도(신사임당)

자기

❶ 백자 철화끈무늬 병, ❷ 분청사기 상감 운룡문 항아리

시대	조선 전기(1392~1637)	
	15세기	16세기

건축	• 강진 **무위사 극락전**(주심포식 건물, 검박하고 단정)★
	• 합천 **해인사 장경판전**
		• 서원 건축
		  ┌ **소수 서원**★
		  ├ **옥산 서원**
		  └ **도산 서원**

탑	• 서울 **원각사지 10층 석탑**(세조)★	

그림	• 안견: **몽유도원도**(1447)★
	  ┌ 안평대군이 꿈에서 본 도원을 그린 그림
	  ├ 안평대군의 발문과 시문, 당대 문사 21명의 시와 글씨로 구성
	  └ 현실 세계와 이상 세계를 조화롭게 묘사
	• 강희안: **고사관수도**★
	  ┌ 문인 화가의 시적 정서가 흐르는 낭만적인 그림
	  └ 인물의 내면 표현
		• 이상좌: **송하보월도**(소나무를 통해 강인한 정신과 굳센 기개 표현)★
		• 신사임당: 초충도(꽃과 나비, 벌레 등을 소박하고 섬세한 필치로 그려냄)
		• 사군자화
		  ┌ 황집중의 포도
		  ├ 이정의 대나무
		  └ 어몽룡의 매화

서예	안평대군(조맹부의 송설체)	한호(석봉체), 양사언(초서)

자기	• **분청사기**★	• **백자**(16세기 이후 본격 생산)★:
		  사대부 취향, **청화 백자** 유행
		  → 임진왜란을 계기로 생산 중단

음악	• 백성을 교화하는 수단으로 중요시
	• **여민락**(세종): 용비어천가의 일부를 가사로 한 악곡
	• **정간보**(세종): 소리의 장단과 높낮이를 표현할 수 있는 악보
	• **아악** 체계화 → 궁중 음악으로 발전
	  (세종 때 박연)
	• "악학궤범"(성종):
	  아악·당악·향악으로 구분하여 음악의 역사를 정리
		• 속악 발달(민간 음악)
		  ┌ 당악 + 향악
		  ├ 음악의 주체가 궁중으로부터 민간으로 이동
		  └ 민간에서 가사, 시조, 가곡 등 우리말로 된 노래 연주

무용	• 민간 무용: 농악무, 산대놀이(탈춤), 꼭두각시놀음(인형극) • 궁중 무용: 처용무	

★ Best 기출
- 조선 전기의 문화: 강진 무위사 극락전 | 원각사지 10층 석탑 | 몽유도원도 | 고사관수도 | 신사임당의 초충도 | 조선 자기의 발달
- 조선 후기의 문화: 조선 후기 건축 | 진경산수화 | 김홍도와 신윤복의 풍속화 | 민화 | 판소리 | 탈놀이

시대	조선 후기(1637~1897)	
	17~18세기	
건축	〈17세기〉 • 불교의 사회적 지위 향상과 양반 지주층의 경제적 성장 반영 • 김제 **금산사 미륵전**(다포식 건물)★ • 구례 **화엄사 각황전**(다포식 건물)★ • 보은 법주사 팔상전 → 규모가 큰 다층 건물	〈18세기〉 • 부농층과 상인의 지원 ┌ 논산 쌍계사 ├ 부안 개암사 └ 안성 석남사
그림	〈**진경 산수화**: 우리나라 산천을 소재로 그린 산수화〉★ • 정선 ┌ **금강전도**(골산인 금강산의 무수히 중첩된 봉우리를 한 폭에 묘사, 1734) 　　　├ 박연폭포(실제 경치의 회화적 재해석, 18세기) 　　　└ **인왕제색도**(비 온 뒤 인왕산의 경치를 바위산은 선으로, 흙산은 묵으로 묘사, 1751) 〈문인화〉 • 김정희: 세한도(선비의 절개를 겨울 소나무에 비유, 문인화의 대표작, 1844) • **풍속화**★ • 김홍도: 소탈하고 익살스런 필치 → **씨름**(18세기 후반), **무동**(18세기 후반) • 신윤복: 감각적이고 해학적인 묘사 → **단오풍정**, **월하정인** • 강세황: **영통동구도**(서양의 수채화 기법·원근법 도입, 18세기) • 장승업: **호취도**, **귀거래도** • 김득신: 대장간도, 파적도(김홍도와 비슷한 경향) 〈**민화**〉★ • 집 안 장식용, 무명 화가나 떠돌이 화가에 의해 그려짐 • 해, 달, 나무, 꽃, 동물(까치, 호랑이), 물고기를 소재로 함	
서예	• 김정희의 추사체(고금의 필법 두루 연구, 굳센 기운과 다양한 조형성) • 이광사의 동국진체(우리 정서와 개성을 추구하는 단아한 서체)	
자기	• 청화 백자의 유행 ┌ 17세기에 이르러 무늬가 단순한 청화 백자 생산 └ 청화, 철화, 진사 등 다양한 안료 사용	
음악	• **판소리**★ ┌ 구체적인 이야기를 창과 사설로 엮음 ├ 신재효가 열두 마당을 여섯 마당으로 정리 ├ 춘향가·심청가·흥보가·적벽가·수궁가 등 다섯 마당만 전해짐 └ 유네스코 지정 무형 문화유산으로 등재(2003)	
무용	• **탈놀이**·산대놀음 ┌ 지배층과 승려들의 부패와 위선 풍자 └ 황해도 봉산 탈춤, 안동 하회 별신굿 탈놀이, 양주 별산대놀이, 북청 사자놀음	

자료 읽기

건축

❶ 김제 금산사 미륵전, ❷ 구례 화엄사 각황전, ❸ 보은 법주사 팔상전

정선의 진경 산수화, 김정희의 문인화

❶ 정선필 금강전도 (정선)
❷ 박연 폭포(정선)
❸ 정선필 인왕제색도(정선)
❹ 세한도(김정희)

풍속화

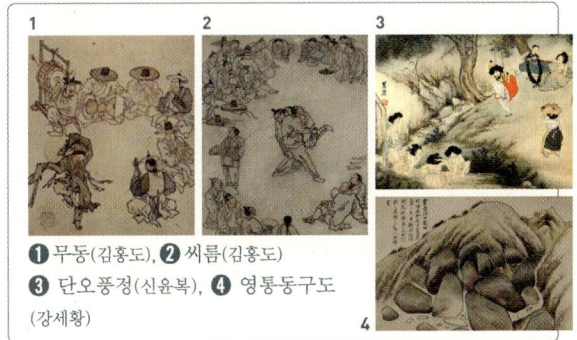

❶ 무동(김홍도), ❷ 씨름(김홍도)
❸ 단오풍정(신윤복), ❹ 영통동구도 (강세황)

민화

01 조선 전기의 문학

다음 서문이 들어 있는 책으로 옳은 것은?

> 삼가 생각하건대, 전하께서는 "우리나라 문인들의 문장 저술이 비록 육경(六經)에 견줄 수는 없지만 문운(文運)의 성쇠를 볼 수 있다."고 하시며, 여러 문인의 작품을 모아 한 질의 책을 만들도록 명하셨습니다. 그리하여 신들이 전하의 말씀을 받들어 삼국 시대로부터 지금에 이르기까지의 사·부·시·문 등 약간의 글을 수집하였습니다. 그 중에 정치에 도움이 될 만한 것들을 취하여 문체에 따라 분류하고, 130권으로 정리하여 책을 엮어 올립니다.

① 동문선   ② 경국대전   ③ 동국통감
④ 악학궤범   ⑤ 국조오례의

문제 해설
제시된 자료에서 우리나라 문인의 작품을 모아 책을 만들었다는 내용에서 "동문선"임을 유추할 수 있다. 조선 초에는 국가적 차원에서 민족 문화를 정리하는 저술 활동이 활발하였는데, 성종 때 서거정이 삼국 시대부터 조선 초기까지의 시와 산문 가운데 뛰어난 것을 골라 "동문선"을 편찬한 것이 대표적이다.

바로잡기
② "경국대전"은 성종 때 편찬하여 발표한 조선 왕조의 기본 법전이다.
③ "동국통감"은 성종 때 서거정이 고조선부터 고려 말까지의 역사를 편년체로 정리한 역사서이다.
④ "악학궤범"은 성종 때 성현이 음악의 원리와 역사, 악기, 무용, 의상, 소도구까지 정리하여 편찬한 음악서이다.
⑤ "국조오례의"는 국가 행사에 필요한 오례의 예법과 절차에 관하여 기록한 책이다.

비법 암기
조선 전기 문학 : 서거정의 "동문선"(삼국~조선 초 시·산문), 김시습의 금오신화(최초의 한문 소설)

---

02 조선 전기의 역사서

다음은 어느 역사서의 서문이다. 이 역사서에 대한 설명으로 옳은 것은?

> 신(臣) 정인지 등은 삼가 아뢰옵니다. …… "대개 지난 시기의 흥망은 앞날의 교훈이 되기에 이 역사책을 편찬하여 올리는 바입니다. …… 이 책을 편찬하면서 범례는 사마천의 "사기"를 따랐고, 기본 방향은 직접 왕께 여쭈어서 결정했습니다. 본기(本紀)라고 하지 않고 세가(世家)라고 한 것은 대의명분의 중요함을 보인 것입니다. 신우(우왕), 신창(창왕)을 세가에 넣지 않고 열전으로 내려놓은 것은 왕위를 도적질한 사실을 엄히 밝히려 한 것입니다."

① 불교사를 중심으로 고대의 민간 설화를 수록하였다.
② 실록청에서 사초와 시정기 등을 종합하여 편찬하였다.
③ 고구려 건국 영웅의 업적을 서사시 형태로 저술하였다.
④ 조선 건국을 정당화하는 입장에서 고려의 역사를 정리하였다.
⑤ 고조선으로부터 고려 말까지의 역사를 연대순으로 정리하였다.

문제 해설
자료에 제시된 역사서는 '범례는 사마천의 "사기"를 따랐고', '신우(우왕), 신창(창왕)을 세가에 넣지 않고'로 보아 "고려사"임을 알 수 있다. "고려사"는 15세기 세종~문종 때 편찬된 역사서로 조선 건국을 정당화하려는 정치적 목적에서 고려의 정치, 경제, 사회, 문화 등을 기전체로 정리하였다.

바로잡기
① "삼국유사"는 불교사를 중심으로 고대의 민간 설화를 수록하여 우리의 문화와 전통을 중시하였다.
② "조선왕조실록"은 실록청에서 사초와 시정기를 종합하여 편찬한 역사서이다.
③ "동명왕편"은 고려 후기 몽골의 침입에 대응하여 자주 의식과 전통문화 이해를 강조하는 입장에서 정리된 역사서이다.
⑤ "동국통감"은 조선 성종 때 고조선으로부터 고려 말까지의 역사를 연대 순으로 정리한 역사서이다.

비법 암기
조선 전기 역사서 : 왕조의 정통성 확립이 목적 → "고려사", "동국통감", "조선왕조실록"

03 조선 전기의 건축

다음 자료의 설명에 해당하는 건축물로 옳은 것은?

> 조선 초기에는 도시의 궁궐이나 성곽·성문·학교 건축이 발달하였지만, 사원이나 석탑은 고려 시대에 비해 불교가 쇠퇴함에 따라 크게 발달하지 못하였다. 그러나 이 시기에 만들어진 왕실과 관련 있는 사찰 건축물 중에는 규모도 웅장하고 예술적 가치가 높은 것이 적지 않다.

① 월정사 8각 9층 석탑 ② 원각사지 10층 석탑 ③ 화엄사 각황전
④ 부석사 무량수전 ⑤ 금산사 미륵전

04 조선 전기의 과학 기술

다음 글의 내용을 입증할 수 있는 문화유산으로 옳지 않은 것은?

> 세종 때를 전후하여 추진된 민생 안정과 부국강병의 시책은 백성들의 삶의 질을 향상시키고, 국가 정책에 유용하게 활용할 수 있는 여러 방면의 실용적 학문을 크게 발전시켰다.

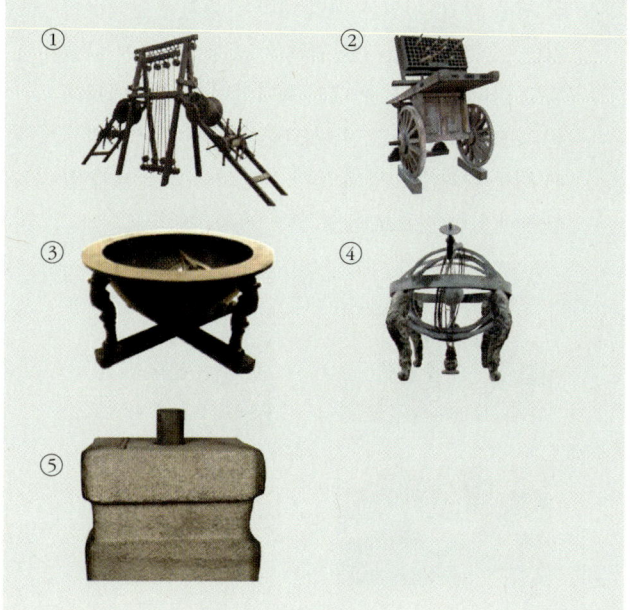

문제 해설

15세기에는 궁궐과 관아, 성문, 학교 등이 건축의 중심을 이루었다. 불교 건축물 중에서도 뛰어난 것이 있었다. 해인사의 장경판전은 당시의 과학과 기술이 집약되어 만들어졌고, 세조 때 대리석으로 만든 서울 원각사지 10층 석탑이 이 시기의 대표적인 석탑이다.

바로잡기

① 고려 때 송의 영향을 받아 평창 월정사 팔각 9층 석탑과 같은 다각 다층탑을 제작하기도 하였다.
③ 화엄사 각황전은 신라 진흥왕 5년(544)에 세워진 절이다. 임진왜란 때 불탄 것을 인조 때 다시 지어 오늘에 이르고 있다.
④ 부석사 무량수전은 주심포식 건물로 고려 시대 만들어진 건물이다.
⑤ 금산사 미륵전은 인조 13년(635)에 지어진 3층 목조 건물이다.

비법 암기

조선 전기 건축 : 강진 무위사 극락전, 합천 해인사 장경판전, 서울 원각사지 10층 석탑

문제 해설

조선은 건국 초부터 민생 안정과 부국 강병을 위해 천문학, 역학, 의학 등 실생활에 도움을 주는 과학 기술 발전에 노력하였다. ② 수레 위에 총이나 신기전을 장착하여 발사할 수 있게 한 화차이다. 이동이 쉽고 한 번에 여러 개의 총과 화살을 쏠 수 있게 만든 다연장 발사 무기이다. ③ 세종 16년(1434)에 장영실이 만든 해시계이다. 솥 모양의 그릇 안쪽에 24절기를 나타내는 눈금을 새기고, 북극을 가리키는 바늘을 꽂아 이 바늘이 가리키는 눈금을 보고 시간을 측정하였다. ④ 장영실이 만든 천체 관측 기구인 혼천의이다. 천체의 운행과 그 위치를 측정하는 데 사용되었다. ⑤ 강우량을 측정하기 위해 제작된 측우기이다.

바로잡기

① 정조 때 수원 화성을 축조하는 데 사용된 정약용의 거중기이다.

비법 암기

조선 전기 과학 기술 : 천문학·역법 발달 → 농업에 영향 → 국왕의 권위 및 통치에 영향

정답 | 01 ① 02 ④ 03 ② 04 ①

05 조선 전기의 회화

다음 신문 기사에 소개된 그림으로 옳은 것은?

> ○○일보
> 2009년 9월 ○○일
>
> **다시 만나 보는 조선 회화의 걸작**
>
> 조선 회화를 대표하는 작품 가운데 하나인 이 그림은 1996년 국내에 전시된 지 13년 만에 다시 고국 땅을 밟았다. 일본 텐리 대학이 좀처럼 공개하지 않는 이 그림의 전시를 위해 외교 통상부까지 나섰다고 한다. 조선 세종 대의 화가였던 안견이 안평 대군의 요청을 받아 그린 이 그림은 안평 대군의 발문과 시문 이외에도 당대 문사 21명의 시와 글씨가 곁들여져 있는 것으로 유명하다.

문제 해설
제시된 자료와 관련된 그림은 안견이 안평 대군의 요청을 받아 그린 몽유도원도이다. 몽유도원도는 현실 세계와 이상 세계를 조화롭게 묘사하였다. ⑤이 몽유도원도이다.

바로잡기
① 강세황의 영통동구도이다. 명암과 원근법을 강조한 서양 화법이 반영되어 있다.
② 정선의 금강전도는 우리의 자연을 직접 눈으로 보고 사실적으로 그린 진경산수화이다.
③ 정선의 인왕제색도 역시 진경산수화이다.
④ 김정희의 세한도는 겨울의 찬바람에도 의연한 선비의 기질을 표현하였다.

비법 암기
조선 전기 회화 : 몽유도원도(안견), 고사관수도(강희안), 송화보월도(이상좌)

06 조선 시대의 자기

다음 글에서 소개하고 있는 문화재로 옳은 것은?

> 이 자기는 회색 또는 회흑색의 태토(胎土) 위에 백토(白土)를 입히고 그 위에 투명한 유약을 씌운 회청색의 사기(沙器)를 말한다. 14세기 후반부터 제작되기 시작하였으며, 세종 연간을 전후하여 그릇의 형태나 무늬가 다양해졌고, 무늬를 넣는 기법이 크게 발전하였다.

문제 해설
제시된 지문은 분청사기에 대한 설명이다. ①이 분청사기에 해당하며 정식 명칭은 분청사기조화어문편병(粉靑沙器彫花漁文扁甁 : 분청사기에 꽃무늬와 물고기 무늬를 새겨 양쪽을 납작하게 만든 병)이다.

바로잡기
② 청화백자매조문(靑華白磁梅鳥文) 항아리이다.
③ 청화백자죽문(靑華白磁竹文) 각병이다.
④ 청자상감운학문(靑磁象嵌雲鶴文) 매병이다.
⑤ 청동은입사포류수금문(靑銅銀入絲蒲柳水禽文) 정병이다.

비법 암기
조선의 자기 공예 : 분청사기 → 순백자 → 청화 백자

07 조선 시대의 지도

(가)~(라) 지도가 제작된 시기순으로 옳게 나열된 것은?

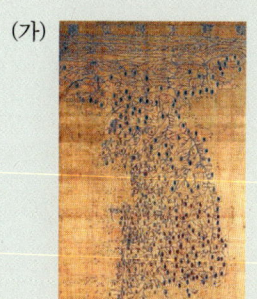
(가) 조선방역지도(윤위)

(나) 대동여지도(김정호)

(다) 동국지도(정상기)

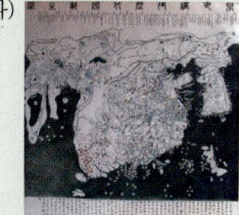
(라) 혼일강리역대국도지도(이회)

① (가) - (나) - (다) - (라)
② (나) - (가) - (라) - (다)
③ (다) - (라) - (나) - (가)
④ (라) - (가) - (다) - (나)
⑤ (라) - (다) - (가) - (나)

문제 해설
(가) 조선방역지도는 16세기 명종 때 제작되었다. 조선방역지도는 도별로 색을 달리하여 표시하였으며, 만주와 쓰시마 섬을 우리 영토로 표기하였다.
(나) 대동여지전도는 19세기에 김정호가 제작하였다. 대동여지전도는 22개 책으로 국토를 나누고 병풍처럼 접을 수 있어 휴대에 편리하였다. 산맥, 하천, 포구, 도로망의 표시가 정밀해지고 거리를 알 수 있도록 10리마다 눈금이 표시되었다.
(다) 정상기의 동국지도는 18세기에 제작되었는데, 과학적인 축척 방법인 백리척을 최초로 사용하였다.
(라) 혼일강리역대국도지도는 15세기에 제작되었다. 혼일강리역대국도지도는 동양에서 가장 오래된 세계 지도로 '하나로 땅의 경계를 정리한 역대 나라와 도시의 지도'라는 뜻이다.
지도 제작 순서는 (라) - (가) - (다) - (나)이다.

비법 암기
조선 후기 지리서와 지도 : 지리서 - "택리지", "동국지리지", "아방강역고", 지도 - 동국지도, 대동여지도

---

08 조선 후기의 의학서

밑줄 그은 '이 책'이 처음 간행된 국왕 대의 사실로 옳은 것은?

> 유네스코 사무국은 <u>이 책</u>의 초간본을 세계 기록 유산으로 등재하는 것을 승인하였다. 유네스코 한국 위원회 측은 등재 사유를 "당시 동아시아 의학 서적 1,000여 권을 집대성한 의학 백과사전으로, 세계 최초의 공중 보건 안내서라는 점이 인정됐다."라고 밝혔다. <u>이 책</u>은 내경과 외경 등 5편으로 구성되어 있으며, 병이 생기기 전에 치료한다는 양생의학 개념으로 질병의 원인 및 처방 등을 소개하고 있다.

① 남인과 서인 사이에 예송이 일어났다.
② 탕평파를 중심으로 정국이 운영되었다.
③ 청을 정벌하자는 북벌 운동이 전개되었다.
④ 국왕의 친위 부대인 장용영이 설치되었다.
⑤ 명과 후금 사이에서 중립 외교가 추진되었다.

문제 해설
제시된 지문은 "동의보감"에 대한 설명이다. "동의보감"은 2009년에 세계 기록 유산으로 등재되었는데, 현재 유네스코에 등재된 193점의 기록 유산 중 의학 서적은 "동의보감"이 유일하다. 이 책은 원래 1596년(선조 29)에 허준이 왕명을 받아 편찬에 착수하였는데, 정유재란으로 일시 중단되었다가 광해군 때 마침내 완성하였다(1610). ⑤ 광해군은 임진왜란 이후 중국의 정세 변화에 탄력적으로 대응하여 명과 후금 사이에 중립 외교를 전개하였다.

바로잡기
① 예송은 현종 때 일어난 장례 절차에 관한 문제에서 비롯된 것이다.
② 탕평파를 육성하여 정국을 운영하였던 것은 영조 때이다.
③ 효종 때 북벌론이 대두되었으나 실행에 옮기지는 못하였다.
④ 정조는 왕의 친위 부대인 장용영을 설치하여 왕권 강화의 기반으로 삼았다.

비법 암기
조선 후기 의학 발달 : "동의보감"(허준), "동의수세보원"(이제마), "마과회통"(정약용), 종두법 실행

정답 | 05 ⑤ 06 ① 07 ④ 08 ⑤

09 조선 후기의 진경산수화

(가)에 들어갈 그림으로 옳은 것은?

〈특별 공개〉

(가)

- 영조 27년(1751) 정선이 그린 그림이다.
- 바위산은 선으로, 흙산은 묵으로 묘사하여 우리나라의 자연을 사실적으로 그렸다.

①
②
③
④
⑤

문제 해설
제시된 자료의 '정선', '진경산수대전'으로 보아 (가)에 들어갈 그림은 정선의 진경산수화이다. 정선은 18세기 우리 자연을 사실적으로 표현하여 산수화의 새로운 경지를 이루었다. 대표적인 작품으로는 인왕제색도, 금강전도 등이 있다. ③이 정선의 인왕제색도이다.

바로잡기
① 김정희가 제자 이상적에게 보낸 세한도로 문인화의 대표작이다.
② 안견이 안평 대군의 꿈을 그려낸 몽유도원도이다.
④ 18세기 원근법과 명암법의 서양화 기법을 반영한 강세황의 영통동구도이다.
⑤ 십장생을 주제를 그린 민화이다. 복을 기원하고 생활 공간을 장식하기 위한 용도로 만들어졌다.

비법 암기
진경 산수화 : 우리나라의 자연을 사실적으로 묘사한 산수화

10 조선 후기의 과학 기술

다음 기구들이 제작되었던 시기의 문화에 대한 설명으로 옳지 않은 것은?

혼천의   거중기

① 칠정산 내편과 외편이 완성되어 역법이 정비되었다.
② 홍역[마진]에 관한 치료법을 정리한 마과회통이 저술되었다.
③ 청과의 통상과 상공업을 진흥시키자는 북학 사상이 나타났다.
④ 국어학에 대한 관심이 높아져 훈민정음운해 등이 출간되었다.
⑤ 지전설을 수용하여 중국 중심주의에서 벗어나려는 움직임이 있었다.

문제 해설
혼천의는 홍대용이 만든 천체 관측 기구이다. 홍대용은 조선 후기 북학파의 대표적인 인물로 무한 우주론과 지전설을 주장하면서 중국 중심의 우주관을 비판하였다. 거중기는 정약용이 서양의 기술을 소개한 "기기도설"을 참조하여 제작한 것으로 수원 화성을 쌓을 때 사용하였다. 두 기구 모두 조선 후기 서양 문물의 영향을 받아 과학이 발달하던 시기에 제작된 것이다. ② "마과회통"은 정약용이 홍역에 대한 치료법을 소개하고 정리한 의학서이다. ③ 박제가, 박지원 등의 학자들은 청의 문물을 적극 도입할 것을 주장한 북학파 실학자이다. ④ 조선 후기 우리 문화에 대한 관심이 높아지면서 국학 연구가 전개되었다. ⑤ 홍대용은 중국과의 왕래를 통해 서양의 천문학에 관심을 가지면서 지전설을 주장하였다.

바로잡기
① "칠정산"은 조선 세종 때 편찬한 역법서이다. 우리나라 역사상 최초로 한양을 중심으로 천체 운동을 정확히 계산하였다.

비법 암기
조선 후기 천문학 : 지전설 주장, 무한우주론 주장 → 중국 중심의 성리학적 세계관 비판

11 조선 후기의 음악

다음 예술 분야에 대한 설명으로 옳은 것을 〈보기〉에서 모두 고른 것은?

> 비 맞은 제비같이 갈짓자 비틀 걸음 정황 없이 들어가서 제 방으로 들어가며, 향단 발 걷고 문 닫쳐라. 침상 편시 춘몽 중에 꿈이나 이루어 가시는 도련님을 몽중에나 상봉하지 생시에 볼 수가 없구나. 방 가운데 주저앉아, 아이고 어찌리. 도련님을 만나기를 꿈속에서 만났는가. 이별이 꿈인 거냐. 꿈이거든 깨워 주고 생시거든 님을 보세, 베개 위에 엎드리어 모친이 알까 걱정이 되어 크게 울든 못하고 속으로 느껴 주어, 아이고 언제 볼꼬. 우리 도련님이 어디만큼 가겼는고. 어디 가다 주무시는가. 날 생각고 울음을 우는 거냐. 진지를 잡수었는가, 앉았는가, 누웠는가, 자는 거냐. 아이고 언제 볼꼬.

〈보기〉
ㄱ. 지방에 따라 동편제, 서편제, 중고제로 나누어진다.
ㄴ. 옥계시사와 서원시사를 중심으로 널리 성행하였다.
ㄷ. 신재효가 12마당을 6마당으로 정리하였다.
ㄹ. 무당의 굿 음악인 시나위로 발전하였다.
ㅁ. 유네스코 '인류 구전 및 무형유산 걸작'으로 선정되었다.

① ㄱ, ㄴ   ② ㄱ, ㄷ   ③ ㄱ, ㄷ, ㅁ
④ ㄴ, ㄷ, ㄹ   ⑤ ㄷ, ㄹ, ㅁ

문제 해설
제시된 자료는 춘향가의 한 대목으로 이도령과 이별하고 돌아온 춘향의 심정을 노래하는 대목이다. 따라서 관련 예술 분야는 조선 후기 서민들에게 큰 인기를 얻은 판소리이다. ㄱ. 판소리는 동편제, 서편제, 중고제 등 크게 세 유파로 구분할 수 있다. ㄷ. 19세기 후반에 신재효가 판소리 사설을 창작하고 정리하여 여섯 마당이 확립되었다. 지금은 춘향가, 심청가, 흥보가, 적벽가, 수궁가 등 다섯 마당만 전하고 있다. ㅁ. 판소리는 2003년에 유네스코 인류 구전 및 무형유산 걸작으로 선정되었다.

바로잡기
ㄴ. 시사는 중인들의 시 문학 모임이다.
ㄹ. 시나위는 무속 음악에 뿌리를 둔 즉흥 기악 합주곡 형태의 음악이다.

비법 암기
판소리 : 신재효 6마당 정리, 동편제·서편제·중고제로 나뉨, 유네스코 인류 무형 유산

12 조선 후기의 민화

다음과 같은 그림이 유행하던 시기의 문화 현상으로 옳은 것은?

① 아악이 체계적인 궁중 음악으로 발전하였다.
② 서예에서 조맹부의 송설체가 새로 도입되었다.
③ 서민의 감정을 표현하는 판소리와 탈춤이 유행하였다.
④ 청자에 백토의 분을 칠한 분청사기가 널리 유행하였다.
⑤ 신사임당, 허난설헌 등 여류 문인의 활동이 활발하였다.

문제 해설
제시된 그림은 조선 후기에 집 안을 장식하기 위해 그린 민화이다. 민화는 해, 달, 나무, 꽃, 동물, 물고기 등을 소재로 삼아 파격적인 구성과 색채로 민중의 소박한 정서를 잘 드러냈다. 왼쪽의 까치와 호랑이는 민화에 자주 등장하는 소재로 이에 대한 해석은 다양하다. 오른쪽 그림은 문자도(文字圖)인데, 대부분 삼강오륜과 관련된 글자를 그림 형태로 표현하였다. 제일 많이 볼 수 있는 글자는 효(孝)·제(悌)·충(忠)·신(信)·예(禮)·의(義)·염(廉)·치(恥) 여덟 자였다.

바로잡기
① 세종 때 박연은 악곡과 악보를 정리하여 아악을 체계화하였다.
② 조선 초기에 조맹부의 송설체가 도입되었는데, 특히 안평 대군이 송설체로 유명하였다.
④ 조선 초기에 궁중이나 관청에서는 그릇 표면에 흰 흙을 발라 여러 가지로 장식한 분청사기가 사용되었다.
⑤ 신사임당과 허난설헌은 조선 전기의 인물들이다.

비법 암기
민화 : 동물, 해, 달 등이 소재, 집 안 장식용, 민중의 소박한 정서

VI 근대 사회의 전개

1. 흥선대원군의 개혁 정치와 쇄국 정책
2. 강화도 조약과 임오군란
3. 갑신정변
4. 동학 농민 운동과 갑오개혁
5. 독립 협회와 대한 제국
6. 국권 피탈과 국권 수호 운동
7. 열강의 이권 침탈과 경제적 구국 운동

조선은 내부에서 싹튼 근대적인 요소를 충분히 발전시키지 못한 채 근대를 맞이하였다. 강화도 조약을 계기로 개항을 하고 새로운 문물을 받아들이려 애를 썼지만 열강의 침탈을 막아내기에는 역부족이었다. 청·일 전쟁과 러·일 전쟁을 통해 동아시아에서 패권을 잡은 일본 제국주의는 조선을 식민지로 삼기 위한 정치적·경제적 공세를 펴부었다. 하지만 조선이 속수무책으로 당하기만 한 것은 아니었다. 우리 민족은 제국주의 열강의 침략에 대항하여 위정척사 운동, 동학 농민 운동, 항일 의병 전쟁 등을 전개하였으며, 한편으로는 갑신정변, 갑오개혁, 독립 협회 활동, 애국 계몽 운동 등을 전개하여 근대 국가의 건설을 위해 노력하였다.

1870 — 1880 — 1890 — 1900 — 1910

1876 강화도 조약 · 1884 갑신정변 · 1894 동학 농민 운동 · 1905 을사조약

기출 문제 출제 포인트

문호 개방과 개화 정책	조선의 문호 개방과 불평등 조약	흥선 대원군의 개혁 정치 (3회, 11회, 18회)
		병인양요 (11회, 12회, 14회)
		신미양요 (7회, 15회)
		강화도 조약 (4회, 19회)
		조·미 수호 통상 조약 (4회, 6회, 10회)
		보빙사 (8회, 11회)
	개화 정책의 추진과 반발	개화파와 위정척사파 (12회, 17회, 21회)
		"조선책략"과 영남 만인소 (5회, 6회, 8회, 15회, 16회)
		임오군란 (4회, 6회, 13회)
	갑신정변	갑신정변 (6회, 7회, 8회, 13회, 16회)
		갑신정변 이후 상황 (2회, 3회)
구국 운동과 근대 국가 수립 운동	동학 농민 운동	동학 농민 운동 (2회, 3회, 5회, 9회, 11회, 12회, 14회, 15회)
		폐정 개혁안 (2회)
	근대적 개혁 추진	제1차 갑오개혁 (10회)
		제2차 갑오개혁 (6회, 18회)
		을미사변 (11회)
		을미개혁 (13회)
	독립협회와 대한 제국	독립 협회 (2회, 16회, 17회)
		대한 제국과 광무개혁 (4회, 5회, 10회, 11회, 14회, 16회)
일제의 침탈과 국권 수호 운동	열강의 이권 침탈	청·일의 경제 침투 (15회, 18회)
		열강의 이권 침탈 (2회, 16회)
		일제의 화폐 정리 사업 (4회, 17회)
	일제의 국권 침탈	애국 계몽 운동 (8회, 15회)
		신민회 (11회, 18회)
		의병 운동 (3회, 8회, 15회)
		정미 의병 (14회)
		국채 보상 운동 (6회, 14회, 17회)

* 4회부터 1급과 2급이 고급으로 통합됨. 1회는 고급 미시행

고종(왼쪽), 대한 제국 고종 황제 어새(오른쪽)

1 흥선 대원군의 개혁 정치와 쇄국 정책 | Ⅵ 근대 사회의 전개

• 흥선 대원군 집권 무렵의 국내·국외 정세

국내 정세	국외 정세
• **세도 정치**의 전개★ 　┌ 오랜 세도 정치로 전정·군정·환곡 등 삼정의 문란 심화 　└ 국가 기강 해이, 수탈과 부정 극심 　→ 왕권 약화 • **농민 봉기**: 임술 농민 봉기(철종, 1862) 등 농민 항쟁 발발 • 동학과 천주교의 확산 　┌ 인내천·후천 개벽을 내세운 동학이 삼남 지역에서 급속도로 확산 　└ 천주교에 대한 정부의 탄압 → 평등·내세 사상을 토대로 　　꾸준히 확산	• **열강의 침략적 접근**: 조선의 해안선에 이양선 출몰, 통상 요구 강화★ • 주변국 정세 불안 　┌ 서양 세력의 침입으로 청의 베이징 함락·일본의 문호 개방 　└ 러시아의 연해주 점령(베이징 조약, 1860)
• **흥선 대원군의 집권**: 철종이 후사 없이 사망 → 고종이 어린 나이로 즉위(1863) → 국왕의 친아버지로서 정국 장악	

• 흥선 대원군의 개혁 정치

	정치 개혁(왕권 강화)	민생 안정
배경	• 세도 정치(풍양 조씨, 안동 김씨) → 비변사 장악, 고위직 독점	• 삼정(전정, 군정, 환곡)의 문란
개혁 내용	• 외척 세력 배제(안동 김씨 일족 축출), 　당파와 문벌을 가리지 않고 고른 인재 등용 • **비변사**(정치·군사) 혁파★ 　┌ 정치: **의정부** 부활(→ 제2차 갑오개혁 때 내각으로 고침) 　└ 군사: **삼군부** 부활(→ 1880, 통리기무아문 흡수) • **법전 정비**: 국가 통치 기강 확립 　┌ "대전회통" 편찬("경국대전"과 "속대전"의 최종판) 　└ "육전조례" 편찬(육조 각 관아에 필요한 행정 법규) • **경복궁** 중건 　┌ 원납전 징수, 당백전 발행★ 　│　→ 당백전 남발로 화폐 가치 하락, 물가 폭등(인플레이션 발생) 　├ 서울 사대문 출입시 통행세 징수 　└ 양반의 묘지림 벌목, 많은 백성을 토목 공사에 징발	• **삼정의 문란** 시정 　┌ 전정: **양전 사업** 　│　┌ 은결(토지 대장에서 누락된 땅) 색출 　│　└ 지방관이나 토호의 토지 겸병 금지 　├ 군정: **호포제**★ 　│　→ 면역의 특권이 있던 양반도 군포 납부(현직 관료는 제외) 　│　→ 신분제 약화 　└ 환곡: **사창제** 　　　┌ 각 마을마다 곡물을 빌려주는 사창 설치 　　　├ 마을의 명망가에게 운영을 맡김, 지역민들이 자치적으로 운영 　　　└ → 아전들의 간여 배제 • **서원 철폐**★ 　– 배경: 붕당 정치의 근간, 면세·면역의 특권, 농민 수탈 　　→ 47개소만 남기고 600여 개소의 서원 철폐 → 유생들의 반발 • 양반과 지방 토호의 사사로운 형벌 금지, 사치 억제
결과	• 조선 왕조의 전통적인 사회 질서·전제 왕권 강화를 목표로 추진 • 왕권이 강화되었으나 경복궁 중건으로 백성의 고통 가중	• 삼정의 문란이 시정되었으나 양반들의 반발 극심(호포제, 서원 철폐) 　→ **최익현**의 상소 → 흥선 대원군 실각

자료 읽기

1
2

❶ 삼군부 총무당
❷ 당백전의 뒷면 | 명목 가치가 기존 상평통보의 100배에 해당하여 당백전(當百錢)이라고 불렸다. 실질 가치는 기존 상평통보의 5~6배 정도였다. 앞면에는 '상평통보', 뒷면에는 '호대당백'이라는 글자가 있다.

흥선 대원군 개혁 정책의 의의와 한계

의의	• 국가 기강 확립 • 민생 안정에 기여
한계	• 전제 왕권 강화가 목적 • 성리학적 질서 내에서의 개혁 　→ 근대 사회로 나아가지 못함

★ Best 기출
- 흥선 대원군의 개혁 정치 : 비변사 폐지 | 경복궁 중건 | 호포제 | 서원 철폐 | 대원군 개혁 정책의 의의와 한계
- 서구 열강의 침략과 쇄국 정책 : 제너럴셔먼호 사건 | 병인양요의 전개 | 신미양요의 전개 | 척화비의 건립 | 위정척사 운동의 전개

• 서구 열강의 침략과 쇄국 정책

병인박해(1866)	제너럴셔먼호 사건(1866) 병인양요(1866)	오페르트 도굴 사건(1868)	신미양요(1871)★

• 19세기 후반 조선의 해안선에 이양선이 빈번하게 출몰
• 러시아가 연해주 차지, 두만강을 건너와 통상 요구
• 흥선 대원군 집권 초기
  ┌ 천주교에 대해 관대한 정책
  ├ 러시아 견제 위해 프랑스 신부와 교섭 → 교섭 실패
  └ 유생들의 천주교 금지 여론 고조
• 병인박해★: 9명의 프랑스 신부를 포함한 8,000여 명의 천주교도 처형 → 병인양요 발생
	〈제너럴셔먼호 사건〉★
	• 미국 상선 제너럴셔먼호가 통상을 요구하며 평양 대동강에 침입 → 평안 감사 박규수와 평양 군민이 격퇴 → 신미양요의 원인
	
	〈병인양요〉★
	• 프랑스 선교사 처형을 구실로 로즈 제독이 이끄는 프랑스 함대 7척이 강화 읍성 점령
	  ┌ 문수산성 전투: 한성근
	  └ 정족산성 전투: 양헌수
	• 프랑스군은 퇴각 시 강화도 일대에 약탈과 방화 자행
	  ┌ 강화도 행궁 전소
	  └ 외규장각 도서 약탈(왕실의궤)
	  → 2011년 대여 형식으로 영구 반환
		• 미국이 독일 상인 오페르트를 내세워 통상 요구
		  ┌ 오페르트는 남연군 묘(흥선 대원군 아버지의 묘) 도굴 시도
		  └ 남연군의 유골을 미끼로 조선 정부와 통상 조약을 체결하려 함
		  → 오페르트 도굴 사건(1868)
		• 조선에서 서양인을 배척하는 분위기 팽배, 흥선 대원군은 통상 수교 거부 정책 강화
			• 미국은 제너럴셔먼호 사건을 구실로 통상 요구
			  ┌ 로저스 제독의 5척 군함이 강화도 침략
			  ├ 광성보 전투: 어재연의 수비대가 결사 항전, 어재연의 수자기 약탈
			  └ 미국은 조선군의 결사 항전과 정부의 통상 거부로 퇴각
			• 척화비 건립★
			  ┌ 두 차례 양요를 겪은 뒤 종로와 전국 각지에 척화비 건립
			  ├ 외세의 침략을 막으려는 자주적인 성격
			  ├ 외세 저지 효과는 일시적
			  └ 세계적 추세이던 근대화 지연

• 위정척사 운동의 전개

	1차: 통상 반대 운동 (1860년대)	2차: 개항 반대 운동 (1870년대)	3차: 개화 반대 운동 (1880년대)
배경	• 병인양요(1866) → 침략에 대항	• 강화도 조약(1876) → 개항 반대	• "조선책략" 유포(1880) → 김홍집 처벌 요구
주도 인물	• 이항로, 기정진	• 최익현	• 이만손
주장 결과	• 척화주전론★ → 흥선대원군의 쇄국 정책 뒷받침	• 왜양일체론★ → 집권층인 개화 세력과 대립	• 영남 만인소 사건★ → 위정척사 운동이 가장 고조됨
의의 한계	• 사학과 이단 배격 → 성리학 이외 모든 종교와 사상 배척 • 반침략·반외세의 자주 국권 수호 운동		• 조선 왕조의 전통적인 체제 및 성리학적 질서 수호가 목적 • 근대화와 개화 정책 추진에 장애

자료 읽기
출제 예감

흥선 대원군의 개혁 – 호포제

나라의 제도로서 인정(人丁)에 대한 세를 신포(身布)라 하였는데, 충신과 공신의 자손은 모두 신포를 면제받았다. 대원군은 이를 수정하고자 동포(洞布)라는 법을 제정하였다. 이 때문에 예전에 면제되었던 자라도 신포를 바치지 않을 수 없게 되었다. …… 대원군은 "충신과 공신이 이룬 사업도 종사와 백성을 위한 것이었다. 지금 그 후손이 면세를 받기 때문에 일반 평민이 법에 정한 세금보다 무거운 부담을 지게 된다면 충신의 본뜻이 아닐 것이다."라고 하며 그 법을 시행하였다.

– 박제형, "근세조선정감" –

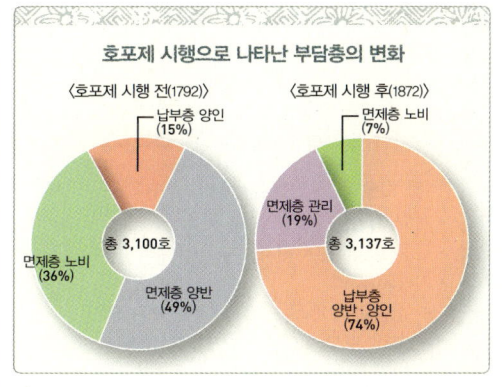

호포제 시행으로 나타난 부담층의 변화

〈호포제 시행 전(1792)〉
- 납부층 양인 (15%)
- 면제층 양반 (49%)
- 면제층 노비 (36%)
- 총 3,100호

〈호포제 시행 후(1872)〉
- 면제층 노비 (7%)
- 면제층 관리 (19%)
- 납부층 양반·양인 (74%)
- 총 3,137호

병인양요와 신미양요

2 강화도 조약과 임오군란 | Ⅵ 근대 사회의 전개

자료 읽기

개화 사상의 흐름

- 통상 개화론자: 박규수, 오경석, 유흥기
  ↓ 강화도 조약(1876)
- 개화파
  ↓ 임오군란(1882)
  - 급진 개화파: 김옥균, 박영효, 홍영식, 서광범
  - 온건 개화파: 김윤식, 김홍집, 어윤중

출제 예감

강화도 조약(조·일 수호 조규)

- 제1관 조선은 자주의 나라이며, 일본과 평등한 권리를 가진다.
- 제4관 조선은 부산 외에 두 곳(원산, 제물포)을 개항하고 일본인이 왕래 통상함을 허가한다.
- 제7관 조선은 일본 항해자가 자유로이 해안을 측량하도록 허가한다.
- 제10관 일본 인민이 조선 지정의 각 항구에서 머무르는 동안 죄를 범한 것이 조선 인민과 관계되는 사건일 때에는 모두 일본 관원이 심판한다.

조·일 수호 조규 부록

- 제4관 부산 항구에서 일본 인민들이 다닐 수 있는 거리는 부두로부터 계산하여 동서남북 각 지름 10리로 정한다.
- 제7관 일본 인민은 본국에서 통용되는 여러 화폐로 조선 인민이 보유하고 있는 물자와 교환할 수 있다.

간행이정
개항장에서 일본인이 활동할 수 있는 구역을 의미한다. 간행이정 이내에서는 일본인의 자유 통행과 자유 상업 행위를 인정하였다.

시기	1876	1880/1881
사건	**강화도 조약**	
정치·군사	• 흥선 대원군의 하야 　├ 양반 유생들의 비판, 백성들의 원성 　├ 최익현의 상소 　└ 고종의 친정 발표(1873) • 통상 개화론 대두: 　1860년대 박규수, 오경석 등이 제기 　→ 대원군 하야와 함께 문호 개방의 여건 마련 • **시계**(외교 문서) **사건**(1868) 　├ 메이지 유신 이후 일본은 조선에 새로운 국교 수립 요구(일본은 황제국 문구, 조선 인장 미사용) 　└ 조선 정부의 **서계** 접수 거부 　→ 일본 내 **정한론**(조선 침략론) 대두 • **운요호 사건**(1875)★ 　─ 일본 군함 운요호가 강화도 초지진 접근 　　→ 발포 유도 → 무력시위(포함 외교) • **강화도 조약**(조·일 수호 조규) 체결(1876)	〈1880〉 • **통리기무아문** 설치(1880~1882): 　12사를 두어 근대적 개혁과 외교 담당 ＊6조, 의정부는 갑오개혁 때 폐지 〈1881〉 • 신식 군대인 **별기군** 설치 • 구식 군대인 **5군영** 폐지 　→ 무위영과 장어영의 2영으로 개편
조약/해외 시찰단	• **강화도 조약**(1876)★ 　├ 의의: 최초의 근대적 조약이나 불평등 조약★ 　├ **청의 종주권 부인**★→ 일본의 간섭 의도 　├ 부산(1876년 개항, 경제적 목적) 　├ 원산(1880년 개항, 군사적 목적) 　├ 인천(1883년 개항, 정치적 목적) 　├ 해안 측량권 허용 → 불평등 　└ **치외 법권**(영사 재판권) 허용★→ 불평등 • **조·일 무역 규칙**(제1차 조·일 통상 장정)★ 　├ 무관세(1883년 개정) → 면제품 유입 　├ 무항세 　└ 무제한 곡물 유출 → 곡물가 폭등 • **조·일 수호 조규 부록**★ 　├ **간행이정**(조계지·거류지) 설정: 개항장 10리 이내 외국인의 거주와 무역권 인정 　└ **일본 화폐의 유통** 　　→ 거류지 무역에 의한 중개 무역	• **2차 수신사**(일본, 1880)★ 　├ **김홍집**이 황준헌(황쭌셴)의 "**조선책략**" 유포(러시아를 막기 위해 친중·결일·연미) 　└ **영남 만인소 사건**: 이만손, 개화 반대 운동 　　(→ 1880년대 이후 의병 투쟁) • **조사 시찰단**(일본, 1881) 　├ 고종의 밀명으로 박정양 일행 비공개 파견 　└ 일본의 정세 파악, 근대 시설·제도 시찰 　　→ 박문국(1883, 인쇄) 　　→ 전환국(1883, 화폐) 　　→ 우정총국(1884, 우편) • **영선사**(청, 1881)★ **김윤식**, 근대식 무기 제조 기술과 군사 훈련법 도입을 위한 기술 교육 연수단 → **기기창**(1883, 무기 공장) 설치 • 3차 수신사(1882): **박영효·김옥균**, 임오군란 당시 일본 피해에 대한 사과 및 근대 문물 시찰 → 태극기 고안 • **보빙사**(미국, 1883)★ 　├ **민영익**, 조·미 수호 통상 조약 답례 　└ 수행원 **유길준**은 미국에서의 유학 경험을 바탕으로 "**서유견문**"(1895) 집필
해외 시찰단	• **1차 수신사**(일본) 　├ 김기수, 강화도 조약 답방, 일본 문물 시찰 　└ "**일동기유**"(일본 견문록)를 남김 ＊통신사: 임진왜란 이후 조선의 선진 문물 전파	
일제의 경제적 침탈	〈개항 직후 부산의 모습(1876년 개항)〉 • **치외 법권**(← 강화도 조약) • **곡물**(쌀) **유출**, 무관세(← 조·일 무역 규칙) • **거류지 무역**★ 　├ **간행이정** 10리(← 조·일 수호 조규 부록) 　├ 형태: 보부상·객주 → 한성 시전 → 소비자(→ 객주·여각 성장) 　└ **미면 교환 체제**★ 　　→ 미(쌀)·쇠가죽·콩(조선) ⇄ 면(영국산)(→ 국내 면방직 수공업 타격)	

★ Best 기출
- 강화도 조약 : 운요호 사건 | 강화도 조약의 내용 | 강화도 조약의 의의 | 강화도 조약의 부속 조약 | 거류지 무역의 양상
- 임오군란 : 임오군란의 배경 | 임오군란의 결과 | 조·청 상민 수륙 장정 | 조·일 수호 조규 속약 | 조·미 수호 통상 조약 | 내지 무역의 양상 | 개화파 분열

시기	1882	1883
사건	임오군란	임오군란 이후 개화파 분열

정치·군사	• 배경: 개화 정책과 일본의 경제 침탈에 반발
	  – 5군영을 2영으로 축소, 별기군 신설
	  – 일본의 곡물 유출 → 쌀값 폭등
	  – 구식 군인 차별: 모래와 겨가 섞인 쌀을 밀린 급료로 지급
	• 임오군란★
	  – 구식 군대의 폭동 → 도시 빈민층 동조
	  – 무기고 파괴, 선혜청 습격, 정부 고관 및 일본인 교관 살해, 일본 공사관 습격
	  – 왕비 피신, 흥선 대원군 일시적 재집권
	    ┌ 통리기무아문·별기군 폐지
	    └ 5군영 부활
	  – 청군이 개입하여 구식 군인들과 민중의 반란 진압, 흥선 대원군 압송
	    → 민씨 일파 재집권(친청 정권)
	  – 청의 위안스카이가 내정 간섭★, 고문 파견
	    ┌ 내정 고문: 마건상(마젠창)
	    └ 외교 고문: 묄렌도르프
		<table><tr><th>급진 개화파(개화당, 독립당)★</th><th>온건 개화파(사대당, 수구당)★</th></tr><tr><td>• 김옥균, 박영효, 홍영식, 서광범</td><td>• 김홍집, 김윤식, 어윤중</td></tr><tr><td>• 모델: 일본의 메이지 유신
		→ 입헌 군주제 지향
		• 문명 개화론에 입각하여 급진적 개혁 추구
		• 서양의 과학 기술뿐 아니라 사상·제도 적극 수용</td><td>• 모델: 청의 양무운동
		→ 중체서용
		• 동도서기론에 입각하여 점진적 개혁 추구
		• 유교적 전통 문화 유지, 정치·사회 제도 개혁에는 소극적</td></tr><tr><td>• 청에 대한 사대 청산 주장
		→ 갑신정변 추진</td><td>• 청과 전통적 관계 중시</td></tr></table>

조약	• 조·청 상민 수륙 무역 장정(← 임오군란)★
	  – 청의 종주권 명기
	  – 청 상인에게 통상의 특권 제공
	  (한성 양화진에 점포 설치권, 실질적 내지 통상권 인정)
	• 제물포 조약(조선-일본, 1882)
	  – 일본 경비병의 공사관 주둔 허용
	  – 배상금 지급
	• 조·일 수호 조규 속약(← 임오군란, 1882):
	  간행이정 10리 → 50리 → 100리(2년 뒤)
	• 조·미 수호 통상 조약(1882)★
	  – 청의 알선(청은 일본·러시아를 견제, 종주권 승인 받을 목적)
	  – 치외 법권 인정
	  – 최혜국 대우(이권 침탈의 원인 제공)★
	  – 관세 설정(낮은 관세)
	  – 거중 조정 ┌ 국제 분쟁이 있을 시 서로 도와 해결
	           └ 러·일 전쟁 결과 대한제국이 일본의 보호국화
	             → 미국에 도움 요청
	             → 가쓰라·태프트 밀약(미-일)으로 인해 거부됨
		• 제2차 조·일 통상 장정(1883)
		  – 관세 설정
		  – 미곡 제한 → 방곡령 규정(1개월 전에 통보)
		  – 최혜국 대우 인정
		  – 내지 통상권 허용
		  → 보부상: 혜상공국 설치(1883)
		  → 객주: 평양의 대동상회, 서울의 장통상회 등 상회사 설립
		〈각 국과 수호 통상 조약 체결〉
		• 조·영 수호 통상 조약(1882): 청의 주선
		• 조·독 수호 통상 조약(1882): 청의 주선
		• 조·러 수호 통상 조약(1884): 독일인 고문 묄렌도르프가 주선
		• 조·불 수호 통상 조약(1886): 천주교 포교 허용
		＊공통: 치외 법권, 최혜국 대우

일제의 경제 침탈	〈임오군란 이후 인천(1883년 개항)과 서울의 모습〉
	• 개항 이후 청·일 상권 경쟁★
	• 임오군란 이후 일본 상인 독주
	• 내지 무역★
	  – 간행이정 50리(← 조·일 수호 조규 속약)
	  – 보부상, 객주, 시전 상인 몰락
	  – 미면 교환 체제	

3 갑신정변 | Ⅵ 근대 사회의 전개

시기	1884	1885~
사건	갑신정변	갑신정변 이후

정치·군사	• 배경
	  ┌ 임오군란 이후 **청의 내정 간섭** 심화, 민씨 정권의 친청 정책
	  ├ 일본 **차관 도입 실패** → 급진 개화파의 입지 약화
	  ├ 조선 주둔 **청의 병력 일부 철수**(청·프 전쟁, 1884)
	  └ 일본 공사의 **경비병 지원** 약속
	• 경과: **우정총국** 개국 축하연에서 갑신정변 단행★
	  ┌ (김옥균·박영효·홍영식·서재필 주도)
	  └ 민씨 고관 살해 → 개화당 정부 수립
	    → 개혁 정강(14개조 정강)을 국왕의 전교 형식으로 공포
	    → 청의 군대 개입 → 삼일천하
	• 결과: 한성 조약, 톈진 조약 체결
	• 영향: 청의 내정 간섭 더욱 강화, 개화 세력 침몰
	• 의의★: 근대 국가 수립을 목표로 한 최초의 정치 개혁 운동
	• 한계★ ┌ 일본의 지원에 의존
	       └ 토지 제도 개혁 소홀 → 백성의 지지를 받지 못함
		• 청의 내정 간섭 노골화: **위안스카이** 파견
		• 청을 견제할 필요성 대두
		  ┌ 조·러 밀약 추진:
		  │ 러시아에 영흥만 조차해 주는 대가로 러시아의 군사 교련단 요구
		  └ 미국에 박정양을 전권 공사로 파견, 주미 공사관 개설 시도(1886)
		• **거문도 사건**(1885)★: 영국이 러시아의 남하 정책을 저지할 목적으로 거문도 불법 점령
		• 조선 중립화론★
		  ┌ **유길준**: 강대국 모두가 보장하는 중립화 주장
		  └ **부들러**: 조선이 독자적으로 영세 중립국을 선언할 것을 제안

조약	• **한성 조약**(조선-일본, 1885)★:
	  일본에 배상금 지불, 일본 공사관 신축 비용 부담
	• **톈진 조약**(청-일본, 1885)★
	  ┌ 청·일 양군의 공동 철군
	  └ 향후 조선에 파병 시 상호 통보 → **청·일 전쟁의 빌미 제공**★	

일제의 경제 침탈		• 일본으로 곡물 유출
		  ┌ 곡물 가격 상승
		  └ 방곡령(1889, 함경도 관찰사 조병식)
		    → 배상금 지급(← 제2차 조·일 통상 장정)
		• 청·일 전쟁 이후(1895. 4.~) → 일본인이 대농장 매입

자료 읽기

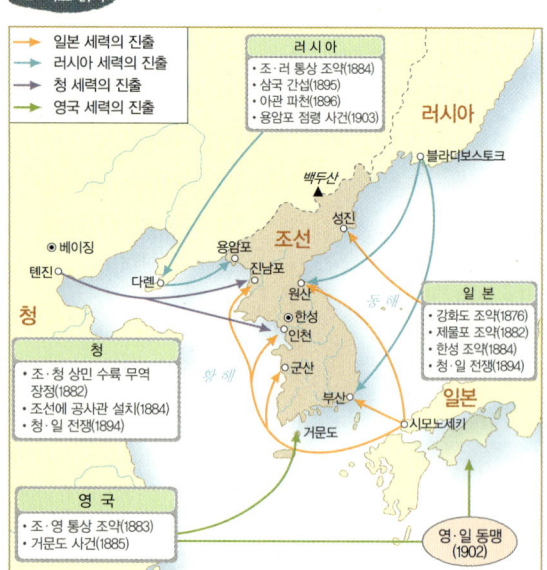

● 한반도를 둘러싼 외세의 각축

유길준(1856~1914)

출제 예감

유길준의 중립화론

이제 우리나라는 지역으로 말하면 아시아의 인후에 처해 있는 것이 유럽의 벨기에와 같다. 지위는 중국에 조공하던 나라로서 불가리아가 터키에 조공하던 나라로서 왕이 책봉을 받던 일은 벨기에에도 없던 일이었다. …… 불가리아가 중립조약을 체결한 것은 유럽의 여러 대국들이 러시아를 막으려는 계책에서 나온 것이었고, 벨기에가 중립조약을 체결한 것은 유럽의 여러 대국이 자국을 보전하려는 계책에서 나온 것이었다. 대저 우리나라가 아시아의 중립국이 된다면 러시아를 방어하는 큰 기틀이 될 것이고, 또 아시아의 여러 대국이 서로 보전하는 정략도 될 것이다. …… 이는 비단 우리나라만을 위한 것이 아니라 중국의 이익도 될 것이고, 여러 나라가 서로 보전하는 계책도 될 것이니 무엇이 괴로워서 하지 않겠는가.
— "유길준전서" —

➤ 유길준은 강대국 모두가 보장하는 중립화를 이룰 때 조선의 안전이 가능하다고 보았다.

★ Best 기출 ● 갑신정변 : 갑신정변의 배경 및 경과 | 14개조 정강 | 갑신정변의 결과 | 갑신정변의 의의와 한계 | 거문도 사건 | 조선 중립화론

임오군란 이후 체결된 조약

● 박영효가 사용한 태극기

● 신식 군대인 별기군

출제 예감

제물포 조약
제1조 금일부터 20일 안에 조선국은 흉도를 체포하고, 그 괴수를 엄중히 심문하여 중죄에 처한다. 일본국은 관리를 보내 입회 처단케 한다. 만일 그 기일 안에 체포하지 못할 때는 응당 일본국이 처리한다.
제3조 조선국은 5만 원을 내어 해를 당한 일본 관리들의 유족과 부상자에게 주도록 한다.
제4조 흉도의 폭거로 일본이 입은 피해 및 공사를 호위한 육해군 군비 가운데 50만 원은 조선이 채워 준다. 이 돈은 해마다 10만 원씩 5년 동안 완납한다.
제5조 일본 공사관에 약간의 병사를 두어 경비하게 하며, 그 비용은 조선이 부담한다.

조·미 수호 통상 조약
제1조 조선과 미국 인민은 각각 영원히 화평 우호를 지키되 만약 타국이 불경하는 일이 있게 되면 1차 조사를 거친 뒤에 서로 도와 잘 조처함으로써 그 우의를 표시한다.
제5조 일용품의 수출입품에 관한 관세율은 종가세 10%를 초과하지 않으며, 사치품 등에서는 30%를 넘지 못한다.
제14조 조약을 체결한 후 통상 무역 상호 교류 등에서 본 조약에 부여되지 않은 어떠한 권리나 특혜를 다른 나라에 허가할 때에는 자동적으로 미국 관민에게도 똑같이 주어진다.

조·청 상민 수륙 무역 장정
1882년 조선에 대한 청의 종주권을 명시한 이 장정은 조선 정부의 비준조차 생략된 채 치외 법권은 물론 개항장이 아닌 한성(서울) 양화진에 청 상인이 점포를 개설할 수 있는 권리, 여행 증명서를 가진 자의 개항장 밖 내륙 통상권과 연안 무역권까지 인정하였다. 이에 따라 수출입 상품을 중개하면서 돈을 벌던 국내 상인들은 거류지 무역이 깨져 큰 타격을 입었다.

갑신정변과 14개조 정강

● 서울 우정총국

● 갑신정변 진행도

	14개조 정강	목적
정치	1. 청에 잡혀간 흥선 대원군을 돌아오게 하고, 청에 행하던 조공의 허례를 폐지한다.	완전 자주 독립의 공포 청의 종주권 부인
	2. 문벌을 폐지하여 인민 평등의 권리를 제정하고, 사람의 능력으로써 관리를 임명한다.	문벌(양반 신분 제도) 폐지 평등권 주장, 인재 등용
	13. 대신과 참찬은 의정부에 모여 정치상의 명령이나 법령을 결정한 후 왕에게 묻고 정령을 공포·집행한다.	전제 군주권 제한·내각의 권한 강화 → 입헌 군주제 지향
	14. 6조 외에 불필요한 관청은 모두 폐지한다.	정부 조직의 근대적 개편
경제	12. 모든 국가 재정은 호조에서 관할한다.	재정의 호조 일원화
	3. 토지에 대해 매기던 조세법(지조법)을 개혁하여 관리의 부정을 막고 백성을 보호하며 국가 재정을 넉넉하게 한다.	지조법 개혁
	9. 혜상공국을 폐지한다.	전근대적 상업 특권 폐지
군사	11. 4영을 합하여 1영으로 만들고, 영 중에서 장정을 선발하여 근위대를 시급히 설치한다.	군사 제도의 근대적 개혁

● 박영효, 서광범, 서재필, 김옥균(왼쪽부터) | 이들 갑신정변 주모자들 대부분은 사건 직후 일본으로 망명하였다.

출제 예감

갑신정변 실패 후 일본으로 망명한 김옥균의 글(1885)
작년의 거사는 세상에서 혹은 너무 급격하다 논하는 자 있으나 폐하는 그윽히 성찰하소서. …… 폐하께서 긴밀히 신에게 말씀하시어 민씨 일족을 제거할 계획을 꾸미시고 신도 또한 감읍하여 상주한 바 있나이다. 신이 생각하건대, 지금 이와 같은 간류(奸類)를 제거하지 못할 때는 폐하로 하여금 망국의 군주라는 천추의 한을 면하기 어려우므로 곧 국가를 위하여 신명을 던져 작년의 거사를 일으켰거늘, 지금 도리어 신을 역적이라 함은 무슨 까닭이옵니까?
– 동경 매일 신문 –

출제 예감

톈진 조약
1. 청은 조선에 주둔시키고 있는 군대를 철수하고, 일본은 공사관 경비를 위해 조선에 주둔한 군대를 철수한다.
3. <u>조선에 변란이나 중대한 사건이 일어날 경우, 청과 일본이 파병하고자 할 때는 사전에 상호 문서를 보내고, 사건이 진정되면 즉시 철병한다.</u>

01 흥선 대원군의 정책

(가) 인물이 시행한 정책으로 옳은 것은?

> ☐(가)☐ 이(가) 크게 노하여 말하기를, "진실로 백성에게 해가 되는 것이 있으면, 비록 공자가 다시 살아난다 하더라도 나는 용서하지 않겠다. 하물며 서원은 우리나라에서 선유(先儒)를 제사하는 곳인데 지금은 도둑의 소굴로 되었음에랴." 라고 하였다. 드디어 형조와 한성부 나졸들을 풀어서 대궐 문 앞에서 호소하려는 선비들을 강 건너로 몰아내 버렸다.
> - "근세조선정감" -

① 통리기무아문과 12사를 설치하였다.
② 국왕의 친위 부대인 장용영을 설치하였다.
③ 금위영을 설치하여 5군영 체제를 갖추었다.
④ 속대전을 편찬하여 통치 체제를 정비하였다.
⑤ 호포제를 시행하여 국가 재정을 확충하였다.

문제 해설
(가)에 들어갈 인물은 서원 철폐를 실시한 흥선 대원군이다. 제시된 자료를 보면, 서원은 성현에 대한 제사와 인재 양성을 목적으로 설치된 사설 교육 기관이므로 "비록 공자가 다시 살아난다 하더라도"라고 표현하고 있다. 또, 서원이 면세 혜택을 누리며 주변 백성들을 수탈하였으므로 "지금은 도둑의 소굴로 되었음에랴"라고 말하고 있다. 흥선 대원군은 붕당의 기반 약화, 국가 재정 확보, 민생 안정을 목적으로 서원을 철폐하였다. ⑤ 흥선 대원군은 군정의 폐단을 해결하기 위해 양반에게도 군포를 징수하는 호포제를 실시하였다.

바로잡기
① 통리기무아문과 12사는 개항 이후 개화 정책을 추진하기 위해 설치한 기구들이다.
② 장용영은 정조가 왕권 강화를 위해 설치한 친위 부대이다.
③ 조선은 숙종 때 금위영을 설치하면서 5군영 체제를 갖추었다.
④ "속대전"은 영조 때 편찬된 법전이다. 흥선 대원군은 "대전회통", "육전조례" 등을 편찬하였다.

비법 암기
흥선 대원군의 개혁 : 의정부와 삼군부 부활, 법전 편찬, 서원 정리, 경복궁 중건, 양전 사업, 호포제, 사창제 시행

02 병인양요

(가) 사건에 대한 탐구 활동으로 가장 적절한 것은?

> 올해 문화재 분야의 가장 큰 뉴스는 돌아온 약탈 문화재다. ☐(가)☐ 이(가) 일어났을 때, 프랑스 군대가 약탈해 간 외규장각 도서가 5년 단위 갱신 조건의 영구 대여 형식으로나마 145년 만에 고국으로 돌아왔다. 이는 국내에 없는 유일본이라는 점과 고급 의궤의 비중이 높다는 점에서 문화재적 가치가 매우 뛰어난 자료로 평가된다.
> - 2011. 12. ○○. -

① 한성 조약의 체결 과정을 파악한다.
② 오페르트 도굴 사건의 결과를 조사한다.
③ 조선책략의 유포가 끼친 영향을 살펴본다.
④ 흥선 대원군의 천주교 박해 사건을 알아본다.
⑤ 치외법권을 인정한 최초의 근대적 조약을 찾아본다.

문제 해설
(가)에 들어갈 사건은 병인양요이다. 병인양요 당시 강화도를 침략한 프랑스군은 아무런 수확 없이 돌아가야 할 상황이 되자 철수하는 길에 외규장각 의궤들을 약탈하였다. 규장각의 부속 기관인 강화도의 외규장각에는 왕실과 국가 행사 내용을 정리한 의궤를 비롯한 서적들이 보관되어 있었는데, 프랑스군이 이 책들을 약탈하거나 불태웠다. 흥선 대원군은 천주교를 박해하여 프랑스 선교사를 처형하자, 프랑스는 이 사건을 구실로 병인양요를 일으켰다.

바로잡기
① 한성조약은 갑신정변 이후 조선과 일본이 맺은 조약이다.
② 오페르트 도굴 사건은 독일 상인 오페르트가 충남 덕산에 있는 흥선 대원군의 아버지 남연군의 묘를 도굴하려다 실패한 사건이다.
③ "조선책략"은 2차 수신사(1880)로 일본에 간 김홍집이 가져온 책이다. 조·미 수호 통상 조약(1882)을 체결하는 배경이 되었다.
⑤ 강화도 조약(1876)은 최초의 근대적 조약이었지만 일본의 치외 법권을 인정한 불평등한 조약이었다. 치외 법권이란 체류하고 있는 국가의 법을 적용받지 않는 특권을 가리킨다.

비법 암기
병인양요 전개 : 프랑스 선교사 처형을 구실로 프랑스군 침략 → 문수산성 전투(한성근), 정족산성 전투(양헌수) → 외규장각 도서 약탈

03 신미양요

다음 자료의 사건에 대한 설명으로 옳은 것을 〈보기〉에서 모두 고른 것은?

그토록 작은 공간에, 그리고 그토록 짧은 시간에, 그토록 많은 탄환과 포연이 집중되는 것은 남북 전쟁의 고참들도 일찍이 본 적이 없었다. …… 그들은 난간에 올라서서 용맹스럽게 싸웠다. 그들은 미군에게 돌멩이를 던졌다. 그들은 창과 칼로써 미군을 대적했다. 손에 무기가 없는 그들은 흙가루를 집어 침략자들에게 던져 앞을 보지 못하게 했다.

- 그리피스, "은자의 나라 한국"(1882) 중에서 -

〈보기〉
ㄱ. 미군은 강화도의 초지진, 덕진진, 광성보를 잇달아 공격하였다.
ㄴ. 미군은 강화 읍성을 점령한 후에 더 나아가지 못하고 물러났다.
ㄷ. 흥선 대원군은 이 사건 이후 전국 각지에 척화비를 건립하였다.
ㄹ. 미군이 빼앗아 간 수자기(帥字旗)가 일시 귀환되어 최근에 전시되었다.

① ㄱ, ㄴ ② ㄱ, ㄷ ③ ㄴ, ㄷ
④ ㄱ, ㄷ, ㄹ ⑤ ㄴ, ㄷ, ㄹ

문제 해설
제시된 자료와 관련된 사건은 신미양요이다. 미국은 제너럴셔먼호 사건을 빌미로 강화도의 초지진, 덕진진, 광성보를 침략하였다. 미군은 광성보를 점령한 후, 전리품으로 어재연 장군의 수자기(帥字旗)를 가져갔으며, 2007년 장기 대여 형식으로 반환하였다. 신미양요 이후 흥선 대원군은 서양 세력에 대한 경계심을 표현한 척화비를 전국 곳곳에 세웠다.

바로잡기
ㄴ. 병인양요 때 프랑스군이 강화 읍성 점령 후 물러났다.

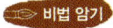 **비법 암기**
신미양요 전개 : 제너럴셔먼호 사건을 구실로 미국 침략 → 광성보 전투(어재연) → 전국 각지에 척화비 건립

04 강화도 조약

(가) 조약에 대한 설명으로 옳은 것은?

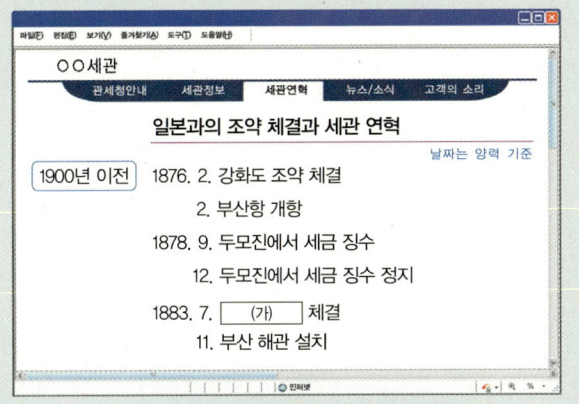

① 일본 상품에 대한 관세 부과를 규정하였다.
② 원산항과 인천항이 개항되는 근거가 되었다.
③ 외국에 대한 최혜국 대우를 처음으로 규정하였다.
④ 외국에 대한 조선의 관세권을 최초로 인정하였다.
⑤ 일본 상인의 활동 범위를 개항장에서 10리로 제한하였다.

문제 해설
(가) 조약은 조·일 통상 장정(1883)이다. 조선과 일본은 강화도 조약(조·일 수호 조규)의 부속 조약으로 조·일 통상 장정을 체결하였는데, 조약 내용으로 양곡의 무제한 유출 허용과 무관세 조항을 포함하고 있었다. 조선은 곧 이 조항들의 불리함을 깨닫고, 미국과 조·미 수호 통상 조약(1882)을 체결하면서 곡식의 무제한 유출 방지 규정과 관세 조항을 포함하도록 하였다. 그러나 미국의 최혜국 대우를 인정해 주기도 하였다. 결국 조선과 일본은 1883년 조·일 통상 장정을 개정하면서 조·미 수호 통상 조약의 내용을 반영하여 방곡령과 관세 조항, 최혜국 대우 조항을 포함하였다.

바로잡기
② 강화도 조약에서 부산 외 2곳을 개항하기로 하였는데, 일본의 정치·군사적 의도에 따라 인천과 원산이 개항되었다.
③ 조·미 수호 통상 조약에서 최혜국 대우를 최초로 규정하였다.
④ 관세권은 조·미 수호 통상 조약을 통해 최초로 인정되었다.
⑤ 강화도 조약의 부속 조약인 조·일 수호 조규 부록을 통해 일본인 거류지를 개항장 사방 10리로 제한하였다.

비법 암기
강화도 조약 : 청의 종주권 부인, 부산·원산·인천 개항, 해안 측량권 허용, 치외 법권 허용

정답 | 01 ⑤ 02 ④ 03 ④ 04 ①

05 위정척사 운동

(가)~(다)의 주장들을 제기된 순서대로 옳게 나열한 것은?

(가) 미국은 본래 우리가 모르던 나라입니다. 잘 알지 못하는데 공연히 남의 권유로 불러들였다가 그들이 재물을 요구하고 우리의 약점을 알아차려 어려운 청을 하거나 과도한 부담을 떠맡긴다면 장차 이에 어떻게 대응할 것입니까?

(나) 양이의 화가 오늘에 이르러 홍수나 맹수의 해로움보다도 더 심합니다. 전하께서는 …… 안으로 관리들로 하여금 사학(邪學)의 무리를 잡아 베게 하시고 밖으로 장병들로 하여금 바다를 건너오는 적을 정벌하게 하소서.

(다) 저들이 비록 왜인이라고 하나 실은 양적이옵니다. 강화가 한번 이루어지면 사학의 서적과 천주의 초상화가 교역하는 속에 들어올 것입니다. 그렇게 되면 얼마 안 가서 사학이 온 나라 안에 퍼지게 될 것입니다.

① (가) - (나) - (다)
② (가) - (다) - (나)
③ (나) - (가) - (다)
④ (나) - (다) - (가)
⑤ (다) - (나) - (가)

문제 해설

제시된 자료는 위정척사 운동과 관련된 상소문들이다. (가)는 1881년 영남 만인소, (나)는 1866년 이항로의 상소문, (다)는 1876년 최익현의 상소문이다. 1860년대에는 천주교 유포와 서양 세력의 통상 요구 분위기 속에서 기정진, 이항로 등이 척화주전론을 내세워 흥선 대원군의 통상 수교 거부 정책을 뒷받침하였다. 1870년대에는 최익현 등이 왜양일체론과 개항불가론을 내세워 강화도 조약 체결에 반대하였다. 1880년대에는 정부의 개화 정책 추진과 "조선책략"(러시아 견제를 위해 미국·일본과 연대해야 한다는 내용) 유포에 반대하며 이만손을 중심으로 한 영남 지방 유생들이 만인소를 올렸다. 1890년대에는 명성황후 시해와 단발령 시행에 항거하여 일어난 을미의병 등 일제의 침략에 저항하는 의병 운동으로 계승되었다.

비법 암기

위정 척사 운동 : 1860년대 척화주전론 → 1870년대 왜양일체론·개항 불가론 → 1880년대 개화 반대(영남 만인소) → 1890년대 항일 의병 활동

06 동도서기론

밑줄 그은 사상의 영향으로 일어난 역사적 사실로 옳은 것은?

> 군신, 부자, 부부, 붕우, 장유의 윤리는 하늘에서 얻은 것이고 인간의 본성에서 부여된 것으로서 천지를 통하는 만고불변의 이(理)입니다. 그리고 위에 존재하는 것으로서 도(道)가 됩니다. 이에 대하여 선박, 수레, 군대, 농업, 기계가 백성을 편하게 하고 나라를 이롭게 하는 것은 외형적인 것으로서 기(器)가 되는 것입니다. 신(臣)이 변혁을 꾀하고자 하는 것은 기이지 도가 아닙니다. - 윤선학의 상소 -

① 교조 신원 운동을 전개하였다.
② 전국 각지에 척화비를 세웠다.
③ 광혜원을 설립하여 운영하였다.
④ 이항로 등이 통상 반대론을 전개하였다.
⑤ 독립 협회에서 의회의 설립을 건의하였다.

문제 해설

밑줄 그은 사상은 동도서기(東道西器)론이다. 동도서기론이란 동양의 도리(道理)는 계승하고 서양의 과학 기술만 받아들이자는 주장이다. 김홍집, 김윤식, 어윤중 등 온건 개화파는 중국의 자강 운동인 양무운동을 모델로 삼아 동도서기론의 입장에서 점진적인 개화를 추진하고자 하였다. ③ 광혜원 등 근대 시설은 이러한 개화의 노력에 의한 산물이다.

바로잡기

① 교조 신원 운동은 동학 교도들이 교주의 억울한 죽음을 풀어 달라는 종교 운동이다.
② 척화비는 흥선 대원군이 병인양요(1866), 신미양요(1871) 이후 전국 각지에 척화의 의지를 드러내기 위해 세운 비석이다.
④ 이항로는 대표적인 척화주전론자이다.
⑤ 독립 협회는 서양의 의회 제도를 본받아 의회 설립을 주장하였다.

비법 암기

동도서기론 : 동양의 도리 계승·서양의 과학 기술만 수용, 온건 개화파의 입장

07 "조선책략"과 영남 만인소

밑줄 그은 '그 책'에 관한 설명으로 옳은 것을 〈보기〉에서 고른 것은?

수신사 편에 가지고 온 책자는 청나라 관리가 지은 것인데, 그 책을 보니 어떠하던가?

신이 그 책을 보니 여러 조항으로 분석하고 변론한 것이 우리의 상황에 부합됩니다. 그가 논한 것을 자세히 살펴 러시아를 방비하는 대책을 세워야 할 것입니다.

〈보기〉
ㄱ. 최초의 근대적 조약이 체결되는 데 영향을 주었다.
ㄴ. 영남 유생들이 만인소를 올리게 된 계기가 되었다.
ㄷ. 조선과 미국을 수교하게 하려는 의도가 반영되었다.
ㄹ. 최익현이 왜양일체론을 주장한 직접적 원인이 되었다.

① ㄱ, ㄴ ② ㄱ, ㄷ ③ ㄴ, ㄷ
④ ㄴ, ㄹ ⑤ ㄷ, ㄹ

문제 해설
밑줄 그은 '그 책'은 "조선책략"이다. "조선책략"은 2차 수신사(1880)로 일본에 간 김홍집이 귀국할 때 가져온 책인데, 청의 관리 황준헌의 의견을 담고 있다. 황준헌은 이 책에서 청·조선·일본의 가장 시급한 과제는 러시아의 남하를 저지하는 것이라고 보았다. 고종이 "조선책략"을 관리들에게 유포하자, 영남 지역 유생들이 만인소를 올려 미국 역시 러시아와 마찬가지로 경계해야 할 국가라고 주장하였다. "조선책략"의 유포 이후 유생들의 반대에도 불구하고 조선과 미국은 조·미 수호 통상 조약을 체결하였다.

바로잡기
ㄱ. 조선이 체결한 최초의 근대적 조약은 운요호 사건을 계기로 일본과 체결한 강화도 조약이다.
ㄹ. 최익현은 강화도 조약 체결에 대한 반대의 뜻을 표하며 일본과 서양 오랑캐가 같다는 왜양일체론을 주장하였다.

비법 암기
조선책략: 러시아를 막기 위해 친중국(親中國), 결일본(結日本), 연미국(聯美國) 주장

08 임오군란

다음 자료에 나타난 사건의 결과로 옳은 것을 〈보기〉에서 모두 고른 것은?

영의정 홍순목이 아뢰기를, "… 일전에 훈련도감 출신 군졸들에게 늠료를 나누어 줄 때의 일을 가지고 말씀드리겠습니다. 훈련도감 출신 군졸들이 응당 받아야 할 곡식을 섬을 완전히 채우지 않았다고 하면서 양손으로 각각 1섬씩을 들고서 말하기를 '13개월 동안 주지 않은 늠료 중에서 이제 겨우 한달치 나누어 주는 것이 이렇단 말인가?' 하고는 해당 고지기를 구타하여 현재 생사의 갈림길에 있습니다. 이어 또, 선혜청 위로 돌멩이를 마구 던져 해당 낭청이 피신하는 일까지 있게 하였으니, 이것이 어찌 작은 일입니까?"라고 하였다.

〈보기〉
ㄱ. 청은 흥선 대원군을 청으로 압송하였다.
ㄴ. 일본은 공사관 경비를 구실로 조선에 군대를 주둔시켰다.
ㄷ. 외국 상인의 내륙 통상이 허용되어 조선 상인들의 피해가 커졌다.
ㄹ. 청은 독일인 묄렌도르프를 고문으로 파견하여 조선의 내정에 간섭하였다.

① ㄱ, ㄴ ② ㄴ, ㄷ ③ ㄱ, ㄷ, ㄹ
④ ㄴ, ㄷ, ㄹ ⑤ ㄱ, ㄴ, ㄷ, ㄹ

문제 해설
제시문에 나타난 사건은 임오군란이다. 구식 군인들은 별기군 창설 후 차별 대우를 받자 폭동을 일으켜 선혜청을 습격하고 민씨 정권의 고관과 일본인 교관을 살해하였다. 난이 발생하자 고종이 사건의 뒤처리를 대원군에게 맡기면서 흥선 대원군이 일시적으로 재집권하였다. 그러나 청군의 개입으로 군란은 진압되고, 청은 흥선 대원군을 군란의 책임자로 몰아 자국으로 압송하였다. 임오군란 진압 후 우리나라와 일본은 일본 공사관의 경비병 주둔 허용과 배상금 지급을 인정하는 제물포 조약을 체결하였다. 또한, 청은 마건상(마젠창)과 묄렌도르프를 파견하여 내정을 간섭하였고, 조선과 청 사이에 조·청 상민 수륙 무역 장정이 체결되었다. 그 결과 상권을 차지하기 위한 청 상인들과 일본 상인들 간의 경쟁이 치열해져 조선 상인들의 피해가 커졌다.

비법 암기
임오군란: 구식 군인 차별 → 군인 폭동 → 대원군 재집권 → 청군 개입 → 청 내정 간섭, 조·청 상민 수륙 무역 장정, 제물포 조약

09 조·미 수호 통상 조약

(가) 나라에 대한 설명으로 옳은 것을 〈보기〉에서 고른 것은?

> 제1관 만약 타방 체약국이 어떤 불공평하고 경시 당하는 일이 있으면, 한 번 통지를 거쳐 반드시 서로 도와주며 중간에서 잘 조정해 두터운 우의와 관심을 보여 준다.
>
> 제14관 현재 양국이 의논해 정한 이후 대조선국 군주가 어떤 혜택·은전의 이익을 타국 혹은 그 나라 상인에게 베풀면 바다를 건너 배를 운항해 통상·무역·왕래하는 일을 막론하고 해당국과 그 나라 상인이 종래 점유하지 않고 이 조약에 없는 것은 ___(가)___ 관리와 백성들이 일체 균점하도록 승인한다.

〈보기〉
ㄱ. 베베르를 파견하여 비밀 협약을 체결하였다.
ㄴ. 서양 국가 중에서 최초로 조선과 수교하였다.
ㄷ. 천주교 포교 문제로 통상 조약 체결이 늦어졌다.
ㄹ. "조선책략"에서 연합해야 할 국가로 언급하였다.

① ㄱ, ㄴ ② ㄱ, ㄷ ③ ㄴ, ㄷ
④ ㄴ, ㄹ ⑤ ㄷ, ㄹ

문제 해설
(가) 나라는 미국이다. 제시된 자료의 제1관은 거중 조정 조항이고, 조·미 수호 통상 조약에만 포함된 내용이다. 제14관은 최혜국 대우 규정인데, 강화도 조약을 비롯해 미국, 영국, 독일, 러시아, 프랑스 등 제국주의 국가들과 맺은 조약들에 모두 규정된 내용이다. ㄴ. 조선이 최초로 조약을 체결한 서양 국가는 미국이다. 미국에 이어 영국, 독일, 러시아, 프랑스 등과 조약을 체결하였다. ㄹ. "조선책략"에서 조선은 러시아의 남하를 저지하기 위해 친중국, 결일본, 연미국해야 한다고 보았다.

바로잡기
ㄱ. 갑신정변 이후 청과 일본의 간섭이 심해지자 조선 정부는 주한 러시아 공사 베베르를 파견하여 조·러 비밀 협약을 추진하였다.
ㄷ. 병인박해를 겪었던 프랑스는 조선과 수교를 맺으면서 조약 내에 천주교 포교 허용 조항을 포함하기를 희망하였고, 이로 인해 조약 체결이 늦어졌지만 결국 수용되었다.

🔖 비법 암기
조·미 수호 통상 조약 : 최초의 서양과의 조약, 치외 법권, 최혜국 대우, 거중 조정, 낮은 세율의 관세 부과 등

---

10 보빙사

다음은 고종이 어느 나라에 파견한 사절단의 사진이다. 이에 대한 대화 내용으로 옳지 않은 것은?

① ㉠은 조사 시찰단의 일원으로 일본에 파견되었어.
② ㉡은 박문국 책임자로 한성순보를 발간했어.
③ ㉢은 갑신정변 때 수구파로 몰려 부상을 당했어.
④ ㉣은 갑오개혁 시기 김홍집 내각에 참여했어.
⑤ 조·미 수호 통상 조약 체결 이후 파견된 외교 사절이야.

문제 해설
사진의 인물들은 보빙사 일행이다. 강화도 조약 체결 이후 개화 세력은 외국에 사절단을 파견하여 선진 문물을 수용하는 데 박차를 가하였다. 그중 보빙사는 조·미 수호 통상 조약의 체결 이후 미국 공사의 파견에 대한 답례로 1883년 미국에 파견된 사절단이었다. ㉠ 유길준은 보빙사 파견 당시 귀국하지 않고 미국에 남아 유학하였는데, 그때의 경험을 쓴 책이 "서유견문"이다. 또, 조사 시찰단의 일원으로 일본에 다녀오기도 하였다. ㉢ 민영익은 보수적인 정치 활동을 하던 민씨 정권의 실세였는데, 급진 개화파의 공격을 받아 큰 부상을 당하였다. ㉣ 서광범은 갑신정변을 일으킨 4인방 중 한 명으로 갑신정변 실패 후 일본으로 넘어가 활동하였다. 그러다가 제2차 갑오개혁 때 돌아와 개혁 운동에 참여하였다.

바로잡기
② 홍영식은 갑신정변 당시 살해되었다. 한성순보를 발간하는 데 중요한 역할을 한 인물은 급진 개화파 중 한 명인 박영효이다.

🔖 비법 암기
개항 이후 사절단 : 수신사(일본), 조사 시찰단(일본), 영선사(청), 보빙사(미국)

11 갑신정변

다음 자료의 밑줄 그은 '작년의 거사' 결과로 체결된 조약의 내용을 〈보기〉에서 고른 것은?

> 작년의 거사는 세상에서 혹은 너무 급격하다 논하는 자 있으나 폐하는 그윽이 성찰하소서. …… 폐하께서 긴밀히 신에게 말씀하시어 민씨 일족을 제거할 계획을 꾸미시고 신도 또한 감읍하여 상주한 바 있나이다. 신이 생각하건대, 지금 이와 같은 간류(奸類)를 제거하지 못할 때는 폐하로 하여금 망국의 군주라는 천추의 한을 면하기 어려우므로 곧 국가를 위하여 신명을 던져 작년의 거사를 일으켰거늘, 지금 도리어 신을 역적이라 함은 무슨 까닭이옵니까?
> — 동경 매일 신문 —

〈보기〉
ㄱ. 일본은 최혜국 대우를 인정받았다.
ㄴ. 조선은 일본 공사관의 신축 비용을 부담하였다.
ㄷ. 일본은 공사관 경비 구실로 군대를 주둔하게 되었다.
ㄹ. 청과 일본은 조선에 대한 파병권을 동등하게 획득하였다.

① ㄱ, ㄴ   ② ㄱ, ㄹ   ③ ㄴ, ㄷ
④ ㄴ, ㄹ   ⑤ ㄷ, ㄹ

문제 해설
밑줄 그은 '작년의 거사'는 '너무 급격하다 논하는 자', '민씨 일족을 제거할 계획' 등의 표현을 통해 갑신정변임을 알 수 있다. 갑신정변의 결과, 조선과 일본은 한성 조약을 체결하였고, 청과 일본은 톈진 조약을 체결하였다. ㄴ. 한성 조약으로 조선은 일본 공사관의 신축 비용 부담과 배상금 지급을 약속하였다. ㄹ. 청과 일본이 체결한 톈진 조약에는 청과 일본의 양국 군대가 4개월 이내 조선에서 공동 철병하고, 앞으로 조선 군대에 훈련 교관을 파견하지 않으며, 양국이 출병할 때는 서로 통고한다는 내용이 들어 있었다.

바로잡기
ㄱ. 일본은 조·일 통상 장정(1883)을 통해 조선으로부터 최혜국 대우를 인정받았다.
ㄷ. 일본은 임오군란의 결과 제물포 조약을 체결하여 공사관의 경비병 주둔을 허용받았다.

비법 암기
갑신정변: 우정총국 축하연에서 정변 단행 → 개화당 정부 수립(14개조 정강 발표) → 청군 개입으로 '삼일천하'로 끝남

12 갑신정변 이후 정세

밑줄 그은 ㉠, ㉡에 대한 설명으로 옳은 것은?

> 귀국의 제주 동북쪽 100여 리 떨어진 곳에 섬이 있는데, 서양 이름으로는 해밀턴 섬이라고 합니다. 영국은 ㉠이 나라가 남하하여 홍콩을 침략할까봐 ㉡이 섬에 군사와 군함을 주둔시키고 그들이 오는 길을 막고 있습니다. 귀국이 이 섬을 영국에 빌려준다면 도적을 안내하여 문으로 들이는 것입니다.
> — 북양대신 이홍장 —

① ㉠ - 조선으로부터 최초로 최혜국 대우를 받았다.
② ㉠ - 아관파천 후 울릉도의 삼림 채벌권을 획득하였다.
③ ㉠ - 조선책략에서 결속하여야 하는 나라로 지목되었다.
④ ㉡ - 어재연 부대가 미국군과 격전을 벌인 곳이다.
⑤ ㉡ - 일본이 일방적으로 시마네 현으로 편입한 곳이다.

문제 해설
밑줄 그은 ㉠은 러시아이고, ㉡은 거문도이다. 갑신정변 이후 조·러 비밀 협약이 추진되는 등 조선에 대한 러시아의 영향력이 커지는 것을 느낀 영국은 러시아의 남하를 저지하기 위해 거문도를 2년 간 불법 점령하였다. 이에 조선 정부가 영국에 철병을 요구하였지만 영국 정부는 거부하였다. 결국 청이 나서서 러시아를 막겠다고 약속하자 영국군이 후퇴하였다. ② 아관파천 후 열강들의 이권 침탈이 본격화되었는데, 이때 러시아는 압록강·두만강 유역과 울릉도의 삼림 채벌권을 확보하였다.

바로잡기
① 조선으로부터 최초로 최혜국 대우를 받은 국가는 미국이다.
③ "조선책략"에서는 친중국, 결일본, 연미국을 주장하였고, 러시아는 조선·청·일본이 공동으로 견제해야 할 대상으로 보았다.
④ 미국군의 공격으로 시작된 신미양요는 강화도에서 일어났으며, 어재연 장군이 이 전투에서 사망하였다.
⑤ 일본은 러·일 전쟁 때 독도를 시마네 현으로 불법 편입하였다.

비법 암기
거문도 사건: 러시아의 남하 정책을 저지하기 위해 영국이 거문도를 불법으로 점령한 사건

4 동학 농민 운동과 갑오개혁 | Ⅵ 근대 사회의 전개

자료 읽기

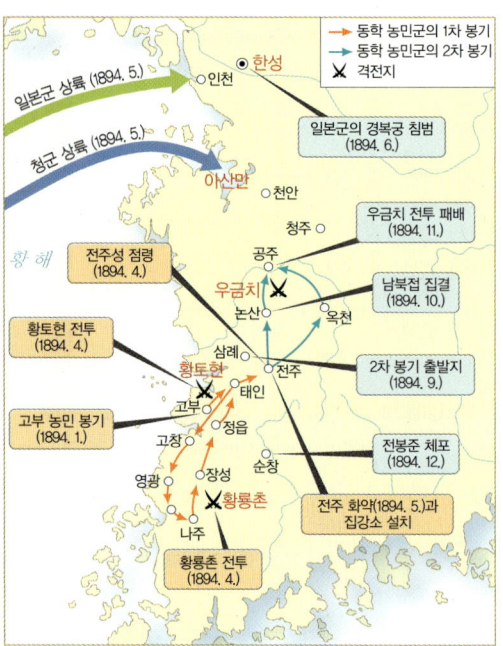

● 동학 농민 운동의 전개

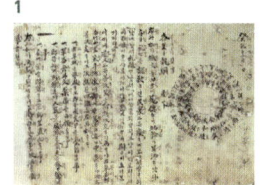

❶ 사발통문 | 호소문이나 격문 등을 쓸 때 누가 주모자인지 알지 못하도록 사발 모양으로 둥글게 이름을 적은 통문이다.
❷ 장태 | 동학 농민군이 황룡촌 전투에서 사용한 신무기이다. 안에 볏짚단을 가득 넣어 경군에게 굴리면서 압박을 가하였다.

출제 예감

폐정 개혁안 12개조
1. 동학교도는 정부와의 반감을 없애고 모든 행정에 협력한다.
2. 탐관오리는 죄목을 조사하여 모두 엄벌에 처한다.
3. 횡포한 부호들을 엄벌에 처한다.
4. 불량한 유림과 양반들을 징계한다.
5. 노비 문서를 불태워 없앤다.
6. 모든 천인들의 대우를 개선하고 백정이 쓰는 평량갓을 없앤다.
7. 젊어서 과부가 된 여성의 재가를 허락한다.
8. 규정 이외의 모든 잡다한 세금은 일체 거두지 않는다.
9. 관리 채용에는 문벌을 타파하고 인재를 등용한다.
10. 왜와 내통한 자는 엄벌에 처한다.
11. 공사채를 불문하고 농민이 이전에 진 빚은 모두 무효로 한다.
12. 토지는 균등히 나누어 경작하게 한다.

시기	1894
사건	동학 농민 운동, 청·일 전쟁
정치·군사	① **고부 농민 봉기**(1894) – 고부 군수 조병갑의 학정에 저항한 우발적 민란(만석보 사건) → **전봉준**을 비롯한 동학교도(남접)와 농민의 봉기 → 조병갑 해임 → 농민 자진 해산 → 안핵사 이용태가 참가자 처벌 ② **제1차 농민 봉기**(반봉건)* – 사발통문을 돌리고 고부 관아 점령 → 전봉준, 손화중, 김개남 무장봉기 → 백산 격문 발표(보국안민, 제폭구민) → **황토현** 전투·**황룡촌** 전투(장태로 경군 격파) 승리* → **전주성** 점령 → 민씨 정부, 청군 파병 요청 → 청군 파병과 일본군 파병(텐진 조약 구실) ③ 전주 화약 체결(폐정 개혁을 조건으로 농민군 해산)* ┌ 폐정 개혁안 12개조 발표* ├ 농민군, 전라도 일대에 **집강소**(자치 개혁 기구) 설치 └ 민씨 정부, 교정청 설치 ④ **청·일 전쟁**(1894)* ┌ 일본의 경복궁 무력 점령(1894. 7.) ├ 일본의 내정 간섭 → 제1차 갑오개혁(1894. 7.) └ 일본, 아산만의 청 함대 기습 공격 ⑥ **제2차 농민 봉기**(1894. 9. 반외세, 반침략, 항일 구국)* ┌ 일본군, 농민군 진압 위해 남하 ├ 남접·북접의 논산 집결 ├ → 공주 **우금치**에서 일본군에 패배, 전봉준 체포 └ → 잔여 농민, 을미의병 가담 → 활빈당으로 계승 *동학 농민 운동의 성격과 의의* ┌ 성격: 반봉건적·반외세적 민족 운동 └ 의의: 농민층 주도, 갑오개혁과 항일 의병 투쟁으로 계승
개혁안	• 폐정 개혁안 12개조*
경제	• 수취 제도 개혁 요구 *갑신정변 ┌ 무명잡세 폐지 ┌ 지조법(조세 제도) 개혁 └ 공사채 면제 └ 재정의 호조 일원화 • 토지 균분
사회	• 반봉건적 요구 ┌ 신분제 철폐, 노비 문서 소각 └ 과부 재가 허용 *갑신정변: 인민 평등권 제정

● 재판을 받으러 가는 전봉준

★ Best 기출	● 동학 농민 운동 : 동학 농민 운동의 전개 과정	폐정 개혁안 12개조	동학 농민 운동의 성격과 의의 ● 갑오개혁 : 제1차 갑오개혁	제2차 갑오개혁	홍범 14조	교육입국 조서	을미개혁	을미의병	갑오개혁의 의의와 한계

시기	1894. 6~1894. 11.	1894. 11.~1895. 6.	1895. 8~1896. 2
사건	제1차 갑오개혁	제2차 갑오개혁	을미사변 → 을미개혁

정치·군사	⑤ 제1차 갑오개혁 시작(1894. 7.)★
	  ┌ 배경: 일본의 경복궁 무력 점령
	  │ → 내정 간섭
	  ├ 제1차 김홍집 내각(친일)
	  ├ 교정청 해체
	  │ → 군국기무처 설치★
	  │ (초정부적인 회의 기구)
	  └ 흥선 대원군 섭정
		⑦ 일본, 청·일 전쟁 승기 → 내정 간섭 심화
		• 제2차 갑오개혁 시작
		  ┌ 제2차 김홍집·박영효 연립 내각(친일)★
		  │ 김홍집 실각, 박영효 주도
		  └ 군국기무처 폐지
		• 고종이 종묘에 나아가
		  독립서고문 낭독·홍범 14조 반포(1895)
		⑧ 일본이 청·일 전쟁 승리,
		  시모노세키 조약 체결(청-일, 1895. 4.)★
		  ┌ 청이 일본에 요동반도·타이완 할양
		  └ 조선의 자주독립국 확인(청의 종주권 포기)
		• 삼국 간섭:
		  러시아·프랑스·독일이 일본 정부에 압력
		  → 일본이 청에 요동반도 반환
		• 제3차 김홍집 내각(친러)
		  ┌ 조선 정부의 친러 정책 추진
		  └ 친일파 박영효 축출 → 친미·친러파 기용
		    (박정양, 이범진, 이완용)
			• 을미사변(1895. 8.):
			  조선 정부의 친러 정책 추진
			  → 미우라 공사가 무뢰배를 동원하여 명성 황후 시해
			• 을미개혁(1895. 9.~1896. 2.)★:
			  제4차 김홍집 내각(친일) → 아관 파천으로 개혁 중단
			• 을미의병★
			  ┌ 최초의 의병 투쟁: 을미사변·단발령에 반발
			  └ 유인석·이소응(양반 유생) → 고종의 권고로 해산
			• 갑오·을미개혁의 의의와 한계★
			  ┌ 동학 농민층의 요구 반영(제1차 개혁)
			  ├ 일제의 강요로 시작(제1차 개혁)
			  ├ 타율적 성격(제2차 개혁, 을미개혁)
			  └ 민중의 지지가 없는 개혁

연호	• 연호 개국(청의 종주권 부인)		• 연호 건양

제도 개혁	• 왕실 사무와 정부 사무 분리★
	  ┌ 궁내부 신설
	  └ 권력을 의정부에 집중
	• 6조 → 8아문(호조 → 탁지아문)
	• 과거제 폐지
	• 경무청 설치(경찰 제도 도입)
		• 의정부 → 내각(근대적 성격 강화)
		  80아문 → 7부
		• 전국 8도 → 23부
		• 재판소 설치 → 행정권과 사법권 분리,
		  지방관의 권한 축소	

경제	• 재정 업무의 탁지아문 일원화★ • 은 본위 화폐 제도 시행 • 도량형 통일 • 조세의 금납화		

사회	• 신분제와 노비제 혁파★
	  (동학 농민 운동의 요구 반영)
	• 연좌제 폐지
	• 조혼 금지
	• 과부 재가 허용
	  (동학 농민 운동의 요구 반영)
			• 단발령 시행★
			• 종두법 시행
			• 태양력 사용
			• 우체사 설치(우편 업무 재개)
			• 소학교 설치(소학교령 제정·공포)

군사	• 훈련대(일본군의 지도 아래 조직) • 시위대(왕실 호위)		• 친위대(중앙군, 한성) • 진위대(지방 신식군)

5 독립 협회와 대한 제국 | Ⅵ 근대 사회의 전개

자료 읽기

갑오·을미개혁의 진행

- 일본의 경복궁 무력 점령
- ↓
- 갑오개혁: 제1차 김홍집 내각(친일)
- ↓
- 삼국 간섭으로 일본의 영향력 약화
- ↓
- 친러 내각 성립: 제3차 김홍집 내각
- ↓
- 을미사변 발생 (친러 세력의 주요 인물인 명성 황후 시해 사건)
- ↓
- 을미개혁: 제4차 김홍집 내각(친일)
- ↓
- 아관파천

출제 예감

김홍집(1842~1896)

제1차 갑오개혁 때의 법령(일부)

1. 이후 국내외의 공사(公私) 문서에 개국 기원을 사용한다.
2. 문벌과 양반·상민 등의 계급을 타파하여 귀천에 구애됨이 없이 인재를 뽑아 쓴다.
4. 죄인 자신 이외의 일체의 연좌율(緣坐律)을 폐지한다.
6. 남자 20세, 여자 16세 이하의 조혼을 금지한다.
7. 과부의 재혼은 귀천을 막론하고 자유에 맡긴다.
8. 공사 노비법을 혁파하고 인신매매를 금지한다.
18. 퇴직 관리의 상업 활동은 자유의사에 맡긴다.
20. 각 도의 각종 세금은 화폐로 내게 한다.

출제 예감

고종(1852~1919)

홍범 14조(제2차 갑오개혁 때 발표, 발췌)

1. 청에 의존하는 생각을 버리고 자주독립의 기초를 세운다.
2. 왕실 전범을 제정하여 왕위 계승의 법칙과 종친과 외척과의 구별을 명확히 한다.
4. 왕실 사무와 국정 사무를 나누어 서로 혼동하지 않는다.
5. 의정부 및 각 아문의 직무, 권한을 명백히 한다.
6. 납세는 법으로 정하고 함부로 세금을 거두지 않는다.
7. 조세의 징수와 경비 지출은 모두 탁지아문에서 관할한다.
9. 왕실과 관청의 1년 회계를 예정하여 재정의 기초를 확립한다.
10. 지방 제도를 개정하여 지방 관리의 직권을 제한한다.
12. 장교를 교육하고 징병을 시행하여 군제의 근본을 확립한다.
13. 민법, 형법을 제정하여 국민의 생명과 재산을 보전한다.
– "구한국 관보" –

서재필(1864~1951)과 독립신문

연도	활동 내용
1896	• 영은문이 있었던 자리에 독립문 건립
1898. 2.	• 러시아의 절영도 조차 요구 저지 • 일본의 석탄고 기지 반환
1898. 3.	• 만민 공동회 개최 → 러시아의 군사 교관단·재정 고문단 철수 • 국민의 신체와 재산권 보호 운동 전개 • 의회 설립 운동 전개
1898. 5.	• 러시아의 목포·진남포 토지 매입 저지
1898. 10.	• 보수파 내각 퇴진, 박정양 내각 수립 • 관민 공동회 개최 → 헌의 6조 채택 • 언론과 집회의 자유권 쟁취 운동 전개
1898. 11.	• 중추원 관제 반포(관선 25명, 민선 25명)
1898. 11.	• 보수층의 모함 → 독립 협회 강제 해산

독립 협회의 주요 활동

시기	1896
사건	아관 파천, 독립 협회 창립
전개	• **아관 파천**(1896. 2.)★ – 명성 황후 시해와 의병 운동 속에 신변의 위협을 느낀 고종이 러시아 공사관으로 거처를 옮김 – 아관 파천 이후 **러시아**의 영향력 증대 → 제4차 김홍집 내각 붕괴, 친러 내각 구성 → 갑오·을미개혁 중단 • 러시아의 이권 침탈 → 최혜국 대우 규정 → **열강의 이권 침탈** 가속화★ 〈**독립 협회 창립**〉★ • 배경 ┌ 열강의 이권 침탈 가속화 　　　 └ **청의 종주권 포기**(시모노세키 조약) • 갑신정변 주모자로 미국에 망명하였던 서재필 귀국 • 안경수(초대 회장), 이완용(2대 회장) 등 정부 관료, 개화파 지식인 참여 • 개화 운동에 최초로 민중 지지 • 활동 　┌ 민중 계몽 　│　┌ **독립신문** 창간 　│　├ **독립문** 건립(모화관의 정문인 영은문 자리) 　│　├ **독립관** 건립(모화관 개수) 　│　└ 강연회·토론회 개최 　└ 자주 국권: 　　 고종의 환궁 요구, 열강의 이권 침탈 규탄 ＊모화관: 중국 사신을 접대하던 영빈관
경제	〈**열강의 이권 침탈**〉(1896~1905)★ • 철도 부설권 　┌ **경인선**(미국 → 일본) 　├ **경의선**(프랑스 → 조선 → 일본) 　└ **경부선**(일본) • 광산 채굴권 　┌ **운산** 금광(미국, 노다지의 어원) 　├ **은산** 금광(영국) 　└ **당현** 금광(독일) • 삼림 채벌권: 압록강, 두만강, 울릉도, 독도(러시아) • 항구 조차: **절영도**, **목포**, 진남포(러시아)
사회	• 단발령 해제 • 독립신문(순 한글, 격일) 발간, 독립문 건립

★ Best 기출
- 아관파천과 대한 제국 : 아관파천 | 열강의 이권 침탈 | 대한 제국 수립 | 광무개혁
- 독립 협회 : 독립 협회의 창립 | 독립 협회의 활동 | 헌의 6조 채택

시기	1897	1898
사건	대한 제국 성립, 광무개혁	독립 협회의 활동, 만민 공동회

전개	• 고종, 독립 협회의 요구로 러시아 공사관에서 경운궁으로 환궁
	  └ 환구단 세우고 황제 즉위식 거행
	  └ 대한 제국 수립
	
	• **광무개혁**★
	  ┌ 갑오개혁과 을미개혁의 급진성 비판
	  ├ **구본신참** 표방(구제도를 기본으로 황제권 강화, 신문물 수용)
	  ├ 위로부터의 개혁
	  └ 한계: 집권층의 보수적 성향과 정부 고관의 외세 의존적 태도
	    → 열강의 간섭 → 성과 미흡
		〈독립 협회의 활동〉
		• 만민 공동회 개최: 최초의 근대적 민중 대회★
		• **자주 국권**★
		  ┌ 러시아의 절영도 조차 반대 성공
		  ├ 한·러 은행 폐쇄 성공
		  ├ 러시아 군사 교관단·재정 고문단 철수
		  ├ 러시아의 목포, 증남포 토지 매입 저지
		  ├ 프랑스·독일의 광산 채굴 요구권 저지
		  ├ 일본의 월미도 석탄 창고 폐쇄 성공
		  └ 이권 양도와 관련된 이완용 제명
		• **자유 민권**
		  ┌ 신체와 재산권 보호를 위한 운동
		  └ 언론과 집회의 자유 쟁취 운동
		• **자강 혁신(의회 설립)**★
		  ┌ 보수파 내각 퇴진, 박정양 내각 수립
		  ├ 관민 공동회 개최(백정 출신 박성춘 연설)
		  │ → **헌의 6조** 채택★
		  └ 중추원 관제(관선 25명, 민선 25명) 반포
		• 독립 협회 해산
		  ┌ 보수파가 공화정 수립으로 모함
		  ├ 고종이 해산 명령
		  ├ 박정양 내각 해산, 수구파 내각 수립
		  ├ 만민 공동회 개최, 해산에 항의
		  └ 황국 협회와 군대 동원, 만민 공동회 해산

개혁안	• 대한국 국제 발표★	• 헌의 6조★
연호	• 연호 광무	

제도	• 황제 권한 강화
	• 한·청 통상 조약
	• 지방 행정 개편: 23부 → 13도
		• 입헌 군주제 지향(전제 황권 강화)★
		• 중추원 관제 선포
		  ┌ 의회 설립 전 단계 기구
		  └ 황제와 의정부의 권한 남용 견제

군사	• **원수부**(최고 군 통수 기구) 설치 • 시위대 증강, 진위대 재설치	

경제	• 양지아문 설치
	  ┌ 탁지부 소속
	  └ 토지 측량
	• 양전 사업
	  → 외국인 토지 소유 제한
	  → 러·일 전쟁으로 중단
	• 지계(근대적 토지 소유권) 발급★
	• 식산흥업: 근대적 공장·회사 설립
		• 탁지부의 재정 일원화★

사회	• 전화 가설(1898) • 전차, 경인선 개통(1899)	• 피고의 인권 존중

○ 환구단과 황궁우 | 고종은 하늘에 제사를 지내는 환구단(위 오른쪽)을 건축하여 황제 즉위식을 거행하였다. 환구단은 일제에 의해 철거되었고, 현재는 신위를 모신 부속 건물인 황궁우만 남아 있다.

출제 예감

대한국 국제

제1조 대한 제국은 세계 만국이 공인한 자주독립 제국이다.
제2조 대한 제국의 정치는 만세불변의 전제 정치이다.
제3조 대한 제국 대황제는 무한한 군권(군주권)을 누린다.
제5조 대한 제국 대황제는 육해군을 통솔하고 군대의 편제를 정하며 계엄을 명한다.
제6조 대한 제국 대황제는 법률을 제정하여 그 반포와 집행을 명하고, 대사와 특사, 감형, 복권을 명한다.
제9조 대한 제국 대황제는 각 조약의 체결 국가에 사신을 파견하고, 선전, 강화 및 제반 조약을 체결한다.
– "고종실록" –

출제 예감

헌의 6조

1. 외국인에게 의지하지 말고 관민이 한마음으로 힘을 합하여 전제 황권을 견고하게 할 것
2. 외국과의 이권에 관한 조약은 각 대신과 중추원 의장이 합동 서명하여 시행할 것
3. 국가 재정을 탁지부에서 모두 관리하고 예산과 결산을 국민에게 공포할 것
4. 중대 범죄를 공판하되 피고의 인권을 존중할 것
5. 칙임관을 임명할 때는 정부의 자문을 받아 과반수를 얻은 자를 임명할 것
6. 정해진 규칙을 실천할 것
– "독립신문" 1898.10 –

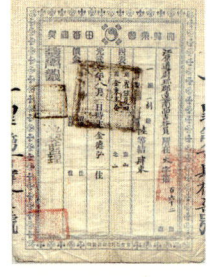

○ 지계(토지 소유권 증서) | 지계는 대한 제국이 발급한 근대적 토지 소유 증명서이다. 토지의 실소유자에게 토지의 소유권을 법률적으로 보장하였다.

01 동학 농민 운동

다음은 어느 인물에 대한 심문 기록이다. (가)에 들어갈 내용으로 옳은 것은?

○○○ 공초

물음: 작년(1894년) 1월, 고부 등지에서 민중을 크게 모은 것은 무슨 까닭인가?
답변: 고부 군수의 가렴주구에 백성들이 억울하게 여겨 의거하였다.
물음: 해산한 뒤에는 무슨 일로 다시 봉기했는가?
답변: 안핵사 이용태가 봉기에 가담한 이들을 찾아내 보복하여 해쳤기 때문에 다시 일어났다.
물음: 7월에 또다시 난을 일으킨 것은 무슨 이유인가?
답변: ___(가)___ 이에 백성들이 충군애국의 마음으로 일어나 그 책임을 묻고자 함이었다.

① 강제로 조약을 체결하여 외교권을 박탈하였다.
② 궁궐에 난입하여 국모를 시해하고 임금을 핍박하였다.
③ 다량의 곡물이 외국으로 유출되어 농민들이 피폐해졌다.
④ 각 부처에 일본인 고문관을 배치하여 내정에 간섭하였다.
⑤ 일본이 개화를 구실로 군대를 이끌고 왕궁을 점령하였다.

문제 해설
다음 기록에서 심문받는 인물은 동학 농민 운동을 이끈 전봉준이고, (가)는 일본의 경복궁 점령 사건을 가리킨다. 일본은 경복궁을 불법으로 점령하여 조선의 내정 개혁을 강요하였고, 이에 대한 반발로 2차 농민 봉기가 발생하였다.

바로잡기
① 러·일 전쟁 후 일본은 을사조약을 통해 외교권을 박탈하였다.
② 일본은 을미사변(1895)을 일으켜 국모를 시해하였고, 이에 대항하여 을미의병이 일어났다.
③ 개항 이후 곡물 유출 등 일본의 경제적 침탈이 심화되자 동학 농민 운동의 1차 봉기가 일어났다.
④ 러·일 전쟁 중 체결된 제1차 한·일 협약으로 고문 정치가 시작되었다.

비법 암기
동학 농민 운동의 성격 : 아래로부터의 반봉건적·반침략적 민족 운동

02 제1차 갑오개혁

밑줄 그은 '이 기구'에 대한 설명으로 옳은 것을 〈보기〉에서 고른 것은?

• 전교하기를, "이 기구의 처소(處所)를 차비문(差備門) 근처에 정하라."라고 하였다.
• 이 기구는 국내의 크고 작은 일을 전적으로 의논한다. 총재 1인은 총리대신이 겸임하고, 부총재 1인은 의원 중에서 품계가 높은 사람이 겸임하며, 회의원은 10인 이상 20인 이하이고, 서기관은 3인인데 1인은 총리대신의 비서관을 겸임한다.
  - 『고종실록』 -

〈보기〉
ㄱ. 민영익, 윤치호가 회의원으로 참여하였다.
ㄴ. 퇴직한 관리들의 상업 경영을 허가하였다.
ㄷ. 의정부를 내각으로, 8아문을 7부로 개편하였다.
ㄹ. 흥선 대원군을 섭정으로 하는 내각이 주도하였다.

① ㄱ, ㄴ   ② ㄱ, ㄷ   ③ ㄴ, ㄷ
④ ㄴ, ㄹ   ⑤ ㄷ, ㄹ

문제 해설
밑줄 그은 '이 기구'는 제1차 갑오개혁 때 설치된 군국기무처이다. 친일 정권인 김홍집 내각은 농민의 불만과 개혁 요구를 반영하기 위해 초정부적 개혁 기구인 군국기무처를 신설하고 개혁을 추진하였다. 제1차 갑오개혁의 법령 중 18조에는 '퇴직 관리의 상업 활동은 자유 의사에 맡긴다.'라는 항목이 있어 상업 경영을 실질적으로 허가했음을 알 수 있다. 이는 사농공상의 직업에 따른 신분제가 폐지되었음을 시사한다. 그리고 경복궁 점령 당시 민심을 회유하기 위한 목적으로 흥선 대원군을 섭정으로 추대하여 1차 내각을 이끌게 하였다.

바로잡기
ㄱ. 민영익은 갑오개혁에 반대하였으며 이 시기에는 국내에 머물지 않았다. 윤치호 역시 외국에 망명하여 유학 생활을 하였다.
ㄷ. 제2차 갑오개혁 때 80아문을 7부로 개편하였다.

비법 암기
제1차 갑오개혁 : 신분제 폐지, 과부의 재가 허용, 과거제 폐지, 6조 폐지와 80아문제 실시, 탁지아문의 재정 일원화, 조세의 금납화 등

03 제2차 갑오개혁

(가)에 들어갈 기사 제목으로 적절한 것은?

> **역사신문**
> 제△△호 ○○○○년 ○○월 ○○일
>
> **(가)**
>
> 주요 내용은 다음과 같다.
> - 청에 의존하는 생각을 버리고 자주 독립의 기초를 세운다.
> - 왕실 사무와 국정 사무를 나누어 서로 혼동하지 않는다.
> - 조세의 징수와 경비 지출은 모두 탁지아문이 관할한다.
> - 민법, 형법을 제정하여 국민의 생명과 재산을 보전한다.
> - 문벌을 가리지 않고 인재 등용의 길을 넓힌다.

① 고종, 홍범 14조를 선포한다.
② 관민 공동회, 헌의 6조를 바치다.
③ 농민군, 폐정 개혁안을 제출하다.
④ 광무 황제, 대한국 국제를 반포하다.
⑤ 급진 개화파, 개혁 정강 14조를 내세우다.

문제 해설
제시된 기사의 내용은 홍범 14조의 일부이다. 고종은 자주독립의 뜻을 담은 독립서고문을 낭독하고, 아울러 개혁의 기본 방향을 밝힌 홍범 14조를 반포하였다. 자주독립, 국가 재정, 교육 장려, 민권 보장 등을 규정한 홍범 14조는 조선이 자주독립국임을 국내외에 선포한 문서라는 점에서 의의가 있다.

바로잡기
② 독립 협회는 관민 공동회를 열어 헌의 6조를 제출하였고, 이를 받아들인 대한 제국은 중추원 관제를 반포하였다.
③ 동학 농민군은 전주 화약 때 조선 정부에 폐정 개혁안 12조를 제출하였다.
④ 고종은 대한국 국제(1899)를 반포하여 대한 제국이 황제 중심의 전제 군주국임을 분명히 하였다.
⑤ 급진 개화파는 갑신정변(1884)을 일으켜 개혁 정강 14조를 발표하였으나, 3일 만에 실패하였다.

비법 암기
제2차 갑오개혁 : 내각제 시행, 80아문을 7부로 개편, 전국 8도를 23부로 개편, 재판소 설치, 교육 입국 조서 발표 등

04 을미사변

교사의 질문에 대해 바르게 대답한 학생을 〈보기〉에서 고른 것은?

이곳은 명성 황후가 일본 낭인들에게 시해당한 역사의 현장입니다. 이 시해 사건에 대해 이야기해 볼까요?

〈보기〉
갑: 한반도 중립화론이 대두된 계기가 되었어요.
을: 동학 농민군이 재봉기하는 원인이 되었어요.
병: 을미의병이 일어나는 하나의 원인이 되었어요.
정: 일본이 삼국 간섭 이후 약화된 세력을 만회하기 위해 일으켰어요.

① 갑, 을 ② 갑, 정 ③ 을, 병
④ 을, 정 ⑤ 병, 정

문제 해설
명성 황후가 옥호루에서 시해당한 사건은 을미사변(1895)이다. 청·일 전쟁에서 승리한 일본은 시모노세키 조약을 체결하여 청으로부터 요동반도를 할양받게 되었다. 그러나 부동항을 얻고자 남하하려는 러시아가 프랑스, 독일과 함께 일본에게 요동반도를 청에 반환하도록 요구하여 일본을 굴복시켰다. 이에 조선 정부는 일본의 간섭에서 벗어나고자 친러적인 성향을 보였고, 일본은 약화된 세력을 만회하기 위해 명성 황후를 시해하는 을미사변을 일으켰다. 한편, 을미사변과 단발령이 원인이 되어 을미의병이 일어났다.

바로잡기
갑. 갑신정변 이후 한반도에 대한 열강들의 다툼이 심해지면서 한반도 중립화론이 대두하였다.
을. 스스로 해산한 동학 농민 운동 세력은 일본군이 경복궁을 무단 점령하여 내정 개혁을 강요하자 다시 봉기하였다.

비법 암기
을미사변 : 삼국 간섭 후 일본 세력 위축 → 민씨 정부의 친러 정책 → 일본이 명성 황후 시해 → 일본의 노골적 내정 간섭

05 을미개혁(제3차 갑오개혁)

다음과 같이 군제를 개편한 내각이 추진한 개혁의 내용으로 옳은 것을 〈보기〉에서 고른 것은?

- 칙령 제169호로 훈련대를 폐지하다.
- 칙령 제170호 '육군 편제 강령'을 반포하다. 그 내용은 다음과 같다.
  1. 국내 육군을 2종으로 나눈다. (1) 친위 (2) 진위
  2. 진위는 경성에 주둔하여 왕성 수위를 전임한다.
  3. 진위는 부, 혹은 군에 중요한 지방에 주둔하여 지방 진무와 변경 수비로 전임한다.
  4. 각 위의 전술 단위를 대대라 하되 각 대대는 4중대로 편성한다. 단, 진위의 대대는 아직 2중대로 편성한다.
  5. 본령은 반포일부터 시행한다.
- 칙령 제172호로 평양부와 전주부에 진위대 각 1대대를 설립한다.

〈보기〉
ㄱ. 서울에 관립 소학교를 세웠다.
ㄴ. 은 본위 화폐 제도를 실시하였다.
ㄷ. 우편 사무를 위해 우체사를 두었다.
ㄹ. 의정부와 각 아문의 명칭을 내각과 부로 하였다.

① ㄱ, ㄴ ② ㄱ, ㄷ ③ ㄴ, ㄷ
④ ㄴ, ㄹ ⑤ ㄷ, ㄹ

문제 해설

제4차 김홍집 내각은 을미개혁을 추진하면서 군제를 개편하였다. 국내 육군을 한성의 친위대와 지방의 진위대로 나눈 것이다. 이밖에도 고종의 교육입국 조서 반포에 따라 소학교를 설치하고, 갑신정변 이후 중단되었던 우편 사무를 위해 우체사를 두는 등 다양한 개혁을 추진하였다.

바로잡기

ㄴ. 은본위 화폐 제도의 실시는 제1차 갑오개혁에 해당한다.
ㄹ. 제2차 김홍집 내각 때(제2차 갑오개혁) 의정부의 명칭을 내각으로 개칭하였다.

을미개혁 : 태양력 사용, 단발령 실시, 연호 '건양' 사용, 종두법 실시, 소학교 설립, 친위대 및 진위대 설치

06 독립 협회

밑줄 그은 '이 단체'에 대한 설명으로 옳은 것을 〈보기〉에서 고른 것은?

<u>이 단체</u>는 서재필, 윤치호 등 근대적 개혁 사상을 가진 지식인들의 주도로 창립되었다. 강연회와 토론회를 개최하고 신문과 잡지를 발간하는 등 민중을 일깨우기 위한 계몽 운동을 벌였으며, 이를 통하여 근대적 지식과 자주 국권, 자강 개혁, 자유 민권 사상을 고취시키려 하였다.

〈보기〉
ㄱ. 기호 흥학회를 조직하였다.
ㄴ. 민립 대학 설립 운동을 추진하였다.
ㄷ. 관민 공동회를 개최하여 헌의 6조를 결의하였다.
ㄹ. 러시아의 재정 고문과 군사 교관 철수를 요구하였다.

① ㄱ, ㄴ ② ㄱ, ㄷ ③ ㄴ, ㄷ
④ ㄴ, ㄹ ⑤ ㄷ, ㄹ

문제 해설

밑줄 그은 '이 단체'는 독립 협회이다. 독립 협회는 갑신정변으로 망명 길에 올라 미국에 머물고 있던 서재필이 귀국하여 창립한 단체이다. 당시는 아관 파천으로 인해 이권 침탈이 본격화된 시기였기 때문에 자주독립 운동을 전개하였고, 국민 계몽 운동을 기반으로 자유 민권 운동과 자강 개혁 운동을 추진하였다. ㄷ. 독립 협회는 관민 공동회를 통해 결의한 헌의 6조를 정부에 제출하였다. 고종은 이를 받아들여 중추원 관제를 제정하였으나, 보수파의 방해로 실현하지는 못하였다. ㄹ. 독립 협회는 만민 공동회를 통해 러시아의 군사 교관과 재정 고문을 철수시키는 데 성공하였다.

바로잡기

ㄱ. 기호흥학회(1908)는 을사조약 체결 전후 전개된 애국 계몽 운동의 일환으로 설립되었다.
ㄴ. 민립 대학 설립 운동(1922)은 제2차 조선 교육령에 의해 대학 설립이 허용되자 우리 손으로 대학을 설립하고자 일어난 운동이다.

독립 협회 활동 목표 : 자주독립, 자유 민권, 자강 혁신

07 대한 제국

다음 법을 반포한 정부의 정책으로 옳지 않은 것은?

> 제1조 대한국은 세계 만국이 공인한 자주 독립 제국이다.
> 제6조 대한국 대황제는 법률을 제정하여 그 반포와 집행을 명하고, 대사·특사·감형·복권을 명한다.
> 제9조 대한국 대황제는 각 조약의 체결 국가에 사신을 파견하고, 선전·강화 및 제반 조약을 체결한다.

① 입헌 군주제의 통치 체제를 지향하였다.
② 양전 사업을 실시하여 지계를 발급하였다.
③ 간도 관리사를 파견하여 교민을 보호하였다.
④ 각종 실업 학교와 기술 교육 기관을 설립하였다.
⑤ 울릉도를 군으로 승격시켜 독도까지 관할하게 하였다.

문제 해설
제시된 자료는 대한 제국이 자주독립국임을 밝히면서 황제의 권한을 규정하고 있는 대한국 국제(1899)의 일부이다. 대한 제국은 구본신참(舊本新參)의 개혁 원칙에 따라 광무개혁을 시행하였다. 정치 분야에서는 전제 군주제를 지향하되, 산업·교육 분야에서는 새로운 것을 참고하고자 하였다. 이에 식산흥업 정책을 실시하여 근대적 회사와 공장을 설립하였고, 각종 실업 학교와 기술 교육 기관도 설립하고 유학생을 파견하기도 하였다. 또한 양전 사업을 실시하고 토지 증명서인 지계를 발급함으로써 근대적 토지 소유권 제도를 확립하였다. 대한 제국은 국가의 영역에 관심이 많았으므로 간도, 독도를 대한 제국의 영토로 규정짓고자 하였다. 간도의 경우는 이범윤을 간도 관리사로 파견하고 간도를 함경도에 편입하였다. 독도의 경우에는 울릉도를 군으로 승격하여 독도를 울릉군으로 편입하였지만, 일제는 러·일 전쟁 중 독도를 시마네 현으로 불법 편입하였다.

바로잡기
① 대한 제국은 대한국 국제를 통해 황제권의 무한함을 규정함으로써 전제 군주제의 통치 체제를 지향하고 있음을 표명하고 있다.

비법 암기
대한 제국의 성립: 연호 광무, 환구단에서 황제 즉위식, 만국 공법에 기초한 자주국임을 천명

08 광무개혁

밑줄 그은 '이 개혁'의 내용으로 옳은 것을 〈보기〉에서 고른 것은?

> **112년 만에 고국으로 나들이 온 악기**
>
>
> 특별전에 공개된 북
>
> 황제로 즉위한 고종은 <u>이 개혁</u>을 추진하여 근대 국가로의 발전에 힘썼다. 당시 정부는 자주독립 국가의 면모를 국제 사회에 알리기 위해 1900년 파리 만국 박람회에 참가하였고, 악기와 도자기 등을 출품하였다.
> 박람회를 마친 뒤에 프랑스에 기증되었던 악기들이 112년 만에 고국으로 돌아와 특별전을 통해 일반인에게 공개되고 있다.
> — △△신문, 2012년 ○○월 ○○일 —

〈보기〉
ㄱ. 원수부 설치   ㄴ. 영선사 파견
ㄷ. 대한국 국제 반포   ㄹ. 교육 입국 조서 발표

① ㄱ, ㄴ   ② ㄱ, ㄷ   ③ ㄴ, ㄷ
④ ㄴ, ㄹ   ⑤ ㄷ, ㄹ

문제 해설
제시된 자료에서 '황제로 즉위한 고종은 이 개혁을 추진'을 통해 대한 제국의 광무개혁임을 알 수 있다. 대한 제국은 황궁 안에 원수부를 설치하였는데, 황제가 대원수가 되어 군대 통수권을 장악하였다. 또한 대한국 국제(1899)를 반포하여 황제에게 모든 권한이 집중된 전제 군주 국가임을 분명히 하였다.

바로잡기
ㄴ. 개화 초기 조선은 청의 무기 제조법을 습득하기 위해 김윤식을 영선사(1881)로 임명하여 청의 톈진에 파견하였다.
ㄹ. 제2차 갑오개혁 때 교육입국 조서(1895)가 반포되었다. 교육입국 조서 반포 이후 소학교, 중학교 등 각종 관립 학교들이 설립되었다.

비법 암기
광무개혁: 대한국 국제 반포, 양전 사업, 지계 발급, 상공업 진흥, 원수부 설치, 시위대와 진위대 증강

정답 | 05 ② 06 ⑤ 07 ① 08 ②

6 국권 피탈과 국권 수호 운동 | Ⅵ 근대 사회의 전개

자료 읽기

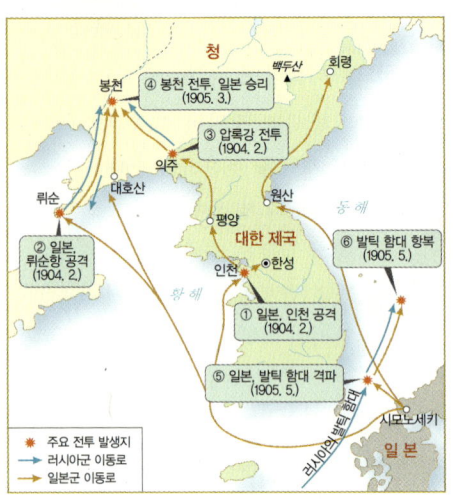

● 러·일 전쟁

출제 예감

한·일 의정서

제1조 한·일 양국은 영원히 변함없는 친교를 유지하고 동양 평화를 확립하기 위해 대한 제국 정부는 대일본 제국 정부를 확신하고 시정 개선에 관한 충고를 들을 것.

제4조 제3국의 침해 또는 내란 때문에 대한 제국 황실의 안녕과 영토의 보존에 위험이 있으면 대일본 제국 정부는 곧 필요한 조치를 할 것이며, 대한 제국 정부는 대일본 제국 정부의 행동이 쉽도록 충분히 편의를 제공할 것. 대일본 제국 정부는 전항의 목적을 달성하기 위해 전략상 필요한 지점을 수시로 사용할 수 있다.

출제 예감

가쓰라·태프트 밀약(1905. 7.)

첫째, 필리핀은 미국과 같은 친교적인 나라가 통치하는 것이 일본에 유리하며, 일본은 필리핀에 대해 어떤 침략적 의도도 갖지 않는다.
셋째, 미국은 일본이 대한 제국의 보호권을 확립하는 것이 러·일 전쟁의 논리적 귀결이며 극동 평화에 직접 이바지할 것으로 인정한다.
— "미국 역사 사료집" —

제2차 영·일 동맹(1905. 8.)

제3조 일본국은 한국에서 정치·군사 및 경제상의 탁월한 이익을 옹호 증진하기 위해 정당하고 필요하다고 인정하는 지도 감리 및 보호 조치를 한국에서 집행할 권리를 가진다.
— 일본 외교 연표와 주요 문서 —

시기	1904	1905
사건	러·일 전쟁(1904. 2.), 제1차 한·일 협약	제2차 한·일 협약(을사조약)

일제의 침탈	• 러·일 전쟁 → 대한제국 대외 중립 선언
	• 한·일 의정서(1904. 2.)★
	  ├ 일본군에 군용지 제공, 독도 강탈
	  └ 일본 동의 없는 조약 체결 금지
	• 대한 시설 강령(일본 내각 결의, 1904. 5.): 국방·외교·재정·철도·통신 장악
	• 제1차 한·일 협약(1904. 8.): 고문 정치
	  ├ 메가타(재정 고문): 화폐 정리 사업
	  └ 스티븐스(외교 고문)
		• 일제와 열강의 밀약★
		  ├ 가쓰라·태프트 밀약
		  │ (미국이 일본의 한국 지배 인정)
		  ├ 제2차 영·일 동맹(영국이 일본의 한국 지배 인정)
		  └ 포츠머스 조약(러시아가 일본의 한국 지배권 인정)
		• 제2차 한·일 협약(을사조약, 1905. 11.)★
		  ├ 대한 제국의 외교권 박탈
		  └ 통감 정치(초대 통감으로 이토 히로부미 부임)
		• 고종, 미국에 헐버트를 특사로 파견
		  (조·미 수호 통상 조약의 거중조정 조항이 근거)
		  → 가쓰라·태프트 밀약 → 미국 외면

애국 계몽 운동	• 보안회★
	  ├ 일본의 황무지 개간권 요구 저지
	  ├ 농광 회사 설립 허가
	  │ (이도재, 독자적 황무지 개간 주장)
	  └ 일본, 황무지 개간 요구를 철회하는 대신 농광 회사 허가 취소 요구
	    → 농광 회사 해체
		• 헌정 연구회★
		  ├ 입헌 군주제 수립 노력
		  └ 친일 단체 일진회(송병준·이용구)의 반민족 행위 규탄 → 해산
		• 대한 자강회(장지연·윤효정, 1906)★
		  ├ 헌정 연구회 계승
		  ├ 국권 회복 표방
		  ├ 월보를 통해 계몽 운동 전개
		  ├ 국채 보상 운동 참여(1907)
		  ├ 고종 강제 퇴위 반대(1907)
		  └ 일진회 성토(1907)
		    → 일제, 보안법을 적용해 해산(1907)

의열 투쟁		• 민영환 자결 • 황성신문에 실린 장지연의 논설 시일야방성대곡 • 나철·오기호, 5적 암살단 조직(을사5적 처결 목표)

의병 운동	★ 을미의병(유인석·이소응, 1895)★
	  ├ 을미사변, 단발령이 발단
	  ├ 위정척사 사상을 지닌 유생이 주도, 동학 농민군 잔여 세력 가담
	  ├ 고종의 단발령 철회, 해산 권고 조칙으로 대부분 자진 해산
	  └ 해산 뒤 동학 농민군 세력 일부는 활빈당 조직
		• 을사의병★
		  ├ 을사조약이 발단
		  ├ 최익현(전북 태안에서 궐기 → 진위대와 전투 거부 → 체포되어 대마도 유배 → 단식으로 순국)
		  └ 신돌석(최초 평민 의병장)

경제 침탈	• 군용지 사용(한·일 의정서)	• 화폐 정리 사업(을사조약 이전)★
		  ├ 재정 고문 메가타 시행
		  └ 백동화와 일본 제일은행권(차관 도입)의 부등가 교환
		    → 재정·금융 예속, 물가 하락(디플레이션)

196

★ Best 기출
- 일제의 국권 침탈 : 한·일 의정서 | 제1차 한·일 협약 | 일제와 열강의 밀약 | 제2차 한·일 협약 | 한·일 신협약 | 한국 병합 조약
- 국권 수호 운동 : 헤이그 특사 파견 | 신민회 활동 | 정미의병 | 보안회의 활동 | 대한 자강회의 활동 | 을사의병

시기	1907	1908	1909	1910
사건	한·일 신협약(정미 7조약)		기유각서	한국 병합 조약
일제의 침탈	• 헤이그 만국 평화 회의에 특사 파견★ → 고종 황제 강제 퇴위, 순종 즉위(연호: 융희) • 한·일 신협약(정미 7조약, 1907. 7.): 차관 정치 → 일본인 차관 임명 • 군대 해산 조치(1907. 8.): 서울의 시위대, 지방의 진위대 해산	• 주요 악법 제정(1907~1909) ┌ 보안법, 신문지법, 출판법 │ (언론·출판·집회·결사의 자유 탄압) └ 사립 학교령(민족 교육 탄압, 1908)	• 기유각서(1909. 7.): 사법권 박탈 → 대한 제국의 사법권과 감옥 사무를 일본 정부에 위탁 • 경찰권 박탈(1910. 6.) • 한국 병합 조약(1910. 8.)★: 조선 총독부 설치 (초대 총독 테라우치 마사다케 부임)	
애국 계몽 운동	• 대한 협회: 대한 자강회 계승, 점차 친일적 경향 • 신민회★ ┌ 서북 지방 개신교도 중심 │ 안창호·양기탁 등이 조직한 비밀 결사 │ 공화정 체제의 국민 국가 건설 지향 │ 대성 학교(평양, 안창호), 오산 학교(정주, 이승훈) │ 자기 회사(평양), 태극 서관(대구, 서적 출판) │ 신흥 무관 학교 설립, 독립운동 기지 건설 └ → 105인 사건으로 와해	• 기호흥학회 ┌ 정영택을 비롯한 기호 인사 │ (경기·충청) 105인이 조직한 단체 └ 교육 진흥 강조		
의열 투쟁	• 시위대 대대장 박승환 자결(← 군대 해산 조치에 항거)	• 장인환·전명운: 샌프란시스코에서 스티븐스 사살	• 이재명이 이완용 저격을 시도하나 실패 • 안중근, 동양 평화론을 내세워 초대 통감인 이토 히로부미 사살★	
의병 운동	• 정미의병(이인영·허위)★ ┌ 원인: 고종의 강제 퇴위, 군대 해산 │ 의병 전쟁 ← 전 계층이 참여, 해산 군인 합류 │ 의병 부대가 연합하여 13도 창의군 결성 └ 서울 진공 작전 전개(1908) 　→ 국제법상 교전 단체로 승인해줄 것을 요구 　→ 허위, 선발대로 서울 동대문 진격 → 실패 　→ 총대장 이인영, 부친상으로 귀향		• 호남 의병 ┌ 군중과 일체가 된 게릴라 전술 └ 의병 전쟁에서 호남 지역이 전투 횟수(47.3%), 의병 수(45.6%) 모두 압도적 • 일제의 남한 대토벌 작전★ ┌ 호남 초토화 → 국내 의병 활동 위축 │ → 간도·연해주로 이동 └ → 항일 무장 투쟁 전개	
경제 침탈	• 국채 보상 운동★← 차관(경제 침탈에 대한 대응) ┌ 김광제·서상돈, 대구에서 시작 │ 금주, 금연, 금 모으기 운동 │ 언론사 지원(대한매일신보, 황성신문, 제국신문) │ 하층민 주도 → 해외 확산 └ → 상층민 참여 저조, 일진회의 방해, 　양기탁을 횡령 혐의로 구속	• 동양 척식 주식회사 설립★ → 토지 약탈 본격화		

자료 읽기

출제 예감

국채 보상 운동

지금 우리는 정신을 새로이 하고 충의를 떨칠 때이니. 국채 1,300만 원은 바로 우리 대한의 존망에 직결된 것이라. 갚아 버리면 나라가 존재하고 갚지 못하면 나라가 망하는 것은 대세가 반드시 그렇게 이르는 것이다. …… 2,000만 인이 3개월 동안 담배를 끊고 그 대금으로 1인마다 20전씩 징수하면 1,300만 원이 될 수 있다. …… 우리 2,000만 동포 가운데 애국 사상을 가진 이는 기어이 이를 시행하여서 삼천리강토를 유지하게 되기를 간절히 바란다.　― 대한매일신보, 1907. 2. 21. ―

일제의 국권 침탈에 대한 저항(외교, 교육)

❶ 헤이그 특사 | 1907년 7월 5일 자 만국평화회의보 1면에 실린 사진이다. 왼쪽부터 이준, 이상설, 이위종 특사이다. ❷ 대성 학교(평양) | 1908년 안창호가 평안도 지역 부호들의 도움을 받아 설립하였다.

105인 사건

안중근의 사촌인 안명근이 서간도에 무관 학교를 설립하기 위한 자금을 모금하다 잡혔다(안명근 사건, 1910). 일제는 이를 데라우치 총독 암살을 위한 모금 활동으로 날조하고, 배후로 신민회를 지목하여 신민회 회원 105명을 기소 처리하였다.

7 열강의 이권 침탈과 경제적 구국 운동 | VI 근대 사회의 전개

- **청·일 상인의 경쟁**

일본 상인의 무역 독점	일본과 청의 무역 경쟁	일본인의 상권 독점
강화도 조약(1876)	**임오군란**(1882)	**청·일 전쟁**(1894), 1차 갑오개혁(1894)
• 개항 초기: 강화도 조약 및 부속 조약 → 일본 상인 특권(치외 법권, 무관세) • **거류지 무역**★ – 조·일 수호 조규 부록(1876)★ – **간행이정 10리**(개항장 내 거류지 부근 10리 이내) – 국내 상인의 **중개 무역**★ (보부상·객주·여각 → 한성 시전 → 소비자) – 일본 화폐의 유통 – **미**(쌀)·쇠가죽·콩(조선) ⇄ 영국산 **면직물**(일본) → 곡물 유출로 국내 식량 부족, 쌀 값 폭등	• 청 상인의 조선 진출: 조·청 상민 수륙 무역 장정(1882)★ → 청 상인의 내지 통상권 인정 → 다른 열강들과의 최혜국 대우 규정으로 인해 외국 상인들의 **내지 무역** 증가 • 일본의 대응: 조·일 수호 조규 속약(1882) → **간행이정 10리 → 50리** (2년 뒤 100리로 확대) • 청·일 상권 경쟁 격화 → 보부상, 객주, 시전 상인 타격 • **미면 교환 체제**★	• **청·일 전쟁** 직전 → 청과 일본의 대조선 수출액 대등 • 청·일 전쟁 이후(1895. 4.~) → 일본인이 대농장 매입 → 일본인 거류지 확대: 목포(1897), 군산(1899) • **조세의 금납화**(은 본위 화폐 제도)★ → **은행 설립 촉진** – 조선은행(1896), 한성은행(1897), 대한천일은행(1899) – 산업·금융 자본 형성 – 화폐 정리 사업, 금 본위 화폐 제도 도입(1905)으로 민족 은행 몰락

- **열강의 이권 침탈**

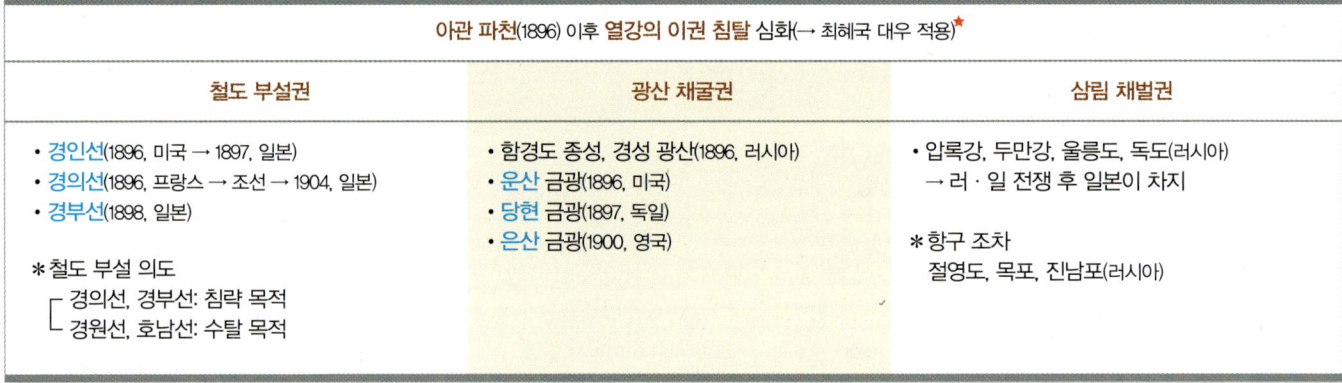

	아관 파천(1896) 이후 **열강의 이권 침탈** 심화(→ 최혜국 대우 적용)★	
철도 부설권	광산 채굴권	삼림 채벌권
• **경인선**(1896, 미국 → 1897, 일본) • **경의선**(1896, 프랑스 → 조선 → 1904, 일본) • **경부선**(1898, 일본) * 철도 부설 의도 ┌ 경의선, 경부선: 침략 목적 └ 경원선, 호남선: 수탈 목적	• 함경도 종성, 경성 광산(1896, 러시아) • **운산** 금광(1896, 미국) • **당현** 금광(1897, 독일) • **은산** 금광(1900, 영국)	• 압록강, 두만강, 울릉도, 독도(러시아) → 러·일 전쟁 후 일본이 차지 * 항구 조차 절영도, 목포, 진남포(러시아)

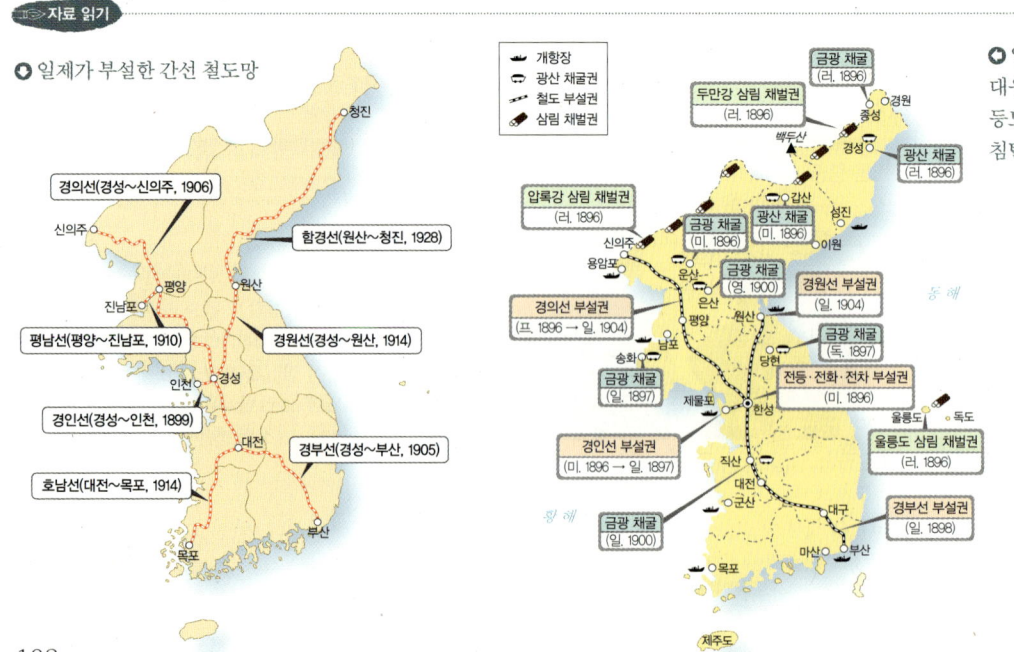

○ 일제가 부설한 간선 철도망

○ **열강의 이권 침탈** | 아관 파천 이후 최혜국 대우 규정에 따라 미국, 영국, 프랑스, 독일 등도 기회 균등을 요구하면서 열강의 이권 침탈이 본격화되었다.

★ Best 기출
- 청·일 상인의 경쟁과 열강의 이권 침탈 : 거류지 무역의 형태 | 내지 무역의 양상 | 청·일 전쟁 이후 일본인의 상권 독식 | 열강의 이권 침탈
- 일본의 이권 침탈과 경제적 구국 운동 : 일본의 토지 강탈 | 화폐 정리 사업 | 방곡령 | 상권 수호 운동 | 이권 수호 운동 | 황무지 개간권 반대 운동 | 국채 보상 운동

• 일본의 이권 침탈

일본의 토지 지배(1904)	일본의 금융 지배(1905)
러·일 전쟁(1904. 2.), 제1차 한·일 협약	제2차 한·일 협약(을사조약)

• 군용지 사용(한·일 의정서)★
• 대한 시설 강령: 철도 부지와 군용지 확보 구실로 토지 강탈★
  ┌ 역둔토(철도 건설)
  └ 황무지(군용 부지, 보안회 반대로 실패)
• 통감부의 토지 가옥 증명 규칙:
  외국인 토지 소유 허용
  → 동양 척식 주식회사 설립(1908)★
  → 토지 약탈 본격화
	• 금융 지배 → 막대한 차관 도입으로 대한 제국 경제 예속화
	• 화폐 정리 사업(을사조약 이전)★
	  ┌ 재정 고문 메가타
	  └ 백동화 폐기: 백동화와 일본 제일은행권(차관 도입)의 부등가 교환
	  → 재정·금융 예속, 국내 상공업자 몰락, 조선 민족 은행 파산, 물가 하락(디플레이션)
	
	＊흥선 대원군의 당백전 발행
	  → 물가 상승(인플레이션)

• 경제적 구국 운동

방곡령	상권 수호 운동	이권 수호 운동	황무지 개간권 반대 운동	국채 보상 운동
• 개항 이후 일본으로 곡물 유출 급증, 가격 급등 • 함경도, 황해도 지방관이 방곡령 선포(1889, 1890)★ • 일본은 조·일 통상 장정을 구실(1개월 이전 통보)로 방곡령 취소와 배상금 요구 → 일본의 요구에 굴복	• 임오군란(1882) 이후 → 거류지 무역에서 내지 무역으로 변화 → 국내 상권 침탈 • 한성 시전 상인 동맹 철시 → 황국 중앙 총상회 조직 • 객주·여각(중개업) 쇠퇴 → 평양 대동 상회, 한성 장통 상회 등 근대적인 상회사 설립	• 아관 파천(1896) 이후 열강의 이권 침탈 극심 • 독립 협회의 활동 ┌ 만민 공동회 개최★ ├ 러시아의 절영도 조차 요구, 목포·진남포 일대 섬과 토지 매도 요구 저지 ├ 한·러 은행 폐쇄 └ 프랑스·독일의 광산 채굴권 요구 저지	• 러·일 전쟁(1904) 직후 일제의 황무지 개간권 요구(우리 국토의 4분의 1) → 농광 회사 설립 (직접 황무지 개간 주장) → 보안회의 반대 운동★ → 일본의 황무지 개간권 요구 철회	• 일본으로부터 막대한 차관 도입 → 1,300만 원 (1년 예산 규모) → 대한 제국 경제 예속화 • 김광제, 서상돈 등이 대구에서 운동 시작★ ┌ 금주, 금연, 금 모으기 운동 └ 언론사 지원(대한매일신보, 황성신문, 제국신문) • 일진회의 방해, 양기탁을 횡령 혐의로 구속 → 중단

📖 자료 읽기

📖 화폐 변천

● 상평통보 | 조선 후기부터 사용되었다.

● 당오전 | 1883년 정부에서 주조하였다.

● 대동은전 | 1882년 상평통보의 불편을 해소하고자 주조하였다.

● 백동화 | 주로 갑오개혁 이후에 사용되었다.

📖 화폐 정리 사업

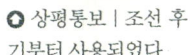

⬇

구 백동화 무효에 관한 고시
구 백동화는 지난 융희 2년 11월 말로써 일반 통용을 금지하고 다만 공납에만 한하여 본년 12월 말까지 사용함을 허용하였으나 명년 1월 1일부터는 결코 통용함을 금지할 터이니……

📖 출제 예감

백동화

기한을 정하여 구화폐를 교환하는 데 대한 의견

제1조 광무 5년 2월 12일의 칙령 4호, '화폐 조례'에 준거하여 본위 화폐를 금으로 하므로 이전에 발행한 통화는 아래에 기록한 각 조에 따라서 신화폐와 교환한다.

제3조 구 백동화의 교환과 환수는 광무 9년 7월 1일부터 시작한다.

제4조 구 백동화의 교환을 끝내는 기한은 만 1년 이상으로 탁지부 대신이 편의에 따라 정한다.

제5조 구 백동화의 교환 기간이 끝난 후에는 그 통용을 금지한다. 단, 통용을 금지한 후 6개월 동안은 공납(公納)에는 쓸 수 있게 한다.
— "고종실록", 광무 9년 1월 —

백동화 교환 비율
구 백동화의 상태가 매우 양호한 갑종 백동화는 개당 2전 5리의 가격으로 새 돈과 교환하여 주고, 상태가 좋지 않은 을종 백동화는 개당 1전의 가격으로 정부가 매수하며, …… 단, 형질이 조악하여 화폐로 인정하기 어려운 병종 백동화는 매수하지 않는다.
— 탁지부령 제1호, 1905. 6. —

01 청·일의 상권 경쟁

다음 자료에 나타난 시기의 경제 상황으로 옳지 않은 것은?

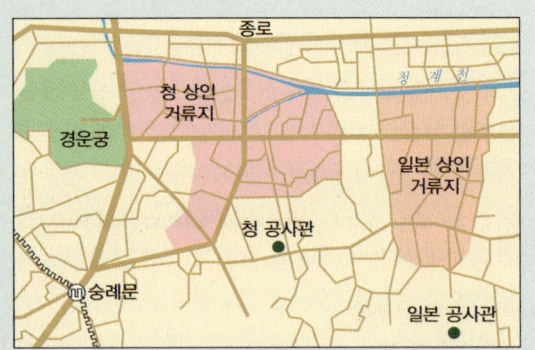

① 조선의 무역 수지가 악화되었다.
② 면직물을 생산하는 가내 수공업이 위축되었다.
③ 객주, 여각 등 국내 중간 상인들이 타격을 받았다.
④ 청 상인과 일본 상인의 경쟁이 치열하게 전개되었다.
⑤ 청이 조·청 상민 수륙 무역 장정의 체결을 요구하였다.

문제 해설
청·일 상인들의 거류지가 한성 내에 형성되어 있으므로 제시된 지도는 임오군란(1882) 이후의 모습이다. 임오군란을 계기로 청은 조선과 조·청 상민 수륙 무역 장정을 체결함으로써 청 상인들의 내지 통상권을 획득하였다. 이에 일본도 일본 상인들의 활동 범위를 내륙으로 확대하기 시작하여 1880년대 중반에는 일본 상인들이 조선의 내륙 시장에 진출할 수 있게 되었다. 그러나 청·일 상인의 대조선 무역 경쟁이 치열해짐에 따라 조선의 무역 수지가 악화되었다. 청·일 상인들을 통한 값싼 면제품의 수입이 늘면서 가내 수공업 위주였던 조선의 면직물 공업도 크게 위축되었다. 또한 청·일 상인들이 한성 내로 진출함에 따라 개항 초기 거류지 무역으로 성장한 객주, 여각 등 중간 상인들이 몰락하였다.

바로잡기
⑤ 자료에 해당하는 시기는 조·청 상민 수륙 무역 장정 체결 이후에 해당된다.

비법 암기
청·일 상권 경쟁 : 임오군란 직후 청의 내지 통상권 허용, 일본도 최혜국 대우 인정 → 청·일 상권 경쟁 심화 → 청·일 전쟁

02 개항기 상권 침탈

다음 경제 상황의 배경이 된 조약으로 옳은 것은?

> 어떠한 벽촌이라 하더라도 장날에 청 상인이 오지 않는 곳이 없다고 한다. 공주, 강경, 예산 등 시장에는 어디나 청 상인 20~30명이 와서 장사를 한다. 안성 시장의 경우 지금까지는 외국 물품을 인천에서 구입하여 판매하는 국내 상인이 100명이나 되었다. 그러나 요즘 들어 안성 시장에 청 상인이 늘어나 점차 상권을 빼앗겨 폐업하는 자가 많아졌다.

① 한성 조약
② 톈진 조약
③ 제물포 조약
④ 조·일 무역 규칙
⑤ 조·청 상민 수륙 무역 장정

문제 해설
'어떤 벽촌이라도 청 상인이 오지 않는 곳이 없다'는 내용으로 보아 제시된 자료의 배경이 된 조약은 1882년 체결된 조·청 상민 수륙 무역 장정이다. 1882년 임오군란 이후 청은 조선에 대한 정치·경제적 영향력을 확대시키며 조·청 상민 수륙 무역 장정을 체결하였다. 이는 최혜국 특권을 받은 여러 국가들의 내지 무역을 허용하는 계기가 되었다. 외국 상인들의 내륙 진출과 상권 침탈로 국내 상인들은 타격을 입었고, 이에 대한 반발로 시전 상인들은 상권 수호 운동을 전개하였다.

바로잡기
① 1884년 갑신정변 이후 조선과 일본은 일본 공사관 신축 비용과 배상금 지불을 부담하는 내용의 한성 조약을 체결하였다.
② 1884년 갑신정변 이후 청과 일본의 양국 군대가 조선에서 공동 철병하고, 양국이 출병할 때는 서로 통고한다는 내용의 톈진 조약을 체결하였다.
③ 1882년 임오군란 이후 조선은 일본에게 배상금 지급과 일본 경비병의 공사관 주둔을 허용한다는 내용의 제물포 조약을 체결하였다.
④ 1876년 조·일 무역 규칙은 일본 상인의 활동을 개항장에 한하여 제한하였기 때문에 외국 상인은 내륙으로 진출할 수 없었다.

비법 암기
조·청 상민 수륙 무역 장정 : 청이 한성에 점포를 설치할 수 있는 권리, 내지에서 통상할 수 있는 권리 인정

03 열강의 이권 침탈

다음 이권 침탈이 일어났던 시기를 연표에서 옳게 고른 것은?

- 독일 : 당현 금광 채굴권 획득
- 러시아 : 울릉도 삼림 채벌권 획득
- 영국 : 은산 금광 채굴권 획득
- 일본 : 경부선 부설권 획득

1876	1882	1884	1894	1896	1905
(가)	(나)	(다)	(라)	(마)	
강화도 조약	임오 군란	갑신 정변	갑오 개혁	아관 파천	을사 조약

① (가) ② (나) ③ (다)
④ (라) ⑤ (마)

문제 해설
청·일 전쟁 이후 조선에 대한 열강의 경제적 침탈이 강화되었다. 1896년 고종 황제가 러시아 공사관으로 옮겨가면서(아관파천) 제국주의 국가들은 내정 간섭을 본격화하며 광산 채굴권과 삼림 채벌권, 교통 시설 부설권 등 경제적 이권 침탈에 나섰다. 이에 대한 제국은 외국 열강, 특히 일본의 내정 간섭과 이권 침탈 때문에 민족의 근대 경제 건설이 좌절되었다. 다음은 열강의 이권 침탈 내용이다. 울릉도 산림 채벌권(러, 1896), 당현 금광 채굴권(독, 1897), 은산 금광 채굴권(영, 1900), 경부선 철도 부설권(일, 1898), 운산 금광 채굴권(미, 1896), 경의선 철도 부설권(프, 1896 → 일, 1904), 경인선 철도 부설권(미, 1896 → 일, 1897), 경원선 철도 부설권(일, 1898), 두만강 산림 채벌권(러, 1896), 전등 · 전차 · 전화 부설권(미, 1896).

 비법 암기

철도 개통 : 경인선(1899), 경부선(1905), 경의선(1906)

04 일제의 화폐 정리 사업

다음 사업이 실시된 결과로 옳은 것을 〈보기〉에서 고른 것은?

일제는 1905년 1월부터 일본 제일 은행을 앞세워 화폐 정리를 실시하였다. 그리하여 일제는 기존에 통용되던 엽전과 백동화를 새로운 화폐로 교환하였다. 이때 가장 문제가 되었던 것은 화폐 가치가 불안정한 백동화였다. 일본은 백동화를 그 질에 따라 갑, 을, 병종으로 구분하여 갑종은 원래 백동화의 가격인 신전(新錢) 2전 5푼으로, 질이 떨어지는 을종은 신전 1전으로 교환해 주었다. 그리고 질이 더 떨어지는 병종은 악화(惡貨)라고 하여 교환해 주지 않았다.

〈보기〉
ㄱ. 전환국에서 화폐가 주조되었다.
ㄴ. 은본위 화폐 제도가 시행되었다.
ㄷ. 통화량이 일시적으로 줄어들었다.
ㄹ. 국내 상공업자들의 화폐 자산이 감소되었다.

① ㄱ, ㄴ ② ㄱ, ㄷ ③ ㄴ, ㄷ
④ ㄴ, ㄹ ⑤ ㄷ, ㄹ

문제 해설
제시된 사업은 제1차 한·일 협약 이후 파견된 재정 고문 메가타가 실시한 화폐 정리 사업(1905)이다. 이 사업으로 인해 대한 제국에서 통용되던 상평통보와 백동화가 일본 제일은행권으로 교환되었다. 그런데 질이 떨어지는 백동화에 대해 제값을 인정해 주지 않았고 질이 좋더라도 소액의 화폐는 교환해 주지 않았기 때문에 통용되는 화폐량이 부족해지는 전황(錢荒)이 발생하였다. 또, 통용되던 화폐를 모두 교환해 준 것이 아니었으므로 국내 상공업자들의 화폐 자산은 감소할 수밖에 없었다. 반면, 사업 시행 전 미리 공지를 받은 일본 상인들은 백동화 교환 문제에 대해 미리 대처할 수 있었다.

바로잡기
ㄱ. 1883년 설치된 근대적 화폐 주조 기관인 전환국은 재정 고문 메가타에 의해 폐지되었다
ㄴ. 제1차 갑오개혁으로 은본위 화폐 제도를, 화폐 정리 사업의 결과 금본위 화폐 제도를 실시하게 되었다.

비법 암기

일본의 화폐 정리 사업 : 백동화 폐기, 제일은행권 본위 화폐화 → 물가 하락, 조선 상인 피해, 은행 파산

정답 | 01 ⑤ 02 ⑤ 03 ⑤ 04 ⑤

05 헤이그 특사 파견

다음은 대한 제국 시기 유럽의 한 회의에서 발표하려고 했던 호소문이다. 이에 대한 설명으로 옳은 것을 〈보기〉에서 고른 것은?

> 일본인들은 항상 평화를 말하지만 어찌 사람이 기관총구 앞에서 평화롭게 살 수 있겠는가. 한국민이 모두 죽어 없어지면 모르겠지만, 그렇지 않은 상태에서는 한국의 독립과 한국민의 자유가 이루어지지 못하는 한, 극동의 평화는 있을 수 없다. 한국 국민들은 독립과 자유라는 공동 목표에 대하여 정신적으로 결합되어 있으며, 이 목적을 위하여 한국 국민들은 죽음을 무릅쓰고 일본인의 잔인하고 비인도적이며 이기적인 침략에 대항하고 있다.

〈보기〉
ㄱ. 민족 자결주의 제창에 영향을 받았다.
ㄴ. 일제의 고문 파견이 직접적인 계기가 되었다.
ㄷ. 고종의 강제 퇴위와 군대 해산의 배경이 되었다.
ㄹ. 세계 각국 기자들의 동정과 지지를 받아 여러 신문에 게재되었다.

① ㄱ, ㄴ ② ㄱ, ㄷ ③ ㄴ, ㄷ
④ ㄴ, ㄹ ⑤ ㄷ, ㄹ

06 애국 계몽 운동

밑줄 그은 '이 단체'의 활동으로 옳은 것은?

이 단체는 민족 교육을 고양하고 식산(殖産)을 증진해 부국강병을 이루어 장차 독립의 기초를 세우기 위하여 장지연·윤효정 등 20여 명이 서울에서 조직한 것이다. 식산흥업의 필요성, 일제의 황무지 개척 요구의 의도, 토지 개량의 필요성, 종자 개량 등에 대한 구체적 연구를 거친 후 월보를 통해 계몽 운동을 전개하였다. 국채 보상 운동 때 적극적인 참여를 결의하기도 하였다.

① 농광 회사 설립
② 5적 암살단 조직
③ 대성 학교, 오산 학교 설립
④ 해외 독립운동 기지 건설 추진
⑤ 고종의 강제 퇴위 반대 운동 전개

문제 해설
'대한 제국 시기 유럽의 한 회의에서 발표하려고 했던 호소문'은 1907년 헤이그 만국 평화 회의에 파견된 고종 황제의 특사가 준비한 발표문이다. 헤이그 특사는 '일본인의 잔인하고 비인도적이며 이기적인 침략' 상황을 전 세계에 알리고자 하였다. 비록 헤이그 특사 3인은 영국, 일본 등의 저지로 회의장에 들어가지 못하였지만 기자 회견을 통해 호소문을 낭독하였다. 일제는 헤이그 특사 사건을 이유로 고종 황제를 퇴위시키고 한·일 신협약 체결 이후 대한 제국의 군대를 해산시켰다.

바로잡기
ㄱ. 미국의 윌슨 대통령이 주창한 민족 자결주의는 1919년 3·1 운동에 영향을 주었다.
ㄴ. 러·일 전쟁 중 일제는 대한 제국과 제1차 한·일 협약을 체결하여 재정 고문과 외교 고문을 파견하였다.

🍪 비법 암기
헤이그 특사 파견 : 을사조약의 부당함을 알리기 위해 헤이그 만국 평화 회의에 이상설·이준·이위종을 특사로 파견

문제 해설
제시된 사진이 "대한자강회 월보"인 것으로 보아 밑줄 그은 '이 단체'는 대한 자강회임을 알 수 있다. 헌정 연구회를 계승한 대한 자강회는 1906년 25개 지회를 두고 월보를 발행하였다. 1907년 대한 자강회는 고종의 강제 퇴위 반대 운동을 주도하다가 강제로 해산당하였다.

바로잡기
① 1904년 일본이 황무지 개간권을 요구하자 일부 관료와 실업인들이 직접 황무지를 개간하기 위하여 농광회사를 설립하였다.
② 나철과 오기호 등은 을사조약 체결에 찬성한 을사 5적을 암살하기 위하여 5적 암살단을 조직하였다.
③, ④ 모두 신민회의 활동이다. 신민회는 실력 양성 운동의 일환으로 학교를 설립하였고, 만주 지역에 독립운동 기지를 개척하였다.

🍪 비법 암기
애국 계몽 운동 : 민족의 실력을 양성하여 국권 회복 주장, 강자의 약자 지배를 수용하는 사회 진화론 내재

07 신민회

(가), (나)와 관련된 단체에 대한 설명으로 옳은 것은?

> (가) 오늘 우리는 국왕이 서대문 밖 영은문의 옛터에 독립문이라 명명할 문을 건립할 것을 승인한 사실을 경축하는 바이다. …… 이 문은 다만 중국으로부터의 독립을 의미하는 것이 아니라 일본으로부터, 러시아로부터, 그리고 모든 유럽 열강으로부터의 독립을 의미하는 것이다.
>
> (나) 조선 본토에서 재력이 있는 사람들을 그곳에 이주시켜 토지를 사들이고 촌락을 세워 새 영토로 삼고 …… 나아가 무관 학교를 설립하여 문무를 겸하는 교육을 실시하면서 기회를 엿보아 구한국의 국권을 회복하려고 하였다.

① (가)는 민중이 주도하는 개혁을 추진하였다.
② (가)는 (나)의 영향으로 조직되어 활동하였다.
③ (나)는 실력 양성과 무장 투쟁을 함께 준비하였다.
④ (나)는 고종 황제의 퇴위 반대 운동을 주도하였다.
⑤ (가), (나)는 공화 정체의 국가를 건설하고자 하였다.

문제 해설
(가)는 '영은문의 옛 터에 독립문을 건립'한다는 것으로 보아 독립 협회임을 알 수 있다. (나)는 '무관 학교를 설립'하여 국권 회복을 꾀하였다는 내용으로 보아 삼원보에 신흥 무관 학교를 설립한 신민회임을 알 수 있다. 신민회는 실력 양성 운동을 전개하여 민족 교육의 추진, 민족 산업의 육성에 중점을 두고 활동하였다. 한편, 신민회의 일부 간부들은 국내에서 실력 양성 운동을 전개하기 어렵다고 판단하고 만주로 망명하여 무장 투쟁을 준비하였다.

바로잡기
① 독립 협회는 갑오개혁의 실패가 민중에 대한 계몽이 부족했기 때문이라고 파악하고 개화 정책의 계몽을 위해 조직된 단체이다. 민중이 주도하는 개혁과는 거리가 멀다.
② 독립 협회(1896)가 신민회(1907)보다 먼저 설립되었다.
④ 고종 황제의 퇴위 반대 운동을 주도한 단체는 대한 자강회이다.
⑤ 신민회가 공화정 체제의 국민 국가 수립을 주장하였다. 독립 협회는 입헌 군주제를 지향하였다.

비법 암기
신민회 : 공화정 체제의 국민 국가 건설 지향, 대성 학교·오산 학교 설립, 자기 회사·태극 서관 설립, 독립운동 기지 건설

---

08 의열 투쟁

다음 글을 남긴 인물에 대한 설명으로 옳지 않은 것은?

> 오늘날, 서양 세력이 동양으로 점차 밀려오는 환난을 동양 인종이 일치단결해서 온 힘을 다하여 방어해야 하는 것이 제일 상책임은 어린아이일지라도 익히 아는 바이다. 그런데 무슨 까닭으로 일본은 이러한 순리의 형세를 돌아보지 않고 같은 인종인 이웃나라를 약탈하고 우의를 끊어, 스스로 도요새가 조개를 쪼려다 부리를 물리는 형세를 만들어 어부에게 둘 다 잡히기를 기다리는 듯하는가?

① 천주교 신부에게 서구의 지식을 배웠다.
② 침략의 원흉인 이토 히로부미를 사살하였다.
③ 국채 보상 운동에 참여하여 관서 지부를 조직하였다.
④ 13도 창의군을 결성하여 서울 진공 작전을 전개하였다.
⑤ 돈의 학교와 삼흥 학교를 세워 구국 영재 양성에 힘썼다.

문제 해설
제시된 자료에서 '서양 세력이 동양으로 점차 밀려오는 환난을 동양 인종이 일치단결해서 온 힘을 다하여 방어해야' 한다는 내용을 통해 안중근이 집필한 "동양평화론"의 내용임을 유추할 수 있다. 안중근은 개화기 때 천주교에 입교하여 '토마스(도마)'라는 세례명을 받고 서구의 지식을 습득하였다. 또한 연해주로 망명하기 전까지는 계몽 운동에 적극적으로 참여하여 돈의학교, 삼흥학교를 세웠다. 또한, 국채 보상 기성회 관서 지부를 조직하여 주도적인 역할을 하기도 하였다. 그러나 헤이그 특사로 고종이 강제 퇴위당하는 사건이 일어나자 독립 운동의 방향을 계몽 운동에서 무장 투쟁으로 바꾸었다. 연해주 망명 이후 의병 부대를 이끌면서 항일전을 전개하였고, 만주의 하얼빈에서 조선 식민지화를 주도한 초대 통감 이토 히로부미를 사살하였다.

바로잡기
④ 13도 창의군을 결성하여 서울 진공 작전을 전개한 인물은 총대장 이인영이었다.

비법 암기
안중근 : 천주교 개종, 계몽 운동 참여(교육, 국채 보상 운동), 무장 독립 투쟁 참여, 이토 히로부미 사살

09 의병 운동

(가)~(다) 의병장에 대한 설명으로 옳지 않은 것은?

① (가) - 고종 퇴위에 반발하여 의병을 일으켰다.
② (나) - 평민 출신으로 을사조약 체결에 항거하였다.
③ (다) - 고종의 친정을 요구하여 흥선 대원군의 하야를 이끌어냈다.
④ (가), (나) - 일제의 남한 대토벌 작전으로 인해 만주로 이동하였다.
⑤ (가), (다) - 위정척사 사상을 지닌 유생 출신이었다.

문제 해설
제시된 지도의 (가)는 이인영, (나)는 신돌석, (다) 최익현이다.
(가) 1907년 고종 황제가 강제 퇴위당하고 군대가 해산하자 정미의병이 일어났다. 1만여 명의 의병이 양주에 집결하여 유생 출신인 이인영을 총대장으로 13도 창의군을 결성하고 서울 진공 작전을 계획하였다.
(나) 을사조약을 계기로 일어난 을사의병 당시 유생 출신 의병장뿐 아니라 평민 출신의 의병장이 등장하였다. 특히, 신돌석은 의병 3,000여 명을 이끌고 평해와 울진 등지에서 크게 활약하였다.
(다) 최익현 역시 을사의병 당시 의병을 일으킨 의병장이다. 위정 척사 사상을 지닌 유학자 출신으로 1873년 상소를 올려 흥선 대원군을 권좌에서 물러나게 하였다.

바로잡기
④ 13도 창의군의 서울 진공 작전이 실패하였음에도 불구하고 호남 지역을 중심으로 의병들이 끈질기게 저항하자 이를 진압하기 위해 일제는 남한 대토벌 작전을 전개하였다.

비법 암기
주요 의병장 : 을미의병(유인석, 이소응), 을사의병(최익현, 민종식, 신돌석), 정미의병(이인영, 허위, 홍범도)

10 정미의병

다음 자료와 관련된 의병에 대한 설명으로 옳은 것은?

의병 부대를 움직이는 데 가장 중요한 점은 고립을 피하고 일치 단결함에 있다. 따라서 각 도의 의병을 통일하여 둑을 무너뜨리는 기세로 서울에 진공하면, 전 국토가 우리의 손 안에 들어오고 한국 문제의 해결에 있어서도 유리하게 될 것이다.

① 단발령 실시에 반발하여 일어났다.
② 평민 출신의 의병장이 처음으로 등장하였다.
③ 해산된 군인의 참여로 전투력이 향상되었다.
④ 국왕의 권고 조칙에 따라 스스로 해산하였다.
⑤ 러시아 공사관에 있는 고종의 환궁을 요구하였다.

문제 해설
제시된 지문에서 '서울에 진공'이라는 표현을 통해 정미의병임을 알 수 있다. 정미의병은 1907년 군대가 해산되자 해산한 군인들이 의병 부대에 합류하여 의병의 전투력이 강화되었다. 의병 운동이 확산되는 가운데 전국 1만여 명의 의병이 양주에 집결하여 이인영을 총대장으로 13도 창의군을 결성하고 서울 진공 작전을 계획하였다. 이에 앞서 서울 주재의 각국 영사관에 국제법상의 합법적 교전 단체로 승인해 달라고 요청하는 서한을 발송하였다. 1908년 선발대가 동대문 밖 30리 지점까지 진격하였으나 일본군의 우세한 전력에 밀려 패퇴하였다.

바로잡기
① 단발령 실시에 반발한 의병은 을미의병이다.
② 을사의병 때 평민 출신 의병장이 처음으로 등장하였다.
④ 을미의병은 아관파천으로 친일 정권이 무너지고 단발령이 철회되자, 국왕의 해산 권고 조칙에 따라 활동을 중단하였다.
⑤ 독립 협회의 활동 내용이다.

비법 암기
정미의병 : 고종의 강제 퇴위 및 군대 해산 → 해산 군인의 의병 가담 → 의병 간 연합하여 13도 창의군 결성 → 서울 진공 작전 → 실패

11 황무지 개간권 반대 운동

다음은 어느 회사의 규칙이다. 이 회사가 설립된 배경으로 가장 적절한 것은?

1. 본사의 자본은 주식 금액으로 성립할 것.
1. 주주는 본국인만으로 허용할 것.
1. 주가는 1주에 50원으로 정하고, 5년간에 걸쳐 5원씩 총 10회 나누어 낼 것.
1. 본사는 국내의 진황지 개간·관개 사무와 산림·천택·식양·채벌 등 사무 외에 금·은·동·철·석유 등의 각종 채굴 사무에 종사할 것.

① 일제가 황무지 개간권을 요구하였다.
② 미국이 운산 금광 채굴권을 차지하였다.
③ 함경도와 황해도에서 방곡령이 공포되었다.
④ 대한제국이 양전 사업을 통해 지계를 발급하였다.
⑤ 러시아가 두만강 유역의 삼림 채벌권을 획득하였다.

문제 해설
제시된 자료에서 '본사는 국내의 진황지 개간' 등에 종사한다는 내용으로 보아 황무지 개간과 관련된 회사임을 알 수 있다. 일제는 러·일 전쟁을 전후한 시기에 일제가 황무지 개간권을 요구하며 토지를 약탈하려 하자 보안회가 농광회사를 설립하여 이를 저지하는데 성공하였다.

바로잡기
②, ⑤ 아관 파천을 계기로 제국주의 국가들이 경제적 이권 침탈에 나선 시기에 해당한다.
③ 일본 상인을 통한 곡물 유출을 막기 위해 1889년에는 함경도 관찰사 조병식이, 1890년에는 함경도 관찰사 한장석이 방곡령을 내렸다.
④ 대한 제국의 광무개혁 때 실시된 사업이다.

비법 암기
농광회사 : 일본의 황무지 개간권 요구에 맞서 독자적인 황무지 개간 주장

12 국채 보상 운동

다음 자료의 민족 운동에 대한 설명으로 옳지 않은 것은?

- 대저 2천만 중 여자가 1천만이요, 1천만 중에 가락지 있는 이가 반은 넘을 터이오니 가락지 매 쌍에 2원씩만 셈하고 보면 1천만 원이 여인 수중에 있다 할 수 있습니다.
- 우리 동경 유학생으로 말하더라도 근 800인이라. …… 우리는 일제히 담배를 끊어 국채를 만분의 일이라도 갚고자 결심 동맹하였다.

① 김광제, 서상돈 등의 발의로 시작되었다.
② 대구에서 시작되어 전국적으로 확산되었다.
③ 독립신문의 주도로 모금 운동을 전개하였다.
④ 일제의 방해와 탄압으로 목표를 달성하지 못하였다.
⑤ 국민들의 성금으로 국권을 회복하자는 경제적 구국 운동이었다.

문제 해설
제시된 지문은 1907년 국채 보상 운동에 대한 설명이다. 일제 통감부는 식민지 시설을 갖추기 위하여 대한 제국 정부로 하여금 막대한 자금을 일본으로부터 들여오게 하였다. 금액은 대한 제국 정부의 1년 예산에 해당하는 1,300만원이나 되었다. 이에 국권이 유린당하고 예속과 침탈이 심해질 것을 우려한 상공인 및 지식인들이 대구를 시작으로 국채 보상 기성회를 조직하여 국채 보상 운동을 전개하였다. 남자는 답배를 끊고 절약한 돈으로 모금에 참여하고, 부녀자들은 비녀와 가락지까지 내놓았다. 그러나 일본은 이를 일본 배척 운동으로 간주하여 친일 단체인 일진회를 이용하여 방해하였다. 결국 일제의 방해와 탄압으로 국채 보상 운동은 중단되고 말았다.

바로잡기
③ 대한매일신보, 황성신문, 만세보, 제국신문 등이 모금 운동에 참여하였다.

비법 암기
국채 보상 운동 : 일본에서 빌려 온 차관을 갚아 국권 회복 주장(김광제, 서상돈 등이 주장) → 일제의 방해로 실패

VII 민족 운동의 전개

1. 일제의 식민 통치와 경제 수탈
2. 3·1 운동과 대한민국 임시 정부
3. 국내 항일 운동
4. 사회 운동과 농민·노동자 운동
5. 실력 양성 운동   6. 국외 항일 무장 투쟁
7. 의열 투쟁과 건국 준비 노력
8. 근대 문물의 수용 9. 민족 문화 운동

일제는 조선 총독부를 설치하여 헌병 경찰제를 기반으로 한 무단 통치를 시행하였다. 3·1 운동의 여파로 문화 통치로 전환하였지만 이는 가혹한 식민 통치를 은폐하고 민족의 분열을 획책하기 위한 것이었다. 일제의 식민 통치는 만주 사변 이후 더욱 악랄하게 변해 갔다. 태평양 전쟁 시기에는 강제 징용 및 징병, 일본군 위안부 강제 동원과 물적 수탈을 강행하였다. 3·1 운동을 계기로 만주 등지에서는 무장 독립 투쟁이 일어났고, 민족의 역량을 모으기 위해 대한민국 임시 정부가 수립되었다. 일제의 강압적인 식민 통치에 맞서 우리 민족은 무장 독립 투쟁뿐만 아니라 민족 실력 양성 운동, 독립 외교 활동 등을 활발하게 전개하였다.

1910 — 1920 — 1930 — 1940 — 1950
- 1919 3·1 운동
- 1920 청산리 대첩
- 1932 윤봉길 의거
- 1945 8·15 광복

기출 문제 출제 포인트

일제의 식민 통치와 경제 수탈	일제 강점기 식민 통치	무단 통치 (5회, 20회)
		문화 통치 (5회, 6회, 11회)
		민족 말살 정책 (6회, 7회, 8회, 10회, 11회, 13회)
		일제 강점기의 교육 정책 (5회, 10회, 13회)
	일제 강점기 경제 수탈	토지 조사 사업과 회사령 (10회, 11회, 13회, 17회)
		산미 증식 계획 (2회, 3회, 4회, 20회)
		일제의 경제 정책 변화 (6회)
		병참 기지화 정책 (12회)
국내 민족 운동과 대한민국 임시 정부	3·1 운동과 대한민국 임시 정부	3·1 운동 (18회, 19회)
		대한민국 임시 정부 (13회, 14회, 15회, 16회, 17회)
		국민 대표 회의 (10회, 15회)
	국내 민족 운동	물산 장려 운동 (7회, 9회, 12회, 16회, 18회)
		민립 대학 설립 운동 (7회, 8회, 14회)
		6·10 만세 운동 (13회, 14회, 17회)
		광주 학생 항일 운동 (18회)
		민족 유일당 운동 (2회, 4회, 11회, 17회)
	일제 시기 사회·경제 운동	노동 쟁의와 소작 쟁의 (3회, 8회, 15회)
		근우회 (2회, 16회)
		형평 운동 (21회)
항일 무장 투쟁과 건국 준비 활동	1920년대·1930년대 국외 독립운동	봉오동 전투 (15회, 20회)
		간도 참변 (3회, 9회)
		항일 무장 투쟁 (8회, 10회, 13회, 15회, 17회)
		의열단 (2회, 3회, 9회, 16회)
		한인 애국단 (2회, 15회)
	1940년대 항일 무장 투쟁	조선 의용대 (21회)
		한국광복군 (10회, 12회)
근대 문물의 수용과 민족 문화 운동	근대 문물의 수용	근대 시설의 설립 (10회, 15회)
	민족 문화 운동	종교 활동 (17회)
		일제 강점기의 문화계 동향 (8회, 21회)
		일제 강점기의 한국사 연구 (6회, 8회, 10회, 16회, 17회)
		문맹 퇴치 운동 (19회)

* 4회부터 1급과 2급이 고급으로 통합됨. 1회는 고급 미시행

광복군의 친필이 적힌 태극기(왼쪽 상단), 경성 종로에서 만세를 외치는 시민들(왼쪽), 1900년경 한성 시내를 달리던 전차(오른쪽)

1 일제의 식민 통치와 경제 수탈 | VII 민족 운동의 전개

연대	1910년대	1920년대	1930년대 이후
구분	무단 통치(1910~1919)	문화 통치(1919~1931)	민족 말살 통치(1931~1945)
통치 정책	• **조선 총독부**: 일제 식민 통치의 중추 기관 • 총독: 현역 육·해군 대장 출신 임명 행정·입법·사법권과 통수권(군사) 장악	• 3·1 운동을 계기로 무단 통치의 한계 인식 → 문화 통치로 전환 → 일제의 가혹한 식민 통치 은폐, 민족 분열 조장, 친일파 육성 • 총독: 문관 출신 임명 가능 → 실행 안 됨	• 일제의 침략 전쟁 확대 → 만주 사변(1931), 중·일 전쟁, 태평양 전쟁 • 민족 말살 통치: 민족성을 말살하여 전쟁에 필요한 인적·물적 자원 수탈
	• **헌병 경찰 제도**: 군대의 경찰인 헌병이 경찰 지휘 • **범죄 즉결례**(즉결 심판권) • **경찰범 처벌 규칙**(정식 법 절차 없이 한국인에게 벌금·구류 처벌) • **조선 태형령**(독립 운동가·일반 형사범에 태형. 1912년 제정 → 1920년 문화 통치 시행으로 폐지) • 형식적인 **중추원** 설립 ─ 총독부의 자문 기관(친일 성향) ─ 조선인 회유 목적, 실질적인 권한 없음 ─ 3·1 운동 이전에는 한 번도 소집되지 않음	• 헌병 경찰 제도에서 **보통 경찰 제도**로 전환 → 경찰 수와 예산의 증가, 고등계 형사 강화 • **치안 유지법** 제정(1925) ─ 독립 운동 탄압 ─ 사회주의 운동 탄압(사상 전향을 강요) ─ 일본에서도 적용 • 조선인 참여 명목으로 지방 자치 약속: 도 평의회, 부·면 협의회 설치 → 일종의 자문 기관에 불과 → 독립 운동을 자치 운동으로 유도하려는 술책	• **내선일체**: 일본과 조선은 한몸 → 한국인에게 일본인으로의 동화 강요 • **일선 동조론**: 한국과 일본의 조상은 본래 같음 → 우리 민족의 정신 말살 • 조선 사상범 보호 관찰령(1936) • **황국 신민화 정책** 시행 ─ 황국 신민 서사 암송 ─ 신사 참배 강요(1936) ─ 궁성 요배(1937) ─ 창씨개명 강요(1940): 일본식 성명 강요 • 애국반 조직: 총독부 시책 강요 • **국가 총동원령** 제정(1938): 중·일 전쟁 이후 전시 수탈 심화
언론	• 언론·출판·집회·결사의 자유 **박탈** ─ 보안법, 신문지법, 출판법 적용 ─ 황성신문·대한매일신보(한글 신문) 폐간	• 언론·출판·집회·결사의 자유 **제한적 허용** → **조선일보, 동아일보** 창간(1920) ─ 사전 검열 강화, 기사 삭제, 정간·폐간	• 조선일보, 동아일보 폐간(1940)
교육	• **제1차 조선 교육령**(1911) ─ 보통학교 4년(일본 학제 6년) ─ 충량한 황국 신민 육성 ─ 사립 학교 수 축소 ─ 실업 교육 • 교원, 제복·대검 착용 • 서당 규칙(1918): 서당 인가제	• **제2차 조선 교육령**(1922) ─ 보통 학교 수업 연한을 6년으로 개정 ─ 고등 보통 학교 수업 연한을 5년으로 개정 ─ 조선사를 일본사에 포함시켜 교육 → 초등 교육과 실업 교육만을 실시 • 교원, 제복·대검 미착용 • 대학 설립 약속 → **경성 제국 대학** 설립(1924) ─ 조선인은 전체의 ⅓ ─ 친일 관리 양성에 목적	• **제3차 조선 교육령**(1938) ─ 황국 신민 완성을 목표 ─ 보통학교 → 소학교로 개칭 ─ 소학교, 조선어 선택 과목으로 변경 • 교육령 개정(1941): 소학교 → 국민학교로 개칭 (국민 = 황국 신민) • **제4차 조선 교육령**(1943) ─ 군사 교육 ─ 조선어·조선사 교육 폐지

자료 읽기

○ 조선 총독부

출제 예감

조선 태형령(1912)
제1조 3개월 이하의 징역 또는 구류에 처하여야 할 자는 그 정상에 따라 태형에 처할 수 있다.
제11조 태형은 감옥 또는 즉결 관서에서 비밀리에 행한다.
제1조 국체를 변혁 또는 사유 재산 제도를 부인할 목적으로 결사를 조직하거나 또 그 사정을 알고 이에 가입한 자는 10년 이하의 징역 또는 금고에 처한다.

치안 유지법(1925)
제2조 전조의 제1항의 목적으로 그 목적한 사항의 실행에 관하여 협의한 자는 7년 이하의 징역 또는 금고에 처한다.

민족 말살 정책·국가 총동원령

❶ 조선 신궁에 강제로 참배하는 학생들, ❷ 황국 신민의 서사를 암송하는 교사와 학생들

❸ 일본 홋카이도의 징용 노동자들, ❹ 공출로 걷어 들인 놋그릇 더미

★ Best 기출
- 일제 강점기 식민 통치 : 무단 통치기의 통치 정책 | 문화 통치기의 통치 정책 | 민족 말살 통치기의 통치 정책 | 조선 교육령
- 일제 강점기 경제 수탈 : 토지 조사 사업 | 산미 증식 계획 | 병참 기지화 정책 | 회사령

연대	1910년대	1920년대	1930년대 이후
구분	**토지 조사 사업(1910~1918)**	**산미 증식 계획(1920~1934)**	**병참 기지화 정책(1931~1945)**
경제 수탈	• **토지 조사령** 공포(1912)★ 　- 명분: 근대적 토지 소유 제도 확립·공정한 지세 부과 　- 실제: 토지 약탈·토지세의 안정적 징수 　　→ 식민 통치의 재정 기반 확대 　- 내역: 토지 가격, 소유권, 지형(토지 형태)·지목(토지 용도) 조사 　- 원칙: 토지 소유자의 직접 신고 • 방법: **기한부 신고제**★ 　- **복잡한 절차·짧은 신고 기간** 　- 소유관계가 불분명한 토지, 미신고 토지, 국·공유지 **약탈** 　- **동양 척식 주식회사**, 일본인에게 헐값으로 매각 • 결과: **식민지 지주제 확대**★ 　- 토지 **소유권만** 인정, 소작농의 관습적 **경작권**·**도지권**(영구 임대 소작권) **부정** 　　→ 지주의 권한 강화, 소작농의 권리 약화 　- 농민은 **기한부 계약제** 소작농으로 전락 　　→ **소작 쟁의 발생** 　　→ 몰락 농민은 만주·연해주로 이동 　- 지주의 친일화 • 결과 ┌ 총독부의 지세 수입 증가 　　　 └ 일본인 이주 급증 • **지세령** 공포(1914): 　토지세율 높여 총독부의 지세 수입 증가	• 배경 　- 일본의 급격한 인구 증가, 공업화 　　→ 농업 생산량 감소로 쌀 부족 심화 　　→ 쌀 폭동(1918) 　- 자국의 부족한 쌀을 식민지 조선에서 수탈할 목적으로 시행 • 추진 　- 1차(1920~1925): 무리한 계획으로 목표 달성 실패 → 사업 중단 　- 2차(1926~1934): **경제 공황**, 한국산 쌀 유입으로 일본산 쌀값 폭락 　　→ 사업 중단 　- **중·일 전쟁**(1937) 이후 → 사업 재개 • **토지 개량·농사 개량 사업**★ 　- 농지 개량, 종자 개량, 수리 시설 개선, 화학 비료 사용 등 　- 수리 조합비(수리 시설 개선 비용)·비료 대금 부담 → 지주가 소작농에게 전가 　- **미곡 중심의 단작형 농업** 구조 심화 • 결과★ 　- 일제는 증산량보다 더 많은 쌀 수탈 　- 조선인 1인당 쌀 소비량 감소 　　→ 만주에서 잡곡 수입 증대 　- **식민지 지주제 강화** 　　→ 자영농 감소, 소작농 증대 　　→ **소작 쟁의 증가**	〈**대공황**(1929)·**만주 사변**(1931) 이후〉 • **남면북양 정책**★ 　┌ 공업 원료 확보를 위해 한반도 남부에 목화 재배, 북부에 양 사육 강요 　└ 일본 방직 자본 보호 • **농공병진 정책** 　┌ 북부 지방에 중공업 시설 집중 건설 　└ 국토의 균형 발전에 장애 〈전시 동원 체제: 　중·**일 전쟁**(1937)·**태평양 전쟁**(1941~1945)〉 • **국가 총동원령**(1938)★ 　한국의 인적·물적 자원 적극 수탈 • **인적 자원의 수탈**★ 　┌ 지원병 제도(1938) 　├ **국민 징용령**(군수 공장, 광산, 비행장, 철도, 해군 기지 건설 공사장에 투입, 1939) 　├ **학도 지원병** 제도(1943) 　├ **징병제**(1944) 　└ **여자 정신대 근로령**(여성 노동력 착취, 일본군 위안부는 만주 사변 때부터 운영, 1944) • 물적 자원의 수탈 　┌ **식량 배급제**(중·일 전쟁 이후) 　├ 쌀·잡곡에 대한 공출 제도 실시 　└ **강제 공출**(모든 금속제 그릇 공출 시행) • 전시 경제 체제 강요: 　국민복·몸뻬 착용, 절약 강조
산업 침탈	• **회사령**(1910)★ 　- **허가제**: 회사 설립 시 조선 총독의 허가를 받도록 규정 　　→ 한국인의 회사 설립과 민족 자본 성장 억제 • **삼림령**(1911), **어업령**(1911), **광업령**(1915) 시행 • 상품 시장과 원료 공급지로서 조선 장악 　┌ 한반도에 X자 모양의 간선 철도망 완성 　└ 1917년까지 2,700km에 달하는 도로망 확대 　　→ 일본의 자본주의 수탈 체계에 완전 편입	• **회사령 폐지**(1920) 　┌ 허가제에서 **신고제**로 전환★ 　├ 일본의 중소 자본 섬유·비료 등 진출, 대자본(미쓰이, 미쓰비시) 광업 진출 　└ 한국 기업 설립 　　(평양 메리야스 공장, 경성 방직 주식회사) • **관세 철폐**(1923): 일본 상품 수입 증가 　→ 민족 자본 타격 • **신은행령**(1928): 한국인 소유 은행 강제 합병 → 일본 자본의 지배 강화	

자료 읽기

출제 예감

토지 조사령(1912)
제1관 토지의 조사 및 측량은 본령에 의한다.
제4관 토지 소유자는 조선 총독이 정하는 기간 내에 주소, 씨명, 명칭 및 소유지의 소재, 지목, 자번호, 사표, 등급, 지적, 결수를 임시 토지 조사 국장에게 신고해야 한다. 단, 국유지는 보관 관청이 임시 토지 조사 국장에게 통지해야 한다.

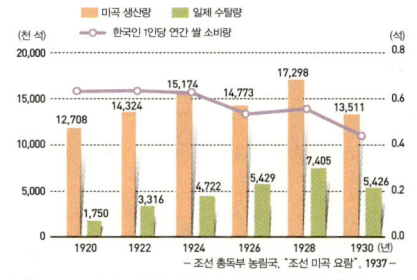
○ 1920년대 미곡 생산량과 일제의 수탈량

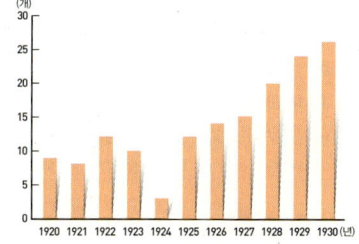
○ 연도별 수리 조합 설치 수

01 무단 통치

다음 시기에 일제가 실시한 정책으로 옳은 것은?

⟨19□□년대 범죄 즉결사건 처벌 현황⟩
(단위: 명)

연도	처벌 총 인원	징역·금고·구류	벌금·과료	태형
19○○	36,159	2,274	15,451	18,434
19○○	45,848	2,569	23,320	19,959
19○○	94,546	4,528	51,335	38,683
19○○	71,984	4,809	32,242	34,933

① 도평의회와 부·면 협의회를 설치하였다.
② 언론을 통제하기 위해 신문지법을 제정하였다.
③ 교사에게 제복을 입고 칼을 착용하도록 강요하였다.
④ 사회주의 운동을 탄압하고자 치안 유지법을 공포하였다.
⑤ 농민의 자력갱생을 내세운 농촌 진흥 운동을 실시하였다.

문제 해설
제시된 자료에서 즉결과 태형이 실시되었다고 한 사실을 통해 1910년대임을 알 수 있다. 1910년대 일제는 헌병 경찰 통치를 실시하여 전국 곳곳에 헌병들을 배치하였다. 헌병들은 경찰 업무를 대행하였고 독립 운동가 색출 작업을 담당하였다. 헌병들은 즉결 처분권을 지니고 있었으며, 조선 태형령(1912)의 실시로 태형 등의 형벌을 가할 수 있었다. ③ 1910년대 일제는 일반 관리와 교사들도 제복을 입고 칼을 착용하게 함으로써 위협적인 무단 통치를 실시하였다.

바로잡기
① 일제는 무단 통치에서 문화 통치로 전환하면서 도평의회와 부·면 협의회를 설치하였다.
② 1907년 일제는 신문지법을 제정하여 언론을 통제하였다.
④ 1925년 제정된 치안 유지법은 독립 운동과 사회주의 운동을 탄압하기 위한 법령이었다.
⑤ 1932년 일제는 농민들의 불만을 무마하기 위해 농촌을 구제한다는 명목으로 농촌 진흥 운동을 실시하였다.

무단 통치 : 범죄 즉결례, 조선 태형령 공포, 교원의 제복·칼 착용

02 문화 통치

다음 의견을 반영한 일제 식민 통치의 내용으로 옳지 않은 것은?

> 생각건대, 장래의 운동은 지난봄에 일어난 만세 소요처럼 어린애 장난 같은 것이 아니다. 그 근저에는 앞으로 실력을 갖춘 조직적 운동으로 발전할 가능성이 있음을 예상하고 이에 대한 각오를 다져 두지 않으면 안 된다. 그러나 여기에 압박을 가해 질식시킨다는 것은 결코 바람직한 일이 아니다. 그렇다고 해서 아무런 방책도 강구함이 없이 그대로 내버려 둔다는 것은 위험스럽기 짝이 없다. …… 그 방책은 위력 있는 문화 운동뿐이다. …… 이와 같은 견지에서 나는 별지에 시국에 대한 대책을 강구하여 기재하니 조금이라도 참고가 된다면 다행이겠다.
> - 야마나시 한조(山梨半造)의 조선 통치에 관한 의견서 -

① 조선 총독의 자격 기준을 바꾸었다.
② 헌병 경찰을 보통 경찰로 대체하였다.
③ 언론·집회·결사의 자유를 부분적으로 허용하였다.
④ 수재 교육의 명목으로 친일 지식인을 양성하였다.
⑤ 조선 내 모든 학교의 수업을 일본어로 진행하게 하였다.

문제 해설
제시된 자료는 1919년 3·1 운동 이후 야마나시 한조가 조선 총독 내정자인 사이토 마코토에게 일제의 지배 방식을 무단 통치에서 문화 통치로 전환할 것을 주장한 글이다. 문화 통치 시기에 일제는 현역 대장이 임명되었던 총독에 문관 출신도 임명될 수 있게 하였다. 또, 헌병 경찰제를 보통 경찰제로 전환하고, 1920년대 들어서는 언론·출판·집회·결사의 자유를 제한적이나마 허용하였다. 그러나 문화 통치의 실상은 민족 교육을 억제하고 친일 세력을 양성하여 우리 민족의 분열을 조장한 것에 불과하였다.

바로잡기
⑤ 문화 통치 시기에는 제2차 조선 교육령에 의해 조선어가 필수 과목이 되었다.

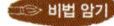
문화 통치의 목적 : 가혹한 식민 통치를 은폐하고 우리 민족의 분열 조장

03 민족 말살 정책

다음은 일제 강점기의 시대상을 보여 주는 광고이다. 이와 관련된 식민지 정책에 대한 설명으로 옳은 것은?

① 회사령을 폐지하여 일본의 자본 진출을 도왔다.
② 소학교를 황국 신민 학교라는 뜻에서 국민 학교로 바꾸었다.
③ 헌병 경찰 제도와 태형령으로 한국인의 독립 의지를 막았다.
④ 산미 증식 계획을 실시하여 일본의 부족한 식량을 보충하였다.
⑤ 토지 조사 사업으로 궁방전, 역둔토 등을 일본인 소유로 바꾸었다.

문제 해설
제시된 자료는 일제가 1939년 이후 조선인에게 창씨개명을 독려하기 위해 만든 광고이다. 일제는 1937년에 중·일 전쟁을 벌인 이후 민족 말살 정책의 일환으로 우리 민족의 성과 이름을 일본식으로 바꾸는 창씨개명 정책을 시행하였다. 뿐만 아니라 우리 민족의 언어와 글자를 사실상 사용하지 못하게 하였고, 조선일보와 동아일보 등 우리말을 사용하는 신문과 잡지를 폐간하였다. 또한, 1941년 국민학교령에 의거하여 소학교를 '황국 신민 학교'를 의미하는 국민학교로 개칭하였다.

바로잡기
① 1920년 회사령을 폐지하여 회사 설립을 허가제에서 신고제로 바꾸었다.
③ 1910년대에 헌병 경찰 제도를 실시하고 조선 태형령을 제정하였다.
④ 1920년부터 1934년까지 산미 증식 계획을 시행하였다.
⑤ 1912년부터 1918년까지 토지 조사 사업을 실시하였다.

비법 암기
민족 말살 정책 : 내선일체 주장, 신사 참배·황국 신민의 서사 암송·창씨개명 강요, 조선일보·동아일보 폐간, 조선어·조선사 교육 폐지 등

04 토지 조사 사업

다음 사업에 대한 설명으로 옳지 않은 것은?

> 제1조 토지의 조사 및 측량은 본령에 의한다.
> 제4조 토지 소유자는 조선 총독이 정하는 기간 내에 주소, 씨명 또는 명칭 및 소유지의 소재, 지목, 자번호(字番號), 사표(四標), 등급, 지적, 결수를 임시 토지 조사 국장에게 신고해야 한다. 단, 국유지는 보관 관청이 임시 토지 조사 국장에게 통지해야 한다.
> 제6조 토지의 조사 및 측량을 할 때, 조사 측량 지역 내의 2인 이상의 지주로 총대를 선정하고 조사 및 측량에 관한 사무에 종사하게 할 수 있다.
> — 조선 총독부 관보 —

① 지주들을 산업 자본가로 전환시키려 하였다.
② 소작농의 관습적인 경작권을 인정하지 않았다.
③ 토지세를 안정적으로 확보하는 데 목적이 있었다.
④ 토지 소유자가 직접 신고하는 것을 원칙으로 하였다.
⑤ 소유 관계가 불분명한 토지를 총독부 소유로 편입시켰다.

문제 해설
제시된 자료는 1912년 일제가 공포한 토지 조사령이다. 일제는 토지 소유권을 보호하고 토지의 생산력을 높이기 위한 사업이라고 선전하였지만 실제로는 토지 소유권을 새로이 법적으로 확정하여 지세를 안정적으로 확보하는 데 목적이 있었다. 일제는 소작농의 경작권을 인정하지 않고 지주의 소유권만 인정하였다. 또, 필요한 서류를 구비하여 지정한 기일 내에 토지 소유자가 직접 신고하지 않는 토지는 조선 총독부 소유로 하였다.

바로잡기
① 조선 총독부는 지주의 토지 소유권과 권리를 강화하였는데, 이는 지주를 포섭하여 일제의 협력자로 만들기 위해서였다.

비법 암기
토지 조사 사업의 결과 : 총독부의 토지 약탈, 과세지 면적 증가, 식민지 지주제 강화

정답 | 01 ③ 02 ⑤ 03 ② 04 ①

05 산미 증식 계획

그래프와 관련된 일제의 경제 정책이 시행된 결과로 옳은 것을 <보기>에서 고른 것은?

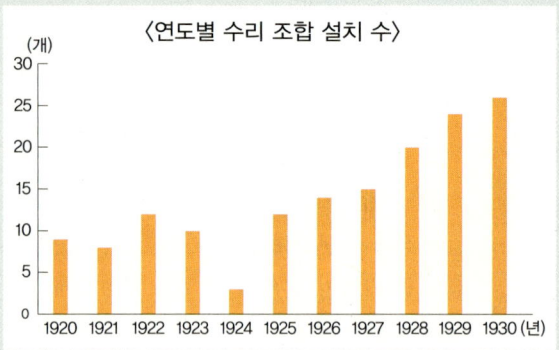

〈연도별 수리 조합 설치 수〉

〈보기〉
ㄱ. 미곡 중심의 단작형 농업 구조가 심화되었다.
ㄴ. 농민들이 가지고 있던 관습적 경작권이 부정되었다.
ㄷ. 지주가 수리 시설 개선 비용을 소작농에게 전가하였다.
ㄹ. 전국적으로 토지의 가격과 지형·지목 등이 조사되었다.

① ㄱ, ㄴ ② ㄱ, ㄷ ③ ㄴ, ㄷ
④ ㄴ, ㄹ ⑤ ㄷ, ㄹ

문제 해설
제시된 그래프와 관련된 일제의 경제 정책은 산미 증식 계획이다. 일본은 제1차 세계 대전 특수로 급속히 발전하였지만, 많은 농민이 도시로 떠나면서 식량 생산이 줄어들었고 그 결과 쌀값이 급등하였다. 일제는 부족한 쌀을 우리나라에서 약탈하기 위해 산미 증식 계획을 시행하였다. 산미 증식 계획으로 쌀 생산량은 늘어났지만 일제는 증산된 양보다 훨씬 더 많은 쌀을 일본으로 가져갔다. 이로 말미암아 국내 식량이 부족해졌고, 한국인들은 만주에서 생산되는 조, 수수, 콩 등 값싼 잡곡을 들여와 생계를 유지하였다. 산미 증식 계획의 진행 과정에서 농민들은 고율의 소작료뿐 아니라 수리 조합비, 비료 대금, 토지 개량비 등 쌀 증산 비용까지 부담하는 이중적 수탈에 시달렸다.

바로잡기
ㄴ, ㄹ. 토지 조사 사업에 해당하는 내용이다.

비법 암기
산미 증식 계획 : 일본으로 쌀 유출을 위해 계획 → 국내 식량 부족, 농민의 부담 증가 → 몰락 농민, 국외 이주민 증가

06 병참 기지화 정책

다음 법령이 발표된 시기의 경제 상황으로 옳은 것은?

제1조 본 법령은 경작을 목적으로 하는 토지의 임대차에 적용한다.
제3조 임대인이 마름 등 소작지의 관리자를 둘 때에는 조선 총독이 정하는 바에 의하여 부윤, 군수에게 신청한다.
제7조 소작지의 임대차 기간은 3년을 내려갈 수 없다. 단, 영년작물(永年作物) 재배를 목적으로 하는 임대차는 7년을 내려갈 수 없다.
제19조 임대인은 임차인의 배신 행위가 없는 한 임대차의 갱신을 거절할 수 없다. 단, 임대인에게 정당한 사유가 있을 경우에는 이 조항의 적용을 받지 않는다.

- 조선 농지령 -

① 식량 관리법이 제정되어 식량 공출이 확대되었다.
② 공업 원료 증산을 위해 남면북양 정책이 실시되었다.
③ 근대적 토지 소유제 확립을 명분으로 토지 조사 사업이 실시되었다.
④ 총독의 허가를 받아 회사를 설립하도록 규정한 회사령이 철폐되었다.
⑤ 호남선, 함경선 등이 건설되어 X자 형태의 간선 철도망이 구축되었다.

문제 해설
제시된 자료는 1934년에 제정·실시된 조선 농지령이다. 이 법령은 지주와 소작인 간의 분쟁을 소작인의 경작권을 보장함으로써 해결하고자 하였으나 근본적인 해결 방안이 되지는 못하였다. 이 시기 일제는 조선에서 산미 증식 계획을 중단하고 남면북양 정책을 시행하였다. 남부 지방의 농민에게는 목화를 재배하도록 하고, 북부 지방의 농민에게는 양을 기르도록 하여 우리나라를 값싼 원료 공급지로 삼아 일본의 방직업을 보호하고자 하였다.

바로잡기
① 중·일 전쟁 이후 전쟁에 필요한 물자를 수탈하기 위해 공출 제도를 실시하였다.
③ 1910년대 토지 조사 사업을 실시하였다.
④ 1920년대 회사령이 폐지되었다.
⑤ 호남선은 1914년에, 함경선은 1928년에 완공되었다.

비법 암기
병참 기지화 정책 : 한반도를 군수 물자의 보급 기지로 이용

07 일제 강점기의 경제 정책

다음 자료를 시대순으로 옳게 배열한 것은?

(가) 토지 소유자는 조선 총독이 정하는 기간 안에 주소, 씨명, 명칭 및 소유지의 소재, 지목, 자번호(字番號), 사표(四表), 등급, 지적, 결수(結..)를 임시 토지 조사국장에게 신고해야 한다.

(나) 앞으로 어떤 큰 사태가 닥쳤을 때, 가령 중국 대륙 작전군에게 일본 내지로부터의 해상 수송이 끊기더라도, 조선의 힘만으로 이것을 보충할 수 있을 정도로 군수 공업 육성 등 조선 산업 분야를 다각화해야 한다.

(다) 일본에서 쌀 소비는 연간 약 6천5백만 석이다. 일본 내 생산고는 약 5천8백만 석을 넘지 못한다. 해마다 부족분을 다른 제국 판도 및 외국에 의지해야 한다. …… 따라서, 지금 미곡 증식 계획을 수립하여 일본 제국의 식량 문제를 해결하는 데 도움을 주는 것은 진실로 국책상 급무라고 믿는다.

① (가) - (나) - (다)
② (가) - (다) - (나)
③ (나) - (가) - (다)
④ (나) - (다) - (가)
⑤ (다) - (나) - (가)

문제 해설
(가) '총독이 정하는 기간', '임시 토지 조사국장에게 신고'한다는 내용을 통해 1910년대에 실시된 토지 조사 사업임을 알 수 있다.
(나) '군수 공업 육성' 등의 내용을 통해 1931년 만주 사변 이후 일제가 추진한 병참 기지화 정책과 관련된 내용임을 알 수 있다.
(다) '미곡 증식 계획'을 수립하여 일본의 식량 문제를 해결한다는 내용을 통해 1920년대에 추진된 산미 증식 계획임을 알 수 있다.
따라서, 시대 순으로 나열하면 (가) - (다) - (나)가 된다.

비법 암기
일제 시기 경제 정책 : 토지 조사 사업(1910~1918), 산미 증식 계획(1920~1934), 병참 기지화 정책(1931~1945)

08 일제 강점기의 교육 정책

표와 같은 교육 과정이 시행된 시기의 교육 상황으로 옳은 것은?

〈고등 보통학교 학년별, 과목별 매주 수업 시수〉

교과목\학년	수신	일본어 및 한문	조선어 및 한문	외국어	역사 지리	수학	박물	물리 및 화학	법제 및 경제	실업	도화
1	1	8	3	6	3	4	2	-	-	-	1
2	1	8	3	7	3	4	2	-	-	-	1
3	1	6	2	7	3	5	2	2	-	-	1
4	1	5	2	5	3	4	2	4	-	2	1
5	1	5	2	5	3	4	-	4	2	2	1
계	5	32	12	30	15	21	8	10	2	4	5

① 경성 제국 대학이 설립되었다.
② 소학교가 국민학교로 개칭되었다.
③ 조선인과 일본인의 학교명이 통일되었다.
④ 학생들이 학교에서 황국신민서사를 암송하였다.
⑤ 조선인 학교와 일본인 학교의 수업 연한이 달랐다.

문제 해설
제시된 도표에서 고등 보통학교의 교육 과정에 일본어와 조선어가 포함되어 있는 것으로 보아 1922년에 실시된 제2차 조선 교육령임을 알 수 있다. 이 시기에는 다양한 민족 운동이 전개되는 가운데, 민족 교육을 통한 실력 양성 운동도 전개되었다. 제2차 조선 교육령에 따라 고등 교육이 가능해지자 우리 민족의 힘으로 대학을 설립하려는 민립 대학 설립 운동이 일어났다. 이에 대한 대응으로 일제는 한국인을 회유하려는 목적으로 서둘러 경성 제국 대학을 설립하였다. 그러나 경성 제국 대학은 사실상 한국인이 아닌 일본인을 위한 교육 기관이었다.

바로잡기
② 1941년 황국 신민화 교육과 내선일체 교육을 강화하기 위해 국민학교령을 시행하여 소학교를 국민학교로 개칭하였다.
③ 제2차 조선 교육령까지는 일본인 학교를 소학교, 조선인 학교를 보통학교로 구분하였으나, 제3차 조선 교육령(1938)부터는 소학교로 명칭을 통일하였다.
④ 제3차 조선 교육령 실시 이후의 사실이다.
⑤ 제1차 조선 교육령 때는 일본인의 소학교와 달리 조선인의 보통학교는 4년 교육 과정이었다.

비법 암기
제2차 조선 교육령 : 보통학교 6년, 고등 교육 가능, 조선사를 일본사에 포함

정답 | 05 ② 06 ② 07 ② 08 ①

2 3·1 운동과 대한민국 임시 정부 | VII 민족 운동의 전개

자료 읽기

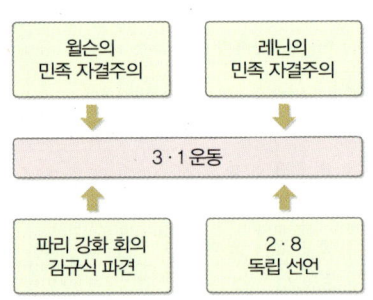

❶ 3·1 운동 직전의 국외 상황

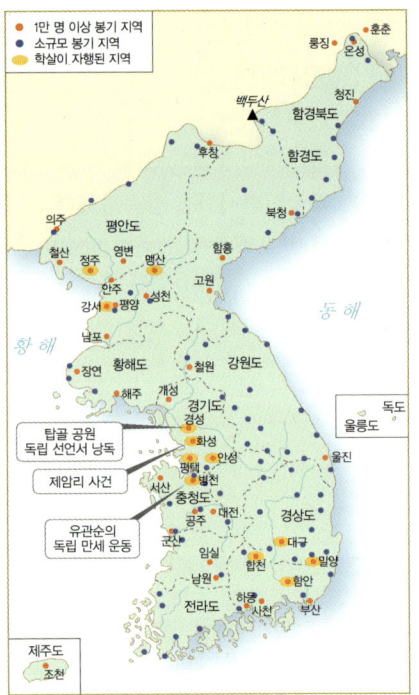

❶ 3·1 운동 당시의 봉기 지역

출제 예감

기미 독립 선언서(공약 3장)
- 금일 오인(吾人)의 이 거사는 정의, 인도, 생존, 존영을 위하는 민족적 요구이니 오직 자유적 정신을 발휘할 것이요, 결코 배타적 감정으로 일주하지 말라.
- 최후의 한 사람까지, 최후의 일각까지 민족의 정당한 의사를 쾌히 발표하라.
- 일체의 행동은 가장 질서를 존중하여 오인의 주장과 태도로 하여금 어디까지든지 광명정대하게 하라.

시기	1919
사건	**3·1 운동**

배경	• 국제 정세의 변화
	  ┌ 러시아 혁명(사회주의 국가인 소련 등장, 1917)·레닌의 **식민지 민족 지원 선언**(1917)
	  └ 윌슨의 **민족 자결주의**(파리 강화 회의를 앞두고 미국 대통령 윌슨이 제창, 1918)★
	    → 제2차 대전 패전국 식민지에만 해당(일본은 승전국 → 한국 미적용)
	• 국외 독립 선언
	  ┌ 상하이의 신한 청년당이 독립 청원서 작성, **파리 강화 회의**에 김규식 파견(1919. 1.)
	  ├ 만주 지린에서 **대한 독립 선언서(무오 독립 선언서)** 발표(1919. 2.)★
	  │ 독립 운동가 39인의 명의로 작성, 외교가 아닌 전쟁을 통해 독립 쟁취 주장
	  └ 일본 유학생들이 도쿄에서 **2·8 독립 선언서** 발표(1919. 2.) → **3·1 운동**의 도화선
	• 무단 통치와 토지 조사 사업으로 반일 감정 고조, **고종의 승하**(1919. 1.)와 독살설 유포
	  → 백성의 분노, 고종의 인산일(1919. 3. 3.)

전개·의의	• 3·1 운동의 준비
	  ┌ 천도교계의 **손병희**, 기독교계의 **이승훈**이 **신한 청년당**과 연결하여 만세 운동 계획
	  └ 학생들도 학교별로 독자적인 시위를 계획
	• 3·1 운동의 전개
	
	1단계
	• 손병희·이승훈·한용운 등 민족 대표 33인(종교계) 기미 독립 선언서 작성
	  → 태화관에서 공약 3장 낭독 후 자수
	• 학생들이 탑골 공원에서 독립 선언식·만세 시위 전개(평화적·비폭력 경향)★
	  → 서울 외에도 평양·의주·원산 등 주요 도시에서 독립 선언·만세 시위 동시 전개
	
	2단계: 도시 확산 단계
	• 도심 시위: 지식인·학생·종교인 주도 → 상인(철시)·노동자층(파업)으로 확대
	• 대도시 → 중소 도시로 확산
	
	3단계: 농촌 확산 단계
	• 도시 → 농촌으로 확산, 농민 중심
	• 일제의 무자비한 탄압에 맞서 무력적인 저항(폭력화 경향)
	  → 식민 통치 기관 파괴(면사무소·헌병 주재소 습격), 친일 지주 습격
	
	• 헌병 경찰의 무자비한 진압
	  ┌ 시위 군중을 총과 칼로 진압, 주모자 체포, 단순 가담자 태형
	  └ 제암리 학살 사건(일본 군경이 마을 주민을 제암리 교회에 모으고 집단 살해·방화)
	• 국외 확산: 간도 용정, 상해, 연해주(블라디보스토크), 일본(오사카), 미주 필라델피아 등지에서도 시위
	• 의의·영향
	  ┌ 일제의 식민 통치 방식 변화: 무단 통치(헌병 경찰 통치) → **문화 통치**★
	  ├ 일제에 맞선 조직적 대항 필요 → **대한민국 임시 정부** 수립★
	  ├ 독립 운동의 활성화: 실력 양성 운동(국내), **무장 독립 투쟁**(국외)★
	  ├ 독립 운동 기반 확대: 농민·노동자의 투쟁 의식 고취 → 대중 운동 활성화
	  └ 아시아 각국의 반제 운동에 영향: 중국의 5·4 운동, 인도의 비폭력·불복종 운동

★ Best 기출
- 3·1 운동 : 3·1 운동의 배경 | 3·1 운동의 전개 | 문화 통치로의 전환 | 무장 독립 투쟁 활성화
- 대한민국 임시 정부 : 임시 정부 수립 | 연통제, 교통국 | 독립 공채·애국 공채 발행 | 임시 정부의 외교 활동 | 국민 대표 회의 개최 | 임시 정부의 개헌

시기	1919. 9. ~ 1944	
	대한민국 임시 정부 수립과 활동	임시 정부의 위기와 재정비
배경	〈정부 수립〉 • 3·1 운동을 계기로 국내외에 여러 임시 정부 수립 	연해주	대한 국민 의회	전로 한족회 중앙 총회 개편
국내(한성)	한성 정부	13도 대표

상하이	임시 의정원, 임시 정부	신한 청년당 중심 |
		
		↓
		
		| 상하이
			대한민국 임시 정부	3권 분립, 민주 공화정 |
				
				• 상하이 임시 정부가 한성 정부의 법통성을 계승하고 대한 국민 의회(무장 투쟁 강조, 이동휘)와 통합하여 대한민국 임시 정부 수립 → 대통령 이승만, 국무총리 이동휘
					〈임시 정부의 위기〉
					• 일제의 탄압으로 1921년 이후 연통제·교통국 사실상 마비
					  → 자금난·인력난 발생
					• 외교 활동 성과 미흡: 강대국의 외면
					↓
					• 위임 통치 청원 사건*: 이승만·정한경이 미국의 윌슨 대통령에게 국제 연맹의 위임 통치를 청원(1919. 3.)
					  ┌ 임정 내부의 분열로 비화(1921)
					  │ – 임시 정부의 국무총리인 이동휘(무장 투쟁론)와 대통령인 이승만(외교 독립론) 사이에 대립 격화
					  └ 독립 운동의 방향을 두고 견해 차 뚜렷
					    → 외교 독립론·무장 투쟁론·민중 직접 혁명론·실력 양성론

주요
활동
	〈대한민국 임시 정부〉
	• 삼권 분립에 기초한 최초의 민주 공화정:
	  임시 의정원(입법부)·국무원(행정부)·법원(사법부)
	• 연통제: 비밀 행정 조직*
	  ┌ 정부 문서 전달·군자금 확보·정보 보고 담당
	  └ 각 도·군·면에 독판·군관·면감을 둠
	• 교통국: 임시 정부의 정보·통신 기관*
	  → 정보의 수집·분석·교환·연락 업무 담당
	• 군자금 조달
	  ┌ 애국 공채(독립 공채) 발행*, 국민 의연금 모집
	  └ 이륭양행(지금의 단둥, 아일랜드 인 쇼우 설립), 백산상회(부산)에서 송금
	• 군사 활동
	  ┌ 육군 무관 학교(상하이): 독립 전쟁을 수행할 지휘관 양성
	  └ 만주 독립군 흡수: 광복군 사령부, 광복군 총영, 육군 주만 참의부 결성
	• 문화 활동: 기관지 독립신문 간행, 임시 사료 편찬 위원회 설치
	• 외교 활동
	  ┌ 김규식을 외무 총장으로 임명
	  │ → 파리 강화 회의 등에 독립 청원 → 성과 미흡
	  └ 구미 위원부(이승만), 파리 위원부(김규식)
		〈국민 대표 회의〉*
		• 국민 대회 회의 소집(상하이, 1923)
		  ┌ 창조파(신채호·박용만): 무력 항쟁 강조, 임시 정부 해체
		  │ → 새로운 정부 수립 주장
		  ├ 개조파(안창호·이동휘): 실력 양성 우선, 임시 정부 개혁·존속
		  └ 현상 유지파(김구·이승만·이동녕): 임시 정부 그대로 유지
		↓
		• 국민 대표 회의 결렬
		  ┌ 창조파·개조파에 속한 많은 민족 운동가들이 임시 정부 이탈
		  └ 임시 정부, 민족 운동 대표성 상실
		• 임시 정부 이승만 탄핵, 박은식을 제2대 대통령으로 추대(1925)
		• 2차 개헌(1925): 국무령 중심의 내각 책임제
		• 3차 개헌(1927): 집단 지도 체제로 전환, 김구가 국무령에 취임
		• 김구, 한인 애국단 조직(1931) → 이봉창 의거, 윤봉길 의거
		• 김구 주도로 한국독립당 결성(충칭, 1940), 한국광복군 창설(1940)
		  → 대한민국 건국 강령 발표(조소앙의 삼균주의, 1941)
		• 4차 개헌(1940): 주석제
		• 5차 개헌(1944): 주석·부주석제

자료 읽기

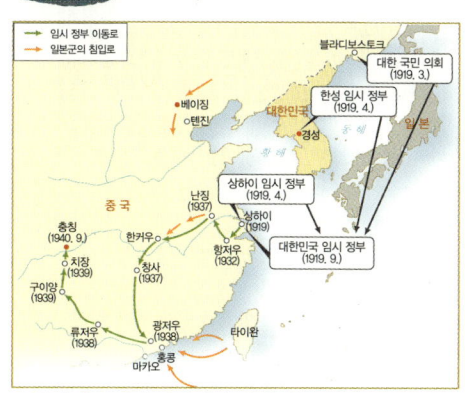

○ 대한민국 임시 정부의 수립과 이동

노선	내용
외교 독립론 (이승만)	독립을 위해 외교 활동으로 강대국의 도움을 받아야 한다.
무장 투쟁론 (이동휘)	무장 투쟁으로 독립을 쟁취하는 것이 최선이다.
민중 직접 혁명론 (신채호)	외교 노선이 아닌 민중 혁명으로 독립을 이루어야 한다.
실력 양성론 (안창호)	독립 전쟁에 앞서 민족의 실력을 양성해야 한다.

○ 임시 정부 내의 다양한 노선

📖 임시 정부의 활동

1  2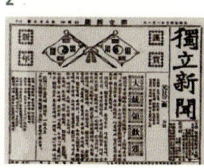

❶ 임시 정부의 애국 공채 | 임시 정부는 독립 자금을 마련하기 위해 애국 공채(국가가 필요한 재원 확보를 위해 국민에게 강제로 배당한 공채)를 발행하였다. ❷ 임시 정부의 독립신문 | 1919년 중국 상하이에서 임시 정부 인사들이 창간한 기관지이다.

3 국내 항일 운동 | VII 민족 운동의 전개

- 학생 운동

시기	1920년대	1926	1929
사건	학생 운동		
	학생들의 활동	6·10 만세 운동*	광주 학생 항일 운동*
배경	• 3·1 운동에서 학생들이 전위적 역할 담당 → 학생들의 사회적 지위 향상, 사회 의식의 성장	• 일제의 수탈 정책과 식민지 교육 정책에 대한 반발 → 순종의 죽음을 계기로 민족 감정 고조 • 사회주의 세력의 성장	• 일제의 한국인 학생에 대한 민족 차별과 식민지 교육 • 학생 운동의 조직화(6·10 만세 운동 이후): 독서회나 비밀 결사(성진회) 결성

전개	• 1920년대 초반: 동맹 휴학
	  ┌ 학내 문제 해결
	  └ 일본인 교사의 민족적 차별 문제시
	• 1920년대 후반
	  (6·10 만세 운동, 광주 학생 항일 운동)
	  ┌ 학생 운동의 조직화:
	  │ 독서회나 비밀 결사 결성
	  ├ 식민지 교육 철폐·
	  │ 조선인 본위의 교육 요구
	  └ 학생 운동이 일제의 식민 통치에 대항하는 항일 민족 운동으로 발전
		• 천도교·사회주의 계열의 계획이 사전 발각 → 학생들이 주도
		• 순종의 인산일*(1926. 6. 10.)에 경성에서 학생들이 만세 시위 전개, 동맹 휴학 → 시민 합세 → 대중 운동으로 확대
		• 구호 ┌ '조선인 교육은 조선인 본위로'
		      └ '보통학교 용어는 조선어로'
		• 의의
		  ┌ 민족주의 계열과 사회주의 계열의 연대 형성 계기 마련
		  │ → 민족 유일당 운동(좌우 합작)으로 발전, 이듬해 신간회 결성
		  ├ 제2의 3·1 운동*
		  └ 학생들이 독립운동의 구심점으로 부상
			• 광주에서 한·일 학생 간의 우발적인 충돌*
			  ┌ 일본 경찰의 일방적인 한국 학생 검거·탄압
			  ├ 광주 학생의 총궐기
			  │ → 전국적인 규모의 항일 투쟁으로 확대
			  └ 신간회 활동*:
			     진상 조사단 파견, 대규모 민중 대회 개최 준비
			• 학생들의 주장
			  ┌ 검거 학생 석방
			  ├ 언론·출판·집회·결사의 자유 보장
			  └ 식민지 교육 철폐·조선인 본위의 교육 요구
			• 의의
			  ┌ 3·1 운동 이후 최대 규모의 항일 민족 운동*
			  │ (참여 학교 194개·참여 학생 54,000여 명)
			  ├ 학생들이 독립 투쟁의 주역으로 성장
			  └ 국외까지 확산:
			     만주와 일본의 유학생도 함께 궐기

자료 읽기

출제 예감
6·10 만세 운동 때의 격문(발췌)
(1) 대한 독립 만세!!!
  – 조선은 조선인의 조선이다!
  – 횡포한 총독 정치의 속박으로부터 벗어나자!
  – 구미호 같은 일본인을 조선의 영역으로부터 구축하자!
(2) 대한 독립 운동자여 단결하라!!!
  – 일체 납세를 납부하지 말라!
  – 일본 물화를 배척하자!
  – 일본인 공장의 직공은 총파업하라!
  – 일본인 지주에게 소작료를 바치지 말자!
  – 일본인 교원에 교육을 받지 말자!
  – 언론·집회·출판의 자유를 보장하라!
  – 군대와 헌병을 철거하라!
(3) 조선인 교육은 조선인 본위!!!
  – 보통 교육을 의무 교육으로!
  – 보통 학교 용어를 조선어로!
  – 보통 학교장을 조선인으로!
  – 대학은 조선인을 중심으로!
           – 1926년 ○월 ○일 대한학생회 –

출제 예감
광주 학생 항일 운동 때의 격문 – 동맹 휴학(맹휴) 운동
400의 용사여! 우리의 전투는 당분간 전개해 나간다. 이 투쟁은 광주고등보통학교(광주고보), 전라남도에만 국한되는 것이 아니라, 전 조선·전 세계에 전개해야 할 것이기 때문에, 전 조선의 수백만 학생 대중은 우리의 성공을 눈물을 머금고 갈망하고 있다. 용사이여! 결사적으로 싸우라! 우리의 승리는 맹휴 중인 우리들에만 국한되는 것이 아니고, 피압박 백의민족 해방의 초보가 되는 소생의 원천이다. 용감한 투사여! 우리들의 생명이 계속할 때까지 싸워라! 학교 당국에 맹약서를 제출하는 자는 역적이다. 박멸 매장하라.
          – 맹휴 중앙 본부에서 발표한 경과 보고 –

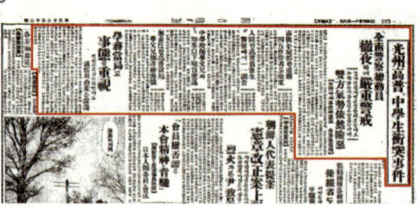

❶ 순종의 인산을 배관하는 군중(지금의 을지로) | 순종의 죽음은 6·10 만세 운동의 기폭제가 되었다. ❷ 광주 학생 항일 운동의 발단이 된 여고생 희롱 사건의 피해자들. ❸ 광주 학생 항일 운동을 보도한 기사(동아일보, 1929. 11. 6.) | 광주 학생 항일 운동은 일제 강점기 최대 규모의 학생 운동이었다.

★ Best 기출 ● 학생 운동과 신간회 창립 : 6·10 만세 운동 | 광주 학생 항일 운동 | 민족 유일당 운동 | 신간회 창립과 활동 | 신간회 해소

민족 유일당 운동과 신간회 창립

시기	1920년대	1926	1927
사건	민족주의 계열의 분화와 발전	민족 운동의 변화	신간회 창립★
전개	• **타협적 민족주의**(민족 개량주의) 　┌ 이광수·최린 　├ 민족 개조론(이광수가 발표한 논설) 　└ 일제의 식민 지배 인정(독립 포기), 　　**자치권·참정권** 주장(자치 운동 전개) • **비타협적 민족주의** 　┌ 이상재·안재홍 　└ 민족 개량주의 비판, 민족의 　　즉각적인 독립 주장, **실력 양성** 주장, 　　사회주의와 연대 추진	• 사회주의 사상의 유입: 민족 운동의 양상 변화 • 민족주의 계열: 민족 해방 주장 　→ 실력 양성 운동 전개 　　(물산 장려 운동, 민립 대학 설립 운동) • 사회주의 계열: 계급 해방 주장 　→ 사회 운동 전개(농민·노동 운동) • 민족주의 계열 내부의 분열: 　타협적 민족주의자들 사이에서 자치론 대두 　→ 비타협적 민족주의자와 대립	• 신간회 결성(1927)★ 　┌ 비타협적 민족주의자 + 사회주의자 　└ 회장 이상재(민족주의자), 　　부회장 홍명희(사회주의자) 선출 • 강령 　┌ 한민족의 정치적 완전 독립 　├ 한민족의 정치적·경제적 각성 촉구 　├ 전민족의 총단결 　└ 모든 자치 운동의 부인·모든 개량주의 운동 　　배격 → 타협적 민족주의 비판 　　("우리는 기회주의를 일체 부인한다")
사건	사회주의 사상의 유입	민족 유일당 운동★	
전개	• 레닌, 약소 민족의 독립 지원 약속 　(1917년 러시아 혁명 이후) • 3·1 운동 이후 사회주의 사상 유입 　┌ 해외 독립 운동가의 수용 　│ (연해주의 한인 사회에서 시작) 　├ 일본 유학생들이 수용 　├ 국내 청년 지식인층으로 파급 　└ 청년·학생·여성·노동자· 　　농민 운동에 영향 • **조선 공산당** 결성(박헌영, 1925) • 일제의 치안 유지법 제정(1925): 　사회주의 운동 탄압 　→ 조선 공산당 해체(1928)	• 배경 　┌ 제1차 **국·공 합작**: 중국 국민당과 공산당이 　│ 항일 운동을 위해 연합 전선 구축 　├ 한국 독립 유일당 북경 촉성회 창립(안창호) 　├ 만주 3부 통합 운동의 영향 　└ 6·10 만세 운동의 영향 　　→ 국내에서도 좌우 합작 기대 증폭 • **조선 민흥회** 결성(1926)★: 　민족주의 진영(조선 물산 장려회)과 　일부 사회주의자들의 연합 • **정우회 선언**(1926)★: 사회주의 계열인 정우회가 　비타협적 민족주의 세력과의 제휴를 선언	• 활동 　┌ 전국 각지에 지부 설치 　├ 토론회·**순회 강연회**를 통한 계몽 활동★ 　├ 조선인 본위의 교육 시행 　├ 노동·농민·청년·여성·형평 운동과 연계 　└ 광주 학생 항일 운동에 **진상 조사단** 파견, 　　민중 대회 계획(일제에 발각 → 집행부 구속) • 신간회의 해소★ 　┌ **코민테른**이 민족 연합 전선에 부정적 　├ 광주 학생 항일 운동 계기로 집행부 구속 　│ → 새 집행부의 **우경화**(타협론자들과 제휴 주장) 　└ 지회를 중심으로 우경화 반발, 해소론 대두 　　→ 전체 회의에서 신간회 해소 선언(1931) • 의의: 일제 치하 최대의 합법적 반일 사회 단체

자료 읽기

● 이광수의 민족 개조론

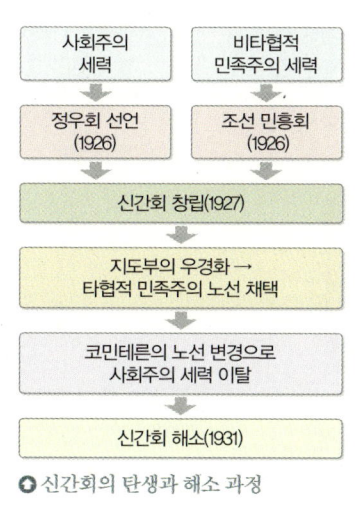
● 신간회의 탄생과 해소 과정

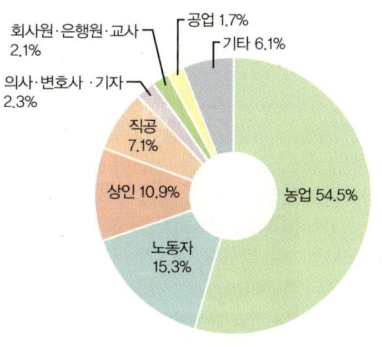
- "혜성" 제1권 4호, 1931. 6. -
● 신간회 회원의 직업별 구성

● 신간회 해소를 주장한 팸플릿, '조선 전위당 볼셰비키화를 위하여'

4 사회 운동과 농민·노동자 운동 | VII 민족 운동의 전개

- 청년·소년 운동, 여성 운동, 형평 운동

청년·소년 운동	여성 운동	형평 운동
〈청년 운동〉 • 목표 ┌ 청년의 품성 도야·사회 개선(표면) 　　　└ 민족의 생활과 역량 향상· 　　　　자주 독립 기반 구축(실제) • 활동: 강연회·토론회 개최, 야학·강습소 설치, 운동회 결성(심신 단련), 단연회·금주회·저축 조합 결성(생활 개선) • 조선 청년 총동맹 조직(1924) 　┌ 사회주의 계열 청년 단체가 중심 　├ 민족 유일당 운동의 영향(좌우 합작) 　└ 노동 운동과 농민 운동 지원 〈소년 운동〉 • 천도교 소년회 창립* 　┌ 청년 운동의 영향으로 천도교 청년회가 　│ 소년부 설치 → 천도교 소년회로 독립 　├ 5월 1일을 어린이날로 제정,* 기념식 거행 　└ 방정환, 어린이 잡지 "어린이" 발행	• 배경 　┌ 3·1 운동을 비롯한 항일 독립 운동의 참여 　└ 여성 노동자 증가 • 목표: 가부장적 사회 질서 타파, 문맹 퇴치, 구습 타파, 생활 개선, 여성 지위 향상 • 1920년대 초기 단체 　┌ 조선 여자 교육회(계몽 운동) 　├ 조선 여자 기독 청년회(종교 계통) 　├ 대한 애국 부인회(항일 단체) 　└ 조선 여성 동우회(좌익) • 근우회 결성(1927)* 　┌ 민족 유일당 운동의 영향: 민족주의 계열 　│ (여성 계몽)과 사회주의 계열(여성 해방·계급 　│ 투쟁) 단체 통합 　├ 신간회의 자매단체: 신간회와 연계하여 　│ 여성의 권익 옹호 　├ 노동 운동, 농민 운동 참가 　└ 신간회 해소 → 근우회 해체	• 배경 　┌ 법적으로는 신분제 철폐(갑오개혁 이후) 　└ 사회적 불평등은 지속 　　(호적에 백정 신분 기재, 자녀의 취학 어려움) • 백정들의 형평 운동* 　┌ 조선 형평사 조직(경남 진주, 1923) 　├ 전국적인 조직체로 발전 　├ 차별 폐지 운동 전개 　│　┌ 백정에 대한 사회적 차별 철폐 　│　├ 공평 사회 건설 　│　└ 교육의 균등 　├ 사회 단체들과 연대 강화 　├ 신분 해방 운동 → 민족 해방 운동으로 발전 　└ 1930년대 이후 일제의 탄압 강화 　　→ 1940년대 이후 종식

자료 읽기

 소년 운동

○ 방정환(1899~1931)

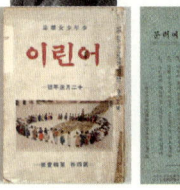
○ 잡지 "어린이"(왼쪽)와 어린이날 표어

근우회 창립 취지문

인류 사회는 많은 불합리를 생산하는 동시에, 그 해결을 우리에게 요구해 마지않는다. 여성 문제는 그중의 하나이다. …… 우리는 운동상 실천으로부터 배운 것이 있으니, 우리가 실지로 우리 자체를 위하여, 우리 사회를 위하여 분투하려면 우선 조선 자매 전체의 역량을 공고히 단결하여 운동을 전반적으로 전개하지 아니하면 아니 된다. 일어나라! 오너라! 단결하자! 분투하자! 조선의 자매들아! 미래는 우리의 것이다.
　　　　　　　　　　　　　　　　　　　　　- 1927년 5월 -

○ 1927년 근우회의 창립총회(왼쪽), 근우회에서 창간한 잡지 "근우"

백정에 대한 사회적 불평등

내가 10살이 되었을 때의 일이다. 아버지는 김이라는 양반에게 수십 원을 건네주고 나를 보통학교에 입학시켜 주셨다. 나는 하늘을 오른 기분이었다. 이제 겨우 백정의 생활에서 빠져나와 인간 생활로 들어가는 듯 했다. 그러나 생도들은 나를 가리켜 백정이라 욕하며 주먹을 쳐들고 …… 수백 명의 생도에게서 매일 수시간씩 입에 담을 수 없는 학대와 모욕을 받는 일은 참을 수 없는 일이었다.
　　　　　　　　　- ○○○의 고희 기념 회고록 중에서(1983년) -

○ 형평사 제6회 전조선 정기 대회 포스터

- **Best 기출**
  - 일제 강점기 사회 운동 : 암태도 소작 쟁의 | 원산 총파업 | 근우회 결성 | 형평 운동 | 어린이날 제정
  - 1920년대 실력 양성 운동 : 물산 장려 운동 | 민립 대학 설립 운동 | 문맹 퇴치 운동

• 농민 · 노동자 운동

	농민 운동	노동 운동
일제의 정책	• 토지 조사 사업(1910~1918) 　─ 근대적 토지 소유제 확립(명분) 　─ 지세 징수, 토지 약탈(실제) 　─ 토지에 대한 지주의 소유권만 인정, 소작농의 관습적 경작권 · 도지권 부정 • 산미 증식 계획(1920~1934) 　─ 배경: 일본 국내의 쌀 부족 　　→ 한반도 내 쌀 증산 · 수탈 • 농촌 진흥 운동(1932~1940) 　─ 조선 총독부 주도 　─ 배경: 대공황(1929)으로 농민의 몰락 가속화 　─ 농민의 자력 갱생(명분) 　　→ 각종 농민 운동 · 저항 통제(실제) 　─ 조선 농지령(1934) 　　┌ 마름(소작 관리인)의 중간 수탈 방지 　　└ 고율의 소작료에 대한 제한 없음 　　→ 식민지 지주제를 옹호하는 가운데 소작권 보호 • 식량 관리법 제정(1943): 식량 공출 확대	• 회사령 　─ 허가제: 총독의 허가를 받아 회사 설립 　─ 한국인의 기업 설립 억압 • 회사령 폐지(1920) 　─ 허가제에서 신고제로 전환 　─ 일본 및 조선인 기업의 증가 　　→ 노동자 증가 • 식민지 공업화 정책 • 병참 기지화 정책 • 전시 동원 체제
1920 년대	• 식민지 지주제 형성 　─ 농민의 경작권 상실(불안정한 소작권) 　─ 지주의 권한 강화(고율 소작료) 　─ 식민지 수탈 정책 　　→ 농민은 기한부 계약제 소작농으로 전락 • 1920년대 소작 쟁의: 생존권 투쟁 　─ 소작료 인하 · 소작권 이동 반대 　─ 전라도, 경상도, 황해도에서 발생(곡창 지대) • 암태도 소작 쟁의(전라남도 신안군 암태도, 1923): 　고액 소작료를 요구하는 지주 문재철에 　대항하여 소작료 인하 달성	• 1920년대 노동 쟁의 　─ 배경: 노동자 수 증가, 일본인 자본가의 　　민족 차별, 값싼 임금, 열악한 노동 조건 　─ 사회주의 사상 유입으로 활기 • 원산 총파업(1929. 1.~1929. 4.) 　─ 발단: 라이징 선 석유 회사에 일본인 　　감독관이 조선인 노동자를 폭행(1928) 　─ 원산 노동 연합회 동맹 파업 · 총파업 단행 　　(연합회 산하 노조원 2,200여 명 약 4개월간 투쟁) 　─ 노동 조건 개선 요구(감독 파면, 단체 협약권 　　보장, 최저 임금 보장, 8시간 노동제 실시 등) 　─ 반제국주의 항일 투쟁으로 변모 　　→ "일본 자본가 타도" 외침 　─ 중국 · 일본 노동자의 동조 파업 및 격려
	• 조선 노농 총동맹(1924): 전국적 규모의 운동 단체 결성 　→ 조선 농민 총동맹 · 조선 노동 총동맹으로 분화(1927)	
1930 년대	• 혁명적 농민 조합 · 혁명적 노동 조합(적색 조합, 1930년대) 　─ 사회주의 세력과 연계 　─ 비합법적 방법으로도 투쟁 　─ 소작료 인하(농민) · 노동 조건 개선 → 정치 투쟁(1930년대) 　─ 구호: '토지를 농민에게', 동척 철폐, 식민지 지주제 철폐, 일제 타도 　　→ 항일 민족 운동으로 발전 　　→ 중 · 일 전쟁 이후 일제의 민족 말살 통치로 쇠퇴	

출제 예감

농촌 진흥 운동(1930년대)

제1조 본 법령은 경작을 목적으로 하는 토지의 임대차에 적용한다.

제3조 임대인이 마름 등 소작지의 관리자를 둘 때에는 조선 총독이 정하는 바에 의하여 부윤, 군수에게 신청한다.

제7조 소작지의 임대차 기간은 3년을 내려갈 수 없다. 단, 영년작물(永年作物) 재배를 목적으로 하는 임대차는 7년을 내려갈 수 없다.

제19조 임대인은 임차인의 배신 행위가 없는 한 임대차의 갱신을 거절할 수 없다. 단, 임대인에게 정당한 사유가 있을 경우에는 이 조항의 적용을 받지 않는다.

— 조선 농지령(1934) —

출제 예감

1930년대 농민 운동

종래 조선의 농민 운동이 치열하였다고는 하나 무리한 소작권 이동과 높은 소작료 반대 등이 주요 원인이었다. 그러나 1930년경부터 쟁의 형태가 점차 전투적으로 변해갔다.

이 시기에는 단순히 경작권 확보를 위해서가 아니라 '토지를 농민에게'와 같은 구호를 내걸고 농민 야학, 강습소 등을 개설하여 계급적 교육을 하였다. 또한 농민 조합의 조직도 크게 달라져 청년부, 부인부, 유년부 같은 부문 단체를 조직하여 지주에 대한 투쟁이 정치 투쟁화 하는 경향이 생겼다.

— 조선 총독부 경무국 비밀 보고서 —

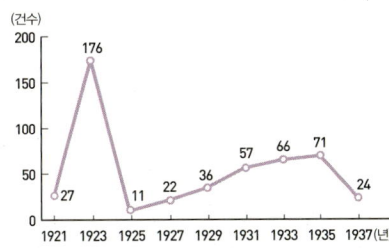

○ 연도별 소작 쟁의 발생 건수

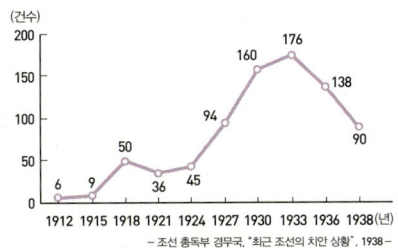

○ 연도별 노동 쟁의 발생 건수

5 실력 양성 운동 | VII 민족 운동의 전개

1920년대 실력 양성 운동(민족주의 계열)

사건	물산 장려 운동*	민립 대학 설립 운동*	문맹 퇴치 운동*
배경	• 3·1 운동 이후 회사령 철폐로 민족 기업 등장 　┌ 경성 방직 주식회사(지주 출신 김성수) 　└ 평양 메리야스 공장(서민 출신) • 일본 기업의 한반도 진출 • 일본과 조선 사이의 관세 철폐(1923) 예고에 대응	• 일제의 우민화 교육 정책 • 고등 교육 기관의 필요성 대두 • 제2차 조선 교육령 → 대학 설립 가능	• 일제의 식민지 차별 교육 정책 　→ 문맹자 수 증가
전개	• 조만식 목사, 평양에서 평양 물산 장려회 결성(1920) 　→ 조선 물산 장려회 발족(1923) • 평양에서 시작되어 전국으로 확산 　┌ 구호 ┬ '내 살림은 내 것으로' 　│　　├ '조선 사람 조선 것으로' 　│　　└ '우리가 만든 것 우리가 쓰자' 　├ 자급자족, 국산품 애용, 금주·단연 운동, 근검 저축 　├ 자작회, 토산 애용 부인회 결성 　└ 기관지 "자활", 잡지 "장산(奬産)" 간행 • 한계 ┬ 민족 자본의 생산 능력 미흡 　　　│　→ 생필품 가격 상승 　　　├ 상인이나 자본가에게 이익 집중 　　　│　→ 사회주의 진영: "자본가를 위한 운동" 비판 　　　└ 일제와 타협하는 개량주의 성격으로 변모 　　　　　→ 민족주의자 진영 이탈, 청년·대중의 외면	• 이상재, 조선 민립 대학 기성회 조직(1922) 　─ 조선 민립 대학 기성회 발기 총회 개최(1923) 　─ 1,000만 원 모금 운동 전개* 　　'한민족 1,000만이 한 사람 1원씩' 　─ 일제의 억압과 거듭된 흉년으로 모금 운동 중단 　─ 비판: 당시는 고등 교육보다 민중을 위한 대중 교육이 시급 • 일제는 회유책으로 경성 제국 대학 설립(1924)*	• 문맹 퇴치 운동(1920년대 말부터 1934년): 　┌ 농촌 계몽 운동 전개(언론 기관 중심) 　└ 조선어 학회가 교재 보급 • 문자 보급 운동(조선일보): 　"아는 것이 힘이다. 배워야 산다." • 브나로드 운동(동아일보)* 　┌ "민중 속으로" 　└ 심훈 "상록수", 이광수 "흙" 　○ 브나로드 운동 포스터 　○ 조선일보사가 보급한 교재 "한글 원본"

자료 읽기

📖 출제 예감

조선 물산 장려가
1. 산에서 금이 나고 바다에 고기 / 들에서 쌀이 나고 목화도 난다. / 먹고 남고 입고 남고 쓰고도 남을 물건을 내어 주는 삼천리 강산 / 물건을 내어 주는 삼천리 강산
2. 조선의 동모들아 이천만민아 / 두발 벗고 두팔 것고 나아오너라. / 우리 것 우리 힘 우리 재조로 우리가 만드러서 우리가 쓰자. / 우리가 만드러서 우리가 쓰자.
3. 조선의 동모들아 이천만민아 / 자작 자급 정신을 잇지를 말고 네 힘것 버러라. 이천만민아 거긔에 조선이 빗나리로다. / 거긔에 조선이 빗나리로다. ─ 동아일보, 1926. 9. 1. ─

📖 출제 예감

물산 장려 운동 비판
물산 장려 운동의 사상적 도화수가 된 것이 누구인가? 저들의 사회적 지위로 보나 계급적 의식으로 보나 결국 중산 계급임을 벗어나지 못하였으며, 적어도 중산 계급의 이익에 충실한 대변인인 지식 계급이 아닌가. …… 이리하여 저들은 민족적, 애국적 하는 감상적 미사로써 눈물을 흘리면서 저들과 이해가 전연 상반한 노동 계급의 후원을 갈구하는 것이다.
─ 동아일보, 1923. 3. 20. ─

📖 민립 대학 설립 운동

📖 출제 예감

한민족 1,000만이 한 사람 1원씩
우리들의 운명을 어떻게 개척할까? 정치냐, 외교냐, 산업이냐? 물론 이러한 사업들이 모두 다 필요하도다. 그러나 그 기초가 되고 요건이 되며 가장 급무가 되고 가장 선결의 필요가 있으며 가장 힘 있고 가장 필요한 수단은 교육이 아니면 불가능하도다. 민중의 보편적 지식은 보통 교육으로도 가능하지만 심오한 지식과 학문은 고등 교육이 아니면 불가하며…… 우리들의 생존을 유지하며 문화의 창조와 향상을 기도하려면, 대학의 설립을 빼고는 다른 길이 없도다.
─ 민립 대학 발기 취지서(1923) ─

📖 문맹 퇴치 운동(브나로드 운동)

📖 출제 예감

브나로드 운동 선전문
우리는 모름지기 자신을 초월할 것이다. 모든 이들을 위해 자신의 이해와 고락을 희생할 것이다. 우리는 보수를 바라지 않는 일꾼이 되어야 할 것이다. 새로운 사상을 갖는 새로운 학생들을 보라! 그들은 명예와 이익은 안중에도 없고, 오직 끓는 열과 성의에서 자신의 민족을 사랑하고 자신의 사회를 희생하였다 하지 않는가. 숨은 일꾼이 많아라! 참으로 민중을 생각하는 마음으로 민중을 대하라. 그리하여 민중의 계몽자가 되고 민중의 지도자가 되라!
─ 동아일보, 1931. 7. 5. ─

📖 출제 예감

문자 보급 아리랑
우리나라 강산에 방방곡곡
새살림 소리가 넘쳐 나네.
에이헤 에헤야 우렁차다.
글소경 업새란 소리 높다.
아리랑 아리랑 아라리요.
아리랑 고개로 넘어간다.
아리랑 고개는 별고개라
이 세상 문맹은 못 넘기네.

📖 물산 장려 운동 포스터

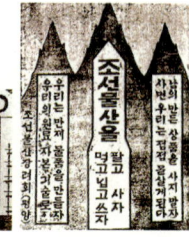

01 3·1 운동

(가)의 배경으로 옳지 않은 것은?

- (가)을(를) 준비한 지도부는 평화 시위를 통해 독립 의지를 알려서 강대국의 도움을 받아야 한다고 생각했어.
- (가)은(는) 대한민국 임시 정부를 수립하고 무장 독립운동을 본격적으로 전개하는 계기가 되었기 때문에 민족 운동사에서 큰 의의를 가지고 있어.

① 도쿄에서 유학생들이 2·8 독립 선언을 발표하였다.
② 레닌이 세계의 민족 해방 운동을 지원할 것을 선언하였다.
③ 만주에서 민족 지도자들이 대한 독립 선언서를 발표하였다.
④ 상하이의 신한 청년당이 파리 강화 회의에 대표를 파견하였다.
⑤ 안창호의 주도로 한국 독립 유일당 북경 촉성회가 창립되었다.

문제 해설

(가)는 3·1 운동이다. 미국의 윌슨 대통령이 제창한 민족 자결주의는 식민지와 반(半)식민지 민족을 크게 고무하였다. 게다가 사회주의 혁명이 성공하여 정권을 잡은 소련의 레닌도 식민지가 된 약소국의 독립을 지원하기 위해 민족 자결의 원칙을 천명하였다. 이러한 분위기에 힘입어 1919년 1월에 상하이의 신한 청년당은 독립 청원서를 작성하여 김규식을 파리 강화 회의에 대표로 파견하여 독립의 정당성을 알렸다. 1919년 2월에 만주 지린에서 독립운동가 39인의 명의로 작성된 대한 독립 선언서(무오 독립 선언서)가 발표되었는데, 여기서 39인은 외교가 아닌 전쟁을 통해 독립을 쟁취할 것을 주장하였다. 1919년 2월 8일에는 일본 유학생들이 도쿄 한복판에서 독립 선언서를 발표하였다. 2·8 독립 선언은 3·1 운동의 도화선으로 작용하였다.

바로잡기

⑤ 한국 독립 유일당 북경 촉성회는 1926년 중국 북경에서 민족 유일당 운동으로 조직된 독립 운동 단체이다.

비법 암기

3·1 운동의 배경 : 레닌의 식민지 민족 지원 선언, 윌슨의 민족 자결주의, 파리 강화 회의에 김규식 파견, 무오 독립 선언서, 2·8 독립 선언

02 대한민국 임시 정부

(가) 단체에 대한 탐구 활동으로 적절한 것은?

만주 항일 유적지 답사기

○○월 ○○일

인천에서 배를 탄 다음날 아침 중국 단둥(丹東)에 도착하였다. 단둥에는 조지 쇼(Show. G. L)가 운영하던 무역 선박 회사인 이륭양행이 있었다. 쇼는 ___(가)___ 이(가) 국내와의 연락을 위해 교통국을 설치할 수 있도록 사무실을 빌려주었다. 또한, 자기 이름으로 우편물의 왕래와 무기 수입의 편의까지 제공하였고, 김구를 비롯해 수많은 독립운동가가 상하이로 갈 수 있게 도와주었다.

① 105인 사건의 재판 기록을 찾아본다.
② 2·8 독립 선언서의 내용을 분석한다.
③ 애국 공채의 발행 과정에 대해 조사한다.
④ 신흥 무관 학교 설립의 목적을 알아본다.
⑤ 고종 강제 퇴위 반대 운동의 전개 과정을 파악한다.

문제 해설

(가) 단체는 대한민국 임시 정부이다. 임시 정부는 국내와 만주 지역에 연통부를 설치하고 국내 비밀 행정 제도인 연통제를 시행하였으며, 국내와의 비밀 연락을 위한 통신 기관인 교통국을 설치하였다. 이때, 영국인 조지 쇼가 만주에서 운영한 회사인 이륭양행에서 임시 정부의 활동을 도와주었다. ③ 임시 정부는 애국 공채를 발행하거나 국민 의연금을 모금하여 군자금을 마련하였다.

바로잡기

① 105인 사건은 신민회와 관련된 사건이다.
② 일본 유학생들의 2·8 독립 선언은 3·1 운동의 도화선이 되었다.
④ 신흥 무관 학교는 신민회가 세운 독립군 사관 학교이다.
⑤ 고종의 강제 퇴위 반대 운동은 자강회가 주도하였다.

비법 암기

대한민국 임시 정부의 활동 : 삼권 분립, 연통제·교통국 설치, 독립 공채 발행, 광복군 사령부 창설, 외교 위원부·구미 위원부 설치 등

03 국민 대표 회의

밑줄 그은 ㉠ 시기에 제기된 독립운동가들의 주장으로 옳지 <u>않은</u> 것은?

> 3·1 운동 이후 민족 운동을 이끌 지도부의 필요성이 제기되어 한성, 상하이, 연해주 등지에 임시 정부가 조직되었다. 이 임시 정부들을 단일화하자는 주장이 제기되면서, 한성 정부의 법통을 이어받아 통합된 대한민국 임시 정부가 상하이에서 출범하였다. 대한민국 임시 정부는 한동안 ㉠<u>대통령이 국정을 총괄하는 체제</u>로 운영되었다. 이후 1925년에 국무령 중심의 내각 책임 지도제로, 1927년에 국무위원 중심제로, 1940년에 주석 지도 체제로, 1944년에 주석·부주석 중심 체제로 개편되었다.

① 이동휘 - 독립을 위하여 적극적인 무장 투쟁이 필요하다.
② 이승만 - 구미 위원부를 중심으로 외교 활동을 전개해야 한다.
③ 김 구 - 한국 광복군을 창설하여 독립군 투쟁을 강화해야 한다.
④ 안창호 - 임시 정부의 장래를 논의할 국민 대표 회의를 개최해야 한다.
⑤ 신채호 - 기존의 임시 정부를 해체하고 독립운동의 새로운 구심점을 만들어야 한다.

문제 해설
㉠ 시기는 대한민국 임시 정부의 정치 체제가 대통령 중심제로 운영되던 1919년부터 1925년까지이다. 1923년 임시 정부의 위기를 타개하고 장래를 논의하기 위하여 안창호 주도로 국민 대표 회의를 개최하였다. 임시 정부를 개편하여 유지하려는 안창호 중심의 개조파와 기존의 임시 정부를 해체하고 독립 운동의 새로운 구심점을 만들자고 주장하는 신채호 중심의 창조파가 대립하였다. 이동휘는 국민 대표 회의에서 적극적인 무장 투쟁을 주장하였다. 한편, 이 시기 이승만은 구미 위원부를 중심으로 적극적인 외교 활동을 전개해야 한다고 주장하였다.

바로잡기
③ 독립군의 투쟁을 강조하여 한국 광복군이 창설된 해는 1940년이다.

비법 암기
국민 대표 회의: 무장 투쟁론과 외교론의 갈등 → 임시 정부의 새로운 진로 모색 → 개조파와 창조파로 분열 → 결렬

04 6·10 만세 운동

다음 자료에 해당하는 민족 운동에 대한 설명으로 옳은 것은?

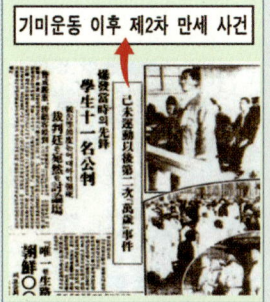

> 조선 민중아!
> 우리의 철천지원수는 자본·제국주의 일본이다.
> 2천만 동포야!
> 죽음을 각오하고 싸우자!
> 만세 만세 조선 독립 만세!

① 신간회의 지원 속에 전국적으로 확산되었다.
② 순종의 인산일에 학생들의 주도로 전개되었다.
③ 대한민국 임시 정부가 수립되는 계기가 되었다.
④ 민족 자결주의와 2·8 독립 선언의 영향을 받았다.
⑤ 한국인 학생과 일본인 학생 간의 충돌에서 비롯되었다.

문제 해설
제시된 자료에서 말하는 기미운동 이후 제2차 만세 사건은 1926년에 일어난 6·10 만세 운동이다. 1926년 6월 10일 순종의 인산일을 기해 일부 민족 운동 단체와 학생들이 시위를 계획하였다. 그 가운데 사회주의자들이 추진한 계획은 일본 경찰에 의해 사전에 발각되고 말았다. 그러나 조선 학생 과학 연구회를 비롯한 학생들은 예정대로 시위 운동을 추진하여 6월 10일 군중 사이에서 격문을 뿌리고 독립 만세를 외치며 가두 시위를 벌였다. 이때 검거된 학생이 200명이 넘었다.

바로잡기
① 신간회는 학생 시위를 전국 규모의 운동으로 확산하기 위해 대규모 민중 대회를 개최하려고 하였지만, 일제가 신간회 간부를 대거 검거함으로써 계획이 무산되었다
③ 3·1 운동의 영향으로 대한민국 임시 정부가 수립되었다.
④ 민족 자결주의와 2·8 독립 선언의 영향으로 3·1 운동이 일어났다.
⑤ 광주 학생 항일 운동이 일어나게 된 배경이다.

비법 암기
6·10 만세 운동: 일제의 수탈과 식민 교육에 반발 → 순종의 인산일에 학생 주도로 만세 시위 전개 → 시민 합세

05 광주 학생 항일 운동

(가)에 대한 설명으로 옳은 것은?

> **항일 독립운동 사적지 조사 보고서**
> 1. 사적지명: 김기권 문방구점 터
> 2. 현재 상태: 문방구점 건물은 없어지고 금남로 공원이 조성되어 있다.
> 3. 역사적 사실: 1929년 6~7월 경 광주 지역 각 학교에서 조직된 독서회를 총괄하는 중앙 본부가 이곳에서 결성되었다. 독서회 중앙 본부는 11월 3일 시위로 본격화된 (가) 이(가) 조직적으로 전개되는 데 주도적인 역할을 하였다.

① 순종의 장례 일을 맞아 가두 시위를 벌였다.
② 일본어 상용과 신사 참배 강요에 저항하였다.
③ 신간회 중앙 본부가 진상 조사단을 파견하였다.
④ 일제의 무단 통치를 완화시키는 계기가 되었다.
⑤ 일제가 조작한 105인 사건으로 큰 타격을 입었다.

문제 해설
제시된 자료는 광주 학생 항일 운동 사적지와 관련된 내용이다. 광주 학생 항일 운동은 1929년 일본 학생과 한국 학생의 충돌로 시작되었다. 이때 일본 경찰이 조선 학생들만 검거하는 편파적인 조치를 하자 11월 3일 광주에서 학생들이 격문을 뿌리고 총궐기하였다. 전국에서 194개교의 5만 4,000여 명이 참여한 이 운동은 일제 강점기 최대의 학생 운동이자 3·1 운동 이후 국내 최대의 항일 민족 운동이었다. 한편, 신간회는 광주 학생 항일 운동에 진상 조사단을 파견하고 진상 보고를 위한 민중 대회를 개최하고자 하였다. 민중 대회 계획은 사전에 일본 경찰에 발각되어 신간회 간부와 회원들이 대거 구속되었다.

바로잡기
① 순종의 인산일을 기하여 6·10 만세 운동이 일어났다.
② 1938년 이후에 나타난 민족적 저항이다.
④ 3·1 운동으로 인해 무단 통치가 완화되고 이른바 문화 통치로 전환되었다.
⑤ 신민회는 105인 사건으로 신민회 회원들은 와해되었다.

비법 암기
광주 학생 항일 운동: 광주에서 한·일 학생 충돌 → 광주 학생의 총궐기 → 전국적 규모의 항일 투쟁

06 민족 유일당 운동

다음 두 주장의 영향으로 나타난 역사적 사실로 옳은 것은?

> • 산업 종사자, 종교인, 학생, 지식인 등 전 국민의 단합과 통일을 주장한다. 민족적 통합의 그 목적은 '조선의 해방'에 있다. …… 최근의 운동에서는 계급 운동의 참여자라 할지라도 연합 민족 운동을 강렬히 요구하고 있다.
>
> • 민족주의적 세력에 대하여는 그 부르주아 민주주의적 성질을 명백하게 인식하는 동시에 또 과정적 동맹자적 성질도 충분히 승인하여, 그것이 타락하는 형태로 출현되지 아니하는 것에 한하여 적극적으로 제휴하여 대중의 개량적 이익을 위하여서도 종래의 소극적 태도를 버리고 분연히 싸워야 할 것이다.

① 민족 유일당 운동이 추진되어 신간회가 결성되었다.
② 민족주의자를 중심으로 실력 양성 운동이 전개되었다.
③ 한성, 상하이, 연해주 지역의 임시 정부가 통합되었다.
④ 일제와 타협적인 경향을 보이는 자치 운동이 대두되었다.
⑤ 학생과 종교계 대표들의 주도로 만세 운동이 시작되었다.

문제 해설
첫 번째 자료는 조선 민흥회의 창설 취지문이고, 두 번째 자료는 정우회 선언이다. 1920년대 중반 이후 이념과 노선을 뛰어넘어 민족의 역량을 하나로 모아 항일 투쟁을 전개하자는 의식이 확산되면서, 국내외 독립운동가들 사이에서 민족 유일당 운동이 활발하게 일어났다. 국내에서는 사회주의 진영과 비타협적인 민족주의 진영이 연합하여 신간회를 조직하였다.

바로잡기
② 민족 유일당 운동은 민족주의 진영과 사회주의 진영의 협동 전선을 구축하고자 하였다.
③ 대한민국 임시 정부에 관한 설명이다.
④ 일부 민족주의자들은 일제와 타협하여 자치권을 획득하자는 자치 운동을 전개하였다
⑤ 3·1 운동에 관한 설명이다.

비법 암기
민족 유일당 운동: 민족주의 진영과 사회주의 진영이 이념과 노선을 뛰어넘어 민족 운동 추진

정답 | 03 ③ 04 ② 05 ③ 06 ①

07 노동 쟁의와 소작 쟁의

다음 자료에 해당하는 사회 운동에 대한 설명으로 옳지 않은 것은?

〈1920년대 신문 만평〉 〈쟁의 발생 상황〉

연도	건수	참가 인원(명)
1921	27	2,967
1923	176	9,060
1925	11	2,646
1927	22	3,285
1929	36	2,620
1931	57	5,486
1933	66	2,492
1935	71	2,795
1937	24	2,234

출처: 조선총독부경무국, 『최근조선의치안상황』, 1938

① 지주의 소작료 인상과 소작권 이동 등에 저항하였다.
② 전라도, 경상도, 황해도 등지에서 많이 발생하였다.
③ 토지 조사 사업과 산미 증식 계획을 배경으로 일어났다.
④ 중앙 조직인 조선 농민 총동맹의 지도를 받기도 하였다.
⑤ 사회 진화론에 입각하여 민족 실력 양성 운동을 전개하였다.

문제 해설
제시된 자료와 관련된 사회 운동은 소작 쟁의이다. 일제의 토지 조사 사업과 산미 증식 계획으로 소작료가 증가하고 소작농의 처지가 악화되자 농민들은 소작인 조합을 결성하고 소작료 인하, 소작권 이동 반대 등의 생존권 투쟁을 전개하였다. 특히, 1927년 조선 농민 총동맹이 결성된 이후 이 단체의 지도를 받으며 더욱 활발하게 전개되었다. 1930년대에는 일제의 수탈에 저항하는 항일 민족 운동의 성격으로 변화하였다. 소작 쟁의는 주로 곡창 지대인 전라도, 경상도, 황해도 등지에서 많이 발생하였다.

바로잡기
⑤ 사회 진화론에 입각하여 전개된 민족 실력 양성 운동으로는 1920년대 물산 장려 운동, 민립 대학 설립 운동과 1930년대 문맹 퇴치 운동 등이 있다.

비법 암기
노동 쟁의와 소작 쟁의 : 1920년대 생존권 투쟁 → 1930년대 정치 투쟁

---

08 형평 운동

다음 자료에 대한 탐구 활동으로 가장 적절한 것은?

> 내가 10살이 되었을 때의 일이다. 아버지는 김이라는 양반에게 수십 원을 건네주고 나를 보통학교에 입학시켜 주셨다. 나는 하늘을 오른 기분이었다. 이제 겨우 백정의 생활에서 빠져나와 인간 생활로 들어가는 듯 했다. 그러나 생도들은 나를 가리켜 백정이라 욕하며 주먹을 쳐들고 …… 수백 명의 생도에게서 매일 수시간씩 입에 담을 수 없는 학대와 모욕을 받는 일은 참을 수 없는 일이었다.
> - ○○○의 고희 기념(1983년 ○○월 ○○일)
> 회고록 중에서 -

① 형평 운동의 배경을 알아본다.
② 교육 입국 조서의 내용을 파악한다.
③ 신흥 무관 학교의 교육 내용을 분석한다.
④ 민립 대학 설립 운동의 전개과정을 알아본다.
⑤ 언론 기관의 문맹 퇴치 운동 지원 활동을 조사한다.

문제 해설
제시된 자료는 백정에 대한 차별과 관련된 내용을 담고 있다. 1894년 갑오개혁으로 신분 제도가 폐지되었음에도 불구하고 백정들에 대한 사회적 차별은 여전하였다. 그리하여 백정들은 사회적 차별을 철폐하기 위해 1923년 진주에서 조선 형평사를 창립하고 형평 운동을 전개하였다. 이후 조선 형평사는 전국으로 조직을 확대하였고, 다른 사회 운동 단체들과 연대하면서 항일 민족 운동을 전개하였다.

바로잡기
② 1895년 반포된 교육 입국 조서에 따라 소학교, 사범 학교, 외국어 학교 등 각종 관립 학교가 설립되었다.
③ 1911년 서간도 지역으로 이주한 신민회 회원들은 독립 운동 기지인 삼원보를 건설하고 신흥 무관 학교를 세웠다.
④ 1923년 조직된 조선 민립 대학 기성회를 중심으로 민립 대학 설립 운동이 전개되었다.
⑤ 1920년대 후반부터 1930년대까지 조선일보의 문자 보급 운동, 동아일보의 브나로드 운동 등 문맹 퇴치 운동이 전개되었다.

비법 암기
형평 운동 : 백정들의 신분 차별 타파 주장, 조선 형평사 조직, 다른 사회 운동 단체와 연대

09 물산 장려 운동

다음 노래 가사에 나타난 민족 운동에 대한 설명으로 옳은 것을 〈보기〉에서 고른 것은?

> 조선의 동무들아 이천만민아
> 두 발 벗고 두 팔 걷고 나아오너라
> 우리 것 우리 힘 우리 재조(才操)로
> 우리가 만들어서 우리가 쓰자
> 우리가 만들어서 우리가 쓰자

〈보기〉
ㄱ. 사회주의 세력의 참여로 활성화되었다.
ㄴ. 평양에서 시작되어 전국으로 확산되었다.
ㄷ. 제국신문, 대한매일신보 등의 적극적인 지원을 받았다.
ㄹ. 일본과 조선 사이의 관세 철폐 움직임에 대응하여 시작되었다.

① ㄱ, ㄴ   ② ㄱ, ㄷ   ③ ㄴ, ㄷ
④ ㄴ, ㄹ   ⑤ ㄷ, ㄹ

문제 해설
제시된 자료는 조선 물산 장려가의 노래 가사 일부이다. 1920년대 회사령이 폐지되면서 민족 기업들이 설립되었지만, 이어진 일본 상품의 관세 철폐 움직임에 일본 기업들의 국내 진출이 용이해졌다. 물산 장려 운동은 이에 대항하여 토산품 애용 등 민족 산업의 보호·육성을 주장하였다. 이 운동은 조만식, 이상재 등 민족주의 계열이 중심이 되어 1920년 평양에서 조선 물산 장려회 발기인 대회를 열면서 시작되었다. 1923년 경성에서 조선 물산 장려회가 조직되면서 '내 살림은 내 것으로'라는 구호 아래 물산 장려 운동은 전국으로 확산되었다.

바로잡기
ㄱ. 사회주의 세력은 물산 장려 운동이 자본가 계급이 자신들의 물건을 팔려는 이기적인 운동이라고 비난하였다.
ㄷ. 제국 신문(1898~1910), 대한 매일 신보(1904~1910)는 1910년 일제의 탄압으로 폐간되었다.

물산 장려 운동의 목표 : 민족 산업 보호·육성 → 민족 경제의 자립

10 민립 대학 설립 운동

다음과 같은 취지에서 전개된 운동에 대한 설명으로 옳지 않은 것은?

> 우리의 운명을 어떻게 개척할까? 정치냐, 외교냐, 산업이냐? 물론 이와 같은 일이 모두 필요하도다. 그러나 그 기초가 되고 요건이 되며 가장 급한 일이 되고, 가장 먼저 해결할 필요가 있으며 가장 힘 있고 필요한 수단은 교육이 아니면 아니 된다. …… 오늘날 조선인이 세계 문화 민족의 일원으로 남과 어깨를 견주고 우리의 생존을 유지하며 문화의 창조와 향상을 기도하려면 대학의 설립이 아니고는 다른 방도가 없도다.

① 서울에서 기성회 발기인 총회를 개최하였다.
② 모금 횡령 혐의를 입은 양기탁의 구속으로 위축되었다.
③ '한 민족 1천만이 한 사람이 1원씩'이라는 구호를 내세웠다.
④ 전국에 지방부를 조직하고 자본금의 모금 활동을 진행하였다.
⑤ 경성 제국 대학 창설 위원회를 설치한 일제의 방해를 받았다.

문제 해설
제시된 자료에서 '교육'과 '대학의 설립'을 강조하는 것으로 보아 민립 대학 설립 운동임을 알 수 있다. 민립 대학 설립 운동은 3·1 운동 이후 제2차 조선 교육령에 의해 대학 설립이 가능해지자 1922년 이상재 등의 주도로 서울에서 조선 민립 대학 기성회를 조직하여 '한 민족 1천만이 한 사람 1원씩'이라는 구호를 내걸고 모금 운동을 전개하였다. 이 운동이 큰 호응을 얻자 일제는 이를 방해하기 위하여 경성 제국 대학을 설립하였다. 결국, 민립 대학 설립 운동은 일제의 탄압과 사회주의자들의 비판, 1925년과 1926년의 연이은 흉년으로 중단되었다.

바로잡기
② 양기탁에게 모금 횡령 혐의를 씌어 모금 운동을 방해한 것은 1907년의 국채 보상 운동 때이다.

민립 대학 설립 운동 : 조선 민립 대학 기성회 창립 → 모금 운동 전개 → 일제의 억압과 거듭된 흉년으로 중단

6 국외 항일 무장 투쟁 | VII 민족 운동의 전개

- 1910년대 독립운동 기지 건설

	독립군 기지	자치 기관/정당	군정 기관/군사 단체	교육/언론
남만주 (서간도)	• 삼원보: 신민회의 이회영, 이시영, 이상룡 건설	• 경학사(1911) → 부민단 ─ 1910년대 초 만주에서 조직된 최초의 독립운동 단체 ─ 양기탁 등 신민회 간부 중심	• 부민단 → 서로 군정서★ (자치 기관에서 군사 기관으로 개편) • 대한 독립단(박장호, 의병·복벽주의)	• 신흥 강습소 → 신흥 무관 학교★ (독립군 양성 학교)
북만주 (북간도)	• 밀산부 한흥동: 이상설, 이승희 건설 • 왕청, 용정	• 대한 국민회(간도 국민회) ─ 기독교계 중심 ─ 안무, 국민회군 결성 → 홍범도의 대한 독립군 후원	• 중광단(대종교에서 조직, 서일) → 북로 군정서(총사령관 김좌진)★ • 대한 독립군(홍범도)	• 서전서숙(이상설)★ • 명동 학교(김약연)
연해주 (블라디보스토크)	• 신한촌	• 성명회(이상설) • 권업회(이상설, 이동녕)★ • 대한 국민 의회(손병희 정통령)	• 13도 의군(유인석, 이상설): 의병 계열 • 광복회(신채호, 이동휘) • 대한 광복군 정부(권업회 계승, 이상설 정통령)★	• 해조신문(1908)
중국 상하이		• 신한 청년당(여운형·김규식) ─ 파리 강화 회의에 김규식 파견★ ─ 대한민국 임시 정부: 프랑스의 조계에 임정 수립(외교 활동에 유리)		
미주 각 지역		• 대한인 국민회(1910) ─ 배경: 장인환·전명운, 친일 미국인 스티븐스 사살(1908) → 미주 지역 민족 단체 통합 ─ 안창호와 이승만, 운영 주도권을 놓고 경쟁 • 대조선 국민 군단: 박용만이 미국 하와이에서 결성, 군사 훈련 실시 • 흥사단(1913): 안창호가 미국 샌프란시스코에 창립, 독립 운동에 직·간접적으로 참여		

자료 읽기

○ 서전서숙 | 1906년 만주 용정촌에 세워진 우리나라 최초의 신학문 민족 교육 기관이다.

○ 1910년대 국외 독립운동 기지 건설

○ 1920년대 국외 독립운동

출제 예감

독립운동을 위해 노블레스 오블리주를 실천한 사람들

서너 마지기의 강냉이 밭에 농사를 지어 아이 셋, 사위, 일꾼 내외, 학생 6명까지 모두 13명의 식구가 지내니 겨울 석 달의 식량도 못 된다. 양식이 떨어지면 둘째 댁에서 강냉이 두 부대를 보낸다. 강냉이를 따서 3주가 되어 그것을 연자매로 갈면 두 말도 못 되니 며칠이나 먹으리오.

이은숙(이회영의 아내), "서간도 시종기"

○ 봉오동 전투와 청산리 대첩

○ 1930년대 독립군의 활약

★ Best 기출
- 1910년대 독립운동 기지 건설 : 독립군 기지 | 경학사 | 권업회 | 서로 군정서 | 중광단, 북로 군정서 | 신흥 무관학교
- 1920~1930년대 무장 독립 투쟁 : 봉오동 전투 | 청산리 대첩 | 간도 참변 | 자유시 참변 | 3부 결성과 통합 | 한국 독립군 | 조선 혁명군 | 동북 항일 연군

• 1920~1930년대 항일 무장 독립 투쟁

시기		1920년대		1930년대 이후
국외 독립 투쟁	승리	• **봉오동 전투**(1920)★ ┌ 독립군 일부, 두만강을 건너 일본군 기습 └ 일본군, 화룡현 봉오동 지역에 파견 → 홍범도의 **대한 독립군** + 　군무 도독부(최진동) + 국민회군(안무) → 일본군 수백 명 살상 • **청산리 대첩**(1920)★ ┌ 일본군, 훈춘 사건 조작 │ (중국 마적단을 매수하여 훈춘의 │ 일본 공사관을 고의로 습격) └ 일본군, 독립군 토벌 위해 　만주 진입 → **북로 군정서**(김좌진) + **대한 독립군**(홍범도) + **의민단**(천주교의 항일 조직) → 6일간 10여 차례 대승	10월 21일: 백운평 전투, 완루구 전투 22일: 천수평 전투, 어랑촌 전투 23일: 맹개골 전투, 만기구 전투 24~25일: 천보산 전투 26일: 고동하 전투 ◎ 청산리 전투의 전개	〈한・중 연합 작전〉 • 배경: **만주 사변**(1931) 발생, 만주국 수립(1932) → 중국인의 반일 감정 격화 • **조선 혁명군**(총사령관 양세봉)★ ┌ 남만주 지역에서 중국 의용군과 연합 └ **영릉가・흥경성** 전투에서 일・만 연합군 격파 • **한국 독립군**(총사령관 지청천) ┌ 북만주 지역에서 중국 호로군과 연합 └ **쌍성보・사도하자・동경성・대전자령** 전투에서 일・만 연합군 격파 〈1930년 중반 이후〉 • 일・만 연합군의 북만주 초토화 작전 → 임시 정부의 요청으로 한국 독립군 중국 관내로 이동 → 한국 광복군 창설에 참여 〈만주 지역의 항일 유격 투쟁〉 • 배경 ┌ 1920년대 이후 농민 대거 이주 　　　├ 사회주의 세력의 성장 　　　└ 만주 지역 농민 운동 • 동북 인민 혁명군 조직(1933): **동북 항일 연군**(1930년대 후반)으로 개편★ ┌ 중국 공산당 지원하의 **사회주의자** 중심 부대 ├ 만주・국내에 **조국 광복회**(김일성) 조직 ├ 여러 차례 국내 진공 작전 실시 └ 보천보 전투(1937): 조국 광복회의 지원을 받으며 전개한 유격전, 국내 진공 작전
	시련	• **간도 참변**(경신참변, 1920)★ 청산리 대첩에서 패퇴한 일제가 만주 소재 한인촌에 방화・약탈・학살 자행 → 한인 3,400~1만여 명 피살 • **자유시 참변**(1921)★ ┌ 간도 참변 이후 독립군 연합 부대, │ 소・만 국경의 밀산부 한흥동으로 이동 ├ 서일을 총재로 **대한 독립 군단** 조직, 소련으로 이동 └ 독립군의 지휘권을 둘러싼 내분, 　**소련 적군의 무장 해제 요구** → 자유시 참변 발생		
	3부로 재정비	• **3부 결성**★ ┌ **참의부**(임시 정부 산하 기관) ├ **정의부**(지청천, 남만주 일대) └ **신민부**(김좌진, 북만주 일대) → 군정 조직이자 자치를 담당하는 민정 기관 • **미쓰야 협정**(1925): 조선 총독부 경무국장 미쓰야와 만주 군벌 장쭤린 간에 **독립군 체포・인도 합의** → 독립군 활동 위축		◎ 1920~1940년대 주요 독립군 현황
	통합	• 배경 ┌ 중국의 제1차 국・공 합작(1924) ├ 미쓰야 협정 체결로 독립운동 위축 ├ 사회주의 계열과 민족주의 계열의 대립 └ 민족 유일당 운동의 전개로 신간회 창립(1927) • 남만주: **국민부** → 조선 혁명당, **조선 혁명군**(양세봉) • 북만주: **혁신 의회**(김좌진・지청천) → 한국 독립당, **한국 독립군**(지청천)		

부대	주요인물	창설	활동
대한 독립군	홍범도	1919	봉오동 전투, 청산리 전투
북로 군정서	김좌진	1919	청산리 전투
대한 독립군단 (밀산부 한흥동)	서일	1920	간도 참변 후 독립군 부대 통합 조직, 자유시 참변
조선 혁명군 (남만주 일대)	양세봉	1929	영릉가 전투, 흥경성 전투
한국 독립군 (북만주 일대)	지청천	1930	쌍성보 전투, 사도하자 전투, 대전자령 전투
동북 항일 연군	김일성	1935	보천보 전투
조선 의용대 (중국 무한)	김원봉	1938	민족 혁명당의 군사 조직
한국 광복군 (충칭)	지청천 이범석	1940	임시 정부 산하 조직, 국내 정진군 편성
조선 의용대 화북지대	윤세주	1941	호가장 전투
조선 의용군 (화북)	김두봉 무정	1942	조선 독립 동맹의 군사 조직, 일제 패망 후 북한 인민군에 편입

7 의열 투쟁과 건국 준비 노력 | VII 민족 운동의 전개

• 의열 투쟁

시기	1910년대 비밀 결사 및 의열 투쟁	1920년대 의열 투쟁	1930년대 이후 의열 투쟁
비밀 결사	• **독립 의군부**★ — 의병장 출신 **임병찬**(유생, 최익현의 제자) — **고종의 밀명**을 받아 비밀 결사로 조직 — **복벽주의**(왕정 체제를 지지하는 복고주의) — **국권 반환 요구서**를 조선 총독부 및 각 국 공사관·일본 정부에 보내려다 발각 • **대한 광복회**(박상진, 채기중)★ — 군대식 조직: 총사령 박상진, 부사령 김좌진 — 전국적인 조직, 만주에도 지부 설립 — **군자금 모집**, 친일 부호 처단 — **공화 정체**의 국가 건설을 지향	• **의열단**(1919)★ — 만주에서 **김원봉**의 주도로 조직 — 성격: 식민 통치 기관 파괴·요인 암살 운동 — 지침: **신채호**의 **조선 혁명 선언** "민중은 우리 혁명의 대본영이다" • 의열단의 활동 — **박재혁**, 부산 경찰서에 폭탄 투척(1920) — **김익상**, 조선 총독부에 폭탄 투척(1921) — **김상옥**, 종로 경찰서에 폭탄 투척(1923) — **나석주**, **동양 척식 주식회사**에 폭탄 투척(1926) • 의열단의 방향 전환: 개별 의거의 한계 인식 → 대중 투쟁과 군사 운동 — **황포 군관 학교**(중국 광저우) 입학 ← 중국 혁명 세력과의 연대 — **조선 혁명 간부 학교** 설립(중국 난징, 1932) — **민족 혁명당** 결성(1935) → 통일 전선 필요성 — **조선 의용대** 조직(1938) → 중·일 전쟁(1937) 이후 국민당 장제스의 후원	• **한인 애국단**(1931)★ — 배경: 대한민국 임시 정부의 침체 — **김구** 주도로 상하이에서 결성 — 일본인 주요 요인 암살 운동 • 한인 애국단의 활동 — **만주 사변**(1931) → 중국인의 반일 감정 격화 — **이봉창** 의거(도쿄에서 일왕 히로히토 사살 미수, 1932)★ — 상하이 사변(중국 신문이 이봉창의 의거를 대서 특필 → 일제가 중국의 반일 정서를 구실로 상하이 침략, 1932) — **윤봉길** 의거(상하이 훙커우 공원에서 요인 섬멸, 1932)★ → 이 사건을 계기로 **중국 국민당 정부**가 **대한민국 임시 정부 지원**, 한국 광복군 창설
의열 투쟁	• **대한국민 노인 동맹단**: **강우규**, 사이토 총독에게 폭탄 투척(1919)		

• 재외 한인 사회

	만주	연해주	일본	미주
1910년대	• 조선 후기부터 생계 유지를 위해 농민 이주 • 삼원보, 밀산부 한흥동 등 독립 운동 기지 마련	• 20세기 초 이주 급증 • 한인 집단 거주지인 신한촌 형성 • 국외 의병 운동의 중심지 • 대한 광복군 정부, 대한 국민 의회 결성	• 도쿄 유학생 중심으로 2·8 독립 선언 발표	• 대한제국 시기부터 하와이, 미국, 멕시코(애니깽) 등지로 이주★ • 동서 개발 회사(하와이 노동 이민자 모집을 위해 설립된 회사) • 사탕 수수 농장 및 철도 건설 노동자 → 한인 사회 형성 • 사진 결혼에 의한 부녀자 이민
1920년대	• 무장 독립 운동 전개 (봉오동 전투, 청산리 대첩) • 간도참변(1920)		• 1922년부터 일본 이주자 수가 만주 이주자 수를 상회★ • 일본 공장 지대로 이주 • **관동 대학살**(1923): 관동 대지진 당시 6,000여 명의 한인이 일본 자경단에게 무차별 학살	• 1919년 필라델피아에 집결, 독립 선언식 및 시가행진(서재필)
1930년대	• 만주 사변으로 인해 활동 약화	• 소련의 스탈린, 연해주의 한인 17만여 명을 **중앙아시아**로 강제 이주(1937)★	• 중·일 전쟁, 태평양 전쟁으로 한국인 150만 명 강제 징용	• **재미 한족 연합 위원회**(1941) — 대한민국 임시 정부 후원 위해 모금 활동 전개

자료 읽기

❶ 김원봉(의열단), ❷ 나석주(의열단), ❸ 강우규(대한국민 노인 동맹단), ❹ 이봉창(한인 애국단), ❺ 윤봉길(한인 애국단)과 도시락 폭탄

▶ 재일 한국인 수 변동 추이

★ Best 기출
- 항일 무장 투쟁 : 대한 광복회의 활동 | 의열단의 활동 | 조선 혁명 선언 | 한인 애국단의 활동 ● 재외 한인 사회 : 관동 대학살 | 중앙아시아 강제 이주
- 건국 준비 노력 : 조선 의용대의 활동 | 한국 독립당 | 조소앙의 삼균주의 | 한국광복군의 활동 | 조선 의용군의 활동 | 조선 건국 동맹과 좌우 합작

• 건국 준비 노력

연도	1930년대	1940년대		
당	민족 혁명당(1935)	한국 독립당(1940)	조선 독립 동맹(1942)	조선 건국 동맹(1944)
지역	• 중국 난징	• 중국 충칭	• 중국 옌안(연안)	• 대한민국 경성
인물	• 김원봉, 김규식, 지청천, 조소앙	• 김구	• 김두봉, 무정	• 여운형
과정	• 민족주의 계열과 사회주의 계열이 민족 유일당 건설을 목표로 결성 • 임시 정부를 반대하는 세력 결집 (의열단, 한국 독립당, 조선 혁명당 등 5개 단체 참여) • 조소앙·지청천 등 민족주의계 인사 탈퇴 • 김원봉(의열단) 중심의 조선 민족 혁명당으로 개편	• 한국 국민당(김구) + 조선 혁명당(지청천) + 한국 독립당(조소앙) • 대한민국 임시 정부의 여당: 주석 중심제 • 조소앙의 삼균주의★ (정치·경제·교육의 균등) → 대한민국 건국 강령 선포 (보통 선거를 통한 민주 공화국 수립) • 임시 정부의 좌·우익 통일 전선 ┌ 조선 민족 혁명당(김원봉, 김규식) 합류 └ 조선 독립 동맹과 제휴 노력	• 중국 화베이(화북) 지방의 사회주의 계열	• 좌우 합작★ ┌ 여운형(중도 좌파) └ 안재홍(중도 우파)
군사	• 조선 의용대(1938)★ ┌ 중국 국민당 지원을 받아 조직 ├ 중국 관내 최초의 한국인 무장 부대 └ 일본군에 대한 심리전, 후방 공작 활동 전개 • 화베이(화북) 지방으로 이동 ┌ 조선 의용대 화북 지대 결성★ ├ 호가장 전투(1941) ├ 화베이으로 이동하지 않은 일부는 한국광복군에 흡수(1942) └ 대부분 조선 의용군에 합류★	• 한국광복군(1940)★ ┌ 충칭에서 중국 국민당 지원으로 창설 ├ 총사령관 지청천, 참모장 이범석 취임 ├ 김원봉의 조선 의용대 일부 편입 ├ 일본군에서 탈출한 학도병이 참여 ├ 태평양 전쟁 직후 대일 선전 포고 ├ 인도·미얀마 전선에서 영국군과 연합 작전 수행(1943) └ 미국 전략 첩보 기구(O.S.S.)와 합작하여 국내 정진군 편성, 국내 진공 작전 준비 → 일본의 항복으로 실현하지 못함	• 조선 의용군(1942)★ ┌ 옌안에서 김두봉이 결성 (총사령관 무정) ├ 중국 공산당 팔로군과 함께 항일 투쟁 ├ 조선 의용대 화북 지대 흡수 ├ 광복 이후 중국의 국·공 내전 참여 └ 일제 패망 뒤 북한 인민군에 편입	• 일제의 패망과 광복에 대비하여 건국 준비 • 10개 도에 지방 조직 설치 • 조선 독립 동맹과의 협동 작전 모색

자료 읽기

사회주의 계열의 흐름

민족 혁명당
- 의열단 중심
- 한국 독립당·조선 혁명당 탈퇴

↓ 개편

조선 민족 혁명당
- 김원봉, 한국광복군 합류

↓ 화베이 지방

조선 독립 동맹

조소앙(1887~1958)

삼균주의(三均主義)
임시 정부의 국무 위원인 조소앙이 광복 후 독립 국가 수립을 위한 기본 정책으로 내세운 사상이다. 삼균주의는 정치적 균등(보통 선거), 경제적 균등(생산 기관 국영화), 교육적 균등(의무 교육)을 실현하고, 개인과 개인 간의 평등, 민족과 민족 간의 평등, 국가와 국가 간의 평등을 주장하였다.

대한민국 건국 강령
정치적으로는 의회주의에 바탕을 둔 민주 공화국 건설, 경제적으로는 대기업의 국영화, 토지의 국유화, 자영농 위주의 토지 개혁 시행, 보통 선거의 시행, 무상 교육 시행 등의 내용이 담겨있다.

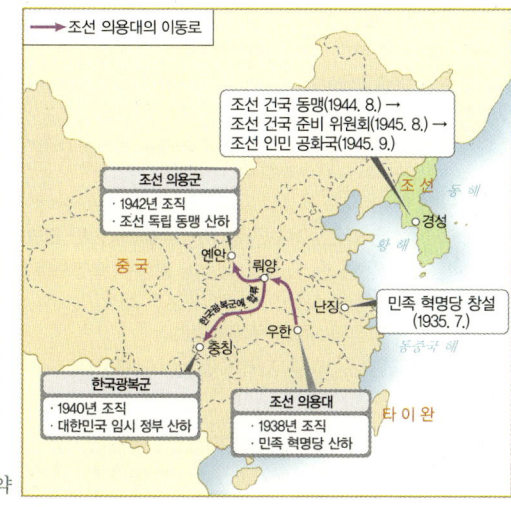

◐ 1940년대 독립군의 활약

01 1910년대 독립군 기지

일제 강점기 (가), (나) 지역 국외 동포의 활동으로 옳은 것은?

① (가) - 해조신문, 권업신문 등을 발간하였다.
② (가) - 신흥 강습소를 세워 독립군을 양성하였다.
③ (나) - 서전서숙, 명동 학교 등을 건립하였다.
④ (나) - 한인 자치 기구인 경학사를 결성하였다.
⑤ (가), (나) - 대한인 국민회를 중심으로 외교 활동을 전개하였다.

02 봉오동 전투

다음 지도는 어느 독립운동가의 행적을 표시한 것이다. (가)에 들어갈 내용으로 옳은 것은?

① 한·중 연합군을 결성하여 활동함.
② 대한 독립군을 이끌고 일본군을 격파함.
③ 중광단을 중심으로 북로 군정서를 조직함.
④ 서전서숙을 설립하여 민족 교육을 실시함.
⑤ 신흥 무관 학교를 설립하여 독립군을 양성함.

문제 해설
제시된 지도는 만주와 연해주에 독립운동 기지를 설치하였던 지역을 나타낸 것이다.
(가) 신민회의 이회영, 이시영, 이상룡 등이 삼원보를 개척하여 독립운동 기지로 삼았고, 여기에 자치 기관인 경학사를 조직하였다. 경학사가 흉년과 일제의 탄압, 중국인의 배척 등으로 해산되자, 이상룡 등이 자치 기관인 부민단을 조직하였다. 부민단은 1919년 군사 기관인 서로 군정서로 개편되었고, 신흥 강습소는 독립군 간부 양성을 위한 신흥 무관 학교로 개편되었다.
(나) 러시아 연해주 지역의 항만 도시 블라디보스토크에는 한인촌인 신한촌이 형성되었는데, 이곳에 이상설, 이동녕, 유인석 등이 모여 권업회라는 독립운동 단체를 조직하였다. 권업회는 국외의 무장 독립 단체들을 모아 대한 광복군 정부라는 독립군 조직을 만들었다.

바로잡기
① 해조신문, 권업신문이 발간된 지역은 블라디보스토크이다.
③ 용정촌, 명동촌 등 한국인 마을이 형성된 북간도에서는 서전서숙, 명동 학교 등이 설립되었다.
④ 경학사가 결성된 지역은 삼원보이다.
⑤ 대한인 국민회는 미주 지역에 결성된 단체이다.

비법 암기
1910년대 독립군 기지 : 만주(삼원보, 왕청, 용정), 러시아(연해주, 하바롭스크)

문제 해설
제시된 자료의 인물은 봉오동 전투, 청산리 전투, 카자흐스탄 강제 이주 등의 내용으로 보아 독립운동가인 홍범도이다. 1920년 홍범도는 독립 운동의 근거지인 봉오동에서 대한 독립군을 비롯한 독립군 연합부대를 이끌고 일본군을 기습 공격하여 큰 승리를 거두었다.

바로잡기
① 1931년 만주사변 이후 남만주 지역의 조선 혁명군과 북만주 지역의 한국 독립군은 일본군에 대항하여 중국군과 함께 한·중 연합 작전을 전개하였다.
③ 서일과 김좌진을 중심으로 하는 대종교인들이 1919년 3·1 운동 이후 직속 독립군 부대인 중광단을 확대 개편하여 왕청에서 북로 군정서를 조직하였다.
④ 서전서숙은 을사조약 직후 만주로 망명한 이상설이 1906년 만주 용정에 설립한 민족 교육 기관이다.
⑤ 1910년 국권 상실 후 신민회는 만주에 독립운동 기지로 삼원보를 개척하였고, 그곳에 신흥 무관 학교를 설립하여 독립군을 양성하였다.

비법 암기
봉오동 전투 : 독립군 국내 진입하여 일본군 기습 → 일본군의 진압 부대 투입 → 홍범도가 이끄는 독립군 연합 부대가 일본군을 공격하여 승리

03 간도 참변

다음의 가상 프로그램에서 소개될 수 있는 내용으로 적절하지 않은 것은?

기획 특집 : ○○지역의 독립 운동과 시련
방송 시간 : 2010년 8월 12~14일, 오후 10:00~11:00
제1부 민족 교육의 요람 서전서숙
제2부 청산리여! 아, 청산리여!
제3부 경신참변 그 참혹한 현장

① 학교를 설립하는 이상설
② 해조신문을 만드는 편집진
③ 대종교 교리를 배우는 청년들
④ 훈춘 사건을 일으킨 중국 마적단
⑤ 전투를 지휘하는 김좌진과 홍범도 장군

문제 해설

제시된 자료에 나오는 서전서숙은 이상설이 북간도 지역에 설립한 민족 교육 기관이었다. 한편, 일제는 독립군을 없앨 명분을 얻기 위해 중국 마적단을 매수해 일본 영사관을 불태우게 하였다. 이러한 상황에서 김좌진의 북로 군정서, 홍범도의 대한 독립군 등이 집결하여 청산리로 일본군을 유인하여 대파하였다. 여기서 김좌진의 북로 군정서는 만주 지역에 거주한 대종교인들이 만든 단체인 중광단을 모태로 창설한 독립군 부대였다. 그리고 경신 참변은 간도 참변이라고도 하는데, 청산리 대첩 이후 일제의 보복으로 간도 지역의 조선인 주민들이 피해를 당한 사건이었다.

바로잡기

② 해조신문은 이상설이 연해주에서 민족 의식의 고취와 독립 운동의 상황을 국내에 알리기 위해 발간한 신문이다.

 **비법 암기**

간도 참변 : 일제가 패전에 대한 보복으로 간도 지역에 사는 동포들을 무참히 학살

04 3부의 결성

(가)~(라)에 관한 설명으로 옳은 것을 〈보기〉에서 고른 것은?

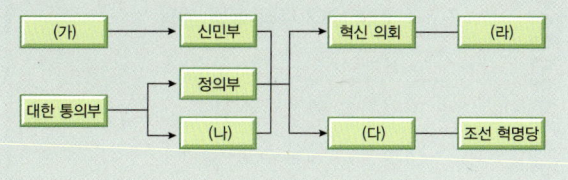

〈보기〉
ㄱ. (가) - 미쓰야 협정으로 타격을 입었다.
ㄴ. (나) - 대한민국 임시 정부로부터 군정부로 승인받았다.
ㄷ. (다) - 3부를 개인 본위로 통합한 결과 성립되었다.
ㄹ. (라) - 산하 군대가 쌍성보·대전자령에서 승전하였다.

① ㄱ, ㄴ ② ㄱ, ㄷ ③ ㄴ, ㄷ
④ ㄴ, ㄹ ⑤ ㄷ, ㄹ

문제 해설

(가) 대한 독립 군단, (나) 참의부, (다) 국민부, (라) 한국 독립군이다. 자유시 참변 이후 북만주로 돌아온 독립군들은 대한 독립 군단을 재조직하였고, 남만주 지역에서는 대한 통의부가 조직되었다. 대한 통의부가 이념과 노선의 대립으로 참의부와 정의부로 분리되고, 대한 독립 군단이 신민부를 창립함으로써 3부가 성립되었다. 1920년대 말에는 3부가 독립군 통합 운동을 전개하였지만 단일 조직으로 뭉치지는 못하였으며, 북만주 지역에는 혁신 의회가 들어서고 남만주 지역에는 국민부가 세워졌다. 국민부는 대한민국 임시 정부로부터 군정부로 승인받았다. 혁신 의회는 김좌진이 암살된 후 지청천을 중심으로 한국 독립당을 창당하고 그 아래에 한국 독립군을 조직하였다. 한국 독립군은 중국 호로군과 연합하여 쌍성보, 대전자령, 사도하자 등에서 일본군에게 큰 승리를 거두었다. 국민부는 조선 혁명당을 결성하고 그 아래에 조선 혁명군을 편성하였다.

바로잡기

ㄱ. 미쓰야 협정은 3부의 성립 이후 독립군을 탄압하기 위해 일제와 만주 군벌 사이에 체결한 협약이다.
ㄷ. 3부를 통합하기 위한 방식은 크게 두 가지로 나뉘었다. 개인별로 흩어져 단체를 재조직해야 한다는 개인 본위 통합론과 본래 활동하고 있던 단체를 중심으로 모여야 한다는 단체 중심 통합론이었다. 그러나 통합 방법이 합의되지 못해 다시 혁신 의회와 국민부로 나뉘었다.

 **비법 암기**

3부의 성격 : 민정 조직이자 군정 조직, 공화주의, 삼권 분립 체제

정답 | 01 ② 02 ② 03 ② 04 ④

05 한·중 연합 작전

(가), (나) 독립군의 공통점으로 옳은 것은?

```
1930년대 무장 독립 전쟁
• (가)
  - 지청천을 중심으로 활동
  - 대표적인 항일 전투
    └ 쌍성보 전투, 대전자령 전투
• (나)
  - 양세봉을 중심으로 활동
  - 대표적인 항일 전투
    └ 영릉가 전투, 흥경성 전투
```

① 중·일 전쟁 발발 이후에 조직되었다.
② 대한민국 임시 정부 산하의 독립군이었다.
③ 연합 부대를 결성한 후 자유시로 이동하였다.
④ 국내 정진군을 조직하고 특수 훈련을 받았다.
⑤ 만주 지역에서 한·중 연합 작전을 전개하였다.

문제 해설
제시된 자료의 (가)는 한국 독립군, (나)는 조선 혁명군이다. 일제는 1931년 만주 사변을 일으키고, 1932년 만주국을 수립하였다. 이에 중국과 한국은 일제라는 공동의 적에 직면하여 한·중 연합 작전이 필요하게 되었다. 남만주에서는 1932년 양세봉이 이끄는 조선 혁명군이 중국 의용군과 연합하여 영릉가 전투에서 일본을 대파하였다. 북만주에서는 지청천이 이끄는 한국 독립군이 1932년에 중국 호로군과 연합하여 쌍성보 전투에서 일본군을 격퇴하였다.

바로잡기
① 한국 독립군(1930)과 조선 혁명군(1929)은 3부 통합의 결과 결성되었다. 중·일 전쟁은 1937년에 발발하였다.
② 대한민국 임시 정부 산하의 독립군은 한국광복군(1940)이다. 한국 독립군은 혁신의회, 조선혁명군은 국민부 산하의 독립군이다.
③ 자유시로 이동하기 전 대한 독립 군단으로 통합된 부대는 김좌진의 북로 군정서, 홍범도의 대한 독립군 등이다.
④ 한국광복군은 미국 전략 정보국(OSS)과 합작하여 국내에 침투할 정진군을 조직하였고, 이들에게 특수 공작 훈련을 실시하였다.

비법 암기
한·중 연합 작전 : 한국 독립군 + 중국 호로군, 조선 혁명군 + 중국 의용군

06 대한 광복회

다음 역사 신문에 실린 단체에 대한 설명으로 옳은 것은?

> **역사신문**
> 제○○호 ○○○○년 ○○월 ○○일
>
> **특집 : 항일 독립운동 단체를 찾아서**
>
> 이 단체는 경상도 일대에서 박상진, 채기중 등을 중심으로 조직되어 전국적으로 확대되었으며, 만주에도 지부를 두었다. 이들은 일제와의 군사 대결을 통하여 나라를 되찾는다는 계획 아래 군자금을 모집하고 무기를 구입하여 독립군을 양성하려 하였다. 이에 일제의 재산을 빼앗고, 부호들에게 의연금을 걷었으며, 협조하지 않는 친일 부호를 처단하는 등 민족적 각성을 불러일으키기도 하였다.

① 공화 정체의 국가 건설을 지향하였다.
② 조선 혁명 선언을 행동 지침으로 삼았다.
③ 봉오동 전투에서 일본군을 크게 격파하였다.
④ 국권 반환 요구서를 조선 총독부에 제출하였다.
⑤ 고종의 비밀 지령으로 의병들을 모아 조직하였다.

문제 해설
대한광복회는 경북 풍기에서 채기중이 조직한 광복단과 대구에서 박상진이 조직한 조선 국권 회복단의 인사들이 모여 1915년에 조직한 단체이다. 대한 광복회는 1910년대에 국내에서 가장 활발하게 활동한 항일 단체였다. 독립 의군부와는 달리 공화정체를 지향한 대한 광복회는 군대식 조직을 갖추고 있었다. 이들은 친일파를 처단하고 만주에 무관 학교를 설립하기 위해 군자금을 모았다. 하지만 많은 단체가 일제가 지배하고 있는 국내에서는 활동이 어렵다고 판단하여 국외로 활동 무대를 옮겼다.

바로잡기
② 의열단은 신채호의 조선 혁명 선언을 행동 지침으로 삼았다.
③ 홍범도의 대한 독립군을 비롯한 연합 부대가 일본군을 대파하였다.
④, ⑤ 국내 비밀 결사인 독립 의군부의 활동이다.

비법 암기
국내 비밀 결사 : 박상진의 대한 광복회, 임병찬의 독립 의군부

07 의열단

다음 활동을 전개한 단체에 대한 설명으로 옳은 것을 〈보기〉에서 고른 것은?

> 1920년 : 박재혁, 부산 경찰서에 폭탄 투척
> 1921년 : 김익상, 조선 총독부에 폭탄 투척
> 1923년 : 김상옥, 종로 경찰서에 폭탄 투척
> 1926년 : 나석주, 동양 척식 주식 회사에 폭탄 투척

〈보기〉
ㄱ. 조선 혁명 간부 학교를 설립하였다.
ㄴ. 만주에서 김원봉의 주도로 조직되었다.
ㄷ. 미군의 지원을 받아 국내 진공 작전을 계획하였다.
ㄹ. 연합군의 일원으로 인도, 미얀마 전선에 파견되었다.

① ㄱ, ㄴ   ② ㄱ, ㄷ   ③ ㄴ, ㄷ
④ ㄴ, ㄹ   ⑤ ㄷ, ㄹ

문제 해설
제시된 단체는 활동 내용으로 보아 의열단임을 알 수 있다. 의열단은 1919년 김원봉, 윤세주 등 신흥 무관 학교 출신들이 중심이 되어 만주 길림에서 조직한 무장 독립 운동 조직이다. 이들은 신채호에게 의뢰하여 작성한 조선 혁명 선언을 활동 지침으로 삼아 일제 요인 암살과 식민 통치 기관 파괴에 주력하였다 박재혁, 김익상, 김상옥, 나석주의 의거가 대표적인 활동이다. 그러나 1930년대 이후에는 독립 운동의 방향을 전환하여 중국 황포 군관 학교에 단원을 파견하고 1932년 조선 혁명 간부 학교를 창립하였으며, 1935년 중국 관내의 독립 운동 단체를 통합하여 조선 민족 혁명당을 결성하였다.

바로잡기
ㄷ, ㄹ. 대한민국 임시 정부 직속인 한국광복군의 활동 내용이다.

비법 암기
의열단 : 신채호의 '조선 혁명 선언'을 지침으로 삼고 민중 폭력 혁명을 강조

08 한인 애국단

(가), (나) 사건에 대한 설명으로 옳은 것은?

> (가) 1월 8일 도쿄 사쿠라다 문 앞에서 자기 손으로 폭탄을 던진 이 의사는 일왕의 가슴을 서늘케 하고 적의 군중들이 놀라 아우성을 칠 때, 그 자리에서 가슴속으로부터 태극기를 꺼내 들고 바람에 맞추어 뒤흔들며 소리 높여 '대한 독립 만세'를 세 번 부르고 조용히 놈들의 체포를 받았다.
> (나) 그는 뜻한 바를 기어이 성공하려 4월 27일에 식장인 홍커우 공원으로 가서 모든 것을 세밀하게 점검한 후, 시라카와 대장의 사진을 얻고 일본 국기 한 장을 사서 가슴 속에 품고 있다가, 29일 새벽이 되자 양복을 입고 어깨에 군용 물병을 메고 손에는 도시락을 들고 공원으로 달음질쳐 간 것이다. - 김구, "도왜실기" -

① (가) - 만주 사변 직전에 일어났다.
② (가) - 3부 통합 운동에 영향을 끼쳤다.
③ (나) - 일제의 상하이 무력 침공의 빌미가 되었다.
④ (나) - 중국 국민당이 대한민국 임시 정부를 지원하는 계기가 되었다.
⑤ (가), (나) - 의열단 소속 단원이 일으켰다.

문제 해설
(가) 사건은 1932년 일본 도쿄에서 일어난 이봉창 의거이다. (나) 사건은 1932년 중국 상하이 홍커우 공원에서 일어난 윤봉길 의거이다. 대한민국 임시 정부의 김구는 상하이 임시 정부의 침체를 극복하고 적극적인 독립 운동을 전개하기 위하여 한인 애국단을 조직하였다. 특히, 윤봉길의 의거로 중국에서 임시 정부의 위상이 높아졌고, 중국 국민당 정부가 임시 정부를 지원하는 계기가 되었다.

바로잡기
① 이봉창 의거는 만주 사변 이후, 1932년에 전개되었다.
② 참의부, 정의부, 신민부의 3부 통합 운동은 1925년 미쓰야 협정 이후 전개되어 남만주의 국민부와 북만주의 혁신 의회로 통합되었다.
③ 이봉창 의거를 빌미로 일제는 상하이를 무력 침공하였다.
⑤ 이봉창과 윤봉길은 모두 한인 애국단 소속이다.

비법 암기
한인 애국단 : 김구가 대한민국 임시 정부의 침체를 극복하기 위해 창설

09 조선 의용대

밑줄 그은 '이 부대'에 대한 설명으로 옳은 것은?

> 1935년 난징에서 민족 혁명당이 결성되었다. 중·일 전쟁이 발발하자 민족 혁명당은 다른 단체들과 연합하여 조선 민족 전선 연맹을 결성하였고, 이듬해 중국 국민당 정부의 지원을 받아 <u>이 부대</u>를 조직하였다.

① 양세봉의 지휘 아래 활동하였다.
② 영릉가 전투에서 일본군을 물리쳤다.
③ 일본군의 공세를 피해 자유시로 이동하였다.
④ 중국 관내에서 결성된 최초의 한인 무장 부대였다.
⑤ 중국 호로군과 함께 한·중 연합 작전을 전개하였다.

문제 해설
밑줄 그은 '이 부대'는 조선 의용대이다. 1935년 중국 관내에서 민족 유일당으로 결성된 민족 혁명당은 1937년 중·일 전쟁이 발발하자 조선 민족 전선 연맹을 결성하였다. 그리고 1938년 중국 국민당 정부의 지원 아래 한커우에서 김원봉을 중심으로 조선 의용대를 창설하였다. 조선 의용대는 중국 관내에서 조직된 최초의 한인 무장 부대로, 중국 국민당 군대를 도와 일본군 포로 심문, 대적 심리전 등을 수행하였다.

바로잡기
①, ② 양세봉이 이끄는 조선 혁명군은 중국 의용군과 연합하여 서간도 지역의 영릉가, 흥경성, 통화현 전투에서 일본군에 승리를 거두었다.
③ 대한 독립 군단은 1921년 자유시로 이동하였으나, 소련 적색군의 공격을 받아 다수의 독립군이 희생되는 자유시 참변을 겪었다.
⑤ 1931년 북만주에서 조직된 한국 독립군은 지청천의 지휘 아래 중국 호로군과 연합하여 일본군을 물리쳤다.

비법 암기
조선 의용대 : 중국 관내에서 조직된 최초의 한인 무장 부대, 중국 국민당의 지원으로 창설 → 일부는 조선 의용대 화북 지대 조직, 일부는 한국광복군에 합류

10 한국광복군

다음을 목표로 삼았던 군대에 대한 설명으로 옳은 것은?

> • 우리의 분산된 무장 역량을 총집중하여 조국 광복 전쟁을 전면적으로 전개시킬 것
> • 중국 항전에 참가하여 중국 항일군과 연합하여 왜적으로 박멸할 것
> • 정치, 경제, 교육을 평등으로 한 신민주 국가 건설에 무력 기간(基幹)이 될 것
> • 인류의 화평과 정의를 지지하는 세계 제민족과 함께 인류 발전의 장애물을 소탕할 것

① 호가장 전투, 반소탕전 등에서 일본군을 격파하였다.
② 조선 혁명 간부 학교를 설립하여 군사력을 양성하였다.
③ 조선 의용대 화북 지대가 편입되어 군사력이 증강되었다.
④ 지청천을 총사령관, 이범석을 참모장으로 하여 창설되었다.
⑤ 군대의 행동 준승에 의해 독자적 군사 작전을 수행하였다.

문제 해설
제시된 자료에서 '중국 항일군과의 연합', '정치·경제·교육의 평등' 등의 내용을 언급하고 있는 것으로 보아 한국광복군에 대한 설명임을 알 수 있다. 한국광복군은 신흥 무관 학교 출신인 지청천을 총사령관으로, 이범석을 참모장으로 하여 지휘부를 구성하였다.

바로잡기
① 조선 의용대의 대부분 병력은 조선 의용대 화북 지대를 결성하고 호가장 전투를 치러 큰 전과를 올렸다.
② 의열단을 조직한 김원봉이 중국 국민당의 지원 아래 1932년에 조선 혁명 간부 학교를 설립하였다.
③ 1942년 조선 의용대 화북 지대는 조선 의용군으로 재편되었다. 조선 의용군은 중국 공산당의 팔로군과 함께 연합 전선을 형성하여 수많은 대일 항전을 수행하였다.
⑤ 중국 정부는 1941년 11월 한국광복군에 대한 군사 원조에 동의하면서 '한국광복군 행동 준승 9개항'이란 것을 첨가하여 행동에 제약을 가하였다.

비법 암기
한국광복군 : 충칭에 창설, 영국군과 합동 작전, 국내 진공 작전 준비

11 조소앙의 삼균주의

다음은 어느 독립운동가의 주요 약력이다. 이 인물의 활동으로 옳은 것은?

> 1917년 스웨덴 스톡홀름 국제 사회당 대회에 한국 문제를 의제로 제출함
> 1919년 대한 독립 선언서를 기초하여 독립운동가 39명의 공동 서명으로 발표함
> 1930년 김구·안창호 등과 한국 독립당을 창립함
> 1934년 대한민국 임시 정부 건국 강령의 이론적 기초를 마련함

① 조선 건국 준비 위원회를 결성하였다.
② 국제 연맹에 위임 통치 청원서를 제출하였다.
③ 미 군정이 지원한 좌우 합작 위원회에 참여하였다.
④ 민중의 직접 혁명을 주장하는 조선 혁명 선언을 발표하였다.
⑤ 개인·민족·국가 간의 평등을 전제로 하는 삼균주의를 제창하였다.

문제 해설
제시된 지문은 독립운동가인 조소앙의 활동 내용이다. 조소앙은 1934년에 삼균주의를 국시로 한 '대한민국 임시 정부 건국 강령'을 임시 정부 국무 회의에서 채택하게 하였다. 이는 삼균주의를 바탕으로 보통 선거를 통한 민주 공화국의 수립을 규정한 대한민국 건국 강령(1941)에 이론적 기초를 제공하였다. 삼균주의는 정치적 균등(보통 선거), 경제적 균등(생산 기관 국영화), 교육적 균등(의무 교육)을 실현하고 개인과 개인 간의 평등, 민족과 민족 간의 평등, 국가와 국가 간의 평등을 추구하였다.

바로잡기
① 조선 건국 준비 위원회는 여운형이 주도하여 결성하였다.
② 이승만은 외교 독립론자로서 국제 연맹에 위임 통치 청원서를 제출하였다.
③ 좌우 합작 위원회에는 중도 좌파인 여운형, 중도 우파인 김규식이 참여하였다.
④ 조선 혁명 선언은 의열단 선언이라고도 하는데, 신채호가 작성하고 발표하였다.

비법 암기
조소앙의 삼균주의 : 개인 간, 민족 간, 국가 간의 완전한 균등을 위해 정치·경제·교육적 평등을 실현함

12 재외 한인 사회

(가) 지역 동포의 활동으로 옳은 것은?

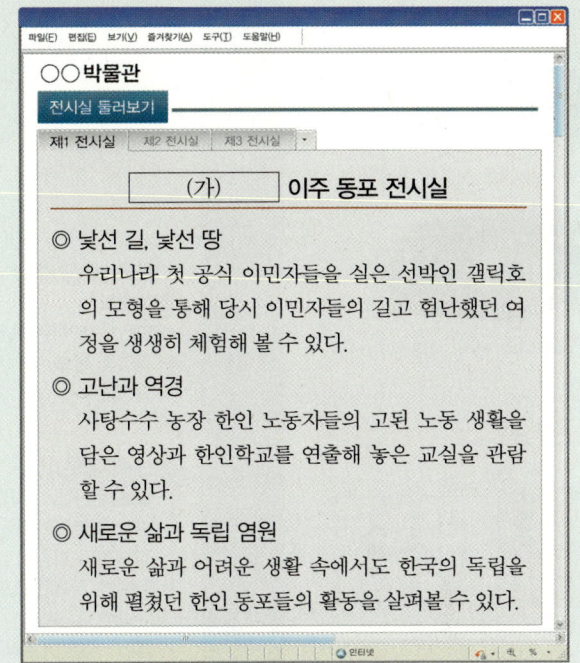

○○박물관
전시실 둘러보기
제1 전시실 | 제2 전시실 | 제3 전시실

(가) 이주 동포 전시실

◎ 낯선 길, 낯선 땅
우리나라 첫 공식 이민자들을 실은 선박인 갤릭호의 모형을 통해 당시 이민자들의 길고 험난했던 여정을 생생히 체험해 볼 수 있다.

◎ 고난과 역경
사탕수수 농장 한인 노동자들의 고된 노동 생활을 담은 영상과 한인학교를 연출해 놓은 교실을 관람할 수 있다.

◎ 새로운 삶과 독립 염원
새로운 삶과 어려운 생활 속에서도 한국의 독립을 위해 펼쳤던 한인 동포들의 활동을 살펴볼 수 있다.

① 서전서숙을 설립하여 민족 교육을 실시하였다.
② 대조선 국민군단을 결성하여 군사 훈련을 실시하였다.
③ 대한 광복군 정부를 조직하여 독립 전쟁을 준비하였다.
④ 대한 광복회를 중심으로 독립에 필요한 군자금을 모았다.
⑤ 2·8 독립 선언서를 발표하여 한국의 독립을 주장하였다.

문제 해설
(가) 지역은 미주이다. 미주 교민들은 어려운 상황에도 불구하고 독립 운동을 전개해 나갔다. 장인환, 전명운의 의거를 계기로 대한인 국민회를 결성하였고, 하와이에서는 대조선 국민 군단을 조직하였다. 대조선 국민 군단은 1914년 박용만이 결성한 무장 투쟁 단체이다.

바로잡기
① 북간도에서 서전서숙 등 민족 교육을 실시하는 학교가 설립되었다.
③ 1914년 연해주에서 대한 광복군 정부가 결성되었다.
④ 대한 광복회는 1915년 국내에서 결성되어 비밀 결사 활동을 하였다.
⑤ 1919년 일본 도쿄 유학생들이 2·8 독립 선언서를 발표하였다.

비법 암기
미주 이민 사회 : 대한인 국민회, 대조선 국민 군단 등의 독립 운동 단체 조직

8 근대 문물의 수용 | VII 민족 운동의 전개

자료 읽기

교통

○ 경인선(제물포-인천) 개통

○ 1900년대 한성 시내를 다니던 전차

근대 신문

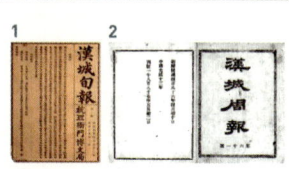

❶ 한성순보 | 최초의 관보,
❷ 한성주보
❸ 독립신문 | 최초의 민간인 발행 신문

❹ 황성신문, ❺ 대한매일신보와 양기탁(1871~1938)

출제 예감

교육입국 조서(1895)

아, 백성을 가르치지 않으면 나라를 굳건히 하기가 매우 어렵다. 세상 형편을 돌아보건대, 부강하고 독립한 나라들은 모두 그 나라 백성들이 개명(開明)한 지식을 가지고 있다. 지식이 개명하는 것은 교육이 잘 된 데서 이루어지는 것이다. 교육은 실로 나라를 보존하는 근본이다. …… 왕실의 안정은 그대들 신민들의 교육에 있고, 국가의 부강도 그대들 신민의 교육에 있다.

– "고종실록" –

시기	1883~	갑신정변 이후(1884~)	독립 협회 창립 이후(1896~)
구분	개화기	동도서기 개화기	광무개혁기
통신 우편 교통	*전환국(1883, 조폐) *기기창(1883, 무기)	• 우정총국(1884) • 한성 전보총국(1885, 전선) • 전등 가설(1887, 경복궁)	• 경운궁(덕수궁)에 **전화 부설**(1898)★ • **한성 전기 회사** 설립(1898) • 서대문~청량리 간 전차 개통(1899) • **경인선 개통**(1899): 최초의 철도
신문	• 박문국(1883, 인쇄소) • **한성순보**★ (1883~1884, 박문국 발행) ┌ 최초의 관보 └ 순한문	• **한성주보** (1886~1888, 박문국 발행) ┌ 국한문 혼용 └ 최초의 상업 광고 게재	• **독립신문**(1896~1899, 독립 협회 발행)★ ┌ 서재필 창간, 민간인이 발행한 │ 최초의 신문, 초기 정부 지원 받음 └ 한글판과 영문판 발행 • **황성신문**(1898~1910)★ ┌ 남궁억 간행 ├ 한문 위주 국한문 혼용 ├ 한학 식자층 독자들의 환영 └ 장지연의 사설 **시일야방성대곡** • **제국신문**(1898~1910)★ ┌ 발행인 이종일, 순한글 └ **민중·부녀자**가 많이 본 신문 • **대한매일신보**(1904~1910)★ ┌ **영국인 베델** 창간, 양기탁 제작 ├ 국한문판, 한글판, 영문판 ├ **의병 운동**에 호의적 ├ **국채 보상 운동** 주도 └ 국권 강탈 후 제호가 매일신보로 변경, 총독부의 기관지로 전락 * 일제, 신문지법 제정(1907)

학교	• **원산 학사**(1883)★
	┌ 최초의 근대식 사립 학교
	├ 주민의 열의와 덕원 부사
	│ 정현석의 지원으로 설립
	└ 문예반, 무예반으로 구성
	• **동문학**(1883, 공립)★
	– 영어·일본어 통역관 양성
		• **육영 공원**(1886~1894, 공립)★
		┌ 영어 교재 사용
		├ 헐버트·길모어 교사 초빙
		└ 젊은 현직 관료·양반 자제
		   교육
		<선교사에 의한 학교 설립>
		• 배재 학당(1885, 아펜젤러)★
		• 이화 학당(1886, 스크랜턴):
		  최초의 여성 교육 기관
		• 경신 학교(1886, 언더우드)

		❶ 배재 학당, ❷ 이화 학당	

교육		<갑오·을미개혁>
		• **교육입국 조서** 발표(1895)★
		┌ 근대 교육 시행
		└ 초등·중등 학제 형성
		• 각종 관립 학교 설립:
		  한성 사범 학교, 외국어 학교,
		  소학교
			<광무개혁>
			• 의학교 규칙: 한성 의학교
			• 중학교 규칙: 한성 중학교
			• 상공학교, 광무학교 설립

건축		• 구 러시아 공사관(1890)	• 독립문(1897): 프랑스 개선문 모방
			• 환구단(1897), 황궁우(1899)
			• 덕수궁 중명전(1897): 러시아 건축가
			  사바찐 설계·황실 도서관으로 건립
			  → 1904년부터 편전으로 사용
			• 명동 성당(1898)
			• 손탁 호텔(1902)

의료		• **광혜원 → 제중원**(1885) ┌ 미국 선교사 알렌의 │ 건의로 설립 └ 최초의 근대식 왕립 병원	• 내부병원(1899) → **광제원**(1900) → **대한 의원**(1907, 서울대학교 병원 전신) • **세브란스 병원**(1904) ┌ 개신교 선교사들이 제중원 인수 └ 최초의 근대식 사립 병원

★ Best 기출 ● 근대 문물의 수용 : 근대 통신·교통의 발달 | 근대 신문의 발행 | 근대 학교의 성립 | 교육입국 조서 | 조선 교육령 | 근대 의원의 발달

시기	러·일 전쟁 이후(1904~)	한국 병합 조약 이후(1910~)	3·1 운동 이후(1919~)	1930년대 이후
구분	애국 계몽기	일제 무단 통치기	일제 문화 통치기	일제 민족 말살 통치기
교통	• **경부선** 개통(1905) • **경의선** 개통(1906)	• **경원선** 개통(1914) • **호남선** 개통(1914)	• 함경선 개통(1928)	
신문	• **만세보**(1906~1907) ─ 천도교 3대 교주 손병희 발의 ─ 천도교계 일간 신문 ─ 친일 단체 일진회(국민신보) 공격 • **경향신문**(1906~1910): 천주교계 신문, 프랑스인 신부 안세화 발간 • **신문지법**(1907)★ ─ 신문 발행 허가제 ─ 통감부의 사전 검열	〈국권 강탈〉 • 신문지법 적용 ┌ **황성신문, 제국신문** 폐간 │ (1910) └ 대한매일신보 → 매일신보 → 항일 민족지가 **총독부 기관지**로 전락(1910)	• 언론·출판의 자유 허용(1920) ┌ 검열 강화, 기사 삭제 └ 정간·폐간 조치 • **조선일보** 창간(1920) ┌ 이상재를 사장으로 추대 └ 신간회(회장 이상재, 1927)의 본부와 같은 역할 • **동아일보** 창간(1920) ─ 일본 관동대지진 당시(1923) 동포 학살 참상을 취재	• **문맹 퇴치 운동** (1920년대 말부터 1934년) ┌ 배경: 일제의 식민지 차별 교육 │ 정책 → 문맹자 수 증가 ├ 언론 기관 중심으로 농촌 계몽 ├ 조선일보: **문자 보급 운동**★ │ "아는 것이 힘이다. 배워야 산다." └ 동아일보: **브나로드 운동**★ "민중 속으로" └ 심훈 "상록수", 이광수 "흙" • 동아일보 일장기 삭제 사건(1936) • 조선·동아일보 폐간(1940)
학교	〈사립 학교 설립 운동〉(3,000여 개) • **보성 학교**(1906, 이용익) • **서전서숙**(1906, 이상설)★ • **오산 학교**(1907, 이승훈, 신민회 계열)★ • **대성 학교**(1908, 안창호, 신민회 계열)★ • 학회 설립: 서북 학회, 기호흥학회	• 경신 학교 대학부(1915) → 연희 전문학교(1917)	• 사립 학교와 개량 서당 • **야학 운동**: 1920년대 중반까지 야학을 통한 문맹 퇴치 운동 • **한글 강습회**(조선어 학회) • **조선 교육회**(1920): 민립 대학 설립 운동 주도	
교육	• **사립 학교령**(1908): 사립 학교 설립과 운영 통제	• **제1차 조선 교육령**(1911)★ ┌ 보통학교 4년(일본 학제 6년) ├ 충량한 제국신민 양성 ├ 실업·기술 교육 위주 ├ 사립 학교 규칙(1911, 1915 개정) │ 민족주의계·종교계 사립학교 │ 규제 → 사립 학교 수 축소 └ 서당 규칙(1918): 서당 인가제 • 교원, 제복·대검 착용	• **제2차 조선 교육령**(1922)★ ┌ 보통학교: 4년 → 6년 │ 고등 보통학교: 4년 → 5년 │ (일본 학제 = 조선 학제) ├ 조선어 필수 과목으로 채택 ├ 조선사를 일본사에 포함 ├ 대학 설립 허용 │ → 경성 제국 대학(1924) • 교원, 제복·칼 미착용	• **제3차 조선 교육령**(1938)★ ┌ 목표: 황국 신민화 ├ 보통학교 → 소학교로 개칭 └ 조선어(필수 → 선택) • 교육령 개정(1941) ─ 소학교 → 국민학교로 개칭 (국민 = 황국 신민) • **제4차 조선 교육령**(1943)★ ┌ 군사 교육(전시 동원 체제 강화) └ 조선어·조선사 교육 폐지
건축	• 동양 척식 주식회사(1908) • 대한 의원(1908) • 원각사(1908)	• 덕수궁 석조전(1910) • 배재학당 동관(1916)	• 조선 총독부(1926)	• 경성 제국 대학 본관 (구 서울대학교 본관, 1931) • 화신 백화점(1931 - 소실 - 1935)
의료	• **자혜 의원**(1909, 지방)			

자료 읽기

근대 건축물

    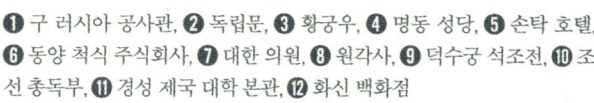

❶ 구 러시아 공사관, ❷ 독립문, ❸ 황궁우, ❹ 명동 성당, ❺ 손탁 호텔, ❻ 동양 척식 주식회사, ❼ 대한 의원, ❽ 원각사, ❾ 덕수궁 석조전, ❿ 조선 총독부, ⓫ 경성 제국 대학 본관, ⓬ 화신 백화점

9 민족 문화 운동 | VII 민족 운동의 전개

시기	갑신정변 이후(1884~)	러·일 전쟁 이후(1904~)	한국 병합 조약 이후(1910~)
구분	동도서기 개화기	애국 계몽기	일제 무단 통치기

우리말 연구	❶ "이순신전", ❷ "이태리 건국 삼걸전"
	❸ "애국 부인전"(잔다르크 전기),
	❹ "미국 독립사"
		• 언문 일치를 통한 민중 실력 배양
		• **국문 연구소**(지석영·주시경, 1907)★
		  ├ 주시경의 "국어 문법"
		  └ 훗날 조선어 학회의 모체
		• **조선 광문회**(최남선·박은식, 1910):
		  민족의 고전 정리·간행(춘향전, 심청전, 동국통감 등)	

한국사 연구		• 을사조약 이후(1905) 국권 상실 위기
		 → 근대 계몽 사학 성립(민족 의식 고취 목적)
		• 신채호 ┌ "**을지문덕전**", "이태리 건국 삼걸전"
		        │ (외적을 물리친 영웅, 건국 영웅의 전기)
		        └ "**독사신론**"(1908):
		          근대 민족주의 역사학의 연구 방향 제시
		• "서사 건국지(스위스)", "미국 독립사", "월남 망국사"
		  (외국의 독립과 흥망사 연구)
			• 황현의 "매천야록"
			  1864~1910년까지의 역사를 편년체로 서술
			• 일제의 **식민 사관**★
			  ┌ 일제의 한국 침략과 강점을 합리화하려는
			  │ 역사관
			  └ 조선반도사 편찬위원회(중추원 산하, 1916)
			     → 조선사 편수회(1925)

문학	• "**서유견문**"(1895)★
	  ┌ 유길준이 미국에서의 유학 경험을
	  │ 바탕으로 집필한 견문록
	  └ 최초의 국한문 혼용체
		〈신소설〉
		• "혈의 누"(이인직, 1906)
		• "금수회의록"(안국선, 1908)
		• "자유종"(이해조, 1910)
		〈신체시〉
		• 최남선, '해에게서 소년에게'
		  (잡지 "소년" 창간호에 게재, 1908)
		• 번역: "천로역정", "로빈슨 표류기"
			• 1910년대에는
			  문학 작품이 거의 등장하지 않음
			• 이광수, 매일신보에 "**무정**" 연재:
			  최초의 근대 소설

연극 영화		• **원각사**(1908)★
		  ┌ 최초의 서양식 극장
		  └ 신극 "**은세계**"·"**치악산**" 상영
			• 신파극 유행
			  – 이수일과 심순애

음악 체육		• 창가(서양식 악곡에 우리말 가사를 붙임): 학도가, 독립가, 권학가 • 판소리: 신재효가 판소리 여섯 마당 정리	

종교	• 개신교: 외국인 선교사 활동
	• 천주교
	  ┌ **조·불 수호 통상 조약**(1886)
	  │ → 신앙의 자유 허용
	  ├ 고아원, 양로원 설립
	  └ 명동 성당 건축(1898)
		• **천도교**(1906)★
		  ┌ 손병희: 동학을 천도교로 개편
		  ├ 신문 **만세보** 발행
		  └ ↔ 일진회(친일 단체)의 국민신보와 대립
		• **대종교**(1909)
		  ┌ 나철·오기호 창시
		  ├ **단군** 숭배 사상을 통한 민족 의식 고취
		  └ **중광단** → 북로 군정서 → 청산리 전투
		• 박은식, **유교 구신론**(1909)★
		  ┌ **양명학** 중심의 실천적 유교 정신 회복 주장
		  └ 대동사상(평등) 주장
			• "**조선 불교 유신론**"(한용운, 1910):
			  한국 불교의 인습 타파·근대화를
			  위한 운동 추진
			• 조선 총독부, 사찰령 시행
			  (불교계의 친일화 유도, 1911)
			• **원불교**(1916)
			  ┌ 박중빈 창시
			  ├ 개간 사업·저축 운동 전개
			  └ **새생활** 운동 전개
			    (허례허식 폐지·남녀평등)
			
			한용운
			(1879~1944)

★ Best 기출 ● 민족 문화 운동 : 조선어 연구회 | 조선어 학회 | 민족주의 사학 | 사회 경제 사학 | 실증주의 사학 | 문학의 경향 | 아리랑의 상영

시기	3·1 운동 이후(1919~)	1930년대 이후	1940~1945
구분	일제 문화 통치기	일제 민족 말살 통치기	일제 민족 말살 통치기
우리말 연구	• 조선어 연구회(이윤재·최현배, 1921)★ → 조선어 학회(1931) → 한글 학회(광복 이후) ┌ 한글 기념일 가갸날 제정 └ 잡지 "한글" 간행	• 조선어 학회(1931)★ ┌ 한글 맞춤법 통일안 발표(1933) │ "우리말 큰사전" 편찬 시도 │ 잡지 "한글" 재발간 └ 문자 보급 운동 참여(한글 강습 교재) • 민족 말살 정책 → 조선어 교육 위축	• 조선어 학회 사건(1942) – 관련 인물 검거 및 재판 회부 등 일제의 탄압 → 학회 강제 해산
한국사 연구	• 박은식·신채호: 민족주의 사학★ ┌ 일제의 식민 사관에 대항 │ 관념적, 정신적 측면 부각 └ → 실증적, 객관적 측면이 부족 • 박은식: 현대사 연구에 집중★ ┌ "한국통사", "한국독립운동지혈사" │ 민족 정신을 혼으로 파악 └ 현대사 연구에 집중 • 신채호: 고대사 연구에 집중 ┌ "조선사연구초"(낭가 사상 중시, 묘청의 서경 천도 운동 높게 평가) └ "조선상고사"(역사는 아와 비아의 투쟁)	• 백남운: 사회 경제 사학★ ┌ "조선사회경제사"(1933) │ "조선봉건사회경제사"(1937) │ 마르크스의 사적 유물론 도입 │ 세계사의 보편적 발전 법칙 강조 └ → 식민 사관의 정체성론 비판 • 이병도·손진태: 실증주의 사학★ ┌ 진단 학회 조직, "진단 학보" 발행 │ 랑케 사학에 기반한 실증적 연구 └ → 식민 사학 비판에 취약 • 정인보: 민족주의 사학 ┌ 조선의 '얼' 강조 └ "여유당전서" 교열(다산 정약용 전집)	• 일제의 식민 사관★ ┌ 조선사 편수회, "조선사" 발간 │ 정체성론, 타율성론, 당파성론(당쟁론), 일선동조론 (내선일체론) 주장 │ 열등성, 사대주의 강조 └ 청구 학회 설치 (경성 제국 대학교수)
문학	• 다양한 문예 사조 등장, 동인지 발간: "창조", "폐허", "백조" • 시: '진달래꽃'(김소월), '님의 침묵'(한용운), '빼앗긴 들에도 봄은 오는가'(이상화) • 신경향파 문학: 사회주의의 영향 • 신경향파 작가들이 카프(KAPF) 결성: 프로 문학(정치 의식·계급 의식 강조) • 잡지 발간: "어린이"(방정환), "한글"(조선어 연구회), "개벽"(천도교)	• 순수 문학: 식민지 현실 외면하고 예술성 강조 • 브나로드 운동★ → 심훈의 "상록수" • 일제의 문화·예술에 대한 통제 강화 ┌ 친일 문학 등장(최남선, 이광수) └ 침략 전쟁과 식민 통치를 찬양	• 저항 문학★ 등장 ┌ '서시', '별 헤는 밤'(윤동주) └ '절정'(이육사)
연극 영화	• 극단 토월회(1923) ┌ 일본 도쿄 유학생들이 조직 └ 계몽을 목표로 민중의 각성을 요구하는 연극 상연(남녀평등, 봉건 유교 사상 비판, 일제에 대한 저항) • 나운규의 아리랑(1926)★ → 단성사에서 상영	• 극예술 연구회 – 토막(유치진), 인형의 집 공연 • 유성 영화 제작	• 조선 영화령 제정 ┌ 일본 군국주의 옹호와 선전 └ 민족 영화 탄압
음악 체육	• 가곡과 동요 등장: 봉선화(홍난파), 고향 생각(현제명), 반달(윤극영) • 전조선 야구 대회 개최(1920) • 경평 축구 대회 개최(1929)	• 코리아 환상곡 작곡, 애국가 수록(안익태) • 손기정 마라톤 우승(제11회 베를린 올림픽) • 동아일보 일장기 삭제 사건(1936): 일장기가 삭제된 손기정의 사진 게재	• 이중섭: 소를 소재로 작품 활동
종교	• 천주교: 의민단(항일 조직, 청산리 전투 참가) • 개신교: 3·1 운동 주도(이승훈) • 천도교 ┌ 3·1 운동 주도(손병희·최린) │ 잡지 "개벽", "어린이", "신여성" 출판 └ 천도교 소년회 어린이날 제정(방정환)	• 개신교: 신사 참배 거부	

자료 읽기

한국사 연구

박은식(1859~1925)

① 한국통사(박은식)
② 한국독립운동지혈사(박은식)

신채호(1880~1936)

③ 조선사연구초(신채호)
④ 조선상고사(신채호)

잡지

① 개벽 창간호 표지, ② 어린이
③ 신여성 | 모두 천도교에서 출판하였다.

나운규의 아리랑

극단 토월회

01 문맹 퇴치 운동

다음 운동이 진행되던 시기에 볼 수 있었던 모습으로 옳은 것은?

동아일보를 중심으로 전개된 브나로드 운동은 학생 조직과 연계하여 4회에 걸쳐 진행되었다. 이 운동은 고등보통학교 4, 5학년 학생으로 이루어진 학생 계몽대와 전문학교 이상의 학생으로 조직된 학생 강연대, 학생 기자대를 주축으로 하여 전개되었다. 이들은 야학을 열고 음악과 연극, 위생 생활을 가르치면서 계몽 운동과 문화 운동을 병행해 나갔다.

① 일제의 징병을 거부하는 조선 청년들
② 경성 제국 대학 설립을 준비하는 관리
③ 공출로 놋그릇을 학교에 가져가는 학생
④ 안창남의 고국 방문 비행을 환영하는 인파
⑤ 한글 맞춤법 통일안을 발표하는 조선어 학회 회원

문제 해설
전국적인 문맹 퇴치 운동인 브나로드 운동은 1931년부터 1934년까지 4회에 걸쳐 진행되었다. 브나로드(V narod)란 '민중 속으로'라는 뜻의 러시아어로, 농촌을 찾아가 전개하는 계몽 운동을 뜻하였다. ⑤ 1931년 기존의 조선어 연구회를 확대·개편하여 조선어 학회가 조직되었다. 조선어 학회는 한글 맞춤법 통일안과 표준어를 제정하였고, 한글 강습 교재를 만들어 전국 각지에서 한글 강습회를 개최하였다.

바로잡기
① 일제는 지원병제(1938), 학도 지원병제(1943), 징병제(1944)를 차례로 실시하여 한국 청년들을 전쟁에 강제 동원하였다.
② 일제는 민립 대학 설립 운동을 방해하고 한국인들의 불만을 무마하기 위해 1924년 경성 제국 대학을 설립하였다.
③ 1940년대 들어 일제는 미곡 공출과 금속 공출을 실시하였는데, 집안의 놋그릇, 숟가락 등까지도 강제로 빼앗아 갔다.
④ 우리나라 최초의 항공기 조종사인 안창남은 1922년 동아일보사의 초청으로 고국 방문 비행을 하였다.

비법 암기
문맹 퇴치 운동 : 조선일보의 문자 보급 운동, 동아일보의 브나로드 운동, 조선어 학회의 한글 강습회

02 제2차 조선 교육령

다음 교육령이 시행될 당시에 볼 수 있는 모습으로 옳은 것은?

> **제2차 조선 교육령의 특징**
> 1. 보통학교의 수업 연한이 4년에서 6년으로 연장됨
> 2. 조선어가 필수 과목으로 채택됨
> 3. 사범 학교와 대학을 설치할 수 있는 길이 마련됨

① 공출로 놋그릇을 학교로 가져가는 학생
② 국채 보상 운동의 모금에 참여하는 교사
③ 일본식 성명으로 바꾸라며 질책하는 교사
④ 근우회가 주최한 강연회에 참석하는 학생
⑤ 학교에서 목검으로 군사 훈련을 받는 여학생

문제 해설
제2차 조선 교육령은 1922년에 발표되었다. 이른바 문화 통치의 일환으로 일제는 교육 기회의 확대를 표방하였다. 보통학교의 수업 연한을 4년에서 6년으로 늘리고 고등 보통학교를 증설하였으며, 조선어를 필수 과목으로 채택하였다. 또 조선사를 일본사에 포함시켜 교육하도록 하였다. 하지만 사실상 민족 교육을 억제하고 일본 문화에 동화시키는 교육만 시행하였다. ④ 1927년 신간회의 자매 단체인 근우회가 조직되었으나, 1931년 신간회의 해소 이후 해체되었다.

바로잡기
① 1941년 태평양 전쟁의 시작 이후 1942년 금속 공출이 시행되었다.
② 1907년 대구를 시작으로 국채 보상 운동이 전개되었다.
③ 1939년 일제는 민족 말살 통치의 일환으로 창씨개명을 강요하였다.
⑤ 제4차 조선 교육령의 시행으로 교육 기관에서 군사 훈련이 진행되었다.

비법 암기
제2차 조선 교육령 : 보통학교 수업 연한의 확대, 한국어의 필수 과목 채택, 고등 교육 허용

03 근대 건축물 [고급 15회 38번]

다음 엽서의 앞면에 들어갈 사진으로 옳은 것은?

```
POST CARD
… 앞면 사진 속의 건물은 천주
교 신자인 김범우의 집터에 고딕
양식으로 1898년에 지어진 거야.
이곳은 건축물의 역사·문화적
가치도 크지만 1970년대 이후 독
재 정권에 항거하는 집회가 열린
곳으로도 아주 유명해 …

보내는 사람 : ○○○
받는 사람 : ○○○
```

①    ②

③    ④

⑤

문제 해설
제시된 자료의 엽서에 들어갈 사진은 '김범우의 집터', '고딕 양식', '1898년 지어진 것' 등의 내용으로 보아 명동 성당이다. 명동 성당은 프랑스 신부 코스트가 설계하여 천주교 신자였던 김범우의 집터에 고딕 양식으로 세운 건축물이다. 1898년에 완공된 후 종현 성당이라 불리었으나, 1945년에 명동 성당으로 개칭하였다. ② 명동 성당이다.

바로잡기
① 조선 총독부 건물은 경복궁 입구에 세워져 식민 통치의 중추적 역할을 하였다.
③ 석조전은 덕수궁 안에 르네상스식으로 지어진 건축물이다.
④ 러시아 건축가 사바틴이 건립한 러시아 공사관의 일부이다.
⑤ 대영 제국의 동인도 회사를 본뜬 동양 척식 주식회사이다.

비법 암기
근대 시설의 수용 : 개항 이후 근대 문물과 과학 기술을 도입하여 교통, 통신, 전기, 의료, 건축 등 각 분야에 새로운 시설을 설립

---

04 한국사 연구 [고급 16회 39번]

(가), (나)를 주장한 인물에 대한 설명으로 옳은 것을 〈보기〉에서 고른 것은?

(가) 옛사람이 이르기를 나라는 멸할 수 있으나 역사는 멸할 수 없다고 하였으니, 대개 나라는 형체이고 역사는 정신이기 때문이다. 지금 우리 나라의 형체는 허물어졌으나 정신만은 살아남아야 할 것이다.

(나) 역사란 무엇이뇨. 인류 사회의 아(我)와 비아(非我)의 투쟁이 시간부터 발전하며 공간부터 확대하는 심적 활동의 기록이니, 세계사라 하면 세계 인류의 그리되어 온 상태의 기록이며 조선사라 하면 조선 민족의 그리되어 온 상태의 기록이니라.

〈보기〉

ㄱ. (가) - 진단 학회를 창립하고 진단 학보를 발행하였다.
ㄴ. (가) - 양명학에 토대를 두고 유교 구신론을 주장하였다.
ㄷ. (나) - 유물 사관을 바탕으로 사회 경제 사학을 확립하였다.
ㄹ. (나) - 국민 대표 회의에서 새로운 정부 수립을 주장하였다.

① ㄱ, ㄴ   ② ㄱ, ㄷ   ③ ㄴ, ㄷ
④ ㄴ, ㄹ   ⑤ ㄷ, ㄹ

문제 해설
(가)는 박은식의 "한국통사"이고 (나)는 신채호의 "조선상고사"이다. 박은식, 신채호 모두 일제 시대의 대표적인 민족주의 역사학자이다. ㄴ. 박은식은 실천적인 새로운 유교 정신을 강조하는 유교 구신론을 주장하였다. ㄹ. 1923년 국민 대표 회의에서 신채호를 중심으로 하는 창조파는 임시 정부를 해산하고 새 정부를 세우자고 주장하였다.

바로잡기
ㄱ 이병도, 손진태 등이 1934년 진단 학회를 조직하였다.
ㄷ 사회 경제 사학의 대표자인 백남운에 관한 설명이다.

비법 암기
민족주의 사학 : 일제 식민 사관에 대항하여 우리 문화의 우수성과 한국사의 주체적 발전을 강조

05 천도교

(가) 종교의 활동으로 옳은 것은?

> 동학의 제2대 교주인 최시형이 순교한 뒤, 제3대 교주가 된 손병희는 교정 일치(敎政一致)를 강조하면서 조직의 재정비와 여러 가지 개혁을 시도하였다. 그러나 이용구 등 동학 교도들의 일부가 점차 친일화되자, 손병희는 교정 분리(敎政分離)의 원칙을 내걸고 1905년 교명을 ____(가)____ (으)로 개칭하였다.

① 3·1 운동에 참여하고 잡지 개벽을 간행하였다.
② 간척 사업을 추진하고 새생활 운동을 전개하였다.
③ 중광단을 조직하여 항일 독립 전쟁에 참여하였다.
④ 브나로드 운동을 통해 민중 계몽 사업을 추진하였다.
⑤ 친일 승려를 성토하고 사찰령 폐지 운동을 전개하였다.

문제 해설
제시된 자료에서 '동학', '손병희' 등을 통해 (가) 종교는 천도교임을 알 수 있다. 1906년 동학의 제3대 교주인 손병희에 의해 동학이 천도교로 개편되었다. 천도교는 3·1 운동을 주도한 세력 중 하나였고, 각종 사회·문화 운동을 통해 민중을 계몽하고, 사회 사업을 전개하였다. 특히, 방정환 등 천도교 소년회는 소년 운동을 전개하였다. 또 천도교에서는 "개벽", "어린이", "신여성" 등 잡지를 발간하기도 하였다.

바로잡기
② 원불교는 간척 사업을 추진하였고, 허례 폐지, 미신 타파, 금주 단연 등 새생활 운동을 전개하였다.
③ 대종교 계통의 중광단은 북로 군정서로 확대 개편되어 청산리 전투의 주축 부대가 되었다.
④ 동아일보는 1931년부터 브나로드 운동이라는 이름으로 농촌 계몽 운동을 펼쳤다.
⑤ 한용운은 3·1 운동 때 불교계를 대표하여 독립 선언서에 서명하였고, 사찰령 폐지 운동을 벌였다.

비법 암기
천도교 : 3·1 운동 주도, 소년 운동, "개벽", "어린이" 등 잡지 발간

06 찬양회

다음은 어느 선언문과 이에 대한 언론의 반응이다. 이 선언문에 대한 설명으로 옳지 않은 것은?

> 슬프다! 돌이켜 전일을 생각하면 사나이의 위력으로 여편네를 누르려고 구설을 빙자하여 여자는 안에 있어 밖의 일을 말하지 않으며 오로지 밥하고 옷 짓는 것만 알라 하니 어찌하여 신체수족이목이 남자와 다름없는 한 가지 사람으로 깊은 방에 처하여 다만 밥과 술이나 지으리오.
> 도금에 구규를 진폐하고 신학을 시행함이 우리도 옛것을 버리고 새것을 따라 타국과 같이 여학교를 설치하고 각각 여아들을 보내어 각항 재주와 규칙과 행세하는 도리를 배워 일후에 남녀가 일반 사람이 되게 할 차.

황성신문: 하도 놀랍고 신기하여 이를 기재한다.
제국신문: 우리나라 부인네들이 이런 말을 하며 이런 사업 창설할 생각이 날 줄을 어찌 뜻하였으리오. 진실로 희한한 바이로다.
독립신문: 정부 기구에 불필요하게 쓰이는 20여 만 원과 급하지 않은 군사 증액비 100여 만 원을 여성 교육비에 쓰라.

① 찬양회의 첫 공식 집회에서 낭독되었다.
② 우리나라 최초의 근대적 여권 선언으로 평가된다.
③ 서울 북촌 양반 부인들이 뜻을 일으켜 발표하였다.
④ 우리나라에서 최초로 여학교가 세워지는 배경이 되었다.
⑤ 천부인권 사상을 바탕으로 남녀 평등권의 획득을 구상하였다.

문제 해설
제시된 자료는 1898년 독립신문과 황성신문에 실린 이소사, 김소사의 명의로 쓰여진 선언문이다. 이 선언문에서는 여성의 권리 신장과 남녀 평등권의 실현을 주장하고 있다. 선언문이 발표된 후 최초의 여성 교육 운동 단체인 '찬양회'가 조직되고, 관립 여학교를 설립하기 위한 다양한 활동이 전개되었다. 참여한 사람들은 대체로 서울 북촌의 양반 부인들이었다.

바로잡기
④ 우리나라 최초의 여학교는 1886년 여선교사 스크랜튼 부인이 설립한 이화학당이다.

비법 암기
찬양회 : 우리나라 최초의 여성 운동 단체, 여권 신장과 개화 운동 주도

07 1920년대 문화계 동향

밑줄 그은 '이 시기'의 문화계 동향으로 가장 적절한 것은?

> 일제가 이른바 문화 통치를 표방하였던 이 시기에는 다양한 문예 사조가 등장하여 폐허, 백조 등의 동인지가 발간되었다. 그리고 민족적이고 저항적인 작품도 많이 발표되었는데 대표적인 시로는 이상화의 '빼앗긴 들에도 봄은 오는가', 한용운의 '님의 침묵' 등이 있다.

① 윤동주의 서시가 발표되었다.
② 원각사에서 은세계가 공연되었다.
③ 이광수가 매일신보에 무정을 연재하였다.
④ 최남선이 해에게서 소년에게를 발표하였다.
⑤ 신경향파 작가들이 카프(KAPF)를 결성하였다.

08 일제 강점기의 사회 변화

다음 건축물을 볼 수 있던 시기의 회고담으로 적절한 것은?

경성 종로 네거리 보신각 맞은 편에 우뚝 솟은 지하 1층, 지상 6층의 웅장한 건물. 우리나라 사람이 세운 근대 백화점인 화신 백화점의 신축 건물 모습이다. 불에 탄 옛 건물에 비해 건물의 연면적도 넓어지고 높이도 높아져 경성의 일본 백화점보다 더 크고 호사로운 모습을 선보이고 있다.

① 처음 개봉된 아리랑을 보고 많은 사람들이 울었어.
② 신극이 공연되면 원각사 앞길이 인산인해를 이루었지.
③ 처음 제정된 어린이날 행사에서 소년 운동 선언문이 발표되었어.
④ 카프(KAPF)의 결성을 계기로 프로 문학이 관심을 끌기 시작했지.
⑤ 유물사관에 입각한 "조선봉건사회경제사"가 화제가 되기도 하였어.

문제 해설

밑줄 그은 '이 시기'는 1920년대 문화 통치 시기이다. 3·1 운동 이후 "창조", "폐허", "백조" 등 동인지가 발간되었는데, 순수 예술을 지향하다가 현실 도피적이고 허무감에 빠진 퇴폐적 낭만주의로 흐르는 경향이 나타났다. 반면, 이상화, 한용운 등은 조국에 대한 사랑과 일제에 대한 적극적 저항 의식을 표현하였다. ⑤ 1920년대 중반 사회주의 사상의 영향을 받아 신경향파 문학(프로 문학)이 등장하였다. 카프(KAPF, 조선 프롤레타리아 예술가 동맹)를 중심으로 활동한 이들은 식민지 현실의 계급 모순을 적극적으로 비판하였다.

바로잡기
① 윤동주의 '서시'는 1941년에 발표되었다.
② 1908년 원각사에서 이인직의 '은세계'가 공연되었다.
③ 1917년 이광수가 우리나라 최초의 근대 소설인 '무정'을 발표하였다.
④ 1908년 최남선이 신체시 '해에게서 소년에게'를 발표하였다.

비법 암기
1920년대의 문학 : "창조", "폐허", "백조" 등 동인지 발간, 순수 예술 지향·퇴폐적 낭만주의, 카프 결성(신경향파 문학)

문제 해설

화신 백화점은 1931년 민족 자본으로 설립한 최초의 백화점이다. 1935년에 화재가 났으나 1937년에 신축하였다. 지하 1층, 지상 6층 규모로 당시 한국인에 의해 건립된 건물 중 가장 크다. ⑤ 백남운은 1937년에 "조선봉건사회경제사"를 출간하였다.

바로잡기
① '아리랑'은 1926년에 단성사에서 처음 개봉되었다.
② 원각사는 1908년에 건립되었고 1914년에 화재로 소실되었다.
③ 1921년 천도교 소년회가 방정환을 비롯한 천도교 청년들의 주도로 창립되었다. 1923년에는 5월 1일을 어린이날로 정하였다.
④ 카프는 1925년에 결성되어 프로 문학을 확산시켰다.

비법 암기
나운규의 아리랑 : 일제로부터 탄압받던 우리 민족의 정서를 생생하게 표현

VIII 현대 사회의 발전

1. 대한민국 정부 수립과 6·25 전쟁
2. 이승만 정부~박정희 정부
3. 박정희 유신 체제~노무현 정부
4. 대한민국의 경제 발전
5. 대한민국의 사회 변화
6. 통일을 위한 노력과 영토 문제

일제의 패망으로 한국은 광복을 맞이하였다. 제2차 세계 대전 이후 미국과 소련이 날카롭게 대립하는 냉전 체제가 도래하면서 그 여파로 6·25 전쟁이 발발하였다. 국토는 분단되고 남북한에는 각각의 정부가 들어섰다. 대한민국은 민주주의의 시련을 맞았지만, 4·19 혁명, 5·18 민주화 운동, 6월 민주 항쟁 등을 겪으며 민주주의의 발전을 이루었다. 한국은 민주화와 함께 산업화와 경제 성장도 이루어냈다. 국가 주도의 경제 개발 계획을 통해 경공업 중심에서 중화학 공업 중심으로 산업을 개편하였다.

1980년대 후반부터는 첨단 산업, 기술 집약적인 산업, 지식 산업이 중심이 되었다. 급속한 경제 성장은 국민의 삶의 질을 높이고 소득 증대에 이바지하였다. 국제 사회에서 한국의 위상도 크게 높아졌다.

1950 ● 1960 ● 1970 ● 1980 ● 1990
● 1950 6·25 전쟁 ● 1960 4·19 혁명 ● 1972 10월 유신 ● 1987 6월 민주 항쟁

기출 문제 출제 포인트

대한민국 정부 수립과 6·25 전쟁	광복과 통일 정부 수립 운동	광복 전후의 국제 사회 (4회, 11회)
		조선 건국 준비 위원회 (6회, 9회, 17회)
		미·소 공동 위원회 (21회)
		이승만의 정읍 발언 (19회)
		좌우 합작 운동 (4회, 12회, 16회)
		단독 정부론과 통일 정부론 (2회, 4회, 6회, 9회, 13회)
	대한민국 정부 수립	남북 지도자 회의 (18회)
		반민 특위 (3회, 10회)
	6·25 전쟁	6·25 전쟁 (4회, 9회)
민주주의의 시련과 발전	민주주의의 시련	헌법 개정 (5회, 8회, 9회, 10회, 11회, 13회, 14회, 17회)
		유신 헌법 (3회, 5회, 12회, 14회, 16회)
	민주화 운동과 민주주의의 발전	3·15 부정 선거 (10회)
		5·18 민주화 운동 (17회)
		6월 민주 항쟁 (15회, 16회)
		김영삼~김대중 정부 (3회, 15회, 17회, 21회)
경제 발전과 사회 변화	경제 발전과 사회 변화	농지 개혁법 (2회, 5회, 11회, 12회, 14회)
		1950년대 원조 경제 (8회, 14회)
		경제 개발 5개년 계획 (15회, 16회, 17회)
		김영삼 정부의 경제 상황 (19회)
		1970년대의 사회상 (16회, 18회)
		현대사의 주요 사건 (4회, 10회, 15회, 17회)
통일을 위한 노력과 영토 문제	통일을 위한 노력	7·4 남북 공동 성명 (5회)
		김대중 정부의 통일 정책 (11회, 14회)
		통일을 위한 노력 (10회, 16회)
	영토 문제	독도 (14회)

* 4회부터 1급과 2급이 고급으로 통합됨. 1회는 고급 미시행

5·18 민주화 운동을 기록한 일기장(위), 4·19 혁명 당시 고등학생들의 시위(아래)

1 대한민국 정부 수립과 6·25 전쟁 | VIII 현대 사회의 발전

광복 전후 국제 정세 (1945)

- **카이로 회담**(1943. 11.)
  - 미국(루스벨트), 영국(처칠), 중국(장제스)
  - 1914년 이후 일본이 점령한 모든 영토 반환
  - 한국의 독립을 최초로 확인
- **얄타 회담**(1945. 2.)
  - 미국(루스벨트), 영국(처칠), 소련(스탈린)
  - 미국이 소련에 한국 신탁 통치 제안
- **포츠담 회담**(1945. 7.)
  - 미국(트루먼), 영국(처칠), 중국(장제스)
  - 카이로 회담의 한국 독립 재확인
- 제2차 세계 대전 종전(1945. 8. 15.)
- 냉전 체제 형성:
  미국 중심의 자본주의 진영과
  소련 중심의 공산주의 진영 대립
- 소련의 동유럽 공산화 추진
  → 미국 **트루먼 독트린** 발표
  (반소·반공 외교 노선, 1947)
- 미국, 북대서양 조약 기구 결성
  → 소련, 바르샤바 조약 기구 결성

광복 전후 국내 정세 (1945)

- **조선 건국 준비 위원회**(← 조선 건국 동맹)★
  - 여운형(중도 좌파), 안재홍(중도 우파)
  - **과도기에 정부 역할**(치안대 조직, 전국 지부 설치)
  - 공산당 중심으로 운영 → 안재홍 등 우익 이탈
  - 미군과의 협상 고려해 **조선 인민 공화국** 수립
  - 건준 지부는 인민 위원회로 개편
- 남북 분단
  - 소련의 참전 결의(얄타 회담)
  - 미국, 히로시마에 원폭 투하
  - 소련군, 한반도 북부 지역 진주
  - → 8·15 광복
  - → 38도선을 경계로 미·소 군정 시행
- **미군정 정책**(맥아더 포고령)★
  - 조선 인민 공화국 부정
    → 해체(미군정청 승인 거절)
  - 대한민국 임시 정부 부정
    → 김구 및 임정 요원, 개인 자격으로 입국
  - 친일 관리·친일 경찰 고용
  - **신한 공사** 설립
    (동양 척식 주식회사 소유 토지 관리)

신탁 통치를 둘러싼 갈등 (1945)

- **모스크바 3국 외상 회의**(1945. 12)★
  - 조선 민주주의 **임시 정부** 수립
  - 임시 정부 수립을 위한
    미·소 공동 위원회(미·소 공위) 설치★
  - 미·영·중·소에 의한 최고 **5년간 신탁 통치**
  ↓
- 좌우익 모두 신탁 통치 반대
  ↓
- **좌익**이 **찬탁**으로 입장 변경★
  - 박헌영(남조선 노동당), 여운형(조선 인민당)
  - 임시 정부 수립으로 **분단 방지**
  - 신탁 통치는 단축 가능
  - 소련의 지시를 받음
- **우익**은 **반탁** 고수★
  - 김구(한국 독립당), 이승만(독립 촉성 중앙 협의회),
    김성수·송진우(한국 민주당)
  - 신탁 통치는 **식민지 재현**, 민족 자존심 훼손

📖 자료 읽기

대한민국 수립 이전의 주요 사건

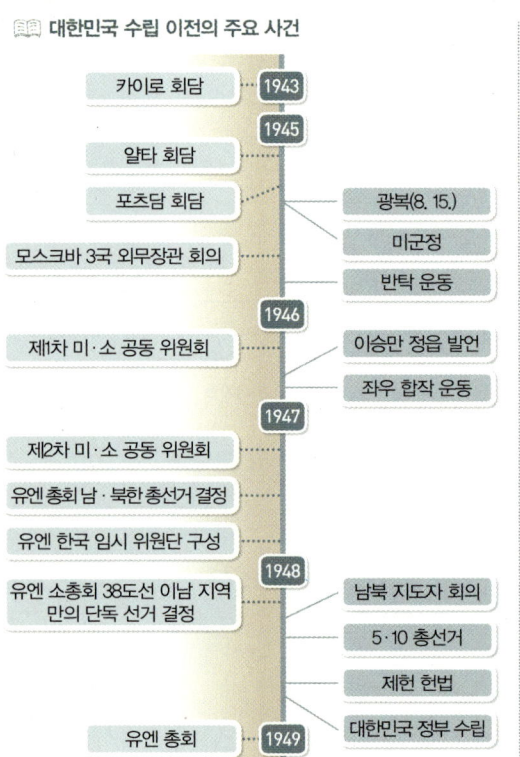

- 카이로 회담 — 1943
- 얄타 회담 — 1945
- 포츠담 회담 ┈ 광복(8. 15.)
- 모스크바 3국 외무장관 회의 ┈ 미군정
- ┈ 반탁 운동
- 1946
- 제1차 미·소 공동 위원회 ┈ 이승만 정읍 발언
- ┈ 좌우 합작 운동
- 1947
- 제2차 미·소 공동 위원회
- 유엔 총회 남·북한 총선거 결정
- 유엔 한국 임시 위원단 구성
- 1948
- 유엔 소총회 38도선 이남 지역 ┈ 남북 지도자 회의
  만의 단독 선거 결정
- ┈ 5·10 총선거
- ┈ 제헌 헌법
- 유엔 총회 — 1949 ┈ 대한민국 정부 수립

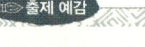

원쪽부터 장제스, 루스벨트, 처칠

📖 출제 예감

카이로 회담(1943)

일본국으로부터 1914년 제1차 세계 대전 이후 일본이 탈취 또는 점령한 태평양의 도서 일체를 박탈할 것과 …… 앞의 3대국은 조선 인민의 노예 상태에 유의하여 적당한 시기에 한국을 자주 독립하게 할 것을 결의한다.

📖 출제 예감

모스크바 3국 외상 회의(1945. 12.)

공동 위원회의 역할은 한국인의 정치적·경제적·사회적 진보와 민주주의 발전 및 조선 독립 국가 수립을 도와 줄 방안을 만드는 것이다. …… 공동 위원회는 미·영·소·중 4국 정부가 최고 5년 기간의 4개국 통치 협약을 작성하는 데 공동으로 참작할 수 있는 제안을 한국 임시 정부와 협의하여 제출해야 한다.

❶ **찬탁 시위** | 좌익 세력은 모스크바 3국 외상 회의의 결정을 지지하였다. ❷ **반탁 시위** | 우익 세력은 반탁 운동을 벌였다.

📖 출제 예감

이승만, 정읍 발언(1946. 6.)

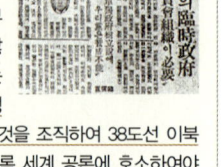

이제 우리는 무기 휴회된 공동 위원회(공위)가 재개될 기색도 보이지 않으며, 통일 정부를 고대하나 여의치 않게 되었으니, 우리는 남쪽만이라도 임시 정부 혹은 위원회 같은 것을 조직하여 38도선 이북에서 소련이 철퇴하도록 세계 공론에 호소하여야 될 것이다.

★ Best 기출
- 광복 전후의 정세: 얄타 회담 | 조선 건국 준비 위원회 | 미군정 정책 | 모스크바 3국 외상 회의 | 미·소 공동 위원회 | 찬탁·반탁 시위
- 대한민국 정부 수립: 대한민국 수립 이전의 주요 사건 | 정읍 발언 | 좌우 합작 운동 | 남북 협상 | 5·10 총선거 | 반민 특위 | 6·25 전쟁

미·소 공동 위원회 개최 (1946. 3.~1947. 5.)	한국 문제의 유엔 이관과 남북 협상(1947~1948)	대한민국 정부 수립 (1948. 8. 15.)	6·25 전쟁 (1950)

• 제1차 미·소 공동 위원회(1946. 3.)
├ 미국: 모든 사회단체 참여 주장
└ 소련: 신탁 통치에 찬성하는 단체만 참여 주장
↓
• 이승만의 정읍 발언(1946. 6.)★:
남한만의 단독 정부 구성 주장
• 좌우 합작 위원회 구성(1946. 7.)★
├ 여운형(중도 좌파)·
│ 김규식(중도 우파) 주도
├ 좌우 합작 7원칙 발표
│ → 좌익과 우익의 입장 절충
├ 초기 미군정 지원
│ → 트루먼 독트린 발표
│ → 냉전 심화, 미군정 지지 철회
└ 극좌파와 극우파의 방해로 실패
↓
• 제2차 미·소 공동 위원회(1947. 5.)★
├ 미국과 소련 견해 차이만 확인
└ 미국이 한반도 문제 유엔 상정
	• 한국 문제 유엔 상정
	• 제2차 유엔 총회(1947. 11.)
	├ 인구 비례에 의한
	│ 남·북한 총선거 시행
	├ 유엔 한국 임시 위원단 설치 결정
	└ 소련의 거부
	↓
	• 유엔 소총회(1948. 2.)★:
	38도선 이남 지역만의 단독 선거 결정
	• 김구, 삼천만 동포에게 읍고함★
	• 남북 지도자 회의(평양, 1948. 4.)
	├ 김구·김규식,
	│ 북의 김일성·김두봉에게
	├ 남북 협상 제의
	├ 단독 정부 수립 반대
	└ 미·소 양군 즉시 철수 결의

	○ 남북 협상을 위해 북으로 가던 중 38도선에 선 김구
		• 제주 4·3 사건(1948. 4. 3.)
		├ 남로당 중심으로 도민 무장봉기
		├ 5·10 총선거 반대, 미군 철수 주장
		└ 미군정의 진압
		↓
		• 5·10 총선거(1948. 5. 10.)★
		├ 임기 2년 제헌 의원 선출
		└ 최초의 보통·평등 선거
		• 제헌 헌법(1948. 7. 17.)
		  − 대통령제(4년 중임), 간선제(국회)
		• 대한민국 정부 수립(1948. 8. 15.)★
		├ 제헌 국회에서 대통령 이승만 선출
		└ 국제 연합(UN)이 대한민국을
		  한반도 내 유일한 합법 정부로 인정
		• 반민족 행위 처벌법 제정(1948. 9.)★
		├ 제헌 의회에서 관련 법 제정
		├ 반민족 행위 특별 조사 위원회
		│ (반민특위) 설치
		├ 최린, 이광수, 최남선 등 구속
		├ 이승만 정부, 반민특위 활동 방해
		│ (국회 프락치 사건·반민특위 습격 사건, 1949)
		└ 법안 개정 → 공소 시효 단축
		  → 반민 특위 해체
		• 여수·순천 10·19 사건
		├ 군부대의 제주도 출동 반대
		└ 통일 정부 수립 내세워 무장봉기
			• 소련·중국의 지원
			  → 북한의 군사력 강화
			• 애치슨 라인: 미국의 극동(태평양 지역) 방위선에서 한국과 타이완 제외★
			↓
			• 북한의 남침(1950. 6. 25.)★ → 서울 함락
			  → 국군은 낙동강 전선으로 후퇴
			• 유엔군 참전 → 인천 상륙 작전(9. 15.)
			  → 서울 수복(9. 28.)
			• 38도선 돌파 → 압록 강변까지 진출
			• 중국군 참전(10. 19.)
			• 흥남 철수(대규모 해상 철수, 12. 14.)
			• 1·4 후퇴(서울 재함락, 1951. 1. 4.)
			• 서울 재수복
			  → 38도선 일대에서 전선 교착
			• 휴전 협정 논의(1953)
			├ 군사 분계선 설정
			└ 전쟁 포로 송환 문제
			• 이승만 대통령,
			  휴전 반대·반공 포로 석방
			• 미국, 중국, 북한 간
			  휴전 협정 체결(남한 불참, 1953. 7.)
			• 한·미 상호 방위 조약 체결★
			  (1953. 10.) → 주한 미군 주둔

자료 읽기

	좌우 합작 운동	남북 협상
시기	• 냉전 본격화 전 → 미·소 간 합의 가능성 있음	• 냉전 본격화 후 → 미·소 간 합의 거의 불가능
배경	• 단독 정부 수립론 대두 • 제1차 미·소 공위 결렬	• 유엔 소총회 → 38도선 이남 지역만의 단독 선거 확정
주도 인물	• 여운형(중도 좌파) + 김규식(중도 우파)	• 김구, 김규식(남) + 김일성, 김두봉(북)
목표	• 통일 민족 국가 수립	
결과	• 극좌파와 극우파 방해, 여운형 암살, 냉전 심화 → 실패	• 자주·평화 통일 노선을 제시하나 실질적 성과 없음

○ 좌우 합작 운동과 남북 협상

출제 예감

좌우 합작 7원칙

1. 조선의 독립을 보장한 모스크바 3국 외상 회의의 결정에 따라 남북을 통한 좌우 합작으로 민주주의 임시 정부를 수립할 것.
2. 미·소 공동 위원회 속개를 요청하는 공동 성명을 발표할 것.
3. 토지 개혁에 있어 몰수, 조건부 몰수, 체감 매상 등으로 토지를 농민에게 무상으로 나누어 줄 것.
4. 친일파, 민족 반역자를 처리할 조례를 제안하여 입법 기구가 심리·결정하게 해 시행할 것.
5. (생략)
6. 입법 기구의 권능과 구성 방법 및 운영 등은 본 합작 위원회에서 작성, 적극 실행할 것.

− 제3 특보, 1946. 10. 28 −

출제 예감

김구, 삼천만 동포에게 읍고함(1948. 2.)

한국이 있어야 한국 사람이 있고, 한국 사람이 있고야 민주주의도 공산주의도 또 무슨 단체도 있을 수 있는 것이다. 그러면 우리의 자주 독립적 통일 정부를 수립하여야 하는 이 때에 있어서 어찌 개인이나 자기 집단의 사리사욕을 탐하여 국가 민족의 백년대계를 그르칠 자가 있으랴. …… 마음속의 38도선이 무너지고야 땅위의 38도선도 철폐될 수 있다. …… 나는 통일된 조국을 건설하려다 38도선을 베고 쓰러질지언정 일신에 구차한 안일을 취하여 단독 정부를 세우는 데에는 협력하지 아니하겠다. − 서울신문 −

김구·김규식이 김두봉에게 보낸 편지

우리가 우리 몸을 반쪽 낼지언정 허리가 끊어진 조국이야 어찌 차마 더 보겠나이까. 우리 문제는 우리 자신만이 해결할 수 있다는 것을 확신하고 남북 지도자 회담을 주창하였습니다. 그리하여 이 글월을 연서로 올리는 것입니다.

한눈에 보는 "기막힌 자료 특강"

5·10 총선거와 대한민국 정부 수립

❶ 5·10 총선거 포스터,
❷ 대한민국 정부 수립(1948. 8. 15.)

대한민국 건국 이전 각 정치 세력의 입장

정당	독립 촉성 중앙 협의회	한국 민주당	한국 독립당	민족 혁명당	조선 인민당	남조선 노동당
정치가	이승만	김성수	김구	김규식	여운형	박헌영
	우파				좌파	
남한 단독 정부	찬성 (정읍 발언)	찬성	반대	반대 (좌우 합작 운동)	1947년 암살	1946년 입북
남북 협상	반대	반대	찬성(남북 협상)			
미·소 양군 철수	반대	반대	찬성	찬성		
5·10 총선거	참여	참여	불참	불참		

반민족 행위 특별 조사 위원회(반민특위)의 활동

반민족 행위 처벌법

제1조 일본 정부와 통모하여 한·일 합병에 적극 협력한 자, 한국의 주권을 침해하는 조약 또는 문서에 조인한 자와 모의한 자는 사형 또는 무기 징역에 처하고, 그 재산과 유산의 전부 혹은 2분의 1 이상을 몰수한다.

제2조 일본 정부로부터 작위를 받은 자, 또는 일본 제국 의회의 의원이 되었던 자는 무기 또는 5년 이상의 징역에 처하고, 그 재산과 유산의 전부 혹은 2분의 1 이상을 몰수한다.

제4조 다음 각 호 가운데 하나에 해당하는 자는 10년 이하의 징역에 처하거나 15년 이하로 공민권을 정지하고, 그 재산의 전부 혹은 일부를 몰수할 수 있다.
  1. 일제에 작위를 받은 자
  4. 밀정 행위로 독립운동을 방해한 자
  6. 군, 경찰의 관리로서 악질적인 행위로 민족에게 해를 가한 자

친일파 최남선이 쓴 자열서(1949)

민족의 일원으로서 반민족 행위자라고 지목받게 된 것은 참으로 씻기 어려운 치욕이다. 내 이제 마땅히 자회자책(自悔自責)의 성의를 나타내려 한다. …… 십수 년간에 걸쳐 역사교과서 편수 위원 등을 지냈으며 조선사 편수회 같은 것은 최후까지 참여하여 「조선사」 37권을 완성하였다. 조선사 편수의 일이 끝나자 내게는 어느 틈에 중추원 참의라는 직함이 돌아왔다. …… 그 후 소위 대동아 전쟁이 발생하자 나는 학병 권유의 길을 떠나게 되었다. 당시 나의 논지는 이 전쟁이 발생한 기회를 놓치지 말고 이상과 정열과 역량을 가진 학생 청년층이 전투를 통해 사회 중핵체 결성 능력을 양성하자는 것이었다.
— 자유신문, 1949. 3. 9. —

6·25 전쟁

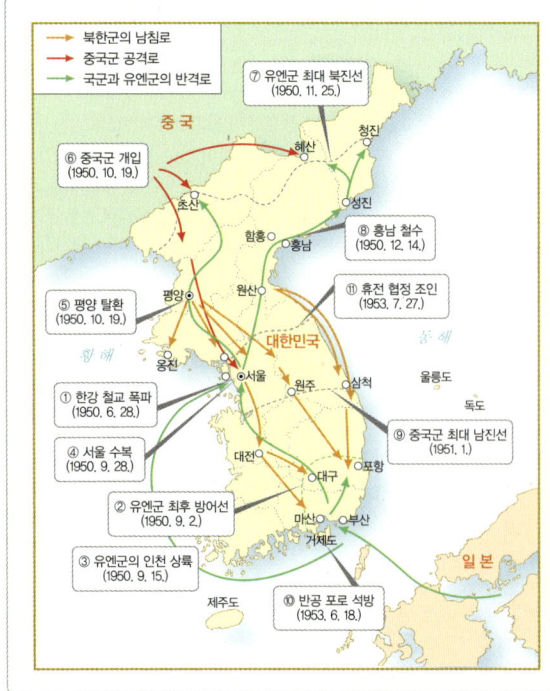

○ 끊어진 한강 철교 | 국군은 북한군의 진격을 막기 위해 전쟁 발발 3일 후인 1950년 6월 28일 한강 철교를 폭파하였다.

❶ 작전을 지휘한 맥아더 장군
❷ 인천 상륙 작전 | 국군과 유엔군의 인천 상륙 작전(1950. 9.)으로 서울을 수복하였다.

○ 나팔로 공격 신호를 보내는 중국군 | 중국군의 개입(1950. 10.)으로 국군과 유엔군은 후퇴하였다.

❶ 흥남 철수(1950. 12.)에 동원된 선박
❷ 1·4 후퇴 | 혹한 속에 서울 시민들은 또다시 피란길에 올랐다.

01 광복 전후의 국제 사회

(가), (나)는 우리 민족의 문제를 논의한 국제 회의의 결정 사항이다. 이에 대한 설명으로 옳은 것을 〈보기〉에서 고른 것은?

> (가) 일본국으로부터 1914년 제1차 세계 대전 이후 일본이 탈취 또는 점령한 태평양의 도서 일체를 박탈할 것과 …… 앞의 3대국은 조선 인민의 노예 상태에 유의하여 적당한 시기에 한국을 자주 독립하게 할 것을 결의한다.
>
> (나) 공동 위원회의 역할은 한국인의 정치적·경제적·사회적 진보와 민주주의 발전 및 조선 독립 국가 수립을 도와 줄 방안을 만드는 것이다. …… 공동 위원회는 미·영·소·중 4국 정부가 최고 5년 기간의 4개국 통치 협약을 작성하는 데 공동으로 참작할 수 있는 제안을 한국 임시 정부와 협의하여 제출해야 한다.

〈보기〉

ㄱ. (가) - 우리나라의 독립을 최초로 보장하였다.
ㄴ. (가) - 38도선이 확정되어 남북 분단의 계기가 되었다.
ㄷ. (나) - 신탁 통치를 둘러싸고 좌·우 대립이 격화되었다.
ㄹ. (나) - 유엔 감시하의 남북한 총선거 실시를 결정하였다.

① ㄱ, ㄴ ② ㄱ, ㄷ ③ ㄴ, ㄷ
④ ㄴ, ㄹ ⑤ ㄷ, ㄹ

02 모스크바 3국 외상회의

다음은 광복 후 우리나라 문제 해결을 위한 국제 회의의 결정을 요약한 것이다. (가)에 들어갈 내용으로 옳은 것은?

> • 조선을 독립 국가로 재건설하며 민주주의 국가로 발전시키는 동시에, 가혹한 일본의 조선 통치 잔재를 빨리 청산하기 위해 조선에 임시 민주주의 정부를 수립한다.
>
> (가)
>
> • 이들의 역할은 조선 인민의 정치적, 경제적, 사회적 진보와 민주주의의 발전 및 독립 국가 수립을 도와줄 방안을 만드는 것이다. 또, 조선 임시 정부 및 민주주의 단체를 참여시키도록 한다.

① 한반도 통일 정부를 구성하는 구체적 절차를 논의한다.
② 대한민국 임시 정부를 승인하는 방안을 논의한다.
③ 미국과 소련이 공동으로 참여하는 위원회를 설치한다.
④ 정부 수립을 논의하기 위해 좌우 합작 위원회를 설치한다.
⑤ 일본 군대를 무장 해제한 후 미·소 양국 군대 철수를 논의한다.

문제 해설
제시된 자료의 (가)는 카이로 선언(1943.11), (나)는 모스크바 협정문(1945.12)이다. ㄱ. 카이로 선언은 연합국이 일본의 영토 문제에 대해 발표한 최초의 공식 성명이었고, 우리 민족의 독립을 보장한 연합국 최초의 선언이었다. ㄷ. 모스크바 협정문의 내용은 임시 조선 민주주의 정부 수립, 최고 5년 간의 4개국 신탁 통치, 미·소 공동 위원회 설치이다. 이중 신탁 통치 문제를 둘러싸고 좌익은 찬탁, 우익은 반탁으로 나누어져 좌익과 우익의 대립이 커져 갔다.

바로잡기
ㄴ. 북위 38도선을 경계로 남북이 나뉜 것은 제2차 세계 대전이 끝나기 직전 미국이 소련에 분할 점령을 제안한 데서 비롯되었다.
ㄹ. 유엔 감시 하의 남북한 총선거 실시를 결정한 곳은 1947년 유엔 총회이다.

카이로 회담 : 우리나라의 독립을 결의한 연합국 최초의 선언

문제 해설
1945년 12월 미국, 영국, 소련은 전후 문제를 처리하기 위해 모스크바 3국 외상 회의를 개최하였다. 모스크바에서 열린 세 나라의 외무장관 회의에서 일본이 점령하고 있던 지구의 관리 문제, 한국의 독립 문제 등을 논의하여 결정안을 만들었다. 결정안의 주요 내용은 첫째, 한국을 독립 국가로 재건하기 위해 민주주의적 임시 정부를 수립한다. 둘째, 한국 임시 정부 수립을 위해 미·소 공동 위원회를 설치한다. 셋째, 미국, 영국, 중국, 소련의 4개국이 공동 관리하는 최고 5년 기한의 신탁 통치를 시행한다는 것 등이었다.

바로잡기
① 김구와 김규식 등은 통일 정부를 수립하기 위해 남북 협상을 추진하였다.
② 연합국은 모스크바 3상 회의의 결정에 따라 미·소 공동 위원회를 구성하여 새로운 임시 정부를 수립하고자 하였다.
④ 1946년 김규식과 여운형의 주도로 좌우 합작 위원회가 구성되고, 좌우 합작 7원칙이 발표되면서 좌우 합작 운동이 활기를 띠었다.

모스크바 3국 외상회의 : 한국에 임시 정부 수립, 미·소 공동 위원회 설치, 신탁 통치 시행 결정

정답 | 01 ② 02 ③

03 8·15 광복

다음 연설이 나오게 된 배경으로 옳은 것은?

어제 엔도가 나를 불러 "과거 두 민족이 합하였던 것이 조선에게 잘못 됐던가는 다시 말하고 싶지 않다. 오늘날 나누는 때에 서로 좋게 나누는 것이 좋겠다. 오해로 피를 흘리고 불상사를 일으키지 않도록 민중을 지도하여 주기를 바란다."라고 하였습니다. 나는 다섯 가지 조건을 요구하였습니다. …… 우리가 지난날의 아프고 쓰리던 것을 이 자리에서 다 잊어버리고 이 땅에다 합리적·이상적 낙원을 건설하여야 합니다. …… 물론 우리는 통쾌한 마음을 금할 수 없습니다. 그러나 그들에 대하여 우리들의 아량을 보여 줍시다.

① 평양에서 남북한 지도자 연석 회의가 열렸다.
② 사이토 총독이 부임하여 시정 방침을 발표하였다.
③ 국내외 독립 운동의 결과 8·15 광복을 맞이하였다.
④ 중도 세력을 중심으로 좌우 합작 위원회가 결성되었다.
⑤ 모스크바 3국 외상 회의에서 한국의 독립 방안을 논의하였다.

문제 해설
제시된 자료는 1945년 8월 16일 8·15 광복을 맞이하여 여운형이 서울 휘문 중학교 운동장에서 연설한 내용이다. 일제의 패망에 앞서 조선 총독부는 조선 건국 동맹의 여운형과 행정권 이양 문제를 교섭하였다. 8·15 광복 직후 여운형은 정치범 석방, 3개월분의 식량 확보 등을 약속받고 좌우익의 합작 형태로 조선 건국 준비 위원회를 결성하였다.

바로잡기
① 남한만의 단독 선거 움직임이 나타나자 1948년 김구와 김규식은 김일성과 남북 지도자 연석 회의를 열었다.
② 사이토는 1919년 총독으로 부임하여 소위 문화 통치를 실시하였다.
④ 1946년 중도 세력을 중심으로 좌우 합작 위원회가 구성되었다.
⑤ 1945년 12월에 모스크바 3국 외상 회의가 개최되었다.

비법 암기
8·15 광복 : 연합국의 승리와 일본의 항복, 국내외 항일 투쟁 의지 → 1945년 8월 15일 일제 식민 지배로부터 해방

04 조선 건국 준비 위원회

다음 자료와 관련된 단체에 대한 설명으로 옳지 않은 것은?

인류는 평화를 갈망하고 역사는 발전을 지향한다. 인류사상 전에 없었던 참사인 제2차 세계 대전의 종결과 함께 우리 조선에도 해방의 날이 왔다. …… 전후 문제의 국제적 해결에 따라 조선은 제국주의 일본의 기반(羈絆)으로부터 벗어나게 되었다. 그러나 조선 민족의 해방은 다난한 운동사상에 있어 겨우 새로운 일보를 내디디었음에 불과하나니 완전한 독립을 위한 허다한 투쟁은 아직 남아 있으며 새 국가의 건설을 위한 중대한 과업은 우리의 전도에 놓여 있다. …… 우리 민족을 진정한 민주주의적 정권에로 재조직하기 위한 새 국가 건설의 준비 기관인 동시에 모든 진보적 민주주의적 제 세력을 집결하기 위하여 각층각계에 완전히 개방된 통일 전선이요 결코 혼잡된 협동 기관은 아니다.

① 전국 각지에 설치된 지부가 치안과 행정권을 장악하였다.
② 친일파를 배제한 좌우 정치 세력의 민족 연합 전선을 추구하였다.
③ 민중의 지지를 받으며 미군 진주 이전에 실질적인 행정을 담당하였다.
④ 미군정 시기에 인민 대표자 대회를 열어 조선 인민 공화국을 선포하였다.
⑤ 여운형을 위원장으로 해 치안의 회복과 질서 유지를 위해 노력하였다.

문제 해설
해방 전 좌우 합작 단체인 조선 건국 동맹은 해방 후 여운형과 안재홍이 연합하여 조선 건국 준비 위원회로 개편되었다. 이후 전국 각지에 지부를 설치하여 치안과 행정권을 장악하며 미군정이 실시되기 전까지 실질적인 정부의 역할을 하였다. 그리고 미군정이 결정되자 사회주의 계열에서 조선 인민 공화국을 선포하고 인민 위원회를 설치하였다.

바로잡기
④ 미군정이 시작되기 전에 조선 인민 공화국을 선포하였다.

비법 암기
조선 건국 준비 위원회 : 과도기 정부 역할, 치안대 조직, 전국 지부 설치

05 광복 직후 주요 정치 세력

다음 전광판은 오른쪽 '조건'과 같이 작동한다. 이 전광판에 새겨지는 글자 모양은?

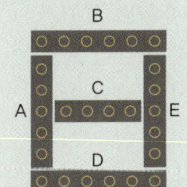

〈조건〉
〈보기〉 A~E의 설명이
• 맞으면 → 불이 들어온다.
• 틀리면 → 불이 들어오지 않는다.

〈보기〉
A. 여운형은 미군정이 지원한 좌우 합작 위원회에 참여하였다.
B. 김구는 임시 정부 법통을 내세우면서 반탁 운동을 주도하였다.
C. 이승만의 단독 정부 수립 구상은 김규식, 백남운 등 중도파의 지지를 받았다.
D. 송진우, 김성수 등이 중심이 된 한국 민주당은 미군정의 지원으로 성장하였다.
E. 좌익 세력은 독립 촉성 중앙 협의회에 참여하였으나 친일파 처리 문제로 탈퇴하였다.

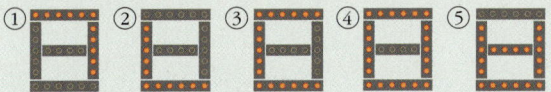

06 미·소 공동 위원회

(가), (나) 장면이 있었던 시기 사이의 사실로 옳은 것은?

① 반민족 행위 처벌법이 제정되었다.
② 조선 건국 준비 위원회가 결성되었다.
③ 김구 등이 남북 지도자 회의에 참석하였다.
④ 여운형 등이 좌우 합작 위원회를 구성하였다.
⑤ 이승만이 정읍에서 단독 정부 수립을 주장하였다.

문제 해설
A. 미군정은 신탁 통치 문제로 인한 좌익과 우익의 끝없는 대립 때문에 처음에는 여운형의 좌우 합작 위원회를 지지하였다. 그러나 이후 전세계적으로 냉전 체제가 형성함에 따라 지지를 철회하였다.
B. 김구는 임시 정부 세력을 비롯한 많은 우익 세력을 지휘하며 반탁 운동을 주도하였다.
D. 송진우, 김성수가 중심이 된 한국 민주당은 미군정의 적극적인 지원으로 주도적인 정치 세력으로 발전할 수 있었다.
E. 독립 촉성 중앙 협의회는 200여 개의 좌우익 정당과 단체를 망라한 정치 단체였다. 그러나 좌익 세력은 협의회의 친일파 처리 문제가 제대로 이루어지지 않자 결국 탈퇴하였다.

바로잡기
C. 김규식은 이승만의 단독 정부 수립 구상을 반대하며 김구와 함께 남북 협상을 주도하였다.

비법 암기
광복 후 주요 정치 세력 : 한국 민주당, 조선 공산당, 한국 독립당, 독립 촉성 중앙 협의회

문제 해설
(가)는 1947년 제2차 미·소 공동 위원회이고, (나)는 1948년 5·10 총선거이다. ③ 제2차 미·소 공동 위원회의 결렬과 유엔의 남한만의 단독 선거 결정 이후, 김구와 김규식은 평양에서 김일성, 김두봉을 만나 남북 지도자 회의를 열었다.

바로잡기
① 반민족 행위 처벌법은 1948년 9월 제헌 국회에서 제정되었다.
② 조선 건국 준비 위원회는 여운형의 조선 건국 동맹이 개편된 조직으로, 일제 패망 전 조선 총독부로부터 행정권을 이양받아 치안 유지 등을 담당하였다.
④ 좌·우 합작 위원회는 제1차 미·소 공동 위원회의 무기한 휴회를 계기로 조직되었다.
⑤ 이승만의 정읍 발언도 제1차 미·소 공동 위원회의 결렬 이후 발표되었다.

비법 암기
미·소 공동 위원회 : 임시 정부 구성 방안을 논의하기 위해 개최

07 신탁 통치를 둘러싼 갈등

(가), (나) 주장이 제기된 공통의 배경으로 옳은 것은?

> (가) 3천만의 총역량을 발휘하여서 신탁 관리제를 배격하는 국민 운동을 전개하여 자주 독립을 완전히 획득하기까지 3천만 전 민족의 최후의 피 한 방울까지라도 흘려서 싸우는 투쟁 개시를 선언한다.
>
> (나) 이 신탁이 5개년이란 기간 내에 어느 때든지 우리 민족의 역량에 의하여 철폐할 것을 결정한 것이라고 보아야 한다. …… 따라서 이번 국제적 결정을 총체적인 의미에서 지지한다.

① 제2차 미·소 공동 위원회가 결렬되었다.
② 국제 연합이 남한 정부를 합법 정부로 인정하였다.
③ 좌우 합작 위원회가 좌우 합작 7원칙을 발표하였다.
④ 모스크바 3국 외상 회의의 결정 내용이 국내에 알려졌다.
⑤ 미국과 소련이 미·소 공동 위원회에 참여할 수 있는 단체 문제로 대립하였다.

문제 해설
제시된 자료의 (가)는 우익 세력이 신탁 통치를 반대하는 주장이고, (나)는 좌익 세력이 신탁 통치 이전에 독립 국가 건설에 대한 국제적 결정을 지지한다는 주장이다. 이는 모스크바 3국 외상 회의의 결정이 알려진 후 우익과 좌익의 입장 차이를 극명히 보여 준다.

바로잡기
① 모스크바 3국 외상 회의 결과 미·소 공동 위원회를 설치하였다.
② 남한 정부 수립(1948)은 모스크바 3국 외상 회의(1945) 이후에 일어난 일이다.
③ 제1차 미·소 공동 위원회가 결렬된 후 좌우 합작을 모색하는 과정에서 좌우 합작 위원회가 구성되었다.
⑤ 한반도에서 자국의 세력을 확대하기 위해 미국과 소련은 미·소 공동 위원회에 참여할 수 있는 단체 문제로 대립하였다.

비법 암기
신탁 통치를 둘러싼 갈등 : 좌익(반탁 → 찬탁) ↔ 우익(반탁 고수)

08 정읍 발언

다음 발언이 나온 시기를 연표에서 옳게 고른 것은?

> 이제 우리는 무기 휴회된 공위가 재개될 기색도 보이지 않으며 통일 정부를 고대하나 여의케 되지 않으니, 우리는 남방만이라도 임시 정부 혹은 위원회 같은 것을 조직하여 38 이북에서 소련이 철퇴하도록 세계 공론에 호소하여야 될 것이다.

1945년 8월	1945년 12월	1946년 3월	1946년 10월	1947년 5월	1948년 8월
	(가)	(나)	(다)	(라)	(마)
8·15 광복	모스크바 3국 외상 회의 개최	제1차 미·소 공동 위원회 개최	좌·우 합작 7원칙 발표	제2차 미·소 공동 위원회 개최	대한민국 정부 수립

① (가) ② (나) ③ (다)
④ (라) ⑤ (마)

문제 해설
제시된 자료에서 '무기 휴회된 공위가 재개될 기미도 보이지 않으며'라는 내용을 통해 미·소 공동 위원회가 결렬된 이후의 상황임을 알 수 있다. 또한, '남방만이라도 임시 정부 또는 위원회 같은 것을 조직'하자는 내용을 통해 남한 만의 단독 정부 수립을 주장하고 있음을 알 수 있다. 따라서 제시된 자료는 제1차 미·소 공동 위원회의 결렬 이후 이승만이 주장한 단독 정부 수립론이다. 소위 '정읍 발언'이라고도 한다.

비법 암기
이승만의 정읍 발언 : 남한만의 단독 정부 수립 주장, 한국 민주당을 비롯한 우익 세력의 지지

09 좌우 합작 운동

밑줄 그은 '이 단체'에 대한 설명으로 옳지 않은 것은?

> 1946년에 중도 좌파와 중도 우파가 중심이 되어 조직된 이 단체는 극좌파와 극우파의 방해로 별다른 성과 없이 1947년에 해체되었다. 이 만평은 당시 활동에 어려움을 겪고 있던 이 단체의 상황을 풍자하고 있다.

― 제3 특보, 1946. 10. 28 ―

① 여운형과 김규식이 주도하였다.
② 좌익과 우익의 입장을 절충한 7원칙을 내걸었다.
③ 삼균주의를 바탕으로 한 건국 강령을 발표하였다.
④ 미군정의 지원이 철회되면서 활동에 어려움을 겪었다.
⑤ 제1차 미·소 공동 위원회의 결렬을 배경으로 조직되었다.

문제 해설
미·소 공동 위원회가 결렬되면서 임시 정부 수립이 좌절될 위기를 맞게 되자 중도 좌파인 여운형과 중도 우파인 김규식은 이를 극복하기 위해 좌우 합작을 모색하였다. 1946년 7월에 김규식과 여운형의 주도로 좌우 합작 위원회가 구성되고, 10월에 좌우 합작 7원칙이 발표되면서 좌우 합작 운동은 활기를 띠게 되었다. 미군정도 신탁 통치 문제를 둘러싼 좌우 대립과 혼란을 막기 위해 초기에는 좌우 합작 운동을 적극 지지하였다. 그러나 1947년 3월 트루먼 독트린 발표 이후 냉전이 심화되면서 미국은 좌우 합작 운동에 대한 지지를 철회하고, 우익 세력을 옹호하는 쪽으로 정책을 변경하였다. 결국, 1947년 7월 여운형이 암살되면서 이 운동은 막을 내렸다.

바로잡기
③ 대한민국 임시 정부는 1941년 조소앙의 삼균주의를 바탕으로 대한민국 건국 강령을 선포하였다.

비법 암기
좌우 합작 위원회 : 중도 우파인 김규식과 중도 좌파인 여운형을 중심으로 결성

10 단독 정부론과 통일 정부론

(가), (나) 정치 세력에 해당하는 인물로 옳은 것은?

정치 쟁점 \ 정치 세력	(가)	(나)
유엔 감시 하 남한 단독 선거	반대	지지
남북 협상	찬성	반대
미·소 양군 철수	찬성	반대
5·10 선거	불참	참여

	(가)	(나)		(가)	(나)
①	김구	김성수	②	김성수	김규식
③	김규식	여운형	④	이승만	김구
⑤	여운형	이승만			

문제 해설
(가)는 남한만의 단독 정부 수립 흐름을 반대하는 세력으로 남북 협상파의 김구, 김규식 등이 이에 해당한다. (나)는 남한만의 단독 정부 수립을 찬성하는 세력으로 독립 촉성 국민회의 이승만과 한국 민주당의 김성수 등이 이에 해당한다.

바로잡기
② 김성수 등의 한국 민주당은 남한만의 단독 선거에 찬성하였다.
③ 여운형은 남한만의 단독 선거에 반대하였다.
④ 이승만은 남한만의 단독 선거에 찬성하였고, 김구는 반대하였다.
⑤ 여운형은 좌우 합작 운동을 주도하였지만, 1947년 7월에 암살되었다. 남한만의 단독 선거는 여운형 암살 이후 일어난 일이다.

비법 암기
단독 정부 수립 주장 : 이승만, 김성수 등 우익 세력
통일 정부 수립 주장 : 김구, 김규식 등 남북 협상파

11 남북 지도자 회의

다음 편지가 작성된 시기를 연표에서 옳게 고른 것은?

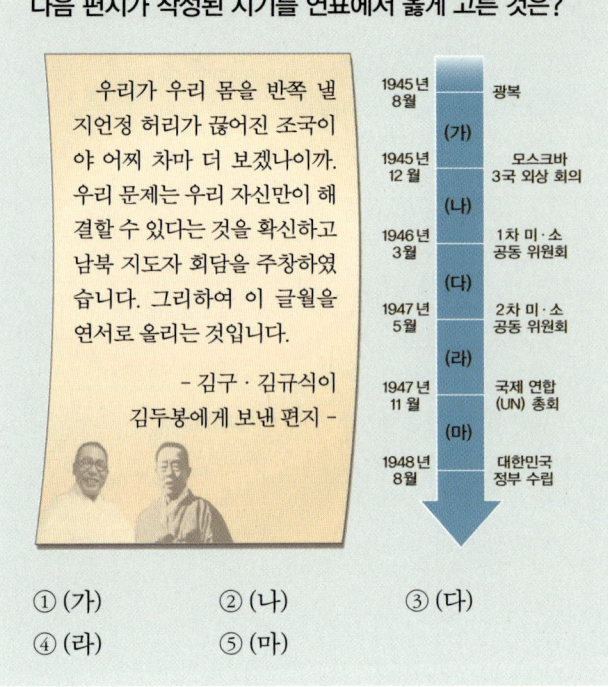

① (가) ② (나) ③ (다)
④ (라) ⑤ (마)

문제 해설
유엔에서 한반도 문제가 논의되는 동안 김구와 김규식은 김일성과 김두봉에게 남북 협상을 제의하여 1948년 4월 평양에서 남북 정치 지도자들이 한자리에 모였다. 이 회의에서 단독 정부 수립 반대, 외국 군대 즉시 철수를 요구하는 결의문이 채택되었다. 그러나 남북 협상은 냉전 체제라는 현실의 벽을 넘지 못하였다. 남북 협상은 남한만의 단독 정부를 수립하려는 세력들에게 환영받지 못하였으며, 유엔이나 미군정의 단독 선거 추진에도 영향을 미치지 못하였다. 이후 김구와 김규식 등 남북 협상파는 5·10 총선거에 불참하였고, 남조선 노동당 등 좌익 세력은 파업, 시위 등을 통해 격렬하게 저항하였다.

비법 암기
남북 지도자 회의: 남한만의 단독 정부 수립에 반대하여 김구, 김규식 주도로 남북 지도자 회의 개최

---

12 제헌 국회와 제2대 국회

선생님의 질문에 대한 학생의 답으로 옳은 것은?

이 우표에서 기념하고 있는 총선은 우리 손으로 제정된 국회 의원 선거법에 의해 실시되어 총 210명의 국회 의원을 선출하였지요. 이 선거에 의해 구성된 국회에 대해 발표해보세요.

① 국회 의원의 임기는 2년이었어요.
② 간접 선거로 대통령을 선출하였습니다.
③ 비상 계엄령에 의해 조기 해산되었습니다.
④ 반민족 행위 특별 조사 위원회를 구성하였어요.
⑤ 대통령 직선제와 양원제를 규정한 개헌안을 통과시켰어요.

문제 해설
제시된 우표에 나와 있는 단기 4283년은 서기로 계산하면 1950년이다. 1948년 제헌 헌법에 의해 구성된 제헌 국회의 임기는 2년이었기 때문에 1950년에 제2대 국회를 구성하기 위한 총선을 실시하였다. 그림의 우표는 이를 기념하기 위한 것이다. 제2대 국회는 6·25 전쟁이 발발하자 부산으로 옮겨 활동하였는데, 당시 이승만 대통령이 직선제 개헌(발췌 개헌)을 강행하려 하자 반발이 심하였다. 이에 이승만 정권은 부산 정치 파동을 일으키고 여당이 주장하는 직선제와 야당의 양원제를 절충하는 개헌으로 사태를 마무리하였다.

바로잡기
① 제헌 국회에 대한 설명이다.
② 제헌 헌법에 따라 대통령 선출은 간접 선거 방식으로 치러졌다.
③ 부산으로 이동하여 활동을 계속하였다.
④ 제헌 국회 때의 사실이다.

비법 암기
1948년 5·10 총선거: 임기 2년 제헌 의원 선출, 최초의 보통·평등선거
1950년 5·30 총선거: 이승만 지지 세력 대거 탈락

13 반민특위

(가) 위원회에 대한 설명으로 옳지 않은 것은?

```
        (가)        의견서

- 성명: ○○○
- 범죄 사실: 피의자는 1921년 순사 시험에 합격한
  뒤 인천경찰서 고등 경찰로 약 15년 간 근무한 자
  임. 상하이 임시 정부의 해외 독립운동가를 사찰
  하고, 독립운동가를 체포하기 위해 중국 각지에
  서 활동한 자로서 …… 민족 정의를 고취하기 위
  하여 엄중한 처단이 필요하며 △△법 제3조에 해
  당한다고 사료됨.
           위와 같이 결의함.
                        1949년 5월 20일
                        위원 김상덕 외 7인
           특별검찰관장 귀하
```

① 당시 정부의 적극적인 지원을 받았다.
② 제헌 의회에서 관련 법이 제정되었다.
③ 법안 개정으로 활동 기간이 단축되었다.
④ 반민족 행위를 한 인물들을 조사하였다.
⑤ 활동을 주도하던 일부 국회 의원이 구속되었다.

문제 해설
(가)는 1948년 9월에 제정된 반민족 행위 처벌법(반민법)에 의해 조직된 반민족 행위 특별 조사 위원회(반민특위)이다. 광복 직후 친일 반민족 행위자 처단에 대한 대다수 국민들의 요구에 따라 제헌 국회는 반민법을 제정하였고, 반민특위는 박흥식, 최린, 이광수, 최남선, 노덕술 등을 체포하였다. 그러나 실제로 처벌받은 사람은 단 한 명도 없었다. 오히려 반민특위 활동을 주도하던 국회 의원들이 공산당과 연결되었다는 혐의로 구속되었다(국회 프락치 사건). 국회 프락치 사건, 반민특위 습격 사건 등으로 활동이 어려워진 반민특위는 법안 개정으로 활동 기간마저 단축되고 결국 해체되었다.

바로잡기
① 이승만 정부는 국회 프락치 사건, 반민특위 습격 사건 등을 일으켜 반민특위의 활동을 방해하였다.

비법 암기
반민특위: 친일파를 처벌하기 위해 설치하였으나 이승만 정부의 소극적 태도와 친일 세력의 방해로 실패

14 6·25 전쟁

6·25 전쟁 과정에서 전선이 ㉠에서 ㉡으로 이동한 시기에 있었던 사실로 옳은 것은?

① 이승만 대통령이 반공 포로를 석방하였다.
② 국군과 유엔군이 인천 상륙 작전을 전개하였다.
③ 미국이 극동 방위선으로 애치슨 라인을 설정하였다.
④ 국공 내전 이후 조선 의용군이 북한군에 편입되었다.
⑤ 유엔군이 흥남항을 통해 대규모 해상 철수를 단행하였다.

문제 해설
제시된 지도의 ㉠은 중국군이 참전한 후 1951년 1월에 형성된 최대 남침선이다. ㉡은 1953년 7월 휴전 협정이 체결되면서 그어진 휴전선이다. ① 이승만 대통령이 반공 포로를 전격적으로 석방한 시기는 1953년 6월이다.

바로잡기
② 인천 상륙 작전이 전개된 시기는 1950년 9월 15일이다.
③ 애치슨이 발표한 극동 방위선에서 남한이 제외된 시기는 1950년 1월이다.
④ 조선 의용군이 북한군에 편입된 시기는 1948년~1949년이다.
⑤ 중국군이 참전하면서 국군과 유엔군, 피난민의 흥남 철수가 이루어진 시기는 1950년 12월이다.

비법 암기
6·25 전쟁: 북한군의 남침으로 서울 함락 → 유엔군 참전·인천 상륙 작전 → 서울 수복 후 압록강까지 북진 → 중국군 개입으로 1·4 후퇴 → 서울 재수복 후 38도선 부근에서 교착 → 휴전 협정 체결

2 이승만 정부 ~ 박정희 정부 | Ⅷ 현대 사회의 발전

자료 읽기

이승만 정부의 장기 집권

❶ 국회 의원 40여 명이 탄 통근 버스를 헌병대로 연행하는 모습 (1952. 5. 26.) ❷ 임시 수도 부산에서 개헌안에 거수 표결하는 국회 의원들의 모습(1952. 7.) | 발췌 개헌에 따라 시행된 선거에서 이승만이 제2대 대통령에 당선되었다.

사사오입 개헌(1954) 이후 치러진 제3대 대통령 선거(1956)

❶ 자유당의 선거 포스터(대통령 후보 이승만, 부통령 후보 이기붕)
❷ 민주당의 선거 포스터(대통령 후보 신익희, 부통령 후보 장면)

4·19 혁명의 전개

❶ 3·15 마산 시위, ❷ 김주열의 죽음

❸ 4·18 고대 학생 시위, ❹ 경무대로 향하다 경찰의 공격을 받고 있는 시위대, ❺ 시위를 벌이는 초등학생들

❻ 4·25 대학 교수단의 시가 행진, ❼ 계엄군의 탱크를 접수한 후 환호하고 있는 시위대, ❽ 하야 성명을 발표하고 하와이로 망명하는 이승만 대통령

구분	제1 공화국(이승만)
	제1차 개헌(1952)·제2차 개헌(1954)

개헌 정치	• **제헌 헌법**(1948, 건국 헌법)
	  – 정부는 **대통령제**, 국회는 단원제
	  – 대통령·부통령은 국회에서 선출 → **간선제**
	  – 대통령의 **임기는 4년, 중임 가능**
	• 1950년 5·30 총선(국회의원 선거): 야당 압승
	  – 이승만 계열 대거 탈락, 반(反) 이승만 성향의 무소속 의원 대거 당선
	  – 이승만, 자유당 창당(1951)
	• **부산 정치 파동**(1952)
	  – 전개: 6·25 전쟁 중 임시 수도인 부산을 비롯 전국에 계엄령 선포
	  → 대통령 직선제 개헌 반대 의원들을 헌병대로 연행
	  – 경찰이 국회 의사당 포위, 국회에서 기립 표결로 **발췌 개헌안** 통과
	
	〈개헌〉
	• **제1차 개헌**(1952): **발췌 개헌**★
	  – 대통령 직선제 + 의원 내각제, 양원제(참의원·민의원)
	• 1952년 대선: 자유당 이승만 당선
	• 1954년 5·20 총선(민의원 선거): 자유당 압승
	
	• **제2차 개헌**(1954): **사사오입 개헌**★
	  – 초대 대통령에 한하여 중임 제한 철폐(3선 제한 철폐)
	  – 가결 요건: 총 국회의원(203명)의 ⅔ 동의 필요 → 203 × ⅔ = 135.333
	  → 135표 득표, 의결 정족수 미달로 부결 → 사사오입의 논리 → 가결
	
	• 민주당 창당(1955): 자유당의 사사오입 개헌에 반대하여 창당된 정당
	• 1956년 대선
	  – 민주당 대통령 후보 **신익희 사망**, **조봉암 약진**(2위로 낙선)
	  – 대통령 자유당 이승만 당선, 부통령 민주당 장면 당선
	  – 구호: "못 살겠다, 갈아 보자."(민주당) vs "갈아 봤자 별수 없다."(자유당)
	• 이승만, 반공 독재 체제 강화
	  – **진보당 사건**(1958): 조봉암(평화 통일 주장)을 간첩 혐의로 몰아 처형
	    → 사법 살인
	  – **보안법 파동**(1958): 여당 단독으로 보안법 개정(언론 자유·인권 보장 침해)
	
	• 1960년 대선: **3·15 부정 선거**★
	  – 대통령 선거: 민주당 후보인 **조병옥 사망**으로 **이승만**의 당선 확실시
	  – 부통령 선거: 자유당 **이기붕**과 민주당 **장면**의 대결
	  – 대통령 유고 시 부통령의 승계 규정으로 인해 부통령 선거에 사활
	  – 이기붕 당선을 위해 부정 선거(경찰의 선거 개입, 불법 선거자금 유포, 사전 투표, 3·4인조 공개 투표, 대리 투표, 투표함 바꿔치기, 야당 참관인 추방)
	
	• **4·19 혁명**(1960)★
	  – 2·28 대구 학생 시위: "학생을 정치 도구화하지 말라."
	  – 3·15 마산 의거: 부정 선거 규탄 → 경찰이 학생과 시민에게 발포
	  – 마산 앞바다에서 눈에 최루탄이 박힌 **김주열** 군의 시신 발견
	  – **고려 대학교 학생 시위** → 정치 깡패들이 습격(4. 18.)
	  – 경무대(대통령 집무실) 앞 시위 → 경찰 발포, 수백 명 사망(4. 19.)
	  – 대학 교수단 시위(4. 25.) → 대통령·국회의장 등 총 사퇴 요구
	  → **이승만 하야**(4. 26.) 및 망명(5. 29.), 이기붕 일가 자살
	  – 의의와 한계: 독재 정권 타도, 미완의 혁명(뒤이어 군사 정변 발생)

★ Best 기출
- 제1 공화국 : 발췌 개헌 | 사사오입 개헌 | 3·15 부정 선거 | 4·19 혁명
- 제2·제3 공화국 : 제3차 개헌 | 장면 내각 | 제5차 개헌 | 5·16 군사 정변 | 한·일 수교 | 베트남 파병 | 제6차 개헌 | 7·4 남북 공동 성명

제2 공화국(장면 내각)
제3차 개헌(1960) · 제4차 개헌(1960)

- **허정 과도 정부 수립**(1960. 4.) → 헌법 개정
- **제3차 개헌**(1960. 6.)★
  - 정부는 내각 책임제
  - 국회는 양원제(참의원, 민의원)
- 1960년 7·29 총선: 민주당 압승
  - 대통령 윤보선(상징적 의미)·
  - 국무총리 장면 선출(내각의 실권 행사)
  - 제2 공화국 출범, 장면 내각 성립
- **제4차 개헌**(1960. 11.): 부정 선거 처벌 개헌★
  - 반민주 행위자 처벌(3·15 부정 선거 책임자, 4·19 발포자, 부정 축재자, 정치 깡패)
  - 징역 3년 이하의 가벼운 형벌 선고
    → 국민의 비난 여론 팽배
  - 특별법 제정 근거 마련 위해 헌법 개정
  - 소급 입법
- 장면 내각 아래 각계각층의 민주화·통일 요구 분출
  - 학생: 학원 자율화, 학도 호국단 폐지
  - 교사: 교원 노조 인정
  - 시민: 거창 양민 학살 사건 진상 조사 요구
  - 통일: 혁신 세력의 중립화 통일론, 정부의 남북 협상론
- 민주당 신·구파 간의 갈등
  - 신파: 국무총리 장면 → 민주당
  - 구파: 대통령 윤보선
    → 민주당 탈당, 신민당 결성(1960. 10)
  - 개혁 의지 약화로 개혁 성과 미비, 경제 악화
- **5·16 군사 정변**(1961)★
  - 박정희 주도로 일부 군인들이 불법적으로 정권을 장악한 쿠데타
  - 비상 계엄령 선포
  - 군사 혁명 위원회 조직
    → 혁명 공약 발표:
      반공 국시, 경제 개발, 민정 이양
    → 국가 재건 최고 회의로 재편

〈군사 정부〉
- 국가 재건 최고 회의
  - 국회와 정부를 대신한 국가 최고 통치 기관
  - 제3 공화국이 출범될 때까지 존속
  - 입법·행정·사법의 3권을 통할하며 국민의 기본권 제약
  - 부정 축재자 처벌, 화폐 개혁, 농가 부채 탕감
- 중앙 정보부 설치(정권 유지 목적 정보 기관)

제3 공화국(박정희)
제5차 개헌(1962) · 제6차 개헌(1969)

- **제5차 개헌**(1962): 제3 공화국을 위한 개헌★
  - 대통령 직선제
  - 국회는 단원제
- 민주 공화당 창당(1963)
  - 박정희를 총재 겸 대통령 후보로 추대
- 1963년 대선: 박정희 당선(윤보선 낙선)
- 1963년 총선: 민주 공화당 승리

- 대일 관계
  - 6·3 시위(1964): 굴욕적 한·일 회담 반대★
  - 박정희 정부, 비상 계엄령과 휴교령 선포
  - 군대를 동원한 가운데 한·일 협정 체결

- **한·일 협정**(1965)★
  - 김종필·오히라 각서(1962)
  - 일본의 배상(무상 3억 달러, 유상 2억 달러
    → 독립 축하금 명목)
  - 일제의 식민 지배에 대한 사죄·피해 보상, 약탈 문화재 반환 등은 외면
  - 개인의 청구권 불인정

- **베트남 파병**(1965)★
  - 브라운 각서(1966): 파병의 대가로 미국의 군사적·경제적 지원 약속
  - 베트남 특수: 한국의 급속한 경제 성장
  - 많은 전사자 발생, 고엽제 피해 후유증 발생
  - 라이따이한 문제

- 1967년 대선: 박정희 당선
- **제6차 개헌**(1969): 대통령 3선 허용
- 1971년 대선: 박정희 힘겹게 당선, 김대중 낙선

- **7·4 남북 공동 성명**(1972)★
  - 평화 통일 3대 원칙
    (자주·평화·민족 대단결)
  - 닉슨 독트린으로 인한 냉전 완화의 영향
  - 통일 문제를 체제 유지 수단으로 활용
    → 북한: 사회주의 헌법
    → 남한: 유신 헌법

자료 읽기

○ 윤보선(왼쪽)과 장면 | 1960년 8월 19일 국무총리 인준 직후 윤보선 대통령과 장면 총리가 악수하고 있다.

5·16 군사 정변과 박정희 체제

❶ 5·16 군사정변(1961), ❷ 국가 재건 최고 회의 의장 때의 박정희

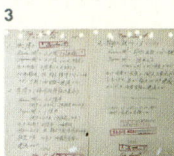

❸ 김종필·오히라 메모 | 중앙정보부장 김종필과 일본의 외무상 오히라 사이에 이루어진 비밀 교섭 내용이다.
❹ 한·일 협정에 서명하는 박정희 대통령(1965)

❺ 베트남 파병, ❻ 3선 개헌 반대 시위

고엽제
미군이 베트남 전쟁 당시 공산 게릴라를 공격하기 위해 밀림에 다량 살포한 제초제를 가리킨다. 밀림을 폐허로 만들 만큼 위험해 인간에게도 심각한 피해를 입혔다.

라이따이한
'라이'는 베트남 어로 혼혈을 의미하고, '따이한'은 대한(大韓)의 표기어로 한국인을 뜻한다. 우리나라 정부는 라이따이한의 규모를 1,500명 정도로 추산하는 반면, 현지인들은 1만 명 이상 존재한다고 추정한다.

3 박정희 유신 체제 ~ 노무현 정부 | VIII 현대 사회의 발전

자료 읽기

유신 체제의 성립과 붕괴

❶ 중앙청에서 열린 유신 헌법 공포식(1972. 12. 27.),
❷ YH 무역 사건(1979. 8.)

❸ 부마 항쟁(1979. 10.), ❹ 10·26 사태로 박정희 대통령 서거(1979. 10.)

긴급 조치권

국가가 중대한 사태에 직면하였을 때 국민의 자유와 권리를 제한할 수 있는 조치를 내릴 수 있는 권리이다.

출제 예감

광주 시민군 궐기문(1980. 5. 25.)

우리는 왜 총을 들 수밖에 없었는가? 그 대답은 너무 간단합니다. 너무나 무자비한 만행을 더는 보고 있을 수만은 없어서 너도나도 총을 들고 나섰던 것입니다. …… 18일 오후부터 공수 부대를 대량 투입하여 시내 곳곳에서 학생, 젊은이들에게 무차별 살상을 자행하였으니! 아! 설마, 설마 했던 일들이 벌어졌으니, 우리의 부모 형제들이 무참히 대검에 찔리고, …… 우리가 어떻게 해야 되겠습니까? 묻고 싶습니다. 우리는 더 당할 수만은 없었습니다. 그래서 우리는 이 고장을 지키고 우리 부모 형제를 지키고자 손에 손에 총을 들었던 것입니다.

— 신동아, "선언으로 본 80년대 민족 민주 운동", 1990 —

구분	제4 공화국(박정희, 유신 체제)	제5 공화국(전두환)
	제7차 개헌(1972)	제8차 개헌(1980)
개헌·정치	• 제7차 개헌(1972. 10.): 유신 헌법★ ├ 대통령 간선제: 통일 주체 국민회의에서 선출, 임기는 6년 ├ 대통령 중임·연임 제한 없음 └ 대통령의 권한 극대화: 국회 해산권, 국회 의원의 3분의 1 임명할 수 있고 헌법을 제한할 수 있는 긴급 조치권 부여 〈박정희의 유신 체제〉 • 유신 체제 성립: 비상 계엄령 선포, 국회 해산, 모든 정치 활동 금지, 각 대학 휴교 조치 • 1972년 통일 주체 국민 회의에서 단독 출마한 박정희 당선 • 유신 체제에 대한 저항 ├ 장준하 등 100만 인 개헌 청원 서명 운동 └ 3·1 민주 구국 선언(명동 사건, 1976) • 유신 체제의 탄압★ ├ 긴급 조치 발동 ├ 민청학련(민주 청년 학생 총연맹) 사건 │ → 정부 전복 혐의로 180명 구속 기소 └ 인혁당(인민 혁명당) 사건 → 사형 판결 확정 후 18시간 만에 사형 집행 → 사법 살인 〈유신 체제의 붕괴〉 • YH 무역 사건(1979)★: YH 무역 노동자들이 회사의 부당 폐업에 항의하여 신민당 당사에서 농성 → 경찰이 폭력적으로 진압 • 부·마 항쟁(1979. 10.)★ ├ 신민당 총재 김영삼 의원직 제명으로 촉발 ├ 10·26 사태 → 박정희 대통령 피살 └ 비상계엄 선포, 최규하 대통령 선출 〈전두환의 신군부 세력〉 ① 12·12 사태(1979): 전두환·노태우 등 신군부의 군사 쿠데타★ ② 서울의 봄(1980)★ ├ 유신 헌법 폐지, 비상계엄 해제, 전두환 퇴진, 민간 정부 수립 요구 └ 신군부의 계엄령 전국 확대, 국회 폐쇄, 민주 인사 체포(1980. 5. 17.) ③ 5·18 민주화 운동(1980. 5. 18.)★ ├ 배경: 신군부의 계엄령 전국 확대 ├ "유신 철폐", "신군부 퇴진" 주장 ├ 신군부의 강제 진압, 광주에 공수 부대 투입 │ → 시민 무장 봉기로 발전 └ 강제 진압 후 국가 보위 비상 대책 위원회 (국보위) 설치	④ 국가 보위 비상 대책 위원회(1980. 5. 31.)★ ├ 공직자 숙청 ├ 언론 규제: 언론 통폐합, 보도 지침 하달, 정권에 비판적인 기자 해직 ├ 삼청 교육대 창설(사회 정화 명목) └ → 공포 정치 확산 ⑤ 통일 주체 국민회의에서 전두환을 제11대 대통령으로 선출(간선제, 1980. 8) • 제8차 개헌(1980. 10.)★ ├ 대통령 선거인단에 의한 간선제 ├ 대통령의 임기는 7년 └ 단임제(중임·임기 연장 금지) • 전두환, 민주정의당 창당(1981. 1.) • 전두환, 제12대 대통령으로 취임(1981. 2) • 국정 지표 ┌ 정의 사회 구현 └ 복지 국가 건설 • 강압 정책: 민주화 운동, 노동 운동 탄압 • 유화 정책★ ├ 야간 통행금지(통금) 해제 ├ 학원·두발·교복 자율화 ├ 해외여행 자유화 └ 스포츠 산업 활성화(프로 야구단 창단) • 제10회 서울 아시안 게임 개최(1986) • 서울 올림픽 유치 • 3저 호황: 물가 안정·수출 증가 속에 경제 고도 성장 〈6월 민주 항쟁〉(1987)★ • 배경: 5·18 민주화 운동 책임자 처벌, 직선제 개헌 요구 시위 전개 • 특징 ├ "직선 개헌", "호헌 철폐", "독재 타도" └ 넥타이 부대의 참여(화이트 칼라 계층) • 과정 ├ 박종철 고문치사 사건(1987. 1.) ├ 4·13 호헌 조치★ │ → 전두환 대통령의 직선제 거부 ├ 최루탄에 맞아 이한열 사망(1987. 6. 9.) └ 6·10 국민 대회 개최 • 6·29 선언: 여당 대통령 후보인 노태우의 대통령 직선제 수용

258

★ Best 기출
- 제4·제5 공화국 : 유신 헌법 | 유신 체제의 탄압 | 부·마 항쟁 | 12·12 사태 | 서울의 봄 | 5·18 민주화 운동 | 제8차 개헌
- 제6 공화국 : 제9차 개헌 | 박종철 고문치사 사건 | 6월 민주 항쟁 | 6·29 선언 | 노태우 정부 | 김영삼 정부 | 김대중 정부

제6 공화국 (노태우~)

제9차 개헌 (1987)

- **제9차 개헌(1987)**
  - 대통령 직선제, 임기는 5년, 단임제
- 1987년 제13대 대통령 선거
  → 야권 분열(김대중 vs 김영삼)
  → 민주정의당의 노태우 당선

〈노태우 정부〉(1988~1993)
- 1988년 제13대 국회의원 선거
  → 여당인 민주정의당, 과반수 의석 확보 실패
  → **여소야대** 정국
- 5공 청문회(1988):
  전두환 정권의 비리를 규명하기 위한 청문회
- **3당 합당**(1990): 여당(민주정의당)과 야당
  통일민주당(김영삼), 신민주공화당(김종필)이 합당
  → 민주자유당 창당 → 여대야소 정국
- 부분적인 지방 자치제 시행
- 제24회 서울 올림픽 개최(1988)
- **북방 외교**
  - 소련(1990), 중국(1992)과 수교
  - 남북한 동시 유엔 가입(1991)

〈김영삼 정부 = 문민 정부〉(1993~1997)
- 30여 년만의 민간 정부(5·16 군사 정변 이후 처음)
- 3대 개혁
  - 금융 실명제 시행
    → 경제 활동의 투명성 확보
  - 고위 공직자의 재산 등록제 시행
  - 지방 자치제 전면 시행
- 하나회 척결: 숙군 작업 → 하나회 출신 예편
  *하나회: 전두환·노태우 중심 군부 내 사조직
  → 신군부로 발전 → 12·12 사태
- 역사 바로 세우기 운동
  - 12·12 사태 재규정(→ 하극상에 의한 군사 쿠데타)
  - '5·18 특별법' 제정
    (→ 전두환·노태우를 반란 및 내란죄로 구속)
  - 조선 총독부 건물 철거
- OECD(경제협력개발기구) 가입(1996)
- 외환 위기(IMF 구제 금융, 1997)

〈김대중 정부 = 국민의 정부〉(1997~2003)
- 야당 후보로 대통령에 당선
  → 최초의 평화적 정권 교체
- 외환 위기 조기 극복
- 남북 화해와 협력을 강조하는 햇볕 정책
  → 남북 정상 회담을 최초로 개최(2000)
- 김대중 대통령 노벨 평화상 수상

〈노무현 정부 = 참여 정부〉(2003~2008)
- 정경 유착 단절과 권위주의 청산
- 과거사 진상 규명법 제정
- 제2차 남북 정상 회담 성사(2007)
- 개성 공업 단지 조성

자료 읽기

5·18 민주화 운동

❶ 신군부의 정권 장악 (1979. 12. 12.)

❷ 학교 정문에서 전경들과 대치한 전남대생들

❸ 200여 대의 차량 시위

❹ 전남도청 앞 광장에 모인 사람들

출제 예감

6·10 대회 선언문(1987. 6. 10.)
오늘 우리는 전 세계의 이목이 우리를 주시하는 가운데 40년 독재 정치를 청산하고 희망찬 민주 국가를 건설하기 위한 거보를 전 국민과 함께 내딛는다. 국가의 미래요 소망인 꽃다운 젊은이를 야만적인 고문으로 죽여 놓고 그것도 모자라서 뻔뻔스럽게 국민을 속이려 했던 현 정권에게 국민의 분노가 무엇인지를 분명히 보여주고, 국민적 여망인 개헌을 일방적으로 파기한 4·13 폭거를 철회시키기 위한 민주 장정을 시작한다.
– 박종철 군 고문 살인 은폐 조작 및 민주 헌법 쟁취 범국민 대회 선언문 –

박종철 고문치사 사건(1987. 1. 14.)
↓
4·13 호헌 조치(1987. 4. 13.)
↓
이한열 사망(1987. 6. 9.)
↓
6월 민주 항쟁(1987. 6. 10.)
↓
6·29 선언(1987. 6. 29.)

◐ 6월 민주 항쟁의 경과

6월 민주 항쟁

❶ 경찰과 최루탄

❷ 박종철 사망
→ 4·13 호헌 조치(1987)

❸ 이한열 사망 →
고(故) 이한열 영결식

❹ 6월 민주 항쟁(1987)

한눈에 보는 "기막힌 자료 특강"

대한민국 헌법과 개헌 내용

헌법과 개헌		개헌 주체와 시기	특징		대통령 선출 방식	대통령 임기
제헌 헌법(1948)	건국 헌법		정부: 대통령제	국회: 단원제	대통령 간선제	4년
제1차 개헌(1952)	발췌 개헌	(부산 정치 파동) 이승만 정부	정부: 대통령제 + 의원 내각제	국회: 양원제	대통령·부통령 직선제	
제2차 개헌(1954)	사사오입 개헌	이승만 정부	초대 대통령에 한하여 중임 제한 철폐			
제3차 개헌(1960)		(4·19 혁명) 허정 과도 정부	정부: 내각 책임제	국회: 양원제	대통령 간선제	
제4차 개헌(1960)		장면 내각	3·15 부정 선거 책임자 처벌, 소급 입법			
제5차 개헌(1962)	제3 공화국을 위한 개헌	(5·16 군사 정변) 박정희	정부: 대통령제	국회: 단원제	대통령 직선제	4년
제6차 개헌(1969)		박정희 정부	대통령 3선 허용			4년
제7차 개헌(1972)	유신 헌법	박정희 정부	대통령 권한 강화(국회 해산권·긴급조치권·국회 의원 ⅓ 임명권), 중임·연임 제한 철폐		대통령 간선제	6년
제8차 개헌(1980)		(12·12 사태) 전두환	대통령 단임제(중임·연임 금지)		대통령 간선제	7년
제9차 개헌(1987)	직선제 개헌	(6·29 선언) 전두환 정부	대통령 단임제(중임·연임 금지)		대통령 직선제	5년

역대 대통령과 재임 기간

이승만	윤보선	박정희	최규하	전두환	노태우	김영삼	김대중	노무현	이명박
초대~3대	제4대	제5~9대	제10대	제11~12대	13대	14대	15대	16대	17대
1948~1960	1960~1962	1963~1979	1979~1980	1980~1988	1988~1993	1993~1998	1998~2003	2003~2008	2008~2013

발췌 개헌과 사사오입 개헌

발췌 개헌

제31조 입법권은 국회가 행한다. 국회는 민의원과 참의원으로써 구성한다.

제53조 대통령과 부통령은 국민의 보통·평등·직접·비밀 투표에 의하여 각각 선거한다.

부 칙 이 헌법은 공포한 날로부터 시행한다. 단, 참의원에 관한 규정과 참의원의 존재를 전제로 한 규정은 참의원이 구성된 날로부터 시행한다.

– 헌법 제2호 –

사사오입 개헌

제55조 대통령과 부통령의 임기는 4년으로 한다. 단, 재선에 의하여 1차 중임할 수 있다. 대통령이 궐위된 때에는 부통령이 대통령이 되고 잔임 기간 중 재임한다.

부 칙 이 헌법 공포 당시의 대통령에 대하여는 제55조 제1항 단서의 제한을 적용하지 아니한다.

– 헌법 제3호 –

6·29 민주화 선언

6·29 민주화 선언(일부)

첫째, 여야 합의로 조속히 대통령 직선제 개헌을 하고 새 헌법에 의한 대통령 선거를 통해 1988년 2월 평화적 정부 이양을 실현토록 해야겠습니다.

오늘의 이 시점에서 저는 사회적 혼란을 극복하고 국민적 화해를 이루기 위해서는 대통령 직선제를 택하지 않을 수 없다는 결론에 이르게 되었습니다. 국민은 나라의 주인이며, 국민의 뜻은 모든 것에 우선하는 것입니다.

둘째, 직선제 개헌이라는 제도의 변경뿐만 아니라 이의 민주적 실천을 위해서는 자유로운 출마와 공정한 경쟁이 보장되어 국민의 올바른 심판을 받을 수 있는 내용으로 대통령 선거법을 개정해야 합니다.

01 발췌 개헌

다음 대화와 관련된 개헌안의 내용으로 옳은 것은?

- 임시 수도 부산에서 국회 의원들이 개헌안을 통과시켰다고 하네.
- 경찰들이 국회 의사당을 포위한 가운데 표결이 이루어졌다더군.

① 대통령 중임 제한 철폐
② 통일 주체 국민 회의 설치
③ 대통령 직선제와 양원제 규정
④ 7년 단임의 대통령 간선제 규정
⑤ 국회 간접 선거에 의한 대통령 선출

문제 해설
제시된 대화는 1952년 제1차 개헌인 발췌 개헌과 관련 있다. 1950년 제2대 국회 의원 선거에서 정부에 비판적인 무소속 출마자들이 대거 당선되었고, 이승만을 지지하는 세력은 210석 가운데 30석 정도밖에 당선되지 못하였다. 그 결과 국회에서의 간접 선거 방식으로는 이승만의 대통령 당선이 어려워졌다. 이에 이승만 정부는 전쟁 기간이었던 1951년 12월 임시 수도인 부산에서 자유당을 창당하였다. 또, 개헌에 반대하는 야당 의원들을 설득하거나 협박하여 결국 1952년 대통령 직선제와 상·하 양원제를 골자로 하는 정부안과 내각 책임제를 골자로 하는 국회안이 절충되어 개헌안이 통과되었다.

바로잡기
①, ② 박정희 정부 때 제7차 개헌(유신 헌법)에 해당한다.
④ 전두환 정부 때 제8차 개헌에 해당한다.
⑤ 1948년 제헌 헌법에 해당한다.

비법 암기
발췌 개헌: 대통령 직선제 개헌안과 야당의 내각 책임제 개헌안을 절충하여 상정

02 사사오입 개헌

(가) 정당이 주도한 (나)의 결과로 옳은 것은?

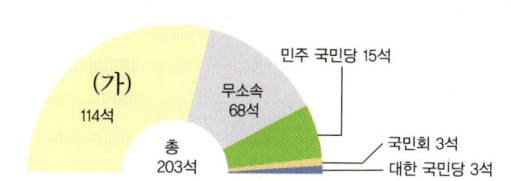

제3대 국회 의원 선거 결과
- (가) 114석
- 무소속 68석
- 민주 국민당 15석
- 국민회 3석
- 대한 국민당 3석
- 총 203석

(나) 민의원 재적 인원 203명의 3분의 2는 135.33……명이다. 그러나 자연인을 소수로 나눌 수 없기 때문에 반올림해야 한다. 따라서 135명으로도 이 개헌은 통과된 것으로 본다.

① 의원 내각제 정부가 구성되었다.
② 이승만이 제2대 대통령으로 당선되었다.
③ 국회에서 대통령과 부통령이 선출되었다.
④ 초대 대통령에 한해 3선 제한이 철폐되었다.
⑤ 대통령이 국회 의원 3분의 1을 추천할 수 있었다.

문제 해설
(가) 정당은 1951년에 창당된 자유당이고, (나)는 사사오입 개헌이다. 자유당은 1954년 제3대 국회의원 선거에서 다수당이 되었다. 이후 1954년에 초대 대통령에 한하여 3선을 허용한다는 개헌안을 제출하였지만 203의 2/3를 넘지 못하여 부결되었다. 그러나 이승만 정권은 사사오입의 논리를 내세워 개헌안을 통과시켰다.

바로잡기
① 의원 내각제 정부가 구성된 것은 1960년 제3차 개헌안이다.
② 1952년 발췌 개헌에 따라 시행된 대통령 직선제로 이승만은 제2대 대통령에 당선되었다.
③ 1948년 초대 대통령으로 이승만, 부통령으로 이시형이 국회에서 선출되었다.
⑤ 1972년 제7차 개헌에 따른 유신 헌법은 대통령이 전체 국회 의원의 3분의 1을 임명할 수 있게 하였다.

비법 암기
사사오입 개헌: 초대 대통령의 중임 제한 철폐 개헌안 통과

03 대한민국의 헌법 개정

다음은 대한민국 헌법의 개정 내용을 정리한 표이다. (가)~(마)에 대한 설명으로 옳지 <u>않은</u> 것은?

구분	주요 특징
(가) 1차 개헌(1952)	발췌 개헌
(나) 3차 개헌(1960)	양원제 채택
(다) 6차 개헌(1969)	대통령 3선 허용
(라) 7차 개헌(1972)	유신 헌법 채택
(마) 9차 개헌(1987)	대통령 직선제

① (가) – 대통령 직선제를 채택하였다.
② (나) – 4·19 혁명 직후 과도 정부 시기에 추진하였다.
③ (다) – 7·4 남북 공동 성명을 계기로 이루어졌다.
④ (라) – 통일 주체 국민 회의에서 대통령을 선출하였다.
⑤ (마) – 6월 민주 항쟁의 결과로 이루어졌다.

문제 해설
(가) 1950년 제2대 국회 의원 선거에서 이승만 정부에 비판적인 야당 세력이 대거 당선되자 이승만은 1951년 12월에 부산에서 자유당을 결성하였다. 그리고 1952년 개헌에 반대하는 야당 의원을 설득하고 협박하여 대통령 직선제를 골자로 하는 발췌 개헌안을 기립 표결로 통과시켰다.
(나) 자유당 정권이 붕괴한 후 허정을 수반으로 하는 과도 정부가 내각 책임제와 양원제를 골자로 하는 제3차 개헌을 단행하였다.
(다) 박정희 정부는 국가 안보와 경제 성장을 빌미로 1969년 6차 개헌을 통해서 대통령의 3선 연임을 허용하는 3선 개헌을 통과시켰다.
(라) 박정희 정부는 경제 난국 극복과 평화 통일을 명분 삼아 한국적 민주주의를 표방하며 1972년 유신 헌법을 채택하였다.
(마) 1987년 6월 민주 항쟁의 결과, 전두환 정부는 5년 단임의 직선제 개헌을 단행하였다.

바로잡기
③ 1972년 7·4 남북 공동 성명을 발표한 직후 단행된 개헌은 유신 헌법을 골자로 하는 제7차 개헌이다.

비법 암기
제7차 개헌 : 유신 헌법, 대통령 임기 6년, 연임 제한 없음, 통일 주체 국민회의에서 간선, 대통령이 국회 의원의 3분의 1 임명, 긴급 조치권

04 대한민국 초기의 정당

다음은 1956년 정·부통령 선거에서 나온 각 정당의 구호이다. (가)~(다) 정당에 대한 설명으로 옳지 <u>않은</u> 것은?

(가) 정당: 못살겠다. 갈아 보자!
(나) 정당: 갈아 봤자 별 수 없다. 구관이 명관이다!
(다) 정당: 이것저것 다 보았다. 혁신밖에 살 길 없다!

① (가) 정당 대통령 후보는 선거 직전 갑작스럽게 사망하였다.
② (나) 정당 대통령 후보는 '사사오입 개헌'으로 출마할 수 있었다.
③ (다) 정당 대통령 후보는 평화 통일을 주장하며 약 30%를 득표하였다.
④ (다) 정당 대통령 후보는 선거 이후 '진보당 사건'에 연루되어 사형당하였다.
⑤ (나) 정당과 (다) 정당은 본래 같은 당이었으나 입장 차이로 인해 분당되었다.

문제 해설
제시된 사진의 (가)는 민주당의 신익희, (나)는 자유당의 이승만, (다)는 진보당의 조봉암이다. 1954년 초대 대통령에 한하여 연임 제한 규정을 두지 않는다는 내용을 골자로 하는 개헌안이 부결되었지만, 자유당은 사사오입의 논리를 내세워 다시 통과된 것으로 번복하였다. 새 헌법에 기초하여 치러진 1956년 대통령 선거에서 민주당의 신익희 후보가 갑자기 사망하여 이승만은 무난히 3선에 성공하였고, 조봉암은 30%를 득표하였다. 그러나 부통령 선거에서는 민주당의 장면이 당선되고 자유당의 이기붕 후보가 낙선되었다. 이에 위기를 느낀 이승만과 자유당은 혁신 세력인 진보당을 탄압하고 언론 규제를 골자로 하는 국가 보안법을 제정하였다.

바로잡기
⑤ 자유당은 당시 집권 여당이었고, 진보당은 혁신계의 신당으로 야권 세력이었다.

비법 암기
진보당 사건 : 야권의 위세에 위기를 느낀 이승만과 자유당이 조봉암과 진보당을 간첩으로 조작하여 제거한 사건

05 3·15 부정 선거와 4·19 혁명

자료와 관련된 선거에 대한 설명으로 옳은 것은?

① 6·25 전쟁 중에 실시되었다.
② 발췌 개헌이 이루어진 직후 실시되었다.
③ 진보당 사건이 일어나는 계기가 되었다.
④ 마산 시민들의 반정부 시위를 촉발시켰다.
⑤ 사사오입 개헌이 이루어지는 배경이 되었다.

문제 해설
제시된 자료에서 '리승만, 리기붕', 그리고 '조병옥, 장면'이 대통령, 부통령 후보로 출마한 것으로 보아 1960년에 실시된 제4대 대통령 선거임을 알 수 있다. 당시 헌법에는 대통령 유고 시 부통령이 대통령을 승계하도록 규정되어 있었는데, 이승만이 85세의 고령이었고 지난 선거에서 야당인 장면이 부통령에 당선되었기 때문에 자유당은 어떻게든지 이기붕을 부통령에 당선시키려고 하였다. 결국, 자유당이 부정 선거를 저지르면서 이기붕이 거의 100%에 육박하는 득표율로 부통령에 당선되었다. 이는 시민들의 반정부 시위로 이어져 4·19 혁명의 발단이 되었다.

바로잡기
① 6·25 전쟁은 1950년에 발발하여 1953년에 휴전되었다.
② 발췌 개헌은 6·25 전쟁 중에 이루어졌다.
③ 1956년 대통령에 당선된 이승만은 독재 체제를 강화하기 위해 국가 보안법 위반 혐의로 진보당을 해산시키고 조봉암을 처형하였다.
⑤ 1954년 이승만은 대통령 연임을 위해 초대 대통령에 한해 중임 제한 규정을 두지 않는다는 내용을 골자로 하는 사사오입 개헌을 추진하였다.

비법 암기
4·19 혁명: 이승만 정부의 부정 선거와 독재 체제에 저항하여 학생과 시민들이 대규모 시위 전개 → 이승만 하야

06 장면 내각

다음 인터뷰의 (가)에 들어갈 말로 가장 적절한 것은?

① 경제 위기 극복을 위해 노사정 위원회를 구성하겠습니다.
② 부정 선거의 원흉과 발포 책임자, 부정 축재자를 처벌하겠습니다.
③ 민족 정기를 바로 잡기 위해 반민족 행위 처벌법을 제정하겠습니다.
④ 남북 사이의 평화 정착을 실현하기 위한 햇볕 정책을 추진하겠습니다.
⑤ 야간 통행 금지의 해제, 해외 여행 자유화 등 개방 정책을 실행하겠습니다.

문제 해설
장면 총리는 4·19 혁명 이후 정국을 안정시키고, 3·15 부정 선거의 원흉과 발포 책임자, 자유당 정권의 부정부패를 바로 잡는 정책을 수행해야 했다. 특히, 1950년대 원조 경제로 이어온 국가 경제의 초석을 다시 놓고, 봇물처럼 쏟아져 나오는 민주화의 목소리 등 사회적 갈등을 치유해야 할 막중한 임무를 안고 있었다. 그러나 내부에서 구파와 신파 간의 대립이 일어나고, 일 년도 채 되지 않아 5·16 군사 정변이 발발해 단명하는 정부가 되고 말았다.

바로잡기
①, ④ 노사정 위원회 구성과 햇볕 정책은 김대중 정부의 정책에 해당한다.
③ 이승만 정부 때 민족 정기를 바로 잡고 친일파를 처단하기 위해 반민족 행위 처벌법을 제정하였다.
⑤ 전두환 정부는 교복 자율화, 통행금지 해지, 해외여행 자유화 등 유화 정책을 폈다.

비법 암기
장면 내각: 윤보선 대통령과 장면 총리, 내각 책임제, 국민들의 개혁 요구는 강했으나 정부의 개혁 부진 → 5·16 군사 정변으로 붕괴

07 한·일 협정과 6·3 시위

다음은 어느 회담을 반대하는 시위의 결의문이다. 이 회담에 대한 설명으로 옳지 <u>않은</u> 것은?

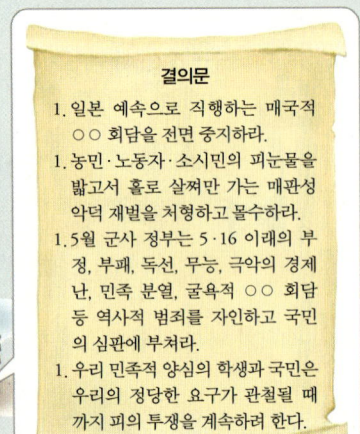

결의문
1. 일본 예속으로 직행하는 매국적 ○○ 회담을 전면 중지하라.
1. 농민·노동자·소시민의 피눈물을 밟고서 홀로 살쪄만 가는 매판성 악덕 재벌을 처형하고 몰수하라.
1. 5월 군사 정부는 5·16 이래의 부정, 부패, 독선, 무능, 극악의 경제난, 민족 분열, 굴욕적 ○○ 회담 등 역사적 범죄를 자인하고 국민의 심판에 부쳐라.
1. 우리 민족적 양심의 학생과 국민은 우리의 정당한 요구가 관철될 때까지 피의 투쟁을 계속하려 한다.

① 김종필·오히라 비밀 회담 이후 본격화되었다.
② 한국군의 전력 증강과 AID 차관 제공에 합의하였다.
③ 일제 강점에 대한 사죄와 보상에 합의하지 못하였다.
④ 한국 정부의 경제 개발 자금 확보 수단으로 이용되었다.
⑤ 공산주의 세력 확대를 저지하려는 미국의 의지가 반영되었다.

문제 해설
제시된 자료는 한·일 협정에 반대하는 결의문이다. 미국은 공산권에 대항하기 위해서 한·미·일 공조 체제가 필요하여 박정희 정부에 일본과의 수교를 권유하였다. 이에 김종필과 오히라 간에 비밀 회담이 이루어졌다. 그러나 이 비밀 회담의 내용이 알려지면서 대학생을 중심으로 시위가 격렬하게 일어났다. 특히 1963년에는 대규모 시위가 전개되어 박정희 정부는 계엄령과 휴교령을 선포하여 시위를 탄압하였다(6·3 시위). 결국, 1965년 6월 한·일 협정이 체결되었다. 그 결과 차관으로 경제 개발 자금을 지원받았다. 그러나 협정 결과 개인이 일본에 피해 보상을 청구할 권리가 원천 봉쇄되었고, 국민이 원하던 일제 식민 지배에 대한 사과도 받지 못하였다.

바로잡기
② 6·25 전쟁 이후 미국과 맺은 한·미 상호 방위 조약의 내용이다.

비법 암기
6·3 시위 : 굴욕적인 한·일 회담 반대 시위 → 박정희 정부 시위대 강제 해산

08 박정희 정부

다음 우표들을 발행한 정부 하에서 일어난 사실로 옳은 것은?

100억 불 수출의 날 기념 / 이산가족 찾기 남북 적십자 회담 기념 / 서울–부산 간 고속도로 준공 기념 / 서울 지하철(종로선) 개통 기념

① 광주 대단지 사건이 일어났다.
② 우루과이 라운드가 체결되었다.
③ 4·13 호헌 조치를 선언하였다.
④ 3저 호황으로 수출이 크게 늘어났다.
⑤ 미국의 원조에 힘입어 삼백 산업이 발달하였다.

문제 해설
'100억 불 수출의 날 기념'은 1977년에 달성된 경제 발전의 성과이다. 경부 고속 도로는 1968년에 착공하여 1970년에 완공되었다. 이산가족 찾기 남북 적십자 회담은 1971년 남측의 제안으로 시작되었다. 서울 지하철(종로선)은 1974년에 개통되었다. 따라서 제시된 자료는 1970년대의 박정희 정부와 관련이 있다. ① 광주 대단지 사건은 1971년 경기도 광주 대단지의 주민들이 정부의 무계획적인 도시 정책과 졸속 행정에 반발하여 도시를 점거하였던 사건이다.

바로잡기
② 1993년에 우루과이 라운드가 완전히 타결되었다.
③ 4·13 호헌 조치는 전두환 정부 시기 직선제 개헌의 요구가 높아지자 이를 반대하며 선언한 것이다.
④ 3저 호황은 1986년에서 1988년까지 저달러, 저유가, 저금리의 경제적 호황을 말한다.
⑤ 이승만 정부 시기에 6·25 전쟁 이후 미국의 무상 원조가 이루어지면서 이를 기반으로 삼백 산업이 발달하였다.

비법 암기
박정희 정부 : 한·일 국교 정상화, 베트남 파병, 유신 체제 선포, 경제 개발 5개년 계획, 남북 적십자 회담 개최, 7·4 남북 공동 성명

09 5·18 민주화 운동

다음 민주화 운동이 일어나게 된 원인이 옳은 것은?

> 우리는 왜 총을 들 수밖에 없었는가? 그 대답은 너무나 간단합니다. 너무나 무자비한 만행을 더 이상 보고 있을 수만 없어서 너도 나도 총을 들고 나섰던 것입니다. …… 시민 여러분! 우리 시민군은 온갖 방해에도 불구하고 여러분의 안전을 끝까지 지킬 것입니다. 또한 협상이 올바른 방향대로 진행되면 우리는 즉각 총을 놓겠습니다.

① 신군부 세력이 비상계엄을 전국으로 확대하였다.
② 3·15 부정 선거에 항의하는 시위가 확산되었다.
③ 김영삼 신민당 총재가 국회에서 제명 처리되었다.
④ 직선제 요구를 거부하는 4·13 호헌 조치가 발표되었다.
⑤ 대학생 박종철이 고문으로 사망하는 사건이 발생하였다.

문제 해설

제시된 자료는 5·18 광주 민주화 운동에 관한 내용이다. 1980년 5월 서울에서 유신 철폐와 신군부 퇴진을 요구하는 민주화 운동이 전개되자 신군부는 비상계엄을 전국으로 확대하였다. 이에 광주의 학생과 시민들이 가장 격렬하게 저항하였다. 신군부는 광주를 봉쇄하고 전남도청에서 시민군을 진압하였다.

바로잡기

② 3·15 부정 선거에 항의하여 1960년 4·19 혁명이 일어났다.
③ 야당 총재였던 김영삼은 YH 무역 사건과 관련된 기자 회견에서 국가를 모독하였다는 이유로 의원직에서 제명되었다.
④, ⑤ 1986년 부천 성 고문 사건과 1987년 박종철 고문 치사 사건이 발생하고, 4·13 호헌 조치가 나오자 학생과 시민들은 6월 민주 항쟁을 전개하였다.

비법 암기

5·18 민주화 운동 : 1980년 유신 철폐와 신군부 퇴진을 주장하며 광주의 학생과 시민이 저항

10 6월 민주 항쟁

다음 선언이 발표될 당시 볼 수 있었던 모습으로 적절한 것은?

> 첫째, 대통령 직선제 개헌을 하고 평화적 정부 이양을 실현하도록 하겠습니다.
> 둘째, 대통령 선거법 개정을 통하여 공정한 경쟁이 보장되어야 합니다.
> 셋째, 시국 관련 사범들은 석방되어야 합니다.
> ……

① 김주열 사망에 분노하여 시위하는 마산 시민들
② 베트남 파병 군인들의 무사 귀환을 기원하는 가족들
③ 서울 올림픽 개최를 앞두고 시설을 점검하는 공무원들
④ 유신 철폐와 계엄 해제를 요구하며 서울역에 나온 학생들
⑤ 외환 위기 극복을 위하여 금모으기 운동에 동참하는 시민들

문제 해설

제시된 지문은 '직선제 개헌', '대통령 선거법 개정' 등의 내용으로 보아 6·29 선언임을 알 수 있다. 1987년 전두환 대통령의 4·13 호헌 조치에 저항하여 전개된 6월 항쟁의 결과, 당시 여당인 민주정의당의 대통령 후보인 노태우가 직선제 대통령 개헌을 내용으로 하는 6·29 선언을 발표하였다. ③ 1988년 노태우 정부 시기에 서울 올림픽이 개최되었다.

바로잡기

① 1960년 이승만 정부의 3·15 부정 선거에 대항해 마산에서 시위가 전개되었다.
② 박정희 정부는 1965년부터 1973년까지 미국으로부터 기술 및 차관을 제공받고 베트남에 군인을 파병하였다.
④ 1979년 12·12 사태로 신군부가 실권을 장악하자, 1980년 5월 학생들이 서울에서 시위를 전개하였다.
⑤ 1997년 외환 위기를 극복하기 위하여 시민들은 자발적으로 금 모으기 운동에 동참하였다.

비법 암기

6월 민주 항쟁의 결과 : 5년 단임의 대통령 직선제로 개헌

11 김영삼 정부

다음 담화문을 발표한 정부의 정책으로 옳은 것은?

> 친애하는 국민 여러분
> 드디어 우리는 금융 실명제를 실시합니다. 이 시간 이후 모든 금융 거래는 실명으로만 이루어집니다. …… 금융 실명제가 실시되지 않고는 이 땅의 부정부패를 원천적으로 봉쇄할 수가 없습니다. …… 금융 실명제는 '신한국'의 건설을 위해서 그 어느 것보다도 중요한 제도 개혁입니다.

① 이산가족 상봉, 경의선 연결 등 남북 교류를 활성화하였다.
② 유상 매수, 유상 분배의 방식으로 농지 개혁을 단행하였다.
③ 북방 외교를 추진하여 동유럽 공산 국가들과 외교 관계를 맺었다.
④ 공직자 윤리법을 제정하고, 지방 자치 단체장 선거를 실시하였다.
⑤ 행정 수도 이전, 혁신 도시 건설 등 지역 균형 발전 정책을 발표하였다.

문제 해설
제시된 자료에서 '금융 실명제를 실시'한다는 것으로 보아 김영삼 정부가 발표한 내용임을 알 수 있다. 김영삼 정부는 모든 금융 거래를 실제 거래자 이름으로 하는 금융 실명제를 통해 자금의 흐름을 한눈에 파악하여 세금을 정확하게 매기고, 불법 자금의 유통을 막아 금융 거래의 투명성을 기하고자 하였다. 또한 지방 자치제를 실시하였으며 공직자 재산 등록제를 시행하였다.

바로잡기
① 김대중 정부, ② 이승만 정부, ③ 노태우 정부, ⑤ 노무현 정부에 해당한다.

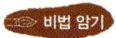 **비법 암기**
김영삼 정부 : 역사 바로 세우기 운동, 금융 실명제, 지방 자치제 전면 실시, 외환 위기

12 김대중 정부

다음 취임사와 함께 출범한 정부 시기의 사실로 옳은 것은?

> 존경하는 국민 여러분! 우리는 외환 위기의 충격 속에서도 여야 간 평화적 정권 교체의 위업을 이룩하였습니다. 국민 여러분은 나라의 위기를 극복하기 위해 '금 모으기'에 나섰고, 이미 20억 달러가 넘는 금을 모아 주셨습니다.

① 금융 실명제가 시작되었다.
② 야간 통행 금지가 해제되었다.
③ 지방 자치제가 최초로 시행되었다.
④ 남북 정상 회담이 최초로 개최되었다.
⑤ 3당 합당을 통해 여소야대를 극복하려 하였다.

문제 해설
제시된 취임사에서 '외환 위기', '평화적 정권 교체'라는 표현을 통해 김대중 정부임을 알 수 있다. 1997년 외환 위기 속에서 치러진 제15대 대통령 선거에서는 김대중 후보가 당선되었다. 이로써 헌정사에서 처음으로 여야 간에 평화적인 정권 교체가 이루어졌다. 김대중 정부는 남북 관계 개선에 힘써 2000년 6월 최초로 남북 정상 회담을 개최하였다. 또한, 기업의 구조 조정 및 금융 개혁 등을 단행하고 금 모으기 운동에 힘을 모아 2001년 김대중 정부는 국제 통화 기금에서 지원받은 자금을 조기에 상환할 수 있었다.

바로잡기
① 김영삼 정부, ② 전두환 정부, ③ 김영삼 정부, ⑤ 노태우 정부 때의 일이다.

 **비법 암기**
김대중 정부 : IMF 극복, 신자유주의 경제 정책, 6·15 남북 공동 선언

13 현대사의 주요 사건 ①

(가)~(라) 사실을 시기순으로 옳게 나열한 것은?

(가)  (나)

(다)  (라)

① (가) - (나) - (다) - (라)
② (가) - (라) - (다) - (나)
③ (나) - (라) - (다) - (가)
④ (다) - (라) - (나) - (가)
⑤ (라) - (나) - (가) - (다)

문제 해설
(가) '못살겠다 갈아보자'는 1956년 제3대 정·부통령 선거 당시 민주당의 구호이다. 이 선거에서 민주당 신익희 후보의 갑작스러운 죽음으로 대통령에 이승만, 부통령에 장면이 당선되었다.
(나) 1987년 전두환의 4·13 호헌 조치에 대항하여 대통령 직선제 개헌을 요구하는 민주화 시위가 도처에서 일어났다. 시위 과정에서 이한열이 경찰이 쏜 최루탄에 맞고 사망한 사건이 발생하였다. 이 사건으로 6·10 국민 대회가 개최되었다.(6월 민주 항쟁)
(다) 1979년 10월 26일 박정희 대통령이 서거하면서 유신 체제가 붕괴되었다.
(라) 1969년 박정희가 대통령 집권 기간을 연장하기 위하여 3선 개헌을 시도하자 이를 반대하는 운동이 전개되었다.
이를 시기순으로 나열하면, (가) - (라) - (다) - (나)이다.

비법 암기
3선 개헌 : 박정희의 장기 집권을 위해 대통령의 3회 연임을 허용하는 개헌안 통과

14 현대사의 주요 사건 ②

(가) 시기에 들어갈 역사적 사실로 옳은 것은?

 ⇨ 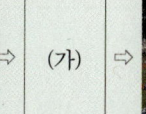 ⇨
제10회 서울 아시아 경기 대회 개최   (가)   제24회 서울 올림픽 경기 대회 개최

① 6·3 시위
② 4·19 혁명
③ 부·마 항쟁
④ 6월 민주 항쟁
⑤ 6·15 남북 공동 선언

문제 해설
1986년 제10회 서울 아시아 경기 대회, 1988년 제24회 서울 올림픽 경기 대회는 대한민국이 국제 사회에 자리매김하는 기회가 되었다. 특히 서울 올림픽 경기 대회를 통해 그간 경제 성장을 이루어 온 대한민국의 위상을 세계에 널리 알릴 수 있었다. ④ 1987년 전두환 정부가 4·13 호헌 조치를 발표하자, 대학생과 일반 시민들은 호헌 철폐와 독재 타도를 외치며 민주화를 요구하는 6월 민주 항쟁을 전개하였다.

바로잡기
① 1964년에 일어난 6·3 시위는 일본과의 국교 정상화 추진에 대한 반대 운동이다.
② 1960년에 이승만 정부의 장기 집권에 항거하여 4·19 혁명이 일어났다.
③ 1979년 김영삼 신민당 총재의 의원직이 제명되자 부산과 마산 일대에서 부·마 항쟁이 일어났다.
⑤ 2000년 김대중 대통령은 평양을 방문하여 김정일 국방 위원장과 남북 정상 회담을 개최하였다.

비법 암기
서울 올림픽 : '화합의 전진'을 기치로 전 세계 160개국이 참가한 올림픽 사상 최대 규모의 경기

4 대한민국의 경제 발전 | VIII 현대 사회의 발전

정부	이승만 정부(1948~1960) 장면 내각(1960~1961)	박정희 정부(1963~1972)	박정희 유신 체제(1972~1979) 전두환 정부(1981~1988)
경제	〈미군정〉 • 쌀 공출제 폐지 　→ 곡물 자유 시장제 시행, 소작료를 낮춤 • 농지 개혁: 몰수 · 유상 분배* 　─ 일본인 소유 토지(귀속 농지) 몰수 → 미군정 소유 　─ 동양 척식 주식회사를 신한 공사로 개편 　─ 귀속 농지를 농민에게 유상 매각 〈이승만 정부〉 • 농지 개혁법(1949. 6. 제헌 국회 제정, 1950. 3. 시행, 　6 · 25 전쟁으로 일시 중단, 1957년에 완료)* 　─ 지주들의 토지를 소작농에게 불하 　─ 유상 매입(농가 1가구당 소유 면적 3정보 상한, 　　3정보 이상은 국가 매입) · 유상 분배(5년간 분할 상환) 　─ 토지 대금으로 지주에게 지가 증권 발급 　　→ 지가 증권의 현금화 어려워 중소 지주의 　　　산업 자본가 전환 실패 　─ 결과: 법령 시행 후 자작 농지의 비율 증가 　　→ 경자유전 원칙 수립(농사 짓는 사람이 농지 소유) • 귀속 재산(적산) 처리법 　─ 일제 강점기 일본인의 소유였다가 광복 후 　　미군정이 몰수한 농지 · 주택 · 기업 등의 재산 　─ 6 · 25 전쟁 말부터 개인에게 매각 　　→ 독점 자본 민간 기업 성장의 계기 • 삼백 산업 발달* → 원조 물자 가공, 재벌 형성 　─ 미국의 원조 물품: 설탕 · 밀가루 · 면제품 　─ 차관 형태로 전환(1958년 이후) 〈장면 내각〉 • 경제 개발 5개년 계획 입안 • 국토 건설단 운동 추진	〈박정희 정부〉 • 경제 제일주의, 조국 근대화 내세우며 　급속한 경제 성장 추진 • 제1차~제4차 경제 개발 계획 　─ 장면 내각 입안 → 박정희 정부 실행 　─ 정부 주도형 · 수출 주도형 정책 • 경제 개발 계획의 성과 　─ 고도 성장을 통한 국민 소득 증가 　─ 신흥 공업국으로 부상 • 경제 개발 계획의 문제점 　─ 한국 경제의 대외 의존도 심화 　─ 도 · 농 격차, 빈부 격차 심화 　─ 저곡가 정책 → 농민 희생 　─ 저임금 정책과 노동 운동 탄압 　　→ 전태일 분신 사건(1970) • 제1, 2차 경제 개발 계획(1962~1971)* 　─ 경공업 중심 수출 주도형 정책 　─ 사회 간접 자본 확충: 　　경부 고속 국도 개통(1970) • 서독에 광부와 간호사 파견(1960년대) • 베트남 특수(1965): 　베트남 파병에 따른 특수 　→ 경기 활성화 • 새마을 운동(1970, 유신 체제 전)* 　농촌 소득 증대 　→ 의식 개혁 운동으로 확산	〈박정희 유신 체제〉 • 제3, 4차 경제 개발 계획(1972~1981)* 　중화학 공업 중심 공업화 정책 　→ 포항 제철소 준공(1973) • 제1차 석유 파동(오일 쇼크, 1973~1978)* 　─ 4차 중동 전쟁으로 유가 폭등 　─ 중동 건설 사업 진출 　　→ 외화 유입으로 극복 • 수출 100억 달러 달성(1977) • 제2차 석유 파동(1978~1979): 　이란 혁명의 여파로 발생 　→ 경제 위기 발생 • 중화학 공업에 대한 중복 · 과잉 투자, 　농작물 흉작, 정치 불안정 　→ 마이너스 성장, 국제 수지 악화, 　　높은 물가 상승 〈전두환 정부〉 • 제5차 경제 사회 개발 5개년 계획 추진 　─ 중화학 투자 조정, 부실 기업 정리 　─ 시장 경제 자율성 도모, 　　자본 및 금융 시장 개방화 추진 • 3저 호황(1986~1988)* 　─ 저금리 · 저유가 · 저달러 　─ 수출 증가로 인한 호황 발생 　─ 무역 수지에서 사상 처음으로 흑자 　　기록(1986) 　─ 물가 안정 속에 경제 고도 성장 • 반도체, 자동차, 산업용 전자 등 　기술 집약형 산업 성장(1980년대 후반)

자료 읽기

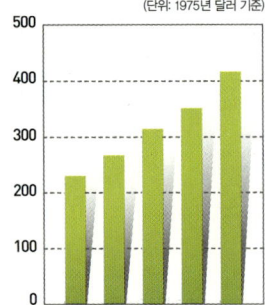
1인당 국민 총생산 (단위: 1975년 달러 기준)

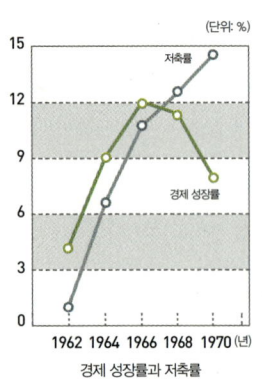
경제 성장률과 저축률 (단위: %)

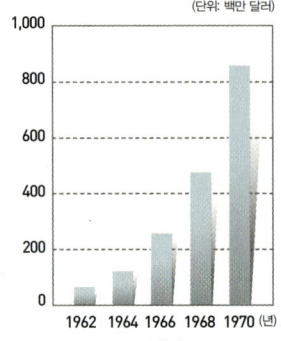
수출액 (단위: 백만 달러)

● 제1, 2차 경제 개발 5개년 계획의 성과 | 이 기간에 울산 공업 단지와 마산 수출 자유 지역이 조성되고 포항 제철이 설립되었다. 수출 증대에 힘입어 제1차 경제 개발 5개년 계획 기간 동안 경제 성장률은 당초 목표치인 연평균 7.1%를 웃도는 7.8%를 기록하였다.

★ Best 기출
- 이승만 정부~박정희 정부 : 미군정 하 신한 공사 | 농지 개혁법 | 삼백 산업의 발달 | 제1, 2차 경제 개발 계획 | 경부 고속 국도 개통 | 제3, 4차 경제 개발 계획
- 전두환 정부~노무현 정부 : 3저 호황 | 금융 실명제 도입 | 우루과이 라운드 타결 | WTO 가입 | IMF 사태 | 노사정 위원회

정부	노태우 정부(1988~1993)	김영삼 정부(1993~1998)	김대중 정부(1998~2003) 노무현 정부(2003~2008)

경제	· 제6차 경제 사회 개발 5개년 계획 추진
	· 3저 호황 소멸(1989): 부작용 표면화
	   ─ 인플레이션
	   ─ 부동산 투기
	   ─ 고임금
	   ─ 노사 관계 불안
	   ─ 국제 수지 악화
	· 국제 노동 기구(ILO) 가입(1991)
		· 금융 실명제 도입(1993)★
		   ─ 정확한 과세
		   ─ 경제 활동의 투명성 제고
		· 우루과이 라운드 타결(1993): 농·축산물 개방
		· 세계 무역 기구(WTO) 출범(1995)★
		   ─ 시장 개방 가속화
		   ─ 농업 부문 심각한 타격
		· 1인당 국민 소득 1만 달러, 수출 1,000억 달러 달성
		· 경제 협력 개발 기구(OECD) 가입(1996)
		   → 외형적 성장 과정에 주목
		   → 사전 준비가 부족한 상태에서 시장과 자본을 외국인에게 전면 개방
		· IMF 사태(1997)★
		   ─ 배경: 경상 수지 적자 누적과 외채 증가, 외화 유동성 부족, 동남아시아 외환 위기
		   ─ 경과: 대외 신인도 하락, 투기성 외화 자본의 급격한 유출 → 대기업의 잇따른 부도 사태, 금융권의 부실 심화, 대규모 실업 발생
		   ─ 결과: 국제 통화 기금(IMF)의 긴급 금융 지원
			〈김대중 정부〉
			· 신자유주의 경제 정책
			   ─ 노동 유연화 정책에 따른 구조 조정
			     → 노동자의 대량 해고 발생
			     → 노동 조건 불안정화
			   ─ 정부의 역할 축소, 각종 규제 완화
			· 노사정 위원회 발족(1998)★:
			1997년 말 경제 위기를 해결하기 위해 구성한 노동자·사용자·정부 간의 협의체
			· IMF 사태 극복(2001)★
			   ─ 기업 구조 조정
			   ─ 부실 기업 정리
			   ─ 외국 자본 유치
			   ─ 범국민 금 모으기 운동
			· 신용카드 남발(2002)
			
			〈노무현 정부〉
			· 카드 대란(2003): 신용 불량자 매월 10만 명 증가 → 가계 부채 대폭 증가
			   → 채무 불이행자 종합 대책 발표(2004)
			· 2006년도 수출 3,000억 달러 달성
			· 1인당 국민 총생산 2만 달러 돌파(2007)

자료 읽기

출제 예감

중화학 공업 선언

우리나라 공업은 이제 바야흐로 중화학 공업 시대로 들어갔습니다. 따라서 정부는 이제부터 중화학 공업 육성의 시책에 중점을 두는 중화학 공업 정책을 선언하는 바입니다. 그래야만 국력이 빨리 신장하는 것입니다. 80년대 초에 우리가 100억 달러의 수출 목표를 달성하려면, 전체 수출 상품 중에서 중화학 제품이 50%를 훨씬 더 넘게 차지하여야 되는 것입니다. 그러기 위해서 정부는 지금부터 철강·조선·기계·석유 화학 등 중화학 공업 육성에 박차를 가하여서 이 분야의 제품 수출을 목적으로 강화하려고 추진하고 있습니다.
— 1973년 대통령 연두 기자 회견(일부) —

➤ 박정희 정권은 경공업의 국제 경쟁력이 떨어지자, 중화학 공업을 육성하였다. 중화학 공업에 대한 과잉 투자 때문에 1970년대 말 제2차 석유 파동 때는 어려움을 겪기도 하였다.

1970년대의 경제

○ 경부 고속 국도 준공(1970) | 서울과 부산을 잇는 고속 도로로 인해 '전국 1일 생활권'이 가능해졌다.

○ 제1차 석유 파동 당시 주유소 앞 시민들의 모습(1973)

○ 수출 100억불 달성 기념 다리와 기념 우표(1977)

1990년대 이후의 경제

○ 금융 실명제 시행(1993)

○ IMF 구제 금융 지원 요청(1997)

○ 금 모으기 운동(1990년대 후반)

○ 노사정 위원회 발족(1998)

5 대한민국의 사회 변화 | VIII 현대 사회의 발전

자료 읽기

❶ 광주 대단지 사건(1971),
❷ YH 무역 사건(1979. 8.)

1990년대
- 민주노총 결성 → 양대 노총 시대
- 노사정 위원회 구성

↓

1970년대
- 전태일 분신 사건을 계기로 노동 운동에 관심
- YH 무역 사건

↓

1980년대
- 6월 민주 항쟁을 계기로 노동 운동 본격화
- 노동조합의 활발한 설립

○ 노동 운동의 전개

유신 체제기의 사회상

○ 아침 이슬을 부른 가수 양희은

 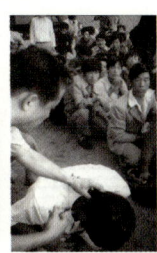

○ 미니스커트 단속(왼쪽)과 장발 단속 | 1970년대에는 미니스커트와 장발이 유행하였으나, 정부는 풍기 문란이라는 이유로 이를 단속하였다.

시기	1950~1960년대	1970년대

사회		• **새마을 운동**(1970년대)
		  ├ 정부 주도의 운동(근면·자조·협동)
		  └ 농민 소득 증대와 농촌 환경 개선 노력
		    → 전국적인 의식 개혁 운동으로 확산
		• **광주 대단지 사건**(1971)
		  ├ 대규모 도시 빈민 투쟁(해방 이후 최초)
		  ├ 배경: 이촌향도 현상 심화 → 도시 빈민 지역(달동네) 증가
		  ├ 서울의 도시 빈민을 경기도 광주로 강제 이주
		  │ → 주민들이 경기도 성남출장소 점거
		  └ 결과: 광주 대단지가 성남시로 승격
		• 서울 지하철 **종로선** 개통(1974)

노동·농민·시민 운동	• 공업화, **저곡가 정책** 시행
	  → 도시와 농촌의 소득 격차 심화
	  → 이촌향도 현상 심화
	• 대한 독립 촉성 노동 총연맹(대한노총) 결성(우파 계열, 1946)
	  ├ 전평(좌익)에 반발하여 설립
	  ├ 비판: 전형적인 어용 노조
	  └ 1960년 4·19 혁명 이후 한국 노동조합 총연맹(한국노총)으로 개칭
	• 정부, 노동·농민 운동 극도로 억압
	  ├ 산업 노동자·여성 노동자 증가
	  ├ **저임금 정책**
	  └ 열악한 노동 환경(장시간 근무)
		• **전태일 분신 사건**(1970, 유신 체제 이전)
		  ├ 박정희 정부의 저임금 정책 → 노동자의 희생
		  ├ 서울 청계천 평화 시장 재단사 전태일 분신
		  │ "우리는 기계가 아니다. 근로 기준법 준수하라."
		  └ 결과: 지식인·대학생·종교계가 노동 운동 적극 지원
		• 농민 운동의 전개 ┬ 가톨릭 농민회 결성(1964 → 1972)
		                  └ 전남 기독교 농민회 결성(1978)
		• **YH 무역 사건**(1979)
		  ├ 가발 제조 업체인 YH 무역 부당 폐업 공고
		  ├ YH 무역 노동자들이 회사 정상화·생존권 보장 요구
		  │ → 신민당 당사에서 농성 → 경찰의 폭력 진압
		  ├ 신민당 총재 김영삼 의원직 제명
		  │ → 부마 항쟁, 10·26 사태
		  └ → 유신 체제 붕괴

복지		• **의료 보험법** 시행(1963년 제정, 1977년 첫 시행)
		  ├ 500인 이상 사업장 근로자 대상(1977)
		  └ 공무원 및 사립 학교 교직원 의료 보험 실시(1979)

언론	• 부산 정치 파동
	  → 언론 통제 강화(1952)
	• 야당지 성격의 경향신문 폐간(1959)
	• 방송국 설립
	  ├ KBS(국영 방송, 1948)
	  ├ MBC(최초의 민영·상업 방송, 1959)
	  └ TBC(민영 방송, 1964)
		• 프레스 카드제(기자 등록제)
		• 동아일보의 **자유 언론 수호 운동**
		  → 백지 광고 사태
		• 1973년 한국방송공사 발족
		  → KBS가 공영 방송으로 전환

대중 문화	• 대중 매체의 보급 → 대중 문화 등장
	• 정비석의 자유부인 → 사회적 논쟁
		• 텔레비전의 보급 → 대중 문화의 총아로 등장
		• 미국과 유럽의 반전·저항 문화 유입:
		  통기타와 청바지로 상징되는 청년 문화 활발
		• 유신 체제의 규제와 탄압
		  ├ 정부는 검열·규제·억압·체제 선전에 골몰
		  ├ **장발·미니스커트 단속**: 경범죄 처벌
		  ├ 금지곡·금서 지정
		  ├ 영화 검열: '바보들의 행진' 30분 가량 삭제 후 개봉
		  └ 영화 상영 전 애국가와 대한 뉴스를 반드시 상영

270

★ Best 기출
- 사회 변화와 대중문화 : 저곡가·저임금 정책 | 새마을 운동 | 전태일 분신 | 프레스 카드제 | 전교조 결성 | 민주노총 결성 | 한류 열풍
- 독도와 간도 문제 : 독도가 우리 영토인 근거 | 간도 귀속 문제
- 동아시아 과거사, 영토 문제 : 중국의 동북 공정 추진 | 일본의 역사 교과서 왜곡

시기	1980년대	1990년대~
사회	〈전두환 정부〉 • 통행금지(통금) 해제 • 과외 금지, 대학 입학 본고사 폐지 • 머리 모양·교복 자율화 • 해외여행 자유화	

노동·농민·시민 운동	• 6월 민주 항쟁 이후 노동 운동 본격화
	→ 노동 운동이 사무직 노동자로 확대
	• 전국 교직원 노동조합(전교조) 결성(1989)
	→ 전교조 소속 교사 해직
	• 시민 운동
	─ 배경: 1980년대 후반
	  민주화의 진전·중산층 형성
	─ 목표: 합법적인 활동을 통한
	  시민의 이익 실현
	─ 사회 개혁·복지·여성·환경 등의
	  다양한 아젠다 구축
		〈노태우·김영삼 정부〉
		• 전국 농민회 총연맹 결성(전농, 1990):
		  전국 100여 개 농민 단체의 연합
		• 우루과이 라운드 타결(1993)·
		  WTO 출범(1995)
		→ 농·축산물 수입 개방, 쌀 시장 개방
		→ 농민들의 쌀 시장 개방 반대 운동
		• 국제 노동 기구(ILO) 가입(1991)
		• 전국 민주 노동조합 총연맹 결성
		  (민주노총, 1995)
		→ 기존의 한국노총과 경쟁·협력 관계
		〈김대중 정부〉
		• 노사정 위원회 구성(1998. 1.)
		─ 배경: 1997년 말 IMF 체제 극복
		─ 노동자·사용자·정부 간의 협의체
		─ 의의: 노동 문제·실업에 대한
		  안전망을 확보하는 틀
		─ 한계: 정규직과 비정규직 사이 격차 여전
		• 전교조 합법화(1998)
		• 민주노총 합법화(1999)

복지	• 의료 보험법 확대 ─ 5인 이상으로 적용 확대(1988) ─ 농어촌 지역(1988) → 도시 지역(1989) → 전 국민 의료 보험 시대 개막 • 국민연금 제도 도입(1988)	• 노인 장기 요양 보험 실시(2008)

언론	• 전두환 정권의 언론 탄압
	─ 언론 통폐합
	  → KBS와 MBC의 이원 체제
	  → 종래의 상업 방송 체제에서
	    정부 지배의 공영 방송 체제로 전환
	─ 보도 지침 하달
	─ 정권에 비판적인 기자 해직
	• 6월 민주 항쟁 이후 언론 자유 확대
	─ 프레스 카드제 폐지
	─ 언론 노조 결성	

대중 문화	• 전두환 정부 ─ 컬러 텔레비전과 VTR의 보급 ─ 프로 야구·프로 축구 개막 ─ 아시안 게임(1986) 개최 • 노태우 정부: 서울 올림픽(1988) 개최	• 문화 시장 개방(1990년대) • 한류 열풍(2000년대) ─ 아시아에 한국 드라마 수출 ─ K-POP 열풍 • 한·일 월드컵 공동 개최(2002)

📖 자료 읽기

📖 출제 예감

대통령에게 드리는 글(전태일, 1970)
저희는 근로 기준법의 혜택을 조금도 못 받으며 종업원의 90% 이상이 평균 연령 18세의 여성입니다. …… 또한, 3만여 명 가운데 40%를 차지하는 시다공(보조공)들은 평균 연령 15세의 어린이들로서 …… 일반 공무원의 평균 근무 시간이 일주일에 45시간인데 비해, 15세의 어린 시다공(보조공)들은 일주일에 98시간의 고된 작업에 시달립니다. …… 1일 15시간의 작업 시간을 1일 10~12시간으로 단축해 주십시오. 1개월 휴일 2일을 늘려서 일요일마다 쉬기를 원합니다. …… 절대로 무리한 요구가 아님을 맹세합니다. 인간으로서의 최소한의 요구입니다.
― 조영래, "전태일 평전" ―

대한 제국 시기
• 찬양회, 여학교 설시 통문(여권 통문) 발표(1898) • 관립 여학교 설립 운동(순성여학교, 1899)

↓

일제 강점기
• 근우회 결성(1927):   신간회의 자매 단체, 여성계의 민족 유일당 운동

↓

김대중 정부
• 여성부 출범(여성 정책 총괄, 2001)

↓

노무현 정부
• 호주제 폐지(2005) → 가족 관계 등록부 도입(2008)

◎ 여성 운동의 전개

미군정기	• 미국의 6-3-3 학제 첫 도입
이승만 정부	• 국민학교 의무 교육제
박정희 정부	• 국민 교육 헌장 공포 • 중학교 입시 폐지 (추첨으로 입학, 1969) • 고교 평준화 제도 첫 시행(1974)
전두환 정부	• 대학 본고사 폐지·과외 금지(1980) • 두발 자율화(1982) • 교복 자율화 전면 시행(1983)
김대중 정부	• 중학교 의무 교육, 16년만에 전면적으로 실시(1985 → 2002)

◎ 시기별 교육 정책의 변화

01 농지 개혁법

그래프에 나타난 변화를 알아보기 위한 탐구 활동으로 적절하지 <u>않은</u> 것은?

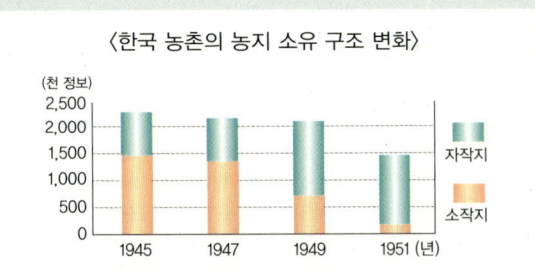

① 제헌 국회가 제정한 농지 개혁법을 찾아본다.
② 미 군정청이 농민들에게 매각한 귀속 농지의 양을 살펴본다.
③ 농지 개혁에 대비한 지주들의 대응 방식을 종합하여 분석한다.
④ 농가 1가구당 법적으로 소유할 수 있었던 토지 소유량을 알아본다.
⑤ 소작농이 기한부 계약에 따라 관습적 경작권을 잃게 된 배경을 조사한다.

문제 해설
제시된 자료를 보면 농촌의 농지 소유 구조에서 1947년에 조금씩 소작지가 줄어들기 시작하여 1949년을 기점으로 소작지가 거의 소멸되고 있음을 알 수 있다. 1947년은 미군정청이 귀속 농지(일제의 동양 척식 주식회사 소유의 토지 등)를 관리하면서 농민에게 매각하였고, 1949년에는 농지 개혁법이 제정되어 3정보 이상의 토지는 소유할 수 없고 그 이상의 토지는 국가에서 유상으로 매수하여 농민에게 유상으로 매각하였다. 농지 개혁에 대비하여 지주들은 법이 시행되기 이전에 토지를 처분하는 경우가 많았다.

바로잡기
⑤ 소작농이 관습적 경작권을 잃게 된 것은 일제 강점기인 1910년대 토지 조사 사업의 결과이다.

> **비법 암기**
> 농지 개혁 : 유상 매입 · 유상 분배, 1가구당 3정보 상한 → 자작농의 비율 증가

02 원조 경제

그래프에 나타난 시기의 경제 상황으로 옳은 것은?

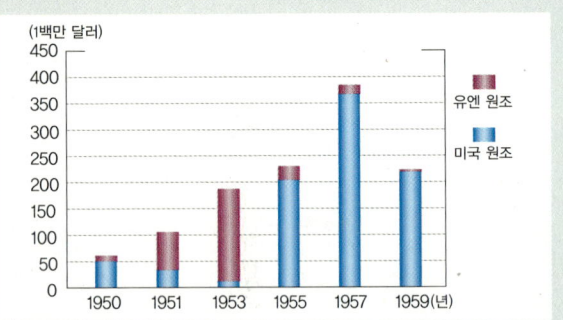

① 농산물의 수입을 자유화하는 조치가 취해졌다.
② 석유 파동으로 수입이 늘고 수출이 줄어들었다.
③ 삼백 산업을 중심으로 소비재 산업이 발전하였다.
④ 저유가, 저금리, 저달러 현상으로 경제 호황을 누렸다.
⑤ 중화학 공업을 중심으로 수출 위주의 경제 정책을 시행하였다.

문제 해설
제시된 자료는 1950년대 한국의 경제 상황을 나타낸 그래프이다. 1950년부터 1953년까지는 유엔의 원조액이 많았다. 1955년부터는 미국이 전후 한국에 대한 식량 원조를 하게 되면서 미국의 원조액이 증가하였다. 1950년대 후반에는 미국의 지원이 원조에서 차관 방식으로 전환되면서 원조액은 급감하였다. ③ 6·25 전쟁 직후 미국은 생활 필수품과 밀가루, 설탕, 원면 등의 물품 등을 국내에 원조하였다. 이에 힘입어 미국의 원조 물자를 가공하는 설탕·밀가루·면제품의 이른바 삼백(三白) 산업이 발달하였다.

바로잡기
① 정부는 우루과이 라운드에 따라 1980년대부터 농축산물 시장을 개방하였고, 이에 농촌 경제는 심각한 어려움에 처하였다.
② 제1차 석유 파동(1973~1974)과 제2차 석유 파동(1978~1980)을 겪으면서 세계 경제는 물론 우리나라 경제도 심각한 위기에 처하였다.
④ 1986년부터 전개된 저유가, 저금리, 저환율의 이른바 3저 호황을 맞이하였고, 이에 따라 수출이 급신장하였다.
⑤ 박정희 정부는 1960년대에 경공업 중심의 수출 성장 정책을 추진하였고, 1970년대부터는 중화학 공업을 육성하였다.

> **비법 암기**
> 원조 경제 : 설탕·밀가루·면제품 → 삼백 산업 발달 → 1958년에 차관 형태로 전환

03 1960년대 경제 상황

그래프에 나타난 시기의 경제 상황으로 옳지 않은 것은?

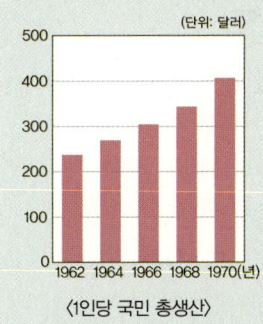
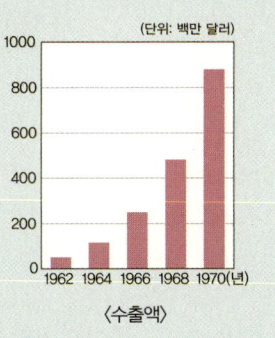

① 저곡가 정책이 추진되었다.
② 서독에 광부와 간호사가 파견되었다.
③ 건설업의 중동 진출이 본격화되었다.
④ 한국 경제의 대외 의존도가 심화되었다.
⑤ 경공업 제품을 중심으로 수출이 증가하였다.

문제 해설
제시된 그래프는 1960년대 박정희 정부의 경제 상황을 보여 주고 있다. 박정희 정부는 수출 주도형의 성장 정책을 추진하였고, 외국 자본 도입과 대기업 지원에도 힘썼다. 특히, 경제 개발 5개년 계획은 1962년부터 5년 단위로 추진되었는데, 경공업 중심의 수출 산업 육성과 기간 산업 확충에 주력하였다. 그러나 수출 경쟁력을 확보하기 위해 저임금·저곡가 정책을 추진하다 보니 노동자와 농민들의 생활이 피폐해졌다. 또한, 정부 주도·수출 위주·외자 유치 전략으로 인해 미국과 일본에 대한 의존도가 높아졌다. 한편, 당시 박정희 정부는 서독에 광부과 간호사들을 파견하여 그들의 임금을 담보로 서독으로부터 차관을 받았다.

바로잡기
③ 1970년대 제1차 석유 파동이 일어나자, 세계 경제가 커다란 혼란에 빠졌다. 우리나라도 초기에는 어려움에 직면했으나, 중동 국가들이 대대적으로 벌인 건설 공사에 국내 업체들이 참여함으로써 이른바 오일 달러를 벌어들일 수 있었다.

비법 암기
1960년대 경제 상황 : 저곡가 정책, 서독에 광부와 간호사 파견, 한국 경제 대외 의존도 심화, 경공업 중심 수출

04 제1, 2차 경제 개발 계획

밑줄 그은 '이 도로'가 건설되었던 시기의 경제 상황으로 옳은 것은?

> 서울과 부산을 잇는 이 도로는 우리나라에서 두 번째로 건설된 고속 국도이다. 2년 5개월에 걸쳐 이루어진 건설 공사에는 한·일 국교 정상화와 베트남전 파병으로 들어온 자금의 일부가 투입되었다. 이 도로가 개통됨으로써 '전국 1일 생활권'이 가능하게 되었고, 사회·경제 발전에 큰 영향을 주었다.

① 정부가 노사정 위원회를 구성하였다.
② 제2차 경제 개발 5개년 계획이 추진되었다.
③ 3저 호황으로 물가가 안정되고 수출이 늘었다.
④ 원조 물자를 가공하는 삼백 산업이 발달하였다.
⑤ 외환 위기로 국제 통화 기금의 지원 자금이 도입되었다.

문제 해설
제시된 지문의 '이 도로'는 1970년에 완공된 경부 고속 도로를 가리킨다. 경부 고속 도로 공사는 사회 간접 자본을 확충하려는 노력의 일환이다. 당시 우리나라 국력에 고속 도로가 필요하지 않다는 반대 의견이 많았지만 도로가 개통되면서 전국은 1일 생활권이 되었고, 경제 및 사회 발전에 큰 영향을 미쳤다. ② 박정희 정부가 추진한 제2차 경제 개발 계획은 1967년부터 1971년까지 진행되었다.

바로잡기
① 김대중 정부는 외환 위기를 극복하기 위해 노사정 위원회를 구성하였다.
③ 1986년부터 저금리·저환율·저유가의 이른바 3저 호황을 맞이하였다.
④ 미국의 원조 물자를 기반으로 삼백 산업이 성장한 때는 6·25 전쟁 이후부터이다.
⑤ 외환 위기가 찾아온 시기는 1997년 말이다.

비법 암기
제1, 2차 경제 개발 5개년 계획 : 정부 주도, 성장 중심, 수출 지향, 경공업 중심, 기간 산업 확충

정답 | 01 ⑤ 02 ③ 03 ③ 04 ②

05 제3, 4차 경제 개발 계획

고급 17회 47번 / 난이도 中

다음 경제 개발 계획이 추진된 결과로 옳은 것은?

> 제3차 경제 개발 계획은 다음과 같은 목표를 설정하였다.
> 첫째, 기본 목표를 성장, 안정, 균형의 조화에 두고 안정된 기반에서 성장을 이룩하고 동시에 개발 성과가 농어민과 저소득층을 포함하여 온 국민에게 널리 파급되도록 함으로써 국민의 복지를 향상시킨다.
> 둘째, 산업 구조의 고도화와 국제 수지의 개선 및 주곡의 자급을 실현함으로써 자립적 경제 구조를 이룩한다.

① 무역 수지에서 흑자를 기록하였다.
② 시장과 자본이 전면적으로 개방되었다.
③ 원조 물자를 기반으로 삼백 산업이 발전하였다.
④ 중화학 공업 중심으로 경제 구조가 변화되었다.
⑤ 정부의 역할이 축소되어 각종 규제가 완화되었다.

문제 해설

1970년대에 시행된 제3, 4차 경제 개발 5개년 계획은 중화학 공업의 육성에 주력하여 포항 제철을 시작으로 조선, 자동차, 정유, 전자 단지가 건설되었다. 그 결과 1970년대 말에는 중화학 공업의 비중이 경공업을 앞질렀다.

바로잡기

① 3저 호황을 맞이한 1986년에는 수출이 급신장함에 따라 처음으로 무역 흑자를 실현하였다.
② 1993년 우루과이 라운드가 완전히 타결되고 1995년 세계 무역 기구(WTO)가 출범하면서 무역 개방을 요구받았다.
③ 1950년대 한국 전쟁 이후 미국의 원조를 기반으로 삼백 산업이 발달하였다.
⑤ 김대중 정부는 정부의 역할을 축소하고 각종 규제를 완화하면서 시장과 자본의 세계화에 적극 대처하였다.

비법 암기

제3, 4차 경제 개발 5개년 계획 : 중화학 공업 중심, 포항 제철소 준공, 수출 100억 달러 달성

06 석유 파동과 중동 진출

고급 15회 50번 / 난이도 下

(가)에 들어갈 내용으로 가장 적절한 것은?

> 1973년 제4차 아랍-이스라엘 전쟁이 발생하자, 석유 수출국 기구(OPEC)는 원유 가격을 대폭 인상하였다. 그 결과 세계 경제는 커다란 혼란에 빠지게 되었다. 이에 우리나라 경제도 인플레이션과 경제 불황에 직면하였다. 그러나 우리나라는 (가) 등에 힘입어 경제 불황을 극복할 수 있었다.

① IMF의 구제 금융 지원
② 3저 호황으로 인한 무역 수지 개선
③ 중동 건설 사업 진출로 인한 외화 유입
④ 금융 시장 개방에 따른 외국 자본의 유입
⑤ 미국의 원조 물자를 기반으로 한 삼백 산업의 성장

문제 해설

제시된 지문은 1973년에 발생한 제1차 석유 파동에 관한 내용이다. 석유를 비롯한 원자재의 대외 의존도가 높은 우리 경제는 두 차례의 석유 파동으로 큰 시련을 겪었다. 제4차 중동 전쟁으로 시작된 제1차 석유 파동은 산유국들의 건설 투자에 우리 기업들이 대거 참여하여 소위 오일 달러를 벌어들임으로써 극복할 수 있었다.

바로잡기

① 김영삼 정부 때 1997년 외환 위기가 찾아와 국제 통화 기금(IMF)의 구제 금융을 받았다.
② 3저 호황으로 인한 일시적인 수출 증대로 무역 흑자를 이루었다.
④ 전두환 정부 때 금융 시장 개방에 따라 외국 자본이 유입되었다.
⑤ 6·25 전쟁 이후 미국의 원조 물자를 기반으로 삼백 산업이 성장하였다.

비법 암기

석유 파동 : 제1차 석유 파동(1973) → 중동 진출로 극복, 제2차 석유 파동(1978) → 경제 위기

07 김영삼 정부의 경제 상황

다음 정책을 발표한 정부 시기의 경제 상황으로 옳은 것은?

> 정부는 ○○년 ○월 대통령 긴급 명령으로 모든 금융 거래를 실제 거래자 이름으로 하는 금융 실명제를 전격적으로 도입하였다. 금융 실명제는 자금의 흐름을 한눈에 파악하여 세금을 정확하게 매기고, 불법 자금의 유통을 막아 금융 거래의 투명성을 기하는 것을 목적으로 하였다.

① 베트남 파병에 따른 특수로 경기가 활성화되었다.
② 2차 석유 파동으로 세계 경제의 불황이 심화되었다.
③ 삼백 산업을 중심으로 재벌이 형성되기 시작하였다.
④ 저유가, 저금리, 저달러의 3저 현상으로 수출이 늘어났다.
⑤ 세계 무역 기구(WTO)의 출범으로 시장 개방이 가속화되었다.

문제 해설
제시된 지문은 김영삼 정부가 실시한 금융 실명제에 관한 설명이다. 김영삼 정부는 공기업 민영화, 금융 실명제 시행 등 신자유주의 정책을 펼쳤다. 그러나 1993년 우루과이 라운드가 완전히 타결되고 1995년 세계 무역 기구(WTO)가 출범하면서 무역 개방을 요구받았다. 이에 김영삼 정부는 경제 협력 개발 기구(OECD)에 가입하여 선진국 대열에 들어서고자 하였다.

바로잡기
① 박정희 정부 때 우리나라는 베트남 전쟁에 참전하면서 이른바 '베트남 특수'를 통해 자금을 조달하였다.
② 2차 석유 파동은 1978년에 일어났다.
③ 이승만 정부 때 삼백 산업을 중심으로 재벌이 형성되기 시작하였다.
④ 전두환 정부 때 3저 현상으로 수출이 증가하여 처음으로 무역 흑자를 달성하였다.

비법 암기
김영삼 정부 시기의 경제 : 금융 실명제 도입, 우루과이 라운드 타결로 농축산물 개방, WTO 가입, OECD 가입, IMF 사태 발생

08 1970년대 사회상

다음 시대를 배경으로 한 영화 시나리오를 작성한다고 할 때 적절한 장면을 〈보기〉에서 고른 것은?

> 이 시기에는 미국과 유럽의 반전·저항 문화가 유입되어 통기타와 청바지로 상징되는 청년 문화가 널리 퍼졌다. 그러나 당시 유신 정부는 노래나 문학 작품, 영화 등을 검열하여 조금이라도 저항적 분위기를 담고 있거나, 체제를 비판하는 내용이 담겨 있다고 판단되면 금지곡, 금서로 지정하였고, 영화는 해당 부분을 삭제하였다. 영화 '바보들의 행진'은 당시의 경직된 사회상과 젊은이들의 방황을 그린 청춘 영화인데, 검열에 의해 30분 가량 필름이 잘린 채 개봉되었다.

〈보기〉
ㄱ. 장발 단속을 피하기 위해 도망치는 대학생
ㄴ. 프로 야구와 프로 축구 경기를 즐기는 관중
ㄷ. 영화 상영 전에 홍보용 대한 뉴스를 시청하는 관객
ㄹ. 한류 열풍을 접하고 한국 문화를 알기 위해 방문하는 외국인

① ㄱ, ㄴ   ② ㄱ, ㄷ   ③ ㄴ, ㄷ
④ ㄴ, ㄹ   ⑤ ㄷ, ㄹ

문제 해설
박정희 정부는 1972년에 집권 연장을 위해 한국적 민주주의를 표방하며 10월 유신을 단행하였다. 1970년대는 유신 독재 체제를 유지하기 위해 일상 생활부터 문화 전반에 이르기까지 억압과 통제가 이루어졌다. 이 시기에는 장발과 미니스커트에 경범죄를 적용하여 단속하고, 체제 비판적인 노래나 영화, 문학 작품을 금지하였다. 또한 영화 관람 전 애국가와 홍보용 대한 뉴스를 반드시 시청하게 하였다.

바로잡기
ㄴ. 전두환 정부 때 유화 정책의 일환으로 프로 야구와 프로 축구가 시작되었다.
ㄹ. 1990년대 후반부터 우리나라의 대중문화 콘텐츠가 수출되면서 한류 열풍이 일어났다.

비법 암기
유신 체제 시기 사회상 : 신체의 자유 규제, 대중문화 검열, 언론 통제

정답 | 05 ④ 06 ③ 07 ⑤ 08 ②

09 1970년대 노동 문제

(가), (나) 사건에 대한 설명으로 옳은 것은?

> (가) 평화 시장의 재단사로 일하던 전태일은 "근로 기준법을 지켜라", "우리는 기계가 아니다", "노동자들을 혹사시키지 말라."고 외치며 자기 몸을 불살랐다.
>
> (나) YH무역 노동자들은 회사의 폐업 조치에 항의하여 회사 정상화와 생존권 보장을 요구하며 신민당사에서 농성을 벌였으나 경찰에 의해 강제로 해산 당하였다.

① (가) - 유신 체제의 노동 운동 탄압에 대항하여 일어났다.
② (가) - 노동 문제에 대한 대학생과 지식인의 관심을 높였다.
③ (나) - 노사정 위원회가 구성되는 직접적인 원인이 되었다.
④ (나) - 6월 민주 항쟁 직후 노동 운동이 활발해지면서 발생하였다.
⑤ (가), (나) - 전국 민주 노동 조합 총연맹 소속 노동자들이 일으켰다.

문제 해설
(가)는 전태일 분신 사건, (나)는 YH 무역 사건에 관한 설명이다. 1970년 평화 시장에서 재단사로 일하던 전태일은 근로 기준법 준수를 외치며 분신 자살을 하였다. 이 사건을 계기로 우리나라 노동 운동이 활발해지고 노동 문제에 대한 대학생과 지식인의 관심이 높아졌다. 1979년에는 농성을 벌이던 YH 무역 여공들을 경찰이 진압하는 과정에서 한 여성 노동자가 사망하고 100여 명이 부상당한 사태가 벌어졌다. 이를 계기로 부·마 항쟁이 일어나고 결국 유신 정권이 몰락하기에 이르렀다.

바로잡기
① 전태일 분신 사건은 유신 체제 이전인 1970년에 발생하였다. 이 사건을 계기로 대학생·지식인·종교계에서 노동 운동을 적극 지원하였다.
③ 노사정 위원회는 김대중 정부 때 등장한 단체이다.
④ 6월 민주 항쟁은 1987년에 일어난 민주화 운동이다.
⑤ 1995년에 전국 민주 노동 조합 총연맹(민주노총)이 결성되었고, 김대중 정부 때 합법화되었다.

비법 암기

1970년대 노동 운동 : 전태일의 분신 사건을 계기로 활발해짐, 노동 문제에 대해 대학생과 지식인 관심 확산

---

10 광주 대단지 사건

다음 자료의 사건에 대한 탐구 활동으로 가장 적절한 것은?

▲ 광주 대단지 천막촌의 모습

> 이곳의 주민들은 주거 및 생활 대책을 위한 결단을 내리고서 집회에 나섰다. 당시 집회에는 15만 명의 광주 대단지 인구 중 3만여 명이 집결하였다. 이들 군중은 "허울 좋은 선전 말고 실업 군중 구제하라", "살인적 불하 가격 절대 반대" 등의 구호를 외치면서 성남 출장소로 몰려갔다.

① 6월 민주 항쟁 이후 노동자들의 요구를 분석한다.
② 핵 폐기장 후보지 선정을 둘러싼 갈등을 살펴본다.
③ 경제 개발에 따른 급속한 도시화의 문제를 알아본다.
④ 토지 조사 사업이 농촌 사회에 미친 영향을 파악한다.
⑤ 일제 강점기 토막민의 실태와 그에 대한 대책을 조사한다.

문제 해설
제시된 사건은 1971년에 일어난 광주 대단지 사건이다. 1960년대부터 서울시는 빈민가 정비 사업의 일환으로 경기도 광주군에 위성 도시인 광주 대단지(지금의 성남시)를 조성하였다. 그로 인해 철거민들의 집단 이주가 이루어졌으나, 기반 시설이 전혀 조성되지 않은 열악한 주거 환경과 비싼 분양가, 투기 행위 등 여러 문제가 발생하였다. 이에 주민들이 집결하여 무력 시위를 일으켰다.

바로잡기
① 6월 민주 항쟁은 1987년에 일어난 민주화 운동이다.
② 핵 폐기장 부지 선정은 2000년대 들어와 문제가 되었다.
④, ⑤ 일제 강점기에 일어난 사회 문제이다.

비법 암기

광주 대단지 사건 : 정부 주도의 급격한 도시화 정책이 초래한 빈민 문제의 노출

11 현대 사회의 여성 운동

다음 주장이 제기된 이후 나타난 변화로 옳은 것을 〈보기〉에서 고른 것은?

> 〈우리의 주장〉
> - 전근대적인 가족법을 개정하고 민주적이고 평등한 남녀 평등권을 쟁취하자.
> - 여성 노동자의 모성과 생존을 보장할 수 있는 8시간 노동제와 최저 생계비 환경의 개선과 모성 보호를 위한 제 정책을 수립하라.
> - 취업·승진·퇴직에서의 여성 차별을 즉각 시정하라.
>   — 1987년 3월 8일, 제3회 한국여성대회 —

〈보기〉
ㄱ. 최초의 여성 권리 선언문인 여권 통문이 발표되었다.
ㄴ. 호주 중심의 호적 대신 가족 관계 등록부가 만들어졌다.
ㄷ. 여성 정책을 총괄하는 중앙 부처인 여성부가 출범하였다.
ㄹ. 국회 의원 선거에서 여성의 선거권과 피선거권이 인정되었다.

① ㄱ, ㄴ   ② ㄱ, ㄷ   ③ ㄴ, ㄷ
④ ㄴ, ㄹ   ⑤ ㄷ, ㄹ

문제 해설
제시된 자료는 1987년 양성 평등을 주장하는 격문이다. 대한 민국 정부 수립 이후에도 여성 차별 상황이 여전하였다. 이에 활발한 여성 운동이 전개되면서 여성의 사회 참여와 지위 향상에 기여하였다. 1987년 남녀 고용 평등법이 제정되었고, 1991년 가족법이 개정되어 남녀가 동등하게 재산 및 자녀 양육에 대한 권리를 가지게 되었다. 또, 2001년 여성부가 신설되었고, 2008년 호주제의 폐지로 호적 대신 가족 관계 등록부가 만들어졌다.

바로잡기
ㄱ. 1898년 우리나라 최초의 여성 운동 단체인 찬양회가 여권 통문을 발표하여 여성의 참정권·직업권·교육권을 주장하였다.
ㄹ. 우리나라 최초의 국회 의원 선거인 1948년 5·10 총선거 때부터 남녀 모두에게 동등하게 선거권 및 피선거권이 주어졌다.

비법 암기
여권 신장 : 1987년 남녀 고용 평등법 제정 → 1991년 가족법 개정 → 2001년 여성부 신설 → 2008년 호주제 폐지

12 전두환 정부 시기 교육 정책

다음 방안이 추진된 시기의 교육 정책으로 옳은 것은?

> 국가 보위 비상 대책 위원회는 8월 1일부터 과열 과외 추방을 위한 범국민 운동을 전개하기로 하였습니다. 사회 지도급 인사들은 솔선수범하여 자녀에 대한 어떤 형태의 과외 공부도 금하여 주시기 바랍니다. 이를 위반하는 공직자는 사회 정화의 차원에서 공직에서 물러나게 할 것이며, 기타 지도급 인사에 대해서도 적절한 조치를 취할 것입니다.

① 고교 평준화 제도가 처음으로 시행되었다.
② 중학교 의무 교육이 전면적으로 실시되었다.
③ 교육의 기본 지표로 국민 교육 헌장이 공포되었다.
④ 중·고등 학생의 머리 모양과 교복 자율화가 이루어졌다.
⑤ 미국에서 시행되고 있던 6-3-3 학제가 처음 도입되었다.

문제 해설
제시된 자료에서 '국가 보위 비상 대책 위원회가 과외 추방 정책을 실시하였다'고 했으므로 해당 시기는 전두환 정부 때이다. 전두환 정부는 언론 통폐합 등 언론 통제와 민주화 운동 탄압, 삼청 교육대 설치 등 강압 정책을 실시하였다. 한편, 유화 정책도 실시하였는데, 중·고등학생의 머리 모양 및 교복 자율화, 통행금지 해제, 해외 여행 자율화 등을 전개하였다.

바로잡기
① 고교 평준화 제도는 박정희 정부 때인 1974년 서울과 부산을 시작으로 점차 전국으로 확대되었다.
② 중학교 의무 교육이 전면적으로 시행된 것은 2002년부터이다.
③ 박정희 정부는 1968년 국민 교육 헌장을 제정하여 우리나라 교육의 근본 지표를 제시하였다.
⑤ 우리나라는 광복 이후 미국식 교육 제도의 영향을 받아 6-3-3 학제를 도입하여 현재까지 유지하고 있다.

비법 암기
전두환 정부의 유화 정책 : 두발 및 교복 자율화, 통행금지 해제, 해외 여행 자율화 등

6 통일을 위한 노력과 영토 문제 | VIII 현대 사회의 발전

· 통일을 위한 노력

정부	이승만 정부(1948~1960)	장면 내각(1960~1961)	박정희 정부(1963~1972)	박정희 유신 체제(1972~1979)
통일 정책	· 반공 체제 구축 → 신국가 보안법 제정(1958) · 이승만, 북진 통일·멸공 통일 주장 · 진보당 사건(1958) ┌ 조봉암, 평화 통일 주장 └ 간첩 혐의로 몰아 사형 · 4·19 혁명(1960) → 통일 문제 부각	· 혁신계·학생 등 통일 논의 활발 → 중립화 통일론 → "가자 북으로, 오라 남으로! 만나자 판문점에서!" · 장면 정부의 남북 협상론 ┌ 유엔 감시하의 (인구 비례에 의한) 남북한 총선거 제의 ├ 남북 협상에는 부정적 ├ 통일 문제에 소극적 대처 └ → 5·16 군사 정변으로 중단	· 5·16 군사 정변(1961) 박정희, 선건설 후통일론(1960년대) → 통일 문제 유보 · 미국 닉슨 대통령, 닉슨 독트린 발표(1969) ┌ 베트남전 철수 표명 └ 냉전 완화(닉슨의 중국 방문, 중국의 유엔 가입) · 남북 적십자 제1차 예비 회담(1971) 이산가족 상봉을 의제로 상정 → 중단	· 7·4 남북 공동 성명(1972)★ ┌ 비밀리에 이후락 중앙정보부장을 북한에 파견 ├ 통일 3대 원칙: 자주·평화·민족 대단결 └ 남북 조절 위원회 설치 → 성과 없음 → 통일 문제를 체제 유지 수단으로 활용★ ┌ 북한: 사회주의 헌법 └ 남한: 유신 헌법

	전두환 정부(1981~1988)	노태우 정부(1988~1993)	김영삼 정부(1993~1998)	김대중 정부(1998~2003) 노무현 정부(2003~2008)
	· 전두환, 남북한 최고 책임자 간의 직접 회담 제의(1981) → 북한의 거부 · 민족 화합 민주 통일 방안(1982): 대통령이 국정 연설에서 발표 *북한, 아웅산 테러 사건(1983) *북한, 외국 자본 유치를 위해 합영법 제정(1984) *북한, 수재민 구호 물품 제공 (최초의 남북한 물자 교류, 1984) → 적십자 회담 재개 · 이산가족 고향 방문(1985) ┌ 최초의 이산가족 상봉 └ 문화 예술 공연단 교환	· 북방 외교 추진 ┌ 중국과 소련, 동유럽 및 아시아의 사회주의 국가를 대상으로 하는 외교 ├ 소련과 수교(1990) └ 중국과 수교(1992) · 독일 통일(1990)과 소련의 해체(1991) ┌ 냉전의 상징인 베를린 장벽 해체 └ 소련 해체로 냉전 체제 종식 · 남북한 유엔 동시 가입(1991. 9.)★ · 남북 기본 합의서 채택(1991. 12.)★ ┌ 정식 명칭: 남북 사이의 화해와 불가침 및 교류 협력에 관한 합의서 ├ 제5차 남북 고위급 회담에서 합의서 채택 └ 남북 관계는 잠정적인 특수 관계·남북 경제 교류는 민족 내부 교류로 규정 · 한반도 비핵화 공동 선언 발표(1991. 12.)	· 한민족 공동체 건설을 위한 3단계 통일 방안: 화해·협력 → 남북 연합 → 통일 국가 · 경수로 건설 사업 추진: ┌ 한반도 에너지 개발기구(KEDO)에 의해 시행 ├ 1997년 착공 └ 북핵 문제로 인해 사업 종료(2006)	〈김대중 정부〉 · 남북 화해와 협력을 강조하는 햇볕 정책 적극 추진★ · 현대 정주영 회장이 소떼를 이끌고 방북 → 금강산 해로 관광 시작(1998) · 제1차 남북 정상 회담(2000) → 6·15 남북 공동 선언 채택★ ┌ 남북 문제의 자주적 해결 ├ 남측의 연합제와 북측의 낮은 단계 연방제의 유사점 인정 ├ 이산가족 방문단 교환, 비전향 장기수 문제 해결 의지 천명 ├ 남북의 경제 협력 및 교류 활성화 └ 남북 장관급 회담, 남북 적십자 회담 재개 · 남북 간 경제 협력 ┌ 경의선 철도 연결 공사 착공(2000) ├ 개성 공단 설립 └ 금강산 육로 관광 시작 〈노무현 정부〉 · 2차 남북 정상 회담 개최(2007) → 10·4 남북 공동 선언 채택★

★ Best 기출
- 통일을 위한 노력 : 7·4 남북 공동 성명 | 통일 3대 원칙 | 남북 적십자 회담 시작 | 이산 가족 상봉 | 남북한 유엔 동시 가입 | 남북 정상 회담 | 남북 교류의 역사
- 영토 문제 : 독도의 역사 | 독도의 영유권 문제

· 독도가 우리 영토인 근거

	독도 관련 일지	근거 사료
신라 지증왕	• 이사부가 울릉도와 독도 일대의 우산국(于山國) 정벌*	• 삼국사기(1145): "지증왕 13년(512) 여름 6월에 우산국이 항복하고, 해마다 토산물을 바쳤다."
조선 태종	• 공도 정책 추진*	
조선 세종	• "세종실록 지리지"(1454)에 울릉도와 독도 언급	• "우산과 무릉 두 섬이 (울진)현의 정동쪽 바다에 있다. 2섬이 서로 거리가 멀지 아니하여, 날씨가 맑으면 가히 바라볼 수 있다."
조선 성종	• "신증동국여지승람"에 기재된 팔도총도, 독도 기재*	• "무릉이라고도 하고 우릉이라고도 한다. … 세 봉우리가 하늘로 곧게 솟았으며 남쪽 봉우리가 약간 낮다. … 바람이 잦아지면 이틀에 도착할 수 있다."
조선 숙종	• 안용복, 도쿠가와 막부로부터 독도가 조선 영토임을 확인*	
일본	• 일본 도쿠가와 막부, 죽도 도해금지령(1696)	• "… 죽도(울릉도)에 도해하여 현재까지 어업을 해왔지만 향후에는 죽도 도해 금지를 명하니 이를 명심하라."
일본	• 일본 메이지 정권, 태정관 지령(메이지 정권 최고 행정 기관인 태정관의 견해로 울릉도와 독도가 일본과 무관, 1877)	• "품의한 취지의 죽도(울릉도) 외 일도(독도)의 건에 대해 본방(일본)은 관계가 없다는 것을 명심할 것. 메이지 10년 3월 29일"
대한 제국	• 대한 제국 칙령 제41호(1900)* ─ 관보에 게재되어 국내외에 공포 ─ 독도를 울릉도의 관할 구역으로 명기 ─ 독도가 우리 나라의 영토임을 입증하는 국제법상의 근거 → 칙령 제정일을 기념하여 울릉군 조례로 '독도의 날' 지정	• 제1조 울릉도를 울도라 개칭하여 강원도에 소속하고, 도감을 군수(郡守)로 개정하야 관제 중에 편입하고 군의 등급은 5등으로 할 일. • 제2조 군청 위치는 태하동으로 정하고 구역은 울릉도 전체와 죽도, 석도를 관할할 일.
일본	• 일본, 시마네 현 고시 제 40호(1905)*: 러·일 전쟁 중에 일본이 독도를 시마네 현에 강제 편입	
대한 제국	• 의정부 참정대신 박제순 지령 제3호(독도가 일본 영토로 편입됨을 부정, 독도에 대한 영유권 인식 확고, 1906)	"독도가 일본 영토가 되었다는 설은 전혀 근거가 없음" 독도

자료 읽기

📖 통일 정책 타임라인

◉ 남북 적십자 1차 예비 회담(1971)

◉ 7·4 남북 공동 성명 발표 (이후락 중앙정보부장, 1972)

◉ 최초의 이산가족 방문단(1985)

◉ 남북한 유엔 동시 가입(1991)

◉ 남북 기본 합의서 채택(1991)

◉ 정주영의 2차 소 떼 방북(1998. 10.)

◉ 6·15 남북 공동 선언 (2000)

◉ 경수로 건설 사업 착공 (1997)

◉ 금강산 관광선 출항 (1998)

📖 독도가 우리 영토로 표기된 옛 지도

❶ "신증동국여지승람"의 팔도총도, ❷ 삼국접양지도(1785) | 울릉도와 독도를 한반도와 같은 노란색으로 채색하고, '조선의 것'으로 표기했다.

01 7·4 남북 공동 성명

다음 성명 발표의 영향으로 나타난 사실은?

> 첫째, 통일은 외세에 의존하거나 외세의 간섭을 받지 않고 자주적으로 해결하여야 한다.
> 둘째, 통일은 서로 상대방을 반대하는 무력 행사에 의거하지 않고 평화적 방법으로 실현하여야 한다.
> 셋째, 사상과 이념, 제도의 차이를 초월하여 우선 하나의 민족으로서 민족적 대단결을 도모하여야 한다.

① 이산가족 상봉이 이루어졌다.
② 남북 조절 위원회가 설치되었다.
③ 남북 기본 합의서가 채택되었다.
④ 한반도 비핵화 선언이 이루어졌다.
⑤ 남북한 동시 유엔 가입이 이루어졌다.

문제 해설
남북은 1972년 평화 통일 3대 원칙인 자주·평화·민족 대단결에 합의한 7·4 남북 공동 성명을 서울과 평양에서 동시에 발표하였다. 이후 중앙정보부장 이후락이 북한과 접촉하여 남북 조절 위원회를 설치하였다. 북한은 민족 대단결의 원칙에 따라 주한 미군을 철수시키라고 주장하였으나 남한이 이에 반대하여 결국 7·4 남북 공동 성명은 이행되지 못하였다. 또한 7·4 남북 공동 성명은 남북한의 정권을 강화하는 데 이용되었다. 남한에서는 1972년 유신 헌법이 제정되었고, 같은 해 북한에서는 사회주의 헌법이 나왔다.

바로잡기
① 1985년에 이산가족 상봉이 처음으로 이루어졌다.
③ 1991년 남북 고위급 회담의 결과 남북 기본 합의서가 채택되었다.
④ 남북 기본 합의서 발표 이듬해인 1992년에 한반도 비핵화 선언이 이루어졌다.
⑤ 1991년에 남북이 유엔에 동시에 가입하였다.

비법 암기
7·4 남북 공동 성명 : 자주·평화·민족 대단결의 3대 통일 원칙을 남과 북이 동시에 발표

02 김대중 정부의 통일 정책

다음 선언을 발표한 정부 때 이루어진 남북 교류로 옳은 것은?

> 남과 북은 나라의 통일을 위한 남측의 연합제 안과 북측의 낮은 단계의 연방제 안이 서로 공통성이 있다고 인정하고, 앞으로 이 방향에서 통일을 지향시켜 나가기로 하였다.

① 경의선 철도 연결 공사 시작
② 최초의 이산가족 고향 방문단
③ 경수로 건설 사업 착공
④ 남북 적십자 제1차 예비회담
⑤ 남북한 유엔 동시 가입

문제 해설
제시된 지문은 2000년에 채택된 6·15 남북 공동 선언의 주요 내용이다. 이 선언에는 통일 문제의 자주적 해결, 1국가 2체제의 통일 방안 협의, 이산가족 문제의 조속한 해결, 경제 협력 등의 내용이 담겨 있다. 6·15 남북 공동 선언의 결과 이산가족 방문단의 서울·평양 동시 상봉과 비전향 장기수의 북송이 이루어졌고, 경의선 복원 착공과 개성 공단 건설 등의 사업이 진행되었다.

바로잡기
② 1985년 전두환 정부 때 최초로 남북 이산가족이 상봉하였다.
③ 1997년 김영삼 정부 때 경수로 건설 사업이 시작되었다.
④ 1971년에 최초로 이산 가족 상봉을 위한 남북 적십자 회담이 열렸다.
⑤ 1991년 노태우 정부 때 남북이 유엔에 동시에 가입하였다.

비법 암기
남북 정상 회담 개최 : 6·15 남북 공동 선언 발표 → 남북 교류·협력의 확대

03 남북 교류의 역사

(가)에 들어갈 사진으로 적절한 것은?

〈시기순으로 보는 남북 교류의 역사〉

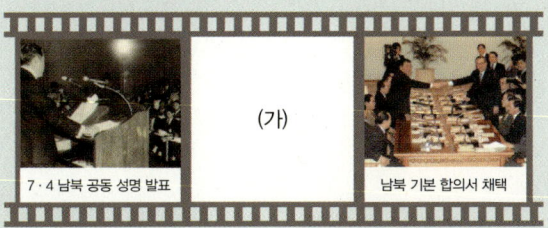

- 7·4 남북 공동 성명 발표
- (가)
- 남북 기본 합의서 채택

①  금강산 관광 개시

②  최초의 이산가족 고향 방문단

③  소 떼를 몰고 간 정주영의 방북

④  남북 정상 회담

⑤  경의선 철도 연결 공사 시작

문제 해설
7·4 남북 공동 성명은 1972년에 발표하였고, 남북 기본 합의서는 1991년에 채택하였다. 전두환 정부 때인 1985년 처음으로 이산가족 상봉과 예술 공연단 교환 방문이 이루어졌다.

바로잡기
① 김대중 정부의 햇볕 정책과 현대 그룹 정주영 회장의 소 떼 방북을 계기로 1998년부터 금강산 해로 관광이 시작되었다.
③ 1998년 정주영은 두 차례에 걸쳐 소 떼를 몰고 북한을 방문하였다.
④ 2000년 6월 김대중 대통령은 평양을 방문하여 김정일 국방 위원장과 정상 회담을 개최하였다.
⑤ 경의선 철도 복원 공사는 제1차 남북 정상 회담 이후에 시작되었다.

비법 암기
남북 대화 : 7·4 남북 공동 성명(1972) → 남북 기본 합의서(1991) → 6·15 남북 공동 선언(2000) → 10·4 남북 공동 선언(2007)

04 독도 문제

다음 자료에 나타난 지역에 관한 탐구 활동으로 적절하지 않은 것은?

> 무릉이라고도 하고 우릉이라고도 한다. 두 섬은 울진현 정동쪽 바다 가운데에 있다. 세 봉우리가 하늘로 곧게 솟았으며 남쪽 봉우리가 약간 낮다. 날씨가 맑으면 세 봉우리에서 위의 나무와 산 밑의 모래톱이 역력히 보이고 바람이 잦아지면 이틀에 도착할 수 있다.
> — "신증동국여지승람" —

① 세종실록지리지의 기록을 찾아본다.
② 신라 지증왕 때 차지한 지역을 조사한다.
③ 청·일 전쟁 때 일본이 획득한 지역을 알아본다.
④ 숙종 때 안용복이 일본에 건너간 배경을 살펴본다.
⑤ 대한 제국 시기에 울도 군수가 관할한 지역을 파악한다.

문제 해설
제시된 자료에 나타난 지역은 울릉도와 독도이다. ① "세종실록지리지"에는 우산과 무릉이라는 두 섬이 나오는데, 우산과 무릉은 각각 독도와 울릉도를 가리킨다. ② 신라의 지증왕은 지금의 울릉도인 우산국을 정복하였다. ④ 숙종 때 안용복은 일본에 건너가 울릉도와 독도에 대한 조선의 영유권을 확정받았다. ⑤ 대한 제국 시기 변경 지역의 섬에 대한 공도 정책을 폐기하고 울릉도 등 각 지역에 관리를 파견하였다.

바로잡기
③ 일본이 독도에 대해서 영유권을 주장한 시마네 현 고시 40호는 러·일 전쟁 중에 발표되었다.

비법 암기
독도 분쟁 : 제2차 세계 대전 후 독도는 한국으로 반환되었지만, 일본이 계속해서 독도 영유권 주장

IX 테마로 보는 한국사

- 시험에 잘 나오는 역사 인물
- 시험에 잘 나오는 10대 지역
- 유네스코 세계 문화 유산
- 유네스코 세계 기록 유산
- 유네스코 세계 무형 유산
- 조선의 5대 궁궐

한국사능력검정시험은 역사 탐구에 필요한 기본적인 사실과 개념의 이해뿐만 아니라 특정한 주제에 대한 심도 있는 탐구, 시대를 넘나드는 통합적인 사고 등 고차원적이고 입체적인 학습을 요구하고 있다. 따라서 시대의 흐름 속에 나타나는 역사적 사건을 이해하는 것과 더불어 다양한 역사적 주제에 대해 깊이있게 학습하는 것이 필요하다. '테마로 보는 한국사'에서는 이와 같은 최근 경향에 대비하여 인물, 지명, 유네스코 세계 유산, 궁궐이라는 테마로 한국사를 정리해 보았다.

금영 측우기

시험에 잘 나오는 역사 인물

● 원효(617~686)
- 신라의 승려
- 일심(一心) 사상, 화쟁(和諍) 사상을 주장
- 아미타 신앙(나무아미타불)을 통한 불교 대중화
- "대승기신론소", "십문화쟁론" 저술

● 의상(625~702)
- 신라의 승려
- 당에 유학한 후 귀국
- "화엄일승법계도" 저술하여 화엄 사상 정립
- 부석사 등 많은 절 창건
- 관음 신앙을 통해 불교 대중화에 이바지

● 장보고(?~846)
- 신라의 무신
- 흥덕왕에게 청해진 설치 건의
- 당~신라~왜를 연결하는 국제 무역 주도
- 산둥반도 적산촌에 법화원을 세움

● 최치원(857~?)
- 신라 말의 6두품 출신 학자
- 당에 유학하여 빈공과 급제
- 진성 여왕에게 시무책 10여 조를 올림
- 토황소격문, "계원필경" 저술

● 대각국사 의천(1055~1101)
- 고려 중기의 승려
- 흥왕사를 근거지로 교종 통합 운동
- 국청사를 중심으로 천태종 창시
- 교관겸수(敎觀兼修) 제창

● 보조국사 지눌(1158~1210)
- 고려 중기의 승려
- 선종을 중심으로 교종 포용
- 수선사 결사 운동 (순천 송광사)
- 돈오점수(頓悟漸修), 정혜쌍수(定慧雙修) 강조

● 최무선(1325~1395)
- 고려 말 조선 초의 과학자, 발명가
- 화통도감 설치를 건의함
- 각종 화약 무기 제조 및 전함 건조에 참여
- 진포(금강 하구) 싸움에서 화포를 이용하여 왜구를 크게 격퇴

● 포은 정몽주(1337~1392)
- 고려 말의 유학자, 문신
- 고려 삼은(三隱)의 한 사람
- 온건 개혁파 신진 사대부로 새 왕조 건설에 반대
- 개성 선죽교에서 이방원의 수하에게 죽임을 당함

● 삼봉 정도전(1342~1398)
- 고려 말 조선 초 유학자, 문신
- 과전법 실시로 조선 개국의 토대 마련
- 한양을 유교 사상이 반영된 도시로 축조
- "조선경국전", "불씨잡변", "삼봉집" 저술

● 장영실(?~?)
- 조선 초기의 과학자, 발명가
- 동래현 관노 출신이나 정4품 호군에 오름
- 앙부일구, 자격루, 간의, 혼천의, 갑인자 등 발명

● 정암 조광조(1482~1519)
- 조선 중기 문신
- 사헌부 대사헌에 임명되어 훈구파와 대립
- 현량과 실시, 경연 강화, 소격서 폐지, 방납의 폐단 시정, 위훈 삭제 등을 추진
- 향약 시행, "소학" 보급
- 기묘사화로 사사됨

● 퇴계 이황(1501~1570)
- 조선 중기 유학자, 문신
- 이기론에서 이(理)의 역할 중시
- 이상주의, 도덕 강조, 왕권 강조
- 일본의 성리학 발전에 크게 이바지
- "성학십도", "주자서절요" 저술
- 도산 서원에서 이황을 제사 지냄

● 율곡 이이(1536~1584)
- 조선 중기 유학자, 문신
- 이기론에서 기(氣)의 역할 강조
- 현실주의, 개혁적, 신권 강조
- 통치 체제 정비와 수취 제도 개혁 제시
- "성학집요", "동호문답" 저술
- 자운 서원에서 이이를 제사 지냄

● 우암 송시열(1607~1689)
- 조선 후기 유학자, 문신, 노론의 영수
- 효종의 북벌 정책 비판
- 효종과 효종 비 사망으로 남인과 예송 논쟁을 벌임
- 주자학의 대가로 윤휴를 사문난적으로 몰아 비판
- "송자대전", "우암집" 저술

- 성호 이익(1681~1763)
- 조선 후기 실학자
- 한전론 주장
- 나라를 좀먹는 여섯 가지 폐단 지적
- "성호사설", "곽우록" 저술

- 연암 박지원(1737~1805)
- 조선 후기 실학자, 북학파의 거두
- 수레와 선박의 이용, 화폐 유통을 주장
- "열하일기", "과농소초" 저술
- 양반전, 허생전, 호질 등 한문소설을 통해 양반의 무능과 허위 의식 풍자

- 박제가(1750~1805)
- 조선 후기 실학자
- 서자 출신, 규장각 검서관으로 임명
- "북학의"에서 청 문물의 적극적 수용, 청과의 통상 강화, 수레와 선박의 이용, 신분제 타파 등을 주장, 검약보다는 소비를 권장

- 다산 정약용(1762~1836)
- 조선 후기 실학자, 문신
- 여전론, 정전제 주장
- 한강을 건널 배다리 설계
- 수원 화성 건설 시 거중기 사용
- 전남 강진에 18년 간 유배
- "목민심서", "경세유표", "흠흠신서", "기예론", "아방강역고", "마과회통" 등을 저술

- 박규수(1807~1876)
- 조선 후기 실학자, 문신
- 오경석, 유홍기 등과 함께 통상 개화론 주장
- 김옥균, 유길준 등 개화파 형성에 역할
- 평양 감사일 때 제너럴셔먼호를 전소하여 침몰시킴

- 최익현(1833~1906)
- 조선 말의 문신, 위정척사론자, 의병장
- 단발령에 대해 극렬하게 반대하여 투옥
- 을사의병 때 전북 태인에서 의병 모집
- 대마도로 유배, 단식 끝에 사망
- "면암집" 저술

- 유인석(1842~1915)
- 조선 말의 위정척사론자, 의병장
- 갑오개혁 후 친일 내각이 성립하자 의병을 일으킴
- 관군에게 패하여 만주로 망명, 활동
- 1909년 블라디보스토크에서 13도 의군을 창설, 도총재로 추대

- 이상재(1850~1927)
- 독립운동가
- 물산 장려 운동의 발기인
- 민립 대학 설립 운동에 참여
- 신간회 회장으로 선출

- 김옥균(1851~1894)
- 급진 개화파
- 메이지 유신을 모델로 갑신정변 추진
- 일본으로 망명, 상해에서 자객에게 암살당함

- 전봉준(1855~1895)
- 동학 농민 운동의 지도자
- 30여 세에 동학에 입교
- 순창에서 체포

- 유길준(1856~1914)
- 개화파, 한국 최초 일본·미국 유학생
- 조사 시찰단, 보빙사로 활동
- 중립화론 주장
- "서유견문" 저술

- 박은식(1859~1925)
- 민족주의 사학자, 독립운동가
- 황성신문·대한매일신보 논설 위원
- 대한민국 임시 정부 제2대 대통령 역임
- 유교 구신론을 주장
- "한국통사", "한국독립운동지혈사" 저술

- 박영효(1861~1939)
- 조선 말의 정치가
- 철종의 부마(사위)가 됨
- 일본에 수신사로 가면서 태극기 제작
- 갑신정변 실패 후 일본으로 망명

- 헐버트(1863~1949)
- 미국인 선교사, 교육자
- 1886년 내한, 육영공원에서 영어를 가르침
- 을사조약 후 고종의 밀사로 미국에 파견
- "대한제국 멸망사" 저술

- 서재필(1864~1951)
- 급진 개화파
- 갑신정변을 일으킴
- 1896년 독립신문 창간, 독립 협회 창립
- 1919년 필라델피아에 집결하여 독립 선언식 및 시가행진을 벌임
- 상해 임시 정부의 외교 위원장으로 활약

- 홍범도(1868~1943)
- 조선 말기 의병장, 독립운동가
- 함경도 갑산에서 포수를 이끌고 의병 활동
- 간도로 건너가 독립군 양성에 주력
- 대한 독립군을 이끌어 봉오동 전투에서 승리
- 중앙아시아로 강제 이주 당함

- 이상설(1870~1917)
- 독립운동가
- 을사오적 처벌과 조약의 폐기를 황제에게 상소
- 이준, 이위종과 함께 헤이그에 특사로 파견
- 신한촌에 권업회를 조직
- 대한 광복군 정부 수립, 정통령에 선임

- 백범 김구(1876~1949)
- 정치가, 독립운동가
- 대한민국 임시 정부 국무령에 취임
- 한인 애국단 조직
- 한국 독립당 결성
- 대한민국 임시 정부의 주석을 역임
- 남한만의 단독 선거 반대, 남북 협상 추진

- 도산 안창호(1878~1938)
- 독립운동가, 사상가, 교육자
- 비밀 결사인 신민회 조직, 평양에 대성 학교 설립
- 대한인국민회 초대 총회장에 취임
- 임시 정부 내에서 실력 양성론 주장
- 국민 대표 회의에서 개조파로 활동
- 미국에서 흥사단을 조직

- 안중근(1879~1910)
- 독립운동가
- 연해주로 가서 의병 운동에 참가
- 하얼빈에서 이토 히로부미를 사살
- "동양평화론" 저술

- 만해 한용운(1879~1944)
- 승려, 독립운동가
- 민족 대표 33인 중 1인
- 기미 독립 선언서의 공약 3장 기초
- 조선 민립 대학 기성회 창립
- 님의 침묵 발표, "조선 불교 유신론" 저술

- 단재 신채호(1880~1936)
- 독립운동가, 민족주의 사학자
- 황성신문 · 대한매일신보 논설 기자
- 국민 대표 회의에서 창조파로 활동
- "독사신론", "조선상고사", "조선사연구초" 저술

- 우사 김규식(1881~1950)
- 외교 활동가, 독립운동가
- 신한 청년당 대표로 파리 강화 회의에 파견
- 대한민국 임시 정부 부주석에 취임
- 여운형과 함께 좌우 합작 위원회 조직
- 남북 협상 추진

- 조소앙(1887~1958)
- 정치가, 독립운동가
- 대한 독립 선언서를 기초하여 독립운동가 39명의 공동 서명으로 발표
- 김구 · 안창호 등과 한국 독립당 창립
- 임시 정부 건국 강령의 이론적 기초 마련
- 개인 · 민족 · 국가 간의 평등을 전제로 하는 삼균주의 제창

- 몽양 여운형(1886~1947)
- 정치가, 독립운동가
- 상하이의 신한 청년당 발기
- 대한민국 임시 정부 외무부 차장 취임
- 조선중앙일보 사장 취임
- 조선 건국 동맹 결성
- 조선 건국 준비 위원회 결성, 위원장으로 활동
- 좌우 합작 위원회 구성

- 지청천(1888~1957)
- 독립운동가, 군인
- 서로 군정서 간부로 취임
- 한국 독립군 총사령관으로 활동
- 쌍성보 전투, 사도하자 전투, 대전자령 전투에서 승리
- 충칭 임시 정부의 한국광복군 총사령관에 취임

- 김좌진(1889~1930)
- 독립운동가, 군인
- 비밀 결사 조직인 대한 광복회에 가입
- 북로 군정서의 총사령관으로 활동
- 청산리 대첩을 승리로 이끎
- 대한 독립 군단을 조직

- 김두봉(1889~1960)
- 한글학자, 북한의 정치가
- 조선 광문회에서 조선어 사전 편찬 사업에 참여
- 임시 정부 산하 임시 사료 편찬 위원회에서 편찬 위원으로 활동
- 조선 독립 동맹 주석으로 선출
- 남북 지도자 회의에 참여
- 김일성의 연안파 제거로 숙청

시험에 잘 나오는 10대 지역

1. 평양
- 옛 지명: 서경
- 427년 고구려 장수왕이 서경으로 천도
- 고려 태조가 추진한 북진 정책의 전진 기지
- 1135년 묘청의 서경 천도 운동
- 1866년 제너럴셔먼호 사건
- 1908년 안창호가 대성 학교 설립
- 1920년 조만식이 조선 물산 장려회 조직
- 자연 환경: 대동강, 모란봉, 도두산, 창광산
- 주요 유적지: 대성산성, 안학궁지, 을밀대, 만수대

2. 개성
- 옛 지명: 송악, 송도, 개경
- 강감찬의 나성 축조
- 고려 시대 만적의 난 발생
- 선죽교에서 정몽주가 피살됨
- 개성 공단 운영
- 자연 환경: 송악산
- 주요 유적지: 만월대, 선죽교, 보통문, 국자감, 나성

3. 강화도
- 부근리 고인돌: 청동기 시대 족장의 권위 상징, 유네스코 세계 문화 유산 지정
- 참성단에서 단군이 하늘에 제사를 지냈다고 전해짐
- 몽골 침략 때 최우 정권은 강화도로 천도
- 조선 후기 정제두를 비롯한 양명학자들이 강화학파를 형성
- 병인양요 때 정족산성에서 프랑스군을 물리침
- 병인양요 때 프랑스군이 외규장각에서 수많은 서적 약탈
- 신미양요 때 초지진, 덕진진, 광성보에서 강화 수비군이 미군과 격전을 벌임
- 운요호 사건 이후 강화도 조약 체결

4. 공주
- 공주 석장리 유적지(구석기)
- 백제 웅진 천도(문주왕, 475)
- 백제 무령왕릉, 송산리 고분
- 고려 공주 명학소에서 망이·망소이의 난
- 동학 농민군의 공주 우금치 전투

5. 제주도
- 삼별초가 몽골에 맞서 최후 항전을 벌인 곳
- 원 간섭기에 몽골이 탐라 총관부 설치, 목마장 경영

6. 강진
- 고려 요세의 백련사 결사 운동(강진 백련사)
- 강진 무위사 극락전(15세기)
- 정약용의 다산 초당, 이곳에서 "목민심서" 등을 저술
- 삼강청자 도예지

7. 진주
- 임진왜란 때 김시민의 진주 대첩
- 임술 농민 봉기가 전국적으로 확산되는 계기가 된 지역
- 일제 강점기에 백정들이 사회적 차별을 타파하고자 조선 형평사를 조직

8. 청주
- 통일 신라의 9주 5소경의 하나, 서원경
- 통일 신라의 민정 문서에 기록
- 고려 시대 청주 흥덕사에서 "불조직지심체요절" 간행

9. 원산
- 강화도 조약을 계기로 1880년 개항
- 1883년 최초의 근대식 학교 원산 학사 설립
- 1914년 서울과 연결되는 철도 개통(경원선)
- 1929년 노동자 총파업 발생

10. 의주
- 서희가 외교 담판으로 확보한 강동 6주의 하나
- 고려 말 이성계의 위화도 회군 지역
- 임진왜란 당시 선조의 피난처
- 조선 후기 만상의 활동지(후시 무역)

01 신라의 승려

밑줄 그은 '그'에 대한 설명으로 옳은 것은?

> 그는 우연히 광대가 춤출 때 쓰는 커다란 박을 얻었는데, …… 이 박을 무애(無碍)라 이름 붙이고 노래를 지어 세상에 퍼뜨렸다. 이로 말미암아 가난하고 무지몽매한 무리들까지도 모두 부처의 이름을 알게 되었고, '나무아미타불'을 외우게 되었다.
> - "삼국유사" -

① 황룡사 9층 목탑의 건립을 건의하였다.
② 부석사를 창건하여 화엄종의 중심 사찰로 삼았다.
③ 정토 신앙을 전파하여 불교 대중화에 노력하였다.
④ 유식 불교를 받아들이고 불교 경전의 번역에 힘썼다.
⑤ 인도와 중앙아시아의 풍물을 기록한 왕오천축국전을 남겼다.

문제 해설
밑줄 그은 '그'는 '무애', '나무아미타불' 등으로 보아 신라의 승려인 원효이다. 원효는 모든 것은 한마음에서 나온다는 일심 사상을 바탕으로 화쟁 사상을 주장하여 다양한 불교의 종파를 하나로 통합하려 하였다. 또한, 나무아미타불을 암송하는 아미타 신앙으로 극락정토에 갈 수 있다는 정토종을 보급하여 불교의 대중화에 크게 공헌하였다. 뿐만 아니라 "십문화쟁론", "대승기신론서"를 저술하여 불교 이해의 기준을 확립하였다.

바로잡기
① 자장은 왜의 침략에 대비하기 위하여 선덕 여왕에게 황룡사 9층 목탑의 건립을 건의하였다.
② 의상은 부석사를 비롯한 여러 사원을 건립하여 통일 신라 시대 불교 문화의 폭을 확대하였다.
④ 당에서 활동한 원측은 유식 불교를 받아들여 발전시켰다.
⑤ 혜초는 당을 거쳐 인도를 순례한 후 "왕오천축국전"이라는 기행문을 남겼다.

🔖 **비법 암기**
원효 : 일심 사상·화쟁 사상 주장, 아미타 신앙을 통한 불교 대중화

---

02 고려의 승려

다음 인물에 대한 설명으로 옳은 것은?

- 생몰 연대: 1055~1101년
- 약력: 문종의 넷째 아들로 태어나 11세에 출가하였다. 31세에 송으로 건너가 고승들과 불법을 토론하고 불경을 수집하여 귀국하였다. 화엄종을 바탕으로 교종을 통합하기 위하여 노력하였으며, 43세에 국청사를 완공하고 교관겸수를 중시하는 새로운 종파를 개창하였다.

① 교종을 중심으로 선종을 통합하고자 하였다.
② 법화 신앙에 중점을 둔 백련 결사를 제창하였다.
③ 심성 도야를 강조하여 성리학 수용의 토대를 마련하였다.
④ 몽골의 침입을 물리치기 위하여 재조대장경을 간행하였다.
⑤ 인도와 중앙아시아를 여행하고 왕오천축국전을 저술하였다.

문제 해설
제시된 인물은 의천이다. 의천은 당시 선종과 교종 등 여러 종파로 분열되어 대립하고 있던 불교계를 통합하기 위하여 국청사를 창건하고 천태종을 창시하였고, 교종인 화엄종을 중심으로 선종을 통합하여 불교계의 통합을 이루고자 하였다. 이를 뒷받침하는 사상적 바탕으로 이론의 연마와 실천을 아울러 강조하는 교관겸수를 제시하였다.

바로잡기
② 요세는 진정으로 참회하는 법화 신앙을 중심으로 백련 결사를 만들어 불교계를 정화하고자 하였다.
③ 혜심은 유교와 불교의 근원이 같다는 유불일치설을 제창하였으며, 심성의 도야를 강조하였다. 이에 따라 불교 사회인 고려에서 심성 수양을 강조하는 성리학 수용의 기반이 조성되었다.
④ 재조대장경은 몽골의 침입을 부처님의 힘으로 격퇴하기 위하여 최우의 주도로 제작된 것이다. 의천은 속장경의 간행을 주도하였다.
⑤ 혜초가 "왕오천축국전"을 저술하였다.

🔖 **비법 암기**
의천 : 교단 통합 운동, 천태종 창시, 교관겸수 제시, 교장 편찬

03 조선 중기 문신

밑줄 그은 '그'에 대한 설명으로 옳은 것을 <보기>에서 고른 것은?

> 중종에 의해 등용된 <u>그</u>는 유교적인 도덕 국가의 건설을 정치적 목표로 삼았다. <u>그</u>는 정몽주와 김종직의 문묘종사를 주장하였고, 현량과를 실시하여 숨어 있는 인재를 등용할 것을 건의하였다.

〈보기〉
ㄱ. 서인을 몰아내는 기사환국을 주도하였다.
ㄴ. 김종직의 조의제문을 사초에 포함시켰다.
ㄷ. 위훈 삭제를 주장하여 훈구 세력의 반발을 샀다.
ㄹ. 도교 의식을 담당한 소격서의 폐지를 주장하였다.

① ㄱ, ㄴ ② ㄱ, ㄷ ③ ㄴ, ㄷ
④ ㄴ, ㄹ ⑤ ㄷ, ㄹ

04 조선 후기 실학자

다음은 어느 인물의 연보이다. 이 인물에 대한 설명으로 옳은 것은?

1750년	서울에서 서자로 출생함
1776년	이덕무 등과 "건연집"이라는 시집을 펴냄
1778년	채제공을 수행하여 중국 연경을 방문함
1779년	규장각 검서관에 임명됨
1789년	자신이 지은 "북학의" 내용을 요약하여 상소함
…	

① 의산문답을 저술하여 지전설을 주장하였다.
② 마을 단위로 토지를 분배하여 공동 경작할 것을 제안하였다.
③ 생산을 자극하기 위해 절약보다 소비를 권장할 것을 역설하였다.
④ 허생전 등 한문 소설을 지어 양반 문벌 제도의 모순을 비판하였다.
⑤ 발해사를 연구하여 고대사 연구 시야를 만주 지방까지 확대하였다.

문제 해설
밑줄 그은 '그'는 중종 때 등용되어 혁신적인 유교 정치의 구현을 위해 노력하였던 조광조이다. 조광조를 비롯한 사림 세력들은 훈구 세력과 대립하면서 성리학 중심의 정치 이념을 실현하고자 하였다. 조광조는 소격서를 폐지하고 경연을 강화하였으며 현량과를 실시하였다. 또한 중종 반정 공신들의 위훈을 삭제하고 방납의 폐단을 시정하는 등 개혁 정책을 추진하였다.

바로잡기
ㄱ. 기사환국(1689)은 숙종 때 남인 세력이 서인 세력을 몰아내면서 재집권한 것이다.
ㄴ. 연산군 4년(1498)에 사관 김일손이 스승인 김종직의 조의제문을 사초에 실었다. 이를 발견한 유자광 등이 사림 세력을 몰아낼 빌미를 얻어 무오사화가 발생하였다.

비법 암기
조광조 : 현량과 실시, 경연 강화, 소격서 폐지, 방납의 폐단 시정, 위훈 삭제 등 추진

문제 해설
제시된 연표에서 서자로 출생하고 규장각 검서관으로 활동하였으며, "북학의"를 저술했다는 내용으로 보아 박제가임을 알 수 있다. 서자 출신의 박제가는 박지원의 문하에서 이덕무, 유득공 등과 실학을 연구하였다. 박제가는 청에 다녀온 후 저술한 "북학의"에서 청 문물의 적극적 수용, 청과의 통상 강화, 수레와 선박의 이용, 신분제 타파 등을 주장하고, 검약보다는 소비를 권장하였다.

바로잡기
① 홍대용은 "의산문답"을 통해 지전설을 주장하였다.
② 정약용의 여전론에서 주장하는 내용이다.
④ 박지원은 허생전, 양반전 등을 통해 양반 사회를 풍자하였다.
⑤ 유득공은 발해사 연구를 통해 신라와 발해의 남북국사를 체계적으로 정리하였다.

비법 암기
박제가 : "북학의"에서 청 문물의 적극적 수용, 청과의 통상 강화, 수레와 선박의 이용, 신분제 타파 주장, 검약보다 소비 권장

05 외국인 선교사

다음 인물의 활동으로 옳은 것은?

- 1886년: 길모어 등과 육영 공원에서 학생들을 가르침.
- 1889년: 세계지리 교과서인 사민필지를 한글로 발행함.
- 1905년: 고종 황제의 친서를 가지고 미국으로 건너감.
- 1949년: 국빈으로 초대되어 왔다가, 서울에서 사망함.

① 최초의 서양식 병원인 광혜원을 설립하였다.
② 배재 학당을 설립하여 근대 교육을 보급하였다.
③ 헤이그 만국 평화 회의에 특사 파견을 건의하였다.
④ 대한매일신보의 사장을 지내며 배일 사상을 고취시켰다.
⑤ 외교 고문으로 활동하며 러시아와의 수교를 권유하였다.

문제 해설
제시된 자료의 인물은 미국인 헐버트이다. 헐버트는 고종의 요청에 따라 1886년 미국에서 길모어, 벙커 등과 함께 조선에 들어온 인물이다. 그는 조선 최초의 근대식 관립 교육 기관인 육영 공원에서 외국어를 가르쳤고, 1899년 최초의 순한글 교과서인 "사민필지"를 저술하였다. 1905년에는 을사조약 체결 직후 고종의 특명을 받고 미국의 대통령 루즈벨트에게 친서를 전달하려 하였으나 실패하였다. 그러자 고종에게 헤이그 만국 평화 회의에 특사를 파견할 것을 건의하였다.

바로잡기
① 미국인 선교사 알렌은 최초의 서양식 병원인 광혜원을 설립하였다.
② 미국인 선교사 아펜젤러는 1885년 배재 학당을 설립하여 근대 교육을 보급하였다.
④ 영국인 베델은 대한매일신보의 사장을 역임하였다.
⑤ 독일인 묄렌도르프는 임오군란 이후 조선에 파견되어 외교 고문으로 활동하면서 러시아와의 수교를 권유하였다.

비법 암기
헐버트: 육영 공원의 교사로 활동, 을사조약 후 고종의 밀사로 미국에 파견, 헤이그 만국 평화 회의에 특사 파견 건의

06 독립운동가

(가) 인물의 활동으로 옳지 않은 것은?

(가)은(는) 국권이 피탈되자 해외에 사는 교민들이 현실적인 독립운동의 기반이라고 생각하였다. 이에 교민들에게 민족의식을 심어주고 독립운동에 필요한 인물을 양성하기 위하여 1913년 5월 13일 미국 샌프란시스코에서 흥사단을 설립하였다.

① 실력 양성론을 주장하였다.
② 양기탁 등과 함께 신민회를 조직하였다.
③ 대성 학교를 설립하여 민족 교육을 실시하였다.
④ 한국 독립 유일당 북경 촉성회 선언을 발표하였다.
⑤ 국민 대표 회의에서 새로운 정부 수립을 주장하였다.

문제 해설
(가) 인물은 독립운동가인 안창호이다. 안창호는 통감부의 억압이 날로 심해져 합법적인 활동이 어려워지자, 1907년 이승훈, 양기탁 등과 함께 비밀 결사 형태로 신민회를 조직하였다. 신민회는 실력 양성 운동을 전개하였는데, 그 일환으로 안창호는 평양에 대성 학교를 설립하여 인재를 양성하였다. 국내에서 실력 양성 운동이 어렵게 되자 일부 간부들은 국외에서 무장 투쟁을 준비하였고, 안창호는 미국으로 건너가 흥사단을 조직하였다. 임시 정부 내에서는 안창호 계열의 실력 양성론이 이동휘 계열의 무장 투쟁론, 이승만 계열의 외교 독립론 등과 독립 운동 노선을 둘러싸고 갈등이 불거졌다.

바로잡기
⑤ 개조파에 속한 안창호는 새로운 정부 수립을 주장한 창조파와 달리 기존의 임시 정부를 개편하는 선에서 유지하자고 주장하였다.

비법 암기
안창호: 실력 양성론 주장, 신민회 조직, 대성 학교 설립, 국민 대표 회의에서 개조파로 활동, 흥사단 조직

07 민족주의 역사가

다음 주장을 한 인물의 활동으로 옳은 것은?

> 역사란 무엇이뇨? 인류 사회의 아(我)와 비아(非我)의 투쟁이 시간에서 발전하여 공간까지 확대하는 심적 활동의 상태의 기록이니, 세계사라 하면 세계 인류의 그리 되어 온 상태의 기록이며, 조선사라 하면 조선 민족이 그리 되어 온 상태의 기록이니라.
> - "조선상고사" -

① 한국사 연구에 유물 사관을 적용하였다.
② 여유당전서를 간행하고 조선학 운동을 전개하였다.
③ 진단 학회를 설립하여 실증주의 사학을 발전시켰다.
④ 유교의 개혁을 주장하는 유교 구신론을 제창하였다.
⑤ 독사신론을 발표하여 근대 민족주의 역사학의 연구 방향을 제시하였다.

문제 해설
제시된 자료의 인물은 민족주의 사학자이자 독립운동가인 단재 신채호이다. 신채호는 대한매일신보에 독사신론을 연재하여 왕조 중심의 사관과 사대주의를 비판하고 역사 서술의 주체를 민족으로 설정하였다. 신채호는 박은식과 함께 일제의 식민 사학에 맞서 민족주의 사학을 발전시켰다. 고대사 연구에 치중하여 "조선상고사", "조선사연구초"를 저술하기도 하였다. "조선상고사" 서문에서 역사는 "아(我)와 비아(非我)의 투쟁"이라고 정의하였다..

바로잡기
① 사회 경제 사학의 대표자인 백남운은 유물 사관의 입장에서 한국사를 연구하였다.
② 여유당 전서는 실학자인 다산 정약용의 저술을 정리한 문집이다.
③ 진단 학회는 실증주의 사학자들이 조직한 학술 단체이다. 이병도, 손진태 등이 대표적인 창립자이다.
④ 박은식이 유교 개혁을 위해 유교 구신론을 제창하였다.

비법 암기
신채호 : 민족주의 사학자이자 독립운동가, "독사신론", "조선상고사", "조선사연구초" 등 저술

08 근현대 정치가

다음 인물의 활동으로 옳은 것을 〈보기〉에서 고른 것은?

- 1886년 경기도 양평에서 출생
- 1922년 안창호 등과 '국민대표 대회 주비위원회' 조직
- 1933년 조선중앙일보사 사장에 취임
- 1944년 현우현 등과 '조선 건국 동맹' 조직
- 1947년 혜화동에서 피격으로 사망

〈보기〉
ㄱ. 조선 건국 준비 위원회를 조직하였다.
ㄴ. 김규식과 함께 좌우 합작 위원회를 구성하였다.
ㄷ. 한인 애국단을 조직하여 의열 투쟁을 전개하였다.
ㄹ. 5·10 총선거에 불참하고 통일 독립 촉진회를 결성하였다.

① ㄱ, ㄴ ② ㄱ, ㄷ ③ ㄴ, ㄷ
④ ㄴ, ㄹ ⑤ ㄷ, ㄹ

문제 해설
제시된 자료의 인물은 몽양 여운형이다. 여운형은 1944년 일본의 패망과 민족의 독립에 대비하여 조선 건국 동맹을 결성하여 비밀리에 활동하였고, 일본이 패망하자 이 조직을 개편하여 조선 건국 준비 위원회를 만들어 각 지역의 치안과 행정을 담당하였다. 조선 건국 준비 위원회는 민중의 폭넓은 지지를 얻었으나 미국과 소련의 점령으로 순조롭게 이어가지는 못하였다. 여운형은 해방 이후 극심한 좌우 대립 속에서 김규식과 함께 좌우 합작 위원회를 구성하고 좌우 합작 7원칙을 발표하는 등 좌우 통합에 노력하였으나, 여운형이 암살되면서 결국 이 운동도 막을 내렸다.

바로잡기
ㄷ. 김구는 대한민국 임시 정부의 부진한 상태를 벗어나기 위해 1931년 한인 애국단을 조직하여 의열 투쟁을 전개하였다.
ㄹ. 납북 협상파였던 김구는 5·10 총선거에 반대하였고, 통일 정부 수립을 위해 통일 독립 촉진회를 이끌었다.

비법 암기
여운형 : 대한민국 임시 정부 외무부 차장 역임, 조선 건국 동맹 결성, 조선 건국 준비 위원회 결성, 좌우 합작 위원회 구성

09 지역

(가) 지역에 대한 설명으로 옳지 않은 것은?

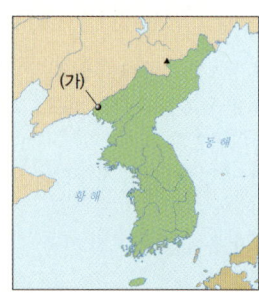

(가) 은(는) 본래 고려의 용만현인데, 화의라고도 불렸다. 처음에는 거란이 압록강 동쪽 기슭에 성을 두고 보주라고 일컬었고, 문종 때에 거란이 또 궁구문을 설치하고 포주, 일명 파주라고 일컬었다.

- 「신증동국여지승람」 -

① 서희의 활약으로 고려의 영토가 되었다.
② 고려 말 이성계가 명을 공격하기 위해 군대를 주둔시켰다.
③ 세종 때 김종서가 여진을 몰아내고 6진을 개척하였다.
④ 임진왜란 당시 일본군을 피해 선조가 피난한 곳이다.
⑤ 조선 후기에 만상이 청과의 무역을 활발히 펼쳤다.

문제 해설
(가) 지역은 의주이다. ① 거란의 1차 침입 때 서희가 적장 소손녕과 담판을 벌여 압록강 동쪽의 강동 6주를 확보하였다. 의주는 강동 6주 중 하나였다. ② 고려 말 이성계는 요동 정벌을 위해 명으로 들어가는 길목인 압록강 위화도에 군대를 주둔시켰다. 위화도는 의주에 속해 있는 섬이다. ④ 임진왜란이 일어나자 선조는 의주로 피난하였다. ⑤ 조선 후기에 조선과 청 사이에는 사무역, 즉 후시 무역이 성행하였다. 의주는 대청 무역의 중심 도시였고, 의주의 만상은 대청 무역의 최대 상인이었다.

바로잡기
③ 조선 세종 때 김종서가 설치한 6진은 두만강 하류 지역의 동북 지방이다.

비법 암기
의주: 서희가 확보한 강동 6주 중 하나, 이성계의 위화도 회군 지역, 임진왜란 당시 선조의 피난처, 조선 후기 만상의 활동지

10 지역

그림은 어느 지역의 문화유산 안내도이다. 이 지역에서 있었던 사실로 옳은 것은?

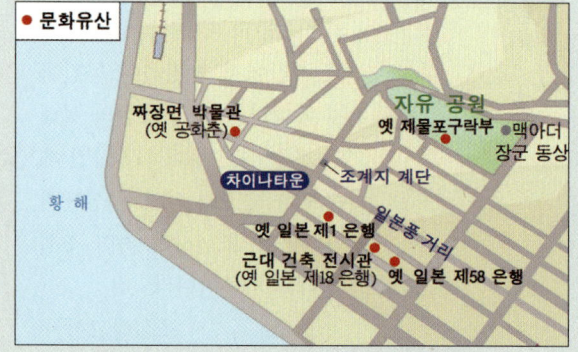

① 오페르트가 남연군 묘 도굴을 시도하였다.
② 일본과의 교역을 위해 개시와 후시가 열렸다.
③ 우리나라 최초의 근대적 사립 학교가 세워졌다.
④ 국채 보상 운동이 전국에서 처음으로 일어났다.
⑤ 강화도 조약 체결 이후 일본인 거류지가 만들어졌다.

문제 해설
제시된 지도는 인천광역시 중구 자유 공원 주변의 문화유산 지도이다. 강화도 조약 이후 인천항이 개항되고 청 거류지와 일본 거류지가 현재 인천의 자유 공원이 있는 산자락 아래 형성되기 시작하였다. 일제 강점기에 일본인들이 지어 놓은 건물들이 현재까지 남아 있다. 인천역 주변의 차이나타운 거리는 인천의 관광 명소로 유명하다.

바로잡기
① 남연군의 묘는 충청남도 예산군 덕산면에 소재하고 있다.
② 조선 후기 부산항에서 일본과의 공무역인 개시와 사무역인 후시가 발달하였다.
③ 우리나라 최초의 근대적 사립학교인 원산학사는 함경남도 원산에 세워졌다.
④ 국채 보상 운동은 대구에서 시작되었다.

비법 암기
인천: 병인양요, 신미양요, 운요호 사건, 강화도 조약 체결, 인천항 개항 후 청과 일본 상인의 거류지 형성

11 지역

밑줄 그은 '이 지역'과 관련된 사실로 옳은 것은?

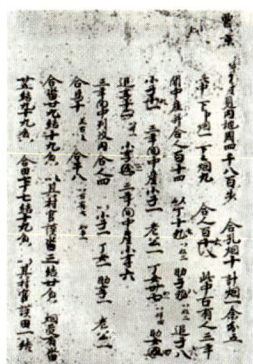

현재 일본 도다이 사 쇼소인에 보관되어 있는 이 문서는 닥나무로 만든 종이 2매로 되어 있다. 이 문서에는 신라의 5소경 가운데 하나가 자리 잡았던 이 지역에 속한 어느 촌과 이에 근접한 현(縣)에 속하였을 것으로 추측되는 사해점촌, 살하지촌 등의 인구와 논, 밭의 규모 등 경제적 상황이 기록되어 있다.

① 삼국 시대 – 철기 문화가 발달한 금관가야가 있었다.
② 신라 말기 – 양길이 독자적인 세력을 형성하였다.
③ 고려 말기 – 금속 활자로 직지심체요절이 간행되었다.
④ 조선 전기 – 조운을 담당하는 가흥창이 설치되었다.
⑤ 조선 후기 – 한글 소설인 춘향전의 무대가 되었다.

문제 해설
제시된 자료에서 '이 문서'는 일본 도다이 사에 보관된 신라의 민정 문서이다. 따라서 밑줄 그은 '이 지역'은 서원경(지금의 청주)임을 알 수 있다. 고려 시대 청주 흥덕사에서는 현존하는 최고(最古)의 금속 활자본인 "불조직지심체요절"이 간행되었다. 청주시는 이를 기념하여 고인쇄 박물관을 건립하였다. "불조직지심체요절"은 현재 프랑스 파리 국립 도서관에 보관 중이다.

바로잡기
① 삼국 시대에 김수로가 김해에 금관가야를 세웠다.
② 양길이 독자적인 세력을 형성한 지역은 북원경(지금의 원주)이다.
④ 조운을 담당하는 가흥창이 있던 지역은 충주이다.
⑤ 춘향전의 무대가 된 지역은 남원이다.

비법 암기
청주 : 신라 9주 5소경의 하나(서원경), 신라의 민정 문서 기록, 청주 흥덕사에서 "불조직지심체요절" 간행

12 지역

다음 지역에 대한 학습 주제로 적절하지 않은 것은?

- 원 간섭기에 탐라총관부가 설치되었다.
- 조선 시대에 광해군, 김정희 등의 유배지였다.
- 우리나라 신석기 시대의 시작 연대를 올려 잡을 수 있게 한 고산리 유적이 있다.

① 벨테브레이와 하멜의 표착
② 삼별초 항쟁과 항파두리성
③ 김만덕의 상업 활동과 빈민 구제
④ 정제두의 양명학 연구와 학파 형성
⑤ 광복 후 좌·우익의 대립과 4·3 사건

문제 해설
제시된 지문의 탐라총관부, 김정희의 유배지, 고산리 유적 등에서 이 지역은 제주도임을 알 수 있다. ① 17세기에 제주도에 표류해 온 벨테브레이는 서양식 대포의 제조법과 조작법을 조선군에게 가르쳤고, 하멜 일행은 네덜란드로 돌아간 뒤 "하멜 표류기"를 발표하여 조선을 유럽에 소개하였다. ② 대몽 항쟁기 삼별초는 몽골과 고려 연합군의 공격으로 진도가 함락되자 다시 제주도로 가서 김통정의 지휘 아래 항쟁을 계속하였다. ③ 조선 후기 상인 김만덕은 제주도에서 객주를 운영하면서 제주도의 물품과 육지의 물품을 교역하는 유통업을 통해 막대한 부를 이루었고, 번 돈을 가지고 기근에 시달리던 제주도민들을 구제하였다. ⑤ 1948년 4월 3일 제주도에서는 남조선 노동당 당원들을 중심으로 5·10 총선거에 반대하는 무장 봉기가 일어났다. 이에 미군정은 극우 청년들과 경찰, 군대를 파견하여 진압에 나섰는데, 이 과정에서 제주 주민이 큰 피해를 입었다.

바로잡기
④ 정제두가 양명학을 연구하고 학파를 형성한 곳은 강화도이다.

비법 암기
제주도 : 벨테브레이와 하멜의 표착, 삼별초의 최후 항전 지역, 김만덕 상업 활동과 빈민 구제, 제주 4·3 사건 등

유네스코 세계 문화 유산

고창·화순·강화 고인돌 유적 (2000년 등재)
- 청동기 시대 대표적인 유물
- 한국에 분포되어 있는 고인돌의 특성과 가치를 공인받음

한국의 역사마을: 하회와 양동(2010년 등재)
- 14~15세기에 조성되어 양반 주거 문화의 원형을 그대로 보존
- 안동 하회마을은 풍산 류씨 집성촌
- 경주 양동마을은 경주 손씨, 여강 이씨 집성촌

경주 역사 지구(2000년 등재)
- 남산 지구(다양한 불교 유적), 월성 지구(옛 왕궁 터), 대릉원 지구(고분), 황룡사 지구(불교 사찰), 산성 지구(방어용 산성)

해인사 장경판전(1995년 등재)
- 15세기 건축
- 8만여 개의 고려대장경판을 보관하는 건물
- 대장경판 보존을 위해 환기, 온도, 습도 조절이 되도록 설계된 과학적인 건축물

석굴암과 불국사(1995년 등재)
- 김대성이 전생의 부모를 위해 석굴암을, 현세의 부모를 위해 불국사를 창건(통일 신라 경덕왕 시기)
- 당대의 미의식과 건축 기술, 조형 감각을 보여 주는 불교 예술

종묘(1995년 등재)
- 조선 시대 역대 왕과 왕비의 신위를 모신 사당(태조 때 조영, 임진왜란 때 소실, 광해군 때 중건)
- 종묘 제례 및 종묘 제례악도 무형 문화유산으로 등재

조선 왕릉(2009년 등재)
- 조선 시대의 27대 왕과 왕비, 그리고 사후에 추존된 왕과 왕비의 무덤(44기 중 40기 등재)
- 유교와 풍수지리 등 한국인의 세계관이 압축된 장묘 문화의 공간

남한산성(2014년 등재)
- 조선 시대에 임시 수도의 역할을 할 수 있도록 계획적으로 축조된 산성 도시
- 16~18세기 계속된 대외 전쟁을 통해 중국·일본 등 동아시아의 축성술과 무기 체계 반영
- 호국 불교 사상을 바탕으로 승려들이 축성과 관리 담당

창덕궁(1997년 등재)
- 조선 태종에 의해 건축
- 임진왜란 이후부터 고종이 경복궁을 중건하기까지 정궁 역할
- 자연과 어우러진 공간 배치가 일품

수원 화성(1997년 등재)
- 조선 정조에 의해 건축된 계획도시
- 정약용이 제작한 거중기를 사용
- 축성의 전 과정을 상세하게 기록한 "화성성역의궤"가 전해짐

유네스코 세계 기록 유산

불조직지심체요절(2001년 등재)
- 현존하는 최고(最古)의 금속 활자본
- 청주 흥덕사에서 제작
- 현재 프랑스 국립 도서관에 보관 중

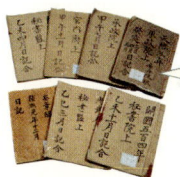
승정원일기(2001년 등재)
- 국왕의 비서 기관인 승정원에서 편찬한 일기
- 세계 최대의 기록물

고려 대장경판 및 제경판(2007년 등재)
- 팔만대장경을 이름
- 세계 유일의 현전 대장경판
- 당대 최고의 인쇄 및 간행 기술의 사례로 문화적 가치가 매우 높음
- 몽골의 침입 당시 만들어져 조선 태종 때 해인사로 옮김

일성록(2011년 등재)
- 정조가 세손 시절부터 쓰기 시작한 일기에서 유래하여 1910년까지 이어짐
- 국왕의 동정과 국정을 국가 통치에 참조할 목적으로 기록
- 동서양의 정치·문화적 교류와 세계적인 시대 흐름이 담겨 있음

훈민정음(1997년 등재)
- 세종에 의해 창제
- "훈민정음 해례본"은 글자를 지은 뜻과 사용법을 설명, 한문으로 기술
- "훈민정음 언해본"은 해례본을 한글로 풀이

조선 왕조 의궤(2007년 등재)
- 조선 왕실에서 거행된 주요 행사를 시각화한 자료
- 병인양요 때 프랑스군이 강화도 외규장각을 약탈하여 반출
- 2011년 임대 방식으로 반환

난중일기(2013년 등재)
- 임진왜란 때 충무공 이순신이 작성한 일기
- 역사적 사실과 학술 연구적인 가치를 인정받아 기록 유산으로 등재

새마을 운동 기록물(2013년 등재)
- 1970년부터 1979년까지 대한민국에서 전개된 새마을 운동과 관련한 기록물
- 새마을 운동이 빈곤 퇴치를 위한 국가 발전의 한 모델이자 민관(民官) 협력의 성공적 사례로 공인받음

동의보감(2009년 등재)
- 1613년 광해군 때 허준에 의해 편찬
- 동아시아의 2,000년 간 의학 지식 총망라
- 의학서적으로는 최초로 세계 기록 유산으로 등재

5·18 민주화 운동 기록물(2011년 등재)
- 5·18 민주화 운동의 발생과 억압부터 진상 조사 활동과 보상에 이르기까지의 기록
- 5·18 민주화 운동의 세계사적 중요성을 인정받아 등재

조선왕조실록(1997년 등재)
- 태조에서 철종까지의 실록을 의미
- 대개 선왕이 죽은 후 실록청에서 제작
- 편년체 방식
- 임진왜란으로 전주 사고를 제외한 모든 사고가 불에 탐
- 왜란 때 소실된 사고를 대체하여 춘추관, 태백산, 오대산, 정족산, 적상산에 사고를 두어 보관

유네스코 인류 무형 유산

종묘 제례 및 종묘 제례악(2001년 등재)
- 종묘에서 이루어지는 제향 의식 및 그 음악
- 종묘 제례는 조선 왕실에서 거행되는 국가 제사
- 종묘 제례악으로는 보태평과 정대업 11곡이 연주

판소리(2003년 등재)
- 고수(북치는 사람)의 장단에 맞추어 소리꾼이 창, 아니리(말), 너름새(몸짓)로 구연하는 공연
- 판소리는 열두 마당이 있었으나 춘향가, 심청가, 수궁가, 흥보가, 적벽가 다섯 마당으로 정착

강릉 단오제(2005년 등재)
- 단옷날을 전후하여 펼쳐지는 강릉의 향토 제례 의식
- 강릉은 옛 동예의 땅으로 동예에는 5월의 단오제와 10월의 추수 감사제가 있었음
- 제사를 지내 풍년과 풍어를 기원

강강술래(2009년 등재)
- 우리나라 남서부 지역에서 널리 행해짐
- 주로 한가윗날 여성들에 의해 수행되며 풍작과 풍요를 기원
- 임진왜란 당시 이순신 장군의 전술에서 유래되었다는 설도 있음

남사당 놀이(2009년 등재)
- 조선 후기 남자들만의 사당패가 출현하였는데, 떠돌아다니며 예능을 벌임
- 우두머리인 모갑이 또는 꼭두쇠 아래에 40~50명으로 이뤄짐
- 전체 레퍼토리는 풍물, 사발 돌리기, 땅재주 묘기, 줄타기, 가면극, 꼭두각시 놀음 등이 있음

제주 칠머리당 영등굿(2009년 등재)
- 제주도 전역에서 이루어지는 유사한 굿 가운데 대표격
- 영등 할망(바람의 여신)을 비롯하여 용왕, 마을의 수호신 등을 맞이함
- 바다의 평온과 마을의 평안, 풍어를 기원

처용무(2009년 등재)
- 통일 신라 시대에 기원하는 처용 설화를 바탕으로 한 춤
- 궁중 무용의 하나로서 악귀를 몰아내고 복을 구하는 의미가 있음
- 5명의 무용수들은 팥죽색 얼굴에 치아가 하얀 가면을 쓰고 오방(五方)에 해당하는 의상을 착용함

영산재(2009년 등재)
- 사람이 죽은 지 49일 만에 영혼을 천도하는 의식인 49재 가운데 하나로 서울 봉원사에서 거행
- 인도 영취산에서 석가모니가 여러 중생 앞에서 법화경을 설법한 모습을 재현
- 범패와 춤 등 불교 예술 공연

매사냥(2010년 등재)
- 길들인 매로 꿩이나 그 밖의 새를 잡는 사냥
- 우리나라는 2010년에 등재되었고, 총 13개 국가가 공동으로 참여하여 재 등재(2012)
- 한국 전통 매사냥 보전회 대표 박용순 응사의 모습

가곡(2010년 등재)
- 가사, 시조와 함께 조선 시대 상류 사회에서 불리워진 정악에 해당하는 성악곡
- 소규모 국악 관현 반주에 맞추어 부르며 남창 26곡과 여창 15곡으로 구성

대목장(2010년 등재)
- 대목장은 한국의 전통 목공 기술로 목조 건축물을 짓는 전체 공정을 책임지는 장인
- 대목은 특히 궁궐이나 사찰, 가옥과 같은 큰 규모의 목조 건축물을 짓는 일을 일컬음
- 현재 3명의 기능 보유자가 정부로부터 대목장으로 공인받음

줄타기(2011년 등재)
- 줄타기 곡예사가 줄 위를 걸으며 노래, 춤, 곡예를 선보이는 한국의 전통 놀음
- 악사의 음악 반주에 맞추어 공중의 줄타기 곡예사와 지상의 어릿광대가 재담을 주고받음
- 약 40여 가지의 줄타기 기술이 있음

택견(2011년 등재)
- 유연한 춤 동작을 연상시키는 한국의 전통 무술
- 삼국 시대(B.C. 57년~A.D. 676년) 이전부터 행해졌다고 추정
- 조선 시대(1392년~1910년)에는 서민 포함, 폭넓은 대중 사이에서 성행

한산 모시짜기(2011년 등재)
- 모시짜기는 모시풀을 이용하여 베틀에서 전통 방법에 따라 모시 옷감을 짜는 기술을 뜻함
- 한산 모시는 충남 서천군 한산 지역에서 제작되는 모시로 품질이 우수
- 전통적으로 여성이 이끄는 가내 수공업

아리랑(2012년 등재)
- 한국의 대표적인 민요로 각 지역마다 독특한 형태로 전승·보존
- 강원도의 '정선 아리랑', 호남 지역의 '진도 아리랑', 경상남도 일원의 '밀양 아리랑'이 유명
- '아리랑, 아리랑, 아라리오'라는 공통적으로 반복되는 여음과 지역색이 있는 사설로 이루어짐
- 1926년 나운규의 영화 아리랑이 흥행에 성공하면서 민족 구성원 모두를 아우르는 노래로 발전

김장(2013년 등재)
- 한국 사람들이 겨울을 나기 위해 많은 양의 김치를 담그는 것을 의미
- 김치는 다양한 양념으로 재워 발효시킨 한국식 채소 저장 식품
- 며느리가 시어머니로부터 김장 방식을 전수 받는 것이 전형적인 전승 방법

농악(2014년 등재)
- 마을 공동체의 화합과 마을 주민의 안녕 기원
- 꽹과리, 징, 북, 장구, 소고 등을 합주하며 공연자와 참가자 모두에게 정체성을 부여
- 국내 중요무형문화재로 지정된 농악은 총 6개(진주삼천포 농악, 평택 농악, 이리 농악, 강릉 농악, 임실필봉 농악, 구례잔수 농악)

01 세계 문화 유산

다음 사찰에 관한 설명으로 옳지 않은 것은?

복원 전 모습

복원 후 모습

① 단아하면서도 균형 잡힌 쌍사자 석등이 있다.
② 목조 건물들이 임진왜란 때 불타기도 하였다.
③ 석가탑 안에서 무구정광대다라니경이 발견되었다.
④ 석굴암과 함께 유네스코의 세계 문화유산으로 등재되었다.
⑤ 삼국유사에는 김대성이 현세의 부모를 위해 건립한 것으로 전한다.

문제 해설
제시된 자료의 사찰은 경상북도 경주에 위치한 불국사이다. 불국사는 통일 신라 직후 김대성에 의해 창건된 당대의 대표적인 사찰이다. 불국사 경내에는 다보탑과 석가탑이 있는데, 그중 석가탑에서는 보수 작업을 하는 과정에서 2층 기단에 보관되어 있던 '무구정광대다라니경'이 발견되기도 하였다. '무구정광대다라니경'은 세계에서 가장 오래된 목판 인쇄물로 평가받고 있다. 인근에 위치한 석굴암과 함께 1995년에 유네스코 세계 문화 유산에 등재되었다.

바로잡기
① 불국사에는 쌍사자 석등이 없다. 충청북도 보은군 속리산에 위치한 법주사에 있는 쌍사자 석등이 유명하다.

비법 암기
불국사 : 김대성이 현세의 부모를 위해 창건한 것으로 전해짐, 석굴암과 함께 세계 문화 유산으로 등재, 다보탑과 석가탑(무구정광대다라니경)

02 세계 문화 유산

(가)의 문화적 가치에 대한 설명으로 적절한 것은?

> 문화재청은 2010년 8월 1일 새벽(한국 시각), 브라질 브라질리아에서 열린 제34차 세계유산위원회 회의 결과 한국이 신청한 ____(가)____ 을(를) 세계 문화유산에 등재하기로 최종 확정했다고 밝혔다. 이에 따라 한국의 세계 유산은 모두 10건으로 늘어나게 됐다. 2009년 11월 현재, 세계 유산 협약 가입국 186개국 가운데 세계 유산이 10건 이상인 나라는 한국을 포함해 스페인, 중국 등 20여 개국에 불과하다.
> - ○○신문, 2010. 8. 1. -

① 군사적·상업적 기능을 함께 보유한 평산성으로 과학적으로 설계된 동양 성곽의 백미이다.
② 건축, 수리, 기하학, 종교, 예술이 총체적으로 실현된 사원으로 동아시아 불교 예술의 진수로 손꼽힌다.
③ 보존 기술과 장치가 과학적으로 설계된 조선 초기의 건축물로 8만여 장의 대장경 목판이 보관되어 있다.
④ 한국을 대표하는 전통 마을로 조선 시대 주거 문화를 대표하는 다양한 건축물이 원형대로 잘 보존되어 있다.
⑤ 조선의 역대 왕과 왕후를 기리는 유교 사당의 표본으로 세계적으로 보기 드문 건축 양식을 지닌 의례 공간이다.

문제 해설
(가)는 2010년 세계 문화 유산에 등재된 안동 하회 마을과 경주 양동 마을이다. 하회 마을과 양동 마을은 14~15세기에 조성되어 양반 주거 문화의 원형을 그대로 보존하고 있어 한국을 대표하는 전통 마을로서 인정을 받고 있다.

바로잡기
① 정조에 의해 건축된 수원 화성이다(1997년 등재).
② 신라의 불교 미술을 대표하는 석굴암과 불국사이다(1995년 등재).
③ 고려대장경판을 보관하고 있는 해인사 장경판전이다(1995년 등재).
⑤ 조선의 역대 왕과 왕후의 신위를 모신 종묘이다(1995년 등재).

비법 암기
하회와 양동 : 한국을 대표하는 전통 마을, 양반 주거 문화의 원형을 그대로 보존

03 세계 기록 유산

밑줄 그은 '이 책'이 처음 간행된 국왕 대의 사실로 옳은 것은?

> 유네스코 사무국은 이 책의 초간본을 세계 기록 유산으로 등재하는 것을 승인하였다. 유네스코 한국 위원회 측은 등재 사유를 "당시 동아시아 의학 서적 1,000여 권을 집대성한 의학 백과사전으로, 세계 최초의 공중 보건 안내서라는 점이 인정됐다."라고 밝혔다. 이 책은 내경과 외경 등 5편으로 구성되어 있으며, 병이 생기기 전에 치료한다는 양생의학 개념으로 질병의 원인 및 처방 등을 소개하고 있다.

① 남인과 서인 사이에 예송이 일어났다.
② 탕평파를 중심으로 정국이 운영되었다.
③ 청을 정벌하자는 북벌 운동이 전개되었다.
④ 국왕의 친위 부대인 장용영이 설치되었다.
⑤ 명과 후금 사이에서 중립 외교가 추진되었다.

문제 해설
밑줄 그은 '이 책'은 2009년 세계 기록 유산에 등재된 "동의보감"이다. "동의보감"은 유네스코에 등재된 세계 기록 유산 중 최초의 의학 서적이다. 1613년 광해군 때 허준에 의해 편찬되었는데, 동아시아 2,000년간의 의학 지식이 총망라되어 있다. ⑤ 광해군은 명과 후금의 싸움에 말려들지 않고 조선의 사정에 맞추어 실리를 취하는 중립 외교 정책을 펼쳤다.

바로잡기
① 효종의 왕위 계승과 관련하여 남인과 서인 사이에서 두 차례의 예송이 일어났다.
② 영조는 탕평파를 육성하여 정국을 운영하였다.
③ 효종 때 북벌론이 대두되었으나 실행에 옮겨지지는 못하였다.
④ 정조는 왕의 친위 부대인 장용영을 설치하여 왕권 강화의 기반으로 삼았다.

비법 암기
동의보감 : 광해군 때 허준에 의해 편찬, 동아시아의 의학 지식 총망라, 세계 기록 유산 중 최초의 의학 서적

04 세계 무형 유산

2009년 유네스코에서 선정한 우리나라 세계 무형 유산을 모두 고른 것은?

(가)  강강술래
(나)  처용무
(다)  영산재
(라)  강릉 단오제
(마)  남사당 놀이

① (가), (나), (다), (라)
② (가), (나), (다), (마)
③ (가), (나), (라), (마)
④ (나), (다), (라), (마)
⑤ (가), (나), (다), (라), (마)

문제 해설
(가) 강강술래는 주로 한가윗날 여성들에 의해 행해진 집단 놀이였다(2009년 등재).
(나) 처용무는 통일 신라 시대의 처용 설화를 바탕으로 한 무용으로, 처용이라는 가면을 쓰고 춤을 춘다(2009년 등재).
(다) 영산재는 영혼을 천도하는 의식인 49재 가운데 하나로 서울 봉원사에서 거행된다(2009년 등재).
(라) 강릉 단오제는 단옷날을 전후해 펼쳐지는 강릉의 향토 제례 의식이다(2005년 등재).
(마) 남사당 놀이는 유랑 예능 집단인 남사당패가 벌이는 예능 놀이이다(2009년 등재).
이외에도 제주 칠머리당 영등굿이 2009년에 등재된 세계 무형 유산이다.

비법 암기
우리나라의 세계 무형 유산 : 2001년 '종묘제례 및 종묘제례악'이 등재된 이후, 2013년 현재까지 총 16건이 등재됨

정답 | 01 ① 02 ④ 03 ⑤ 04 ④

조선의 5대 궁궐

경복궁
- 조선의 법궁(정궁), 도성의 북쪽에 있어 북궐이라 칭함.
- 경복궁의 명칭은 『시경』의 '군자 만년 그대 큰 복을 누리리라(君子萬年 介爾景福)'에서 따옴.
- 태조 이성계가 창건, 임진왜란으로 소실, 흥선 대원군이 중건함.
- 중심부를 제외한 건축물들이 비대칭적으로 배치되어 변화와 통일의 아름다움을 두루 갖춤.
- 주요 건물: 광화문, 근정전, 사정전, 강녕전, 교태전, 수정전, 경회루, 건천궁

창덕궁
- 조선 태종 때 창건, 경복궁의 동쪽에 있어 창경궁과 더불어 동궐로 칭함.
- 임진왜란 이후부터 고종이 경복궁을 중건하기까지 정궁 역할을 함.
- 자연과의 조화로운 공간 배치로 궁궐 건축의 비정형적 조형미를 보여 줌.
- 1997년 유네스코 세계 문화유산에 등재됨.
- 주요 건물: 돈화문, 인정전, 선정전, 희정당, 주합루, 연경당

덕수궁
- 임진왜란 때 피난 갔던 선조가 환궁하면서 월산대군 후손의 저택을 임시 행궁으로 삼음.
- 대한 제국이 세워지고 고종이 황제 즉위식을 한 후 정궁 역할을 함.
- 고종이 순종에게 왕위를 물려 준 후 이 곳에 거주하면서 명칭을 경운궁에서 덕수궁으로 변경함. 순종은 창덕궁으로 거처를 옮김.
- 궁궐 중 규모가 가장 작고, 석조전, 정관헌 등 서양식 건축물이 들어서 있음.
- 주요 건물: 대한문, 중화전, 석조전, 정관헌, 중명전, 함녕전

창경궁
- 성종이 세 왕후(정희 왕후, 소혜 왕후, 안순 왕후)의 거처를 위해 옛 수강궁 터에 지음.
- 일제가 동물원, 식물원, 박물관을 만들면서 창경원으로 격하함.
- 주요 건물: 홍화문, 명정문, 명정전, 문정전, 통명전

경희궁
- 인조의 아버지 원종의 사저가 있던 곳에 광해군이 궁궐을 짓고 경덕궁이라 칭함.
- 영조가 명칭을 경덕궁에서 경희궁으로 변경, 동궐(창덕궁, 창경궁)과 짝을 이루어 서궐이라 칭함.
- 주요 건물: 흥화문, 숭정문, 자정전

01 조선의 궁궐

자료와 관련된 궁궐에 대한 설명으로 옳은 것은?

○○궁을 찾아서

1. 강녕전
왕이 일상생활을 하였다.

2. 사정전
왕의 집무실인 편전으로 어전 회의를 비롯해 공식 업무를 처리하였다.

① 고종이 순종에게 양위하고 머물렀다.
② 규장각으로 사용되었던 건물이 남아 있다.
③ 도성의 북쪽에 있다고 하여 북궐이라고도 불렀다.
④ 일제에 의해 동물원, 식물원, 박물관이 만들어졌다.
⑤ 서운관 앞에 있던 고개에서 궁궐의 이름이 유래되었다.

문제 해설
제시된 자료의 강녕전과 사정전은 경복궁의 건물들이다. 경복궁은 조선 왕조 개창 이후 조선의 정궁으로 지어졌다. 1394년 시작하여 이듬해 대부분 완공하였다. 처음 한양성을 계획하면서 남문인 숭례문에서 궁궐의 정문인 광화문까지 큰 도로를 만들고 궁궐 동쪽에는 종묘와 서쪽에는 사직을 두었다. 한양성 정문인 숭례문을 들어오면 가장 북쪽에 위치하고 있어 북궐이라고 부르기도 한다.

바로잡기
① 1907년 고종은 순종에게 양위한 뒤 경운궁에 거주하였고, 경운궁의 이름을 덕수궁으로 바꾸었다.
② 창덕궁 후원에 위치한 주합루는 원래 1층이 도서를 보관하는 규장각, 2층이 도서를 열람하는 주합루였다.
④ 순종 즉위 후 일제는 창경궁 안의 전각들을 헐어버리고 동물원과 식물원을 설치하였으며, 명칭도 창경원으로 격하시켰다.
⑤ 운현궁은 흥선 대원군 이하응의 집으로 이곳에서 고종이 왕으로 등극하기 전까지 살았다. 서운관 앞에 있던 고개 이름이 운현이었는데, 운현궁의 이름은 여기에서 유래되었다.

비법 암기
경복궁 : 조선 제일의 정궁, 태조 이성계 창건, 북궐이라고도 불림

02 조선의 궁궐

밑줄 그은 ㉠을 지도에서 옳게 찾은 것은?

제1차 역사 동아리 답사

주제 : 조선의 궁궐을 찾아서

1997년 세계 문화유산에 등재된 ㉠이 궁궐은 태종 때에 창건되어 가장 오랜 기간 동안 왕들이 거처한 곳입니다. 임진왜란으로 폐허가 된 후에 재건과 중건 과정을 거쳤으며, 정조 때에는 후원의 부용지를 중심으로 부용정, 주합루, 서향각이 세워졌습니다. 또한 일제 강점기에는 순종이 여생을 보낸 궁이기도 합니다.

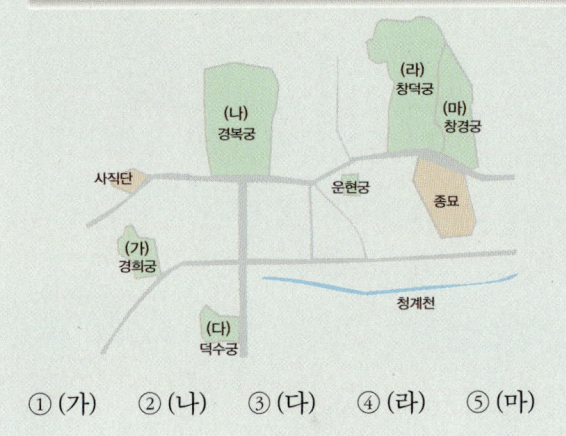

① (가) ② (나) ③ (다) ④ (라) ⑤ (마)

문제 해설
밑줄 그은 '이 궁궐'은 (라) 창덕궁이다. 창덕궁은 궁궐 중 유일하게 유네스코 세계 문화유산(1997)에 등재되었다. 창덕궁은 태종이 재천도하면서 1405년(태종 5년)에 이궁으로 조성되었다. 임진왜란 때 불타버렸는데, 1607년(선조 40년)에 다시 짓기 시작하여 1610년(광해군 3년)에 완공하였다. 흥선 대원군이 경복궁을 중건하기까지 조선 후기 정궁으로 사용되었다. 궁궐 안에는 대조전, 희정당, 선정전, 부용정, 돈화문 등이 있었다.

비법 암기
창덕궁 : 세계 문화유산에 등재, 태종 창건, 이궁으로 조성되었으나 조선 후기에 정궁으로 사용

정답 | 01 ③ 02 ④

김유신 동상

"초조본유가사지론" 권32

백제의 금동 대향로

반상도

얼굴무늬 수막새

최종 점검
실전 모의고사

한국사능력검정시험
고급(1·2급)

청동 세발솥

제1회 최종 점검 실전 모의고사

- 자신이 선택한 등급의 문제지인지 확인하시오.
- 문제지에 성명과 수험 번호를 정확히 써넣으시오.
- 답안지에 성명과 수험 번호를 써넣고, 또 수험 번호와 답을 정확히 표시하시오.
- 시험 시간은 80분입니다.

1. 자료와 관련된 시기에 대한 설명으로 옳지 <u>않은</u> 것은? [1점]

① 다산과 번성을 기원하는 예술품을 남기기도 하였다.
② 공주 석장리, 웅기 굴포리 등이 대표적인 유적지이다.
③ 초기에는 하나의 석기가 여러 가지 용도로 사용되었다.
④ 음식물의 조리와 보관을 위해 토기를 제작하여 사용하였다.
⑤ 연장자를 지도자로 삼았으나 평등한 공동체 사회를 이루었다.

2. 다음 유적이 만들어진 시대의 상황으로 적절한 것을 <u>모두</u> 고른 것은? [2점]

(가) 조, 수수, 콩, 보리 등 밭농사가 중심이었지만, 일부 저습지에서는 벼농사를 짓기 시작하였다.
(나) 금속 제품의 농기구 사용으로 농업 생산량이 급증하고, 사유 재산의 발생으로 빈부 격차와 계급 분화가 촉진되었다.
(다) 생산 활동에서 여성의 역할이 커지자 여성 중심 사회로 변화하였다.
(라) 많은 취락들이 구릉에 위치하고, 도구 제작과 관련된 전문 장인이 출현하였다.
(마) 명도전, 반량전, 오수전 등과 같은 화폐와 붓으로 한자를 쓴 것으로 보아 중국과의 교류가 활발하였다.

① (가), (나) ② (가), (라) ③ (나), (다)
④ (나), (라) ⑤ (다), (라)

3. 자료와 관련된 시기에 대한 설명으로 옳은 것을 <보기>에서 고른 것은? [1점]

[보기]
ㄱ. 비파형 동검과 거친무늬 거울이 제작되었다.
ㄴ. 벼농사의 확산으로 생산력이 급격히 증대하였다.
ㄷ. 중국과의 문물 교류가 이루어지고 한자가 사용되었다.
ㄹ. 작고 빠른 짐승을 사냥하기 위해 잔석기가 제작되었다.

① ㄱ, ㄴ ② ㄱ, ㄷ ③ ㄴ, ㄷ ④ ㄴ, ㄹ ⑤ ㄷ, ㄹ

4. 다음 자료는 단군 신화이다. 이 자료와 관련된 내용을 옳지 <u>않은</u> 것은? [2점]

> 하늘의 제왕인 환인에게는 환웅이라는 아들이 있었는데 환웅은 천하의 뜻을 품고 인간 세상을 다스리고자 하였다. 이에 환인은 아들의 뜻을 알고 천부인 세 개를 주고 뜻을 펴기에 적당한 삼위태백에 내려가 인간 세상을 다스리게 하였다. 환웅은 3,000명의 무리를 거느리고 태백산 꼭대기 신단수 아래에 내려와 그곳을 '신시(神市)'라 불렀다. 그때부터 환웅천왕은 풍백, 우사, 운사를 거느리고 곡식, 수명, 질병, 형벌, 선악 등 360여 가지의 일을 주관하며 인간 세상을 교화하였다.

① 미혜 – 당시 농사를 지었고 계급 사회였던 것을 알 수 있어.
② 다혜 – 고조선의 문화 범위는 고인돌과 비파형 동검 등의 분포 지역을 통해 알 수 있어.
③ 명혜 – 이 내용은 고려 시대 김부식이 지은 "삼국사기"에 기록되어 있어.
④ 은혜 – 인천 강화 마니산 참성단은 단군이 하늘에 제사를 지낸 곳으로 알려져 있어.
⑤ 정혜 – 나철과 오기호 등은 단군 신앙을 발전시켜 대종교를 창시하였어.

5. (가) 국가에 대한 설명으로 옳은 것을 〈보기〉에서 고른 것은? [2점]

전국 시대에 중국 유·이민이 대거 고조선으로 넘어왔다. 진에서 한으로 교체되는 시기에도 유·이민이 들어왔는데, 고조선은 이들을 서쪽 변경 지역에 거주하도록 하였다. 이들 중 한 사람이 세력을 확대하여 정권을 장악하였으니, 역사에서는 이렇게 등장한 새로운 왕조의 고조선을 그 시조의 이름을 따서 (가) (이)라고 부른다.

[보기]

ㄱ. 랴오허 강을 경계로 중국의 연과 대립하였다.
ㄴ. 한의 침입으로 멸망한 뒤 4개의 군이 설치되었다.
ㄷ. 제정 분리 사회로서 종교를 담당하는 천군이 있었다.
ㄹ. 철기 문화를 본격적으로 수용하여 영토를 확장하였다.

① ㄱ, ㄴ ② ㄱ, ㄷ ③ ㄴ, ㄷ ④ ㄴ, ㄹ ⑤ ㄷ, ㄹ

6. 다음 지도의 (가)~(마)는 우리나라 초기 국가들의 위치이다. 지도의 국가와 〈보기〉의 설명을 바르게 연결한 것은? [2점]

[보기]

ㄱ. 10월에는 국동대혈에 모여 함께 제사를 지냈다.
ㄴ. 어물과 소금 등 해산물이 풍부하였고, 토지도 비교적 기름져 농사가 잘 되었다.
ㄷ. 벼농사를 짓기 위해 두레가 조직되었다.
ㄹ. 단궁이라는 활과 키가 작은 말인 과하마, 바다표범의 가죽인 반어피 등이 유명하였다.
ㅁ. 왕이 죽으면 많은 사람들을 껴묻거리와 함께 묻는 순장의 풍습이 있었다.

① (가)-ㄱ ② (나)-ㄴ ③ (다)-ㄷ ④ (라)-ㄹ ⑤ (마)-ㅁ

7. (가), (나)와 관련된 설명으로 옳은 것은? [3점]

○○신문
제○○호   △△△△년 △△월 △△일

신라, 왕호(王號) 변경!

신라에서는 (가) 을(를) 왕의 칭호로 사용하였으나, 국왕의 칭호가 중국은 물론이고, 백제·고구려에 비해 현저히 격이 낮아 국가의 품위를 손상한다는 지적을 받아 왔다. 이에 의논을 거듭한 결과, 신라의 국력이 백제·고구려에 뒤지지 않는다고 결론을 내리고, 국왕의 칭호를 백제·고구려와 같은 (나) 으(로) 변경하기로 하였다.

① (가) 칭호가 사용되던 시기에 신라는 불교를 공인하였다.
② (가)는 무당이라는 뜻으로 제정일치 사회의 모습을 보여 준다.
③ (나) 칭호가 사용된 시기에 신라는 고구려의 도움으로 왜군을 격퇴하였다.
④ (나) 칭호가 사용된 시기에 신라의 국왕은 독자적 연호를 사용하였다.
⑤ (가), (나)가 사용된 시기에는 3성이 교대로 왕위를 계승하였다.

8. 백제 지역의 문화유산에 대한 다큐멘터리 방송 내용이다. (가)~(마)에 들어갈 사진으로 옳은 것은? [3점]

다큐멘터리 계획서		
1. 제목 : 우리나라 최고(最古)의 문화유산을 찾아서		
2. 회차별 방송 내용		
회차	사진	대상 지역
1	(가)	공주
2	(나)	부여
3	(다)	익산
4	(라)	전주
5	(마)	나주

(가) (나) (다)

(라) (마)

① (가) ② (나) ③ (다) ④ (라) ⑤ (마)

9. 다음은 삼국 문화의 왜 전파를 보여 주는 지도이다. 〈보기〉에서 바르게 이야기한 학생들을 모두 고른 것은? [2점]

[보기]
영진: 일본 나라 시에 있는 다카마쓰 고분 벽화는 고구려의 영향을 받았을 거야.
태연: 일본에서 '한인의 연못'이란 이름이 생겨난 것은 신라 문화의 영향을 받았기 때문일 거야.
아람: 일본의 호류 사에 있는 5층 목탑이나 관음상은 백제 문화의 영향을 받았을 거야.
민호: 가야의 토기 제작 기술은 일본의 죠몬 토기 문화 발전에 기여했을 거야.
수연: 심상의 화엄 사상 전파는 일본의 화엄종 성립에 영향을 미쳐 아스카 문화 성립에 기여했을 거야.

① 영진, 태연, 아람 ② 영진, 태연, 수연
③ 영진, 아람, 민호 ④ 태연, 민호, 수연
⑤ 아람, 민호, 수연

10. (가) 시기에 대한 설명으로 옳은 것을 〈보기〉에서 고른 것은? [2점]

[보기]
ㄱ. 병부가 설치되어 국왕이 군사권을 장악하였다.
ㄴ. 태종 무열왕 직계의 후손들이 왕위를 계승하였다.
ㄷ. 중앙군으로 9서당을, 지방군으로 10정을 설치하였다.
ㄹ. 독서삼품과를 실시하여 유교 이념의 보급을 꾀하였다.

① ㄱ, ㄴ ② ㄱ, ㄷ ③ ㄴ, ㄷ ④ ㄴ, ㄹ ⑤ ㄷ, ㄹ

11. 밑줄 그은 '이 나라'에 대한 설명으로 옳은 것을 〈보기〉에서 고른 것은? [1점]

이 나라는 고구려의 옛 땅이다. 그 넓이는 2,000리이고, 주·현의 숙소나 역은 없으나 곳곳에 마을이 있는데, 대다수가 말갈의 마을이다. 백성은 말갈인이 많고 원주민은 적다. 모두 원주민을 마을의 우두머리로 삼는데, 큰 마을은 도독이라 하고, 그 다음 마을은 자사라 한다. 백성들은 마을의 우두머리를 수령이라고 부른다. — "유취국사" —

[보기]
ㄱ. 신라와는 대립 관계가 지속되어 교류가 없었다.
ㄴ. 고구려 고분 양식에 영향을 받은 무덤을 만들었다.
ㄷ. 유교적 명칭의 6부를 설치하여 국정을 운영하였다.
ㄹ. 황제국임을 드러내고자 건원이라는 연호를 사용하였다.

① ㄱ, ㄴ ② ㄱ, ㄷ ③ ㄴ, ㄷ ④ ㄴ, ㄹ ⑤ ㄷ, ㄹ

12. 다음 자료를 통해 알 수 있는 사실로 옳지 <u>않은</u> 것은? [2점]

• 신문왕 7년(687) 5월에 문무 관료전을 지급하되 차등을 두었다.
• 신문왕 9년(689) 1월에 내외관의 녹읍을 혁파하고 매년 조(租)를 내리되 차등이 있게 하여 이로써 영원한 법식을 삼았다.
• 성덕왕 21년(722) 8월에 처음으로 백성에게 정전을 지급하였다.
• 경덕왕 16년(757) 3월에 여러 내외관의 월봉을 없애고 다시 녹읍을 나누어 주었다.
• 소성왕 원년(799) 3월에 청주 거노현으로 국학생의 녹읍을 삼았다.

① 당시 관료들은 수직적인 계서제로 조직되어 있었다.
② 관료전의 지급은 왕권이 강화된 상황을 배경으로 한다.
③ 정전의 지급은 국유지를 백성에게 지급하였다는 것을 의미한다.
④ 당시 국가 기관의 운영을 위해 토지를 지급하기도 하였다.
⑤ 녹읍의 부활은 귀족권이 왕권에 비해 강화되었다는 것을 의미한다.

13. 다음 자료와 관련된 불교 사상에 대한 설명으로 옳은 것을 〈보기〉에서 고른 것은? [2점]

> 하나 가운데 일체의 만물이 다 들어 있고, 만물 속에는 하나가 자리 잡고 있으니, 하나가 곧 일체의 만물이고, 만물은 곧 하나에 귀속되어 있는 것이다. 한 작은 티끌 속에서 시방(十方)이 있는 것이요, 한 찰나가 곧 영원이다. 양에 있어서 셀 수 없이 많은 것이 있지만 그것은 실은 하나이며, 공간은 시방으로 너르게 되어 있지만 그것이 한 작은 티끌 속에 포함되어 있으며, 시간에 있어서 영원한 것도 한 찰나이다. — "화엄일승법계도" —

[보기]
ㄱ. 불교의 여러 종파 중 교종에 해당하는 사상이다.
ㄴ. 지방 호족의 후원을 받아 크게 세력을 확대하였다.
ㄷ. 통일 이후 신라 사회를 통합하는 데 크게 기여하였다.
ㄹ. 염불을 외는 것만으로도 극락왕생할 수 있다고 주장하였다.

① ㄱ, ㄴ　② ㄱ, ㄷ　③ ㄴ, ㄷ　④ ㄴ, ㄹ　⑤ ㄷ, ㄹ

14. 다음 지도는 10세기경 한반도의 형세를 나타낸 것이다. 당시의 상황에 대한 설명으로 옳지 <u>않은</u> 것은? [3점]

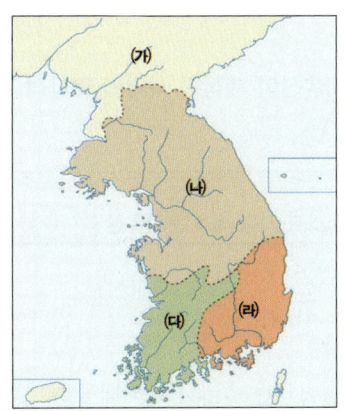

① (가) – 거란에게 멸망당한 이후 (나)에서는 (가)의 왕족 일부를 우대하고 망명한 유민을 받아들였다.
② (나) – 중국의 5대 여러 나라와 외교 관계를 맺어 대외 안정을 꾀하였고, (라)에 대해 우호적인 관계를 유지하였다.
③ (다) – 왕위 계승 문제로 혼란에 빠지자 (나)는 (다)를 공격하여 멸망시켰다.
④ (라) – (다)와 연합하여 (나)의 남진 정책에 맞서 싸우다 멸망하였다.
⑤ (나), (다) – 지방의 군사력과 호족 세력을 토대로 건국하였다.

15. 다음 도표는 신라의 골품과 관등표이다. 이에 대한 설명으로 옳지 <u>않은</u> 것은? [2점]

① 중앙 집권 국가로 발전하는 과정에서 왕권을 강화하고 통치 기반을 구축하기 위해 성립한 제도이다.
② 골품에 따라 관등 승진의 상한선이 정해져 있지만 진골 귀족은 모든 관직에 진출할 수 있었다.
③ 6두품은 통일 전쟁 이후 학문적 식견과 행정 능력을 바탕으로 정치적 진출을 활발히 하였다.
④ 신라 귀족들이 입은 공복의 색은 관등이 아닌 골품에 따라 정해졌다.
⑤ 신라 사회가 개인의 능력보다는 그가 속한 친족의 사회적 지위를 중시하였다.

16. 다음은 고려의 중앙 관제를 나타낸 것이다. 이에 대한 설명으로 옳지 않은 것은? [1점]

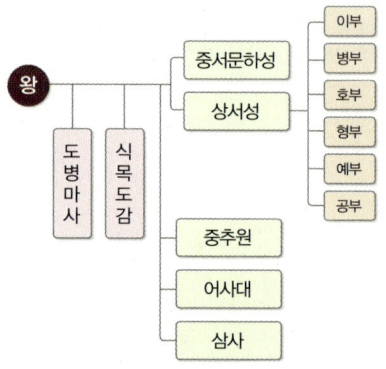

① 당의 3성 6부제를 받아들여 만들었다.
② 삼사는 송과 달리 단순한 회계 업무만 담당하였다.
③ 어사대와 중추원의 승선을 합쳐 대간이라고 불렀다.
④ 최고 관청은 중서문하성이고 그 장관은 문하시중이다.
⑤ 도병마사와 식목도감은 고려만의 독자성을 보여 준다.

17. (가)~(마)에 대한 설명으로 옳지 않은 것은? [3점]

> 고려의 지방 행정 조직은 성종 때부터 정비되기 시작하여, 현종 때 완성되었다. 성종은 (가)12목에 지방관을 파견하였으며, 경주를 동경으로 승격하여 개경·(나)서경과 함께 3경 체제를 갖추었다. 이후 동경 대신 (다)남경이 3경에 편제되었으며, 현종 대에 이르러 도호부·목·주·(라)군·현의 순으로 행정 단위를 정비하고 더욱 많은 지역에 지방관을 파견하였다. 이후 전국이 5도와 (마)양계로 나누어지면서 고려의 지방 행정 조직에 대한 정비는 일단락되었다.

① (가) - 전국의 주요 지역을 통제할 목적으로 설치하였다.
② (나) - 훈요십조에서도 강조되어 국왕이 자주 방문하였다.
③ (다) - 풍수지리설의 영향으로 숙종 때 천도가 추진되었다.
④ (라) - 지방관이 파견된 주현이 그렇지 않은 속현보다 많았다.
⑤ (마) - 이 지역에 병마사가 파견되어 외적의 침입에 대비하였다.

18. 다음 자료와 관련된 사건에 대한 설명으로 옳은 것을 <보기>에서 고른 것은? [2점]

> 윤언이가 정지상과 결탁하여 서로 죽기로 맹세한 당이 되었으니, 크고 작은 일을 함께 의논하였고, 임금이 서경에 행차하실 때에 글을 올려서 연호를 세우고 황제를 칭하기를 청하였으니, 대개 금을 격노하게 하여 일을 내게 하고 그 틈을 타서 자기 세력이 아닌 사람을 처치하고 반역을 꾀하려 함이었습니다. - "고려사" -

[보기]
ㄱ. 이를 계기로 경원 이씨 세력이 몰락하였다.
ㄴ. 무신에 대한 지속적인 차별 대우에서 비롯되었다.
ㄷ. 도참사상과 풍수지리설을 사상적 기반으로 삼았다.
ㄹ. 개혁적인 지방 세력과 보수적인 개경 세력이 대립하였다.

① ㄱ, ㄴ ② ㄱ, ㄷ ③ ㄴ, ㄷ ④ ㄴ, ㄹ ⑤ ㄷ, ㄹ

19. (가)의 문화유산이 제작된 시기의 역사적 사실로 옳은 것은? [1점]

> 유네스코 지정 세계 문화유산 (가)
> 1. 제작연도 : ○○○○년
> 2. 제작관청 : 대장도감
> 3. 관련사항
>   외적의 침입으로 나라가 위기에 빠진 상황에서 불법의 힘으로 국토를 수호하고 외적의 침략을 막아내고자 만들어진 것이다. 현재는 경남 합천 해인사 장경판전에 보관되어 있다.

① 무력으로 철령 이북의 땅을 수복하였다.
② 화통도감을 설치하고 화약 무기를 제조하였다.
③ 풍수지리설을 내세워 서경 천도를 추진하였다.
④ 서희의 협상으로 압록강 하구의 강동 6주를 획득하였다.
⑤ 수도를 강화로 옮기고 항전과 외교를 병행하며 저항하였다.

20. 다음 자료와 관련된 시기의 사회 모습으로 옳은 것은? [1점]

> 직한림(直翰林) 이규보는 돌아가신 장인 대부경 진공의 영전에 제사를 올립니다. …… 지금은 부인과 결혼하면 남자가 여자의 집으로 가 모든 것을 부인의 집에 의지하니, 장모와 장인의 은혜가 친부모님 같습니다. 아! 장인이시여, 저를 돈독하게 대우하시고 필요한 것을 마련해 주셨는데, 저를 두고 돌아가시니 앞으로 누구에게 의지하겠습니까? 명산 기슭에 무덤을 쓰고 영원히 이별합니다. 혼령이시여! 저의 소박한 제사를 흠향하십시오.
> - 이규보, "동국이상국집" -

① 자녀는 보통 출생 순서대로 호적에 기재하였다.
② 장자가 대부분의 유산을 상속받는 경우가 많았다.
③ 재가한 여성의 자식은 사회적 진출에 어려움을 겪었다.
④ 동성 부락이 증가하고, 서원과 사우의 설립이 많아졌다.
⑤ 아들이 없는 집안에서는 양자를 들이는 것이 일반적이었다.

21. (가) 제도에 대한 설명으로 옳은 것을 〈보기〉에서 고른 것은? [2점]

> 고려의 토지 제도는 대체로 당의 제도를 본받았다. 개간된 농지를 모아서 기름지고 메마른 것을 구분하여 문무백관으로부터 부병(府兵), 한인(閑人)에 이르기까지 등급에 따라 주었으며, 또 등급에 따라 땔감을 얻을 땅을 지급하였다. 이를 (가) (이)라고 하였다. - "고려사" -

[보기]
ㄱ. 제도 개정을 거치면서 지급액이 점차 축소되었다.
ㄴ. 관직 복무와 직역의 대가로 수조권을 지급하였다.
ㄷ. 공음전 이외에는 원칙적으로 세습이 불가능하였다.
ㄹ. 후삼국 통일 과정에서 공을 세운 이들에게 지급하였다.

① ㄱ, ㄴ ② ㄷ, ㄹ ③ ㄱ, ㄴ, ㄷ
④ ㄱ, ㄴ, ㄹ ⑤ ㄴ, ㄷ, ㄹ

22. 밑줄 그은 '왕'의 정책에 대한 설명으로 옳은 것은? [2점]

예전에 평양성에 천문도를 새긴 석각이 있었다. 세월이 흘러 석각은 사라졌고, 그것의 탁본조차 매우 희귀해져서 찾아볼 수 없었다. 그런데 왕이 즉위한 지 얼마 되지 않아 그 천문도의 탁본을 바친 사람이 있었다. 이에 왕이 서운관에 명하여 그것을 바탕으로 돌에 새기도록 하였다.
- "양촌집" -

① 국가의 통제력을 강화하고자 호패법을 실시하였다.
② 집현전을 설치하여 학자들의 학문 연구를 장려하였다.
③ 의정부 서사제를 실시하여 재상들의 권한을 보장하였다.
④ 요동 지역을 수복하기 위하여 군사력을 육성하고자 하였다.
⑤ 외국의 역법을 참고하여 새 역법서인 "칠정산"을 편찬하였다.

23. 다음 유물들이 만들어진 시기를 순서대로 바르게 나열한 것은? [2점]

(가)  (나)

(다)  (라)

① (가) - (나) - (다) - (라)
② (가) - (다) - (나) - (라)
③ (나) - (가) - (다) - (라)
④ (나) - (다) - (라) - (가)
⑤ (라) - (가) - (나) - (다)

24. 다음 지도와 같이 지방을 구획한 시기의 지방 제도에 대한 설명으로 옳은 것을 <보기>에서 고른 것은? [2점]

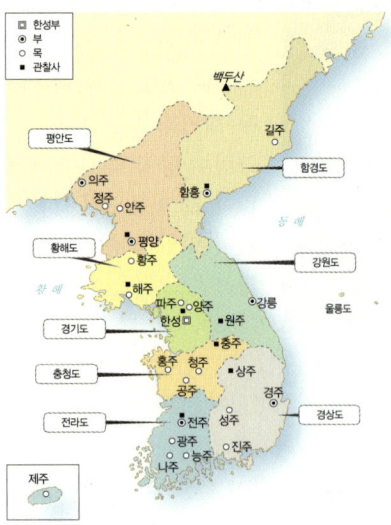

[보기]
ㄱ. 지방 유력 인사들을 중심으로 유향소가 구성되었다.
ㄴ. 향·소·부곡이 혁파되고 일반 군현으로 승격되었다.
ㄷ. 수도의 편재성을 보완하기 위하여 소경이 설치되었다.
ㄹ. 지방 세력 통제를 위하여 향리의 자제를 인질로 삼았다.

① ㄱ, ㄴ ② ㄱ, ㄷ ③ ㄴ, ㄷ ④ ㄴ, ㄹ ⑤ ㄷ, ㄹ

25. (가)~(라) 시기의 토지 제도에 대한 설명으로 옳은 것을 <보기>에서 고른 것은? [3점]

과전법 실시 — 직전법 실시 — 관수관급제 실시 — 직전법 폐지
(가)   (나)   (다)   (라)

[보기]
ㄱ. (가) - 전·현직 관리에게 전지와 시지를 지급하였다.
ㄴ. (나) - 현직 관리에게만 수조권을 지급하였다.
ㄷ. (다) - 수조권자가 수확량을 조사하여 수취하였다.
ㄹ. (라) - 관리들에게는 토지 대신 녹봉만 지급하였다.

① ㄱ, ㄴ ② ㄱ, ㄷ ③ ㄴ, ㄷ ④ ㄴ, ㄹ ⑤ ㄷ, ㄹ

26. 다음은 어느 역사서의 서문이다. 이 역사서에 대한 설명으로 옳은 것은? [2점]

> 일찍이 세조께서, "우리 동방에는 비록 여러 역사책이 있으나 장편으로 되어 귀감으로 삼을 만한 것이 없다."라고 말씀하시고, 관리들에게 명하여 편찬하게 하셨지만 제대로 이루어지지 못하였습니다. 주상께서 그 뜻을 이어받아 서거정 등에게 편찬을 명하셨습니다. …… 이 책을 지음에 명분과 인륜을 중시하고 절의를 숭상하며, 난신을 성토하고 간사한 자를 비난하는 것을 더욱 엄격히 하였습니다.

① 동명왕의 일대기를 서사시의 형태로 찬양하였다.
② 국왕의 사후에 춘추관을 중심으로 정리·편찬되었다.
③ 세가, 지, 열전 등의 항목으로 역사적 사실을 정리하였다.
④ 고조선에서 고려 말까지의 역사를 연대순으로 정리하였다.
⑤ 신라 중심의 역사의식을 기반으로 삼국의 역사를 서술하였다.

27. 밑줄 그은 (가) 기구에 대한 설명으로 옳은 것을 <보기>에서 고른 것은? [2점]

> 선조 26년(1593) 10월 국왕의 행차가 서울로 돌아왔으나 성안은 타다 남은 건물 잔해와 시체로 가득하였다. 굶주림에 시달린 사람들은 인육을 먹기도 하고, 외방에서는 곳곳에서 도적들이 일어났다. 이때 상(임금)께서 (가)도감(都監)을 설치하여 군사를 훈련시키라고 명하시고 나를 도제조(都提調)로 삼으시므로, …… 얼마 안 되어 수천 명을 얻어 조총 쏘는 법과 창칼 쓰는 기술을 가르치고 …… 또 당번을 정하여 궁중을 숙직하게 하고, 국왕의 행차가 있을 때 이들로써 호위하게 하니 민심이 점차 안정되었다.
> — 유성룡, "서애집" —

[보기]
ㄱ. 양반에서 노비에 이르는 모든 신분으로 편성되었다.
ㄴ. 전국의 지방 유력자들의 군사력을 모아 조직하였다.
ㄷ. 군사를 포수·살수·사수의 삼수병 체제로 편성하였다.
ㄹ. 일정한 급료를 받고 모집된 직업 군인의 성격을 띠었다.

① ㄱ, ㄴ ② ㄱ, ㄷ ③ ㄴ, ㄷ ④ ㄴ, ㄹ ⑤ ㄷ, ㄹ

28. 밑줄 그은 '전쟁'에 대한 설명으로 옳지 않은 것은? [2점]

이순신이 전쟁 중에 친필로 작성한 일기로 각각 연도별 7권으로 구성되어 있다. 이 책에는 조선 수군의 전술 및 전과, 아군의 사기 및 용병술, 둔전 개간과 각종 무기의 개발 및 전함의 건조, 명(明)나라 군사와의 협조 등 조선 수군의 활동이 기록되어 있어 당시 상황을 알려 주는 매우 귀중한 사료이다. 1962년 국보 제76호로 지정되었다.

① 조총이 무기로 사용되었다.
② 조선은 훈련도감을 설치하였다.
③ 전쟁 직후 북벌론이 제기되었다.
④ 명이 조선에 지원병을 파견하였다.
⑤ 속오법을 시행하여 지방군 편제를 개편하였다.

29. 다음 자료와 관련된 시기의 경제 상황에 대한 설명으로 옳지 않은 것은? [2점]

> 황해도 관찰사의 보고에 따르면, 수안에는 본래 금광이 다섯 곳이 있었다. …… 금년 여름 새로이 39개소의 금혈을 팠는데, 550여 명의 광꾼이 모여들었다. 도내의 무뢰배들이 농사를 짓지 않고 다투어 모여들뿐만 아니라, 다른 지방에서 이익을 좇는 무리들도 소문을 듣고 몰려온다. …… 그리하여 금점 앞에는 700여 채의 초막이 세워졌고, 인구도 1,500여 명에 이른다. 가장 왕성하게 점(店)을 설치할 때는 하루아침에 받는 세금이 수천 냥에 이른다.
> - 『비변사 등록』 -

① 공무역뿐 아니라 사무역도 활발하게 전개되었다.
② 벼농사에서는 이앙법이 보급되어 생산력이 증대되었다.
③ 시중에 화폐 유통량이 부족하여 전황이 발생하기도 했다.
④ 상인들은 국역의 부담에 대한 대가로 독점 판매권을 얻었다.
⑤ 일부 농민들은 상품 작물의 재배를 통해 높은 수익을 얻었다.

30. (가), (나) 주장을 한 사상가에 대한 설명으로 옳은 것을 <보기>에서 고른 것은? [3점]

> (가) 국가는 마땅히 한 집의 생활에 맞추어 재산을 계산해서 토지 몇 부(負)를 1호의 영업전으로 한다. 그러나 땅이 많은 자는 빼앗아 줄이지 않고 미치지 못하는 자도 더 주지 않으며, …… 땅이 많아서 팔고자 하는 자는 다만 영업전 몇 부 이외에는 허락한다.
>
> (나) 대체로 재물은 비유하건대 샘과 같은 것이다. 퍼내면 차고, 버려두면 말라 버린다. 그러므로 비단 옷을 입지 않아서 나라에 비단 짜는 사람이 없게 되면 여공이 쇠퇴하고, 쭈그러진 그릇을 싫어하지 않고 기교를 숭상하지 않아서 나라에 공장의 도야하는 일이 없게 되면 기예가 망하게 되며, 농사가 황폐해져서 그 법을 잃게 되므로 사농공상의 사민이 모두 곤궁하여 서로 구제할 수 없게 된다.

[보기]
ㄱ. (가) – 지구 구형설과 자전설을 주장하였다.
ㄴ. (가) – 나라를 망치는 여섯 가지 폐단을 지적하였다.
ㄷ. (나) – 한문 소설을 통하여 양반을 비판하였다.
ㄹ. (나) – 국제 무역에 적극적으로 참여할 것을 역설하였다.

① ㄱ, ㄴ ② ㄱ, ㄷ ③ ㄴ, ㄷ ④ ㄴ, ㄹ ⑤ ㄷ, ㄹ

31. 다음 자료와 관련된 왕의 정책으로 옳지 않은 것은? [1점]

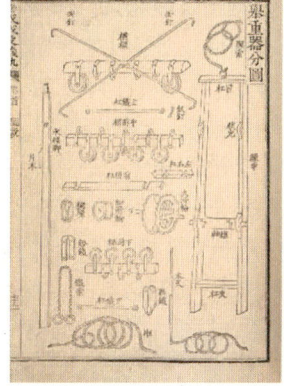 

① 규장각을 설립하였다.
② 초계문신제를 실시하였다.
③ 친위 부대인 장용영을 설치하였다.
④ 탕평파를 육성하여 정국을 운영하였다.
⑤ 서얼과 노비에 대한 차별을 완화하였다.

32. (가), (나) 종교에 대한 설명으로 옳은 것을 〈보기〉에서 고른 것은? [2점]

> (가) 사람이 곧 하늘이라. 그러므로 사람은 평등하며 차별이 없나니, 사람이 마음대로 귀천을 나눔은 하늘을 거스르는 것이다. 우리 도인은 차별을 없애고 선사의 뜻을 받들어 생활하기를 바라노라.
> (나) 서양 책이 들어와 우리 학자들이 가까이하고 있으나 여기서 얻을 것은 천문, 역상, 기하뿐이다. 사대부 이승훈이 북경에 가서 서양 책을 들여온 뒤 정조 7, 8년에 젊은 학자들이 이를 받들고 상제가 직접 내려온 듯이 소란을 피운다. 평생 유학을 하던 자들이 하루아침에 이교에 귀의하였음은 진실로 애석한 일이라.

[보기]
ㄱ. (가) - 내세에서의 영생을 내세워 환영받았다.
ㄴ. (가) - 하층민을 중심으로 교세가 빠르게 확장하였다.
ㄷ. (나) - 처음에는 실학자들이 학문적으로 연구하였다.
ㄹ. (나) - 보국안민을 내세워 외세의 침략을 배척하였다.

① ㄱ, ㄴ ② ㄱ, ㄷ ③ ㄴ, ㄷ ④ ㄴ, ㄹ ⑤ ㄷ, ㄹ

33. 다음 화폐가 사용되었던 시기의 모습으로 옳은 것을 〈보기〉에서 고른 것은? [2점]

1633년(인조 11) 김육(金堉) 등의 건의에 따라 만들어져 유통을 시도하였으나 결과가 나빠 유통을 중지하였다. 그 후 1678년(숙종 4) 정월에 다시 주조되어 서울과 서북 일부에 유통하게 하였다. 그 뒤 점차 전국적으로 확대 유통하게 했는데, 조선 말기에 현대식 화폐가 나올 때까지 통용되었다.

[보기]
ㄱ. 관수관급제가 실시되었다.
ㄴ. 조세의 금납화가 이루어졌다.
ㄷ. 금난전권의 폐지로 상공업이 발달하였다.
ㄹ. "농사직설", "금양잡록" 등의 농서가 편찬되었다.

① ㄱ, ㄴ ② ㄱ, ㄷ ③ ㄴ, ㄷ ④ ㄴ, ㄹ ⑤ ㄷ, ㄹ

34. 다음은 한국사 목차의 일부이다. (가)에 포함될 문화재로 적절하지 <u>않은</u> 것은? [1점]

> 양 난 이후 사회 각 분야와 함께 문화에서는 새로운 기운이 나타났다. 양반뿐만 아니라, 중인층과 서민층이 문화의 한 주역으로 등장하면서 문화의 질적 변화와 함께 문화의 폭이 확대되었다. ……
> - 목 차 -
> 1. 성리학의 발달
> 2. 실학의 발달
> 3. 과학 기술의 발달
> 4. 문화의 새 경향 …… (가)

①  ②  ③

④  ⑤

35. 다음 조약에 대한 설명으로 옳은 것은? [2점]

> • 조선은 자주국이며 일본과 평등한 권리를 보유한다.
> • 조선은 부산 이외에 제5조에 기재하는 2개 항구를 개항하고 일본인이 왕래 통상함을 허가한다.
> • 조선의 연해 도서는 지극히 위험하므로 일본의 항해자가 자유로이 해안을 측량함을 허가한다.
> • 일본 인민이 조선이 지정한 각 항구에서 죄를 범하고 조선 인민에게 관계되는 사건은 모두 일본 관원이 재판할 것이다.

① 최초로 최혜국 대우를 규정하였다.
② "조선책략"의 영향을 받아 체결되었다.
③ 청의 종주권 주장을 차단하고자 하였다.
④ 최초로 외국에 내지 통상권을 부여하였다.
⑤ 국내에서 천주교를 포교할 자유를 부여하였다.

36. (가), (나) 제도에 대한 설명으로 옳은 것을 〈보기〉에서 고른 것은? [3점]

(가) 백성들의 억울함을 풀어 주기 위해 그 전의 형태를 바꾸어 모든 양반과 천민에게 1정(丁)에 대하여 일률적으로 세납전 2냥씩을 고루 바치게 하였으니 이를 동포전(洞布錢)이라 한다.

(나) 본창(本倉)에는 관장할 사람이 없어서는 안 되니 반드시 본면(本面) 중 부지런하고 넉넉한 자를 택하고 일면회(一面會)에 천거하여 관에 보고한 뒤 뽑는다. 또한 관에서 감히 강제로 정하지 않고 그를 일러 사수(社守)라고 하는데, 환곡을 분급하고 수납하는 시기에 맡아서 검사한다.

[보기]

ㄱ. (가)로 인해 신분제가 폐지되었다.
ㄴ. (가)는 군정의 폐단 해결을 목적으로 마련되었다.
ㄷ. (나)는 은결을 찾아내기 위한 전정 개혁이었다.
ㄹ. (가), (나)는 흥선 대원군 집권기에 시행되었다.

① ㄱ, ㄴ ② ㄱ, ㄷ ③ ㄱ, ㄹ ④ ㄴ, ㄹ ⑤ ㄷ, ㄹ

37. 다음 자료와 관련된 사건의 결과에 대한 설명으로 옳은 것을 〈보기〉에서 고른 것은? [2점]

6월 10일 난병들이 대궐을 침범하였다. 중궁은 밖으로 도망치고 이최응, 민겸호, 김보현이 살해되었다. 고종은 변이 일어났다는 말을 듣고 급히 대원군을 불렀으며 대원군은 난병을 따라 들어갔다. …… 대원군에게 군국 사무를 처분하라는 명이 떨어졌다. 대원군은 궁궐 안에 있으면서 기무아문과 무위, 장어영을 폐지시키고 5위의 군제를 복구하였다.
― 황현, "매천야록" ―

[보기]

ㄱ. 일본의 군대 주둔권을 인정하게 되었다.
ㄴ. 청은 고문을 보내 조선의 내정에 간섭하였다.
ㄷ. 철도 부설권 등 열강의 이권 침탈이 가속화되었다.
ㄹ. 급진 개화파는 몰락하여 일본으로 망명하기도 하였다.

① ㄱ, ㄴ ② ㄱ, ㄷ ③ ㄴ, ㄷ ④ ㄴ, ㄹ ⑤ ㄷ, ㄹ

38. (가)~(다) 주장을 한 세력에 대한 설명으로 옳은 것을 〈보기〉에서 고른 것은? [2점]

(가) 서양과 수교를 하면 장차 사교(邪敎: 기독교)에 전염된다고 말하니, 이것은 진실로 사문(斯文: 유교 문화)을 위하고 세상의 교화를 위해 깊이 생각한 것입니다. 그러나 수호(修好)는 수호대로 행하고 금교(禁敎)는 금교대로 할 수 있습니다.

(나) 이제 세계가 상업을 주로 하여 서로 생업의 많음을 경쟁하는 때를 맞이하였으니, 양반을 배제하여 그 폐단의 근원을 모조리 없애는 데 힘쓰지 않으면 국가의 패망이 기다릴 뿐입니다. 폐하께서는 문벌을 폐지하고 인재를 선택하여 중앙 집권의 기초를 확립하며, 국민의 믿음을 거두고, 널리 학교를 설립하여 인재를 개발해야 합니다.

(다) 저들의 물화는 모두가 지나치게 사치하고 기이한 노리개이고 손으로 만든 것이어서 그 양이 무궁한 데 반하여, 우리의 물화는 모두가 백성들의 생명이 달린 것이고 땅에서 나는 것으로 한정이 있는 것입니다. 강화가 한번 이루어지면 사학(邪學)의 서적과 천주의 초상화가 교역하는 속에서 들어올 것입니다. 그렇게 되면 …… 예의는 시궁창에 빠지고 인간들은 변하여 금수(禽獸)가 될 것입니다.

[보기]

ㄱ. (가)는 동도서기론을 주장하였다.
ㄴ. (나)는 청의 양무운동을 모델로 삼았다.
ㄷ. (다)는 1890년대의 의병 세력으로 이어졌다.
ㄹ. (다)는 박규수, 오경석, 유홍기의 사상을 계승하였다.

① ㄱ, ㄴ ② ㄱ, ㄷ ③ ㄱ, ㄹ ④ ㄴ, ㄹ ⑤ ㄷ, ㄹ

39. 다음 자료와 관련된 개혁에 대한 설명으로 옳은 것을 <보기>에서 고른 것은? [2점]

1. 청국에 의존하는 관념을 버리고 자주 독립의 기초를 세운다.
2. 왕실 전범을 제정함으로써 왕위 계승 원칙과 종실·외척의 구별을 분명히 한다.
3. 대군주는 대신과 친히 논의하여 국정을 결정하고, 종실과 외척의 간섭을 허용하지 않는다.
4. 왕실 사무와 국정 사무는 반드시 분리하여 서로 뒤섞이는 것을 금한다.
7. 조세의 부과와 징수, 경비의 지출은 모두 탁지아문에서 관할한다.

[보기]
ㄱ. 사법권을 지방관의 권한에서 분리하였다.
ㄴ. 새로 태양력을 사용하고, 종두법을 실시하였다.
ㄷ. 한성 사범 학교 관제, 소학교 관제 등이 발표되었다.
ㄹ. 은본위제 화폐 제도를 채택하고 조세를 금납화하였다.

① ㄱ, ㄴ ② ㄱ, ㄷ ③ ㄴ, ㄷ ④ ㄴ, ㄹ ⑤ ㄷ, ㄹ

40. (가)에 들어갈 내용으로 옳은 것은? [3점]

청은 조선으로 군대를 파견하면서 일본에 이 사실을 통보하였다. 이에 따라 5월 5일 청군이 아산만에 상륙하였고, 다음날인 5월 6일 일본군이 자국민 보호를 명분으로 인천에 상륙하였다.

↓
(가)
↓

삼례 집회를 주도한 전봉준이 전라도의 남접 농민군을 결집하였고, 이어 충청도와 경상도에 기반을 둔 북접과의 연합 전선을 구축하였다. 남접과 북접 세력은 논산에서 합세하여 북상을 시작하였다.

① 동학 농민군이 전주성을 점령하였다.
② 전라도 각지에 집강소가 설치되었다.
③ 공주 우금치에서 동학 농민군이 대패하였다.
④ 동학교도와 농민들이 고부에서 봉기를 일으켰다.
⑤ 동학 농민군이 황토현에서 관군에 승리를 거두었다.

41. 다음 기사와 관련된 사건에 대한 설명으로 옳은 것은? [1점]

역 사 신 문
제○○호   18○○년 ○○월 ○○일

조선을 탈출한 리델 신부는 중국 톈진에 주둔하고 있던 극동 함대 사령관 로즈 제독을 찾아갔다. 이에 프랑스군은 군함 3척으로 강화를 침략한 이후, 군함 7척을 파견하여 2차 공격을 감행하였고 교전 끝에 강화읍을 점령하였다. 프랑스군은 30여 일을 머물면서 금·은, 곡식, 무기, 도서 등을 약탈하였다.

① 어재연 장군이 전투 과정에서 전사하였다.
② 제너럴셔먼호 사건을 빌미로 발생하였다.
③ 청과 일본이 조선에 군대를 파견하는 계기가 되었다.
④ 한성근과 양헌수가 각각 문수산성, 정족산성에서 활약하였다.
⑤ 이 사건을 계기로 조선 최초의 근대적 조약이 체결되었다.

42. 다음 자료와 관련된 시기의 경제 상황으로 옳은 것을 <보기>에서 고른 것은? [2점]

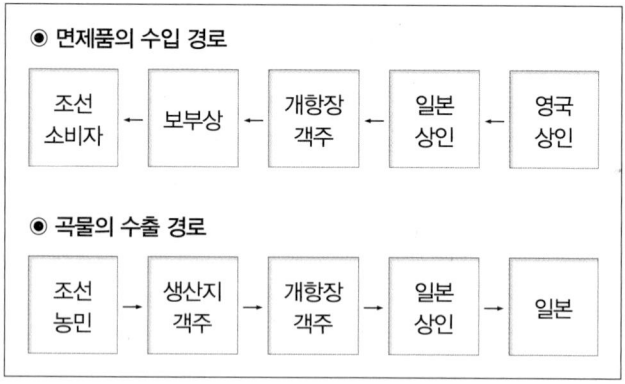

[보기]
ㄱ. 시전 상인들이 외국 상점의 퇴거를 요구하였다.
ㄴ. 조선의 면방직 수공업은 큰 타격을 받게 되었다.
ㄷ. 청·일 상인 간에 치열한 상권 경쟁이 전개되었다.
ㄹ. 일본 상인은 거류지 내에서만 무역을 할 수 있었다.

① ㄱ, ㄴ ② ㄱ, ㄷ ③ ㄴ, ㄷ ④ ㄴ, ㄹ ⑤ ㄷ, ㄹ

43. (가)~(마) 조약에 대한 설명으로 옳지 않은 것은? [3점]

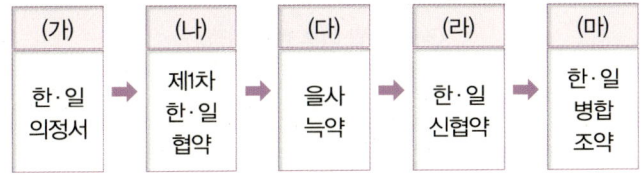

① (가) – 대한 제국은 일본의 전쟁에 협조해야만 하였다.
② (나) – 일본은 대한 제국의 사법권을 박탈하였다.
③ (다) – 대한 제국의 외교권을 일본이 대행하게 되었다.
④ (라) – 일본이 대한 제국의 군대를 강제로 해산시켰다.
⑤ (마) – 일본이 대한 제국의 국권을 강탈하였다.

44. 다음 신문을 발행한 단체의 활동으로 옳은 것은? [2점]

> • 우리 신문이 한문을 안 쓰고 한글로만 쓰는 이유는 전 국민이 다 보게 함이라. 또 국문을 이렇게 구절을 띄어 쓰는 것은 누구라도 이 신문을 보기가 쉽고 신문 속에 있는 말을 자세히 알아보게 함이다. …… 우리 신문은 빈부귀천에 관계없이 이 신문을 보고 외국 물정과 국내 사정을 알게 하자는 뜻이니 남녀노소 상하귀천 간에 우리 신문을 하루 걸러 몇 달간 보면 새 지각과 새 학문이 생길 것을 미리 안다.
>
> • 나라라 하는 것은 사람을 두고 이름이니, 만일 빈 강산에 초목금수만 있고 해와 달만 내왕하는 곳이면 어찌 나라라고 칭하리오. 그러나 3천 년 이래로 전국 권리를 정부가 주장하므로 백성은 그런 권리가 있는 줄도 모르던 터인데 지금 졸지에 백성이 어찌 권리를 찾는다 하리요. …… 관민이 합심하여 정부와 백성의 권리가 상반된 후에야 대한이 억만 년 무강할 줄 아노라. – 1898년 –

① 한반도 중립화론을 제기하였다.
② 양반 제도의 폐지를 주장하였다.
③ 입법 기구인 교정소를 설치하였다.
④ 미국의 운산 금광 채굴에 반대하였다.
⑤ 러시아의 목포·증남포 매도 요구를 저지하였다.

45. 다음 그래프와 관련된 일제의 정책 및 그 결과에 대한 설명으로 옳은 것을 〈보기〉에서 고른 것은? [2점]

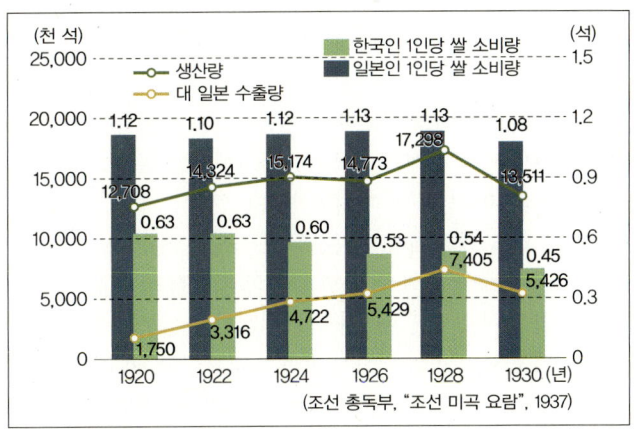

(조선 총독부, "조선 미곡 요람", 1937)

[보기]
ㄱ. 미곡 증산에 필요한 비용은 지주들이 부담하였다.
ㄴ. 미곡 수출을 통해 조선 농민의 소득이 증가하였다.
ㄷ. 농업 분야에서 미곡 중심의 단작화 경향이 심해졌다.
ㄹ. 일본의 식량 부족 문제를 해결하기 위하여 추진되었다.

① ㄱ, ㄴ   ② ㄱ, ㄷ   ③ ㄴ, ㄷ   ④ ㄴ, ㄹ   ⑤ ㄷ, ㄹ

46. 다음 지도에 표시된 독립군 정부의 공통점에 대한 설명으로 옳은 것을 〈보기〉에서 고른 것은? [2점]

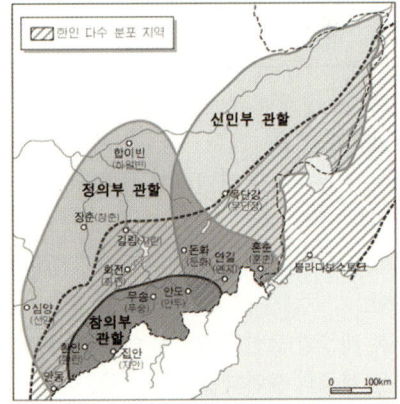

[보기]
ㄱ. 1930년대 초반의 항일 독립 전쟁을 주도하였다.
ㄴ. 간도 참변과 자유시 참변으로 큰 타격을 받았다.
ㄷ. 동포 사회를 이끈 민정 조직이자 군정 조직이었다.
ㄹ. 통합 운동을 통해 국민부와 혁신 의회로 재편되었다.

① ㄱ, ㄴ   ② ㄱ, ㄷ   ③ ㄴ, ㄷ   ④ ㄴ, ㄹ   ⑤ ㄷ, ㄹ

47. (가), (나) 주장에 대한 설명으로 옳지 않은 것은? [2점]

> (가) 역사란 무엇이뇨? 인류 사회의 아(我)와 비아(非我)의 투쟁이 시간부터 발전하며 공간부터 확대하는 심적 활동 상태의 기록이니, 세계사라 하면 세계 인류의 그리된 상태의 기록이며, 조선사라면 조선 민족의 그리되어 온 상태의 기록이니라. …… 그러므로 역사는 아와 비아의 투쟁의 기록이니라.
>
> (나) 우리 조선의 역사적 발전의 전 과정은 가령 지리적 조건, 인종학적 골상, 문화 형태의 외형적 특징 등 다소의 차이는 인정되더라도, 외관적인 소위 특수성은 다른 문화 민족의 역사적 발전 법칙과 구별되어야 하는 독자적인 것이 아니며, 세계사적·일원론적인 역사 법칙에 의하여 다른 제 민족과 거의 동일한 발전 과정을 거쳐 온 것이다.

① (가) – 우리 민족의 전통과 정신을 강조하였다.
② (가) – 민족 운동의 일환으로 우리 역사를 연구하였다.
③ (나) – 객관성을 위하여 실증적 연구 방법을 채택하였다.
④ (나) – 사회주의적 유물 사관에 입각하여 한국사를 연구하였다.
⑤ (가), (나) – 식민 사관의 논리를 정면으로 비판하였다.

48. (가) 단체에 대한 설명으로 옳은 것은? [2점]

> [(가)] 신강령
> 1. 아등(我等)은 경제적 조건을 필요로 하는 인권 해방을 근본적 사명으로 함.
> 2. 아등은 아등 자신으로 단결하여 형평 운동의 원만과 단일의 촉성을 기함.
> 3. 아등은 일반 사회 단체와 공동 제휴하여 합리적 사회 건설을 기함.
> 4. 아등은 본 계급의 당면한 실제적 이익을 위하여 투쟁함.
> 5. 아등은 본 계급의 훈련과 교양을 기함.
> – 동아일보, 1929. 1. 4. –

① 신간회의 창립에 자극을 받아 결성된 단체이다.
② 5월 1일을 '어린이날'로 정하여 각종 행사를 펼쳤다.
③ 중국·소련·프랑스 노동자들과 연대하는 모습을 보였다.
④ 최하 신분층으로 천대를 받아왔던 백정층이 주도하였다.
⑤ 민중 계몽에 힘써 강연회, 토론회, 야학 등을 개최하였다.

49. (가)~(마)에 대한 설명으로 옳지 않은 것은? [3점]

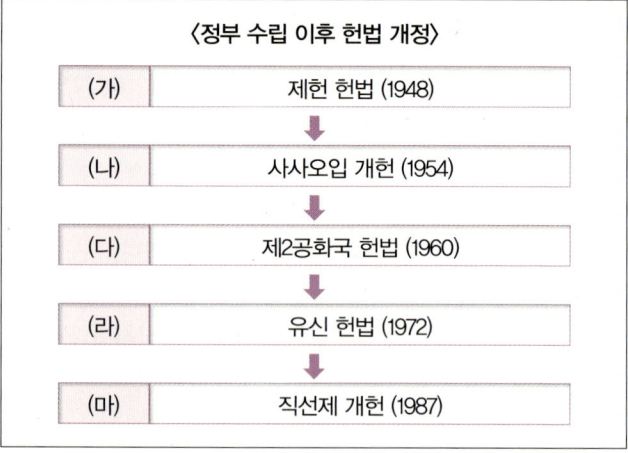

① (가) – 대통령을 국회에서 선거를 통해 선출하였다.
② (나) – 초대 대통령에 한하여 연임 횟수 제한을 없앴다.
③ (다) – 내각 책임제와 상·하 양원제 의회를 규정하였다.
④ (라) – 7년 임기의 대통령을 간접 선거를 통해 뽑도록 하였다.
⑤ (마) – 직선제로 대통령을 선출하되, 5년 단임으로 한정하였다.

50. 다음과 같은 내용이 발표된 시기에 대한 설명으로 옳은 것은? [1점]

> 쌍방은 다음과 같은 조국 통일 원칙들에 합의를 보았다.
> 첫째, 통일은 외세에 의존하거나 외세의 간섭을 받음이 없이 자주적으로 해결한다.
> 둘째, 통일은 서로 상대방을 반대하는 무력 행사에 따르지 않고 평화적으로 실현한다.
> 셋째, 사상과 이념·제도의 차이를 초월하여 하나의 민족으로서 민족적 대단결을 도모한다.

① 남북 양측은 서로의 정권을 더욱 강화하는데 이 선언을 이용하였다.
② 학생 운동 세력과 혁신계는 중립화 통일론을 주장하였다.
③ 이 선언 직후에 북한의 무장간첩이 청와대를 기습하여 남북 관계가 급속도로 냉각되었다.
④ 대한민국 정부는 한민족 공동체 통일 방안을 북에 제안하였다.
⑤ 정부는 3단계 통일 방안을 발표하였다.

제1회 최종 점검 실전 모의고사 정답 및 해설

제1회 최종 점검 실전 모의고사 정답

01 ④	02 ②	03 ③	04 ③	05 ④	06 ④
07 ④	08 ⑤	09 ①	10 ③	11 ③	12 ③
13 ②	14 ④	15 ④	16 ③	17 ④	18 ⑤
19 ⑤	20 ①	21 ③	22 ④	23 ④	24 ①
25 ④	26 ④	27 ⑤	28 ③	29 ④	30 ④
31 ④	32 ③	33 ⑤	34 ⑤	35 ③	36 ④
37 ①	38 ②	39 ②	40 ②	41 ④	42 ④
43 ②	44 ⑤	45 ⑤	46 ⑤	47 ③	48 ④
49 ④	50 ①				

01 정답 ④

해설 | 제시된 자료는 구석기 시대에 사용한 주먹도끼(좌)와 찍개(우)이다. ① 구석기 시대에는 사냥 및 채집에 의존하였기 때문에 다산과 번성을 기원하는 예술품을 남기기도 하였다. ② 한반도의 주요 구석기 유적지는 공주 석장리, 웅기 굴포리가 있다. ③ 구석기 시대에는 돌을 깨서 도구를 제작하였으며, 하나의 석기가 여러 쓰임새를 가졌다. ⑤ 구석기 시대에는 무리 중 경험이 많은 사람이 지도자가 되었으나 모든 사람이 평등한 공동체를 이루었다.
④ 곡물을 보관할 토기를 제작한 시기는 농경이 시작된 신석기 시대이다.

02 정답 ②

해설 | 제시된 사진은 청동기 시대 대표적인 무덤인 북방식(탁자식) 고인돌이다. (가) 벼농사는 청동기 시대부터 시작되었으며, 곡식의 이삭을 자르는 반달 돌칼이 벼농사가 발달하였음을 알려 준다. (라) 농경이 발달하면서 배산임수 지역에 취락이 형성되었다. 생산 경제가 발달하자 청동기 제작과 관련된 전문 장인이 나타났다.
(나) 금속 제품의 농기구는 철기 시대에 사용되기 시작하였다.
(다) 청동기 시대에는 남녀 역할의 분화가 이루어졌다.
(마) 철기 시대 유적에서 중국 화폐와 붓이 발견되었다.

03 정답 ③

해설 | 제시된 자료는 철기 시대에 사용된 철제 농기구와 중국의 반량전이다. ㄴ. 벼농사가 본격적으로 확산된 시기는 철기 시대이다. ㄷ. 한반도 지역의 철기 시대 유적에서 중국의 화폐와 붓이 발견된 사실을 통해 중국과 교류했음을 알 수 있다.
ㄱ. 비파형 동검과 거친무늬 거울은 청동기 시대의 유물이다.
ㄹ. 잔석기가 제작된 시기는 구석기 후기부터 중석기에 해당한다.

04 정답 ③

해설 | 단군 신화를 통해 당시 고조선의 사회 모습을 알 수 있다. 고조선은 청동기 문화를 배경으로 농경 사회를 형성하였고, 정치적 지배자가 출현하여 계급이 발생하였다는 것을 알 수 있다. 단군 신화를 배경으로 세워진 고조선은 고인돌, 비파형 동검, 미송리식 토기의 분포를 통해 그 문화 범위를 짐작할 수 있다. 인천 강화 마니산 참성단은 단군이 하늘에 제사를 지낸 곳으로 알려져 있다. 한편, 1909년 나철, 오기호 등은 단군을 숭배하는 대종교를 창시하였다.
③ 단군 신화를 전하는 역사서로는 일연의 "삼국유사"를 비롯하여 이승휴의 "제왕운기", 권람의 "응제시주", "세종실록지리지", "동국여지승람" 등이 있다.

05 정답 ④

해설 | (가) 국가는 위만조선이다. 세력을 확대해 나가던 위만은 준왕을 몰아내고 스스로 왕이 되었다. 위만 왕조의 고조선은 철기 문화를 본격적으로 수용하면서 우세한 무기를 바탕으로 활발한 정복 활동을 벌였다. 이후 고조선을 멸망시킨 한은 고조선의 일부 지역에 4개의 군과 현을 설치하였다.
ㄱ. 위만이 집권하기 전인 기원전 4세기에 고조선은 랴오허 강을 경계로 중국의 연과 대립하였다.
ㄷ. 삼한은 제정분리 사회였고, 종교를 담당하는 천군이 존재하였다.

06 정답 ④

해설 | (가) 부여, (나) 고구려, (다) 옥저, (라) 동예, (마) 삼한이다.
(라) 동예는 특산물로 단궁이라는 활과 키가 작은 말인 과하마, 바다표범 가죽인 반어피 등이 유명하였다.
ㄱ. 고구려에서 동맹이라는 제천 행사를 치르고 국동대혈에 모여

함께 제사를 지냈다.
ㄴ. 옥저는 바다를 끼고 있어 어물과 소금 등 해산물이 풍부하였고, 토지도 비옥하였다.
ㄷ. 삼한에 공동 작업을 위한 조직인 두레가 있었다.
ㅁ. 부여에 순장의 풍습이 있었다.

07 정답 ④

해설 | 백제, 고구려와 같은 국왕의 칭호라는 사실을 통해 (나)는 '왕'임을 알 수 있다. 따라서 (가)는 '왕' 이전에 사용한 '마립간'이라 유추할 수 있다. 신라는 왕의 칭호와 연호를 사용하여 국왕의 권위를 높이고자 하였다. 법흥왕은 '건원', 진흥왕은 '개국', '태창'이라는 연호를 사용하였다.
① 불교가 공인된 것은 법흥왕 때이다.
② 무당이라는 뜻의 왕호는 '차차웅'이다. 마립간은 '대군장'이라는 뜻이다.
③ 고구려의 도움으로 신라가 왜군을 격퇴한 시기는 내물 마립간 때이다.
⑤ 신라는 초기에 박, 석, 김의 3성이 교대로 이사금을 차지하였다. 그러다가 내물 마립간 때부터 김씨의 왕위 세습권이 확립되었다.

08 정답 ⑤

해설 | 백제의 문화유산은 주로 탑, 불상, 사원 등 불교 문화재가 많다. 백제 문화는 섬세하고 우아한 아름다움이 특징이라 할 수 있는데, 문화유산을 통해서 이를 확인할 수 있다. (마)는 나주 공산면 금곡리에서 출토된 독무덤이다. 3세기~5세기경에 만들어진 것으로 백제 초기에 해당한다.
① 의령에서 출토된 고구려의 금동 연가 7년명 여래 입상이다.
② 서산 용현리 마애 여래 삼존상이다. 백제의 미소로 유명하다.
③ 전남 화순 쌍봉사 철감선사탑이다. 통일 신라 말 선종이 유행하면서 많이 만들어졌다.
④ 익산 미륵사지 석탑이다. 현존하는 최고(最古)의 석탑이고, 목탑의 모습을 많이 지니고 있는 것이 특징이다.

09 정답 ①

해설 | 삼국의 문화는 일본 고대 문화의 성립과 발전에 이바지하였다. 다카마쓰 고분 벽화와 고구려 수산리 고분 벽화에 묘사된 여인의 모습이 비슷하다는 사실을 통해 고구려 문화가 왜에 전파되었음을 알 수 있다. 신라는 왜에 배 만드는 기술과 제방 쌓는 기술을 전해 '한인의 연못'이란 이름까지 생기게 되었다. 일본은 백제의 선진 문화를 기반으로 고류 사 미륵보살 반가 사유상, 호류 사 5층 목탑, 백제 관음상 등을 만들었다.
민호. 가야는 왜에 토기 제작 기술을 전하여 스에키라는 일본 토기에 영향을 미쳤다.
수연. 승려 심상이 전한 화엄 사상은 일본 화엄종을 일으키는 데 큰 영향을 주었다.

10 정답 ③

해설 | (가) 시기는 대체로 신라 중대에 해당한다. ㄴ. 신라 중대에는 태종 무열왕의 직계 후손들이 왕위를 계승하였다. 무열왕의 뒤를 이은 문무왕과 신문왕은 전제 왕권을 확립하기 위해 노력하였다. ㄷ. 신라는 삼국을 통일한 후 군사 제도를 정비하여 9서당 10정을 설치하였다. 중앙의 군사 조직인 9서당은 신라인뿐만 아니라 고구려 유민, 백제 유민, 말갈족 서당 부대도 조직하여 민족 융합을 꾀하였다. 지방군으로는 10정을 두었는데, 주마다 1정씩 배치하였고 북쪽 국경 지대인 한주에는 2정을 두었다.
ㄱ. 병부는 법흥왕 때 설치되었다.
ㄹ. 독서삼품과는 신라 하대에 해당하는 원성왕 때 처음 실시되었다.

11 정답 ③

해설 | 제시된 자료에서 고구려의 옛 땅에 세워졌으며 백성 중에 말갈인이 많고 원주민(고구려인)이 적다는 내용을 통해 '이 나라'는 발해임을 알 수 있다. ㄴ. 발해의 정혜 공주 묘와 정효 공주 묘의 모줄임천장 구조는 고구려의 굴식 돌방무덤에서도 볼 수 있다. ㄷ. 발해는 당의 3성 6부제를 수용하여 국가 체제를 정비하였다. 6부의 명칭을 유교 덕목으로 바꾼 것에서 발해의 독자성을 엿볼 수 있다.
ㄱ. 발해는 초기에 고구려를 멸망시킨 당과 신라에 대하여 적대적이었으나, 문왕 때 이르러 대립 관계를 해소하려 하였다.
ㄹ. 건원은 신라 법흥왕의 연호이다.

12 정답 ③

해설 | 제시된 자료는 신라의 토지 제도에 관한 내용이다. ① 조를 차등 있게 내린 것으로 보아 서열이 존재했음을 알 수 있다. ②, ⑤ 관료전은 수조권만 허용되는 토지이고, 녹읍은 수조권 및 노동력 징발권이 포함된 토지이다. 왕권이 비교적 강했을 때는 관료전이, 귀족권이 비교적 강했을 때는 녹읍이 지급되었다. ④ '거노현으로 국학의 녹읍을 삼았다'는 내용을 통해 국가 기관의 운영을 위해 토지를 지급하였음을 알 수 있다.
③ 정전의 지급이란, 정부가 백성들에게 실제로 토지를 나누어 준 것이라기보다는 백성들이 원래 보유하고 있던 토지에 대해 소유

권을 인정해 준 것이라 할 수 있다.

13 정답 ②

해설 | 제시된 자료는 신라 중기의 고승인 의상의 "화엄일승법계도"이다. 이는 화엄종의 교리를 축약해 놓은 것인데, 세상 만물이 곧 하나임을 강조하였다. ㄱ. 불교는 크게 교종과 선종으로 나뉘는데, 화엄종은 교종의 대표적인 종파에 해당한다. ㄷ. 세상 모든 것이 하나임을 강조한 화엄종의 교리는 분열된 사회를 통합하는 데 기여하였다.
ㄴ. 교종은 주로 중앙 지배층의 후원을 받은 반면, 선종은 지방 호족들의 후원을 받으며 세력을 확장할 수 있었다.
ㄹ. 염불 암송만으로도 극락왕생할 수 있다고 강조한 것은 원효의 정토종이다.

14 정답 ④

해설 | 제시된 지도의 (가)는 발해, (나)는 고려, (다)는 후백제, (라)는 신라이다. (가) 발해 멸망 후 고려는 발해의 왕족과 유민들을 받아들였다. (나) 고려는 중국 5대와 외교 관계를 확대하였고 신라와는 우호적이었다. (다), (라) 후백제에 내분이 일어나 견훤이 고려에 귀순하자 고려는 후백제를 공격하여 멸망시켰다. 궁예와 견훤은 지방의 호족 세력을 기반으로 나라를 건국하였다.
④ 신라는 후백제와 적대적이었으나, 고려와는 우호적이었다.

15 정답 ④

해설 | 신라의 골품 제도는 혈연에 따라 개인의 사회 활동과 정치 활동을 엄격하게 규제하는 폐쇄적 신분 제도였다. 왕족인 진골, 귀족인 6두품, 5두품, 4두품으로 서열화되었고, 관등 승진의 상한선이 골품에 따라 정해져 있었다. 심지어 가옥의 규모와 장식물은 물론이고 복색이나 수레 등 신라인의 일상생활까지 규제하는 기준으로 삼았다. ④ 공복의 색은 골품이 아닌 관등에 따라 정해졌다.
① 법흥왕 때 중앙 집권 체제의 형성 과정에서 정비되었다.
② 진골은 17관등인 조위에서 1등급인 이벌찬까지 모든 관직에 오를 수 있다.
③ 6두품은 통일 이후 학문적 식견과 행정 능력을 바탕으로 활발하게 중앙으로 진출하였다.
⑤ 골품 제도는 혈연에 기초한 것으로 개인의 능력보다 친족의 사회적 지위를 중시하였다.

16 정답 ③

해설 | 자료는 고려의 중앙 관제를 도표로 나타낸 것이다. ① 고려는 당의 3성 6부제를 받아들이면서도 고려의 실정에 맞게 이를 조정하였다. ② 재정에 관한 전반적인 권한을 장악하고 있던 송의 삼사와 달리, 고려의 삼사는 단순한 회계 업무만 담당하였다. ④ 고려의 관제에서 정책의 심의·결정권을 갖는 최고 기구는 중서문하성으로 그 장관은 문하시중이라고 불렸다. ⑤ 도병마사와 식목도감은 고려의 고유한 기구라 할 수 있다.
③ 중서문하성의 낭사(3품 이하)와 어사대를 합하여 대간이라 불렸다.

17 정답 ④

해설 | 제시된 지문은 고려의 지방 행정 조직에 관해 설명한 것이다. (가) 고려 성종은 통치 체제를 정비하면서 가장 중요한 지역에 12목을 설치하여 지방 통제의 기반을 마련하였다. (나) 고려의 국왕들은 태조의 훈요십조에 따라 서경에 자주 찾아가 머물기도 하였다. (다) 숙종은 왕권을 강화하고 개경 중심의 기득권층을 약화시키기 위하여 천도를 추진하기도 하였다. (마) 국경 지대인 양계는 외침에 대비하기 위하여 군 지휘관인 병마사를 파견하였다.
④ 지방관이 파견되는 주현보다 파견되지 않는 속현이 더 많았다.

18 정답 ⑤

해설 | 제시된 자료와 관련된 사건은 묘청의 서경 천도 운동이다. ㄷ. 서경 천도를 주장하는 과정에서 사상적 배경이 된 것이 도참사상과 풍수지리설이다. ㄹ. 개경의 보수적인 문벌 귀족은 서경 천도를 반대하였고, 과거를 통해 진출한 지방의 신진 세력은 서경 천도에 찬성하였다.
ㄱ. 이자겸의 난으로 경원 이씨 세력이 몰락하였다.
ㄴ. 무신에 대한 차별로 인해 무신 정변이 발생하였다.

19 정답 ⑤

해설 | (가)는 고려의 재조대장경(팔만대장경)이다. 재조대장경이 제작된 시기는 대몽 항쟁기인데, 당시 실권자였던 최우는 수도를 강화로 옮기고 항전과 외교를 병행하며 30여 년간 저항하였다.
① 공민왕 때 무력으로 쌍성총관부를 공격하여 철령 이북 땅을 수복하였다.
② 고려 말, 왜구의 침입에 대비하여 화통도감을 설치하고 화약 무기를 제조하였다.
③ 서경 천도 운동은 재조대장경이 제작되기 이전의 일이다.
④ 거란이 침입한 때이므로 고려 초기에 해당한다.

20 정답 ①

해설 | 제시된 자료는 고려 후기의 문신인 이규보가 장인의 제사를 모시면서 쓴 글이다. 고려 후기는 성리학적 사회 질서가 강조된 조선 후기와는 달리 여성의 지위가 낮지 않았다. 여성이 호주가 되는 경우도 있었으며, 호적에도 자녀들의 성별을 구분하지 않고 출생 순서대로 기재하였다.
②, ③, ④, ⑤ 조선 후기에 해당하는 내용이다.

21 정답 ③

해설 | (가) 제도는 고려의 전시과 제도이다. 전시과는 경종 때 처음 도입된 이래 목종, 문종 때 정비되어 고려의 토지 제도로 기능하였다. 직역의 대가로 수조권을 지급한 전시과 제도는 세월이 지나면서 지급 가능한 토지의 면적이 줄어들게 되자 지급액이 축소되었다. 전시과는 직역의 대가로 지급된 만큼 군인전과 같이 직역과 수조권이 함께 승계되는 경우를 제외하고는 원칙적으로 세습이 불가능하였다.
ㄹ. 태조 왕건은 통일 과정에서 공을 세운 이들의 노고를 치하하기 위하여 역분전을 지급하였다.

22 정답 ④

해설 | 제시된 자료는 조선 태조 때 만들어진 천상열차분야지도이다. 천상열차분야지도가 만들어진 당시 정도전 남은을 중심으로 요동 정벌론이 등장하였고, 요동 정벌을 위해 군사력을 강화하였다.
① 태종은 세금과 군역을 확보하기 위해 양전 사업과 호구 파악에 노력하였고 호패법을 시행하였다.
② 세종은 집현전을 설치하여 학자들과 많은 토론을 거쳐 정책을 시행하였다.
③ 세종은 의정부 서사제를 시행하여 왕의 권한을 의정부에 많이 넘겨주었다.
⑤ 세종 때에는 중국의 수시력과 아라비아의 회회력을 참고하여 "칠정산"을 만들었다. "칠정산"은 우리나라 역사상 최초로 한양을 기준으로 천체 운동을 정확하게 계산한 역법서이다.

23 정답 ④

해설 | (가) 보은 법주사 팔상전은 17세기 조선 시대 건축물로 불교의 사회적 지위 향상과 양반 지주층의 경제적 성장을 반영하고 있다.
(나) 금동 미륵보살 반가 사유상은 삼국 시대에는 많이 만들어졌던 불상이다.
(다) 청자 상감 운학무늬 매병은 12세기 중엽 고려만의 독창적인 기법인 상감법으로 제작한 청자이다.
(라) 측우기는 조선 세종 때 강우량을 측정하기 위하여 만든 기구로 서울과 각 도의 군현에 설치하였다.
따라서 시기순으로 나열하면, (나)-(다)-(라)-(가)가 된다.

24 정답 ①

해설 | 전국이 8개의 도로 나누어져 있는 것으로 보아 조선 시대임을 알 수 있다. 조선은 일원화된 체계로 지방 행정 제도를 실시하였고, 지방의 향리 세력을 약화하고 지방관의 권한을 강화하여 중앙 집권 체제를 더욱 공고히 할 수 있었다. 그 일환으로 지방관을 보좌하기 위해 지방 사대부들로 하여금 유향소를 조직하도록 하였다. 또한, 특수 행정 구역인 향·부곡·소를 일반 군현으로 승격시키고 지방관을 파견하여 지방 통치 체계를 일원화하였다.
ㄷ. 신라 시대에 소경을 설치하여 지방 통치의 거점으로 삼았다.
ㄹ. 고려 시대에 지방 통제를 위하여 향리의 자제를 인질로 삼았는데, 이를 기인 제도라 한다.

25 정답 ④

해설 | 제시된 연표는 조선의 시기별 토지 제도를 나타낸 것이다. 조선은 관리들의 경제적 기반을 마련해 주기 위하여 과전법을 실시하였다. 그러나 토지 부족 현상이 심해지면서 세조 때 직전법을 실시하여 현직 관리에게만 수조권을 지급하였다. 그럼에도 토지 부족 현상이 해결되지 않자 명종 때 직전법을 폐지하고 관리들에게 녹봉만 지급하였다.
ㄱ. 전지와 함께 시지를 지급한 것은 고려의 전시과에 해당한다.
ㄷ. 관수관급제는 국가에서 조세를 거두어 관리들에게 지급한 제도이다.

26 정답 ④

해설 | 세조가 명하고 서거정 등을 중심으로 편찬되었다는 내용을 통해 "동국통감"임을 알 수 있다. "동국통감"은 고조선에서 고려 말까지의 역사를 연대순으로 서술하였다.
① 이규보의 "동명왕편"에 대한 설명이다.
② "조선왕조실록"에 대한 설명이다.
③ 세가(제후)·지(각종 분야)·열전(신하) 등의 항목으로 나누어 기록한 것을 기전체라고 한다.
⑤ 김부식의 "삼국사기"에 대한 설명이다.

27 정답 ⑤
해설 | 조선 후기의 군사 기구인 훈련도감의 군인들은 조선 전기의 의무병제(양인개병제)와 달리 급료를 받아 생활하는 전문 직업 군인이었다. 모집된 군인들을 포수(조총병)·사수(활)·살수(창, 칼)로 나누었는데, 이를 삼수병 체제라 한다.
ㄱ. 속오군에 대한 설명이다. 지방의 방위를 위해 편성한 군대로 모든 신분의 장정이 포함되었다.
ㄴ. 고려 정종 때 전쟁에 대비하기 위해 조직한 광군사이다. 이후 고려의 지방군인 주현군·주진군으로 이어졌다.

28 정답 ③
해설 | 제시된 지문은 이순신의 "난중일기"에 대한 설명이므로 밑줄 그은 전쟁은 임진왜란임을 알 수 있다. 임진왜란 초기에 패전을 거듭하게 되자, 조선 정부는 기존의 활과 창으로 무장한 부대 외에 조총으로 무장한 부대를 추가하여 훈련도감을 설치하였다. 또 속오법을 시행하여 지방군 편제를 개편하였다. 한편, 조선은 명에게 군사를 요청하여 명군과 함께 왜군을 물리쳤다.
③ 북벌론은 병자호란 이후 제기되었는데, 청에게 당한 치욕을 씻고 명에 대한 의리를 지키자는 주장이었다.

29 정답 ④
해설 | 제시된 자료는 조선 후기의 광산업과 관련된 내용이다. 조선 후기에는 상업이 발달함에 따라 사무역이 활발하게 전개되었다. 또, 상평통보와 같은 화폐가 활발히 유통되었는데, 일부 부유층은 화폐를 재산 축적의 수단으로 삼아 시중에 유통되는 화폐량이 부족해지기도 하였다. 농업에서는 조선 전기에 등장한 이앙법이 조선 후기에 확산되면서 생산력이 크게 증대하였다. 일부 농민은 상품 작물을 재배하여 부농이 되기도 하였다.
④ 조선 전기 시전 상인에 대한 설명이다. 정부는 종로에 대규모 상가인 시전을 조성하고 이를 상인들에게 임대하였다. 시전 가운데 명주, 종이, 모시, 어물 등을 파는 점포를 육의전이라고 하였다.

30 정답 ④
해설 | (가)는 중농학파인 이익의 주장이고, (나)는 중상학파인 박제가의 주장이다. 이익은 국가 제도의 개혁을 주장하면서 나라를 좀먹는 여섯 가지 폐단(과거제, 노비제, 양반 문벌, 미신, 중, 게으름 등)을 지적하였다. 박제가는 소비의 중요성을 역설하면서 경제 발전을 위하여 국내의 수공업을 진작시키는 한편, 외국과의 무역을 촉진시켜 상업을 활성화할 것을 주장하였다.
ㄱ. 홍대용은 기술 혁신과 문벌제도의 철폐, 그리고 성리학의 극복이 부국강병의 근본이라고 강조하였으며, 지전설과 무한우주론을 제시하여 사대부의 중화사상을 비판하였다.
ㄷ. 박지원은 양반전, 호질, 허생전 등 체면에만 얽매인 양반들을 풍자하는 소설을 썼다.

31 정답 ④
해설 | 제시된 자료는 거중기 분도(좌)와 수원 화성(우)으로 조선 정조와 관련 있다. 정조는 왕실 도서관인 규장각을 설립하였고, 친위 부대인 장용영을 설치하여 왕권을 뒷받침하는 군사 기반으로 삼았다. 또 초계문신 제도를 실시하여 중·하급 관리 가운데 유능한 인사를 재교육하였다. 서얼에 대한 차별도 완화하여 서얼 출신들을 규장각 검서관에 등용하였다.
④ 영조는 탕평 정책에 동의하는 온건하고 타협적인 탕평파를 등용하여 정국을 운영하였다.

32 정답 ③
해설 | (가)는 동학이고, (나)는 서학(천주교)이다. 평등 사상과 외세 배척을 내세운 동학은 하층민들을 중심으로 전국적으로 교세가 확대되었다. 천주교는 청을 통해 유입되었는데, 처음에는 서양의 과학 기술과 함께 학문으로서 실학자들에 의해 수용되었다.
㉠ 신 앞에 모든 인간은 평등하고, 불안한 현실을 대신할 내세가 존재한다는 천주교 교리에 백성들이 공감하면서 천주교의 전파는 계속 이어졌다.
㉣ 동학 농민군은 나랏일을 돕고 백성을 편안하게 한다는 보국안민(輔國安民)과 포악한 것을 물리치고 백성을 구원한다는 제폭구민(除暴救民)을 기치로 내걸고 봉기하였다.

33 정답 ③
해설 | 제시된 자료는 조선 후기에 통용된 상평통보에 대한 설명이다. 숙종 때 만들어진 상평통보는 17세기 말 전국적으로 유통되었다. ㄴ. 18세기 후반부터는 조세와 지대의 금납화가 진행되어 세금과 소작료도 동전으로 납부하였다. 그리하여 동전은 쌀이나 베 등 현물 화폐를 대신하여 중요한 지불 수단이 되었다. ㄷ. 시전의 독점 판매에 대한 비판 여론이 높아지자 정조는 신해통공을 발표하여 육의전을 제외한 시전의 금난전권을 폐지하였다.
ㄱ. 관수관급제는 조선 성종 때 국가가 수조권을 대신 행하여 관리에게 지급한 제도이다.
ㄹ. "농사직설", "금양잡록" 등의 농서가 편찬된 것은 조선 전기 세종, 성종 때의 일이다.

34 정답 ⑤

해설 | 조선 후기에는 서민 의식이 높아지면서 문화의 주체도 양반에서 벗어나 다양해졌다. 예술의 표현 양식도 정적이고 소극적이었던 조선 전기와 달리 감정을 거리낌 없이 표현하는 경향이 뚜렷해졌으며 양반은 서민들의 풍자 대상이 되었다. 판소리, 탈놀이, 한글 소설, 사설시조 등이 유행하였으며, 진경 산수화와 같은 독자적 화풍이 형성되었다. 서민을 그림의 소재로 하는 풍속화와 집안을 장식하기 위한 민화도 유행하였다. ① 조선 후기 김홍도의 풍속화인 무동도이다. ② 송파 산대놀이로, 조선 후기 상공업이 발달하면서 송파장이 커지게 되었는데, 이러한 배경에서 시작된 놀이다. ③ 조선 후기 민화의 일종인 문자도이다. ④ 조선 후기 유행한 청화 백자로 청색의 안료로 백자에 무늬를 그리고 유약을 발라 만든 것이다.
⑤ 조선 전기 세종 때 강희안이 그린 고사관수도이다.

35 정답 ③

해설 | 제시된 자료는 조선이 외국과 맺은 최초의 근대적 조약인 강화도 조약(조·일 수호 조규)이다. 강화도 조약의 체결로 조선은 근대적 외교 질서에 편입되었으나, 불평등 조약의 내용에 따라 일본에게 정치·경제·군사적 침략의 기반을 마련해 주게 되었다. 일본은 조선에 대한 자유로운 침략을 위하여 조선이 종주국으로 삼고 있었던 청의 간섭을 차단하고자 조선을 자주국으로 명시하였다.
① 최혜국 대우는 다른 국가에게 더 나은 이권을 부여할 경우, 최혜국 대우를 받는 기존의 국가도 자동으로 그와 같은 이권을 획득하게 되는 권리이다. 이는 미국이 최초로 획득하였다.
② "조선 책략"의 영향을 받아 체결된 조약은 미국과의 수호 통상 조약이다.
④ 개항장의 외국인 거류지를 넘어 내지에서 통상할 권리를 최초로 규정한 것은 조·청 상민 수륙 무역 장정이다.
⑤ 국내에서 천주교 포교를 허용한 것은 1886년 프랑스와 수교하면서부터이다.

36 정답 ④

해설 | (가)는 동포제(후에 호포제)이고, (나)는 사창제이다. 흥선 대원군은 양반들에게도 군포를 징수하는 호포제를 통해 백성들의 부담을 줄여 주면서도 국가 재정을 확보하고자 하였다. 또한, 환곡이 부패한 관리들에 의해 악용되자 환곡제를 폐지하고 지역의 유력자를 중심으로 공동으로 운영하는 사창제를 실시하였다.
ㄱ. 신분제는 갑오개혁(1894)으로 폐지되었다.
ㄷ. 전정 개혁이 아니라 사창제에 대한 설명이다.

37 정답 ①

해설 | 제시된 자료에서 '난병들이 대궐을 침범'한 내용이나 '중궁(명성황후)이 도망하였다'는 내용을 통해 임오군란과 관련 있음을 알 수 있다. ㄱ. 일본은 군란 과정에서 일본 공사관 피습과 소실, 일본인 피살 등을 구실로 제물포 조약을 맺고 배상금 지급과 일본 경비병의 공사관 주둔을 인정하게 되었다. ㄴ. 군란의 진압 과정에서 영향력을 발휘한 청은 조선에 군대를 주둔시키고 외교·군사 고문을 파견하여 조선의 내정에 간섭하였다.
ㄷ. 철도 부설권 등의 이권 침탈이 가속화된 시기는 1890년대 후반 이후에 해당한다.
ㄹ. 일본의 지원을 받은 급진 개화파가 갑신정변에 실패하자 일부 급진 개화파는 일본으로 망명하기도 하였다.

38 정답 ②

해설 | (가)는 온건 개화파이다. '수호는 수호대로 하고 금교는 금교대로 할 수 있습니다'를 통해 서양과 수교는 맺되 서양의 종교는 배척하려고 함을 알 수 있다. (나)는 급진 개화파이다. '양반을 배제'하고 '문벌을 폐지'해야 한다고 함으로써 서양의 기술뿐만 아니라 제도도 수용하고자 하였다. (다)는 위정척사파이다. 제시문은 최익현이 내세운 개항불가론이다. ㄱ. 온건 개화파는 동양의 도리(정신)를 유지하고 서양의 과학기술만을 수용하려는 입장이었다. ㄷ. 위정척사파는 1890년대 을미사변과 단발령을 계기로 의병을 일으켰다.
ㄴ. 급진 개화파는 일본의 메이지 유신(문명개화론)을, 온건 개화파는 청의 양무운동(중체서용)을 모델로 삼았다.
ㄹ. 박규수, 오경석, 유홍기 등 초기 개화 사상가의 사상을 이어받아 개화파가 형성되었다.

39 정답 ②

해설 | 제시된 자료는 제2차 갑오개혁 시기에 발표된 홍범 14조이다. ㄱ. 제2차 갑오개혁에 따라 이전까지 관할 지역의 사법·행정·군사권을 모두 장악하였던 지방관의 권한에서 행정권을 제외한 다른 권한들은 분리되었다. 특히 사법권의 분리에 따라 재판소가 설치되고 법관 양성소가 설립되었다. ㄷ. 제2차 갑오개혁과 더불어 고종은 교육 입국 조서를 발표하여 근대적 교육의 대대적인 보급을 선언하였는데, 이에 따라 한성 사범 학교 관제, 소학교 관제, 외국어 학교 관제 등이 발표되었다.
ㄴ. 태양력의 사용과 종두법의 실시는 을미사변 이후 추진된 제3

차 갑오개혁(을미개혁)의 내용이다.
ㄹ. 은본위제 화폐 제도의 채택 및 조세의 금납화는 제1차 갑오개혁의 내용이다.

40 정답 ②

해설 | 제시된 지문은 동학 농민 운동의 전개 과정에 대한 설명이다. (가) 이전에 청과 일본이 조선에 상륙한 것으로 보아 (가) 시기는 농민군과 정부가 전주 화약을 맺은 이후의 상황이라는 것을 유추할 수 있다. 또한 (가) 이후에 삼례 집회를 통해 농민군을 집결시킨 것으로 보아 제2차 농민 봉기가 일어났음을 알 수 있다. 따라서 (가) 시기에는 농민군이 정부에 폐정 개혁안 12개조를 제시하고 자치 개혁 기구인 집강소를 설치하였다. 한편, 이 시기에 청과 일본의 대립이 극에 달해 청·일 전쟁이 발발하였다.
시기 순서로 나열하면, ④ → ⑤ → ① → 청군과 일본군의 파견 → ② → 남접과 북접의 연합 → ③ 순으로 전개되었다.

41 정답 ④

해설 | 제시된 기사와 관련된 사건은 병인양요이다. 프랑스는 선교사의 처형을 구실로 조선을 침략하여 온갖 만행을 저질렀다. 이에 한성근은 문수산성에서, 양헌수는 정족산성에서 프랑스군을 격퇴하였다.
① 어재연 장군은 신미양요 때 광성보에서 미군에 맞서 싸우다 전사하였다.
② 미국은 평양에서 발생한 제너럴셔먼호 사건을 빌미로 신미양요를 일으켰다.
③ 동학 농민 운동(1894) 때 조선 정부가 청에 파병을 요청하자 톈진 조약을 이유로 일본군도 군대를 파병하였다.
⑤ 조선은 운요호 사건을 계기로 일본과 강화도 조약(1876)을 체결하였다. 강화도 조약은 조선 최초의 근대적 조약이었으나 불평등한 조약이었다.

42 정답 ④

해설 | 제시된 자료는 개항 이후의 경제 상황을 나타낸 것이다. 자료에서 개항장의 객주를 통하여 조선과 일본 간의 무역이 이루어지는 것을 통해 1876년 강화도 조약 체결 이후부터 1882년 조·청 상민수륙무역장정의 체결로 외국 상인이 내지 통상권을 얻기까지의 상황임을 알 수 있다. ㄴ. 일본 상인이 개항장을 통하여 조선에 공급한 값싼 면직물은 조선의 면방직 수공업에 큰 타격을 주었고, 이에 따라 농민들이 주요한 부수입원을 잃게 되었다. ㄹ. 1882년 조·청 상민 수륙 무역 장정으로 외국 상인들이 개항장을 넘어 직접 내지에서 상거래를 하게 되기 전까지 일본인을 비롯한 외국 상인들은 개항장에서만 상거래를 할 수 있었다.
ㄱ. 외국 상인의 경제적 침투가 심화되자 시전 상인을 비롯한 조선 상인들은 외국 상인의 퇴거를 요구하였는데, 이는 1890년의 상황이다.
ㄷ. 청과 일본 상인 간의 상권 경쟁은 청 상인이 조·청 상민 수륙 무역 장정을 통해 경제적 특권을 획득한 1882년 이후의 상황이다.

43 정답 ②

해설 | 제시된 자료는 일제의 한국 침략 과정을 보여 준다. 일제는 러·일 전쟁을 계기로 경쟁자였던 러시아를 물리친 이후 한국의 권리를 잠식하는 조약을 체결하여 한국에 대한 침략을 가속화하였다. ② 대한 제국의 사법권이 박탈된 것은 1909년에 체결된 기유각서에 의해서이다. 제1차 한·일 협약에서는 친일 고문(외교·재정)의 파견을 규정하였다.
① 일제는 한·일 의정서의 체결을 통해 한국의 전쟁 협조를 강요하고 한국 내 군사 기지의 사용권을 획득하였다.
③ 1905년의 제2차 한·일 협약(을사늑약)으로 한국의 외교권은 박탈되었고, 이를 일본이 대행하기 위하여 조선에 통감부를 설치하였다.
④ 고종이 헤이그 특사를 파견하자 일제는 이를 빌미로 고종을 강제 퇴위시키고 한·일 신협약을 체결하여 대한 제국군을 해산하고 대한 제국의 차관에 일본인을 임명토록 하였다.
⑤ 1910년 한·일 병합 조약으로 마침내 대한 제국은 국권을 잃고 일본의 식민지가 되었다.

44 정답 ⑤

해설 | 제시된 신문은 독립신문이고, 이 신문을 발행한 단체는 독립 협회이다. 독립신문은 국내·외의 사정을 알리기 위한 목적으로 발행된 한글 신문이다. 제시된 지문에서는 백성들의 권리와 관민의 합심을 주장하고 있다. ⑤ 독립 협회는 러시아의 절영도 조차 요구 저지, 러시아의 목포·증남포 매도 저지, 러시아 군사 및 재정 고문 철수, 한·러 은행 폐쇄 등의 성과를 거두었다.
① 갑신정변 이후 조선을 둘러싼 열강의 대립이 격화됨에 따라 독일의 부들러, 조선의 유길준 등이 한반도 중립화론을 주장하였다.
② 조선의 신분 제도는 제1차 갑오개혁(1894)을 통해 폐지되었고, 이후 독립 협회의 활동은 평등 의식의 확산에 기여하였다.
③ 교정소는 대한 제국이 황제 직속으로 설치한 입법 기구이다. 이 기구에서 대한국 국제가 제정되었다.
④ 독립 협회는 주로 러시아의 이권을 저지하기 위한 활동을 전개

하였다. 미국의 이권에 대해서는 적극적인 대응이 없었다.

45 정답 ⑤

해설 | 제시된 그래프는 1920년 이후 추진된 산미 증식 계획의 결과를 보여 주고 있다. ㄷ. 산미 증식 계획은 표면상 수리 시설 및 품종·농법 개량을 통하여 조선 농민의 소득 증대를 목표로 하였다. 그러나 모든 부담은 조선 농민에게 전가되었고 미곡 증산을 위해 조선의 농업은 쌀 농사 중심의 미곡 단작화 경향이 강해졌다. ㄹ. 제1차 세계 대전으로 유럽으로의 수출이 증가하자 일본은 급격한 공업화를 겪게 되는데, 이에 따라 농지와 농민 인구의 감소로 인해 쌀 부족 문제가 대두되었다. 이를 해결하기 위하여 일본 정부는 조선에서 쌀을 증산하여 일본으로 공급한다는 계획 하에 산미 증식 계획을 추진하였다.
ㄱ. 미곡 증산에 필요한 비용은 토지의 소유자가 부담하는 것이 원칙이었으나, 지주들은 이를 소작농에게 전가하였다.
ㄴ. 산미 증식 계획으로 쌀 생산량은 늘어났지만 일제는 증산된 양보다 훨씬 더 많은 쌀을 일본으로 가져갔다. 이로 인해 국내 식량이 부족해졌다.

46 정답 ⑤

해설 | 제시된 지도는 1920년대 중반 이후 성립된 3부의 활동 지역을 나타내고 있다. 독립군들의 통합 운동을 거쳐 성립된 3부는 독립군 단체일 뿐 아니라 관할 지역의 동포 사회를 이끈 일종의 정부로서의 역할도 담당하고 있었다. 1920년대 중반부터 국내에서는 민족 유일당 운동이 활발해졌고, 이는 만주의 독립군에게도 영향을 미쳤다. 동시에 독립군이 모여 3부를 조직하자 위기감을 느낀 일제는 만주 군벌과 미쓰야 협정을 체결하였는데, 이에 따라 탄압을 받게 된 독립군들은 더 큰 역량을 발휘하기 위하여 3부 통합 운동을 전개하였다. 통합 운동의 결과 1920년대 말 3부는 남만주의 국민부와 북만주의 혁신 의회로 재편되었다.
ㄱ. 1930년대 초반의 독립 전쟁을 주도한 것은 3부 통합의 결과 성립된 조선 혁명당(남만주)과 한국 독립당(북만주)이다.
ㄴ. 간도 참변과 자유시 참변은 3부가 성립되기 이전인 1920년과 1921년에 각각 일어났다.

47 정답 ③

해설 | (가)는 '아와 비아의 투쟁'이라는 표현을 통하여 신채호의 민족주의 역사학임을 알 수 있다. (나)는 특수성에도 불구하고 다른 민족과 거의 동일한 발전을 거쳐왔다고 한 내용에서 백남운의 사회 경제 사학임을 알 수 있다. ③ 역사 연구 결과의 객관성을 담보하기 위하여 문헌과 자료에 입각한 실증적 연구 방법을 채택한 것은 이병도의 진단학회를 중심으로 한 실증주의 역사학이다.
①, ② 근대 민족주의 역사학은 신채호와 박은식에 의해 제창되었으며, 역사 발전의 동력으로서 민족정신을 강조하였다. 독립운동의 일환으로 연구되어 민족의 주체성과 독립 정신을 강조하였다.
④ 백남운의 사회 경제 사학은 사회주의의 유물 사관의 영향을 받아 특수성과 함께 역사 발전의 보편성을 강조하여 식민 사관의 정체성론을 정면으로 반박하였다.
⑤ 민족주의 사학과 사회 경제 사학 모두 민족 운동의 일환으로 연구되었으며, 식민 사관의 논리(정체성론, 타율성론, 당파성론 등)를 비판하였다.

48 정답 ④

해설 | 제시된 자료는 오랫동안 최하 신분층으로 천대를 받아왔던 백정층이 형평 운동을 전개하기 위해 조직한 '형평사'라는 단체의 신강령이다. 백정들은 신분 차별을 타파하기 위해 1923년 경남 진주에서 조선 형평사를 조직하여 형평 운동을 전개하였다. 그 후 조선 형평사는 전국으로 조직을 확대하고 다른 사회 운동 단체와 연대하여 식민지 경제 정책에 저항하는 파업과 소작 쟁의에도 참여하였다.
① 신간회가 창립된 것에 자극을 받아 여성 단체에서도 민족 유일당 운동이 일어났고, 그 결과 1927년에 근우회가 결성되었다.
② 1921년 천도교 소년회가 방정환을 비롯한 천도교 청년들의 주도로 창립되었다. 이 단체에서는 어린이날을 정하였고, '어린이'라는 잡지를 발간하기도 하였다.
③ 1929년에 원산 총파업 소식이 알려지자 일본의 부두 노동자들이 동조 파업을 전개하고 중국·소련·프랑스 노동자들이 격려 전문을 보내오는 등 국제적으로 연대하는 모습을 보였다.
⑤ 1920년대에 청년회는 민중 계몽에 힘썼고, 1923년 서울 청년회 주도로 전조선 청년당 대회를 열었다.

49 정답 ④

해설 | 제시된 표는 대한민국 헌법의 변천 과정을 보여 준다. 1948년 제헌 국회에서 헌법이 제정된 이래, 정치적 상황에 따라 수시로 개정되었으며, 1987년의 대통령 직선제 개헌을 마지막으로 현재까지 유지되고 있다. ④ 7년 단임제는 1980년 개정된 제5공화국 헌법에서 규정한 내용이다. 유신 헌법에서는 6년 무제한 연임의 대통령을 통일 주체 국민회의에서 간접 선거를 통해 선출하였고, 대통령에게 3권을 압도하는 막강한 권한을 부여하였다.
① 제헌 헌법에서는 대통령 중심제를 채택하되 내각 책임제의 요

소를 가미하여 4년 임기의 대통령을 국회에서 선출하도록 하였으며, 2회에 한하여 연임을 허용하였다.
② 1956년의 3대 대선을 앞두고 자유당 정권은 집권을 연장하기 위해 초대 대통령에 한하여 연임 규정을 없애고 무제한 연임을 허용하였다.
③ 4·19 혁명으로 자유당 정권이 붕괴된 후 개정된 헌법에서는 총리 중심의 내각 책임제를 채택하였고, 상·하원 양원제 국회를 설치하도록 하였다.
⑤ 5공화국 정부는 개헌을 통해 5년 단임의 대통령 직선제를 규정한 헌법을 만들었다.

50 정답 ①

해설 | 제시된 자료는 1972년에 이루어진 7·4 남북 공동 성명의 내용이다. 1969년 닉슨 독트린 이후 전 세계적으로 긴장 완화 시대가 전개되자 남북은 1971년 남북 적십자 회담을 계기로 관계 개선을 시도하였다. 그 결과, 1972년 자주·평화·민족 대단결의 3대 원칙이 담긴 7·4 남북 공동 성명을 발표하고, 남북 조절 위원회를 설치하였다. 그러나 결과적으로 남북 공동 성명은 남과 북 각각의 정권을 강화하는데 이용되어 남한에는 유신 헌법이, 북한에서는 사회주의 헌법이 탄생하였다.
② 학생 운동 세력과 혁신계가 중립화 통일론 등을 주장하면서 통일 운동을 전개한 시기는 1960년 4·19 혁명 직후부터 장면 내각 때까지이다.
③ 무장간첩의 청와대 기습 사건(김신조 사건)은 1968년에 일어났다.
④ 노태우 정부는 1989년 한민족 공동체 통일 방안을 북한에 제의하였다.
⑤ 김영삼 정부는 '화해와 협력, 남북 연합, 통일 국가'라는 3단계 통일 방안을 제시하였다.

제2회 최종 점검 실전 모의고사

- 자신이 선택한 등급의 문제지인지 확인하시오.
- 문제지에 성명과 수험 번호를 정확히 써넣으시오.
- 답안지에 성명과 수험 번호를 써넣고, 또 수험 번호와 답을 정확히 표시하시오.
- 시험 시간은 80분입니다.

1. 다음은 자료를 보고 대화한 내용이다. 이 집에 처음으로 살았던 사람들이 사용한 도구로 옳은 것을 〈보기〉에서 고른 것은? [2점]

> 윤아: 이 집은 어떻게 지었을까?
> 민호: 제일 먼저 가슴 깊이까지 땅을 파야 했어.
> 윤아: 다음에는 바닥에 기둥을 세워야겠지?
> 민호: 그 기둥이 집을 지탱하는 역할을 했어.
> 윤아: 출입문을 왜 남쪽으로 내었을까?
> 민호: 여름에는 시원하고, 겨울에는 따뜻하라고.
> 윤아: 중앙에 화덕을 설치한 이유는?
> 민호: 난방이나 조리를 하기 위해서지.
> 윤아: 그럼, 지붕은 어떻게 만들었을까?
> 민호: 여기 기둥 위를 풀로 덮어서 지붕을 만들었다고 적혀 있어.

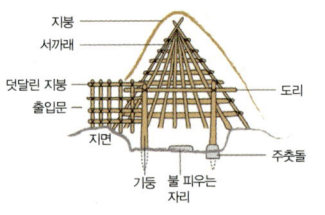

[보기]

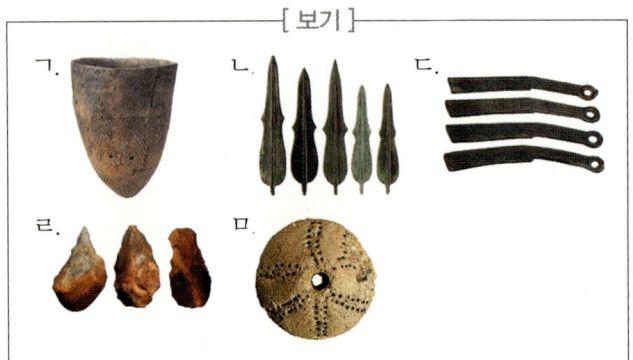

① ㄱ, ㄴ ② ㄱ, ㅁ ③ ㄴ, ㄷ ④ ㄴ, ㄹ ⑤ ㄷ, ㅁ

2. 다음 자료와 관련된 법을 시행한 나라의 유물 유적으로 옳은 것을 〈보기〉에서 고른 것은? [2점]

> …… 대개 사람을 죽인 자는 즉시 죽이고, 남에게 상처를 입힌 자는 곡식으로 갚는다. 도둑질을 한 자는 노비로 삼는다. 용서를 받고자 하는 자는 한 사람마다 50만 전을 내게 한다. 비록 용서를 받아 보통 백성이 되어도 풍속에 역시 이를 부끄럽게 여겨 결혼을 하자고 해도 짝을 구할 수 없었다. 이리하여 백성은 도둑질을 하지 않아 대문을 닫고 사는 일이 없었다. 여자는 모두 정조를 지키고 신용이 있어 음란하고 편벽된 짓을 하지 않았다. ……
> - "한서" -

[보기]

① ㄱ, ㄴ ② ㄱ, ㄷ ③ ㄴ, ㄷ ④ ㄴ, ㄹ ⑤ ㄷ, ㅁ

3. 다음과 같은 무덤의 구조를 가진 국가에 대한 설명이 옳은 것은? [2점]

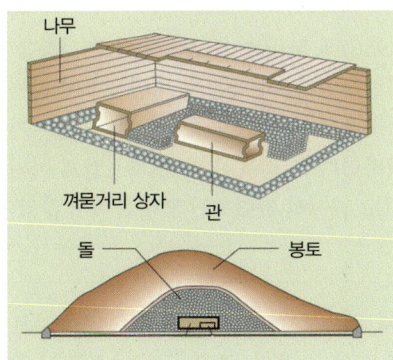

① 수군을 정비하여 중국의 요서·산둥 지방, 일본의 규슈 지방까지 진출하였다.
② 중국과 전쟁을 통해 동아시아의 강국으로 자리매김했을 뿐 아니라, 중국의 한반도에 대한 침략을 저지하였다.
③ 풍부한 철의 생산으로 낙랑과 규슈 지방을 연결하는 중계 무역이 번성하였다.
④ 한강 유역으로 진출한 이후에는 당항성을 통하여 중국과 직접 교역을 하면서 삼국의 주도권을 장악하기 시작하였다.
⑤ 한때 중국으로부터 해동성국이라 불렸으나 권력 투쟁으로 국력이 약화된 상황에서 거란의 침략으로 멸망하였다.

4. 다음 지도의 형세를 이루었던 시기에 (가) 나라에서 만들어진 것은? [2점]

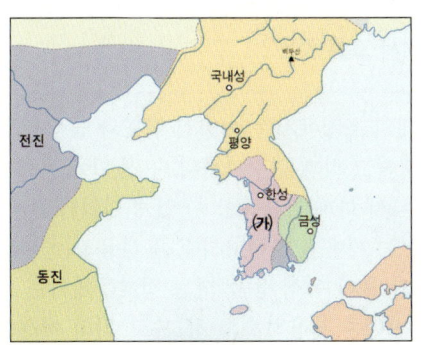

 ①    ②    ③

 ④    ⑤

5. 다음 빈칸 (가)에 들어갈 수 있는 내용을 〈보기〉에서 고른 것은? [2점]

> **서술형 문제**
>
> ★ 자료를 통해 추론할 수 있는 당시의 시대적 상황을 서술하시오.
>
> 진성왕 3년(889), 나라 안의 여러 주·군에서 공부를 바치지 않으니, 창고가 비고 나라의 쓰임이 궁핍해졌다. 왕이 사신을 보내어 독촉하였지만, 이로 말미암아 곳곳에서 도적이 벌떼같이 일어났다. 이에 원종, 애노 등이 사벌주에 의거하여 반란을 일으키니, …… 영기가 적진을 쳐다보고는 두려워하여 나아가지 못하였다. - "삼국사기" -

(가)

[보기]

ㄱ. 진골 귀족의 세력이 약화되면서 집사부의 장관인 시중의 세력이 강화되고 상대등 세력이 약화되었다.
ㄴ. 당에 유학하였다가 돌아온 6두품 출신의 일부 유학생들은 지방의 호족 세력과 연계하여 사회 개혁을 추구하였다.
ㄷ. 불교계의 타락상을 비판하며 승려 본연의 자세로 돌아가 독경과 선 수행, 노동에 힘쓰자는 신앙 결사 운동이 일어났다.
ㄹ. 왕위 쟁탈전이 벌어짐에 따라 귀족 연합 정치가 운영되었고 지방에 대한 통제력이 약화되었다.

① ㄱ, ㄴ   ② ㄱ, ㄷ   ③ ㄴ, ㄷ   ④ ㄴ, ㄹ   ⑤ ㄷ, ㄹ

6. 다음 글을 쓴 인물에 대한 설명으로 옳은 것은? [2점]

> 적신 이의민은 성품이 사납고 잔인하여 윗사람을 업신여기고 임금 자리를 흔들려 하였으므로 신 등이 폐하의 위엄에 힘입어 일거에 소탕하였습니다. 원컨대 폐하께서는 옛 정치를 혁신하여 새로운 정치를 도모하시고 태조의 바른 법만을 행하여 빛나게 중흥하소서. 이에 열 가지 일을 조목으로 아룁니다.

① 풍수지리설을 내세워 서경 천도를 주장하였다.
② 수도를 강화도로 옮겨 대몽항쟁을 주도하였다.
③ 화통도감을 설치하고 화약과 화포를 제작하였다.
④ 고위관직을 역임한 뒤 은퇴하여 9재 학당을 열었다.
⑤ 신종을 옹립하고 국정을 총괄하는 교정도감을 설치하였다.

7. 다음 자료는 통일 신라의 민정 문서이다. 민정 문서에 대한 설명으로 옳은 것을 <보기>에서 고른 것은? [2점]

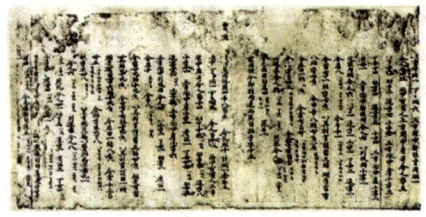

사해점촌의 호는 11호인데 중하 4호, 하상 2호, 하하 5호이다. 인구는 147명인데, 남자는 정(丁)이 29명(노비 1명 포함:이하같은), 조자(助子) 7명, 추자(追子) 12명, 소자(小子) 10명, 3년간 태어난 소자 5명, 제공(除公) 1명이고, 여자는 정녀(丁女) 42명, 조여자 9명, 추여자 10명, 소여자 8명, 3년간 태어난 소여자 8명(노비 1명), 제모 2명 노모 1명과 다른 마을에서 이사 온 추자 1명, 소자 2명 등이었다. 말은 22마리에 3마리가, 소는 17마리에 5마리가 보태졌다. 논은 102결이며, 그 가운데 19결은 촌주가 받았다. 밭은 62결, 마전은 1결 정도이다. 뽕나무는 914그루가 있었고 90그루를 새로 심었다. 잣나무는 862그루가 있었고 34그루를 심었다. 호두나무는 74그루가 있었고 382그루를 심었다.

[보기]

ㄱ. 촌을 단위로 촌주가 3년마다 조사하여 작성하였다.
ㄴ. 호는 6등급으로 인구는 9등급으로 구분하여 기록하였다.
ㄷ. 국가가 조세, 공물, 역의 수취를 위한 자료로 이용하였다.
ㄹ. 호의 수에 비해 말의 수가 많은 것으로 보아 군사 물자를 조달하던 국경 지역의 촌락이었다.

① ㄱ, ㄴ ② ㄱ, ㄷ ③ ㄴ, ㄷ ④ ㄴ, ㄹ ⑤ ㄷ, ㄹ

8. 다음 정책을 실시한 국왕에 대한 설명으로 옳은 것을 <보기>에서 고른 것은? [2점]

왕 7년(956)에 노비를 조사해서 옳고 그름을 분명히 밝히도록 명령하였다. 이 때문에 주인을 배반하는 노비들을 도저히 억누를 수 없었으므로, 주인을 업신여기는 풍속이 크게 유행하였다. 사람들이 다 수치스럽게 여기고 원망하였다. 왕비도 간절히 말렸지만 받아들이지 않았다.

[보기]

ㄱ. 과거 제도를 실시하여 새로운 세력을 육성하였다.
ㄴ. 황제를 칭하고, 광덕·준풍 등의 연호를 사용하였다.
ㄷ. 평양을 서경으로 승격시키고 분사 제도를 실시하였다.
ㄹ. 관직에 따라 토지를 지급하는 전시과 제도를 시행하였다.

① ㄱ, ㄴ ② ㄷ, ㄹ ③ ㄱ, ㄴ, ㄷ
④ ㄱ, ㄴ, ㄹ ⑤ ㄴ, ㄷ, ㄹ

9. 다음 자료와 관련된 시기의 경제에 대한 설명으로 옳은 것을 <보기>에서 고른 것은? [2점]

내 선대의 조정에서는 이전의 법도와 양식을 따라서 조서를 반포하고 화폐를 주조하니 수 년 만에 돈꿰미가 창고에 가득 차서 화폐를 통용할 수 있게 되었다. …… 문득 근본을 힘쓰는 마음을 지니고서 돈을 사용하는 길을 다시 정하니, 차와 술과 음식 등을 파는 점포들에서는 교역에 전과 같이 전폐를 사용하도록 하고, 그 밖의 백성들이 사사로이 서로 교역하는 데에는 임의로 토산물을 쓰도록 하라.

[보기]

ㄱ. 사원과 소를 중심으로 수공업이 발달하였다.
ㄴ. 공물을 토지 면적에 따라 쌀 등으로 납부하였다.
ㄷ. 벽란도를 중심으로 국제 무역이 활발히 이루어졌다.
ㄹ. 전국적으로 상업이 발달하고 상설 시장이 등장하였다.

① ㄱ, ㄴ ② ㄱ, ㄷ ③ ㄴ, ㄷ ④ ㄴ, ㄹ ⑤ ㄷ, ㄹ

10. 다음은 고려 시대 가상 인물의 호적 대장이다. 이 인물에 대한 사실로 옳은 것은? [2점]

```
              호 적 대 장
━━━━━━━━━━━━━━━━━━━━━━━━━━━━━━
1. 이름 : ○ ○
2. 신분 : 천민(노비)
3. 나이 : 42세
4. 거주지 : 경상도 ○○군
5. 가족 : 아내 ○○ (양민)
         자녀 2남 1녀
6. 주인 : 개경에 거주하는 호부상서 이○○
```

① 자녀의 신분은 양민일 것이다.
② 법적으로 과거에 응시할 수 있었다.
③ 향·부곡·소의 주민들과 신분이 같았다.
④ 양민들보다 국역의 부담을 많이 지고 있었다.
⑤ 주인의 토지를 경작하며 일정량의 신공을 바쳤다.

11. 다음을 주장한 인물에 대한 설명으로 옳은 것을 〈보기〉에서 고른 것은? [2점]

> 하루는 같이 공부하는 사람 10여 인과 약속하였다. 마땅히 명예와 이익을 버리고 산림에 은둔하여 같은 모임을 맺자. 항상 선을 익히고 지혜를 고르는 데 힘쓰고, 예불하고 경전을 읽으며 힘들여 일하는 것에 이르기까지 각자 맡은 임무에 따라 경영한다.
> - 권수정혜결사문 -

[보기]
ㄱ. 국청사를 창건하고 천태종을 창시하였다.
ㄴ. 유교와 불교의 근원이 같다고 주장하였다.
ㄷ. 수선사 결사를 제창하여 불교계를 정화하고자 하였다.
ㄹ. 정혜쌍수를 바탕으로 돈오점수의 수행법을 제시하였다.

① ㄱ, ㄴ ② ㄷ, ㄹ ③ ㄱ, ㄴ, ㄷ
④ ㄱ, ㄴ, ㄹ ⑤ ㄴ, ㄷ, ㄹ

12. 다음 자료와 관련된 인물에 대한 설명으로 옳지 않은 것은? [2점]

> 치전(治典)은 총재(冢宰)가 관장하는 것이다. 사도(司徒) 이하가 모두 총재의 소속이니 교전(敎典) 이하 역시 총재의 직책이다. 총재에 훌륭한 사람을 얻으면 6전(六典)이 잘 거행되고 모든 직책이 잘 수행된다. 그러므로 '임금의 직책은 한 사람의 재상을 논의하는 데 있다 하였으니, 바로 총재를 두고 한 말이다. 총재는 위로는 군부(君父)를 받들고 아래로는 백관(百官)을 통솔하며 만민(萬民)을 다스리는 것이니 그 직책이 크다. 또 임금의 자질에는 혼명 강약의 차이가 있으니, 총재는 임금의 아름다운 점은 순종하고 나쁜 점은 바로잡으며, 옳은 일은 받들고 옳지 않은 것은 막아 임금으로 하여금 대중(大中)의 지경에 들게 해야 한다. 그러므로 상(相)이라 하니, 곧 보상(輔相)한다는 뜻이다.
> - "조선경국전" -

① 조선 왕조 개창에 참여하였다.
② 6조 직계제 실시를 건의하였다.
③ 재상 중심 정치를 지향하였다.
④ 이방원에 의해 제거되었다.
⑤ 불교의 폐단을 비판하였다.

13. 밑줄 그은 '이 민족'에 대한 설명으로 옳은 것은? [2점]

> <u>이 민족</u>은 만주 동부 지방에 자리 잡고 살던 퉁구스 계통의 수렵 농경민으로 말갈족, 만주족이라고도 한다. 요의 지배를 받다가 12세기에 이르러 완예부의 아구타가 부족을 통일하고 금을 세웠다. 고유의 부족 조직인 맹안·모극제를 시행하였다. 이 제도는 300호를 1모극, 10모극을 1맹안으로 조직하고 그 우두머리가 맹안·모극이며 그 지위는 세습되었다. 1616년 누루하치는 후금을 세웠으며 1636년에는 명을 멸망시키고 국호를 청으로 바꾸었다.

① 나라를 세운 후 발해를 침략하여 멸망시켰다.
② 송과의 대결에 대비하여 배후를 안정시키고자 고려를 세 차례나 침략하였다.
③ 고려에 왔던 사신이 귀국하던 길에 국경 지대에서 피살되자 이를 구실로 고려에 침입하였다.
④ 조선의 산천과 지리 정보를 수집하고 조총을 개량하는 등 준비를 마친 후에 20만 대군으로 조선을 침략하였다.
⑤ 정봉수와 이립 등은 의병을 일으켜 이들을 맞아 싸웠는데 특히 정봉수는 철산의 용골산성에서 큰 전과를 거두었다.

14. 다음 자료와 관련된 제도에 대한 설명으로 옳은 것을 〈보기〉에서 고른 것은? [2점]

- 3년에 한 번씩 시험을 본다. 시험 이전 해 가을에 초시(初試)를 보고 시험 당해 초봄에 복시(覆試)와 전시(殿試)를 본다.
- 죄를 범하여 영구히 임용할 수 없게 된 자, 재가한 부녀의 아들 및 손자, 서얼 자손은 문과, 생원·진사시에 응시하지 못한다.
- 재가한 부녀의 소생은 동반직(東班職)과 서반직(西班職)에 서용하지 못하되 증손 대에 이르러서는 중요한 관직을 제외하고 서용하는 것을 허락한다.

[보기]

ㄱ. 무과는 실시되지 않았다.
ㄴ. 역과, 율과, 음양과, 의과 등 잡과가 치러졌다.
ㄷ. 초시에서는 각 도의 인구 비례로 인원을 선발하였다.
ㄹ. 5품 이상 관리의 자제는 시험을 보지 않고 관리로 선발되었다.

① ㄱ, ㄴ ② ㄱ, ㄷ ③ ㄴ, ㄷ ④ ㄴ, ㄹ ⑤ ㄷ, ㄹ

15. (가)에 들어갈 인물에 대한 설명으로 옳지 않은 것은? [2점]

당초에 남곤이 (가) 에게 교류를 청하였으나 이를 허락하지 않자 남곤은 유감을 품고서 (가) 를 죽이려고 하였다. 이리하여 나뭇잎의 감즙(甘汁)을 갉아 먹는 벌레를 잡아 모으고 꿀로 나뭇잎에다 '주초위왕(走肖爲王)' 네 글자를 많이 쓰고서 벌레를 놓아 갉아먹게 하기를 마치 한(漢)나라 공손(公孫)인 *병기(病己)의 일처럼 자연적으로 생긴 것 같이 하였다. 남곤의 집이 백악산 아래 경복궁 뒤에 있었는데 자기 집에서 벌레가 갉아먹은 나뭇잎을 물에 띄워 대궐 안의 어구(御溝)에 흘려 보내어 중종이 보고 매우 놀라게 하고서 고변(告變)하여 화를 조성하였다.
- "선조실록" -
*병기는 무제(武帝)의 증손인 선제(宣帝)의 어린 시절 이름

① 현량과의 설치를 주장하였다.
② 왕실의 외척으로서 정치권력을 장악하였다.
③ 도교 행사를 주관하던 소격서를 폐지하였다.
④ 소학 보급을 통해 사림의 향촌 지배력을 확대하고자 하였다.
⑤ 방납의 폐단을 시정하여 백성의 생활을 안정시키고자 하였다.

16. (가), (나)의 저자와 관련된 설명으로 옳은 것을 〈보기〉에서 고른 것은? [2점]

(가) 처음에는 각각 그 한 가지에만 집중하였지만 이제는 모든 것이 하나의 근원에서 만나게 됩니다. …… 이에 그 그림을 만들고 설명을 만들어 겨우 열 폭의 종이 위에 서술해 놓았습니다. 이것을 생각하고 익혀서 평소에 조용히 계실 때에 공부하시면 도를 깨닫고 성인이 되는 요령과 근본을 바로잡고 나아가 다스리는 근원이 다 여기에 갖추어져 있습니다.

(나) 신(臣)은 상고하건대, 도(道)는 오묘하여 형체가 없기 때문에 문자(文字)로써 나타낸 것입니다. 사서(四書)와 육경(六經)은 이를 분명하고도 자세하게 밝혔으니, 글로 인하여 도를 찾는다면 이치가 모두 나타날 것입니다. ……이에 다른 일을 제쳐 놓고 오로지 요점을 뽑는 일에 종사하여 사서·육경과 선유(先儒)의 학설, 또는 역대의 역사에 이르기까지 깊이 탐구하고 널리 찾아 모아서 ……

[보기]

ㄱ. (가) - 인간의 심성인 이(理)를 중시하였다.
ㄴ. (가) - 노장사상에 포용적인 태도를 가졌다.
ㄷ. (나) - 이(理)보다는 기(氣)의 역할을 강조하였다.
ㄹ. (나) - 고조선부터 고려 말까지의 역사를 편년체로 정리하였다.

① ㄱ, ㄴ ② ㄱ, ㄷ ③ ㄴ, ㄷ ④ ㄴ, ㄹ ⑤ ㄷ, ㄹ

17. (가), (나)에 대한 설명으로 옳지 않은 것은? [2점]

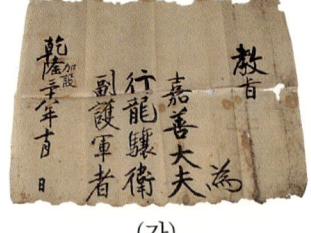 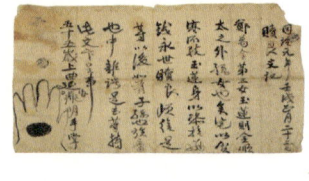

(가)　　　　　　(나)

① (가) - 실제 관직이 아닌 명예직이 주어졌다.
② (가) - 정부에서 곡식을 받은 대가로 발급한 관직 임명장이다.
③ (나) - 돈을 받고 노비를 양인으로 풀어 준 문서이다.
④ (나) - 갑오개혁 때 중앙 관서 소속의 공노비를 해방시켰다.
⑤ (가), (나) - 돈을 받고 신분을 상승시켰던 사례를 보여 준다.

18. 밑줄 그은 '그'에 대한 설명으로 옳은 것은? [2점]

> 왕대비가 교서를 내려 중외에 선유하였는데 내용은 다음과 같다. "우리나라가 중국 조정을 섬겨 온 것이 200여 년이라, 의리로는 곧 군신이며 은혜로는 부자와 같다. …… 중국 사신이 본국에 왔을 때 그를 구속하여 옥에 가두듯이 했을 뿐 아니라 황제가 자주 칙서를 내려도 구원병을 파견할 생각을 하지 않아 예의의 나라인 삼한(三韓)으로 하여금 오랑캐(여진)와 금수가 됨을 면치 못하게 하였으니, 그 통분함을 어찌 이루 다 말할 수 있겠는가. …… 그러므로 이에 그를 폐위하고 적당한 데 살게 한다."

① 4군 6진을 설치하였다.
② 친명 배금 정책을 실시하였다.
③ 남한산성에서 청에 대해 항전하였다.
④ 이종무를 보내어 쓰시마 섬을 정벌하였다.
⑤ 허준에게 "동의보감"을 편찬하도록 하였다.

19. 다음에 나타난 조세 제도 개혁에 대한 설명으로 옳은 것을 〈보기〉에서 고른 것은? [2점]

[보기]
ㄱ. 토지가 없는 농민은 세금 부담이 줄었다.
ㄴ. 대체로 토지 1결당 쌀 12두를 납부하였다.
ㄷ. 풍년과 흉년에 관계없이 동일한 세율이 적용되었다.
ㄹ. 줄어든 재정을 충당하기 위해 지주에게 결작을 부과하였다.

① ㄱ, ㄴ ② ㄱ, ㄷ ③ ㄴ, ㄷ ④ ㄴ, ㄹ ⑤ ㄷ, ㄹ

20. 다음 사상의 영향을 받은 것을 〈보기〉에서 모두 고른 것은? [2점]

> 고대의 민간 신앙과 신선술을 바탕으로 하고, 거기에 도가 사상과 음양·오행의 이론 등이 첨가되어 성립되었다. 불로장생과 현세 구복을 추구하였다.

① ㄱ, ㄴ, ㄹ ② ㄱ, ㄷ, ㅁ ③ ㄴ, ㄷ, ㄹ
④ ㄴ, ㄷ, ㅁ ⑤ ㄷ, ㄹ, ㅁ

21. 다음은 한국사 시간의 수업 장면이다. 선생님의 질문에 대해 옳게 답한 학생을 고른 것은? [2점]

> 선생님: 오늘은 한국 전근대의 신분제에 대해 공부하겠습니다. 각자 조사해 온 내용을 이야기해 보세요.
> 갑: 신라 시대에는 혈연에 따라 사회적 제약이 가해지는 골품 제도가 있었어요.
> 을: 고려 시대의 백정은 주로 도살업·육류판매업 등에 종사하던 천민이었어요.
> 병: 조선 시대 양반 첩에게서 태어난 서얼은 중인과 같은 신분적 대우를 받았어요.
> 정: 조선 순조 때에는 양인의 수를 늘리고자 공노비와 사노비를 모두 해방시켰어요.

① 갑, 을 ② 갑, 병 ③ 을, 병 ④ 을, 정 ⑤ 병, 정

22. 다음은 어느 인물의 연보이다. 이 인물에 대한 설명으로 옳은 것은? [2점]

```
1762년 경기도 광주 마현리(馬峴里)에서 출생
1783년 소과에 합격하여 성균관에 입학
1789년 대과에 합격 급제
1792년 화성 축조에 거중기를 제작하여 이용함
1794년 암행어사로 경기도 연천 일대 시찰
1801년 신유박해 때 연루되어 경상도 장기, 전라도 강진
       으로 귀양. "경세유표", "목민심서", "흠흠신서" 등
       을 편찬
  ⋮
1818년 귀양에서 풀려남
1836년 고향에서 사망
```

① 양명학을 연구하여 강화 학파를 형성하였다.
② 농촌 사회의 안정을 위해 균전론을 제시하였다.
③ 서자 출신으로 박지원의 문하에서 실학을 연구하였다.
④ 노동량에 따라 수확량을 분배하는 여전론을 주장하였다.
⑤ 고조선부터 고려 말까지 역사를 정리하여 "동사강목"을 저술하였다.

23. (가)~(라) 사절단에 대한 설명으로 옳지 않은 것은? [2점]

(가) 메이지 유신 이후의 일본 내 변화와 급변하는 세계정세를 파악하기 위한 외교 사절이 일본으로 파견되었는데, 1880년에는 김홍집 등 58명의 일행이 파견되었다.
(나) 개화 정보를 얻기 위한 사절단이 꾸며져 일본으로 파견되었다. 박정양, 어윤중, 홍영식 등으로 구성된 사절단은 근대화된 일본의 문물과 제도를 시찰하였다.
(다) 김윤식의 지휘 아래 청의 톈진으로 사절단이 파견되었다. 사절단은 양반 출신 자제들로 구성된 유학생들과 중인 출신 자제인 공장(工匠: 기술자)들로 구성되었다.
(라) 서양 국가 중 처음으로 미국에 사절단이 파견되었다. 미국 공사의 파견에 대한 답례로 파견된 이들은 미국, 유럽 등지를 시찰하였다.

① (가) - 황준헌의 "조선책략"을 가지고 왔다.
② (나) - 고종의 명령으로 비밀리에 파견되었다.
③ (다) - 근대식 무기 제조 공장인 기기창 설치에 기여하였다.
④ (라) - 조·미 수호 통상 조약이 체결되는 계기를 마련하였다.
⑤ (라) - 사절단의 일원인 유길준이 "서유견문"을 집필하였다.

24. 다음 사건에 대한 설명으로 옳은 것은? [2점]

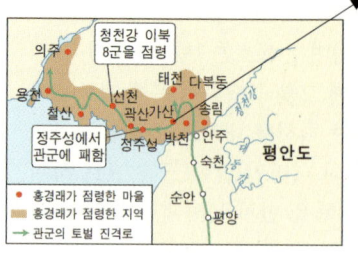

> 평서대원수는 급히 격문을 띄우노니, 관서의 부로와 자제, 공·사 천민들은 모두 이 격문을 들으라. …… 지금 임금이 나이가 어려서 권세 있는 간신배가 그 세를 날로 떨치고 … 이제 격문을 띄워 먼저 열부군후(列府君侯)에게 알리노니 절대로 동요치 말고 성문을 활짝 열어 우리 군대를 맞으라. ……

① 동학을 사상적 기반으로 하였다.
② 황사영 백서 사건 이후 정부의 탄압을 받았다.
③ 농민들이 천주교 확산에 대해 반발하여 봉기하였다.
④ 영세 농민, 중소 상인, 광산 노동자들을 중심으로 일어났다.
⑤ 정부에서는 삼정이정청을 설치하여 농민의 요구를 수용하였다.

25. 다음 예술 분야에 대한 설명으로 옳은 것을 <보기>에서 고른 것은? [2점]

```
얘 춘향아 우리 한번 업고 놀자
아이고 부끄러워서 어찌 업고 논단 말이요?
건넌방 어머니가 알면 어떻게 허실라고 그러시오?
너으 어머니는 소시 때 이보다 훨씬 더 했다고 허드라
잔말 말고 업고 놀자
이리 오너라 업고 놀자 이리 오너라 업고 놀자
사랑 사랑 사랑 내 사랑이야 사랑이로구나 내 사랑이야
이이이 이 내 사랑이로다.
         … (중략) …
아 매도 내 사랑아 저리 가거라 뒤태를 보자
이리 오너라 앞태를 보자
아장 아장 걸어라 걷는 태를 보자 빵긋 웃어라 잇속을 보자 아 매도
내 사랑아
```

[보기]
ㄱ. 중부 지방을 중심으로 유행하였던 탈춤이다.
ㄴ. 중인들이 결성한 시사를 통해 보급되었다.
ㄷ. 신재효가 열두 마당을 여섯 마당으로 정리하였다.
ㄹ. 유네스코 '인류 구전 및 무형유산 걸작'으로 지정되었다.

① ㄱ, ㄴ ② ㄱ, ㄷ ③ ㄴ, ㄷ ④ ㄴ, ㄹ ⑤ ㄷ, ㄹ

26. 밑줄 그은 '이 기구'가 실시한 개혁 내용으로 옳은 것을 〈보기〉에서 고른 것은? [2점]

> 일본은 조선 정부에 내정 개혁안 5개조를 제시하고 시행을 촉구하였지만, 고종은 이를 거부하고 교정청을 통한 자주적인 내정 개혁을 추진하고자 하였다. 그러나 일본은 군대를 동원하여 경복궁을 점령하여 조선 정부의 노력을 부정하였고, 흥선 대원군을 섭정으로 하고 이 기구를 설치하여 개혁을 추진하였다. 영의정 김홍집이 총재관을 맡은 이 기구는 초정부적 개혁 기구로 많은 개혁안을 심의하였는데, 이 기구에서 3개월간 의결한 법안이 208건에 이를 정도였다.

〈보기〉
ㄱ. 의정부를 내각으로 개편하였다.
ㄴ. 신분제 및 노비제를 폐지하였다.
ㄷ. 중단된 우편 사무를 재개하였다.
ㄹ. 궁내부를 설치하여 왕실과 국정의 사무를 분리하였다.

① ㄱ, ㄴ ② ㄱ, ㄷ ③ ㄱ, ㄹ ④ ㄴ, ㄹ ⑤ ㄷ, ㄹ

27. 다음 주장과 같은 원칙에 따라 전개된 활동으로 옳은 것을 〈보기〉에서 고른 것은? [2점]

> 금일의 폐막은 이루 말할 수 없습니다. 그 가운데 크고 심한 것은 조정과 백성의 논의가 서로 모순되어 이서(吏胥)가 부와(浮訛)하고 국세(國勢)가 급업(岌業)하니 이것이 무엇 때문이었겠습니까. 옛 것에 안주하려는 자는 반드시 구례(舊例)를 모두 회복하려 하고 공리(功利)에 급한 자는 반드시 한결같이 신식(新式)만을 따르려 합니다. 복구의 뜻은 반드시 모두 옳은 것이 아니니 복구할 만한 것도 있고 복구해서는 안 될 것도 있습니다. 새 것을 따르는 일은 반드시 모두 갖추어 있는 게 아니니 따를 것도 있고, 따라서는 안 되는 것도 있습니다.

〈보기〉
ㄱ. 대한국 국제를 제정하였다.
ㄴ. 식산흥업 정책을 시행하였다.
ㄷ. 자유 민권 운동을 전개하였다.
ㄹ. 중추원을 상원 형태로 개편하고자 하였다.

① ㄱ, ㄴ ② ㄱ, ㄷ ③ ㄱ, ㄹ ④ ㄴ, ㄹ ⑤ ㄷ, ㄹ

28. 다음 유서를 읽고 옳게 분석한 학생을 〈보기〉에서 고른 것은? [2점]

> 오호라! 국치민욕(國恥民辱)이 이에 이르니 우리 인민은 장차 경쟁에서 진멸될 것이로다. 무릇 살려고 하는 자는 반드시 죽고 죽음을 기약하는 자는 삶을 얻으리 여러분 이를 양해하라. 영환은 한 번 죽음으로써 황은에 보답하고 2,000만 동포에게 사죄하노니 영환은 죽어도 죽지 않음이라. 구천에서도 여러분을 기필코 조력하겠으니 우리 동포 형제는 천만 번 더욱 분투하여 뜻을 굳게 하고 학문을 익히며 힘을 합하여 우리의 자주 독립을 다시 찾으면 죽은 자는 황천에서도 기꺼워하리라. 오호라! 실망하지 않고 우리 2,000만 동포에게 삼가 이별을 고하노라.
> – 대한매일신보 –

〈보기〉
ㄱ. 갑: 외교권을 상실하여 보호국으로 전락한 현실을 안타까워하고 있어.
ㄴ. 을: 당시에 일어난 의병들은 국제법상의 교전 단체로 승인받기를 희망했어.
ㄷ. 병: 이 유서를 게재한 신문에는 장지연의 시일야방성대곡이 실리기도 했어.
ㄹ. 정: 유서의 내용과 같은 이유로 평민 출신 신돌석이 의병 부대를 이끌었어.

① ㄱ, ㄴ ② ㄱ, ㄷ ③ ㄱ, ㄹ ④ ㄴ, ㄹ ⑤ ㄷ, ㄹ

29. 다음 이론을 기반으로 전개된 민족 운동으로 옳지 <u>않은</u> 것은? [2점]

> 천지가 있은 이래로 생물의 종류와 혈기의 종속이 경쟁이 없는 때가 없었으니, 승자는 주인이 되고 패자는 노예가 되었으며, …… 승자는 존재하고 패자는 멸망하였으니, 그 경쟁의 시대에 처하여 무릇 지각이 있고 움직일 수 있는 사람 중 다른 사람에게 승리할 것을 바라지 않는 사람이 있겠는가? 비록 보통으로 나누는 이야기와 간단한 노름일지라도 승리를 좋아하고 패배를 싫어하거늘 하물며 국가 존망이 달린 큰 문제에 있어서랴!

① 헌정 연구회가 입헌 정치 실현을 목표로 활동하였다.
② 동학 농민군의 잔여 세력이 을미의병 활동에 참여하였다.
③ 안창호가 평양에 대성 학교를 설립하여 인재를 양성하였다.
④ 황성신문, 제국신문 등 언론을 통한 구국 운동이 전개되었다.
⑤ 보안회가 독립 협회를 계승하여 이권 수호 운동을 전개하였다.

30. 다음은 역할극 대본의 일부이다. (가)에 들어갈 내용으로 옳은 것은? [2점]

> 농민1: 이보게, 소식 들었나? 일본이 우리나라의 버려진 땅을 개간하겠다고 했다네.
> 농민2: 그래? 그럼 고마운 일 아닌가?
> 농민1: 아니지. 엄연히 우리 땅인데 땅을 개간해도 우리가 해야지. 일본이 개간하면 분명 일본 마음대로 땅을 사용할 것이 아닌가? 그리고 일본은 우리나라 전국토의 4분의 1을 버려진 땅이라고 한다는데, 이게 말이 되는가?
> 농민2: 그런 문제가 있군. 그럼 일본의 요구를 막을 수 있는 활동이 필요하겠어.
> 농민1 : 안 그래도 _____(가)_____

① 황국 중앙 총상회가 조직되었다네.
② 관찰사들이 방곡령을 발표했다더군.
③ 우리 자본으로 은행을 세우기 시작했어.
④ 금연과 함께 모금 행사를 진행하고 있네.
⑤ 보안회와 농광 회사가 활동을 시작했다고 들었네.

31. 다음 신문이 발행된 시기에 볼 수 있는 모습으로 가장 적절한 것은? [2점]

> 러·일 전쟁 당시 특파원으로 내한한 베델은 우리 민족이 처한 상황에 안타까움을 느껴 양기탁과 함께 신문을 발행하기 시작하였다. 이 신문은 영국인 베델이 발행인이었으므로 일제의 사전 검열을 피할 수 있었다. 그 덕분에 을사조약의 무효를 주장하고, 고종의 친서를 게재하는 등 항일 언론 활동을 적극적으로 수행할 수 있었다. 또 국채 보상 운동의 모금 활동에도 앞장섰으며, 항일 의병 운동에 대해 호의적인 기사를 싣기도 하였다.

① 한성순보를 읽고 있는 독자
② 광혜원 설립 소식에 기뻐하는 시민
③ 천도교 집회에 참석하러 가는 농민
④ 경인선 개통식에 참석하고 있는 관리
⑤ 육영 공원에서 수업을 듣고 있는 학생

32. 다음 법령이 제정된 시기의 상황으로 옳은 것은? [2점]

> 제1조 회사 설립은 총독의 허가를 받아야 한다.
> 제2조 조선 밖에서 설립한 회사가 조선에 본점이나 지점을 설립하고자 할 때는 조선 총독의 허가를 받아야 한다.
> 제3조 회사가 본령이나 본령에 따라 발하는 명령과 허가 조건에 위반하거나, 공공질서와 선량한 풍속에 반하는 행위를 할 때 조선 총독은 사업의 정지, 지점의 폐쇄 또는 회사 해산을 명한다.

① 일제는 원료 확보를 위해 남면북양 정책을 추진하였다.
② 일제는 사회주의자를 탄압하기 위해서 치안유지법을 제정하였다.
③ 농민들의 불만을 무마시키기 위해서 농촌 진흥 운동이 실시되었다.
④ 근대적 토지 소유제 확립을 명분으로 토지 조사 사업이 실시되었다.
⑤ 일제는 자국의 부족한 쌀 공급을 해결하기 위해 산미 증식 계획을 실시하였다.

33. 다음 선언문을 발표하고 전개된 민족 운동에 대한 설명으로 옳은 것은? [2점]

> • 금일 오인의 이 거사는 정의, 인도, 생존, 존영을 위하는 민족적 요구이니 오직 자유적 정신을 발휘할 것이요, 결코 배타적 감정으로 일주하지 말라.
> • 최후의 한 사람까지, 최후의 한 순간까지 민족의 정당한 의사를 쾌히 발표하라.
> • 일체의 행동은 가장 질서를 존중하여 오인의 주장과 태도로 하여금 어디까지든지 광명정대하게 하라.

① 순종의 인산일에 일어났다.
② 대한매일신보가 이 운동을 지원하였다.
③ 위의 선언문은 최남선이 기초한 것이다.
④ 한·일 학생들 간의 충돌에서 비롯되었다.
⑤ 비폭력·무저항주의로 출발하였지만 시위가 확산되면서 점차 폭력적인 양상을 띠었다.

34. (가), (나)와 관련된 설명으로 옳은 것은? [3.5점]

> (가) 신고산이 우루루 화물차 가는 소리에
> 　　　지원병 보낸 어머니 가슴만 쥐어뜯고요.
> 　　　어랑 어랑 어허야
> 　　　양곡 배급 적어서 콩깨묵만 먹고 사누나.
> 　　　신고산이 우루루 화물차 가는 소리에
> 　　　정신대 보낸 어머니 딸이 가엾어 울고요.
> 　　　어랑 어랑 어허야
> 　　　풀만 씹는 어미 소 배가 고파서 우누나
> 　　　신고산이 우루루 화물차 가는 소리에
> 　　　금붙이 쇠붙이 밥그릇마저 모조리 긁어 갔고요.
> 　　　어랑 어랑 어허야
> 　　　이름 석 자 잃고서 족보만 들고 우누나.
> 　　　　　　　　　　　　－ 조동일, "한국문학통사 5" －
>
> (나)
> 제1조 국가 총동원이란 전시에 국방 목적을 달성하기 위해 국가의 전력을 가장 유효하게 발휘하도록 인적 및 물적 자원을 운용하는 것을 말한다.
> 제2조 정부는 전시에 국가 총동원상 필요할 때는 칙령이 정하는 바에 따라 제국 신민을 징용하여 총동원 업무에 종사하게 할 수 있다.
> 제3조 정부는 전시에 국가 총동원상 필요할 때는 칙령이 정하는 바에 따라 물자의 생산·수리·배급·양도 기타의 처분, 사용·소비·소지 및 이동에 관하여 필요한 명령을 내릴 수 있다.

① (가)가 불렸던 시기에 조선 태형령이 제정되었다.
② (가)가 만들어졌던 시기에 국내 식량이 부족해지자 만주에서 값싼 잡곡을 수입하였다.
③ (나)가 제정된 시기에 토지 조사령이 발표되었다.
④ (나)는 일제가 중·일 전쟁을 일으키고 전쟁 수행을 위해 제정한 것이다.
⑤ (나)는 (가)에서 나타나는 창씨개명을 위해서 제정한 것이었다.

35. 다음과 같은 상황에 처한 정부가 어려움을 해결하기 위해 모색하였던 방안으로 옳은 것은? [2점]

> 임시 의정원 의장 이동녕 선생이 내게 와서 국무령으로 조각하라고 강권하였으나, 나는 두 가지 이유를 들어 굳이 사양하였다. …… 1926년 결국 나는 국무령으로 취임하여 윤기섭·오영선·김갑·김철·이규홍 등으로 내각을 구성하였다. 조각이 너무 어려운 일임을 절감하였으므로, 국무령제를 다시 국무 위원제로 고쳐 의정원의 인준을 받았다. 나는 국무 위원회 주석이었지만 그것은 위원의 한 사람으로서 회의를 주관할 따름이었다. …… 그러나 경제적으로는 정부의 이름마저 유지하기가 어려웠다. 청사 가옥세가 불과 30원, 고용인 월급이 20원을 넘지 않았으나, 집세 때문에 집주인에게 종종 소송을 당하였다. － "백범일지" －

① 국민 대표 회의를 소집하였다.
② 조선 혁명 간부 학교를 설립하였다.
③ 연통제를 실시하고 교통국을 설치하였다.
④ 항일 의거 단체인 한인 애국단을 결성하였다.
⑤ 미국에 구미 위원부를 설치하여 외교 활동을 벌였다.

36. 다음은 1920년대 국내의 민족 운동과 관련된 대화이다. (가)에 들어갈 내용으로 옳은 것은? [2점]

① 국채 보상 운동을 시작해야 합니다.
② 황국 중앙 총상회를 설립해야 합니다.
③ 노동자들은 총파업을 단행해야 합니다.
④ '내 살림은 내 것으로'라는 구호로 물산 장려 운동을 전개해야 합니다.
⑤ '한민족 1,000만이 한 사람 1원씩'이라는 구호를 내걸고 1,000만원 모금 운동을 전개해야 합니다.

37. 다음 내용과 관련 있는 종교에 대한 설명으로 옳은 것은? [2점]

- 민족의 시조로 숭상되던 단군에 대한 신앙을 발전시켜 창시하였다.
- 한말에 일제의 침략에 대항하여 주권 수호 운동을 전개하였고 친일 매국노 처단에 앞장섰다.
- 일제의 삼엄한 감시와 탄압을 받게 되자 본거지를 만주 지역으로 옮기고 중광단, 북로군정서 등 무장 독립 운동 단체를 조직하여 항일 독립 전쟁에서 중추적 역할을 하였다.

① 이 종교를 믿는 학교들은 신사 참배 거부 운동을 벌였다.
② 총독부의 '포교 규칙'에 저촉되어 포교가 허락되지 않았다.
③ 총독부는 사찰령을 제정하여 이 종교의 친일화를 유도하였다.
④ 동학을 계승한 종교로 3·1 운동 때 주도적인 역할을 하였다.
⑤ 개간 사업과 저축 운동을 전개하였으며, 새 생활 운동을 추진하였다.

38. 다음의 독립 운동이 전개된 지역을 지도에서 고른 것은? [2점]

용정촌, 명동촌 등 한국인 마을에는 서전서숙, 명동 학교 등이 설립되었다. 대종교에서 조직한 중광단은 김좌진을 중심으로 한 북로 군정서로 발전하였다.
신민회의 이회영, 이시영, 이상룡 등은 삼원보를 개척하여 독립 운동 기지로 삼았고, 여기에 자치 기관인 경학사를 조직하였다. 이후 경학사가 해산되자, 이상룡 등이 자치 기관인 부민단을 조직하였다. 부민단은 1919년 군사 기관인 서로 군정서로 개편되었고, 신흥 강습소는 독립군 간부 양성을 위한 신흥 무관 학교로 개편되었다.

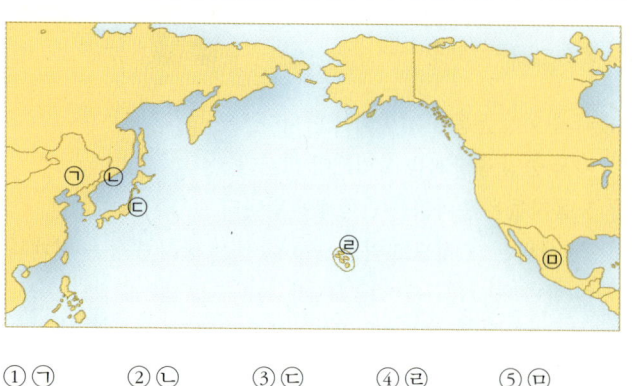

① ㉠ ② ㉡ ③ ㉢ ④ ㉣ ⑤ ㉤

39. 다음 지도의 (가) 지역에서 발생한 1920년대의 무장 독립 투쟁에 대한 설명으로 옳은 것은? [2점]

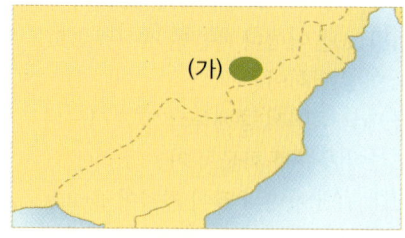

① 조선 의용군은 중국 공산당의 팔로군과 연합하여 항일전을 전개하였다.
② 독립군 연합 부대는 봉오동에서 일본군을 기습 공격하여 크게 승리하였다.
③ 한국 독립군은 중국 호로군과 연합하여 쌍성보 전투에서 일본군을 크게 격파하였다.
④ 조선 혁명군은 중국 의용군과 연합하여 영릉가 전투에서 일본군을 크게 격파하였다.
⑤ 독립군 부대들은 일본군을 청산리 일대의 삼림 지대로 유인한 후 6일 간에 걸친 전투를 치른 끝에 일본군 1,200여 명을 사살하였다.

40. 다음 글과 관련된 독립 운동 단체에 대한 설명으로 옳은 것은? [2점]

이로써 우리들의 국내 잠입의 준비는 완료되었고 출발 명령만 내리면 언제든지 떠날 수 있게 되었다. 이 장군은 진입 대원들에게 몇 시간 뒤에라도 출동할 수 있도록 특별 대기령을 내렸다. 무엇을 생각할 수 있는 여유가 조금도 허락되지 않는 시간의 연장 속에 대내에는 긴장이 계속되었다. 숨 막힐 듯한 시간의 연속이었다. 장준하 동지와 나는 각각 경기 지구와 강원 지구를 담당하였기 때문에 둘이서 서로 연락하면서 지하 공작을 전개하기로 하였다. …… 나는 백범 선생과 지청천 총사령관 그리고 이범석 장군이 계속 의논하는 것을 옆에서 들었기 때문에 더욱 일의 중대성을 절감한 것이었다.
- 김준엽, "장정" -

① 호가장 전투를 치러 큰 전과를 올렸다.
② 중국 관내 최초의 한국인 무장 부대이다.
③ 일제가 패망한 뒤 북한 인민군에 편입되었다.
④ 조선 의용대의 일부를 받아들여 전투력을 강화하였다.
⑤ 중국 공산당과 함께 만주에서 격렬한 항일 무장 투쟁을 전개하였다.

41. 다음 시가 발표된 시기의 문화·예술·체육계의 동향으로 옳은 것은? [2점]

> 진달래꽃
>   김소월
>
> 나 보기가 역겨워 가실 때에는
> 말없이 고이 보내 드리오리다
>
> 영변에 약산 진달래꽃
> 아름 따다 가실 길에 뿌리오리다
>
> 가시는 걸음걸음 놓인 그 꽃을
> 사뿐히 즈려 밟고 가시옵소서
>
> 나보기가 역겨워 가실 때에는
> 죽어도 아니 눈물 흘리오리다.

① 이광수가 '무정'을 발표하였다.
② 극예술 연구회가 조직되어 유치진의 토막 등을 공연하였다.
③ 변사가 대사를 읽던 무성 영화를 대신하여 유성 영화가 제작되었다.
④ 제11회 베를린 올림픽 대회에서는 손기정이 마라톤에서 우승을 차지하였다.
⑤ 김기진, 최서해 등은 카프(KAPF)라는 문학 단체를 결성하여 계급 문학을 확산시켰다.

42. 다음의 말을 한 인물의 활동에 대한 설명으로 옳지 않은 것은? [2점]

> 한국이 있고야 한국 사람이 있고, 한국 사람이 있고야 민주주의도 공산주의도 또 무슨 단체도 있을 수 있는 것이다. …… 나는 통일된 조국을 세우려다가 38도선을 베고 쓰러질지언정 일신에 구차한 안일을 취하여 단독 정부를 세우는 데에는 협력하지 아니하겠다. 나는 내 생전에 38도선 이북에 가고 싶다. 그 쪽 동포들도 제 집을 찾아가는 것을 보고서 죽고 싶다. ……

① 개인 자격으로 귀국하여 한국 독립당을 결성하였다.
② 좌우 합작 운동에 찬성하였지만 적극 참여하지는 않았다.
③ 남한만의 단독 정부 수립 운동에 반대하였다.
④ 김규식과 함께 통일 정부 수립 운동을 전개하였다.
⑤ 5·10 총선거에 참여하여 제헌 국회에서 활동하였다.

43. (가), (나) 강령으로 활동한 단체를 주도한 인물에 대한 설명으로 옳은 것은? [2점]

> (가) 강령
> 1. 각인 각파는 대동단결하여 거국일치로 일본 제국주의의 모든 세력을 쫓아내고 조선 민족의 자유와 독립을 회복할 것.
> 2. 반추축제국(연합국)과 협력하여 대일 연합 전선을 형성하고 조선의 독립을 저해하는 일체의 반동 세력을 박멸할 것.
> 3. 건설 부면에 있어서 일체의 시정을 민주주의적 원칙에 따르고, 특히 노·농 대중의 해방에 치중할 것.
>   - 조선인민보, 1946 -

> (나) 강령
> 1. 우리는 완전한 독립 국가의 건설을 기함
> 1. 우리는 전 민족의 정치적 경제적 사회적 기본 요구를 실현할 수 있는 민주주의 정권의 수립을 기함
> 1. 우리는 일시적 과도기에 있어서 국가 질서를 자주적으로 유지하며 대중 생활의 확보를 기함
>   - "조선의 장래를 결정하는 각 정당 각 단체 해설", 1945 -

① 대한민국 임시 정부의 주석이었다.
② 조선 독립 동맹의 위원장으로 활동하였다.
③ 조선 민족 전선 연맹을 결성하고 조선 의용대를 조직하였다.
④ 임시 정부의 승인을 촉구하는 결의안을 미국 의회에 제출하였다.
⑤ 전국 10개 도에 조직망을 형성하고 산하에 농민 동맹을 조직하였다.

44. 다음 주장을 제기한 운동에 대한 설명으로 옳은 것을 모두 고른 것은? [2점]

> 1. 조선의 민주 독립을 보장한 모스크바 3국 외상 회의 결정에 의하여 남북을 통한 좌우 합작으로 민주주의 임시 정부를 수립할 것
> 2. 미·소 공동 위원회 속개를 요청하는 공동 성명을 발표할 것
> 3. 토지 개혁에 있어 몰수, 유(有)조건 몰수, 체감 매상 등으로 토지를 농민에게 무상으로 나누어 주며……
> 4. 친일파 및 민족 반역자를 처리할 조례를 본 합작 위원회의 입법 기구에 제안하여 입법 기구로 하여금 심리 결정하여 실시케 할 것
> 5. 남북을 통하여 현 정권하에 검거된 정치 운동자의 석방에 노력하고, 아울러 남북 좌·우의 테러적 행동을 일체 즉시로 제지토록 노력할 것
> 6. 입법 기구에 있어서는 일체 그 권능과 구성 방법, 운영 등에 관한 대안을 본 합작 위원회에서 작성하여 적극적으로 실행을 기도할 것
> 7. 전국적으로 언론, 집회, 결사, 출판, 교통, 투표 등의 자유가 절대 보장되도록 노력할 것

[보기]
ㄱ. 중도 우익의 김규식과 중도 좌익의 여운형을 중심으로 운동이 시작되었다.
ㄴ. 김구의 한국 독립당은 이 운동을 반대하였다.
ㄷ. 미군정은 트루먼 독트린 이후에 이 운동을 적극 지지하였다.
ㄹ. 여운형의 암살 이후 운동이 흐지부지되었다.

① ㄱ, ㄴ, ㄷ, ㄹ ② ㄱ, ㄴ, ㄷ ③ ㄱ, ㄹ
④ ㄱ, ㄷ ⑤ ㄷ, ㄹ

45. 다음 자료와 관련된 시기에 대한 설명으로 옳지 않은 것은? [2점]

> 1. 대한민국 헌법을 부정, 반대, 왜곡, 또는 비방하는 일체의 행위를 금한다.
> 2. 대한민국 헌법의 개정 또는 폐지를 주장, 발의, 제안, 또는 청원하는 일체의 행위를 금한다.
> 3. 유언비어를 날조, 유포하는 일체의 행위를 금한다.
> 4. 위의 1, 2, 3호에서 금한 행위를 권유, 선동, 선전하거나 방송, 보도, 출판, 기타의 방법으로 이를 타인에게 알리는 일체의 언동을 금한다.
> 5. 이 조치에 위반하는 자와 이 조치를 비방하는 자는 법관의 영장 없이 체포, 구속, 압수, 수색하며 15년 이하의 징역에 처한다.

① 국회 의원의 3분의 1을 대통령이 정하였다.
② 위와 같은 조치를 통해서 많은 민주 인사와 학생들을 투옥시켰다.
③ 부당 해고에 저항하던 YH 무역 여직원들이 강경 탄압에 죽거나 다치기도 하였다.
④ 계엄군의 발포로 수많은 시민들이 스스로 무장하여 시민군을 결성하였다.
⑤ 대통령을 통일 주체 국민 회의에서 간선제로 선출하였다.

46. 다음의 내용이 발표된 시기에 대한 설명으로 옳은 것은? [2점]

> 첫째, 여야 합의로 조속히 대통령 직선제 개헌을 하고 새 헌법에 의한 대통령 선거를 통해 …… 평화적 정부 이양을 실현토록 하겠습니다.
> 둘째, 직선제 개헌이라는 제도의 변경뿐만 아니라 이의 민주적 실천을 위해서는 자유로운 출마와 공정한 경쟁이 보장되며 국민의 올바른 심판을 받을 수 있는 내용으로 선거법을 개정해야 합니다.

① 여야 합의로 5년 단임의 직선제를 주요 내용으로 하는 개헌을 단행하였다.
② 남북한이 유엔에 동시 가입하였다.
③ 분단 이후 최초로 남북 정상 회담이 개최되었다.
④ 전두환, 노태우 두 전직 대통령이 12·12 사태와 5·18 민주화 운동 무력 진압에 대한 책임을 물어 구속되었다.
⑤ 제2차 석유 파동과 중화학 공업에 대한 중복 투자로 경제 위기가 고조되었다.

47. 다음 노래가 불리던 시대에 대한 설명으로 옳은 것은? [2점]

> 새벽종이 울렸네 새아침이 밝았네
> 너도 나도 일어나 새마을을 가꾸세
> 살기 좋은 내 마을 우리 힘으로 만드세
> 초가집도 없애고 마을 길도 넓히고
> 푸른 동산 만들어 알뜰살뜰 다듬세
> 살기 좋은 내 마을 우리 힘으로 만드세

① 우루과이 라운드에 따라 쌀 시장이 개방되고, 농·축산물 수입 자율화가 확대되었다.
② 삼백 산업을 중심으로 하는 소비재 산업이 발달하였다.
③ 3저 호황에 따라 처음으로 무역 흑자를 실현하였다.
④ 가톨릭 농민회를 중심으로 심각한 농촌 문제 해결을 위한 농민 운동이 전개되었다.
⑤ 경제 협력 개발 기구(OECD)에 가입하여 선진국 대열에 들어섰다.

48. 다음은 어떤 노동자의 글이다. 이 시대의 노동 운동에 관한 설명으로 옳은 것은? [2점]

> 저희는 근로 기준법의 혜택을 조금도 못 받으며 종업원의 90% 이상이 평균 연령 18세의 여성입니다. ……또한, 3만여 명 가운데 40%를 차지하는 보조공들은 평균 연령 15세의 어린이들로서 …… 일반 공무원의 평균 근무 시간이 일주일에 45시간인데 비해, 15세의 어린 보조공들은 일주일에 98시간의 고된 작업에 시달립니다. …… 1일 15시간의 작업 시간을 1일 10~12시간으로 단축해 주십시오. 1개월 휴일 2일을 늘려서 일요일마다 쉬기를 원합니다. ……절대로 무리한 요구가 아님을 맹세합니다. 인간으로서의 최소한의 요구입니다.

① 1987년 6월 민주 항쟁을 계기로 노동 운동이 활성화되었다.
② 농촌 인구의 과도한 도시 유입으로 저임금 상태가 유지되었다.
③ 전국 민주 노동 조합 총연맹이 결성되었다.
④ 민주노총과 전교조가 합법화되었다.
⑤ 외환 위기 극복을 위한 노사정 위원회가 구성되었다.

49. 다음은 북한에서 제정한 법의 일부이다. 이 법이 발표된 이후의 북한에 대한 설명으로 옳은 것은? [2점]

> 제2조 우리나라의 기관, 기업소, 단체는 다른 나라의 법인 또는 개인과 공화국 영역 안에 합영 기업을 창설하고 운영할 수 있다. 공화국 영역 밖에 거주하고 있는 조선 교포들과도 합영 기업을 창설하고 운영할 수 있다.
> 제5조 합영 기업은 당사자들이 출자한 재산에 대한 소유권을 가지며 독자적으로 경영 활동을 한다.
> 제7조 국가는 장려하는 대상과 공화국 영역 밖에 거주하고 있는 조선 교포들과 하는 합영 기업, 일정한 지역에 창설된 합영 기업에 대해 세금의 감면, 유리한 토지 이용 조건의 제공과 같은 우대를 한다.

① 무상 몰수·무상 분배의 원칙하에 토지 개혁이 이루어졌다.
② 사회주의 헌법이 제정되어 김일성 1인 독재 체제가 더욱 강화되었다.
③ 노동 경쟁을 내세운 천리마운동이 시작되었다.
④ 3대 혁명 소조 운동을 통해 김정일은 당을 장악하기 시작하였다.
⑤ 나진·선봉 지구를 만들고, 외국인 투자법 등을 통해 투자를 끌어들이려 하였다.

50. 다음과 같은 일본의 주장에 반대하는 활동으로 옳지 <u>않은</u> 것은? [2점]

> 북위 37도 9분 30초, 동경 131도 55분, 오키시마[隱岐島]에서 서북으로 85해리 거리에 있는 섬을 다케시마[竹島]라고 칭하고 지금 이후부터는 본현(本縣) 소속의 오키 도사의 소관으로 정한다.
> - 시마네현 고시 40호 -

① "세종실록지리지"와 "동국여지승람" 등의 기록을 확인한다.
② 제2차 세계 대전 이후 일본에 대한 연합국 자료를 확인한다.
③ 조선과 일본의 고지도 등을 조사한다.
④ 박정희 정부 때 한·일 수교 회담 관련 자료 등을 확인한다.
⑤ 조선 숙종 때 안용복의 활동 등을 조사한다.

제2회 최종 점검
실전 모의고사 정답 및 해설

제2회 최종 점검 실전 모의고사 정답

01 ②	02 ②	03 ④	04 ②	05 ④	06 ⑤
07 ②	08 ①	09 ②	10 ⑤	11 ②	12 ②
13 ⑤	14 ③	15 ②	16 ②	17 ④	18 ⑤
19 ①	20 ①	21 ②	22 ④	23 ④	24 ④
25 ⑤	26 ④	27 ①	28 ③	29 ②	30 ⑤
31 ③	32 ④	33 ④	34 ④	35 ④	36 ④
37 ②	38 ①	39 ⑤	40 ④	41 ⑤	42 ⑤
43 ⑤	44 ③	45 ④	46 ①	47 ④	48 ②
49 ⑤	50 ④				

01 정답 ②

해설 | 제시된 자료는 신석기 시대의 주거지인 움집이다. 움집 바닥은 원형이나 모서리가 둥근 사각형이다. 가운데에는 불씨를 보관하거나 취사와 난방을 하기 위한 화덕이 놓여 있다. 화덕이나 출입문 옆에는 저장 구덩이를 만들어 식량과 도구를 보관하였다. ㄱ. 신석기 시대 사람들은 토기를 만들어 음식물을 조리하거나 저장하였는데 빗살무늬 토기가 대표적이다. ㅁ. 신석기 유적에서 가락바퀴나 뼈바늘이 출토되는 것으로 보아 옷이나 그물 등을 만드는 원시적 수공업 생산이 이루어졌다는 것을 알 수 있다
ㄴ. 비파형 동검은 청동기 시대에 사용되었다.
ㄷ. 우리나라 철기 시대 유적에서는 중국 춘추 전국 시대의 연과 제에서 사용한 명도전이 출토되었다.
ㄹ. 주먹도끼, 주먹찌르개, 긁개는 구석기 시대에 사용한 뗀석기이다.

02 정답 ②

해설 | 제시된 자료는 고조선의 8조법이다. 현재 3개 조항만 전해지고 있다. 이를 통해 고조선 사회는 인명과 노동력을 중시하고, 권력과 경제력의 차이가 생기면서 형벌과 노비가 발생하였음을 알 수 있다. 또한 여자의 정조 관념을 중시하는 가부장적 사회가 확립되었음을 알 수 있다. 고조선의 문화 범위는 ㄱ. 탁자식 고인돌, ㄷ. 미송리식 토기, 비파형 동검을 통해 알 수 있다.
ㄴ. 강원도 횡성 둔내에서 발굴된 동예의 여(呂)자형 집터이다.
ㄹ. 부여의 능산리 절터에서 출토된 백제 금동 대향로이다.
ㅁ. 청동기 시대의 울주 대곡리 반구대 바위그림이다.

03 정답 ④

해설 | 제시된 그림은 신라 시대의 돌무지덧널무덤의 구조와 부분 명칭이다. 이 무덤은 지표면에 껴묻거리를 넣은 나무덧널을 설치하고 그 위에 돌을 쌓은 다음 흙으로 덮었다. 무덤 구조상 벽화가 없고 도굴이 어려워 껴묻거리가 그대로 남아 있다. ④ 신라 진흥왕 때 해당하는 사실이다.
① 백제의 근초고왕은 중국의 요서 지역으로 진출하고 산둥 반도, 일본의 규슈 지역과 교류하였다.
② 고구려는 중국과의 항쟁을 통해 동아시아의 강국으로 성장하였고, 민족의 방파제 구실을 하였다.
③ 금관가야는 낙동강 하류에 있어 해상 활동에 유리하였을 뿐 아니라 질 좋은 철도 생산하였다. 풍부하게 생산된 철을 낙랑과 왜에 수출하였다.
⑤ 발해는 한때 전성기를 맞았으나 내부에서 귀족의 권력 싸움이 심해져 국력이 크게 쇠퇴하였다. 결국, 요의 침략을 받아 멸망하였다.

04 정답 ②

해설 | 제시된 지도는 백제의 전성기인 4세기 후반의 형세를 보여 준다. 이 시기는 백제와 왜의 관계가 우호적이었는데, 특히 백제 근초고왕이 일본에 보낸 칠지도를 통해 이를 알 수 있다. 칠지도(七支刀)는 말 그대로 일곱 개의 가지가 있는 검을 말한다.
① 만주 길림성 집안에 있는 장수왕의 무덤으로 추정되는 장군총이다. '동방의 피라미드'라 불리기도 한다.
③ 고령 지방의 지산동 고분 45호분에서 출토된 것으로 추정되는 가야 시대의 금관이다.
④ 발해 상경의 절터에 남아 있는 석등이다. 고구려의 영향을 받아 강건한 모습이다.
⑤ 신라 진흥왕이 세운 단양 적성비이다.

05 정답 ④

해설 | 제시된 자료는 신라 하대의 상황을 보여 준다. 신라 하대에는 왕권이 약화되어 진골 귀족들의 연합 정치가 이루어졌고, 지방

통제 약화로 세금이 들어오지 않아 국가 재정이 궁핍해졌다. 농민에 대한 강압적인 수취가 잇따르자 살기 어려워진 농민들은 토지를 잃고 노비가 되거나 초적이 되었다. 무리하게 조세를 강요하여 원종과 애노의 난과 같은 농민 봉기가 발생하기도 하였다. 이에 6두품 출신 유학자들은 호족 세력과 연합하여 새로운 사회 질서를 수립하고자 하였다.
ㄱ. 신라 중대에는 집사부의 장관인 시중의 권한이 강화되었고, 귀족 세력을 대표하던 상대등의 권한이 약화되었다.
ㄷ. 고려 무신 집권기 지눌의 수선사 결사에 대한 설명이다.

06 정답 ⑤

해설 | 제시된 글을 작성한 인물은 최충헌이다. 최충헌은 무신 정권의 집권자 중 한 명이었던 이의민을 제거한 뒤, 집권의 정당성을 확보하기 위하여 국왕이었던 명종에게 당시의 각종 폐단을 시정할 것을 청하는 '봉사 10조'를 올렸다. 그 후 명종을 폐위하고 신종을 옹립하였고, 국정을 총괄하는 기구로 교정도감을 설치하여 권력을 장악하였다.
① 고려 인종 때 풍수지리설을 근거로 서경 천도를 주장하는 세력이 등장하였는데, 묘청이 이를 주도하였다.
② 수도를 강화도로 옮겨 대몽 항쟁을 주도한 인물은 최충헌의 뒤를 이어 집권한 최우이다.
③ 고려 말 왜구의 침략이 빈번해지자 최무선은 화통도감을 설치하고 화약 무기를 제조하여 왜구 격퇴에 공을 세웠다.
④ 문하시중 등을 역임하고 은퇴한 최충이 9재 학당을 세워 유교 보급에 이바지하였다.

07 정답 ②

해설 | 제시된 자료는 통일 신라의 민정 문서이다. 민정 문서는 조세, 공물, 부역 징수를 위한 기초 자료였다. 3년을 주기로 작성한 이 문서를 통해 당시 촌락의 경제 상황과 국가의 세무 행정을 알 수 있다. 민정 문서 안에는 한 마을의 인구수, 토지, 뽕나무 수 등이 자세하게 기록되어 있다.
ㄴ. 사람은 나이에 따라 6등급으로 나누었다. 호(가구)는 상상호에서 하하호까지 9등급으로 나누었다.
ㄹ. 제시된 자료는 서원경 근처 마을의 민정 문서이다. 서원경은 지금의 청주 지방이기 때문에 국경 지역이 아니다.

08 정답 ①

해설 | 제시된 자료는 광종이 실시한 노비안검법에 대한 내용이다. 광종은 고려 건국 초의 혼란을 수습하고 국가 체제를 정비하기 위하여 여러 정책을 실시하였다. 호족들의 경제력과 군사력의 기반인 노비들을 양민으로 해방시킴으로써 호족들을 약화시키는 동시에, 국역의 부담을 지는 양인을 증가시킴으로써 국가 재정을 확충하였다. 또한, 당시 주요 관직을 독점하고 있었던 호족에 대항할 새로운 세력을 육성하기 위하여 과거제를 실시하였다. 그리고 국왕의 권위를 높이기 위해 황제를 칭하고 광덕·준풍 등의 연호를 사용하였다.
ㄷ. 고려의 태조는 북진 정책의 일환으로 평양을 서경으로 승격시키고 수도에 준하는 독립적인 행정 기구를 설치하는 분사 제도를 실시하였다.
ㄹ. 광종 이후인 경종 때 전시과를 처음 시행하였다.

09 정답 ②

해설 | 제시된 자료는 고려 7대 국왕인 목종이 화폐 사용에 관하여 반포한 교서이다. 성종 때부터 화폐를 주조하여 유통시키고자 하였으나 물물 교환 경제가 중심이 된 당시 상황에서 화폐가 활발히 유통되지 못한 현실을 받아들여 국영 상점(다점, 주점 등)에서만 사용하고 그 외의 상거래에서는 이전과 같이 물물 교환을 허용할 것임을 밝히고 있다. ㄱ. 고려 시대의 수공업은 관영 수공업과 함께 전문적인 수공업 지역인 소, 그리고 당시 막대한 사회·경제적 영향력을 행사하고 있었던 사원을 중심으로 이루어졌다. ㄷ. 고려는 대외 무역 활동을 활발히 전개하였는데, 대외 교역의 중심지로 수도 개경과 연결된 예성강 하구의 벽란도가 유명하였다.
ㄴ. 토지 면적에 따라 쌀로 납부한 것은 조선 후기 대동법 시행 이후에 해당한다.
ㄹ. 고려 시대에 상업이 어느 정도 발달한 것은 사실이나 매일 열리는 상설 시장이 등장한 것은 조선 후기의 일이다.

10 정답 ⑤

해설 | 호적의 인물은 신분이 천민이며, 개경에 사는 주인과 떨어져 사는 외거 노비에 해당한다. 이 시기 외거 노비들은 주로 주인의 토지를 경작하며 일정 기간마다 일정량의 신공을 바치면서 생계를 이어나갔다.
① 고려 시대에는 일천즉천의 원칙에 따라 부모 중 어느 한 쪽이 노비이면 그 자식도 노비가 되도록 하였다.
② 고려는 국역의 부담을 지면서 관직 진출권을 지닌 양인과 그렇지 않은 천민으로 구성된 양천제를 근간으로 하였다.
③ 향·부곡·소의 주민들은 양인에 속하였다.
④ 노비를 비롯한 천민은 양인이 아니었으므로 국역의 부담이 없었다.

11 정답 ②

해설 | 제시된 자료와 관련된 인물은 수선사 결사(정혜 결사)를 제창한 보조국사 지눌이다. 지눌은 불교계가 당시 국가로부터 특권을 받아 세속화되고 있던 현실을 비판하고 불교 본연의 모습으로 돌아갈 것을 주장하였다. 동시에, 불교계에 만연해 있던 종파 간의 대립을 극복하고자 불교의 양대 종파인 선종과 교종의 교리를 일치시켜 선교 일치를 이루고자 하였다. 이를 위해 지눌은 정(선종)과 혜(교종)는 같이 수행해야 한다는 정혜쌍수의 교리를 제시하였다.
ㄱ. 국청사를 창건한 뒤 천태종을 창시하여 교종 중심으로 선종을 통합하고자 한 인물은 대각국사 의천이다.
ㄴ. 유교와 불교의 근원이 같다고 한 유불 일치설은 진각국사 혜심이 주장한 이론이다.

12 정답 ②

해설 | 제시된 자료는 정도전이 지은 "조선경국전"의 일부이다. 정도전은 의정부 중심의 재상 중심 정치 체제를 갖추려고 하였다. 또한 통치권이 백성을 위해 기능할 수 있어야 한다는 민본 사상을 강조하였다. 통치자가 민심을 잃었을 때에는 물리적인 힘에 의해 교체될 수 있다는 역성혁명(易姓革命)을 긍정했고, 실제로 혁명 이론에 입각하여 고려 왕조 유지에 반대한 조선 왕조 개창의 중심 인물이었다. 한편, "불씨잡변"(1398) 등을 통해 고려 귀족 사회의 정신적 지주였던 불교의 사회적 폐단과 철학적 비합리성, 교리를 비판하였다.
② 재상 중심의 정치를 지향하는 제도는 6조 직계제가 아니라 의정부 서사제이다.

13 정답 ⑤

해설 | 제시된 자료의 '이 민족'은 여진족이다. 여진족이 세운 후금은 1627년 광해군을 위해 보복한다는 명분으로 3만 명의 군대를 이끌고 쳐들어와 정묘호란을 일으켰다.
① 발해는 거란족이 세운 요의 침략을 받아 멸망하였다.
② 거란은 송과의 대결을 대비하여 고려를 침략하였다.
③ 몽골은 고려에 왔던 사신 저고여가 귀국하던 길에 피살되자 이를 구실로 고려에 침입하였다.
④ 일본의 도요토미 히데요시가 일으킨 임진왜란이다.

14 정답 ③

해설 | 제시된 자료는 조선의 관리 등용 제도인 과거제에 대한 내용이다. 문과에는 3년마다 정기적으로 시행하는 식년시와 부정기 시험인 증광시, 알성시 등이 있었다. 식년시는 초시에서 각 도의 인구 비례로 뽑고, 2차 시험인 복시에서 33명을 선발한 후, 왕 앞에서 시행하는 전시에서 최종 순위를 결정하였다. 역과, 율과, 의과, 음양과 등 잡과도 3년마다 치러졌는데 초시, 복시만 있고 분야별로 정원이 있었다.
ㄱ. 조선 시대에는 무과도 문과와 같은 절차로 치러졌다.
ㄹ. 조선 시대에도 음서의 혜택이 있었으나, 대상이 2품 이상 관리의 자제만 해당되었다.

15 정답 ②

해설 | 제시된 자료는 기묘사화에 관한 내용이고, (가)는 조광조이다. 기묘사화는 훈구 세력이 조광조 일파를 모함하여 죽이거나 유배를 보낸 사건이다. 조광조는 왕도 정치를 실현하고 백성의 생활을 안정시키기 위해 급진적인 개혁을 시행하였다. 천거제의 일종인 현량과를 통해 자신들의 세력을 확대하였으며, 향약을 시행하고 "소학" 등을 보급하여 사림의 향촌 지배력을 확대하려 하였다. 이들은 3사의 언관직을 차지하고 자신들의 의견을 공론으로 내세워 경연 강화, 소격서 폐지, 방납의 폐단 시정, 위훈 삭제 등을 추진하였다.
② 조광조는 왕실의 외척이 아니라 사림 세력이다.

16 정답 ②

해설 | (가)는 이황이 "성학십도"를 편찬하게 된 배경에 관한 글이다. 이황은 도덕적 행위의 근거로 이(理)의 능동적 역할을 중시하였기 때문에 근본적이며 이상주의적인 성향이 강하였다. (나)는 이이의 "성학집요" 편찬에 관한 글이다. 이이는 이(理)보다는 기(氣)의 역할을 강조하여 현실적이고 개혁적인 성향을 보였다.
ㄴ. 16세기 성리학자인 조식은 노장사상에 포용적이었으며 학문의 실천성을 강조하였다.
ㄹ. 성종 때 서거정이 편찬한 "동국통감"에 대한 설명이다.

17 정답 ④

해설 | (가)는 공명첩, (나)는 돈을 받고 노비를 양인으로 풀어 준 문서이다. 조선 후기 재정적 타격을 받은 정부가 공명첩을 발급하고 납속책을 시행하여 재정 확보에 나섰는데, 공명첩은 관직을 받는 사람의 이름을 비워 놓고 일정한 액수를 내면 이름을 채워 넣어 발급되었다. 공명첩은 단순한 재정 확보 차원을 넘어 부정한 방법으로 남발하게 되면서 여러 가지 폐단이 나타났고, 양반의 수가 급증하면서 신분제가 크게 동요하였다. 노비는 군공이나 납속 등 합법적 방법으로 신분을 상승시켜 나갔다. 현종 때 노비종모법

을 시행하여 노비 수를 줄이고자 하였는데, 나중에는 공노비의 노비안이 유명무실해지자 순조 때 공노비 6만 6,000여 명을 해방시켰다(1801).

④ 순조 때 공노비가 해방되었고 노비 제도는 갑오개혁(1894)때 완전히 폐지되었다.

18 정답 ⑤

해설 | 제시된 자료에서 중국의 은혜를 저버리고 구원병을 파견하지 않아 폐위되었다는 내용을 통해 밑줄 그은 '그'는 광해군임을 유추할 수 있다. 광해군은 임진왜란 직후 북인 세력을 지지 기반으로 전쟁 수습에 힘썼고, 국가 통치력을 강화하기 위해 제도 정비에 나섰다. ⑤ 오랜 전란으로 백성들이 질병의 고통을 겪자 광해군은 허준에게 의학서인 "동의보감"을 편찬하게 하였다.

①, ④ 조선 세종 시기에 해당한다.
②, ③ 조선 인조 시기에 해당한다.

19 정답 ①

해설 | 제시된 내용은 공납의 폐단을 시정하기 위해 실시된 대동법이다. 지방 특산물을 현물로 납부하게 하였던 공납은 보관과 운송 과정에서 어려움이 많아 농민에게 가장 큰 부담을 주는 세금이었다. 공납은 원래 호(戶)에 부과되었는데, 대동법에서는 토지에 부과하였기 때문에 토지가 없는 농민은 세금 부담이 크게 줄었다. 대동법은 토지 1결당 쌀 12두를 내게 하였고, 쌀, 삼베, 무명, 동전 등으로 낼 수도 있었다.

ㄷ. 영정법은 풍흉에 관계없이 토지 1결당 최저 세액인 4두를 적용하여 징수한 제도이다.
ㄹ. 균역법 시행으로 감소한 재정을 지주에게 결작으로 토지 1결당 쌀 2두를 부담시켰다.

20 정답 ①

해설 | 제시된 지문은 도교에 대한 설명이다. ㄱ. 고구려의 강서대묘에 그려진 사신도는 도교의 방위신을 그린 것인데, 여기에는 죽은 자의 사후 세계를 지켜 주리라는 믿음이 담겨 있다. ㄴ. 신선들이 사는 세계를 그린 것으로 보아 도교 사상으로부터 영향을 받았음을 알 수 있다. ㄹ. 사택지적비 비문의 내용 중 자신이 늙어 가는 것을 한탄하며 도교 사상에 빠지는 내용이 있다.

ㄷ. 민화는 조선 후기 집안을 장식하기 위해 그려졌다. 민화에는 민중의 소박한 정서가 잘 드러나 있다.
ㅁ. 혼천의는 조선 세종 때 장영실이 만든 천체 관측 기구로 천체의 운행과 그 위치를 측정하는 데 쓰였다.

21 정답 ②

해설 | 갑. 신라의 골품제는 혈연에 따라 개인의 사회 활동과 정치 활동을 엄격하게 규제하는 폐쇄적인 신분 제도였다.
을. 고려 시대 양민의 대다수는 농민이었는데, 이들을 백정이라 불렀다. 주로 주·부·군·현에 거주하면서 농업이나 상공업에 종사하였다.
병. 조선 시대 성리학이 정치 이념으로 수용되면서 양반 첩의 소생인 서얼이 차별을 받았는데 중인과 같은 신분적 대우를 받아 중서라고도 불렸다.
정. 순조는 중앙 관서에 소속된 공노비 6만 6,000여 명을 해방시켰다(1801). 노비 제도는 갑오개혁(1894) 때 비로소 완전히 폐지되었다.
따라서, 옳게 답한 학생은 갑과 병이다.

22 정답 ④

해설 | 제시된 자료에서 거중기 제작, 유배지에서 쓴 저술 목록을 통해 관련 인물이 정약용임을 알 수 있다. 정약용은 토지 제도 개혁을 통한 사회 개혁을 주장한 경세치용 학파에 속했고, 개혁안으로 처음에는 여전론을 내세웠다가 나중에는 정전제를 현실에 맞게 시행할 것을 주장하였다. 여전론은 한 마을을 단위로 토지를 공동으로 소유하고 경작하여 수확량을 노동량에 따라 분배하는 일종의 공동 농장 제도였다. 정전제는 전국의 토지를 국유화하여 정전을 편성한 다음, 그중 9분의 1은 공전으로 정하여 공동 경작시키고 나머지는 농민에게 분배하는 제도였다.

① 정제두, ② 유형원, ③ 박제가, ⑤ 안정복에 대한 설명이다.

23 정답 ④

해설 | (가)는 2차 수신사, (나)는 조사 시찰단, (다)는 영선사, (라)는 보빙사이다. ① 2차 수신사의 일원인 김홍집이 귀국할 때 가져온 황준헌의 "조선책략"이 조선 내에 유포되자 위정척사 운동이 일어났고, 한편 조·미 수호 통상 조약이 체결되었다. ② 국내에 일본을 배우고자 하는 분위기에 대한 반발이 있었기 때문에 조사 시찰단은 비밀리에 파견되었다. ③ 영선사는 정부의 지원 부족으로 1년 만에 귀국하였는데, 이들에 의해 기기창이 설립되었다. ⑤ 보빙사의 일원인 유길준은 귀국하지 않고 미국에 남아 유학하면서 "서유견문"을 썼다.

④ 보빙사는 조·미 수호 통상 조약 체결 이후 파견되었다.

24 정답 ④

해설 | 제시된 자료와 관련된 사건은 홍경래의 난이다. 몰락 양반

인 홍경래는 1801년 영세 농민, 중소 상인, 광산 노동자들을 끌어 모아 봉기하였다. 이들은 한때 청천강 이북 지역을 장악하였으나 5개월만에 평정되었다.
① 동학 농민 운동에 해당한다.
② 천주교와 관련된 설명이다.
③ 홍경래의 난은 천주교와 큰 관련이 없다.
⑤ 1862년 임술 농민 봉기가 일어나자 정부는 삼정이정청을 설치하였다.

25 정답 ⑤

해설 | 제시된 자료는 춘향가의 일부이다. 조선 후기에는 판소리가 서민들에게 큰 인기를 얻었는데, 원래 12마당이 있었으나 19세기 후반에 신재효가 판소리 사설을 창작하고 정리하여 여섯 마당이 확립되었다 지금은 춘향가, 심청가, 흥보가, 적벽가, 수궁가 등 다섯 마당만 전하고 있고, 2003년 유네스코 '인류 구전 및 무형 유산 걸작'으로 선정되었다.
ㄱ. 산대놀이에 대한 설명으로 송파장이 한참 번성할 때 시작된 송파 산대놀이가 유명하다.
ㄴ. 중인들은 시사를 결성하여 한시를 짓고 시집을 발간하는 등 활발한 문학 활동을 펼쳤다.

26 정답 ④

해설 | 밑줄 그은 '이 기구'는 군국기무처이다. 군국기무처는 제1차 김홍집 내각 시기에 제1차 갑오개혁의 정책 결정과 시행을 담당하였다. 제1차 갑오개혁 때는 신분제와 노비제가 폐지되었고, 연좌제 폐지, 조혼 금지, 과부의 재가 허용 등 봉건적 관습들이 철폐되었다. 또한, 왕실 사무를 담당하는 궁내부가 설치됨에 따라 왕실 사무와 국정 사무가 분리되었다.
ㄱ. 제2차 갑오개혁 때 의정부가 내각으로 개편되었고 8아문이 7부로 바뀌었다.
ㄷ. 1884년 우정총국 개국 축하연 때 갑신정변이 발생하여 우편 사무를 못하게 되었다. 이후 제3차 을미개혁 때 이를 재개하였다.

27 정답 ①

해설 | 제시된 자료는 구본신참(舊本新參)을 개혁의 원칙으로 삼고 있음을 알 수 있다. 이는 대한 제국의 광무개혁이 표방하는 개혁 방향에 해당한다. 대한국 국제는 대한 제국이 전제 군주 체제임을 규정하고 있으므로 정치적으로는 구본(舊本)을 따르고 있다. 한편, 근대적인 공장과 회사, 실업 학교 등을 설립하고 해외에 유학생을 파견하는 등 식산흥업 정책을 실시하였는데, 이는 경제적으로 신참(新參)을 추구한 것이다.
ㄷ. 독립 협회가 국민 개개인의 자유와 권리를 보장하는 자유 민권 운동을 전개하였다.
ㄹ. 독립 협회는 자강 혁신 운동의 일환으로 정치적 근대화를 추구하여 국왕 자문 기구의 역할을 하던 중추원을 의회로 개편하고자 하였다.

28 정답 ③

해설 | 제시된 지문은 을사조약의 체결에 죽음으로 항거의 뜻을 보여 준 민영환의 유서이다. 민영환은 조병세 등과 함께 을사 5적의 처형과 을사조약의 파기를 요구하는 상소를 두 차례 올렸으나, 국운이 이미 기울어졌음을 깨달아 자결로써 국민들의 각성을 도모하고자 하였다. 을사조약을 계기로 일어난 을사의병 시기에는 평민 출신 의병장이 지도하는 의병 부대들이 등장하기도 하였다. 특히 신돌석이 크게 활약하였다.
ㄴ. 정미의병 때 13도 창의군을 결성한 이인영은 각국 영사관에 국제법상 교전 단체로 승인해 줄 것을 요구하는 서한을 발송하였다.
ㄷ. 을사조약의 부당함을 알린 장지연의 시일야방성대곡은 황성신문에 발표된 논설이다.

29 정답 ②

해설 | 제시된 이론은 다윈의 생물학적 진화론을 국제 관계에 적용한 사회진화론이다. 이 이론에 따르면 국제 사회는 약육강식, 적자생존 등의 원리가 지배하기 때문에 애국 계몽 운동 세력들은 국권 수호를 위해 민족의 실력 양성이 우선되어야 한다고 생각하였다. ② 의병들은 민족의 실력이 갖추어지기를 기다리며 강도 일본의 행태를 겪는 것은 옳지 못하다고 생각하였다. 그들은 지금 바로 일제와 무력으로 맞서 싸워야 한다는 입장이었다.
①, ③, ④ 정치적 근대화 운동, 교육 운동, 민중 계몽 운동 모두 실력 양성 운동에 속한다.
⑤ 애국 계몽 운동은 갑신정변(1884)-갑오개혁(1895)-독립 협회(1896)를 계승하여 을사조약 체결을 전후한 시기에 전개되었다.

30 정답 ⑤

해설 | 제시된 지문은 일제의 황무지 개간권 요구와 이에 대항한 구국 운동에 대한 내용이다. 러·일 전쟁 초기 일본은 한·일 의정서를 통해 전략상 요충지를 마음대로 사용할 수 있도록 하였는데, 이후 황무지 개간을 통해 토지를 약탈하고자 하였다. ⑤ 애국 계몽 운동 단체인 보안회는 일제의 황무지 개간권 요구를 철회시키는 데 성공하였는데, 농광 회사는 당시 황무지 개간을 일본에 맡

기지 않고 우리 손으로 수행하자는 목적을 가지고 설립한 회사였다.
① 황국 중앙 총상회는 외국 상인들의 불법적인 상업 활동을 저지하는 상권 수호 운동을 전개하였다.
② 개항 이후 일본 상인들의 미곡 무역이 허용되면서 곡물 유출량이 점차 늘어났다. 이에 각 지방 관찰사들이 방곡령을 발표하였다.
③ 일본의 금융 침탈에 대항하기 위해 한성은행, 천일은행 등이 설립되었다.
④ 일본으로부터 도입한 차관을 갚아 국권을 회복하자는 국채 보상 운동이 전개되었다.

31 정답 ③

해설 | 제시된 신문은 영국인 베델과 양기탁이 발행한 대한매일신보이다. 1904년에 발행된 이 신문은 1910년 국권 피탈 전까지 발행되었다. ③ 동학 농민 운동의 실패 이후 동학의 교세가 약화되자 이용구 등 친일파가 동학을 일진회 조직으로 흡수하려고 하였다. 이에 손병희가 1906년 동학을 천도교로 개칭하면서 민족 종교로서의 위상을 다지고자 하였다.
① 한성순보는 1883년 박문국에서 발행되었고, 1884년 갑신정변으로 박문국 시설이 불타면서 발행이 중단되었다.
② 광혜원은 1885년 설립된 최초의 근대식 병원이다.
④ 경인선은 1899년 개통되었다.
⑤ 육영 공원 1886년에 개교하여 1894년에 폐교하였다.

32 정답 ④

해설 | 제시된 자료는 일제가 1910년에 제정한 회사령이다. 이 법령은 일제가 조선인의 회사 설립을 방해하고 탄압하여 조선 민족 자본의 발전을 억압하기 위해 제정한 것이다. ④ 일제는 1912년부터 1918년까지 토지 조사 사업을 실시하였다. 근대적인 토지 소유권 확립이 명분이었지만, 실제로는 일본인이 쉽게 토지를 소유할 수 있게 하고 지세를 안정적으로 확보할 수 있는 법적 근거를 마련하기 위한 것이었다.
① 남면북양 정책은 1930년대 일제가 자국의 방직업을 보호하기 위해 추진되었다.
② 일제는 3·1 운동 이후 조선에 본격적으로 보급된 사회주의 사상을 통제하기 위해 치안유지법(1925)을 제정·공포하였다.
③ 일제는 1934년 산미 증식 계획을 중단한 이후 농촌 진흥 운동을 전개하였다.
⑤ 일제는 부족한 쌀을 우리나라에서 약탈하기 위해 1920년부터 산미 증식 계획을 시행하였다.

33 정답 ⑤

해설 | 제시된 자료는 기미 독립 선언서의 공약 3장이다. 1919년 3월 1일에 발표한 기미 독립 선언서는 최남선이 기초하였는데, 너무 추상적이어서 한용운이 선언서를 발표하는 현장에서 공약 3장을 추가하였다. 핵심은 비폭력·평화적인 만세 시위를 표방한 것이었다. 하지만 일본 군경이 시위 군중을 총과 칼로 무자비하게 학살하거나 투옥시키자 식민 통치 기관을 습격·파괴하는 등 폭력적인 시위로 변하였다.
① 순종의 인산일에 일어난 민족 운동은 6·10 만세 운동이다.
② 대한매일신보는 1904년 창간되고 1910년에 폐간되었다.
③ 공약 3장은 한용운이 작성한 것이다.
④ 1929년에 일어난 광주 학생 항일 운동에 대한 설명이다.

34 정답 ④

해설 | (가)는 일제 강점기 때 조선인이 불렀던 신고산 타령이라는 민요이다. 이 민요에는 국가 총동원법 제정 후 일제가 우리나라의 인적·물적 자원을 수탈한 내용이 반영되어 있다. (나)는 중·일 전쟁을 일으킨 일제가 인적·물적 자원을 수탈하기 위해 1938년에 제정한 국가 총동원법이다.
① 조선 태형령은 1912년에 제정되었고, 3·1 운동 이후 통치 방식이 무단 통치에서 문화 통치로 전환하면서 폐지되었다.
② 산미 증식 계획(1920~1934)의 진행 과정에서 국내 식량이 부족해지자 만주에서 조, 수수, 콩 등 값싼 잡곡을 들여왔다.
③ 토지 조사령은 일제가 토지 조사 사업을 시행하기 위해 1912년에 제정한 것이었다.
⑤ (나)는 (가)에서 나타나는 인적·물적 자원 수탈을 위해 제정한 것이었다.

35 정답 ④

해설 | 제시된 자료는 김구가 쓴 "백범일지"이다. 김구는 대한민국 임시 정부에서 국무령, 국무 위원, 주석을 역임하였다. 자료에서 '국무령'(1925), '국무 위원'(1927)이라는 표현이 나오는 것으로 보아 대한민국 임시 정부가 어려움을 겪은 시기는 1927년 이후임을 알 수 있다. 김구는 침체된 대한민국 임시 정부에 활력을 불어넣기 위해 한인 애국단을 설립하였다.
① 외교 독립론이 성과를 거두지 못한 상황에서 새로운 활로를 모색하기 위해 1923년에 국민 대표 회의를 개최하였다.
② 조선 혁명 간부 학교는 김원봉을 비롯한 의열단 단원들이 독립 운동 지도자를 양성하기 위해 1932년에 설립한 것이다.
③ 연통제와 교통국은 1919년부터 1922년까지 3년 정도 시행하

였다.
⑤ 외교 독립 활동은 대한민국 임시 정부 초기에 주력하였으나 별다른 성과를 거두지 못하였다.

36 정답 ④

해설 | 제시된 대화는 1920년대 일제의 경제 침탈에 대항한 물산 장려 운동과 관련 있다. 물산 장려 운동은 1920년 평양에서 조만식, 이상재 등의 민족주의 계열이 중심이 되어 시작되었다. 1923년 경성에서 조선 물산 장려회가 조직되면서 '내 살림은 내 것으로'라는 구호 아래 물산 장려 운동이 전국으로 확산되었다.
① 1907년 일본에서 빌려 온 차관을 갚아 국권을 회복하자는 국채 보상 운동이 전개되었다.
② 1898년 한성의 시전 상인들은 황국 중앙 총상회를 조직하여 외국 상인들의 불법적인 상업 활동에 저항하였다.
③ 1920년대 노동 운동은 열악한 노동 환경에 반발하여 일어났다.
⑤ 민립 대학 기성회는 민립 대학 설립을 위해 1,000만원 모금 운동을 전개하였다.

37 정답 ②

해설 | 제시된 지문은 대종교에 대한 설명이다. 나철과 오기호 등은 단군 신앙을 발전시켜 대종교를 창시하여 민족적 입장을 강조하는 종교 활동을 벌였다. 국권이 강탈당하자 대종교는 교단의 총본사를 간도 지방으로 옮겨 활동하였는데, 대종교 계통의 중광단은 북로 군정서로 확대·개편되어 청산리 전투의 주축 부대가 되었다. ② 총독부는 포교 인가를 규정한 포교 규칙(1915)을 발표하여 대종교는 종교가 아니라는 이유로 포교를 허락하지 않았다.
① 기독교계 학교들이 신사 참배 거부 운동을 펼쳤다.
③ 총독부는 불교계를 억압하기 위해 사찰령을 제정하였다.
④ 동학을 계승한 천도교는 3·1 운동 때 주도적인 역할을 하였다.
⑤ 박중빈이 창시한 원불교는 허례허식 폐지와 남녀평등 등 새 생활 운동을 추진하였다.

38 정답 ①

해설 | 제시된 지문은 만주 지역의 북간도와 서간도에서 전개된 국외 독립 운동에 관한 설명이다. 1909년 남한 대토벌 작전이 전개되면서 의병과 애국지사들이 근거지를 만주와 연해주로 옮겼다. 여기서 의병들은 독립군 기지를 건설하고 부대를 재정비하였으며, 무기를 구입하고 조직적인 군사 훈련을 통하여 전투력을 증강하는데 노력하였다. 그리고 국내로 진입하여 일본 군경과 교전하면서 일제 식민 통치 기관을 습격·파괴하였다.

㉠ 만주, ㉡ 연해주, ㉢ 일본, ㉣ 하와이, ㉤ 멕시코이다.

39 정답 ⑤

해설 | 제시된 지도의 (가)지역은 청산리 전투가 일어난 공간적 배경이다. 김좌진의 북로 군정서, 홍범도의 대한 독립군, 천주교의 항일 조직인 의미단 등 독립군 부대들은 백두산 서쪽으로 향하는 길목인 화룡현 청산리에 집결하였다. 김좌진이 인솔한 독립군 연합 부대는 추격해 온 일본군을 백운평, 천수평, 어랑촌, 완루구에서 대파하였다.
① 조선 의용군은 1942년에 만들어진 군대로서 중국의 화북 지대에서 중국 공산당의 팔로군과 연합하여 항일전을 전개하였다.
② 봉오동은 현재 북한의 온성과 국경이 맞닿은 지역이다.
③ 북만주에서는 지청천의 한국 독립군이 1932년 중국 호로군과 연합하여 쌍성보 전투에서 일본군을 격퇴하였다.
④ 남만주에서는 1932년 총사령관 양세봉이 이끄는 조선 혁명군이 중국 의용군과 연합하여 영릉가 전투에서 일본군을 크게 격파하였다.

40 정답 ④

해설 | 제시된 자료는 국내 진공 작전을 준비했던 한국광복군에 대한 설명이다. 한국광복군은 1940년 대한민국 임시 정부의 정규군으로 창설되었다. 1942년 대한민국 임시 정부의 주석 김구는 좌익 계열의 김원봉과 조선 의용대 일부를 받아들여 한국광복군에 편입시켰다. 이는 민족 유일당 운동의 일환이라고 볼 수 있다.
① 호가장 전투는 조선 의용대 화북 지대와 일본군 사이에 벌어진 전투이다.
② 조선 의용대는 중국 관내 최초의 한국인 무장 부대로서 일본군에 대한 심리전이나 후방 공작 활동을 전개하였다.
③ 조선 독립 동맹과 조선 의용군의 핵심 인물들은 일제가 패망한 뒤 북한 인민군에 편입되었다.
⑤ 동북 항일 연군은 중국 공산당과 함께 만주에서 격렬한 항일 무장 투쟁을 전개하였다.

41 정답 ⑤

해설 | 제시된 시는 1925년에 발표된 김소월의 '진달래꽃'이라는 시이다. 김소월은 자연과 농촌을 시적 소재로 삼아 민족적 정서를 민요적 율조로 아름답게 표현하였고, 일제 식민 지배하의 민족적 감정과 시대 의식을 작품에 반영하였다. ⑤ 1920년대 중반 이후에는 사회주의의 영향을 받은 신경향파 문학(프로 문학)이 나타났다. 1925년 8월에 결성된 '조선 프롤레타리아 예술가 동맹

(KAPF)'은 계급 문학을 확산시켰다.
① 이광수가 무정을 발표한 시기는 1917년이다.
② 극예술 연구회는 1931년에 조직되었다.
③ 유성 영화가 제작되기 시작한 것은 1935년이다.
④ 제11회 베를린 올림픽은 1936년에 개최되었다.

42 정답 ⑤

해설 | 제시된 자료는 김구가 1948년에 발표한 '3천만 동포에게 읍고함'이다. 김구는 임시 정부 주석으로 활동하였지만 미군정이 임시 정부의 존재를 인정하지 않았기 때문에 개인 자격으로 귀국하였다. 귀국 후에는 신탁 통치 반대 운동에 주도적인 역할을 하며 통일 정부 수립을 주장하였다. 이승만과 한국 민주당이 남한만의 단독 정부를 수립하려는 움직임을 보이자 이에 적극 반대하며 남북 협상을 주도하였으나 결국 실패로 끝나고 말았다.
⑤ 김구는 남한만의 단독 정부를 반대하였기 때문에 5·10 총선거에 참여하지 않았다.

43 정답 ⑤

해설 | (가)는 조선 건국 동맹 강령이고, (나)는 조선 건국 준비 위원회 강령이다. 1944년 일제의 패전을 예상하고 조선 건국 동맹을 조직하고 위원장으로 활동하였다. 조선 건국 동맹은 전국 10개 도에 조직망을 형성하고, 산하에 농민 동맹을 조직하였다. 농민 동맹은 징용과 징병 시행 방해, 민심 선동과 교란, 전쟁 물자 수송 방해 등의 활동을 전개하였다.
① 대한민국 임시 정부의 주석은 김구이다.
② 조선 독립 동맹의 위원장은 김두봉이다.
③ 김원봉은 조선 민족 전선 연맹의 결성과 조선 의용대 조직을 주도하였다.
④ 이승만은 1943년 임시 정부의 승인을 미국 정부에 촉구하는 결의안을 미국 의회에 제출하였다.

44 정답 ③

해설 | 제시된 자료는 좌우 합작 위원회에서 발표한 좌우 합작 7원칙이다. 여운형과 김규식은 미·소 공동 위원회가 결렬되면서 임시 정부 수립이 좌절될 위기에 처하자 좌우 합작을 모색하였다. 한국 민주당과 남조선 노동당 계열은 좌우 합작 운동에 반대하였고, 김구는 찬성하였으며, 이승만은 조건부로 찬성하였다. 좌우 합작 운동은 남조선 과도 입법 의원을 구성하고 남조선 과도 정부를 설치하였다. 그러나 현실적인 힘을 가졌던 김구와 이승만 세력과 조선 공산당이 참여하지 않아서 현실적으로 성공하기 어려웠다. 게다가 미국은 트루먼 독트린 이후 냉전 체제의 국제 질서 속에서 좌우 합작 위원회에 대한 지지를 철회하였다. 결국 1947년 7월 여운형이 암살되면서 좌우 합작 운동은 실패하게 되었다.
ㄴ. 김구의 한국 독립당은 이 운동에 찬성하였고 한국 민주당과 조선 공산당은 반대하였다.
ㄷ. 미군정은 트루먼 독트린 이후에 이 운동에 대한 지지를 철회하였다.

45 정답 ④

해설 | 제시된 자료는 박정희 정부가 1974년에 발표한 긴급 조치 1호이다. 박정희 정부는 경제 난국 극복과 평화 통일 대비를 명분으로 한국적 민주주의를 표방하며 10월 유신을 단행하였다. 10월 17일 비상계엄이 선포되고 국회가 해산되었으며 정치 활동은 금지되었다. 곧이어 헌법을 개정하여 대통령 임기를 6년으로 하고 중임 제한을 없앴으며, 통일 주체 국민회의에서 간선제로 선출하도록 하였다(유신 헌법). 더불어 대통령에게 국회 의원의 3분의 1을 임명할 수 있고 헌법을 제한할 수 있는 긴급 조치권도 부여되었다. 학생과 지식인들을 중심으로 유신 반대 운동이 일어나자, 박정희 정부는 1974년 1월부터 긴급 조치를 잇달아 발동하여 민주 인사를 투옥하거나 해직하였다.
④ 계엄군이 발포를 하여 시민군이 일어난 것은 신군부가 집권하던 1980년 5·18 광주 민주화 운동 때의 일이다.

46 정답 ①

해설 | 제시된 자료는 전두환 정부가 1987년 발표한 6·29 선언의 일부이다. 전두환 정부는 부천 성고문 사건, 박종철 고문치사 사건으로 대학생들의 시위가 활발해짐에도 불구하고 4·13 호헌 조치를 통해 7년 단임의 간선제를 고수하였다. 이에 전국적으로 호헌 조치 철폐와 독재 타도를 외치는 학생과 시민들의 요구가 거세졌고 6월 민주 항쟁이 전개되었다. 이에 전두환 정권은 6·29 선언을 통해서 5년 단임의 대통령 직선제 개헌안을 수용하였고, 직선제 선거를 통해 1988년 2월 노태우 정부가 출범하였다.
② 남북한이 유엔에 동시 가입한 것은 1991년 노태우 정부 때의 일이다.
③ 김대중 정부 때 최초로 남북 정상 회담이 이루어졌다.
④ 김영삼 정부 때 전두환, 노태우 두 전직 대통령이 구속되어 실형을 선고받았다.
⑤ 박정희 정부 때 제2차 석유 파동과 중화학 공업 중복 투자로 인한 경제 위기가 찾아왔다.

47 정답 ④

해설 | 제시된 자료는 박정희 정부 때 전개된 새마을 운동의 노래 가사이다. 이 노래가 나온 시기에는 경제 개발 5개년 계획 등이 실현되어 경제가 성장하였지만 저임금·저곡가 정책의 수출 정책으로 인해 노동자와 농민이 고통을 겪기도 하였다. 농촌에서는 가톨릭 농민회를 중심으로 하는 농민 운동이 전개되었고, 도시에서는 전태일의 분신 자살, YH 무역 사건 등 노동 운동이 발생하였다.
① 1986년 우루과이 라운드가 시행됨에 따라 쌀 시장 개방과 농·축산물 등의 수입 자율화로 농촌은 큰 위기를 겪었다.
② 남한에서는 밀가루, 설탕, 원면 등 미국의 원조 물자를 기반으로 제분, 제당, 면방직의 삼백 산업이 발달하였다.
③ 저금리·저유가·저환율이 3저 호황으로 인해 1986년 처음으로 무역 흑자를 실현하기도 하였다.
⑤ 1996년 경제 협력 개발 기구(OECD) 가입으로 선진국 대열에 들어서고자 하였으나, 1997년 외환 위기를 맞고 말았다.

48 정답 ②

해설 | 제시된 자료는 1970년 동대문 평화 시장에서 재단사로 일하던 전태일이 대통령에게 보낸 글의 일부이다. 1960~1970년대는 수출 가격 경쟁력을 높인다는 명분 아래 저임금·저곡가 정책이 지속되어 노동자와 농민의 삶이 열악해졌다. 그리고 농촌의 인구가 과도하게 도시로 유입되면서 노동자의 저임금 상태도 지속되었다. 이러한 상황에서 전태일은 근로 기준법 준수를 요구하며 분신자살하였다. 전태일의 분신자살을 계기로 노동 운동이 활성화되기 시작하였다.
① 1980년대 들어 잠시 위축되었던 노동 운동은 1987년 6월 민주 항쟁을 계기로 다시 활발해졌다. 그러나 제시된 자료는 1970년대의 상황이다.
③ 전국 민주 노동조합 총연맹(민주노총)은 1995년에 결성되었다.
④ 민주노총과 전교조가 합법화된 것은 김대중 정부 때의 일이다.
⑤ 외환 위기 극복을 위해 노사정 위원회를 구성한 것은 김대중 정부 때의 일이다.

49 정답 ⑤

해설 | 제시된 자료는 1984년에 북한에서 발표된 합작 회사 경영법(합영법)의 일부이다. 이후 북한은 1991년 나진·선봉 지구, 2002년 신의주 특구, 2003년 개성 공단 등을 지정하였지만 북한 체제의 경직성 등으로 인해 큰 효과를 거두지 못하고 있다.
① 1946년에 시작된 북한의 토지 개혁은 무상 몰수·무상 분배를 원칙으로 전개되었다.
② 1972년 7·4 남북 공동 성명 직후 사회주의 헌법이 제정되어 김일성의 1인 독재 체제가 강화되었다.
③ 1956년에 시작된 천리마운동은 주민들의 증산 의욕을 고취시키기 위해 전개한 노동 경쟁 운동이다.
④ 1970년대 전개된 3대 혁명 소조 운동은 사상·문화·기술의 3대 혁명의 실현을 지도하는 운동으로 김정일은 이 운동을 통해서 당을 장악하기 시작하였다.

50 정답 ④

해설 | 제시된 자료는 1905년 러·일 전쟁 중 발표된 시마네 현 고시 40호이다. 일본은 독도가 무인도이고 일본이 발견했으므로 일본의 섬이라고 주장하였다. 그러나 이러한 일본의 주장이 거짓이라는 사실을 여러 자료에서 확인할 수 있다. "세종실록지리지"와 "동국여지승람" 등에 울릉도와 독도가 우리 영토라는 기록이 분명히 나와 있다. 또한, 제2차 세계 대전 이후 발표된 연합국의 일본에 대한 영토 규정에는 울릉도와 독도, 제주도는 일본의 영토가 아니라는 기록이 명시되어 있다. 조선과 일본의 고지도뿐 아니라 서양과 중국의 지도에도 울릉도와 독도를 명백하게 조선의 영토로 명시하고 있는 경우가 많다. 숙종 때는 안용복이 일본에 건너가 울릉도와 독도에 대한 조선의 영유권을 확인하기도 하였다.
④ 박정희 정부 때 한·일 수교 회담에서 독도와 같은 첨예한 문제를 일부러 회피하거나 부정하는 태도를 보였다.

• 사진 출처 •

- **가곡전수관** 가곡 297
- **경주시청** 경주 동궁과 월지 145, 석굴암 본존불 145, 경주 문무대왕릉 148
- **공주시청** 무령왕릉 내부 148
- **교육과학기술부, 고등학교 국사 (2010)** 가락바퀴 20
- **국립고궁박물관**
  영조 60, 한강주교환어도 65, 시흥환어행렬도 65, 복각 천상열차분야지도 각석 164
- **국립부여박물관** 칠지도 34
- **국립중앙박물관**
  주먹도끼 20, 슴베찌르개 19·20, 빗살무늬 토기 20, 농경무늬 청동기 21, 호패 92·94, 고려말 화령부 호적 관련 고문서 106, 금동 연가 7년명 여래 입상 144, 금동 미륵보살 반가 사유상 144, 백제 금동 대향로 144·156, 산수무늬 벽돌 144·156, 원주 법천사지 지광국사탑 146, 하남 하사창동 철조 석가여래 좌상 146, 금속 활자 146, 청동 솥 149, 금동관 149, 발해 용머리 149, 백자 철화 끈무늬 병 166, 분청사기 상감 운룡문 항아리 166
- **국사편찬위원회, 한국사능력검정시험**
  송국리 돌널무덤 21, 널무덤 21, 독무덤 21, 말·호랑이 모양의 띠고리 장식 21, 동예의 집터 27, 마한의 토실 27, 다산 정약용 81, 농사직설 120, 영광탑 145, 파주 용미리 마애이불 입상 146, 수월관음도 146, 고려 첨성대 146, 고려 나전칠기 염주합 147, 말 모양 띠고리 149, 오리 모양 토기 149, 거울 조각 펜던트 149, 금동관 149, 금동불 입상 149, 조선방역지도 164, 홍대용이 만든 혼천의 165, 몽유도원도 166, 초충도 166, 세한도 167, 영통동구도 167, 민화 167, 형평사 제6회 전조선 정기 대회 포스터 218, 브나로드 운동 포스터 220, 황성신문 236, 대한매일신보 236, 애국 부인전 238, 나운규의 아리랑 239, 이승만 정읍 발언 246, 남북 협상을 위해 북으로 가던 중 38도선에 선 김구 247, 3선 개헌 반대 시위 257, YH 무역 사건 258·270, 20여 대의 차량 시위 259, 전남도청 앞 광장에 모인 사람들 259, 경찰과 최루탄 259, 고 이한열 영결식 259, 6월 민주 항쟁 259, 경부 고속 국도 준공 269, 수출 100억불 달성 기념 다리 269, 수출 100억불 달성 기념 우표 269, 금융 실명제 시행 269, IMF 구제 금융 지원 요청 269, 금 모으기 운동 269, 노사정 위원회 발족 269, 광주 대단지 사건 270, 아침 이슬을 부른 가수 양희은 270, 김대중 대통령과 김정일 국방 위원장 279, 남북 적십자 1차 예비 회담 279, 최초의 이산가족 방문단 279, 남북한 유엔 동시 가입 279, 남북 기본 합의서 채택 279, 경수로 건설 사업 착공 279

- **권원태 줄타기 연희단** 줄타기 297
- **대통령기록관(www.pa.go.kr)** 역대 대통령 존영 260
- **독도 박물관** 독도 279
- **동북아 역사 재단** 발해 온돌 유구 149
- **문화재청** 무구정광대다라니경 149, 삼강행실도 164, 서울 원각사지 10층 석탑 166
- **문화체육관광부** 고 박종철 추도 시위 259
- **문화체육관광부 공식 블로그** 택견 297, 김장 297
- **백제문화제 추진위원회** 매사냥 297
- **(사)국악단 소리개** 판소리 296
- **쌍봉사** 화순 쌍봉사 철감선사탑 145
- **서천군청** 한산 모시짜기 297
- **송광사** 고려 고문서 노비첩 116
- **안산시 성호기념관** 성호 이익 81
- **안성시립 남사당 바우덕이풍물단** 남사당 놀이 296
- **양양구청** 양양 진전사지 3층 석탑 145
- **익산시청** 익산 미륵사지 석탑 144
- **제주세계자연유산관리단** 제주 칠머리당 영등굿 296
- **조선유물유적도감** 발해 석등 144·145, 안악 3호분 굴식 돌방과 벽화 148
- **진도군청** 강강술래 296
- **충주대학교박물관** 홍수 아이 전신상 20
- **한국민족문화대백과** 성불사 응진전 147
- **현대아산** 정주영의 2차 소 떼 방북 279, 금강산 관광선 출항 279
- **화폐박물관** 건원중보 119, 해동통보 119, 조선통보 120, 당백전 176
- **5·18 기념재단** 학교 정문에서 전경들과 대치한 전남 대학교 학생들 259

역사 전문 리베르의 최강 한국사 지원군이 일냈다!

1. 한국사 개념서와 평가문제

『한국사 개념서』는 교과서 학습을 도와주는 '참고서'를 뛰어넘어 한국사의 개념을 잡을 수 있는 '개념서'로 기획되었다. 이야기하듯 쉽게 내용을 풀이하였고, 업그레이드된 사료·사진·도표 등 역사 자료를 풍부하게 실었다. 『한국사 평가문제』는 역대 최다의 현직 역사 교사가 문제를 출제해 현장감과 적중률을 높였다. 개념서로 내용을 숙지하고 정리한 후 문제를 풀면 한국사를 완벽하게 완성할 수 있을 것이다.

- 수능시험 능력검정 완전 대비
- 고등학교 한국사 교과서 최고 득점 (90~100점) 합격!!

2. 중급 기출로 끝내라

『한국사능력검정시험 중급 기출로 끝내래』는 체계적이고 간결한 본문 정리, 시험과 직결되는 풍부한 자료, 엄선된 기출 문제로 한국사능력검정시험을 완벽하게 준비할 수 있도록 도와준다. 본문 표에서 가로는 시대를, 세로는 사건을 나타내고 있으므로 가로, 세로 두 번에 걸쳐 한국사를 종횡으로 정리할 수 있다. 또, 출제 빈도가 높은 문제를 주제별로 엄선하고 출제 가능한 학습 내용을 빠짐없이 제시하였으므로 시험 유형은 물론 한국사의 전체 흐름까지 완벽하게 학습할 수 있다.

- 한국사를 종횡으로 정리하는 신개념 학습법!!
- 더 이상의 유형은 없다! 기출 문제 완벽 분석!